Cautiverio Feliz, Y Razón De Las Guerras Dilatadas De Chile... - Primary Source Edition

Francisco Núñez de Pineda y Bascuñán

COLECCION

DE

HISTORIADORES DE CHILE

Y DOCUMENTOS RELATIVOS

A LA

HISTORIA NACIONAL.

COLECCION

DE

HISTORIADORES DE CHILE

Y DOCUMENTOS RELATIVOS

A LA

HISTORIA NACIONAL.

TOMO III.

CAUTIVERIO FELIZ,
Y RAZON DE LAS GUERRAS DILATADAS DE CHILE,
POR DON FRANCISCO NUÑEZ DE PINEDA Y BASCUÑAN.

COLECCION

DE

HISTORIADORES DE CHILE

Y DOCUMENTOS RELATIVOS

A LA

HISTORIA NACIONAL.

TOMO III.

CAUTIVERIO FELIZ,
Y RAZON DE LAS GUERRAS DILATADAS DE CHILE,
POR DON FRANCISCO NUÑEZ DE PINEDA Y BASCUÑAN.

COLECCION

DE

HISTORIADORES DE CHILE

Y DOCUMENTOS RELATIVOS

A LA

HISTORIA NACIONAL.

TOMO III.

CAUTIVERIO FELIZ,
Y RAZON DE LAS GUERRAS DILATADAS DE CHILE,
POR DON FRANCISCO NUÑEZ DE PINEDA Y BASCUÑAN.

SANTIAGO,
IMPRENTA DEL FERROCARRIL,
Calle de la Bandera, núm 39.
1863.

INTRODUCCION.

Cuando los soldados del rei de España que servian en la conquista del nuevo mundo solicitaban una gracia de su soberano, acostumbraban hacer una relacion de sus servicios y acompañarla de documentos justificativos. Esas solicitudes, ya fuera que el rei concediera lo que se le pedia o que las desechara, eran cuidadosamente conservadas en los archivos. En los gruesos legajos que las contienen, encuentra el historiador noticias que de ordinario no se hallan en otras partes, y las biografías completas, por decirlo así, de cada uno de los solicitantes.

En el rico archivo de Indias, depositado ahora en Sevilla, donde estan reunidos todos los documentos relativos a la conquista y colonizacion de la América ántes española, existen gruesos paquetes de solicitudes de ese jénero dirijidas por los soldados que servian en la guerra de Chile. Hemos estudiado escrupulosamente esos documentos, y de ellos hemos sacado noticias biográficas de muchos militares mas o ménos distinguidos.

Sin embargo, la firma del autor del *Cautiverio Feliz* no se halla al pié de ninguna de esas solicitudes. La reseña de sus méritos y servicios, esto es su biografía de pretendiente, no fué escrita por él. Los datos que acerca de su vida nos han quedado, fueron consignados en su libro. Su nombre aparece rara vez en los documentos. Los escritores que lo han nombrado en sus historias, no han hecho otra cosa que tomar de ese libro algunas de las noticias que acerca del autor se hallan esparcidas en notable desórden. Para trazar los siguientes rasgos biográficos casi no hemos tenido mas fuentes que su propia obra.

Don Francisco Nuñez de Pineda y Bascuñan nació por los años de 1607, probablemente en la ciudad de Chillan, donde tenia residencia su familia. Era su madre una señora principal apellidada Jofré de Loaiza, descendiente de uno de los mas distinguidos conquistadores de Chile. Su padre don Alvaro Nuñez de Pineda y Bascuñan era un militar español envejecido en el servicio del rei durante mas de cuarenta años. Su nombre se encuentra consignado en los documentos referentes a la guerra araucana, y aun en los poemas en que esta guerra fué cantada. Sirvió desde la edad de catorce años, desempeñó por mas de diez el cargo de maestre de campo jeneral bajo la administracion de cuatro gobernadores, y solo se separó del servicio cuando la edad y los achaques consiguientes a sus heridas lo imposibilitaban para el servicio militar. A los sesenta y seis años, don Alvaro se hallaba privado de un ojo e imposibilitado para andar por sus propias piernas. Entónces se retiró a Chillan para cuidar de la educacion de su familia.

El autor del *Cautiverio Feliz* nos ha dado prolijas noticias acerca del carácter de su padre, de la severidad de sus principios y de sus costumbres, de su espíritu relijioso, y de su honradéz y desprendimiento que lo distinguian esencialmente de sus compañeros de armas. Cuenta a este respecto que su escasa fortuna estuvo siempre a disposicion de todos los que solicitaron su ausilio, que sus bienes fueron administrados siempre por un hermano suyo, y que su alejamiento de los negocios llegó a tal estremo que no distinguia los reales de a dos de los de a cuatro (1).

Pero don Alvaro no procedió con el mismo descuido cuando trató de dar educacion a su hijo. Como hubiera fallecido su esposa, lo colocó en la escuela de un convento de los padres jesuitas, donde permaneció durante nueve años. En este tiempo, don Francisco adquirió conocimientos nada comunes en la colonia. Aprendió bien el latin, estudió los principales escritores que ilustraron esa lengua y llegó a conocer las sagradas escrituras y las obras de algunos padres de la iglesia y espositores de la ciencia teolójica.

Talvez don Alvaro habria destinado a su hijo a la carrera eclesiástica; pero algunos juveniles desaciertos de éste, y el deseo de correjirlo sériamente, lo obligaron a cambiar de determinacion y a alistarlo de soldado en una compañía de infantería española. El respeto y valimiento de que gozaba el antiguo maestre de campo le habria permitido sin duda colocar a su hijo en un rango superior. "El gobernador, dice el mismo Bascuñan, era caballero de todas prendas, gran soldado, cortés y atento a los méritos y servicios de los que servian a S. M., y considerando los calificados de mi padre, le habia enviado a ofrecer una bandera o compañía de infantería para que yo fuese a servir al rei nuestro señor con mas comodidad y lucimiento a uno de los dos tercios, dejándolo a su disposicion i gusto. De lo cual le hice recordacion diciéndole que parecia mas bien que como hijo suyo me diferenciase de otros, acetando la merced y ofrecimiento del capitan jeneral y presidente: razones que en sus oidos hicieron tal disonancia que lo obligaron a sentarse en la cama (que de ordinario a mas no poder la asistia) a decirme con palabras desabridas y ásperas que no sabia ni entendia lo que hablaba, que cómo pretendia entrar sirviendo al rei nuestro señor con oficio de

---

(1) *Cautiverio Feliz*, discurso 5.°, Cap. 25.

capitan si no sabia ser soldado, que cómo me habia de atrever a ordenar ni mandar a los esperimentados y antiguos en la guerra sin saber lo que mandaba; que solo serviria de darles que notar y que decir, porque quien no habia aprendido a obedecer, era imposible que supiese bien mandar." Bascuñan no dice, sin embargo, en qué época ni bajo qué gobernador sentó plaza en el ejército. Es probable que fuera a principios de 1625, bajo el interinato del maestre de campo don Francisco de Alba y Norueña.

Pocas noticias tenemos acerca de los primeros años de su carrera. Bascuñan dice solo que en algunos años que se ocupó en la guerra araucana, ocupó el puesto de alférez de una compañía, cabo y gobernador de ella, y luego su capitan. A causa de una indisposicion, se retiró temporalmente del servicio militar.

Las tropas de infantería españolas que en esa época hacian la guerra de Chile, estaban divididas en dos cuerpos o tercios, acantonados en distintos lugares. En uno de ellos, que ocupaba el lugar donde hoi existe el pueblo de Arauco, habia servido Bascuñan durante los primeros años de su carrera. Sin embargo, la guerra era ménos activa por aquella parte. Las irrupciones de los bárbaros del otro lado del Bio-bio tenian lugar frecuentemente por el lado de la cordillera o por la parte central del territorio. Para resistirlas se habia establecido el otro tercio en un lugar inmediato al actual pueblo de Yumbel, con el nombre de tercio de San Felipe de Austria. A éste fué a servir en breve el capitan Bascuñan.

A principios de 1629 (2), las irrupciones de los araucanos fueron mas formidables. Los bárbaros pasaron el Bio-bio por el lado de la cordillera, y recorrieron los campos vecinos a Chillan. El capitan Osorio, que defendia esta plaza, fué derrotado y muerto en la batalla que les presentó (3). Las tropas del tercio de San Felipe entraron entónces en campaña primero para cortar al enemigo su retirada, y luego para defenderse contra el impetuoso ataque de los araucanos. El 15 de mayo del mismo año tuvo lugar en el sitio denominado las Cangrejeras uno de los combates mas memorables de aquella guerra. Los españoles sufrieron una derrota espantosa con pérdidas mas considerables de las que de ordinario esperimentaban en aquella guerra. Bascuñan fué del número de los soldados de aquella jornada, si bien no le cupo la peor suerte. "Estando yo, refiere él mismo, haciendo frente en la vanguardia del pequeño escuadron que gobernaba, con algunos piqueros que se me agregaron, oficiales reformados y personas de obligaciones, considerándome en tan evidente peligro peleando con todo valor y esfuerzo por defender la vida, que es amable, juzgando tener seguras las espaldas, y que los demas sol-

---

(2) Por un error de imprenta se ha puesto 1620, en la pájina 11 del *Cautiverio feliz*. Debe decir 1629.

(3) Informe sobre el gobierno de don Francisco Lazo de la Vega, presidente de Chile, por Lorenzo de Alnen.

dados hacian lo mismo que nosotros, no habiendo podido resistir la enemiga furia, quedaron muertos y desbaratados mis compañeros; y los pocos que conmigo asistian iban cayendo a mi lado algunos de ellos, y despues de haberme dado una lanzada en la muñeca de la mano derecha, quedando imposibilitado de manejar las armas, me descargaron un golpe de macana, que así llaman unas porras de madera pesada y fuerte de que usan estos enemigos, que tal vez ha acontecido derribar de un golpe un feroz caballo, y con otros que se me asegundaron, me derribaron en tierra dejándome sin sentido, el espaldar de acero bien encajado en mis costillas y el peto atravesado de una lanzada ; que a no estar bien armado y postrado por los suelos desatentado, quedara en esta ocasion sin vida entre los demas capitanes, oficiales y soldados que murieron. Cuando volví en mí y cobré algunos alientos, me hallé cautivo y preso de mis enemigos.»

Entónces comenzó para Bascuñan el cautiverio que muchos años despues narró tan detenidamente en la importante obra que nos ha legado. En el reparto de los prisioneros, a Bascuñan le cupo en suerte quedar bajo la dependencia de un cacique llamado Maulican, indio esforzado y jeneroso que lo trató como amigo durante su cautiverio. Bascuñan recorrió gran parte de la Araucania, observó atentamente las costumbres de sus habitantes y se fijó por fin con su amo en las inmediaciones de la arruinada ciudad de la Imperial.

¿Cuanto tiempo duró el cautiverio de Bascuñan? Algunos historiadores han dicho que permaneció prisionero de los salvajes durante muchos años; sin embargo por su libro mismo se vé que solo vivió entre ellos unos cuantos meses. Por influjo de su padre fué rescatado, y el 27 de noviembre de 1629 salió, como él dice, para tierra de cristianos. Pocos dias despues, el 7 de diciembre, llegó a Chillan donde residia su padre. El siguiente dia, ámbos se confesaron y comulgaron para celebrar su libertad y su vuelta al seno de su familia.

Bascuñan volvió al servicio militar, pero apenas nos ha quedado de sus hechos una que otra noticia consignada en su libro. Por los años de 1654 desempeñaba el cargo de gobernador de la frontera del sur, Boroa, Imperial, Tolten, Villarica y sus contornos, cuando el maestre de campo don Juan de Salazar sufrió una gran derrota en las márjenes del rio Bueno. Este descalabro no impidió que el año siguiente volviera a salir a campaña; y en esta ocasion el autor del *Cautiverio Feliz* recibió órden de acompañarlo. Bascuñan se ha encargado de referir hasta los menores incidentes de aquella espedicion en el discurso III, cap. XV de su obra. Creemos inútil reproducir en esta introduccion lo que el lector hallará en el testo de este libro (4).

Se sabe, ademas, que Bascuñan alcanzó al rango de maestre de campo,

---

(4) Véase tambien Córdova de Figueroa, *Historia de Chile*, cap. XVIII del lib. V, paj. 254, en el segundo tomo de esta *Coleccion*.

y que despues de largos años de servicio se hallaba cargado de familia y pobre como tantos otros militares que se habian distinguido en aquella guerra. "Yo soi el ménos digno entre todos, dice él mismo, que a imitacion de mis padres he continuado esta guerra mas de cuarenta años, padecido en un cautiverio muchos trabajos, incomodidades y desdichas, que aunque fué feliz en el tratamiento y agasajo, no por eso me escusé de andar descalzo de pié y pierna, con una manta o camiseta a raiz de las carnes, lleno de pulgas y otros animalejos que me daban fastidio; que para quien estaba criado en buenos pañales y en regalo, el que tenia entre ellos no lo era: y con todo esto me tuviera por premiado si llegase a alcanzar un pan seguro con que poder sustentarme, y remediar en algo la necesidad de mis hijos, que por natural amor que he tenido de servir a S. M. (aunque conozco la poca medra que por este camino se tiene), los he encaminado a los cuatro que tengo, a que sirvan al rei nuestro señor."

En sus últimos años Bascuñan ocupó un empleo importante. Habiéndose anunciado que algunos corsarios amenazaban las costas meridionales de Chile, fué necesario proveer el cargo de gobernador de Valdivia en un militar de reconocida competencia. "Nombramos para este cargo, dice la real audiencia de Lima, que en 1674 rejia interinamente el vireinato del Perú, al maestre de campo jeneral don Francisco de Pineda Bascuñan, que actualmente está gobernando aquel presidio y en el último bajel que llegó por el mes de junio, no se han recibido cartas suyas, si bien las de algunos castellanos y mílites se remiten a la relacion que dicen envia del estado en que halló la plaza especificando algunas circunstancias" (5). Esta es la última noticia que existe acerca del autor del *Cautiverio Feliz.*

Don Francisco de Bascuñan ocupó los últimos años de su vida en escribir el libro que ahora sale a luz por primera vez. Poseia los conocimientos mas vastos que era posible adquirir en la colonia, habia estudiado muchos autores latinos y algunos padres de la iglesia, y se habia aficionado a ese jénero de literatura empalagosa por las referencias y citaciones inconducentes que se cultivaba en España en la segunda mitad del siglo XVII. Natural parecia que el viejo soldado de la guerra araucana, queriendo escribir las aventuras de su mocedad, hubiera compuesto un libro en estilo llano, vulgar si se quiere, en que hubiera consignado sus recuerdos tal como se agrupaban a su mente. Así escribieron Bernal Diaz del Castillo y Góngora Marmolejo, y nos legaron libros admirables por su candor y sencillez, y preciosos como documentos históricos. Pero Bascuñan era demasiado literato para que siguiera ese ejemplo: quiso ostentar sus conocimientos, y nos dejó un libro in-

---

(5) *Relacion que la Real Audiencia de Lima hace al Exmo. señor conde de Castelar, marques de Malagon, virei de estos reinos, del estado de ellos i tiempo que los ha gobernado en vacante,* 1.° de agosto de 1674. Ms.

forme en que lo útil está perdido en medio de pájinas cuya lectura fatiga nuestra atencion.

El proposito de Bascuñan fué solo referir su cautiverio entre los indios araucanos despues de la batalla de las Cangrejeras; pero no quiso contar simplemente sus aventuras sino moralizar sobre cuanto veia y buscar en los autores que conocia un fundamento para sus moralejas. Este sistema lo arrastró demasiado léjos; y se vió precisado a alargarse en digresiones inútiles que interrumpen el discurso y aburren al lector. Despues de estudiar su obra, casi se siente uno tentado a creer que esas digresiones constituyen su verdadero fondo, y que la narracion de su cautiverio es solo la parte accesoria. Siguiendo ese sistema, Bascuñan despojó a su libro de la mayor parte de su mérito.

Sin embargo, un lector atento descubre en casi todas sus pájinas una noticia interesante para la historia nacional. Bascuñan habia vivido entre los araucanos y habia apreciado mejor que nadie sus costumbres, hábitos y preocupaciones, y los da a conocer con bastante exactitud, porque por mas que haya puesto en ejercicio todos los recursos de su imajinacion para engalanar sus cuadros, el lector distingue en ellos la verdad y la descarga de los adornos retóricos. Las fiestas de los indios, sus juegos y borracheras, su vida doméstica, su sistema de guerra, su industria, su organizacion política, y hasta su carácter estan bosquejados con gran recargo de pormenores, y con cierto arte que hacen interesantes sus descripciones.

No son ménos notables las noticias que nos ha dejado en su libro acerca de la colonia y de su gobierno. Bascuñan se ha esforzado en dar a conocer los abusos del sistema de encomiendas, la codicia de los encomenderos, la rapacidad de los que traficaban con los indios, y el mal pago que se daba a los buenos servidores del rei, miéntras eran premiados algunos hombrecillos desprovistos de todo mérito. Cada vez que quiere dar la prueba de sus opiniones, recuerda en su apoyo algun hecho histórico mas o ménos curioso e interesante.

Como escritor, el autor del *Cautiverio Feliz* debe ocupar un puesto importante en la modesta historia de nuestra literatura colonial. Bascuñan es difuso, vulgar, pesado cuando entra en sus eternas digresiones morales o filosóficas; pero su estilo toma un aire de sencilla animacion cuando recuerda ciertos pormenores de la vida doméstica, o cuando describe algunas localidades. En las traducciones que hace de algunos poetas, se encuentran a veces ciertos versos cuyo candor nos hace agradable su lectura. Para apreciar mejor el mérito literario de su libro es menester trasportarse por la imajinacion a la época en que él escribió, en medio de la oscuridad colonial, y cuando en la misma España habian llegado las letras a un estado de asombrosa postracion y decadencia.

La lectura del *Cautiverio Feliz* es, como queda dicho, pesada y embarazosa; pero los que la lleven a término deben reconocer en su autor un hombre mil veces mas notable por su carácter que por sus talentos. Don Francisco de Bascuñan es uno de esos soldados llenos de honradez y de buen sentido que escaseaban en el ejército de Chile del siglo XVII, y que se distinguen de sus camaradas por la modestia y la probidad. Tal vez estas solas prendas lo harian recomendable a los historiadores si no hubiera dejado un libro que estudiado con paciencia puede contribuir a guiarlos en el embrollado laberinto de las interminables guerras de la frontera araucana.

DIEGO BARROS ARANA.

ADVERTENCIA DE LOS EDITORES.

La obra que por primera vez sale hoi a luz en el presente tomo de nuestra Coleccion, es la conocida jeneralmente entre los estudiosos y eruditos por su título abreviado de *Cautiverio Feliz de Bascuñan*. Para su publicacion nos hemos servido del códice que posée la Biblioteca nacional, el cual, por la fecha que lleva (año 1673), por el carácter de las diversas letras empleadas en su escritura, por el esmero con que en él se ven correjidos algunos leves errores de los copistas, y finalmente por muchos otros indicios fáciles de percibirse recorriendo sus hojas, parece ser contemporáneo del autor y aun haberse escrito bajo la inmediata inspeccion del mismo. A lo ménos, es imposible poner en duda su antigüedad, de que dan testimonio, fuera de lo dicho, otras várias circunstancias que saltan a la vista al examinar el códice.

Esta antigüedad del manuscrito y el haber circulado largo tiempo de mano en mano en Chile y en el Perú, lo han menoscabado considerablemente y hacen de ordinario penosa y a veces mui difícil sn lectura. Hai que sentir, ademas, la falta de algunas de sus hojas, de las que el mayor número pertenece por fortuna, no al cuerpo de la obra, sino a una *Recopilacion* que viene al fin del códice.

Existe tambien en la Biblioteca nacional un extracto del mismo códice, hecho por el padre Buenaventura Aranguiz, provincial que fué del convento de San Francisco; y en un prólogo que encabeza el extracto, se lee lo siguiente, que citamos en comprobacion de lo expuesto: « Tuve (dice el padre Aranguiz).... la felicidad inesperada que viniese « a mis manos por las de un paisano benemérito este apreciable frac- « mento de la historia civil y política de nuestro Chile. Hacian años « que le oia citar, y siempre con respeto: y entrando a rejistrarle, hallé « un dilatado volúmen manuscrito, tan maltrado y lacerado, que él solo « era el testimonio fidedigno de la antigüedad de su oríjen: de la esti- « macion con que de mano en mano llevó su ruta hasta el Perú; del « prurito y esmero con que fué leido: y últimamente del estado infeliz « en que se hallaba, inferí juntamente la ingrata suerte de su autor, a

« quien desde su infancia hasta su noble posteridad le acompañaron las
« desgracias. La vista desnuda ni el comun espejo, era ya bastante para
« leerle, y distinguir sus borrados y confusos caractéres, que a haber
« un telescopio tan perspicaz para la immediacion de los objetos, como
« lo hai para la commensuracion de sus distancias, ya nos hubiéramos
« valido de este mecanismo para entrar con mas felicidad a su lectura."

Nada dirémos del autor del *Cautiverio Feliz*, ni de la obra misma,
reputada por los intelijentes como uno de los monumentos mas preciosos de la historia nacional. De ello ha querido bondadosamente encar-
garse nuestro erudito historiador don Diego Barros Arana, para ava-
lorar así esta Coleccion con uno de sus concienzudos e interesantes trabajos.

CAUTIVERIO FELIZ

DEL MAESTRO DE CAMPO JENERAL

DON FRANCISCO NUÑEZ DE PINEDA Y BASCUÑAN,

Y RAZON INDIVIDUAL DE LAS GUERRAS DILATADAS DEL REINO DE CHILE,

COMPUESTO POR EL MISMO

Y DEDICADO AL REI N. S. DON CÁRLOS II, QUE DIOS GUARDE MUCHOS AÑOS PARA GLORIA NUESTRA.

Del M. R. P. M. Fr. Florian de la Sal, de el órden Real de Nuestra Señora de la Merced R.ᵒⁿ de cautivos, Provincial de la Provincia de Santiago, Reino de Chille.

SONETO EN ALABANZA DEL AUTOR Y DE SU LIBRO.

Ninguno como vos, Marte elocuente,
Unir supo tan bien las facultades,
Con la pluma mostrando suavidades,
Con la espada mezclando lo prudente.

En vos, de Chille capitan valiente,
Estas solo se han visto calidades:
Con la pluma escribir divinidades,
Con la lanza matar bárbara jente.

Con estas armas de Minerva y Palas,
Solo vos, Bascuñan, habeis podido
Defender vuestra patria con alientos:

Y mas si lo lijero de sus alas
Llegaren por su dicha al réjio nido:
Que entónces lucirán los documentos
En vos, de Chille, capitan valiente.

LAUS DEO.

Fr. Florian de la Sal.

De otro afecto al mesmo autor por haber leido su libro, hijo tambien relijioso, del órden militar de N. S. de la Merced, en Santiago de Chille.

DÉCIMAS.

Vibrar la lanza en la guerra
Con denodado valor,
Dando al bárbaro temor,
Alborotada la tierra:
Es accion que en vos se encierra,
Con opinion aprobada,
Adquirida y heredada
De vuestros projenitores,
Que fueron conquistadores
De esta nacion obstinada.

No es esto lo que me admira,
Sino es que esté reluciendo,
Entre el militar estruendo,
La pluma que letras jira,
Con immitacion de lira,
En la sagrada escriptura,
Y en decir la verdad pura;
Que solo el gran capitan
Don Francisco Bascuñan
Puede escribir con lisura.

Vale.

CAUTIVERIO FELIZ,

DE

DON FRANCISCO NUÑEZ DE PINEDA Y BASCUÑAN.

DISCURSO I.

CAPITULO I. (1)

De la adulacion y mentira, y de cuán dañoso y perjudicial sea que los historiadores se dejen llevar de ella, y de cuán peligroso en estos tiempos es el decir verdades.

Para sus antojos muchos la elocuencia abusan; pocos los que sobria y lejítimamente usan de esta facultad. Aquel por orador insigne se reputa que con aparente celo de verdad cubre la mentira, y en estos nuestros lamentables siglos, tal vez [?] ningunos se desvian de tan comun despeñadero; pues no por barruntos estas. ....verdades, aun en los mas........predicadores mezclando..........clara luz del Evanjelio santo en curiosos y afectados conceptos; mas juzgo en estos tiempos de semejantes afeites y rebozos necesitar nuestras costumbres, para que la palabra divina algun lugar tenga en nuestros corazones; que es propio del natural humano y de nuestras curiosas condiciones escudriñar con veras lo que nos ocultan y lo que con rebozo se nos veda, como lo sintió Ovidio :

Citimur in vetitum semper cupimusque negata.

En lo que hai dificultad
Estriba nuestro cuidado,
Y tras lo oculto y vedado
Se va nuestra voluntad.

El deseo y el afecto corren a rienda suelta tras de lo que nos ocultan, dijo el poeta.

Preguntaron a su divino maestro los sagrados discípulos, que por qué causa o razon hablaba de ordinario en parábolas y enigmas; a que responde a nuestro intento San Juan Chrisósthomo y dice, que por-

_____

(1) El principio de este capítulo, por lo deteriorado del manuscrito, no es posible descifrarlo por éntero.

1

que pusiesen mas cuidado y solicitasen con mas veras entenderle, que
la obscuridad que encerraban en sí sus palabras, les incitaria a escudri-
ñarlas y a rumiar sobre ellas; que si la intencion de Cristo, Señor
nuestro, fuese no ser entendido, ni en parábolas ni enigmas, ni en otro
jénero de lenguaje les hablara palabra: con que podrémos decir lo que el
jentil versista, que es conveniente y necesario en todo jénero de escritos
y narraciones usar de parábolas y enigmas:

Si licet exemplis in parvo grandibus uti.

> Son lícitos los disfraces
> En los escritos mayores,
> Y usar de ejemplos y frases
> Aun en los que son menores.

Principalmente hablando de las cosas divinas y celestiales, como lo
enseña San Clemente Alejandrino: con que se podrá entender que
mi principal asumpto no habrá sido encaminado a querer juzgar ni censurar stilos tan cultos y levantados como los que hoi se acostumbran
en el lenguaje, que fuera desmedido atrevimiento y osado presumir
querer emular lo que no alcanzo. Solo sí podré decir y dar a entender lo
que me ha movido a cojer la pluma en la mano y escribir algunos sucesos
de este reino con verdaderas experiencias (aunque con humilde y llano
estilo): el haber reconocido algunos escritos y obras de historia que
han salido á luz y estan para salir, de algunos acaecimientos de esta
guerra de Chile, tan ajenos de la verdad como llevados de la adulacion
los mas, y otros del propio interes y del que han adquirido por sus
letras; que en lugar de ser su trabajo y desvelo agradecido y bastantemente estimado, podrémos decir a la contra de lo que Juan Tritemio
en alabanza de los escritores dijo, que si de la iglesia faltasen, vacilaria
la fee, resfriaríase la caridad, perderíase la esperanza, caducaria la justicia, confundiéranse las leyes, y en perpétuo olvido quedara el Evanjelio y las cosas memorables sepultadas. Pues al trocado, podemos decir
que si tales escritores fabulosos, contemplativos y interesados dan sus
obras a la estampa, es cierto que vacilará la fee por falta de la verdad, la
justicia perecerá porque las leyes tendrán diferentes sentidos, y el
Evanjelio en sus plumas mui gran riesgo de entenderse. Mas conveniente
te y justo fuera que semejantes escritos y escritores fuesen sepultados
y faltasen del mundo, pues de ellos no se puede orijinar otra cosa que
un gran descrédito de la guerra de Chile y de los que han derramado
su sangre en servicio de su Rei y señor, y padecido varios trabajos y
desvelos por acreditar en sus historias a los que con potestad y dineros
han adquirido el aplauso de tales coronistas lisonjeros, que con relaciones siniestras y contemplativas dependencias intentan deslucir calificados méritos y engrandecer fantásticas opiniones.
    Cuenta el natural poeta las penalidades y trabajos que el César le
hizo padecer en su penoso destierro, por haber escrito un librillo fabu-

loso, liviano y deshonesto ; y arrepentido de su entretenimiento pasado, le confiesa su culpa y la razon de su enojo y de su ira :

Illa quidem justa est, nec me meruisse negabo :
Non adeo nostro fugit ab ore pudor.

No puedo, César, negarte
Que el castigo que he tenido,
Le tiene bien merecido
Mi liviano injenio y arte.
Avergonzado por parte
Me tiene el conocimiento :
Sirva mi arrepentimiento
De en tu justicia templarte.

Yo os prometo (le dice) que no puedo negaros que estoi corrido y avergonzado, y que el castigo que me habeis dado, ha sido justo y conveniente ; porque el que coje la pluma en la mano para cosas livianas, deshonestas y fabulosas, tiene bien merecido su castigo.

¡O cómo se deben echar ménos aquellos antiguos tiempos, cuando los escritos ociosos, fantásticos, quiméricos y fabulosos hallaban príncipes superiores que los sepultaban, y con severidad majestuosa castigaban a sus dueños, y las verdades las colocaban en su merecido asiento! Hoi acontece tan al contrario, que tengo por sin duda que por verdadero que quiera el historiador dejar en memoria lo sucedido, le ha de sobrar el temor y acobardarle el recelo de verse por la verdad aniquilado y abatido. De una respuesta que Cristo, Señor nuestro, dió a los cortesanos del cielo cuando subió triunfante a sus celestiales alcázares, sacarémos la prueba de lo que habemos dicho. Preguntáronle con gran cuidado (despues de haber manifestado quien era), que por qué causa venia tan lastimado y con las vestiduras teñidas y ensangrentadas ; a que responde a nuestro intento escojidamente : yo soi el que digo la verdad y no puedo ocultarla. Con que nos dió a entender, que el decir verdades trae vinculadas en sí las heridas, la sangre y el abatimiento, y aun la muerte ; pues no se puede ya vivir en estos tiempos sin la mentira y la adulacion, por estar tan admitida entre los príncipes y señores de estos nuestros desdichados siglos. ¡Cuán a la contra de lo que nos enseña la divina norma de Cristo, Señor nuestro, como maestro tan celestial, a quien debian imitar y seguir todos los príncipes cristianos y señores poderosos! Y porque no se me pase en blanco lo que a la memoria en la ocasion presente se ha ofrecido acerca de los aduladores lisonjeros, referiré lo que nos cuenta el glorioso coronista San Mateo.

Llegaron un dia los discípulos de los fariseos a preguntar a Cristo, nuestro bien, si seria lícito dar el tributo al César, o no, con palabras amorosas, de grande respeto y estimacion, diciéndole : maestro, nosotros sabemos y tenemos por cierto que sois verdadero doctor, y que enseñais el camino de Dios en la verdad y justicia, y que no atendeis a respectos humanos para dejar de decir lo que es conveniente y justo. ¿Qué palabras pudieran decir mas amorosas, mas corteses y verdaderas que las repetidas, si se hubiesen pronunciado sin la malicia y dañada intencion que traian de adularle y de mentirle? pues, aunque le llamaban maestro y doctor, excusaban ser sus discípulos, nombrándole verdadero, y no daban crédito a sus razones; decíanle que enseñaba el camino de la verdad y el de la justicia, y huian de andar por él: finalmente, su pretension no se encaminaba a otra cosa que a sacar de su respuesta alguna palabra con que calumniarle, juzgando que con la adulacion y mentira tendrian para su intento mui de par en par las puertas. A cuyas razones les responde Cristo: ¿por qué me tentais, hipócritas, embusteros, aduladores? Pues digo yo ahora y pregunto: ¿Señor, sufrido, manso y agradable, palabras tan ásperas y de tanto vituperio respondeis con enojo a las que os han dicho tan amorosas, tan verdaderas y corteses, cuando en otra ocasion sabemos que respondísteis humilde, placentero y con agrado, habiéndoos vituperado con palabras afrentosas de embustero y de endemoniado? solo pronunciaron vuestros lábios: yo no tengo en mí al demonio. Pues, ¿cómo con estos, cortesanos en el lenguaje, y en sus palabras halagüeños, os mostrais tan riguroso, tan airado y desabrido? La respuesta que nos dará nuestro divino maestro, será la que yo he pensado, a mi corto entender, para cuya intelijencia me pareció advertir la nota que hizo el cardenal Toledo en las dos veces que echó Cristo, Señor nuestro, del templo a los que trataban de comprar y vender en él: la primera refiere San Juan en el capítulo segundo, y San Mateo la segunda, en cuya ocasion solamente los reprehende con palabras ásperas y rigurosas, habiendo en la primera castigádolos con azotes; y dice nuestro citado cardenal, que fué mas áspero y sensible el segundo castigo de palabras que el de los azotes, siendo así que cualquiera juzgara ser al contrario; con que nos da a entender nuestro ilustre cardenal no haber castigo mas penoso ni de mayor tormento que el de palabras desabridas y afrentosas, para los que se precian de presuntuosos y graves: a cuya causa al delito reiterado se le aplica el remedio mas eficaz para la cura. Pues a nuestro intento preguntemos ahora, que por qué Cristo, bien nuestro, a los que le alaban y reverencian con corteses y amorosas palabras, los castiga con las que les dice tan desabridas, rigurosas y ásperas, llamándolos de hipócritas y embusteros, y a los otros blasfemos y maldicientes responde mansamente y con amor? A que respondo, que lo que juzgo y puedo alcanzar de estas dos repuestas es, que nuestro divino maestro quiso dotrinarnos y dar a entender, que es mas conveniente y necesario sufrir y disimular la ofensa y el vituperio de un maldiciente mordaz, acostumbrado al ejercicio de su mala lengua, que la alabanza y adulacion de un hipócrita embustero, que en presencia del alabado dice lo que no siente, y en ausencia juzga mas de lo que alcanza; y como a delito tan de mayor marca, le da el castigo en esta ocasion conforme a sus merecimientos, aplicándole rigurosamente a sus cautelosas alabanzas.

¡Cuántos ministros consejeros de esta calidad y porte pudiéramos señalar con el dedo (como dicen) en estos nuestros paises, que en presencia de los príncipes y superiores que gobiernan, engrandecen y alaban sus acciones, y en su ausencia las vituperan! Juzgo a estos tales imitadores de los fariseos, como las aguas de un lugar que refiere Plinio, que puestas ciertos dias señalados del año a la vista del templo del dios Júpiter, tenian sabor de vino, mas en apartándolas de su presencia se volvian a su antiguo sabor.

A su imitacion algunos, cuando se hallan en el templo de la superioridad y grandeza de los que gobiernan y rijen, los verémos mui solícitos y cuidadosos en alabarlos, en apoyar sus acciones y en irse con la corriente de su paladar y gusto; mas en apartándose de su presencia, ¡qué presto mudan de parecer! al instante le condenan y en un momento le crucifican, trocándose como las aguas de Plinio.

Bien habia en que dilatar este capítulo, mas no faltará ocasion en que manifestar verdades, si puedo, como dijo San Juan en su segunda epístola, boca a boca: *spero enim me futurum apud vos;* supuesto que el principal blanco a que se encaminan mis discursos, no es otro que hacer las verdades patentes. Con que darémos principio a mi Captiverio feliz, de adonde sacarémos el fundamento de la dilacion de esta guerra de Chile, pues lo uno y lo otro viene a ser directo blanco de este libro.

CAPITULO II.

En que se trata brevemente de mis primeros años y de la suerte que entré a servir al Rei nuestro señor.

El tiempo de mi niñez hasta los diez y seis años ocupé en el ejercicio de las letras, si bien en poco no se puede adquirir mucho. Despues de haber cursado las escuelas algun tiempo y llegado a penetrar con el discurso algo de lo que la ciencia filosófica nos muestra; (por ciertos juveniles desaciertos, que suelen servir de escollos que obligan a amainar las velas al injenio que con mas pompa y lucimiento sulca el inmenso mar de la sabiduría) así por esto como por verse ya o haberse hallado en aquel tiempo mi amado padre (que Dios tenga en descanso) imposibilitado de proseguir con su tan fervorosa inclinacion de servir a S. M., con los trabajos tan ordinarios que en este reino pasó desde edad de catorce años hasta los de sesenta y seis, que fué en la que se hallaba cuando se retiró de la guerra dejando el oficio de maestro de campo jeneral que en tiempo de cuatro gobernadores ejerció, conservándole en él mas de diez años por conveniencia del Rei nuestro señor y aumento de sus fronteras; y estando, como estaba, sin una de las dos naturales luces que acompañan y adornan el rostro de la criatura mas perfecta, y sin el fundamento principal de la ajitacion humana (pues para haber de mover los piés a alguna parte le era forzoso valerse de artificiosas trazas y instrumentos de madera), determinó sacarme de la clausura y colejios adonde desde edad de seis a siete años me habia puesto; habiendo quedado de ese tiempo sin madre por habérsela llevado Dios, nuestro Señor, de este mundo al venidero siglo. Dichosa pérdida cuando tuvo por ganancia la doctrina y enseñanza de la relijion sagrada de la Compañía de Jesus, madre tan piadosa de los fieles como amada de los que tienen verdadero conocimiento de su grandeza, que para estos es pan sabroso y de grande utilidad su educacion y crianza; como al contrario se les trueca a los ingratos y desconocidos este pan en dura piedra, verificándose en ellos lo que dijo San Pedro Chrisólogo sobre el lugar del profeta Isaías: *Panis ei datus est*, y sobre la translacion hebrea, que en lugar de *Panis* se lee: *Lapis datus est ei:* que dió Dios pan a su pueblo, y dándole pan le dió piedra. Pues ¿qué tiene que hacer lo uno con lo otro? Aquí descifra la duda el glorioso santo y nos dice, que no está la diferencia que hai tan grande de pan a piedra, en quien hace el favor o el beneficio, sino es en quien le recibe; que a los que saben conocer el bien y hacer aprecio de lo que les dan, les viene a ser pan sabroso y deleitable manjar, y a los otros al trocado.

Sacóme (como tengo dicho) porque, demas de las causas referidas, ocupase el lugar que a mas no poder dejaba en su tan anheloso y militar ejercicio, ordenándome fuese a servir al Rei nuestro señor de soldado y a arrastrar una pica en una compañía de infantería española: cosa que como muchacho y sin experiencia alguna llegué a sentir sobre manera; y mas lo sintiera en estos tiempos, cuando no hai quien se precie de ir a ocupar en esos tercios una compañía de infantería de los que tienen caudal, porque con sus dineros compran los oficios mayores de las milicias: premio que con su trabajo y desvelo no puede conseguir el que es pobre soldado.

Y porque a los principios nos encontramos con alguna de las causas que concurren a la dilacion de esta guerra de Chile, no la omitamos, que es la avara codicia de los que gobiernan, pues por el logro y el interes anteponen a los que no son dignos de lo que solicitan y pretenden; a quienes dotrina el profeta Ahías, y enseña de la suerte que se han de recebir los dones y las dádivas. Envió el rei Jeroboan al profeta a consultar con su mujer la enfermedad de su hijo, y ante todas cosas le manda llevar por delante algunos regalos de pan, uvas y miel; y ántes de responder a su embajada, la recibe áspera y desabridamente. Reparó aquí Theodoreto y pregunta, que ¿por qué causa a la que le trajo dones y presentes de regalo, severo la reprehende y la despide? a que responde, que lo hizo el profeta porque sus palabras en la respuesta fuesen de mayor peso y crédito, porque los que desprecian las dádivas graciosas, acreditan mas bien sus lucidas obras. Mal las pueden acreditar los que gobiernan cudiciosos y no solamente reciben dones, sino es que tambien los solicitan por malos medios y extraviados caminos. Con que podrémos decir de nuestra tierra que no la gobiernan profetas santos, sino es que está puesta (como dijo Job) en las manos del demonio. Así lo sintió Lira, en este lugar, porque no se satisface nunca este maligno espíritu, que es de la calidad de los áspides o díspades (que es lo propio), que siempre se hallan con insaciable sed aunque esten en medio de copiosas y abundantes fuentes; así lo sintió Lucano:

Stabant in margine sitiæ
Aspides, in mediis sitiebant dispades undis.

Los áspides ardientes
En medio de las ondas abundantes
Y de claras corrientes,
Mas sedientos se muestran que de ántes,
Que su anhelo sediento
Compite con la sed del avariento.

Prosigamos con nuestra historia, que de ella irémos sacando lo que habrémos menester para la principal proposicion de este libro.

El gobernador que en aquellos tiempos gobernaba, era caballero de todas prendas, gran soldado, cortes y atento a los méritos y servicios de los que servian a S. M., y considerando los calificados de mi padre, le habia enviado a ofrecer una bandera o compañía de infantería para que yo fuese a servir al Rei nuestro señor, con mas comodidad y lucimiento, a uno de los dos tercios, dejándolo a su disposicion y gusto. De lo cual le hice recordacion diciéndole, que pareceria mas bien que como hijo suyo me diferenciase de otros, acetando la merced y ofrecimiento del capitan jeneral y presidente: razones que en sus oidos hicieron tal disonancia, que le obligaron a asentarse en la cama (que de ordinario a mas no poder la asistia) y decirme con palabras desabridas y ásperas, que no sabia ni entendia lo que hablaba; que cómo pretendia entrar sirviendo al Rei nuestro señor con oficio de capitan, si no sabia ser soldado; que cómo me habia de atrever a ordenar ni mandar a los experimentados y antiguos en la guerra sin saber lo que mandaba; que solo serviria de darles que notar y que reir, porque quien no habia aprendido a obedecer, era imposible que supiese bien mandar. Y consolóme algo esta razon, por haberme acordado en aquel instante de unas elegantes palabras de Ciceron, que dice que es forzoso que haya sabido algun tiempo obedecer el que sabe bien mandar, y que es mui digno y merecedor del mando el que sabe obedecer. Autoriza estas palabras el glorioso padre San Gregorio diciendo, que no se atreva a ser superior prelado quien no ha sabido ser súbdito obediente.

Y a este propósito diré un pensar agudo del doctísimo Lira, que hizo un reparo en las palabras del profeta Eliseo cuando por esos aires fué arrebatado su querido maestro: padre mio, carroza de Israel (le dice) y carrocero della, ¿cómo puede ser uno el que es rejido, y el mesmo el que gobierna? y responde nuestro citado doctor: el carro que es rejido y gobernado se antepone al que le rije, para darnos a entender que ninguno supo mas bien mandar, que el que ántes aprehendió a obedecer.

¡O cómo fuera de grandísima importancia a nuestra real corona el que los pretendientes de estos siglos tuviesen una respuesta como la

que tuve de mi amado padre, que como tan gran soldado no se dejó
llevar de la aficion que pudo inclinarle al aumento y honra de su hijo,
como anteponen otros padres de las repúblicas y ejércitos a los que son
de su devocion y a sus criados, sin tener mas méritos y experiencias
que las que quieren los superiores darles; al contrario de lo que se
experimentó en el que atendia mas a las conveniencias públicas que a
las que le tocaban tan de cerca, y miraba con todo desvelo el mayor
servicio de S. M.: que lo es grande el que se les cierre la puerta a los
que con dineros y otras dependencias solicitan honores y dignidades, y
los mas, gobiernos militares, sin haber sabido lo que es ser soldados;
con que fácilmente, en adquiriéndolos, van de mal en peor los sucesos de
la guerra, y el gobierno político de la mesma suerte. Qué bien ajustaba
aquí el decirles, que aprehendiesen ante todas cosas a obedecer a otros
para saber mandar con experiencias.

Con esta consideracion fuí a cumplir el mandato de mi padre al
estado de Arauco, con toda presteza (porque el fiel obediente (como
dijo San Bernardo) no conoce la tardanza), adonde de soldado procuré
hacerme capaz en breve tiempo de lo que a un mílite de obligaciones le
es forzoso y conveniente, y que procura no quedarse atras en el ejercicio
que profesa. Y por no dilatarme en lo que no es tan del intento del
asunto, digo que en algunos años que asistí en aquel estado, ocupé el
puesto de alférez de la compañía del maestro de campo del tercio, cabo
y gobernador de ella cerca de dos años, y despues el de capitan de
infantería española, hasta que por indisposicion y achaque que me
sobrevino, habiendo vuelto a cobrar salud a casa de mi padre, quedé
reformado; y habiéndola solicitado con todo desvelo porque volviese a
continuar el real servicio, me hizo volver a él, como lo hice asistiendo
siempre cerca de la persona del presidente, gobernador y capitan jeneral de este reino. Y habiendo sucedido algunos desastres y no bien
afortunados acaecimientos en encuentros con el enemigo, me mandaron
volver a servir otra compañía de infantería española en el tercio de
San Felipe de Austria, que era entónces el blanco donde el enemigo
solicitaba hacer sus tiros; y por ser parte mas peligrosa y mayor riesgo,
estimé el favor que se me hizo, y le admití con todo gusto por el amor
y voluntad con que deseaba acertar a servir a S. M. y perder la vida
en su servicio, si se ofreciese ocasion. Y concluiré este capítulo con
ponderar la lealtad y el fervor con que en un reino como este de Chile
tan remoto, procuramos oponer nuestras vidas al peligro que consigo trae la guerra vinculado, por el poco premio que esperamos en
rejiones tan distantes y apartadas de la presencia de nuestro gran monarca, nuestro Rei y natural señor, adonde podré decir y asegurar con
verdad por la experiencia que tengo adquirida, que son antepuestos y
aventajados los que (aun con descrédito de sus personas) han buscado
y adquirido algunos maravedises, a los que con sobrada opinion los
han sabido gastar en el real servicio y defensa de su patria.

Ejemplares pudiera poner muchos, si el decir verdades no fuese peli-

groso, y de sus claridades no se orijinasen odiosos partos; que segun el
sentir de Ciceron, habia de ser mui al contrario entre las personas familiares y ajustadas a la razon, porque una cosa es vivir entre tiranos y
otra con amigos: y verdaderamente que nos industrian y enseñan los
jentiles con sus consejos y razones, y en sus tratos nos avergüenzan,
porque entre los nuestros experimentamos con efecto que el que no
solicita y procura mentir y engañar a los compañeros y amigos, no se
tiene por discreto ni sabido, con que hai mui pocos o ningunos que
profesen decir verdades. Y aunque haya algunos que con buen celo
las manifiesten a sus amigos y confidentes, no hai quien las oiga ni
admita con amor y mansedumbre, como lo hizo el caudillo de Dios
Moises, reprehendido de su suegro, hombre tosco y bárbaro (como lo
notó San Chrisóstomo), y Moises erudito y sabio. Y con todo eso permitió de Jethro ser amonestado: accion bien celebrada en estos y aquellos tiempos; y agora en los que gozamos, no hai quien quiera ni aun
de los sabios y doctos ser advertido. Porque presume cada uno, puede
ser maestro del que mas se adelanta en el injenio. Grande ejemplo nos
dejó este gran ministro de Dios, pues no tan solamente admite con buen
semblante la reprehension tosca de su suegro, sino es que le solicita
honores y conveniencias en su ejército; a quien debíamos imitar con
todas veras, y no presumir de nosotros mismos, que no habemos menester consejos y advertencias. Y volviendo a nuestro intento, solo diré
que los príncipes superiores ministros del Rei nuestro señor que no
atienden al descargo de su real conciencia y a la ejecucion de sus reales
órdenes, dando el premio dedicado para los que le han servido y trabajado derramando su sangre y gastando sus caudales y floridos años en
él, no se pueden tener ni reputar por legales ministros de S. M., quien
con cristiano celo y piadoso acuerdo los envía y pone en lugares y oficios
preeminentes para que honren y premien a los mas dignos benemeri-
tos, que con personales servicios y contínuos afanes han adquirido estos
títulos en reinos tan remotos como Chile. Porque los servicios y méritos que en él se hacen, son mas de estimar y agradecer que los que se
adquieren a vista de nuestro gran señor y monarca, que teniéndola
presente, o tan próxima que los rayos de su justicia alcancen a esclarecer y alumbrar sus afectuosos deseos, no habrá que maravillar ni tanto
que agradecer en que se aventajen y se opongan a cuantos peligros y
riesgos de la vida puede ofrecerles el tiempo ni la incostante fortuna.
Porque podrémos decir de la presencia de nuestros católicos Reyes
(como dioses de la tierra) lo que San Chrisósthomo de la de nuestro Dios
y Señor dijo, que teniéndola presente de ordinario, todas las cosas se
facilitan, los trabajos se toleran y somos superiores a nuestros enemigos.
Envió Débora a Barac contra Sisara, príncipe del ejército Jabino, y
para dar a entender de cuanta importancia sea la presencia del superior,
le dice Barac: si tú no vienes conmigo y me acompañas, no daré paso
adelante; porque la asistencia del que gobierna y rije, los mayores
tropiezos los allana, facilita inconvenientes, y el valor y las fuerzas las

aumenta, minora y enflaquece las de los contrarios. Así se verifica en el portentoso suceso y caso raro que refiere el doctor Jansonio Docomense Frigio en su libro sesto. Los señores y príncipes de la nacion Bartolda contendian de ordinario con los de Bravancia y en todas ocasiones salian vencidos los bartoldos de la otra nacion, a quien su duque y cabeza los asistia y acompañaba en sus batallas. Murió el duque y su señor, y quedó el heredero tan pequeño que apénas tenia un año, a cuya causa en las demas ocasiones de contienda, que de ordinario venian a las manos, sin asistencia de su duque por su fatal ausencia, los que de ántes eran gloriosos vencedores volvian ignominiosamente vencidos. Entraron en consejo, y reparando qué podia ser la causa del cambio de aquellas suertes, vinieron a colejir y sacar por consecuencia que sin duda alguna era la falta de su príncipe y natural señor y cabeza, que los asistia y acompañaba dándoles valor y esfuerzo. De cuyo acuerdo y junta de guerra salió por todos decretado, que en el primer encuentro que se les ofreciese, llevasen a la guerra al heredero niño. Hiciéronlo así; y con ser verdad que era tan pequeño que la cuna le servia de caballo, sus delicados pañales de aceradas armas, y sus tiernos y lastimosos lloros de fervorosas y alentadas voces, pudo tanto su presencia para con sus leales vasallos, que vencieron gloriosamente a los que de ántes los habian sujetado y vencido sin esta dilijencia. Y así dice Jansonio: tanto como esto puede la presencia de un lejítimo príncipe y natural señor en sus vasallos; y mas adelante prosigue diciendo: ¿quién hai que ignore que la presencia del príncipe y lejítimo dueño sea de tanta importancia como el piloto en la nave, el padre en su familia, el rector en su escuela, y el sol en el cielo? Y podrémos decir a nuestro intento, que los trabajos, miserias y desdichas que [se] padecen en este aflijido reino sin esperanzas de premio, son mas de estimar y agradecer que los méritos y servicios (por aventajados que sean) adquiridos y obrados en la presencia y a los ojos de nuestro Rei y natural señor, tan justificado como piadoso, en quien tienen piloto que los rija, padre que los ampare, rector que los encamine y sol que los alumbre.

CAPITULO III.

Que trata de la pérdida y muerte del correjidor de la ciudad de Chillan; de cuyo desastre resultó la batalla en que quedaron muertos y cautivos mas de cien hombres y el autor preso.

Qué sujetos estan a dar de ojos, los que no los pusieren con acuerdo en los daños y tropiezos que anticipadamente a otros derriban; y es cosa averiguada y verdadera, haberse orijinado mas crecidos males de no haber procurado con efecto remediar los menores, poniendo los ajenos peligros a la vista por no caer incautos en los que inadvertidos experimentaron otros. Qué bien lo dijo todo San Isidoro en las siguientes palabras: *huye* (dice) *de la cueva o foso adonde en tu presencia viste al otro caido y derribado; teme los peligros ajenos en tí mesmo.*

Del suceso que referiré en breve, sacarémos la prueba de esta verdad constante. El año de 629, a los diez dias del mes de abril, entró el enemigo a molestar la comarca y distrito de la ciudad de Chillan, no con desinio de tener tan buen acierto como el que les deparó su dicha y nuestra fortuna adversa, sino es tan solamente por llevarse por delante lo que pudiesen, y todo lo que topasen sin resguardio, como aves de rapiña, procurando molestarnos con los daños que acostumbran en sus malocas, entradas y salidas; y aunque en esta ocasion no habia sido mui considerable el que nos habian hecho, con todo eso se determinó el correjidor y cabo de aquella ciudad y frontera a salir en su seguimiento; y siendo persona de todo valor y experiencia en esta guerra, le faltó en la ocasion presente lo que a muchos presumidos, que persuadidos a que su crédito se pierde en no acertar por solo su parecer, rehusan oir los ajenos, y si se los manifiestan con amor y con deseo de sus aciertos, tienen por punto de honra y caso de presuncion el oponerse a ellos, queriendo mas arrojarse al peligro a costa de sus vidas, que lograr felices sucesos por ajenos pareceres. Y así, le aconteció a este valeroso capitan lo que a los sacerdotes que refiere el libro de los Machabeos, que queriendo mostrarse mas valerosos de lo que sus fuerzas prometian, determinándose a salir a la batalla sin consejo ni parecer alguno, perecieron todos. Poca capacidad muestra el que se gobierno sin consejo. Así lo dicen los Proverbios, en cuyo lugar dijo el gran doctor y maestro Francisco de Mendoza estas palabras: *adonde no hai consejo, no está la subiduria, sino la locura manifiesta.* A Roboan, por despreciar el parecer de los de su consejo, como era de aquellos ancianos de su reino, se le rebeló la mayor parte dél y le obligó a ponerse en huida. Y es cierto que si en esta ocasion sigue el parecer y consejo de personas ancianas y de toda experiencia, hubiera conseguido mui feliz acierto; porque saliendo de la ciudad a cojer el rastro del enemigo adonde habia hecho el daño, una legua mas abajo de ella le advirtieron que excusase el rodeo y el trabajo que a los caballos daba, si queria dar con el enemigo ántes que ganase la muralla que ha tenido por defensa siempre entre las ásperas montañas de la cordillera; que cojiendo en la mano tal camino y senda bien cursada que al atajo salia a su derrota, sin duda alguna se irian a las manos. No lo hizo así, no sé si por lo referido o por parecerle que su acuerdo y determinacion seria el medio mas eficaz para dar alcance al enemigo; con que bajó la legua que he referido, y la volvió a subir por el rastro y camino que llevaba, hallándose con dos leguas de rodeo; y cuando llegó a dar vista a este contrario y enemigo rebelde, fué en la propia montaña, adonde ganaron un paso montuoso, y para su defensa un atolladero y pantanoso sitio elijieron, que solo para entrar en él era necesario valerse de fuerza y maña para no caer del caballo abajo. Cuando llegó al paso el correjidor y sus secuaces, fueron mui pocos los que pudieron seguirle por haberse quedado muchos con los caballos rendidos y fatigados;

que si el parecer que le dieron, sin repugnancia le abraza, no hubiera dado lugar a 'lo uno ni a lo otro, pues ahorrando las dos leguas, no ganara el enemigo la montaña, ni a los caballos faltaran tan presto los alientos, y agregados en un cuerpo en descubierto campo, le hubieran dado alcance y castigado sin duda su osadía, y quedara quebrantado su atrevido orgullo; porque, como despues supimos con evidencia, no era el número de ellos mas que de ochenta, y los nuestros pasaban de mas de ciento, jente valerosa y escojida con que no les hubiera sucedido al contrario de lo que la disposicion y buen acuerdo pudo ofrecerles : pues arrojándose al paso el capitan y caudillo, con particular valor y esfuerzo (que las mas veces el atrevimiento sin sagaz consejo solo de precipitarse sirve), adonde al punto que en él entró resuelto, a lanzas lo derribaron del caballo abajo; y dos hijos que iban en su compañía, habiendo visto en tan evidente peligro a su padre, por defenderle le siguieron, dejando valerosamente las vidas, y otros tres o cuatro soldados que hicieron reputacion de quedar adonde su correjidor y cabo habia dado el último fin a sus dias.

A grandes daños y conocidos riesgos se pone el superior que no admite pareceres ni solicita consejos aun de los mas incapaces, como lo enseñó el supremo rei Cristo, bien nuestro, que cuando hizo o hubo de ejecutar aquel célebre milagro de los cinco panes, dijo a Filipo: ¿adónde comprarémos pan para que coma toda esta muchedumbre que me sigue? y dice el texto sagrado, que lo hizo por tentarle, pues es cierto que sin pedir parecer, sabia de la suerte que habia de satisfacer aquel copioso concurso. Aquí hai que advertir dos cosas ponderables : la primera, que industrió este divino monarca a los de la tierra a pedir consejo aun a los mas ignorantes, que entre los apóstoles se tenia por tal a Filipo, como lo advirtió San Cirilo Alejandrino sobre las palabras de San Juan que dicen: *tanto tiempo has asistido conmigo, y aun no me has conocido?* y con todo eso le pide consejo, para enseñar a los príncipes superiores que no deben ser presumidos ni soberbios, pareciéndoles que todo se lo saben y todo lo alcanzan. La segunda es, que deben tentar y probar a sus allegados, privados y consejeros, para ver lo que responden a sus dudas y dificultades, y examinar atentos lo que dicen, como hizo Cristo con Filipo, quien respondió imposibilitando el poder dar de comer a tantos. Porque hai consejeros en nuestros siglos, que con capa de santos, encaminan sus pareceres a solo sus particulares intereses, y los del comun los imposibilitan, como lo habemos visto y experimentado várias veces ; y así es bien tentarlos y reconocer las intenciones que tienen.

Retiráronse con la pérdida de su caudillo los demas soldados, pareciéndoles ser mas temeridad que valor el querer contrastar con muralla tan inexpugnable, y entrarse en tan conocido riesgo de la vida.

En este tiempo y ocasion asistia yo en el tercio de San Felipe de Austria, ocupado en una compañía de infantería española, como queda atras manifiesto, adonde tuvimos aquella noche el aviso de lo que el antecedente dia habia sucedido; con el cual se determinó el sarjento mayor y cabo del dicho tercio a salir al encuentro al enemigo, y a esperarle en el paso por adonde era forzoso retirarse, habiendo cojido ántes el rastro de su entrada. Hicímoslo así; y aunque llegamos a mui buen tiempo a ponernos en parada, la disposicion que hubo en echar la emboscada, no fué conforme a lo que los capitanes sentimos, pues se nos escaparon tres corredores del enemigo que se venian entrando por nuestro emboscadero; que a tan buena ocasion como esta habíamos llegado, pocas horas ántes, a un valle cercado por una parte de la montaña áspera y escabrosa de la nevada sierra, y por la otra, de unas grandes barrancas de un rio que llaman Puchangue, adonde se arrojaron los tres corredores del enemigo sin los caballos, porque de otra suerte era imposible librarse: finalmente, nos quedamos solo con la vista de ellos, que a mas no poder nos dejaron en las manos sus brutos animales ensillados por escapar las vidas. Y el haberse librado y salido sin castigo esta cuadrilla enemiga, fué por nuestra mala disposicion (pues se pudo haber cercado todo el valle dividiendo nuestra jente y poniéndola en diversos trozos, sin que impidiese el recelo de hallarnos esparcidos, cuando pudiéramos a una voz fácilmente congregarnos.) Resultó de este succeso, con el que tuvieron tan impensado, volverse tan gloriosos y esforzados, que determinaron a pocos dias repetir el viaje con una gruesa junta a batallar con nuestro tercio de San Felipe de Austria, como en hecho de verdad lo pusieron en ejecucion.

CAPITULO IV.

En que se prosigue la materia.

Subcesivamente, a los quince de mayo del citado año, se nos vinieron a las manos y a las puertas mas de ochocientos enemigos, despues de haber saqueado y destruido muchas estancias y chacras comarcanas a nuestro tercio; que cuando llego a querer repetir tan lastimoso estrago, no puedo dejar de decir lo que el natural poeta, haciendo memoria de la afliccion y pena que le causó el ausentarse de su casa y de los suyos :

> Cum repeto noctem qua tot mihi cara reliqui,
> Labitur ex oculis tunc quoque gutta meis.

> Cuando la noche repito
> De mi pena y sentimiento,
> Suspiros rompen el viento
> Con lágrimas que remito.

Que las cristalinas aguas de los ojos no podian en ellos detenerse; que aunque en otra parte nos significa, que es deleitable y dulce cosa hacer memoria de los pasados subcesos: *dulce est meminisse labores,* entiéndese de los propios cuando la inconstable fortuna ha dado lugar a traerlos a la memoria; mas la pérdida de tantos compañeros y amigos no puede dejar de causar mui gran dolor y llanto, y mas cuando los infortunios y desastres son orijinados de poca prevencion, mal gobierno y falta de consejo. Porque en aquellos tiempos no se platicaba, ni se admitian los que eran convenientes, pues me consta el poco aprecio y estimacion que hacian de las personas ancianas y experimentadas en la guerra, porque no sabian irse con la corriente del uso que se platicaba, y al paladar del gobierno que los admitia; y si alguno con fervoroso deseo del servicio de S. M., y del bien comun llevado, decia lo que era lícito y mas justificado, le respondian que era mui a lo viejo lo que hablaba, porque otros consejos habia mas frescos y modernos y de mas importancia para lo que corria y para sus mayores conveniencias. Puedo certificar esto por el lance que le subcedió al maestro de campo jeneral Alvaro Nuñez de Pineda, mi padre, con el gobernador que en aquellos tiempos gobernaba, que cuando tuvo aviso de la muerte referida del correjidor de la ciudad de Chillan con los demas que perecieron, se resolvió con toda presteza a ir a ver el remedio que podia dar a tan impensada pérdida. Alojóse en casa de mi padre, que como atras queda dicho, estaba retirado en aquel lugar por tener su vecindad en él, al cabo de muchos años de desdichas y trabajos que en este reino pasó en servicio del Rei nuestro señor, quedando tullido de las piernas, sin un ojo y pobre, mas siempre deseando que S. M. en todo fuese bien servido, y nuestro pobre suelo aumentado : por lo cual se determinó a decirle, que por la experiencia que tenia de tantos años, y el conocimiento de estos naturales rebeldes, estaba cierto sin poner alguna duda que el enemigo habia de volver mui breve con una gruesa junta a molestar nuestras fronteras y a balaustrar con nuestro tercio, porque estaban enterados mas bien que nosotros de la mala prevencion y poca jente que le asistia; y que así se sirviese su señoría de reparar con tiempo el daño que le podia sobrevenir. A que respondió el dicho gobernador, que era mui a lo viejo lo que decia: razon que juzgo que sin quererla pronunciar se le vino a los labios, por ser refran comun que corria entre todos los palaciegos, pues haciendo reparo despues de la persona que mi padre era, le volvió a decir que estimaba su consejo y quedaba advertido de lo que le decia, pero que él tenia dispuesto lo conveniente para el reparo de sus fronteras y presidios; dejando a mi padre tan suspenso que no le acertó a hablar mas palabras, porque reconoció en el gobernador livianas razones y de chanza, que fácilmente se las lleva el viento y otras veces pesan tanto que se postran por el suelo. Bien es que el superior que está en dignidad alta colocado para la administracion del gobierno, sea jovial, placentero y agradable, con advertencia de lo que dijo Job : *Lux vultus mei non cadebat in terram.* C. 29. n. 24. Cuyo lugar explicó mui a mi intento un docto y grave autor diciendo, que quiso decir el santo patriarca, que la alegría y apacibilidad de su rostro no era ménos preciable porque estaba acompañada con la gravedad conveniente y necesaria a su majestuoso estado. Volvióse con esto el gobernador a la ciudad de la Concepcion, pareciéndole imposible el que llegase a tener efecto la propuesta de mi padre, a cuyo parecer se arrimaban los de los ministros privados, que por conservarse en los oficios se iban de ordinario con la voluntad y gusto del que los rejia; a cuya causa no se puso el cuidado para el buen acierto, que se pudo conseguir si con tiempo se hubiese prevenido. Mas es sin duda castigo merecido, guiado de la divina Providencia, para los superiores que desprecian consejos y pareceres de personas ancianas y expertas en su profesion, que son las que se deben buscar y anteponer a los presumidos bachilleres, como lo sintió Egidio: que aunque uno sea (dice) bien ejercitado en letras divinas y humanas, y a esto se le allegue un buen uso de razon, si le falta la experiencia es de ningun efecto su consejo.

Pues, qué se podrá aguardar de aquel que solo atiende a mentir y adular a los que gobiernan, que por la mayor parte son admitidos y estimados para castigo de nuestras culpas, destruccion de nuestros reinos y ruina de nuestras casas. Porque no hai enfermedad ni peste mas contajiosa en una república, que la adulacion y mentira, y como siente Ciceron, entre los amigos es mortal veneno. Y ¡desdichados los superiores que a su halagüeño viso se sujetan, que cuando ménos piensan, hallan la dura muerte entre sus halagos y blanduras! Porque, como dijo el ilustrísimo Villarroel, mas son los que mueren de este achaque, que los que al trocado escuchan vituperios: y a nuestro intento lo pensó mui bien Eurípides diciendo, que las ciudades y casas bien habitadas las destruye y aniquila esta fiera doméstica, y hace que las voces y llantos del comun concurso no las oigan los príncipes que gobiernan, ni los que pueden correjir, corrijan y remedien los excesos y tiranías que en reinos tan remotos como Chile se experimentan: que en él son absolutos señores los que tienen el réjimen y el mando, y presumen, desvanecidos de estos lisonjeros, que todo se lo saben, todo lo alcanzan y entienden, con que intentan y hacen lo que les parece, y ejecutan lo mas que se les antoja, sin otros pareceres que los que a su paladar y gusto se ajustan, y con aquellos que solo atienden a sus mayores medras e intereses, causados de la esclavitud de esta desdichada nacion, de que se ha orijinado la dilacion prolija de esta guerra, por parecerme no justificada. Y porque en otra parte de este libro daré las causas que me mueven a hacer este concepto, pasaré adelante en mi intento, y digo, que con gran facilidad se dejan llevar los superiores de los aduladores consejeros, que los encaminan a buscar sus conveniencias a costa de la sangre de los pobres, cuando reconocen la codicia insaciable con que vienen atropellando la razon y la justicia; de que se sigue que a pocos lances tiranizan el reino y le dejan en peor estado del que le hallaron, y los habitadores de él mas lastimados cada dia, mas aflijidos y vejados. Porque hai pocos o ningunos que sepan responder a tales malsines allegados, lo que el gran emperador Federico cuando sus privados consejeros le persuadian a que hiciese quitar la vida al inocente niño que su historia refiere, para quedarse con todo y apoderarse de lo ajeno; a cuyas proposiciones les respondió severo estas razones: luego ¿vosotros deseais que yo sea rei tirano, aborrecido y perverso, ántes que pio, justo y santo? no me mueve el interes ni la ambicion me sujeta a poner en ejecucion acciones semejantes, que naturalmente desdicen de la réjia potestad en que me hallo; porque el supremo señor y absoluto dueño de los suyos se debe portar con ellos (como dice el filósofo) de la mesma suerte que un buen pastor con su rebaño.

Y porque al intento se me vino a la memoria una respuesta excelente que refiere Valerio Máximo, dada por Marco Curio, cónsul, a unos malignos consejeros que le daban modos y nuevas trazas de buscar dineros y ser poderoso y rico en breve tiempo (que de estos hai en abundancia en Chile), y porque debian estar en los corazones de los que gobiernan bien impresas y esculpidas, no pasaré en blanco sus razones. Dijo este preclaro juez togado, que no le parecia cosa ilustre ni majestuosa calidad para su imperio tener solo para sí el oro, la plata y los tesoros, mas ántes sí el dominar sobre aquellos que fuesen poderosos, ricos y abundantes. Con que nos dió a entender, que es autoridad mas grande y honor mas sublimado gobernar a los que estan sobrados y opulentos, siendo pobre, desinteresado y justo, que ser poderoso y rico, y gobernar a pobres. A que aluden mui bien las palabras de los Proverbios y se ajustan escojidamente al intento de lo que este cónsul entendia: la grandeza (dicen) y opulencia de los súbditos es la mayor honra y dignidad de los príncipes, y al contrario, la necesidad y miseria de la comun plebe es el descrédito y la ignominia de los que gobiernan. De estas sentenciosas palabras podrémos ir sacando consecuencias y ajustadas illaciones al intento y principal asunto de este libro, y digo así:

¿Cómo puede en paz este reino conservarse, ni esta conquista tener dichoso asiento, ni la guerra dejar de ser sangrienta y dilatada, si al contrario se estila y se acostumbra en sus gobiernos?

¿Cuántos de los que han venido a gobernar a Chile, solicitan conveniencias públicas y la opulencia de los que son sus súbditos? Algunos se han reconocido en otros tiempos, y por desdicha nuestra y plaga universal de nuestras Indias, fueron sus años cortos y limitados sus dias, así por fatales accidentes como por interinarias mudanzas, que son perjudiciales al gobierno, si en él sus medras se van reconociendo. Mas, en lo comun y jeneral ¿quién hai que no desnude a los ricos de sus bienes, y a los pobres les quite aun la sangre de sus venas? Estos son los mas ciertos enemigos, y los que con efecto solicitan del reino las ruinas, y las guerras las hacen dilatadas; a cuyo blanco se van encaminando mis discursos. Con que pasarémos adelante y proseguirémos nuestra historia, que ella nos dará para el propósito suficiente materia y fundamento.

CAPITULO V.

En que se refiere la batalla que el tercio de San Felipe de Austria tuvo en el sitio de las Cangrejeras, adonde murieron 100 hombres y el autor quedó preso.

Muchas claras verdades quisiera pasar en blanco y omitirlas por ser, como tengo dicho, aborrecibles y odiosas con extremo; mas aunque las considere así, y que al salir a la plaza es forzoso que tropiecen, y que con efecto caigan, siendo lo mas cierto, como parece en la boca de un profeta diciendo: la verdad está caida en esas plazas, abatida y postrada por los suelos, y la justicia a lo largo retirada; no por eso podré excusar algunas, porque de ellas es forzoso se deriven y saquen várias consecuencias de que necesita el fundamental asumpto de este libro; aunque procuraré que sea con la piedad y compostura que la ocasion me diere.

Una legua de nuestro cuartel (como queda referido) llegaron mas de ochocientos indios enemigos, y en un estrecho paso del estero que llaman las Cangrejeras, nos aguardaron resueltos y alentados, adonde tuvimos el encuentro y batalla campal, que fué como se sigue.

Luego que nos tocaron alarma de que el enemigo habia corrido nuestras estancias comarcanas y hecho gran estrago en ellas, captivado y muerto muchos habitadores, quemado y saqueado algunas chacras y heredades, el sarjento mayor y cabo de nuestra frontera despachó con toda priesa la caballería adelante, a que reconociese por adonde se retiraba la enemiga tropa; que el número de jente que salió del tercio, seria solamente de setenta hombres (la causa se irá manifestando en lo siguiente). Encamináronse al paso referido, por adonde se venian retirando las cuadrillas que para diferentes partes se habian dividido, con órden de como fuesen llegando, se aguardasen las unas a las otras en aquel mal paso del estero de las Cangrejeras; y aunque pudieron sin arrimarse a nuestro tercio retirarse con la presa que llevaban, conociendo la flaqueza y falta de soldados con que se hallaba, pues en aquel tiempo se componia de pocos mas de ducientos hombres (mal avenidos y peor diciplinados), no quisieron extraviarse; ántes sí haciendo tiempo para aguardarnos y seguir la dicha que les iba corriendo, se vinieron acercando a nuestras armas. Y llegando a tocar esta materia, se me vino a la memoria en este instante lo que nos aconteció en el rio de Puchanque estando entre sus bosques de emboscada, cuando se nos fueron de las manos los tres corredores del enemigo, que en el capítulo pasado referimos; que (aunque en este sirva de paréntesis) referiré el caso lastimoso para que se confirme lo que he dicho y se manifieste claro lo mal industriados que en su militar profesion en aquellos tiempos estaban los mas soldados.

Cuando salimos en seguimiento de los tres corredores del enemigo, del emboscadero adonde estábamos (que por habernos sentido nos volvian las espaldas), se le disparó el arcabuz que llevaba a un soldado, y

3

mató a otro que delante de él estaba, sin que pudiese hablar palabra; con cuyo subceso y semejante espectáculo a la vista quedamos suspensos, lastimados y aflijidos, dando infinitas gracias a nuestro Dios y Señor de habernos librado algunos capitanes de aquel tan grande infortunio, cuando nos hallamos tan cerca que íbamos hombro con hombro del desgraciado difunto; con que a voces los mas cuerdos dijeron con sentimiento, que sin duda aquel desastre era de otros mayores prenuncio, pues tan patentemente nuestras propias balas se volvian contra nosotros. Grandes avisos y recuerdos nos envió en aquellos tiempos el piadoso Señor de cielos y tierra, para que mudásemos de estilo en nuestras costumbres, y estuviésemos con la prevencion necesaria, y acudiésemos al reparo de nuestro daño y de lo que hoi estamos experimentando. Mas no cuidaban los ministros mayores ni menores de otra costa [sic], que de sus comodidades y intereses, que son los que perturban los ánimos de los mas justos; a cuya causa se conservaban muchos en los oficios, porque los adquirian contra toda razon y justicia por falta de superiores y ministros como el vicario de Jesucristo Pedro, que habiendo Simon Mago querido comprar por dineros la gracia del Spíritu Santo, no pudiendo sufrir esta blasfemia, que por tal se puede reputar el decir que por dineros se ha de poder adquirir lo que no se comunica sino es por méritos, luego que oyó su razon le dice, con justificado enojo: tu ofrecimiento y tu dinero sea para tu condenacion, pues tan malvadamente piensas y tan desatentado presumes que por tus dineros te han de dar lo que no mereces.

¡O qué buena repuesta de príncipe superior para el que con dineros quiere negociar y adquirir lo que con sus méritos no puede! Y en este lugar dijo San Pedro Damiano unas lindas palabras, que el dinero con el que le ofrecia fueron igualados en el castigo, y heridos y maltratados, porque el que no lo estima ni le tiene se halla seguro de todo peligro y daño.

Cerremos aquí nuestro paréntesis, y sigamos el discurso principiado. Llegó la primer cuadrilla de hasta 200 indios al referido paso de las Cangrejeras (que a estar las demas agregadas, pocos se escaparan de nuestra caballería), adonde embistió con ellos y trabó su escaramuza por apoderarse del paso que tenian ganado, y ellos por defenderle con los nuestros, de suerte que fué la suya tan buena que en aquel primer encuentro degollaron quince españoles y cautivaron tres o cuatro, obligando a los demas a retirarse a una loma rasa cercana al paso, y aguardar la infantería, que con toda priesa marchaba a mi cargo, habiéndonos llegado aviso de haberse encontrado con el enemigo nuestra jente. Y habiendo montado a caballo los infantes que pude, llegué con toda priesa al sitio adonde la caballería derrotada nos estaba aguardando; y en tres compañías de infantería que llegamos aun no era el número de ochenta soldados, que con los de la caballería haríamos pocos mas de ciento y sesenta, y el ejército enemigo pasaba de mill, porque en el tiempo que nos dilatamos en incorporarnos a los nuestros, se habian agregado las demas cuadrillas enemigas a las que primero ganaron el paso. Cuando en el alto de la loma o eminencia me puse con la infantería, divisando en los médanos de abajo al enemigo, que algunos de ellos se estaban apeando de sus caballos para embestirnos, al punto desmonté del mio, y cojiendo la vanguardia como capitan mas antiguo de infantería, disponiendo los soldados que conmigo acababan de llegar, con el mejor órden que pude, entreveradas las picas con la arcabucería, fuí marchando para el enemigo, que estaria como media cuadra poco mas o ménos de los nuestros, y haciendo memoria de lo que el maestro de campo jeneral Alvaro Nuñez de Pineda, mi padre, como tan experimentado en esta guerra y en el conocimiento de estos bárbaros, me significó várias veces: que mediante el favor divino, lo principal, habia tenido felices aciertos por haber acometido al enemigo siempre que habia llegado a darle vista, aunque fuese con mui desigual número del suyo, porque decia que con eso no le daba lugar a ponerse en órden, ni a dicernir ni numerar la jente que llevaba, si era poca o mucha. Y juzgo de verdad que nos hubiera sucedido mejor, si se hubiese puesto en ejecucion mi discurso y pensamiento; porque agregados en un cuerpo, sin dar lugar a que se enterasen de cuan limitadas y cortas eran nuestras fuerzas, embistiendo con ellos al punto que nos agregamos infantería y caballería, dándoles una buena carga de mosquetería y arcabucería, habian de desamparar el paso que tenian ganado, y apoderados de él nosotros, y cojiéndole por espaldas, nos hallaríamos fortalecidos y aventajados, solo con el peligro y riesgo por la frente. Mas, estando resuelto con estos designios y marchando para el enemigo, llegó un capitan de caballos lijeros lanzas con órden de que me detuviese y formase ante todas cosas un escuadron redondo de mi infantería; y significándole las conveniencias y utilidades que se nos podian seguir de no aguardar a dilaciones, por los pocos que éramos, y el número del contrario poderoso y pujante, me respondió, que con arrojos y temeridades en tales ocasiones no se conseguian buenos efectos, y que bastaba ser órden del superior para ejecutarla sin dilacion alguna. A cuyas razones dije, que el dar a entender mi parecer no era repugnar su mandato, que al instante puse en ejecucion, trayendo a la memoria lo que Tácito en sus historias dijo, y Aristóteles en su Política, que la excelencia mayor del soldado está solo en obedecer a los mayores; y Tito Livio con las siguientes razones lo dijo todo: que el órden y diciplina militar mas en la obediencia y sujecion a los que gobiernan consiste, que en las acciones valerosas y aventajados hechos. Y estando en estas conclusiones disponiendo la poca jente que en la infantería gobernaba, el enemigo no aguardó a dejarnos acabar de poner en órden para la batalla, pues embistiendo con nosotros en forma de una media luna, la infantería en medio guarnecida por los lados de su caballería, se vino acercando a nuestro pequeño escuadron, dando unas veces saltos para arriba los infantes, y otras, por desmentir las balas que les tiraban, cosiéndose con el suelo. Erales el tiempo favorable por ser lluvioso y el viento

norte apresurado y recio, que nos imposibilitó nuestras armas de fuego,
de manera que no se pudo dar mas que una carga, y esa sin tiempo ni
sazon. Con que al instante su infantería y caballería cargó sobre nosotros con tal fuerza y furia, que a los ochenta hombres que nos hallamos
a pié, nos cercó la turba multa, y habiéndonos desamparado nuestra
caballería, nos cojió en medio, y aunque pocos para tan gran número
contrario, sin desamparar sus puestos, murieron los mas como buenos y
alentados soldados peleando valerosamente. Y estando yo haciendo
frente en la vanguardia del pequeño escuadron que gobernaba, con algunos piqueros que se me agregaron, oficiales reformados y personas
de obligaciones, considerándome en tan evidente peligro, peleando con
todo valor y esfuerzo por defender la vida, que es amable, juzgando
tener seguras las espaldas, y que los demas soldados hacian lo mesmo
que nosotros, no habiendo podido resistir la enemiga furia, quedaron
muertos y desbaratados mis compañeros, y los pocos que conmigo asistian iban cayendo a mi lado algunos de ellos, y despues de haberme
dado una lanzada en la muñeca de la mano derecha, quedando imposibilitado de manijar las armas, me descargaron un golpe de macana, que
así llaman unas porras de madera pesada y fuerte de que usan estos enemigos, que tal vez ha acontecido derribar de un golpe en feroz caballo,
y con otros que se me asegundaron, me derribaron en tierra dejándome
sin sentido, el espaldar de acero bien encajado en mis costillas y el peto
atravesado de una lanzada; que a no estar bien armado y postrado por
los suelos desatentado, quedara en esta ocasion sin vida entre los demas
capitanes, oficiales y soldados que murieron. Cuando volví en mí y
cobré algunos alientos, me hallé cautivo y preso de mis enemigos. Y
dejo en este estado este capítulo, aunque habia prometido de ántes
manifestar la causa de no haberse hallado en un cuerpo todos los soldados de nuestro ejército en ocasion tan esencial y urjente.

Solo diré, que nuestras culpas y pecados tienen ciegos los sentidos
y turbados nuestros entendimientos, que aunque nos adviertan lo que
puede ser de nuestra conveniencia (como en esta ocasion tuvimos un prisionero que ocho dias ántes nos estuvo previniendo con repetidos avisos
de la gran junta que dejó dispuesta cuando salió de su tierra, para sin
remision alguna venir a molestar nuestras fronteras), no damos crédito
jamas a lo que nos importa y es de nuestra mayor utilidad y provecho.
Y así las mas veces nos sucede lo que a Olofernes, jeneral valeroso de
los ejércitos asirios, que despues de haber conquistado para su rei
muchas naciones, y sujetado a sus fuerzas reinos y ciudades várias sin
alguna resistencia, tuvo noticia que los Israelitas trataban de defenderse y no venir a su obediencia como los demas, a cuya causa entró en
consejo con los príncipes Amonitas y Mohabitas, que reducidos a su
gremio estaban, y sujetos a sus armas los tenia, a quienes preguntó,
qué jente era esta, qué fuerzas las suyas, cuántas ciudades habitaban y
qué calidades tenian; y que sabiendo que a su ejército y valor no se
le habia opuesto nacion alguna, cómo tenian tanta altivez y soberbia,

que trataban de tomar las armas y ponerse en defensa. A que respondió, tomando la mano, el príncipe y capitan de los Amonitas Achior, y habló de esta manera en la presencia de todo el ejército:

Si te dignas (señor) de oirme con atencion (dijo a Olofernes), te diré en breves razones qué nacion sea esa de que me preguntas, y qué jente la que ignoras; y prosiguió de esta suerte:

Este israelítico pueblo, de los Caldeos tiene su oríjen y descendencia, y dió principio con su cautiverio y rescate, peregrinaciones del desierto y lo mas que refiere el texto. Y por abreviar, dijo, que adoraba y reverenciaba al Dios que está en los cielos, quien es tan justo y bueno que abomina y aborrece la maldad y delitos cometidos por aquellos que le siguen y adoran, y siempre que le han ofendido y quebrantado sus leyes, han sido vencidos y entregados a sus enemigos. Procura saber con evidencia y inquirir con todo cuidado, si tienen a su Dios contento o grato, o por sus pecados ofendido; porque si su favor y ayuda está con ellos, no hai fuerzas humanas ni ejércitos ordenados que puedan contrastar con ellos, y al contrario, si los tiene dejados de su mano, y estan fuera de su auxilio y gracia, con notable facilidad serán vencidos, postrados a tus piés y puestos debajo de tu dominio y mando.

Acabada de hacer esta relacion verdadera por el orador insigne y caudillo de los Amonitas, quedaron tan enfurecidos y ensañados los potentados del ejército jentil, que intentaron quitarle la vida. Y de la propia suerte airado Olofernes, su jeneral, por ostentar mas su valor, su grandeza y confianza que llevaba de ver al pueblo de Dios humillado y abatido a sus piés, mandó que echasen luego de su ejército al que les habia dicho la verdad, diciendo que se fuera a acompañar a los Israelitas, adonde reconoceria, cuando los viese destruidos y aniquilados, como no habia mas Dios ni mas poderoso Señor que su rei Nabucodonosor. Con esto, sus ministros a un árbol le dejaron de piés y de manos bien atado: accion mas piadosa que las que por acá han usado nuestros ministros, pues al que nos dió el aviso verdadero de lo que con tan grande pérdida experimentamos, con inhumana crueldad le quitaron la vida poniéndole en una horca, habiendo merecido premio por los contínuos recuerdos que nos daba cada dia, advirtiendo que saliésemos con todo cuidado y prevencion bastante cuando nos tocaban alguna arma, que a haberla tenido como se debiera, mui al trocado hubiera sido nuestra suerte. Con que pasarémos a otro capítulo y dirémos solamente de paso, que adonde ha habido ministros mas depravados que Olofernes, cómo se puede haber conseguido paz firme en este reino, y cómo la guerra no ha de ser dilatada, y inacabable esta conquista; que a haberse hallado en ella alguna santa Judith, no dudo de que hubiera habido muchas cabezas derribadas por el suelo.

CAPITULO VI.

En que trata el autor del peligro y riesgo en que se vió luego que le cautivaron, y como uno de los mas valerosos soldados que a su cargo traia la junta, le favoreció y fué causa principal de darle la vida.

Despues del enarrado subceso, considerándome preso y entre mis enemigos, se me vino a la memoria ser mayor el peligro y riesgo en que me hallaba, si me conociesen por hijo del maestro de campo jeneral Alvaro Nuñez de Pineda, por el aborrecimiento grande que mostraban al nombre de Alvaro, y aversion que le habian tomado por los daños recebidos que se les representaban, y contínuas molestias que de su mano tenian recebidas y experimentadas; a cuya causa me pareció conveniente y necesario usar de cautelosas simulaciones, finjiéndome de otras tierras y lugares, y aunque moderadamente lo comun y ordinario de su lenguaje le entendia, mas ignorante me hice en él de lo que la naturaleza me habia comunicado; usando de una sentencia extremada del cordoves famoso y otra a propósito de Horacio, que dice: es prudencia grande en ocasiones hacerse ignorante y enloquecer cuerdo. Con esta advertencia estuve, habiéndome preguntado quién era y de adónde: a que respondí, ser de los reinos del Perú y haber poco tiempo que asistia por soldado en estas partes; y esto fué en su módo de hablar conforme los bisoños chapetones suelen pronunciar la lengua. Creyólo por entónces el dueño de mi libertad, mostrándose apacible, alegre y placentero, a cuyos agasajos me mostré con acciones y semblante agradecido. Y estando con algun sosiego despues del susto mortal que me tuvo un buen rato sin sentido, llegó a nosotros un indezuelo ladino en nuestro vulgar, quien habia guiado la junta y traido el ejército enemigo a la estancia y heredad de su amo encomendero y a otras comarcanas, que pocos dias ántes del subceso se habia de nosotros ausentado y agregádose a los enemigos por algunas vejaciones y tratamientos malos que habia recebido (que lo cierto es que las mas veces somos y habemos sido el oríjen de nuestras adversidades y desdichadas suertes), quien con otros amigos y compañeros suyos (a quienes habia manifestado quién yo era) llegó al sitio y lugar adonde me tenian despojado de las armas y de la ropilla del vestido, diciendo en altas voces: muera, muera luego este capitan sin remision alguna, porque es hijo de Alvaro Maltincampo (que así llamaban a mi padre), que tiene nuestras tierras destruidas, y a nosotros aniquilados y abatidos; no hai qué aguardar con él, pues nuestra suerte y buena fortuna nos le ha traido a las manos. Y a estas razones y alaridos se agregaron otros muchos no ménos enfurecidos y rabiosos, apoyando las voces y depravadas intenciones de los primeros, que levantando en alto las lanzas y macanas intentaron descargar sobre mí muchos golpes y quitarme la vida; mas, como su divina Majestad es dueño principal de las acciones, quien las permite ejecutar o las suspende, quiso que las de estos bárbaros no llegasen a la ejecucion de sus intentos, y como padre de misericordia (que en los mayores trabajos y aflicciones patrocina y socorre a los que rendidos quieren valerse de su favor y amparo), tuvo por bien su divina clemencia, que de en medio de mis rabiosos enemigos (de cuyos corazones y dañados naturales se puede decir lo que el natural poeta contra un maldiciente mormurador dijo:

Natus es e scopulis, nutritus lacte ferino,
Et dicam silices pectus habere tuum.

Tu oríjen y nacimiento
De peñascos duros fué,
Leche de fiera se vé
Que te dió mantenimiento:
De pedernales sin cuento
Dice que es tu pecho extraño,
Pues que solo en hacer daño
Se ocupa tu entendimiento.)

sacasen los cielos, de los diamantinos pechos en pedernales duro convertidos, ardiente fuego de caridad piadosa; que es propio de los divinos astros dolerse y lastimarse de los tristes y desconsolados, como en sus penalidades lo sintió el mismo poeta:

Crede mihi, miseris cœlestia numina parcunt,
Nec semper læsos et sine fine premunt.

Siempre por cierto he tenido
Que los dioses inmortales
Se lastiman de los males
Del miserable aflijido,
Dan mano al que está caido
Y perdonan al culpado,
Porque es un fiel abogado
El que en sangre es conocido.

Y al tiempo que aguardaba de sus manos la privadora fiera de las vidas, llegó a dilatármela piadoso uno de los mas valientes capitanes y estimados guerreros que en su bárbaro ejército venia, llamado Lientur; que por haber sido su nombre respetado entre los suyos y bien conocido entre los nuestros, le traigo a la memoria agradecido; y porque las razones y palabras que pronunció discreto, no son para omitirlas, ántes de repetirlas manifestaré algunas circunstancias de que se orijinó el mirarme con pios ojos y dolerse de mis trabajos y desdichada suerte.

El tiempo que este valeroso caudillo asistió entre los nuestros, fué de los mejores amigos y mas fieles que en aquellos tiempos se conocian; por cuya causa le hizo grandes agasajos y cortesías el maestro de campo jeneral Alvaro Nuñez de Pineda, mi padre, miéntras gobernó estas fronteras. Y aunque el comun tratamiento que a los demas hacia, era conocido y constante entre ellos, de que se orijinaron los felices sucesos

y aventajados aciertos que fué Dios servido de darle en esta guerra, por
el amor y voluntad con que se oponian a cualesquiera trabajos y peligros
de la vida, acudiendo con todas veras a la ejecucion de sus órdenes y
mandatos (que es nacion que se deja llevar de la suavidad de las palabras y del agasajo de las acciones; y al trocado, siente el mal agrado,
verificándose en ellos la parábola del sabio); con este guerrero parece
que quiso mas humano efetuar sus agasajos, sacándole de pila a uno
de sus hijos, y llamarle compadre: accion que la tuvo tan presente y
de que hizo tanto aprecio y estimacion, cuanto se echará de ver en las
razones de adelante, mostrándose amigo verdadero de aquel en quien
conoció apacible condicion y natural afecto, aunque despues enemigo
feroz de las obras y tratos de otros superiores ministros, que fueron
los que le obligaron a rebelarse y dejar nuestra comunicacion y trato;
que no sin muchos fundamentos y conocidos agravios dejó nuestra
amistad antigua por la de los enemigos: causas que me obligan a juzgar
y decir, que la esclavitud de esta nacion no la tengo por justificada,
porque ha obligado a poner en ejecucion grandes desafueros y maldades
la codicia insaciable de los nuestros, con que se perturba y alborota la
paz y el sosiego que pudiera haber conseguido este desdichado reino,
que en otros capítulos tocaré mas latamente.

Llegó, como queda dicho, y con resolucion valerosa se entró en medio
de los demas, que en altas voces estaban procurando mi desastrada
muerte, y con su presencia pusieron todos silencio a sus razones. Y
haciéndose lugar por medio de ellos, se acercó mas al sitio adonde mi
amo y dueño de mis acciones con un amigo y compañero suyo me tenian
en medio, con sus lanzas y adargas en las manos, dando a entender
que solicitaban mi defensa con efecto, pues no respondian palabra alguna a lo que aquella turba multa con ímpetus airádos proponia.

Cuando al capitan Lientur (caudillo jeneral de aquel ejército) vi
entrar armado desde los piés a la cabeza, sus armas aceradas en el pecho, la espada ancha desnuda y en la mano, un morrion y celada en la
cabeza, sobre un feroz caballo armado de la propia suerte, que por las
narices echaba fuego ardiente, espuma por la boca, pateando el suelo
con el ruido de las cajas y trompetas, [y] no podia de ninguna suerte estar
un punto sosegado, mui semejante al que en otra ocasion pintó Claudiano:

Utque tuis primum sonipes calcaribus arcit,
    Ignescunt patulæ nares.

Y Silvio (*sic*) Itálico cantó estas medidas letras al intento:

Frenoque teneri,
Impatiens crebros expirat.... ignes.

De las espuelas herido,
El frison mas alentado
No puede estar sosegado
Ni en un lugar detenido;

Con el freno enfurecido
Fuego sus narices brotan,
Los estruendos le alborotan
Y de la guerra el ruido.

sin duda colejí que el personaje referido llegaba de refresco a poner
en ejecucion la voz del vulgo, y llevar adelante con su apoyo la dañada
intencion de sus clamores, y que con efecto venia a poner término a
mis dias; con cuya presencia mas atemorizado que de ántes, volví al
cielo los ojos, y a nuestro Criador benigno, como a padre de misericordia,
pude decir en mi alma, despues de oidas sus razones, lo que el profeta
cantó aflijido en el mayor aprieto y en las mayores tribulaciones: invoqué a mi Dios, y su divina Majestad se sirvió de oirme; y en otra
parte: clamé con todo mi corazon y con mi espíritu, en cuyo lugar dijo
San Ambrosio: de la manera que con la boca clamamos esforzadamente
cuando corporalmente clamamos, de la propia manera, cuando se clama
spiritualmente es el clamor fervoroso con todo spíritu y el alma, si queremos alcanzar de Dios lo que pedimos. Así me sucedió en esta ocasion,
pues cuando aguardaba ver de la muerte el rostro formidable, me hallé
con mas seguras prendas de la vida.

CAPITULO VII.

En que se prosigue la misma materia.

Acercóse a nosotros el famoso Lientur, guerrero capitan como piadoso, y razonó de la suerte que diré. Lo primero con que dió principio,
fué con preguntarme si yo era el contenido hijo de Alvaro: a que respondí turbado, que yo era el miserable prisionero. Porque lo que a
todos era ya patente no podia ocultarlo mas mi....en cuyas razones y
apacible rostro.....me visto lastimado, triste y como captivo, eché de
ver la afliccion y pesar con que se hallaba por haberme conocido en
aquel estado, sin poder dar alivio a mis trabajos por no ser para librarme absoluto dueño. Volvió con esto los ojos a Maulican, mi amo, diciéndole las palabras y razones siguientes:

Tú solo, capitan esforzado y valeroso, te puedes tener en la ocasion
presente por feliz y el mas bien afortunado, y que la jornada que habemos
emprendido, se ha encaminado solo a tu provecho; pues te ha cabido por
suerte llevar al hijo del primer hombre que nuestra tierra ha respetado
y conocido. Blasonar puedes tú solo y cantar victoria por nosotros; a tí
solo debemos dar las gracias de tan buena suerte como con la tuya nos
ha comunicado la fortuna: que aunque es verdad que habemos derrotado y muerto gran número de españoles, y cautivado muchos, han sido
todos los mas *chapecillos* (que así llaman a los soldados bisoños, sin oficios y desarrapados), que ni allá hacen caso de ellos, ni nosotros tampoco
(repito lo que formalmente fué diciendo). Este capitan que llevas es el
fundamento de nuestra batalla, la gloria de nuestro subceso, y el sosiego

de nuestra patria; y aunque te han persuadido y aconsejado rabiosos, que le quites luego la vida, yo soi y seré siempre de contrario parecer, porque con su muerte, ¿qué puedes adquirir ni granjear, sino es que con toda brevedad se sepulte el nombre y opinion que con él puedes perpetuar? Esto es cuanto a lo primero. Lo segundo que os propongo, es que aunque este capitan es hijo de Alvaro, de quien nuestras tierras han temblado y nosotros le soñamos (solo con saber que vive) (aunque cojo, viejo y impedido), y de quien siempre que se ofreció ocasion fuimos desbaratados y muertos muchos de los nuestros; fué con las armas en las manos y peleando, que eso......valerosos soldados, que lo mesmo ha.....nosotros. Mas a mí consta del tiempo que asistí con él en sus fronteras, que despues de pasada la refriega, a sangre fria a ningunos cautivos dió la muerte; ántes sí les hizo siempre buen pasaje, solicitando a muchos el que volviesen gustosos a sus tierras, como hai algunos que gozan de ellas libres y asistentes en sus casas con descanso, entre sus hijas, mujeres y parientes, por su noble pecho y corazon piadoso. Y lo propio debes hacer jeneroso con este capitan tu prisionero, que lo que hoi miramos en su suerte podemos en nosotros ver mañana. Y volviendo las ancas del caballo, dejó a los circunstantes mudos y suspensos, con que cada uno por su camino se fueron dividiendo y apartando de nosotros, y yo quedé a tamaño beneficio fino correspondiente, y tan obligado a sus razones, que sin encarecer mi agradecimiento, podré asegurar que fueron para mí mas estimadas y su intencion y celo mas bien admitido, que lo que pudo ser en él mi afecto.

Hace una cuestion el doctor anjélico, que quién debe amar con mas ventajas al hombre: el que hace el beneficio, o el que le recibe; y me parece que es cosa mas justa y puesta en razon que ame mas finamente al otro el que recibe el bien, que aquel que le comunica. Pero en estos nuestros lastimosos siglos, pocos o ningunos son los que se ajustan a la obligacion que tienen; con que viene a ser lo cierto lo que dice el glorioso santo, que el que con jeneroso pecho hace el bien, en él se reconoce por todos lados mas amor y buena voluntad, porque es mas difícil dar que recebir, que en aquello que cuesta mas trabajo se adquiere colmado gusto, y lo que poco nos cuesta no es de tanta estimacion, como lo resuelve el santo.

Mas en la ocasion presente bien se me podrá dar crédito, sin poner en ello.........supe acudir a la obligacion y.......que me pusieron las palabras de mi bienhechor, pues hasta que le perdí de vista no la pude quitar de su presencia, considerando una y muchas veces, si fué algun ánjel de la Providencia divina, despachado para ayuda y socorro de tan terrible trance y peligroso conflicto. Pues desde aquel punto y hora dió principio el señor de mi voluntad a tratarme con amor, con benevolencia y gran respeto; pues habiendo empezado a despojarme del vestido no pasó adelante con su intento, dejándome como estaba; ántes me puso un capotillo que él traia y un sombrero en la cabeza a causa de que el tiempo con sus lluvias contínuas obligaba a marchar con toda priesa, y a mas andar apresurar el paso ácia sus tierras, si bien hasta llegar al rio caudaloso de Biobio fueron en un cuerpo y con cuidado. Y porque en el discurso de nuestro penoso viaje se ofrecieron muchas particularidades que referir, daré fin a este capítulo con la accion de aquel valeroso capitan Lientur, ponderándola como es razon, pues pudo ser norma y dechado de los amigos y avergonzar a otros que solo en tiempo de prosperidades y en presencia procuran parecerlo, como elegantemente lo dijo Ovidio:

> Do-nec eris felix multos numerabis amicos,
> Tempora si fuerint nubila solus eris.
> Orrea formicæ tendunt ad inania numquam,
> Nullus ad amissas ibit amicus opes.

> Cuando fueres poderoso
> Muchos amigos tendrás,
> Mas si te quedas en paz
> Y dejas de ser dichoso,
> No hallarás algun piadoso
> Que se duela de tu mal ;
> Porque si estás sin caudal
> A todos serás penoso.
> Las hormigas siempre van
> A la troje proveida,
> Mas a la que está barrida
> Nunca se encaminarán :
> A aquestas imitarán
> Los que son amigos falsos,
> Que nunca siguen los pasos
> Del pobre que tiene afan.

Y sobre esto trae algunos ejemplares mui agudos y curiosos que el docto tendrá bien vistos, y el curioso lector los hallará manifiestos en el lugar citado. ¡Qué pocos amigos verdaderos en estos tiempos se conocen! qué de amistades falsas sí nos venden! por cuya causa son tan delicadas que a los primeros lances las vemos desvanecerse y acabarse, como nos lo enseña el glorioso padre San Gerónimo. Delicada es (dice) la amistad que solo atiende a la felicidad de los amigos, y en sus prosperidades los acompaña y sigue ; las verdaderas amistades no tienen puesta la mira en la utilidad y provecho que se les puede seguir, que si atienden a eso, con facilidad se acaban, como dijo Ciceron : porque la verdadera amistad es eterna.

Enseñó tambien a los aduladores amigos este jeneroso capitan, a serlo como lo deben ser los que profesan una limpia y verdadera amistad, manifestándola en ausencia y con fervor, que entónces con ventajas sobresale y entre las mas lucidas amistades se descuella. Qué bien lo notó en la cuestion 84 el Abulense, sobre lo que refiere San Lúcas, que tuvo Cristo, Señor nuestro, de los nueve leprosos, por no haberle venido a dar inmensas gracias del favor y beneficio en ausencia comunicado, que es el que se debe aplaudir y estimar en sumo grado. Notó en este lugar su divina Majestad, que solo uno de los diez beneficiados hubiese vuelto agradecido a magnificar su nombre y dar gloria a su misericordiosa accion. Y este fué el que ménos obligacion tenia por ser extranjero, que las obligaciones y agradecimientos se reconocen mas bien en los extraños que en los que son antiguos compañeros. Así lo dijo en esta ocasion Teófilo calumniando de ingratos a los Israelitas por no haber imitado ni seguido al extranjero en accion tan heroica y agradable; como al contrario fué de gran desabrimiento para nuestro Redemptor haber experimentado la ingratitud en los suyos (como lo sintió el Abulense): que verdaderamente gustaba de que el beneficio comunicado en ausencia, fuese mas estimado y mas bien agradecido.

Con ventajas grandes manifestó este jentil su jentileza de ánimo en ser amigo verdadero, pues lo fué en ausencia sin embarazos de intereses ni afectacion de lisonjas, que ajeno de lo uno y de lo otro se hallaba para obrar con jenerosidad de ánimo y pecho valeroso.

De esta calidad y naturaleza son los indios, que algunos llaman ingratos, desconocidos y traidores; cuando con ciertas experiencias y antiguos conocimientos podemos decir los que dilatados tiempos los hemos manijado (dejando aparte el odio y la pasion que sus barbaridades han causado a muchos), que sus acciones y arrestos valerosos han sido justificados, por haberlos ocasionado nuestras tiranías, nuestras inhumanidades, nuestras codicias y nuestras culpas y pecados, que continuados mas en estos tiempos con mas descoco y descaramiento, atropellando la virtud y avasallándola; con que la guerra de Chile es inacabable, mas sangrienta y mas dilatada: que es a lo que se encaminan mis discursos ciertos y verdaderos.

CAPITULO VIII.

En que se trata de como al pasar el rio de Biobio, quedamos aislados dos dias aguardando tiempo oportuno, y de un paréntesis de una carta escrita al gobernador por mi padre, y la licencia que tiene para hablar el que bien sirve.

Prosiguiendo nuestra derrota, nos fuimos acercando al rio de Biobio, como dije, en un cuerpo hasta llegar a sus orillas, si bien al pasarle unos se adelantaron mas que otros, porque con ferocidad notable sus precipitadas corrientes se venian aumentando a cada paso, a causa de que el temporal con vientos desaforados y aguaceros deshechos nos atribulaban de manera que parecia haberse conjurado contra nosotros todos los elementos, pues en quince dias que nos dilatamos en llegar a sus tierras, no gozamos del sol ni de sus rayos dos horas contínuas; cuyos efectos me trajieron a la memoria el tempestuoso invierno que describe en sus Fastos el versista jentil:

Sol fugit et removet sub euntia nubila cœlum,
Et gravis effusis decidit imber aquis.

El sol apresurado
De las nubes huyendo se ha escondido,
Y el invierno pesado
Se ha dejado caer tan desmedido,
Que tiene por el suelo
Derribados los astros de ese cielo.

Faltó el sol y ausentóse de nosotros porque las densas nubes se ocupasen en remover los cielos y enturbiarlos, para que con sus contínuas y descolgadas aguas fuese a los mortales el invierno grave, pesado y molesto. Llegamos (como queda dicho) los últimos de la tropa, al abrochar la noche sus cortinas, al caudaloso rio referido diez indios compañeros, un soldado de mi compañía llamado Alonso de Torres, que tambien iba cautivo como yo en esta ocasion. Pasamos el primer brazo a Dios misericordia (como dicen) y con grande peligro y riesgo de nuestras vidas; cuando fuimos a querer vadear el otro que nos restaba, no se atrevieron a esguazarle porque en aquel instante conocidamente se reconoció bajar de arriba con gran fuerza la avenida, y por ser el restante brazo mas copioso de agua, mas dilatado, y mas apresurada su corriente, determinaron quedarse en aquella pequeña isla, que tendria mui cerca de una cuadra de ancho y dos de largo, adonde habia algunos matorrales y ramones de que poder valernos para el abrigo y reparo de nuestras personas y para el alimento (aunque débil) de las bestias. Hiciéronlo así, porque la noche habia ya interpuesto sus cortinas, presumiendo que el siguiente dia se cansaria el tiempo porfiado y nos daria lugar a pasar con ménos riesgo y con mas comodidad el proceloso piélago espantoso que nos restaba. Mas fué tan continuado el temporal deshecho y abundante de penosas lluvias, que cuando Dios fué servido de amanecernos, hallamos que el restante brazo, multiplicadas sus corrientes, venia con mas fuerza y con mas ferocidad creciendo; a cuya causa nos detuvimos y quedamos aquel dia entre los dos rios aislados, por ver si el siguiente nos queria dar lugar a proseguir nuestro viaje. Y entretanto que aguardamos oportuno tiempo, permítaseme hacer un breve paréntesis, que puede ser de importancia para la proposicion de este libro.

En otro capítulo signifiqué el poco lugar o ninguno que tenian los antiguos pareceres y consejos, pues a los que con buen celo y intencion los daban, les respondian que era mui a lo viejo, como lo hizo el gobernador con mi padre en ocasion que le rogó que reparase nuestro tercio, porque habian certificado que estaban nuestras fuerzas mui disminuidas por la falta de jente que habia en las fronteras; y por no haber asentido con su parecer y consejo, nos sucedió nuestra sangrienta ruina. Al instante que tuvo el aviso del subceso y derrota de nuestro tercio, se partió el gobernador con la mas jente que pudo sacar de la ciudad de la Concepcion, para el tercio de San Felipe de Austria, adonde halló el ejército derrotado, con cien hombres ménos, entre ellos tres capitanes vivos y otros oficiales de cuenta. Aflijióse grandemente de haber reconocido

el mal afortunado subceso, y por dar algun alivio y consuelo a mi amado
padre, que en tal ocasion estaria con el pesar y sentimiento que se puede colejir, por la pérdida de un hijo solo que tenia para ayuda de sus
trabajos, de su vejez y de los achaques que de ordinario le asistian (que
verdaderamente el amor de los hijos es incomparable, como lo notó
con su acostumbrada agudeza San Pedro Crisólogo, diciendo que eran
el deleitable fruto con que las cargas del conyugal yugo se solivian, y
la honra y dignidad-feliz del matrimonio; y lastimándose de la mujer
stéril, dijo mas adelante, que tenia dos pérdidas, la principal el carecer
del tesoro de la virjinidad, y la otra faltarle el consuelo de los hijos),
determinó escribirle la siguiente carta consolativa, considerando que
por no haberle querido dar crédito ni seguir su parecer, habia experimentado en nuestro daño tamaña pérdida :

CARTA SACADA DEL ORIJINAL.

Señor maestro de campo jeneral Alvaro Nuñez de Pineda. Aquí he
llegado a este tercio de San-Felipe de Austria con harto sentimiento y
pesar mio por la desgracia y pérdida que en él he hallado de mas de
cien hombres, y entre ellos el señor capitan Don Francisco de Pineda,
que no parece aunque se ha hecho particular dilijencia de buscarle entre los cuerpos muertos; con que se presume que irá vivo, y si lo va,
tenga vm. por cierto que haré todas cuantas dilijencias fueren posibles
para que vm. le vuelva a ver a sus ojos: que la desgracia suya es la
que mas he llegado a sentir por lo que le estimaba y queria; y por el
pesar tan justo que vm. tendrá, no hai sino es encomendarlo a Dios:
que yo de mi parte no cesaré de hacer mis poderios por saber si va vivo, y
poner todo mi esfuerzo por librarle ántes que yo deje este gobierno; y
tome vm. esta palabra de mí, a que no faltaré con todas veras, ponién-
dolo principalmente en las manos de nuestro Señor, el cual guarde a
vm. muchos años y le dé el consuelo que deseo, etc.

REPUESTA DE ESTA CARTA.

Señor Presidente :

Cuando puse a servir al Rei nuestro señor a mi hijo Francisco en
tiempo de tantos infortunios y trabajos, fué con esa pension, y yo no
puedo tener mas gloria que él haber muerto en servicio de S. M., a
quien desde mi niñez he servido con todo amor y desvelo. No he llegado a sentir tanto su pérdida, cuanto que en la ocasion que a V.S. dije y
supliqué que reparase ese tercio para lo subcedido, me respondió que
era mui a lo viejo : parécemé que no va subcediendo mui a lo mozo.
Guarde Dios a V.S. como puede, etc.

Esta resuelta carta fué el total instrumento de mi bien y oríjen principal de mi rescate; porque atendiendo el gobernador a la sobrada
razon de mi padre, y que por no haber hecho caudal de su consejo y

parecer le había sucedido tan considerable pérdida, tuvo por bien el callar y disimular esta carta, que sentido y lastimado de lo uno y de lo otro, la escribió resuelto. Con que desde entónces puso mayor cuidado y solicitud en librarme de los trabajos y peligros de la vida en que me hallaba.

No sé si en estos tiempos lastimosos se pasara por alto carta semejante, y se disimularan sus razones con prudencia (aunque el ánimo del mas poderoso se acobarda teniendo sobre sí el pecado y el yerro que le acusa), porque sobra ya en los que gobiernan la majestad, la soberbia, o por mejor decir, la tiranía, y a los que bien sirven, el temor y el recelo los acorta. En otros antiguos tiempos, adonde el valor y el esfuerzo tenian su lugar y asiento merecido, aconteció a mi padre, siendo capitan de caballos, el hallarse en grande empeño solo con su compañía, que habiendo salido con ella a una escolta algo distante de adonde quedaba el gobernador y lo restante del ejército, le salió al encuentro una poderosa junta de enemigos; y habiéndola divisado que para él se encaminaba resuelta, despachó al instante persona de toda satisfaccion a que diese aviso al gobernador del empeño en que se hallaba, y que para salir de él con aventajado crédito, le enviase algun socorro de soldados, los mas que pudiese. Y aunque estuvo resuelto el gobernador a hacerlo así, remitiendo el socorro que le pedian, nunca faltan mal intencionados sátrapas que al oido y lado de los que gobiernan, intentan envidiosos deslucir las acciones de los que valerosamente sirven a S. M., como en esta ocasion evitaron y contradijeron su intento y resolucion, enviándole a decir, que pues se habia puesto en tamaño empeño, que procurase salir de él como pudiese. Con esto se vió obligado a decir a los suyos lo que el gran capitan de Dios Jedeon al dar la batalla al ejército copioso de los Madianitas dijo, a cuya imitacion pronunció valeroso estas razones: señores soldados, amigos y compañeros, lo que me vieren hacer lo hagan todos, y consideremos en esta ocasion que no hai mas hombres en el mundo que nosotros, y que el favor divino es nuestro amparo y fuerte escudo contra esta muchedumbre y bárbara canalla. Cien varones somos para mas de mil; si bien nuestro valor y esfuerzo es invencible cuando la fee divina es nuestro blanco, y la reputacion de las armas de nuestro Rei y señor, con que podemos estar ciertos que ha de estar mui de nuestra parte la victoria y nuestro desempeño. A que respondieron todos esforzados, que primero perderian mil vidas (si tantas tuviesen) que faltar a la obligacion de soldados de tal caudillo y capitan, que con solo saber que los gobernaba y rejia su esfuerzo y valor (de cuyo nombre se estremecian y temblaban estos bárbaros), se prometian mui feliz acierto en la ocasion urjente en que se hallaban; con cuya respuesta y valerosa resolucion dispuso sus soldados con el mejor órden que pudo, para embestir al enemigo, que habiendo reconocido la determinacion de los nuestros, tenia ya su infantería dispuesta, con la cual marchaba en órden junto con su caballería a encontrarse con la nuestra; y llegando a ajustarse los unos con los otros, descargaron sobre los enemigos una famosa carga de arcabucería, con cuyos efectos murieron mas de cien indios, y atropellando la infantería abrieron camino por medio de ellos, y con gran órden disparando por sus turnos los arcabuceros, se fueron retirando poco a poco acercándose a su cuartel, con pérdida solo de tres soldados que les mataron; si bien los mas de ellos maltratados y heridos juntamente con su capitan, a cuya causa tuvo ocasion de entrar con la espada en la mano, bañado en sangre y colérico de haber visto que por la omision que tuvo el gobernador en enviarle el socorro de soldados que envió a pedir, se habia perdido y frustrado la mejor ocasion que en aquellos tiempos pudiera desearse. Y estando a caballo de la suerte referida, llegó adonde el gobernador estaba con sus consejeros y aliados, y le dijo en altas voces, que cómo se rejia y gobernaba por jente tan cobarde, pues le habian hecho perder la victoria mas considerable que pudiera buscar y apetecer en todo el discurso de su gobierno; que todos los que le habian aconsejado que no le enviase el socorro de soldados que le habia enviado a pedir, eran unos gallinas, que le harian creer que las yerbas que tenia debajo de sus plantas, eran enemigos; que dentro de aquellas estacas, aun les parecia no estar seguros, y que con la espada que traia en las manos, les daria a entender que sabia empeñarse y salir de sus empeños, cuando no sabian ni aun a lo largo mirarlos. Y volviendo las ancas a su caballo, le encaminó para sus tiendas, dejando a los circunstantes admirados de su temeraria resolucion, aunque justificada. A cuyas razones respondió prudente el gobernador diciendo: para semejante precipitacion es mui necesario el sufrimiento, porque los que bien sirven a S. M. tienen permiso tal vez para hablar con denuedo y desenvoltura en presencia de sus superiores. Notólo así San Pedro Crisólogo sobre el cap. 3 de Josué, admirándose de que el rio Jordan abriese camino por medio de sus aguas, encojiéndolas temeroso para que el arca del testamento con los sacerdotes que la llevaban, pasasen a pié enjuto, y estando la Santísima Trinidad en su presencia cuando se baptizó Cristo, bien nuestro (como lo refiere San Mateo), no hizo esta demostracion de reverencia; y inquiriendo la causa, responde a su duda y dice, que por haber servido con sus aguas al hijo de Dios en su baptismo, no tuvo temor ni recelo alguno de pasar por delante de la Majestad suprema y trina; mas como al arca del testamento no habia hecho ningun servicio, se halló corto y avergonzado, a cuya causa al llegar a sus orillas se encojió receloso, y humilde detuvo sus corrientes: dándonos a entender que el que bien sirve a su Rei y señor, puede hablar verdades descubiertas y hacer patentes sus servicios manifiestos en su real presencia, para que sean admitidos y escuchados con el celo y amor que sus leales vasallos le han servido, a quienes es conveniente en ocasiones disimular que pasen sus corrientes cuando se precipitan sus palabras, como lo hizo el gobernador, que a su ministro escuchó con sagaz acuerdo imitando al santo Profeta Rei, que despues de haber vuelto su caudillo y capitan jeneral de su ejército Joab de la batalla y victoria que contra su hijo Absalon consiguió dichoso, habiéndole

dejado muerto, y destrozado su ejército, llegó a sentir tanto el rei
David su muerte, que desde el punto que le dieron el aviso, todo se le
fué en llorar y lamentarse triste, como dice el texto; en cuyo lugar
dijo San Agustin estas palabras: mayor afliccion y pena le causó la
muerte de Absalon su hijo, que las persecuciones que, rebelado, le oprimian. Y con haber vuelto su ejército victorioso y contento de haber
librado a su Rei y señor de un tirano cruel y traidor a su padre, no
quiso salir a verlo ni a darle las gracias de su acierto: accion que sin-
tieron con extremo los soldados, y quedaron los mas tan lastimados, que
fraguaron entre sí vários pensamientos y manifestaron designios cautelosos, no habiendo querido entrar en la ciudad por aquel dia, y mui
abiertamente y a las claras mormuraron del rei las aflicciones, diciendo: tanto ha sentido la muerte de su hijo, que parece nos quiere significar y dar a entender que tuviera por mejor y de mas gusto habernos
visto volver desbaratados, muertos y vencidos, que victoriosos, triunfantes y contentos. ¿Qué es lo que queria el rei, o qué era su pensamiento, que tanto se lastima y siente la muerte de un traidor hijo suyo?
Con esta desenvoltura habló la muchedumbre de su ejército. Y así no
tienen que maravillarse los príncipes superiores que gobiernan en estos
reinos remotos, de ser en ocasiones mormurados, cuando sus acciones y
sus obras no se ajustan ni conforman con la obligacion de sus oficios y
estados. Y ya que el miserable soldado, contínuo y asistente en esta
guerra, que ha servido a S. M. 20 y 30 años con hambres, desnudeces
y varios infortunios, no tiene mas premio ni mas galardon que lamentarse triste y dolerse desgraciado, por considerar y ver al otro, o a los
otros que apénas pusieron los piés en tierra cuando se llevan la encomienda y el mejor oficio por recomendados de algunos dependientes,
por hermanos de oidores y deudos de consejeros, y lo mas en estos tiempos, porque tuvieron dineros con que solicitarlos; déjenle siquiera
manifestar su sentimiento y mormurar acciones mal encaminadas, como
estos otros lo hicieron con su rei, que pues hacen lo que quieren, atropellando las leyes, la razon y la justicia, no será mucho que les permitan declarar sus quejas y dar alivio y descanso a sus pasiones.

Llegó, pues, el valeroso Joab, insigne jeneral del ejército de David,
y entrándose a su retrete, adonde con lamentos tristes y lúgubres llantos estaba demostrando el pesar y sentimiento que con la muerte de su
hijo le habia sobrevenido; hallándole de la suerte referida, como ministro confidente que con toda veneracion le amaba y le servia, le dijo con
grande atrevimiento y osadía las palabras siguientes: ven acá, rei
David; ¿cómo has avergonzado y confundido la jente valerosa de tu
ejército, cuando te ha librado y defendido de la tirana muerte con que
tu hijo traidor intentaba deshacerte y acabar con tus hijos y mujeres?
Paréceme que nos das a entender con demostraciones claras y patentes
sentimientos, que hubieras tenido mayor consuelo y gusto de ver trocada nuestra dichosa suerte, que estar libre de las penalidades y trabajos que con el tirano ejército esperabas. Vuelve sobre tí, y atiende a

5

tus acciones, y mira bien lo que haces ; porque te juro y doi mi palabra, que si no sales a consolar tu ejército y a desmentir tu pesar y sentimiento con alegre semblante y placentero, que no ha de quedar esta noche persona que te acompañe ni de grado te asista. Estos son los ministros que deben estimar los superiores que gobiernan, y solicitar sus asistencias, para que con resoluciones amorosas les digan las verdades; y no a los aduladores insolentes, que de ordinario se visten de la color de los príncipes. Y desdichado aquel que los aplaude y placentero los oye, porque no tendrá jamas quien de lo cierto le alumbre, ni quien celoso le advierta; con que serán todos unos los que a su lado asistieren (como el sabio nos lo enseña). Obedeció el santo rei sin repugnancia alguna a su ministro, y salió a la puerta de la ciudad a recebir la jente de su ejército, con cuya accion pareció la multitud en la presencia de su natural señor con grande gusto y alegría: obediencia y rendimiento fué el de este gran monarca, que debe servir de norma y de un ejemplar mui vivo a los superiores cristianos cuando en semejantes ocasiones sus ministros se adelantan con celo pio y amoroso a decirles resueltos las verdades, aunque sea a costa de sus propias conveniencias y autoridades: como lo fué para nuestro gobernador, disimulando las razones pasadas de su ministro y capitan valeroso; con que cerrarémos nuestro capítulo. Y con él acabarémos el paréntesis, para salir en el que se sigue, de la isla y peligros en que quedamos.

CAPITULO IX.

En que se prosigue la derrota y salida de la isla en que quedamos; los peligros en que nos vimos esguazando el rio.

Habiéndonos amanecido en la referida isla con las penalidades y trabajos que pueden imajinarse, cansados de una noche oscura y tenebrosa, acompañada con copiosas y abundantes aguas despedidas del cielo con violencia, y de furiosos vientos sacudidas, mezcladas con relámpagos, rayos, truenos y granizos; siendo tan formidable a los mortales, que pareció desabrochar el firmamento sus mas ocultos senos y rincones ; me trajeron a la memoria sus efectos lo que Ovidio y Virjilio describieron de otros semejantes temporales y borrascas :

Hinc tonat, hinc missis abrumpitur ignibus æther.

Y el heroico poeta los siguientes cantó con elocuencia :

Effusis imbribus atra
Tempestas sine more furit, troniluque tremescunt
Ardua terrarum et campi, ruit æthere toto
Turbidus imber aqua densisque nigerrimus Austris.

Rasgado está el firmamento
Despidiendo espesos rayos,
Y la tierra con desmayos

Tiembla oprimida del viento.
Los astros estan sin tiento,
Y el temporal sin medida
Con una furia atrevida
El campo fértil abrasa,
Sin dejar choza ni casa
Por oculta o escondida.

Presumiendo que nos daria lugar el tiempo a esguazar lo restante que nos quedaba del rio, sucedió nuestro pensar mui al contrario, porque con lo mucho que habia llovido sin cesar del antecedente dia y de la noche, se aumentaron sus corrientes de tal suerte, que nos obligaron a que con toda priesa desamparásemos la isla, y solicitásemos camino o modo de salir aquel dia de los riesgos y peligros que nos amenazaban, pues a mas andar, con paso apresurado las procelosas aguas se iban apoderando del sitio y lugar que poseíamos. Determináronse a desandar lo andado y volver a pasar ácia nuestras tierras el esguazado brazo del rio con harto peligro y temor de encontrar con algunos de los nuestros, juzgando por posible haber salido en su seguimiento y rastro alguna cuadrilla española; si bien les aseguraba lo borrascoso del tiempo y lo contínuo del agua. Esta resolucion y acuerdo que elijieron, fué porque lo restante del piélago que para sus tierras nos faltaba que pasar, era mas caudaloso, mas ancho, de mas precipitada corriente y de mas conocido riesgo; pues habiendo intentado arrojarse a él a nado, echaron por delante a un compañero alentado y que se hallaba con el mejor caballo que en la tropa se traia, y a pocos pasos que entró lo arrebató la corriente, y aunque fué nadando gran trecho sin desamparar el caballo, se le ahogó en medio del rio, y él salió a la otra parte por gran dicha, y porque en el agua parecia un peje. Con esta prueba y suceso se resolvieron llevar adelante su primer acuerdo, y para ponerle en ejecucion, me ordenó mi amo como dueño absoluto de mi libertad, que me desnudase y pusiese mas lijero, por si cayese en el rio no me sirviese de embarazo la ropa que llevaba; a que le respondí, que lo propio era caer desnudo que vestido, porque de ninguna suerte sabia nadar ni sustentarme en el agua, poco ni mucho. Con todo eso (me respondió), te hallarás con ménos estorbo y mas lijero para todo acontecimiento. Y por obedecerle mas que por mi gusto, me desnudé del hato que traia y solo quedé con la camisa; y de esta suerte, me puse a caballo en un valiente rocin maloquero que traia de toda satisfaccion, que para mas seguro de mi vida me lo ensilló diciéndome: subid en él, y no hagais mas que asiros de la silla fuertemente, o de la clin del caballo, que él os sacará afuera. Con que subió en otro rocinejo flaco, adonde a la gurupa, o trasera del fuste, puso mis armas (o por mejor decir suyas) y el vestido, y caminamos de esta suerte todos los diez indios que quedaron, el soldado Alonso Torres y yo en demanda del paso, que se reconoció ser el mas angosto por donde nos arrojamos, con pocas esperanzas de salir con bien de las corrientes rápidas del rio, y yo sin ningunas, pues al entrar en ellas nos arrebataron de tal suerte y con tanta velocidad, que en mui breve tiempo nos desparecimos los unos de los otros, y tan turbado mi ánimo y spíritu, que no supe si estaba en el agua, en el cielo o en la tierra: solo cuidé de aferrarme en la silla o en el fuste lo mejor que pude, y de encomendarme a nuestro Dios y Señor con todas veras, y a la Vírjen Santísima del Pópulo, a quien desde mis tiernos años he tenido por devota, por mi amparo y abogada; y repitiendo su dulce himno de *Ave maris stela*, cuando llegaba a aquellas amorosas palabras de *monstra te esse matrem*, eran con tantos suspiros y sollozos y lágrimas que ya no cuidaba de mi vida, sino era solo de volver los ojos al cielo y de pedir perdon de mis culpas al Señor de todo lo criado.

En medio de estas tribulaciones y congojas, me vi tres o cuatro veces fuera de la silla y sin el arrimo del caballo, y levantando las manos al cielo y los ojos del alma con afecto, cuando ménos pensaba me volvia a hallar sobre él y apoderado del fuste; porque la fuerza de la corriente era tan veloz y precipitada, que no sabré significar ni decir de la suerte que me sacó el caballo a la otra banda del rio, cuando a los demas que juntamente se echaron con nosotros, se los llevó mas de tres cuadras abajo de adonde salimos el otro soldado mi compañero y yo, con otro indio que se halló en un alentado caballo.

Cuando me vi fuera de aquel tan conocido peligro de la vida (que aun en la sangrienta batalla no tuve tanto recelo ni temor a la muerte), no cesaba de dar infinitas gracias a nuestro Dios y Señor por haberme sacado con bien de un tan rápido elemento, adonde con ser hijos del agua estos naturales, se ahogaron de ellos dos, y los demas salieron por una parte sus caballos y ellos por otra.

Cuando el soldado mi compañero consideró que estaban de nosotros mas de tres cuadras los indios el rio abajo, despues de haberme sacado de diestro el caballo en que venia, de una grande barranca que amurallaba sus orillas, me dijo determinado: señor capitan, esta es buena ocasion de librarnos y de excusar experiencias de mayores riesgos, y pues se nos ha venido a las manos, no será razon que la perdamos; porque estos enemigos no pueden salir tan presto del peligro y riesgo en que se hallan, y en el entretanto podemos ganar tierra, de manera que por poca ventaja que les llevemos no se han de atrever a seguir nuestras pisadas, por el recelo que tienen de que los nuestros hayan venido en sus alcances hasta estas riberas, pues todavía son tierras nuestras. El pensamiento no fué mal encaminado, y a los primeros lances su resolucion me pareció acertada, y aunque se me vino a la memoria lo que el Eclesiástico nos aconseja y lo que nos cuenta Ausonio, que la ocasion la finjieron y pintaron los antiguos diosa, y en su misteriosa figura la adoraban poniéndola sobre una rueda que contínuamente se movia, con alas en los piés para significar la lijereza con que pasa: traia el rostro cubierto con el cabello largo, que por delante le tenia mui poblado y tendido para darnos a entender que cuando a nosotros se viene acercando no se puede conocer, y estando presente se halla de adonde asirla y bien en que echar la mano, y por la posterior parte de la cabeza estaba calva y sin pelo alguno para que entendamos que cuando vuelve las espaldas no tenemos de que poder aprehenderla, para que no se nos vaya: y con tener presentes estos ejemplares, me acobardaron grandemente los discursos que hice sosegado; lo uno principalmente fué, haber salido del agua tan helado y frio, que no podia ser dueño de mis acciones, ni de mover los piés ni las manos para cosa alguna, por haberme arrojado al rio solo con la camisa, y era tanto el rocio helado que del cielo nos caia, movido de una travesía helada y penetrante, que cuando llegué a la orilla fué tan sin fuerzas, tan yerto y tan cortado que para haber de subir a lo alto de la barranca (como queda dicho) fué necesario que mi compañero el soldado me sacase de diestro y tirándome el caballo; lo otro, consideré que el indio que salió juntamente con nosotros, estaba a la mira y alerta a nuestras razones, y con la lanza en la mano, que a cualquier movimiento que quisiéramos hacer para nuestras tierras, habia de seguirnos, y dándonos alcance, peligrar las vidas. Y habiéndole significado a mi compañero todos estos peligros y conocidas dificultades, se mostró tan alentado que me respondió, no me diese cuidado, que él se allegaria a él mui poco a poco y le quitaria la lanza y el caballo, dejándolo muerto. Y pareciéndome lo que él proponia dificultoso, no permití lo pusiese en ejecucion, porque el indio, aunque no entendia lo que hablábamos, nos miraba con gran cuidado porque nos vió en secreto razonando. Yo le consolé diciendo: amigo y compañero en mis trabajos, no faltará mas segura ocasion en que nos podamos ver libres de estas penalidades y desdichas, que pues Dios, nuestro Señor, ha sido servido de habernos librado de tantos riesgos de la vida en que nos habemos visto, y sacado con bien de este raudal horrendo, ha de permitir su divina Majestad por su gran misericordia, que con mas seguridad y gusto nos veamos en descanso entre los nuestros.

Estando en estas pláticas, en que se pasó un gran cuarto de hora, vimos venir para nosotros un indio que habia salido a nado, como los demas, sin su caballo por habérsele ahogado; a quien preguntamos por nuestros amos, si acaso los habian visto fuera del rio: y nos respondió, que mi amo juzgaba haberse ahogado, porque vió ir dos indios muertos la corriente abajo. Dióme grandísimo cuidado haberle oido tal razon, considerando pudiera haber algunas diferencias entre ellos por quién habia de ser el dueño de mi persona, y entre estas controversias quitarme la vida, que era lo mas factible, porque no quedasen agraviados los unos ni los otros. Con estas consideraciones fuimos el rio abajo caminando en demanda de nuestros amos, por donde encontramos otro indio que nos dió razon de que iban saliendo algunos, y de que mi amo habia aportado a una isla pequeña, adonde estaba disponiendo su caballo para arrojarse tras él a nado. Fuimos caminando con este aviso, y a poco trecho le divisamos en la isla con otros compañeros que habian aportado a ella ; y habiendo echado sus caballos por delante, se arrojaron tras ellos. Luego que conocí el de mi amo, sacando fuerzas de flaqueza, le fuí a cojer y se le tuve de diestro, y mi compañero con el de su amo hizo lo propio. Cuando el mio me vió con su caballo de diestro, me empezó a abrazar y decir mui regocijado: capitan, ya yo juzgué que te habias vuelto a tu tierra; seas mui bien parecido, que me has vuelto el alma al cuerpo; vuelve otra vez a abrazarme, y ten por infalible y cierto, que si hasta esta hora tenia voluntad y fervorosa resolucion de rescatarte y mirar por tu vida, con esta accion que has hecho me has cautivado de tal suerte, que primero me has de ver morir a mí, que permitir padezcas algun daño. Y te doi mi palabra, a lei de quien soi, que has de volver a tu tierra, a ver a tu padre y a los tuyos con mucho gusto. Gran consuelo recebí con las razones de mi dueño, mostrándome agradecido a sus promesas diciéndole, con halagüeño semblante, lo que la obligacion pudo ofrecerme :

Mui bien muestra tu valor (le dije) y tu jeneroso pecho la noble sangre que encierra, pues ostentas piedades con clemencia en mis penalidades y desdichas, que ya no las tengo por tales, cuando me ha cabido por suerte el ir debajo de tu dominio y mando....(1).

....con mi amo, que en la tropa y cuadrilla que hallamos en aquel alojamiento tenia algunos amigos y parientes, de los cuales supo con evidencia, como se estaban convocando y disponiendo todos los caciques arriba citados y los demas capitanejos para ir a nuestro alojamiento, resueltos a comprarme entre todos para quitarme la vida luego que llegásemos a sus tierras, y con mi cabeza hacer un gran llamamiento y volver a nuestras fronteras con grande ejército a destruirlas y acabarlas. Y porque el siguiente dia lo pusieron en ejecucion con una ceremonia a su usanza, notable y de grande horror y espanto, acabaré este capítulo dejando a la consideracion de mis lectores lo que pasaria un triste y desdichado cautivo aquella noche, por una parte de los elementos de agua y viento combatido, y por otra atribulado con la esperada muerte que ansiosamente le solicitaban sus enemigos.

CAPITULO X.

En que se refiere de la suerte que fueron por la mañana en forma de cabildo los caciques y todos los demas sus secuaces, por su órden, a tratar de comprarme, llevando a un pobre soldado mozo, de los que habian cautivado, las manos liadas, para quitarle la vida en el parlamento que iban a hacer, para mayor empeño y obligar a mi amo a no negar lo que pedian.

Despues de haber amanecido con mejor semblante del que nos habia mostrado el cielo en el discurso del viaje, nos quisimos disponer para nuestra marcha, y porque.. ....detenernos y alentar aquel dia algun tanto los

(1) Aquí falta una hoja, segun se infiere del contexto y la foliacion del MS.

caballos, al peso (*sic*) que mis cortas esperanzas minoraron, y crecieron mis males y tormentos con la presencia y vista de tantos fariseos hambrientos de nuestra sangre y vidas, y emponzoñados con la envidia de ver que a ninguno de los de sus parcialidades les hubiese cabido por suerte el llevarme preso y a su disposicion sujeto, habiendo ellos sido los que el gasto para el llamamiento hicieron, y para la comunicacion de la junta que en su entrada tuvo tan feliz acierto.

Mucho puede la envidia y se hace gran lugar en los corazones obstinados y dañados pechos, para tormento y castigo de sus perversos naturales, que los efectos que causa en sus amantes, es de suma alabanza en este vicio, como lo dijo agudamente el ilustrísimo Virraoel (*sic*) en sus comentarios sobre los Jueces: ¡gran desdicha y sobrada miseria es, que busque y apetezca el envidioso lo que le atormenta y mata! que se apure y fatigue con el bien ajeno! bastantemente muestra la soberbia y ambicion el miserable. Dijo San Valeriano, que son mas que miserables, pues traen consigo los envidiosos la pena de su pecado.

Bien manifestaron estos bárbaros la que con desmedida ira y rabia les roia el alma, siendo con extremo cudiciosos, pues les obliga a exponerse a cuantos peligros y riesgos de la vida pueden ponérseles delante, por adquirir la menor alhaja que tenemos, y andar de ordinario con las armas en las manos inquietos y desasosegados. Cada cual de estos caciques llegó a ofrecer . . . . a su tierra.

Grande fué el susto y pesar que recebí, cuando vi venir una procesion tumultuosa de demonios en demanda de nuestro alojamiento, con sus armas en las manos, y a un mozo pobre soldado, de los que llevaban cautivos, en medio de ellos, liadas para atras las manos, tirándole un indio de una soga que llevaba al cuello.

Llegaron de esta manera al ranchuelo que habitábamos, y aunque mi amo excusó salir dél conociendo la intencion con que venian, habiendo hecho alto todos juntos en un pradecillo que sobre una loma rasa era lo mas enjuto, fueron enviados dos de los mas principales a llamarle, que conmigo estaba dentro de la choza mostrando tanto pesar como el disgusto que a mí me acompañaba. Y como en las juntas de parlamentos no se puede excusar ninguno, que son a modo de consejos de guerra, le fué forzoso acudir al llamamiento y llevarme a su lado; adonde con harto dolor de mi alma fuí en su compañía, poniéndola bien con Dios y ajustándome a la obligacion de cristiano lo mejor que pude; y de verdad que en aquel trance estaba bastantemente animado a morir por la fee de nuestro Dios y Señor como valeroso mártir, juzgando en aquel tiempo que en odio de la fee sancta, obraban con nosotros sus inclemencias o rigurosos castigos, siendo así que no es esto lo que les llevaba a la ejecucion de sus acciones (como en su lugar lo darémos a entender.)

Seguimos a los dos caciques mensajeros y llegamos al lugar adonde nos aguardaban los demas ministros y soldados; y luego se fueron poniendo en órden segun el uso y costumbres de sus tierras; y esta era mas ancha que la cabecera, adonde asistian los caciques principales y capitanes de valor. En medio pusieron al soldado que trajieron liado para el sacrificio, y uno de los capitanejos cojió una lanza en la mano, en cuyo extremo estaban tres cuchillos, a modo de tridente, bien liados; y otro tenia un *toque,* que es una insignia de piedra a modo de una hacha astillera, que usan los regues, y está en poder siempre del mas principal cacique, a quien llaman *toque,* que es mas que cacique en su parcialidad, que, como queda dicho, es lo que llaman regue. Y esta insignia a modo de hacha sirve en los parlamentos de matar españoles, teniéndola, como he significado, el que de derecho le toca; y es el primero que toma la mano en hablar y proponer lo que le parece conveniente. Y si este tal gobernador o toque es mui viejo, o poco retórico, suele sostituir sus veces y dar la mano a quien le parece entendido, capaz y discreto; que adonde quiera tiene su lugar el buen discurso, y entre estos bárbaros se apropia el orador insigne el nombre de encantador suave, cuyo título dieron a los predicadores las antiguas letras, como lo notó San Herónimo sobre el lugar del profeta Isaías, que en algo se asemejan estos naturales a los pasados siglos. Cojió en la mano el toque o, en su lugar, una porra de madera que usaban entónces sembrada de muchos clavos de herrar, el valiente Putapichun, como mas estimado cacique por soldado de buena disposicion y traza en la guerra, y en el lenguaje veloz y discreto. Y haciendo la salva a todos los compañeros, habiéndose puesto en pié en medio de la plazoleta o calle referida, se acercó adonde [a] aquel pobrecito soldado le tenian asentado en el suelo, y desatándole las manos, le mandaron cojer un palillo, y [que] dél fuese quebrando tantos cuantos capitanes valientes y de nombre se hallaban en nuestro ejército. Y como el desdichado mozo era novel en la guerra, no tenia noticia de los que en aquel tiempo tenian opinion y nombre entre los enemigos, y le mandaron los fuese nombrando. Dijo que no conocia a los valientes; a que replicó Putapichun diciéndole:—¿Pues no conoceis a Alvaro Maltincampo (que así llamaban a mi padre)?—Sí conozco y tengo muchas noticias de él, respondió el desdichado.—Pues cortad un palito, y tenedlo en una mano: ¿al apò no conoceis? el *toque* le volvió a preguntar (que quiere decir gobernador).—Mui bien le conozco, dijo.—Cortad otro palito.—Al Maltincampo y sarjento mayor tambien los conozco, repitió el soldado.—Pues id cortando palitos. De esta suerte fué nombrando hasta diez o doce de los mas nombrados y conocidos, y le mandó cortar otros tantos palitos; los cuales le hizo tener en una mano, y le dijo: tened en la memoria a todos los que habemos nombrado y haced un hoyo para enterrar esos valientes; que habiéndole dicho de la suerte que lo habia de hacer, lo puso luego en ejecucion.

Acabada esta ceremonia, fueron tres capitanejos a sacar cada uno un cuchillo de los que estaban liados en la lanza que al principio dije, que significaban los *utammapos,* que son parcialidades de que se compone toda la tierra que habitan desde la costa hasta la cordillera, que se reparte en tres caminos que llaman *rupus*. La una parcialidad es de la costa, la otra la parte de la cordillera y la tercera de en medio ; que cada una de estas parcialidades tiene su distrito conocido y su jurisdiccion señalada. Sacaron los cuchillos por su órden, y con el mesmo los fueron entregando al que tenia el *toque*, que le puso en la mano izquierda y recibió los cuchillos con la derecha. Con esto se fueron a sus lugares y asientos, y quedó solo Putapichun, que fué el que recibió los cuchillos y el que estaba con el *toque* en medio de la calle en pié, y dió principio a su parlamento con grande arrogancia y enerjía: lo que acostumbraban hablando con cada uno de los circunstantes, dando principio por los mas antiguos y por los que tienen adquirida por sí mayor estimacion y aplauso, diciendo en alta voz : ¿no es verdad esto, fulano? a que responde el nombrado el *veillicha* que se usa entre ellos, que es como decir : es verdad, o es así, o teneis razon. Y si alguno mas retórico o presumido quiere con otras razones dilatar su respuesta y apoyar las del orador, lo hace con elegancia. De esta suerte fué hablando con todos y concluyó su plática con decir a Maulican mi amo lo que se sigue :

Esta junta de guerra y extraordinario parlamento que habemos dispuesto en este despoblado camino los caciques Antegueno, Lincopichun y Nailican (y los demas que fué nombrando), no se ha encaminado a otra cosa que a venir mancomunados a comprarte este capitan que llevas. Y porque no imajines que lo queremos sin que tengas el premio de tu trabajo, y no puedas excusarte ni hacer repugnancia alguna a a nuestra justa peticion, te ofrece el cacique Antegueno dos caballos buenos, una oveja de la tierra y un collar de piedras ricas (que ellos tienen por preciosas, como nosotros los diamantes); Lincopichun ofrece dos ovejas de la tierra y un caballo bueno ensillado y enfrenado, con una silla labrada que fué de los españoles, y Nailican ofrece un español de los cautivos que llevamos ; Namoncura, dos collares y dos ovejas de la tierra (estas son de mucha estimacion entre ellos porque se asemejan a los camellos y sirven de cargar la chicha a las borracheras y parlamentos ; y a falta de algun español o cautivo a quien quitar la vida en ellos, en su lugar matan una de estas ovejas). Putapichun, el que hacia el parlamento dijo : yo te ofrezco una hija y mi voluntad con ella, y entre todos los demas circunstantes ofrecen cien ovejas de Castilla : con todas estas pagas se pueden comprar entre nosotros mas de diez españoles y quedar con algun remaniente. Nuestro intento no es otro, que engrandecer nuestros nombres, y afijar los toques y insignias antiguas de nuestra amada patria con la sangre de opinados españoles, y solicitar con esfuerzo echarlos de nuestras tierras. Hoi parece que nuestro Pillan (que así llaman al demonio, o a su dios) nos es favorable y propicio, pues la buena fortuna nos ha seguido en estas dos entradas que habemos hecho ; en las cuales han quedado muertos y cautivos mas de 150 españoles, quemado mas de 30 estancias, cautivado y muerto en ellas

6

número de mas de 300 almas, y traido mas de 2,000 caballos. Y para seguir nuestra feliz suerte y dicha conocida, es necesario hacer un gran
llamamiento con la cabeza de ese capitan que te pedimos, que es hijo
de Alvaro, cuyo nombre está derramado y esparcido por toda la redondez de nuestra tierra; y su dicha y fortuna ha sido conocidamente en
gran daño y perjuicio nuestro. Este es el que habemos menester para
alentar y mover a los mas retirados, y para que no se excusen de acudir a nuestros llamamientos; y porque este *cojau* o junta de guerra
que habemos hecho, sea con la solemnidad acostumbrada, tenemos este
huinca (que quiere decir soldado o español) para sacrificarle a nuestro Pillan por los buenos aciertos que nos ha dado. Y tú has de ser el
dueño de esta militar accion, como valeroso capitan y caudillo.

Acabadas de decir estas razones, los tres cuchillos que tenia en la
mano, los clavó en triángulo a la redonda del hoyo que habia hecho
aquel desdichado soldado, que asentado junto a él estaba, con los palillos en la mano que le habian hecho cortar ántes; allegóse luego al
sitio y lugar adonde mi amo asistia en medio de dos amigos suyos, de
aquellos que llegaron juntamente con nosotros, y lo sacó al lugar adonde él estaba razonando; y al salir del suyo y de adonde los demas
asistian, me dejó encargado a los dos sus amigos y compañeros, y dejándome en medio de ellos, salió al palenque y ocupó el puesto de Butapichun, mas por la obligacion y empeño en que le pusieron, que por
la voluntad que tenia de ejecutar cosa que no deseaba. Salieron otros
dos ministros de ceremonias, que es imposible poderlas significar, ni decir de la suerte que ellos las hacen. El maestro de ellas era Butapichun,
con el toque en la mano, que habiendo puesto a los sacrificadores en
medio, le entregó a mi amo una porra de madera pesada sembrada toda
de clavos de herrar, las cabezas para fuera, y el cuchillo que habia
puesto hincado en medio de los dos, que representaba la parcialidad de
Maulican mi amo y de los suyos; y los otros dos cuchillos, mandó a
los acólitos o ministros, los cojiesen en las manos cada uno el que le
tocaba, siendo el uno de la parcialidad de la cordillera y el otro de la
costa. Con ellos y sus lanzas arboladas se pusieron a los lados del sacri-
ficante, el cual se fué acercando al lugar adonde aquel pobre mancebo
estaba o lo tenian asentado, despidiendo de sus ojos mas lágrimas que
las que en los mios sin poder detenerse se manifestaban, y como dijo
Ovidio, con la boca bebia sus corrientes lastimosas y con los oidos sus
palabras:

Et lacrimas cernens in singula verba cadentes,
Ore meo lacrimas, auribus illa bibi.

Cuando sus lágrimas vi
De sus dos luces pendientes,
Entre suspiros ardientes
Con la boca las bebí :

Sus palabras recebí
Con apretados oidos,
Y con iguales jemidos
Los suyos correspondí.

Con que, cada vez que volvia el rostro a mirarme, me atravesaba el alma, y correspondiéndonos con unos suspiros y sollozos desmedidos, sin podernos ir a la mano, muchos de los ministros circunstantes daban muestra de hallarse condolidos. Porque hai algunos entre ellos que se duelen y lastiman de los miserables que en tales casos y ocasiones tienen mala fortuna, como lo manifestaba Maulican mi amo en el sacrificio que le obligaron a hacer (como despues lo significó a sus amigos.) Allegóse al desdichado mancebo y díjole: cuántos palillos tienes en la mano? Contólos y respondió que doce; hízole sacar uno preguntándole, que quién era el primer valiente de los suyos. Estuvo un rato suspenso sin acertar a hablar palabra, ya con la turbacion de la muerte que aguardaba, o ya porque no se acordaba de los nombres que le dijeron; a cuya suspension el maestro de ceremonias que con su toque asistia al ejecutor del sacrificio, habló de adonde estaba y le dijo: acaba ya de hablar, soldadillo. El miserable turbado, pareciéndole que seguia el órden como se debia, respondió diciendo: este es el gobernador. Replicóle el Butapichon: no es sino Alvaro, que aquí solamente los valientes conocidos se nombran primero: echaldo en ese hoyo. Con que dejó caer el palillo como se lo ordenaron. Sacad otro, le dijo mi amo; y habiéndolo hecho así, le preguntó quién era el segundo. Respondió que el *apo*, el gobernador. Echadló en el hoyo y sacad otro, le dijo; con que fué por sus turnos sacando desde el maestro de campo jeneral y sarjento mayor hasta el capitan de amigos llamado Diego Monje, que ellos tenian por valiente y gran corsario de sus tierras; y acabado de echar los doce palillos en el hoyo, le mandaron fuese echando la tierra sobre ellos, y los fué cubriendo con la que habia sacado del hoyo; y estando en esto ocupado, le dió en el celebro un tan gran golpe, que le echó los sesos fuera con la macana o porra claveteada, que sirvió de la insignia que llaman toque. Al instante los acólitos que estaban con los cuchillos en las manos, le abrieron el pecho y le sacaron el corazon palpitando, y se lo entregaron a mi amo, que despues de haberle chupado la sangre, le trajeron una quita de tabaco, y cojiendo humo en la boca, lo fué echando a una y otras partes, como incensando al demonio a quien habian ofrecido aquel sacrificio. Pasó el corazon de mano en mano, y fueron haciendo con él la propia ceremonia que mi amo; y en el entretanto andaban cuatro o seis de ellos con sus lanzas corriendo a la redonda del pobre difunto, dando gritos y voces a su usanza, y haciendo con los piés los demas temblar la tierra. Acabado este bárbaro y mal rito, volvió el corazon a manos de mi amo, y haciendo de él unos pequeños pedazos, entre todos se lo fueron comiendo con gran presteza. Con esto se volvieron a poner en sus lugares, y persuadieron con instancia a Maulican los caciques, que respondiese o hablase lo que tenia que decir en razon de mi compra o venta, pues reconocia lo que importaba mi cabeza para la quietud y sosiego de sus tierras; a que respondió el astuto guerrero, que todos en sus sitios se asentasen para hacer su razonamiento y dar a su proposicion repuesta conveniente. Hiciéronlo así los circunstantes, y despues de sosegados y atentos, se quedó solo en pié en medio del concurso, con la porra que sirvió de toque en la mano y el cuchillo (que por razon de su parcialidad le tocaba); y razonó de esta suerte, que referiré en el capítulo siguiente.

CAPITULO XI.

En que responde mi amo con astucia, por librarme.

Ya sabeis, amigos y compañeros (dijo), que há muchos años que os acompaño y sigo, sin haber faltado a ningun llamamiento y juntas de guerra que habeis hecho, con todos los soldados de mi *regue* o parcialidad, y en algunas ocasiones he salido mal herido y maltratado, sin haber tenido dicha de llevar a mi tierra o a ojos de mi padre (que es toque principal de Repocura) una pequeña alhaja de españoles; y al cabo de tantas entradas y salidas en que me he hallado con vosotros, ha querido mi fortuna o mi suerte que me haya tocado llevar a este capitan que me pedis. Vuestra demanda es mui justa y vuestra intencion mui conforme al bien y reparo de nuestra amada patria, y claro está que yo no he de faltar a lo que es encaminado a su mayor provecho y conveniencia. Y si el quitarle la vida lo es, siempre lo tendré dispuesto para la ejecucion en mi parcialidad, o adonde vosotros tuviéredes gusto. Mas no será razon que estando tan cerca de mi padre y de los demas caciques de mi tierra y comarcanos, me vaya sin él. Dejad que le lleve a vista de los de mi casa, de los demas *toques* y caciques principales, para que reconozcan y vean que soi persona de todo valor y esfuerzo, acreditando con él en esta ocasion lo que en otras escaseó la fortuna; que dentro de breves dias de mi llegada os lo remitiré o llevaré en persona para que donde tuviéreis gusto, dispongais el parlamento para la ejecucion de vuestros intentos y los mios.

A estas razones que acabó de pronunciar el astuto y magnánimo jentil, se levantó Antegueno, cacique de los mas principales de la junta, y dijo con arrogancia y enerjía el *mupicha*, que quiere decir: tiene mucha razon, y no fuera justo ni bien mirado que se fuese a su tierra y parcialidad sin el despojo adquirido por sus puños, y con la continuacion de sus entradas y salidas, que sus padres ni los demas caciques de su distrito lo tuvieran a bien; ántes pudiera ser, fuese lo contrario causa de disgustarse los *toques*, de manera que en las demas ocasiones que se nos ofrezcan, falten a nuestros llamamientos y no quieran acompañarnos como lo han hecho hasta aquí. Ha dicho mui bien Maulican, y todos debemos apoyar su causa. A cuyas razones se levantaron los demas y llevaron adelante las propuestas de Antigueno y aplazaron a mi amo para dentro de quince dias, que le enviarian las pagas ofrecidas sin que faltase alguna, para que en su retorno me remitiese a sus tierras, adonde se habia de hacer el *cojau* o parlamento con toda solemnidad y junta de contornos; con que se despidieron los unos de los otros mui contentos, despues de haber dejado la cabeza de aquel desdichado mancebo clavada en una estaca gruesa y levantada, y el cuerpo en aquel suelo o campo raso ofrecido a las bestias por sustento. Y nosotros nos quedamos en nuestro alojamiento, entretenidos en el reparo de nuestras pequeñas chozas; de adonde salimos en demanda de alguna leña seca para repararnos aquella noche de los hielos y frios que nos prometia el tiempo. Y aunque eran con extremo sus efectos, yo me hallaba sudando con el fuego de las congojas y aflicciones que me oprimian el alma, de haber visto aquel triste spectáculo y lastimoso fin de mi compañero, y por la sentencia de muerte que en mi presencia me promulgaron.

Verdadéramente que es gran consuelo y alegría para el que tiene vivo conocimiento de la pasion y tormentos que padeció nuestro Redemptor sin causa alguna, mas que la atencion sola de nuestra salud y vida, el padecer tribulaciones y trabajos; pues hasta haberlos experimentado por Cristo, Señor nuestro, no se puede llamar ninguno immitador suyo ni verdadero cristiano, como lo notó el glorioso padre San Agustin sobre el Ps. 55, en que dice el Profeta Rei estas palabras: tened misericordia de mí, Dios y Señor mio, porque estoi hollado y vilmente pisado del hombre. Quién mas bien pudo decir estas razones que yo, cuando me ví oprimido, sujeto y postrado a los piés de una voluntad bárbara y sin estabilidad en sus acciones; en cuyo lugar dijo el santo: no ha dado principio a ser verdadero cristiano quien no le ha dado a padecer por Cristo; que sin la divisa de su bendita pasion, no lo pareciera el mesmo, pues apreció tanto sus tormentos, que aun estando glorioso y triunfante, conservó las señales de sus llagas y heridas por ostentar el entrañable amor que tuvo a nuestra naturaleza humana.

Salimos por allí cerca en demanda de la leña mi amo, otro compañero y yo, y al descuido cuidadoso me entré en un bosquecillo de coleales, que nosotros llamamos cañas bravas, y como llevaba el corazon tan tierno y oprimido de los pasados lances y sucesos, considerando los infortunios y desdichas que a cada paso se me iban disponiendo, me hinqué de rodillas en lo mas oculto de sus ramas y levanté los ojos para el cielo, desaguando por ellos el caudaloso mar que anegaba mis sentidos y aumentaba mis pasiones, ofreciendo a su divina Majestad mis trabajos y aflicciones por medio de la sacratísima Vírjen del Pópulo, Señora nuestra. Y estando de esta suerte entretenido y mui cerca de hallarme sin alientos, llegó Maulican mi amo, que al descuido cuidaba de mis pasos, y me dijo con semblante alegre y cariñoso: ¿qué haces aquí, capitan, en este bosque metido? Volví el rostro a sus razones y levantéme del suelo, bañados los ojos en lágrimas, y le dije: aquí me habeis hallado encomendando a Dios, aguardando por instantes mi fin postrero y muerte desastrada, pues con tanto rigor me has prometido entregar a estos caciques mis enemigos, no acordándote de la promesa y palabra que me diste, cuando pude con poca dilijencia haberte dejado, y libertado mi vida de estos lances y peligros. Y esto fué con tan tierno y lastimoso llanto, que le obligó a enternecerse, de manera que echándome los brazos sobre el cuello, se le cayeron las lágrimas sin poderlas reprimir ni detener en los ojos, y me respondió, aflijido y lastimado de verme de aquella suerte, las siguientes razones:

Capitan, no te dé cuidado la promesa y palabra que a estos caciques feroces en tu presencia les he dado, porque ha sido a mas no poder, por haber tenido aviso de un amigo mio, que habian venido resueltos a matarte o llevarte sin mi gusto, si yo no respondiese a propósito de su propuesta y con su peticion no conformase. Déjame poner con bien en los distritos de mi tierra, que allá yo soi tambien principal cacique como ellos y tengo muchos parientes y amigos; con que puedes tener por sin duda, que no he de faltar a la palabra que te he dado, pues primero me has de ver morir a mí que dejar de cumplir lo que te digo: que por haberme visto en esta ocasion solo y haberme hallado sin compañeros entre tantos enemigos de mi dicha, prometí lo que no he de hacer; y así no te desconsueles por tu vida, que me da mucha pena el verte lastimado y aflijido. Porque me has obligado con tu agrado y fidelidad, y naturalmente me has llevado el afecto y el corazon. Y esto fué volviéndome a abrazar con amor y ternura.

Estas razones me obligaron a echarme rendido a sus piés, y con el agradecimiento debido, decirle con sumisas razones y rendimientos alegres, lo que con palabras ni retóricos stilos podia el alma significarle; y así prorumpí gozoso el siguiente romance, que en su lengua escuchó el sentido de mi intento con agrado:

ROMANCE

EN AGRADECIMIENTO A MAULICAN MI AMO, DEBIDO A SUS AGASAJOS Y CORTESES ACCIONES.

Estas mal medidas letras
Que de un pecho ardiente salen,
Mi agradecimiento ofrece
A tí, valeroso Adlante [sic].
En la guerra batallando,
Mal herido en el combate,
Desmayado y sin sentido,
Confieso me cautivaste.
La fortuna me fué adversa,
Si bien no quiero quejarme
Cuando tengo en tí un escudo
Para mi defensa, grande.
En la batalla adquiriste
Nombre de esforzado Marte,
Y hoi con tu cortes agrado
Eternizarás tu sangre.

Porque al valor y al esfuerzo
Que le asiste lo agradable,
No há menester mas crisol
Para mostrar sus quilates.
Cautivo y preso me tienes
Por tu esfuerzo, no es dudable ;
Mas con tu piadoso celo
Mas veces me aprisionaste.
Mas podré decir, que he sido
Feliz cautivo en hallarme
Sujeto a tus nobles prendas,
Que son de tu ser esmalte.
Vivas, señor, muchos años
A pesar de los cobardes
Que con émmulos se oponen
A tus acciones loables.

Gran dicha fué la mia, que me cupiese por suerte el ir sujeto a un hombre noble y cacique principal, pues lo mostró con veras en esta ocasion y en otras, ostentando con su piedad lo ilustre de su sangre y la magnanimidad de su jeneroso pecho; que, como notó el poeta, es de grandes príncipes y señores levantar a los caidos y lastimarse de los pobres aflijidos :

Regia (crede mihi) res est subcurrere labsis (*sic*),
Convenit et tanto cuantus es ipse viro.

Es de un pecho jeneroso
Dolerse de un lastimado,
Y el levantar al postrado,
De un príncipe majestuoso.

Enséñenos esta doctrina Cristo, nuestro Redemptor, que fué a resucitar a Lázaro y halló llorando a las hermanas la muerte del hermano ; y habiéndolas visto llorar, dice el sagrado texto, que se le estremeció el spíritu y se conturbó en sí mismo. Sobre cuya turbacion y sentimiento, dijo un autor antiguo las siguientes palabras : aquella turbacion del Salvador divino procedia de la compasion de Lázaro y de sus hermanas, porque como verdadero hombre, de cualquier natural afecto se vestia, llorando con los que lloraban y aflijiéndose con los aflijidos, para aliviarnos y darnos a entender que debemos nosotros lastimarnos y dolernos de las miserias y trabajos ajenos.

Visos tiene de Dios el que se lastima y conduele de las desdichas y trabajos que padecen otros, pues el mesmo Cristo nos sirve de norma y de dechado, aflijiéndose con los aflijidos y llorando con los que lloran.

Quién no se maravilla de la piedad de este bárbaro, que pudiera avergonzarnos, dejando atras nuestras acciones, y enseñarnos a imitar a nuestro Redemptor, pues supo lastimarse de mis penas y aflijirse de verme lastimado. ¡Qué pocos o ningunos son los que hai entre nosotros que se conduelan y lastimen de esta nacion humilde y desdichada, y de la esclavitud injusta que padecen algunos (dejo por ahora y para su tiempo la que está permitida y declarada)! Vamos a los que han cautivado, asegurándolos debajo de convenio y tratos de paces, no es una sino es muchas veces; y en algunas ocasiones ha acontecido entrar ocultamente en las reduciones antiguas y pacíficos indios y cristianos, y hurtarles los hijos y las hijas, y enviarlos fuera del reino vendidos por esclavos. Este es el trato y agasajo que hallan entre nosotros, y la compasion y lástima que experimentan en nuestros naturales. ¿No son causas suficientes para que Chile tenga dilatada guerra (que es el blanco a que se han encaminado estos discursos), y para que resplandezca mas en este bárbaro el piadoso celo y natural magnánimo que le acompaña? Claro está; ¿quién lo duda, ni quién podrá negar que es imposible que se conserve Chile de esta suerte?

Retirámonos a nuestro alojamiento con nuestras carguillas de leña, a tiempo que se acercaba la noche y el frio se aumentaba con el aire y viento presuroso, y a la puerta de la choza hicimos una buena candelada para el abrigo nuestro y para asar algunos pedazos de carne de caballo, que no habia otra cosa de que valernos, y como en otra ocasion tengo significado, que no podia de ninguna suerte arrostrarla ni aun llegarla a los labios; por cuya causa me acomodaba con los hígados bien lavados, que puestos en las brasas, se ponen tiesos y gustosos; con que al amor del fuego en buena conversacion, comimos lo que cada uno pudo de aquel jénero. Y despues nos echamos a dormir con algun gusto y consuelo por el que me habia dado mi amo con las promesas que me habia hecho, y por el amor y agasajo que me mostraba; y con esta consideracion quedé aquella noche con algun descanso, hallando algun desquite al tormento que habia padecido la pasada y el antecedente dia.

CAPITULO XII.

En que se prosigue nuestro viaje, y de como nuestros compañeros, que lo fuimos desde el rio de Biobio, por estar cerca de sus casas convidaron a mi amo a que fuese por tres o cuatro dias a ellas.

Despues que Dios, nuestro Señor, se sirvió de echar su luz, aunque turbada y con algunas amenazas de volver a continuar el tiempo sus rigores, por haber sido el antecedente dia razonable, mas apacible se nos mostraba el rio, si bien peligroso por ser rápido y de crecidas piedras. Con todo eso, se determinaron a esguazarle por las muestras que daba el cielo a continuar sus húmedos rocios, porque fueron mas contínuos que los rayos del sol en consolarnos: dejamos que pasase por delante aquella turba multa de fariseos, y quedamos atras mi amo y yo, y el soldado mi compañero, su amo y otro hermano suyo, gran guerrero y mui amigo de españoles (que siempre me hizo mui buen tercio y me consolaba de ordinario con agasajos y buenas razones), y otros tres compañeros de aquellos que tenian sus ranchos en esta parcialidad de la cordillera. Pasamos con bien aquel raudal despues de haber visto a los demas abrir camino y esguazádole sin riesgo; y a mui buen paso aquel dia nos pusimos mui cerca del rio de Cacten, que así llaman por arriba al que pasa por la Imperial, habiendo descabezado todos los demas esteros que componen otros rios por arriba, como son Coipo, Curalaba y otros, que en el rigor del invierno son mas tratables por arriba cerca de sus nacimientos. Alojamos aquella noche a la orilla de un estero que estaba cerca de unos ranchos (segun nuestros compañeros lo aseguraron), que del sitio en que nos habíamos alojado no se divisaban. Y sin duda debió de ser así, porque en aquellos contornos encontramos algunas tropillas de vacas mui domésticas y mansas, con algunas crias, que las fueron llevando fácilmente a un guape, que así llaman cualquiera rinconada o encon (sic) que hace la montaña o algun estero, y allí las encerraron, y cojieron dos terneras, que llevamos a nuestro alojamiento; que con gran gusto cenamos aquella noche de ellas, y en un copioso fuego nos secamos, porque volvieron las preñadas nubes a descargar sobre nosotros sus penosas aguas, que la continuacion de ellas en nuestro dilatado viaje ocasionaba ya a no sentirlas ni extrañar de sus nieves los rigores; y habiendo dispuesto nuestras pequeñas chozas, dimos al descanso nuestros fatigados cuerpos.

Apénas se ausentaron las tinieblas, cuando recojimos los caballos; y con el dia el agua con mas fuerza se descolgaba. Y porque el rio de la Imperial no nos impidiese el paso aumentándose con las lluvias sus corrientes, le apresuramos con dar rienda a los brutos animales, que en breves horas nos pusieron en sus pedregosas orillas, adonde rogaron a mi amo que pasase con ellos a sus casas a descansar y holgarse tres o cuatro dias, pues tan cerca se hallaba de sus humos; y acetando el partido que le hacian porque de allí a su tierra habia otros dos dias de camino y los caballos se hallaban fatigados, sin dilacion alguna nos pusimos a esguazarle, aunque por partes a volapié salimos, y cojiendo un galope apresurado, dentro de breve tiempo nos pusimos en el rancho de Colpoche, mi amigo (que así se llamaba el hermano del otro indio amo de mi compañero el soldado), cuyo alojamiento y casa estaba vecina de la otra con otras seis o siete de parientes y amigos de estos que quedan nombrados; y en contorno de un cuarto de legua poco mas o ménos habia otros muchos comarcanos, que con la llegada de los soldados guerreros y la noticia que tuvieron de la mia con el nombre de hijo de Alvaro, se juntaron aquella noche mas de cien indios a visitar a los recien venidos, que todos traian sus cornadillos de muchos jéneros de chichas, terneros, carneros, aves y perdices; y en el rancho de Colpoche, que era el mayor y mas desocupado para el efecto de holgarse y entretenerse en comer, beber y bailar, nos alojamos arrimados a un fogon de tres copiosos que habia en el distrito de la casa. Pareciónos mui bien el abrigo por haber llegado bastantemente mojados, y habiendo entrado nuestros fustes y entregado los caballos a quien ordenó el dueño los guardase, nos arrimamos al fuego, adonde nos asentamos mi amo y yo con otros caciques viejos de los que nos habian venido a

7

recebir; y al punto trajeron unos cántaros de chicha y mataron una oveja de la tierra a nuestro recebimiento, que es accion ostentativa y de grande honor entre ellos; y a mí me trajeron juntamente tres cántaros de chicha y un carnero, haciéndome la mesma honra y cortesía que hacen a los principales huéspedes y caciques de importancia, como lo hicieron con mi amo: que esta es la honra que acostumbran hacerse los unos a los otros; y el que recibe el presente reparte aquellos cántaros a las personas que se hallan presentes de mayor estimacion, para que vayan brindando a los circunstantes, y el huésped se queda con uno de ellos para hacer lo mesmo. Y a imitacion de los otros, fuí haciendo lo que los demas hacian, que unos me brindaban a mí y yo brindaba a los otros. Estando en este entretenimiento alegre, fueron poniéndonos por delante para que cenásemos, algunos guisados a su usanza con algunas tortillas, platos de papas, envoltorios de maiz y porotos, y al fogon adonde asistíamos trajeron muchos asadores de carne gorda, que aquello me pareció lo mas acomodado al gusto, porque un muchacho iba dando vuelta con los asadores acabados de sacar del fuego virtiendo el jugo por todas partes, y los iba poniendo a cada uno con un cuchillo para que cortase por su mano lo que le pareciese mas acomodado y mas bien asado, y estos los volvian a poner al fuego y traian otros, dando la vuelta a todos los circunstantes; y de los demas asadores de capones, gallinas y perdices y longanizas hacian lo propio. Y de esta suerte comimos y bebimos mui a gusto, desquitando el ayuno que en el trabajoso viaje padecimos. Fuéronse alegrando los spíritus con la continuacion de diferentes licores. Y en otro fogon del rancho cojió un tamboril templado uno de los músicos mas diestros, y dando principio al canto, siguieron otros muchos la tonada, y dentro de breve tiempo, al son del instrumento y de las voces, dando saltos bailaban a su usanza las indias y muchachas que allí estaban; alborotados ya con el ruido, a nuestro fogon se fueron encaminando a convidar a los viejos que en él asistian en mi compañía, y llevaron a mi amo a la rueda del baile, y a mí me llevó el dueño del rancho, que era el hermano del amo de mi compañero el soldado, aquel Colpoche que dije era amigo de españoles y que me hacia grandes cortesías y agasajos. Llegamos a la rueda, adonde estaban dando vueltas bailando los indios y las indias, quienes no quitaban los ojos de los mios, diciendo los unos a los otros, así indios como muchachos y muchachas: este es el hijo de Alvaro, mui niño es todavía; y llegaban a brindarme con mucho amor y agasajo diciéndome, que bailase tambien con ellas, cosa que no pude hacer de ninguna manera. Porque aunque me mostraban buena voluntad y agrado, tenia mui frescas las memorias de mi desdichada suerte. A mi compañero, que lo fué hasta aquel paraje, le mandó su amo que se armase y bailase con su mosquete a cuestas, y de cuando en cuando que saliese a la puerta a dispararle. De esta suerte estuvieron toda la noche comiendo, bebiendo y bailando, y yo pedí licencia al dueño del rancho, que era Colpoche mi amigo, para recojerme a un rincon a descansar y dar al sueño los sentidos, que me la concedió luego, y fué en persona conmigo y me hizo hacer la cama con unos pellejos limpios y peinados, cosidos unos con otros cantidad de ellos, que usan los principales caciques como colchones nosotros; y en lugar de sábanas, echan unas mantas blancas y encima la frezada y sobrecama. Dispuesta ya en la forma referida, me dijo el camarada: bien puedes descansar y dormir a tu gusto aquí, y si quisieres levantarte a ver bailar y calentarte, podrás ir adonde yo estoi, que toda la noche nos habemos de pasar holgando en nuestros entretenimientos; y no estés triste, que presto has de volver a ver a tu padre y a gozar de tu libertad en tu tierra, que yo le he dicho a Maulican tu amo, que no te deje de la mano y que mire por tí con todo desvelo, porque estos caciques de mi parcialidad han de hacer grandes dilijencias por matarte; y aunque yo no puedo ir en contra de lo que propusieren, lo que podré hacer por tí, será dar avisos a tu amo de todo lo que trataren y quisieren disponer, para que pueda esconderte y guardarte. Porque yo naturalmente me inclino a querer bien a los españoles y a tu padre, porque es amable y querido de todos, que le conozco mucho, y el tiempo que fuí amigo, reconocí en él mui buen corazon y trato para con nosotros, que si todos los que gobiernan fuesen de su calidad y agrado, no nos obligaran a dejar su comunicacion y buena compañía. Rendíle las gracias con sumisas y amorosas razones, y habiéndole visto tan agradable y jovial, habiéndose asentado conmigo en la misma cama adonde pretendia dar descanso al fatigado cuerpo, le pregunté, que por qué causa, mostrando tanta voluntad a los españoles como referia, se habia vuelto *auca* y contra nosotros. A que me respondió: mui bien me preguntas, capitan, y porque lo sepas y no sea mi accion culpada, te diré lo que me pasó.

Yo fuí leal amigo de los españoles (dijo el valeroso indio) en el fuerte y reducion de Cayuguano, adonde estuve con mucho gusto el tiempo que gobernaba aquella frontera tu padre Alvaro, que con todo desvelo solicitaba saber si nos hacian algunos daños, molestias o agravios, y con severidad y rigor castigaba a los lenguas, cabos y oficiales que nos asistian, cuando aun en cosas mui leves éramos molestados. Tu padre en fin nos faltó, porque le enviaron a Tucapel a que asistiese y gobernase aquel ejército y reduciones, y por su ausencia quedaron otros a gobernarnos que no tenian aquel desvelo y cuidado de nuestras conveniencias y agasajos que tenia Alvaro; con que se fueron libertando los soldados de tal suerte, que ya no habia rancho seguro de sus manos. Si a los principios robaban lo que podian, despues con atrevido descoco quitaban por fuerza lo que poseíamos, y si alguno de nosotros se quejaba, a bien librar no nos oian ni escuchaban, cuando de palabra o de obra no nos maltrataban. Creció este abuso y mala introducion, de suerte que nos hallábamos descontentos, desabridos y aun desesperados, sin tener a quien poder volver los ojos. Callábamos y disimulábamos todo lo que podíamos, con espera de que tu padre Alvaro habia de volver a visitar nuestras reduciones (como nos lo enviaba a decir con algunos compañeros.) Los capitanes y tenientes que nos asistian, habiendo de defendernos y ayudarnos, eran los primeros que nos vendian y maltrataban. Tocóme por suerte o el turno de salïr a rejistrar los pasos con otros compañeros que tambien estaban como yo disgustados ; y al uno de ellos le habia forzado la mujer un teniente de los nuestros, y estaba este compañero hecho una ponzoña y justamente lastimado : pues estando a nuestras solas tratando de lo que usaban con nosotros los españoles, hallé a mis compañeros (que eran seis) resueltos a venirse al enemigo ; y por apaciguarlos les dije, que tenian sobrada razon, que yo estaba de la propia suerte vestido, pero que aguardásemos algunos dias a ver si venia Alvaro tu padre, que sin duda pondria remedio en semejantes excesos y templaria nuestros disgustos. Parecióles bien a los compañeros, y con esto, al cabo de dos dias nos fuimos a nuestro fuerte y casas ; y lo que hallé de refresco fué a mi mujer aflijida, triste y llorosa, y preguntándole la causa, me respondió, que el teniente que los asistia y gobernaba (que era el mismo que habia forzado la mujer del otro que queda referido), la envió a llamar con su criada, y juzgando seria para otra cosa, fué con ella, y entrando en su casa, la entregó a un soldado amigo suyo, y la rogó que le hablase y que hiciera su gusto, que lo estimaria, demas de que la paga seria mui a su satisfacion en lo que quisiese ; y habiéndose excusado a sus ruegos y intercesiones, la encerró con él en su aposento o rincon de su rancho, adonde la anduvo forzando hasta que por sus voces y gritos que dió (porque al ruido se juntaron muchas personas), se vió obligado a dejarla. Al punto que oí estas razones a mi mujer, acabado de llegar con mis compañeros, a quienes por entónces habia desvelado de sus intentos, los fuí a buscar, a cada uno de por sí, y les referí lo que queda dicho, y que ya no teníamos que aguardar mas, pues con tanta disolucion y desvergüenza nos quitaban las mujeres para hacer de ellas lo que se les antojaba ; y que al instante se dispusiesen, porque aquella noche, con sus hijos y mujeres los que las tuviesen, se habian de ir al enemigo, y que al cuarto del alba se aguardasen los unos a los otros en tal paraje de la empalizada o muralla de madera que tenia el fuerte, para que todos juntos saliesen a un tiempo convoyados. Tenian estos de la liga otros amigos disgustados, que en otras ocasiones habian manifestado sus disinios, que tocándoles a leva, nos aunamos unos catorce o quince, con sus mujeres los mas, y al cuarto del alba abrimos un portillo en la muralla y salimos con nuestras armas en las manos, llevando por delante nuestra chusma y familia, y nos pasamos el rio de Biobio, que estábamos mui cerca de su orilla, y cuando amaneció, nos hallamos mas de cuatro leguas de nuestro fuerte. Esta fué la causa, capitan y amigo, de mi transformacion y mudanza de amigo vuestro a enemigo declarado. Mirad, por vuestra vida, ahora si tuve razon o no.

Toda esta conversacion tuvimos con mui buena comodidad, porque en el discurso de ella nos trajeron de refresco unos pollos mui bien aderezados con mucha pepitoria de zapallo, ají y otros compuestos, con un plato de sabrosas papas y un cántaro de chicha de frutilla, que es de las mas cordiales que se beben, y nos fuimos brindando con mucho gusto y volvimos a cenar aquel bocado despues de haberlo hecho con los compañeros.

Mui atento estuve a todo lo que me refirió mi camarada y amigo, a quien respondí, que no tenia qué decirle cuando su accion habia sido mui justificada, porque tales excesos y maldades como las que me habia significado y referido, eran insufribles e intolerables, y que solo habérselas oido me tenian suspenso y admirado.

Llegó en esta ocasion Maulican mi amo, que con los demas danzantes habia estado bailando, y de haber bebido de varios licores y chichas fuertes traia la cabeza algo pesada, a quien brindé con la frutilla que me habia quedado en el cántaro; y mi camarada y amigo se levantó diciendo: vamos a bailar, capitan, un rato, y luego te vendrás a dormir. Y respondió mi amo con notable amor y cariño: vamos, hijito; y cojiéndome del brazo medio cayéndose me levantó, y yo les obedecí por darles gusto (aunque a costa del sueño que me venia rindiendo); y llegamos al baile, adonde me brindaron con una chicha de manzanas tan fuerte y desabrida, que pasé luego el jarro a otro compañero, y dentro de breve rato, habiendo dejado a mi amo ocupado y entretenido en medio del concurso jovial y alegre, le dije a mi amigo, que no podia tenerme ya en los piés, que me diese licencia para irme a descansar; quien con grande voluntad y agrado me dijo: vamos, capitan, que quiero yo llevarte, y a mi hijo para que te acompañe: que era un muchacho de hasta doce a trece años, a quien llamó y llevó conmigo a la cama que ántes habíamos dispuesto, y le dijo: échate aquí con el capitan, y acompañarásle porque ninguno llegue a molestarle; y el propio indio nos cubrió con la frezada y se fué a su baile. Quedamos solos el muchacho y yo, que era mui jovial y agradable; a quien pregunté cómo se llamaba, y me respondió que Neculante; y él me preguntó a mí otras cosas, a que le respondí brevemente, y le dije que descansásemos porque me hallaba con la cabeza cargada, y él me pidió licencia para volver a entretenerse al baile, diciendo que luego volveria, porque aun no le habia venido a molestar el sueño. Con que me dejó solo, y aunque medio dormido, no podia quitar de la memoria las razones que en buena conversacion me dijo aquel bárbaro discreto, que en el capítulo siguiente las meditarémos para dar algun pasto a nuestro libro.

CAPITULO XIII.

En que se meditan las razones del bárbaro, y se da a entender que las injusticias y agravios que se hacen en Chile, perturban la paz y quietud del reino.

Gran desvelo me causaron las razones de aquel indio mi amigo y camarada, aunque ayudaban a él los gritos y voces que habia en el rancho, que como se hallaban ya calientes algunos y otros privados de sus juicios, cantaban con desmedidas voces los unos, otros lloraban y

reñian, y los mas riéndose bailaban; con que en medio de estos albo-
rozos no podia echar de la memoria las palabras de aquel jentil valiente,
y como mi experiencia era limitada por ser muchacho en aquel tiempo,
sin conocimiento de lo que en las reduciones de estos indios se acostumbraba, suspenso y admirado estuve la mayor parte de la noche considerando los agravios que aquellos naturales padecian, y los desafueros y
maldades que con ellos continuaban los mesmos que habian de ser sus
defensores, y en quienes habian de tener el refujio, el abrigo y el amparo; que no puede haber mayor tormento ni fortuna mas desesperada,
que hallar la congoja, el dolor y el desabrimiento en quien se esperaba
el alivio, la quietud y el descanso. Doctamente lo notó un autor grave
con estas palabras: las heridas y ignominias recebidas de cualquier extraño, no son tan penosas ni causan tanto dolor ni sentimiento, como las
que dan los amigos, deudos y parientes y hermanos; y prosigue dando
la razon, diciendo, que de cualquiera que se espera el favor y la gracia,
se recibe el agravio y la molestia, que esto es lo mas sensible. Sintiólo
así tambien el Rei Profeta, dando a entender que los malos tratos y las
injurias recebidas de los enemigos, son sufribles y llevaderas, y a la contra las de los amigos y los deudos.

Sobre lo dicho podrémos ir ajustando algunas consecuencias al intento principal de este libro, pues solo se encamina a significar, que es
imposible que haya paz firme en este reino de Chile; ántes se podrá
esperar el paradero y fin último que tuvieron las ciudades antiguas.
Porque nuestros habitadores siguen los pasos de aquellos primeros
conquistadores, imitando sus acciones y aun aventajándose en ellas, con
insaciable cudicia y con extraordinarios modos de ejecutarlo, atropellando la justicia y desquiciando la razon de su conocido asiento, cuyo
vacío es forzoso que la disension le ocupe, la traicion se apodere dél,
la mentira se atreva, el apetito ande suelto, vivan los malos y los vicios
prevalezcan, con que la paz se sepulta, la concordia se sujeta, la lealtad
queda abatida, la verdad acobardada, presa la razon, los buenos oprimidos y finalmente destruidas las virtudes. Así lo dijo el natural poeta:

Jura silent, mutæque tacent sine vindice leges.

Los derechos se tuercen, y oprimidos
Del poderoso, callan;
Las leyes enmudecen
Porque en nocturnas confusiones se hallan,
Estando la justicia
En manos del poder y la malicia.

Todos estos efectos causa la falta de la justicia, y ¡desdichado el reino
adonde no se conoce, o su difinicion no la alcanzan, que segun los juris-
consultos es una voluntad constante y perpétua para dar a cada uno su
derecho, o lo que es suyo o le pertenece! ¡Qué de jueces habrá habido
que hayan usado y seguido esta difinicion a la letra, haciendo a su pro-

pia voluntad justicia, dándola a quien la suya se inclina por particulares intereses! ¡Cuántos habrán quitado a los pobres lo que es suyo, y dado lo que les tocaba de derecho a los poderosos y ricos, que con los dineros adquieren las honras, las dignidades, los amigos y lo mas que quieren! y el pobre siempre está arrojado y abatido adondequiera, como dijo el poeta :

In pretio pretium nunc est, dat census honores,
Census amicitias; pauper ubique jacet.

A tiempo habemos llegado
Que no hai mas ser que tener :
En él está el merecer
Y en su valor se ha cifrado
Ser tenido y respetado,
Porque el pobre aunque merece,
Su mérito se escurece
Y es de todos despreciado.

Pero hoi está la cudicia tan apoderada de los jueces que gobiernan, que todo lo quieren para sí, empobreciendo al rico y desnudando al pobre. Tales jueces o gobernadores poco o nada atienden a la ejecucion justa de las leyes, adonde deben llevar puesta la mira todos los superiores cristianos; porque adonde hai justicia se hallará la paz, como dijo el Profeta Rei, que la justicia y la paz estan tan unidas y conformes, que adonde está la una, la otra no puede faltar, porque es parto feliz de la justicia la paz, como advirtió el ilustrísimo Villarroel. Pregunta Estobio (sic), que cuál de las dos virtudes, justicia o fortaleza, es mas excelente y esclarecida, y responde, que sin la justicia no tiene valor la fortaleza, ni el esfuerzo será de ningun provecho. Porque si todos fuesen justos y santos, mui poco lugar tuviera la valentía. Probemos con un sagrado texto lo referido. Dice Salomon, que la silla de David, su padre, y su trono será estable y permanente en la presencia de Dios, nuestro Señor. Pues ¿de adónde colije esta permanencia y estabilidad en su reino? pregunta el ilustrísimo Villarroel, y responde diciendo : era justiciero el rei y no perdonaba al delincuente. Mandó a Banaías que quitase la vida a Semei ejecutando en él la justicia, y porque esta virtud tenia el primer lugar en su silla y trono, le juzga permanente y eterno, y concluye nuestro autor citado con decir : bien hace de juzgar por permanente y eterno su trono el que da a la justicia en él su primer asiento. Tranquilidades y paces firmes se vinculan en el reino que tiene esta divisa en su corona : no tiene que temer infortunios ni desastres de la guerra, el que tiene este escudo por muralla, porque la paz es de esta virtud parto dichoso.

Gran falta habrá habido en este reino de Chile en el conocimiento de la justicia y gran tibieza en buscarla, pues no se ha podido conseguir la paz firme que se solicita y se desea : poco desvelo y ménos cuidado han puesto algunos superiores que gobiernan, en fomentar las causas

de su justicia, ni a los ministros que con buena intencion y celo encaminan sus acciones a la ejecucion y cumplimiento de ella y de sus
ajustadas leyes; ántes se ha reconocido en algunas ocasiones, que en
un instante son atropellados y deshechos los buenos ministros, y derogado lo que por ellos justificadamente es difinido y sentenciado. Y no
há muchos años que se experimentó esta verdad con un juez que, estando para ejecutar la pena que merece un ladron reiterado en robos y
escalamientos de casas, por ciertas dependencias le quitó el gobernador
(que en aquellos tiempos gobernaba) la causa y envió a su auditor
jeneral a que conociese de ella, quien con todo conato y ahinco quiso
librarle de la culpa y delito que le tenia probado, porque no fué despachado a otro intento mas que a atropellar la justicia; y hallando la
informacion justificada y mui conforme a las leyes del derecho, y porque
las partes clamaban, no pudo excusar el sentenciarle afrentosamente a
barrer las guardias con un grillo puesto como galeote, y esta sentencia
se publicó a voz de pregonero por las calles con cajas y trompetas: y
dentro de pocos años vimos a este tal ladron hecho capitan de infantería
española en un ejército de este reino. ¿Hai mas que decir, ni que ponderar el poco lugar que tiene la justicia en Chile? Pues ¿cómo ha de
haber paz en él, siendo conocido parto de esta excelente virtud? Pues
¿qué ánimo ni esfuerzo podrán tener los jueces ministros amadores de
la justicia, si reconocen en el juez o el príncipe que gobierna y lo puede
todo, que apoya semejantes maldades y desafueros, y que intenta des-
hacer lo bien obrado y lo que con justificacion y celo cristiano se ejecutó
con efecto? Y muchas veces acontecen estos disturbios y mal encaminados juicios porque los que gobiernan se dejan llevar del primer informe que les hacen, sin atender a que hai perversas intenciones a sus
lados que por sus pasiones o intereses los prevarican fácilmente y los
perturban; por lo cual deben los superiores no partir ni determinarse
con el primer informe, ni dar prestos oidos a los que delatan, que estos
son demonios, como lo dijo San Ju.º (sic), y los acusados son hombres, y
la diferencia que hai de unos a otros, ha de haber del oir al creer para
juzgar.

Qué buen ejemplo y doctrina nos da el divino Maestro, principalmente a los superiores que juzgan con el primer informe o relacion que
les hacen, y en ajustando a su intento lo que escuchan, no hai quien
les desquicie de aquello que primero oyeron.

En el capítulo primero del Génesis dice la letra sagrada, que vió
Dios la luz, y ántes de dividirla de las tinieblas (que es lo propio que
juzgar), la examinó si era buena o mala. Pues ¿qué fué lo que juzgó?
pregunta un autor grave, y dice, que la luz era luz y las tinieblas tinieblas; y ¿por qué vió primero dificultad? y absuelve su duda con decir,
que no quiso juzgar sin haber visto. Esto es lo que deben hacer los
príncipes cristianos, los que desean en sus gobiernos el acierto: no
juzgar sin haber visto, ni rejirse por el primer informe, que dejándose
llevar de él, las mas veces juzgarán por luz lo que es obscuridad y

tinieblas, como les ha sucedido a algunos que son amigos de admitir lisonjeros y escuchar a chismosos; con que sus gobiernos no han sido otra cosa que un cáos de confusiones y inquietud de repúblicas y menoscabos de reinos. Y los que quisieren imitar a este divino Maestro, siempre tendrán la justicia en su lugar y asiento, y con ella se hallará la paz que se busca, y el descanso y sosiego que se solicita.

CAPITULO XIV.

En que se trata de lo que hicimos aquel dia siguiente, que nos detuvimos en aquel rancho.

Discursos varios hace en el reposo un aflijido, y mal alivio halla en el sosiego el desdichado. Recojíme a dar algun descanso al cuerpo en un rincon del rancho, despues de haber gozado el alma tanto cuanto de consuelo con el agasajo y cariñoso trato que hallé en aquel indio mi amigo, y el que me manifestaba mi amo; y tasadamente quebranté el sueño, cuando recordé sobresaltado de uno que me aflijió el corazon y perturbó el ánimo: y fué que veia venir para mí aquellos caciques y soldados (que en el alojamiento pasado dejaron efetuado el trato de mi venta), armados con diversos jéneros de armas, y que acometiendo unos por una parte y otros por otra, solicitaban rabiosos hallar al hijo de Alvaro; y que en breves lances dieron conmigo, y entre dos alguaciles de aquellos me sacaban arrastrando a la campaña, y que al ruido y voces que yo daba, salió a defenderme y a quitarme Maulican mi amo de las uñas y garras de aquellos fariseos. Y estando en esta contienda, lo habian muerto sobre mí, y caido revolcándose en su sangre y a mis piés. Con esto recordé despavorido y bañado en el sudor de la congoja y afliccion que me oprimia, y dí infinitas gracias a nuestro Dios y Señor de que pasase en sueño mi tribulacion y pena.

Verdaderamente que es gran misericordia del Señor doblar al aflijido el desconsuelo y repetirle cuidadoso infelicidades, para que vijilante vele en lo que importa y despierte del profundo sueño en que el amor propio y el deleite le sepulta. Díjolo así con elegancia nuestro gran arzobispo Villarroel en sus morales aforismos.

Recordé, como he dicho, atribulado y quedé sin la carga con alivio y seguro del tormento que padecí entre sueños, y mas consolado y gustoso que de ántes, porque tiene mejor lugar la bonanza despues de la tempestad, y despues de un peligroso achaque la salud. Y como dijo San Gerónimo, no resplandece tanto la virtud si con el torpe vicio no se hombrea, ni la luz parece tan hermosa y clara si no se compara a las tinieblas. Estas corrido habian sus cortinas, cuando me hallé ya libre y sosegado de la pesadilla que me tuvo preso, aunque los tamboriles en su punto, las cornetas y las flautas acompañados con mayores voces y gritos. Levantéme a dar gracias a nuestro Señor y a ver el semblante que nos mostraba el dia, que aunque entre nublados algo densos, a veces los rayos del sol se descubrian. Mi camarada y compañero el soldado, a quien habian hecho bailar toda la noche, habia estado por verme cuidadoso, y luego que me descubrió al salir por la puerta del rancho, salió anheloso en mi demanda, y encontrándome afuera, me abrazó y dió los buenos dias algo alegre, que como le habian obligado a beber mas de lo que acostumbraba, no dejaban de salirle a la cara las colores, y el regocijo interior a las palabras. Consoléme de haberlo visto gustoso en medio de sus trabajos; y solicitando saber de mi amo, me respondió que estaba durmiendo la borrachera, por haberse llevado toda la noche cantando y bailando. Salió en esta ocasion mi amigo el indio como si no hubiese bebido ni desveládose, tan entero en su juicio que me admiré de verle; saludóme con mucho amor y díjome que fuésemos a bañarnos al estero, que es costumbre de todos el hacerlo de mañana, como lo habian hecho ya algunas indias, que volvian frescas del abundante arroyo que a vista de los ranchos se esparcia. Para él nos encaminamos el soldado mi compañero y yo, el indio mi amigo y otros dos muchachos hijos suyos, y apénas llegamos a sus orillas, cuando se arrojaron a la agua los dos muchachos y tras ellos su padre, y aunque a mi compañero y a mí nos persuadian a que hiciésemos lo propio, no nos ajustamos al consejo, ni nos atrevimos a imitarlos, contentándonos solo con lavarnos las manos y los rostros. Volvimos con los compañeros de este baño al abrigo del rancho, y como dueño y señor, mi camarada y amigo nos mandó dar de almorzar con todo gusto, estando al amor de un fogon bien atizado gozando de sus llamas apacibles; y en conversacion deleitosa estuvimos a la vista de unos asadores, de carne gorda los unos y los otros de corderos, pollos y gallinas, que destilando el jugo por diversas partes, nos cortaban por cima lo que a cada uno era de apetito. Agregáronse muchos a los asadores, de los que en el baile estaban entretenidos, y en breve rato dimos cuenta y fin de los que estaban dispuestos en el fuego. Sacaron con esto un cántaro de chicha clara y me le pusieron delante, para que fuese bebiendo y brindando a los demas circunstantes, como lo hacian otros dos caciques principales a quienes habian puesto de la misma suerte que a mí sus cántaros de chicha; y despues de haber concluido con ellos, se levantaron y se volvieron al baile, y mi amigo el indio me convidó que por un breve rato fuésemos a asistirle, y a mi compañero el soldado lo llevó un hijo de su amo, que por darle gusto y a los demas que eran sus dueños, bailaba entre los otros y cantaba, o por mejor decir, gritaba dando voces al son de los tamboriles. Y aunque no eran difíciles las mudanzas, porque no tenian mas compases que dar saltos para arriba, no me pude aplicar jamas a acompañarlos, y asi procuraba luego de la rueda del baile desasirme, como lo hice en esta ocasion, saliendo afuera a tiempo que el sol comunicaba mas apacible sus rayos, por ser ya mas de medio dia; y poniéndome al reparo del rancho, me asenté a la resolana dél por divertirme y apartarme de aquel bullicio confuso de la jente.

Salió en esta ocasion el muchacho hijo de mi amigo y camarada con

otros tres o cuatro de su ahillo, que se andaban tras mí como admirados, diciendo los unos a los otros: este es *pichi Alvaro*, este es
Alvaro chiquito; que como mi padre tenia tan gran nombre en
aquellos tiempos, no le dejaban de la memoria un punto, y era tan
grande el temor y respeto con que lo miraban, que referiré de paso
lo que sucedió en el Estado de Arauco con un mensajero del enemigo, que debajo de la real palabra entraban y salian con seguro todos
los que querian continuarlo. En esta ocasion habia llegado al referido Estado el gobernador que gobernaba entónces, a visitar sus fronteras, a tiempo en que se trataban algunos rescates y conveniencias
en la quietud y descanso de la tierra. Y estando en la plaza de armas
el gobernador y mi padre en un corrillo, acompañados de muchos capitanes vivos y reformados, llegó aviso de las centinelas de como venia un
mensajero de tierras del enemigo. Mandaron que entrase adentro, el
cual llegó con grande acompañamiento de soldados, que desde la puerta
principal se le habian allegado muchos, porque naturalmente lleva la
novedad el afecto, y la curiosidad arrastra el apetito. Venian con él
tres compañeros suyos, y de los indios amigos nuestros otros diez o
doce caciques y capitanejos; el mensajero era despejado, arrogante y
discreto en su lenguaje; entró al corrillo con sus compañeros y con
otros tres o cuatro de los principales nuestros, y lo primero que hizo,
fué preguntar por Alvaro Maltincampo, que quiere decir, el maestro
de campo Alvaro. Mi padre, como le oyó preguntar solo por él, dijo al
intérprete que le dijese, que allí estaba el señor gobernador, con quien
primero y ante todas cosas tenia obligacion de hablar; y habiéndole
dicho estas razones, respondió, que él no venia a dar su embajada al
Apo, que así llaman al gobernador, sino era al Maltincampo Alvaro. El
no le conocia mas que por la calva, que la tenia grande, blanca y limpia,
que cuando peleaba la descubria, a causa de no poder tener sombrero
en ella ni celada, y por esto era conocido entre ellos y temido grandemente. Pues, como repitió que no venia en demanda del gobernador,
sino es de Alvaro, dijo el gobernador al intérprete: dígale que aquí
está a mi lado el maestre de campo jeneral por quien pregunta, y le
señaló con la mano. El indio se acercó a él y se puso a mirarle con
gran cuidado, y allegándose mas a él, como que le iba a abrazar, le
quitó el sombrero de la cabeza, y al instante que le vió la calva se
echó a sus piés de rodillas y le abrazó, y mi padre le levantó del suelo
abrazándole, y despues de haberlo hecho, significó que a solas venia a
hablar con Alvaro algunas cosas que le habian encargado sus caciques,
que importaban mucho. Con que mandó el gobernador que fuese a su
casa, que allí hablarian despacio, y comeria con él y beberia, y habiéndole hecho buen pasaje y respondido a su embajada, le despacharon con
gusto.

He significado este suceso y pudiera referir otros muchos para verificar lo propuesto y el temor grande que habian cobrado al nombre de
Alvaro; mas, volvamos a nuestra historia y a los muchachos, que sa-

lieron deseosos de comunicar familiarmente conmigo, porque como mis
años entónces eran pocos mas o ménos de los que ellos podian tener,
se inclinaban a mirarme con amor; porque con facilidad se conforman
y avienen los que son de un porte y de una edad. Llegó el hijo de mi
amigo, que era el que la noche pasada se habia quedado a hacerme
compañía en la cama, diciéndome: capitan, yo no pude volver a acompa-
ñarte por haber estado cantando y bailando toda la noche. Respondíle
con mucho agrado y cariño, que habia deseado con extremo tenerle
cerca y a mi lado para contarle y referirle un portentoso sueño que
me habia recordado despavorido y con gran congoja, y que desde entónces no habia podido volver a cerrar los ojos. Allegáronse los demas
chicuelos con deseos de oir mi sueño, y el hijo de mi camarada y amigo
me pidió se le contase. A este tiempo se habian allegado otros dos
muchachos y chinitas, que como me mostraba con ellos agradable y
jovial en el semblante, gustaban de mi comunicacion y trato. Repetíles
mi sueño como queda dicho, y despues les conté algunas patrañas y
ficciones, como fué decirles que habia visto venir un toro bravo y feroz
echando fuego y centellas por la boca, y encima de él uno como *huinca*,
que quiere decir un hombre español; y que el toro embravecido procuraba echarlo abajo con los cuernos, haciendo muchas dilijencias por
matarlo, dando por una y otra parte vueltas a menudo y espantosos bra-
midos; y el que estaba encima dél con gran sosiego y humildad, firme
como una roca se tenia. Quedaron admirados los muchachos de haber
oido sueño tan notable, y el hijo de mi camarada me preguntó cuidadoso,
que quién era el huinca o español que estaba sobre el toro encaramado;
a cuyas razones entre chanza y burla respondí diciendo: andad, amigo,
vos y preguntádselo al toro que lo traia a cuestas, que yo no le pude
conocer ni saber quién era. Celebraron mucho todos los muchachos mi
respuesta; y estando en este entretenimiento ociosos, salió mi compañero el soldado a llamarme de parte de Maulican mi amo, que habia
despertado ya de su profundo sueño. Junto con los muchachos que
habian estado conmigo a la resolana, entré dentro del rancho, y el indio
mi amigo dueño del festejo me llamó al instante que me vido, que
estaba cerca del dicho Maulican sentado, con otros seis o siete caciques,
a la redonda del fuego comiendo y bebiendo, como lo hicimos los que
llegamos; y despues de esto, me arrimaron un cántaro de chicha de
frutilla de buen porte, que encareció mi amigo lo habia hecho guardar
para mí, porque las otras que quedaban eran mui fuertes y espesas.
Comimos y bebimos espléndidamente y con grande abundancia, porque
mi amigo y camarada anduvo bastantemente cumplido y salió bien del
empeño en que se puso, en habernos convidado y llevado a su casa del
camino, pues andaba todo tan sobrado y abundante, que pudiéramos
decir lo que el texto sagrado en el convite de Joseph; pues habia pocos
que no estuviesen mas de lo necesario satisfechos, y aun privados del
juicio algunos, por ser costumbre entre estos antiquísima. Sobre este
lugar dijo Oleastro, que lo que nos enseña y advierte, es que los con-

vites no han de ser escasos ni defectuosos; que mejor es no hacerlos, que faltar a lo ostentoso y espléndido que requieren.

CAPITULO XV.

En que se prosigue el ejercicio de aquel dia; y el entretenimiento que tuvimos en el paseo de la tarde y con la vista de una hermosísima sala de piedra cubierta de frondosos árboles.

Pedí licencia, despues de haber dado fin a nuestros cántaros de chicha, para alargarme un rato por aquellas campañas y valles, que a la vista se mostraban alegres y apacibles con los rayos del sol que los hermoseaba; y habiéndomela concedido mi amo de buena gana, me dijo, fuese con los hijos de nuestro amigo y huésped, que a su lado la tenia, quien les ordenó me acompañasen, y a mi compañero el soldado, que asímismo me asistiese: con que salimos gustosos, y deseoso yo de divertir algo mis cuidados, que con varios pensamientos a ratos se me aumentaban. Dejamos el canto y el baile en su punto y fervor, aunque no con el concierto que a los principios, porque ya los pleitos, ruidos, llantos y sollozos de las mujeres borrachas, maltratadas de sus maridos y algunas descalabradas, eran mas que sonoros ecos ni alegres cánticos, pues los que sustentaban el baile se hallaban tan fuera de sus juicios y enronquecidos, que parece salian del infierno sus perversas voces. Agregáronse a nosotros algunos mas muchachos de buen gusto y humor alegre, que estaban ejercitándose en el juego de la pelota a su usanza, que es de grande entretenimiento y deleitable a la vista; porque es una contienda que tienen unos con otros con dos pelotas de viento, una de la banda de los unos y otra de los otros, y ellos desnudos en cueros, solo con unos *punus*, que son unas mantichuelas que les cubren las delanteras, tirándose las pelotas al cuerpo, enseñándose a librar de ellas, porque al que tocan con ella tantas veces como tienen señalado, que son como tantos o rayas, pierde lo que se juega o pone. Y estan algunos tan diestros en huir el cuerpo al golpe que les tiran, que es rara la vez que topan con ella, estando los unos de los otros tan cerca que no distan cuatro pasos; pero es verdad que no la pueden tirar sin hacer primero de la mano pala, suspendiendo la pelota en el aire. Otros mas pequeñuelos andaban con sus chucillos o lancillas adiestrándose en el manejo de las armas, que los unos y los otros no tienen otro ejercicio desde que nacen, y el del arco y la flecha, en que son aun los mas pequeños bien experimentados y diestros, porque se inclinan todos a estas naturales armas, que son memorables en los pasados siglos, pues era la mas comun y continuada entre los jentiles y entre los del pueblo de Dios, como en diversos lugares lo refiere el texto sagrado. El Profeta Rei ordenó que con todo cuidado y dilijencia se ejercitasen sus soldados en el arco y flecha, luego que entró a gobernar su reino por fin y muerte del rei Saul, quien por su desdicha fué mal herido de los sajitarios palestinos; y así pregunta un autor grave, que por qué fué este cuidado en en este santo rei, y responde, que porque sus contrarios eran científicos en aquel arte, de quienes fué mal herido su antecesor Saul. Y Bejecio enseña de la suerte que se han de industriar los bisoños en la guerra y en lo que es mas esencial para la sajitaria diciplina. El rei Acab fué privado de la vida con la violencia de una saeta despedida de otro arco, como se lée en el libro tercero de los Reyes. Ultimamente parece que en los antiguos tiempos fué la primer arma o la mas contínua y acostumbrada en que se ejercitaban los soldados; de la mesma suerte, estos nuestros naturales lo hacian ántes que los españoles descubriesen y poblasen estas sus tierras, y hoi lo continúan con mas ánsias, porque son soldados verdaderamente. Y ántes que prosigamos con nuestro paseo, me dará licencia el discreto letor para un breve paréntesis, encaminado al blanco y principal intento de este libro.

Desvanecidos y ciegos nos tiene (por cierto) el interes y la cudicia, pues tan apoderada está de nuestros corazones y en nuestros afectos tan arraigada, que no acertamos a dar paso en aquello mesmo que se reconoce ser de nuestra mayor utilidad y conveniencia; y aunque estos bárbaros nos alicionan y enseñan con sus acciones, hai mui pocos o ningunos que quieran seguir sus pasos en la guerra, ejercitándose en las armas desde niños, como lo acostumbran estos naturales; a cuya causa estan los ejércitos de S. M. descaecidos y sin fuerzas, porque no hai persona alguna de obligaciones (sino es rara) que se precie ya de ser soldado ni de servir al Rei nuestro señor debajo de sus banderas: solo se trata de la labranza, de la multiplicacion de sus ganados y de ser mercaderes y tratantes. En alguna manera juzgo que lo aciertan, porque si con el dinero (aunque sea mal ganado) adquieren los oficios militares y obtienen los mejores y mayores sin riesgos ni peligros de la vida, y en la corte, con informes falsos y apoyados de los que gobiernan, son preferidos y antepuestos a los que han continuado la guerra muchos años y gastado algunos sus caudales y haciendas y aun perdídolas en el servicio de su Rei y señor, hallo por mas conveniente excusar los trabajos y desvelos que la milicia trae consigo, que solicitar el premio a fucia de ellos, cuando por el dinero se lleva el mercader y aun el pulpero lo que no puede conseguir el soldado con afanes y empeño de su vida: esta es la causa, entre las principales que hai, para que la guerra sea perpétua y inacabable, así por la injusticia que se hace al que personalmente está sirviendo en guerra viva, como porque los mas nobles hijos de la patria solicitan las honras y provechos por el camino mas sin riesgo y por el stilo que se usa; que si reconociesen no adquirirse los premios ni alcanzarse las honras sin el trabajo y la continuacion de las armas, todos las solicitaran con servicios personales, y las fronteras de guerra estuvieran mas bien guarnecidas, y los ejércitos de S. M. mas copiosos y reforzados de soldados lucidos y de sobradas obligaciones. Esto se ha ofrecido de paso para prueba de lo propuesto en este libro; con que proseguirémos con los entretenimientos del dia en que quedamos.

Fuéronme llevando los compañeros el estero abajo por unas vegas apacibles y chacras antiguas de legumbre, de adonde los chicuelos sacaban algunas papas de las que habian quedado de rebusco. Poco mas adelante se descubrian dos vistosísimas y hermosas copas de unos árboles frondosos, tan verdes y poblados de tupidas ramas y de verdes y anchas hojas, que obligaron al deseo a pedir con súplica a nuestros guiadores que nos acercásemos a ellos, pues la distancia de adonde nos hallábamos era corta; a cuya peticion y ruego me respondieron placenteros, que me alegraria con extremo de ver aquella casa, vistosa y agradable, adonde de verano se iban todos los mas sus vecinos y compañeros a dormir entre dia, despues de haberse refrescado en aquel copioso estero que esparcido bañaba aquellas vegas. Llegamos a aquel sitio deleitable, y dí una vuelta y otra a aquellas copadas ramas, que reparando con curiosidad al nacimiento de ellas, hallé que de dos árboles grandísimos se formaban aquellos chapiteles, que servian de techo a aquella sala. Un cristalino arroyo los regaba, que por entre peñas y sendas escabrosas decendia a lo profundo del hueco que formaba con arte, que en suma parecia un aposento bien obrado por una y otra parte de paredes de piedra niveladas, y por techo vistoso, las frondosas y copadas ramas, que a porfía, encontrándose las unas con las otras, a la cumbre subian a perficionar con gala aquel natural edificio. Descendimos a lo bajo, deseosos de ver el hueco de las peñas, y ántes de llegar a poner los piés en sus umbrales, pasamos por un hermoso valle cultivado, que por una parte le ceñia una canal honda y ahocinada del arroyuelo que por medio de dicho aposento se esparcia, y por la otra marjenaba sus fines el abundante estero que por cerca de las casas y ranchos que habitaban, se paseaba. Entramos en aquel espacioso hueco y hallamos dentro de él algunos altos y levantados catres o barbacoas, en que ponian las legumbres de porotos y maices al tiempo de las cosechas. Alegréme infinito con la vista de aquel aposento, agradable y digno de admiracion, y que estuviese en parte adonde no sabian hacer estimacion de aquel recreo, ni contemplar de Dios las maravillas grandes. En medio dél estaban dos árboles crecidísimos y derechos, sin hoja ni rama alguna hasta llegar a la cumbre, que tendrian de altitud mas de dos picas. Asentéme un rato adentro a contemplar atento las obras tan perfectas y acabadas del artífice supremo, Señor de todo lo criado, y a darle infinitas gracias de que entre aquellos bárbaros infieles me comunicase tantos favores y mercedes, hallando entre nuestros enemigos agasajo, amor y cortesía. Estando entre estos discursos varios, considerando tambien el estar ausente de mi padre, de mi casa y de los mios, enternecida el alma y pensativa, ocurrieron al entendimiento los siguientes versos a lo dicho y a lo deleitable de aquel aposento, que aunque en prosa y en verso quisiera pintar con arte la amenidad de aquel sitio, no podré darle la perfeccion que en sí tenia.

LIRAS.

Entre marmóreos riscos,
Cuyas guirnaldas verdes Phebo dora
De famosos lentiscos,
Principio cuyo humildemente adora
Una fuente risueña
Que por regar sus plantas se despeña,

Formó naturaleza
De brutescos peñascos aposento,
Con tanta sutileza
Que suspension causara al mas atento,
Por ver que sus honduras
Labran techumbres para sus alturas.

Pabellones copados
A aquesta cumbre sirven de edificio,
Con arte orijinados
De dos firmes columnas, que el bullicio
De aquel cristal corriente
Los sublimó por cima de su frente.

Al son de sus corrientes,
Imitadoras lágrimas envía
Fenicio, viendo ausentes
Los bienes que en un tiempo haber solia;
Que siempre el desdichado
Jamas conoce el bien si no ha pasado.

Divertido y suspenso en mis memorias tristes me hallaron los muchachos en compañía del soldado, que se quedó a asistirme en el entretanto que fueron a bañarse y a sacar de los antiguos camellones algunas papas y legumbres, de que los mas vinieron bien cargados, y con deseos de volver al rancho; que nos dijeron que ya era tiempo de irnos retirando poco a poco, porque llevaban buenas ganas de beberse cada uno un cántaro de chicha. Con esto nos volvimos entreteniendo y haciendo grandes memorias de aquel tan apacible sitio como ameno valle: llegamos a la posada al tiempo que el sol nos iba ya ocultando sus lucientes rayos, y el aire delicado y fresco nos obligaba a buscar el abrigo y solicitar el fuego. Hallé a Maulican mi amo retirado a un rincon de la casa y apartado del concurso, desechando la embriaguez con el pesado sueño, desquitando la inquietud de la pasada noche, y todos los mas caciques principales de la mesma suerte reposando, y mi camarada Colpuche, como dueño y señor de aquel festejo, asentado al fogon con otros sus compañeros y amigos, con tal templanza y sosiego que me admiré de ver la que tenia, pues en todo el discurso del banquete no se privó totalmente del juicio, acudiendo a todo lo que era necesario para que en su casa no faltase lo conveniente al convite. Luego que entré por la puerta me llamó cariñoso y placentero, y asentándome a su lado me preguntó cómo me habia ido en el paseo, y si me habian llevado al rancho o casa de recreo que tenian para el verano en la campaña; y con grande encarecimiento respondiéndole que sí, alabé aquel paraje. Y de verdad que por mucho que quisiera decir de él, no sabré significar la hermosura de los árboles, lo copado de sus cumbres, lo lineado de las piedras, lo compasado del sitio y lo deleitable del arroyo, con las demas circunstancias de amenidad vistosa. Allegaron conmigo algunos de los muchachos que me acompañaron, que parece que con la comunicacion y agradable semblante que les mostraba, se arrimaban a mí con voluntad y afecto; y los hijos de mi camarada y amigo Colpoche me sacaron luego un cántaro de buen porte, no de tan buena chicha como la que a los principios se gastaba, aunque para ellos juzgo que era la mejor y mas gustosa por estar fuerte, picante y pasada de punto: con ella brindé a mi amigo y a los muchachos compañeros de nuestro entretenimiento, y a breve rato dimos fin a nuestra porcion y bebida; algun tiempo mas nos dilatamos en várias conversaciones que tuvimos, y despues de haber cenado con la misma abundancia que de ántes habíamos comido, considerándome cansado, mi camarada me envió con un hijo suyo a que nos fuésemos a descansar y a dormir cerca de adonde estaba Maulican mi amo durmiendo; y una de sus mujeres, madre del muchacho que me llevaba, fué a hacer la cama, en que nos acostamos él y yo con mucho gusto. Y todos los demas iban haciendo lo propio, fatigados de tanto como habian bebido, cantado y bailado, que aun a los que solo escuchábamos las voces, los gritos y tamboriles, nos tenian cansados y quebradas las cabezas.

Este fué el ejercicio y entretenimiento de aquel dia hasta que en aquel humilde lecho le dimos fin con el sosiego y reposo, representando en él una viva imájen de la muerte, que su memoria al acostarme me hizo repetir mis devociones con afecto y acabarlas con el psalmo sesto del Rei Profeta; que rumiando sobre él aquella noche, dolorido y lastimado de mis culpas y pecados cometidos contra nuestro Dios y Señor, le traduje por la mañana en nuestro castellano idioma de la suerte que mi corta intelijencia pudo penetrarle; y con él darémos fin a este capítulo, de la manera que abrochamos las cortinas negras de la noche alabando al Señor de cielos y tierra, dándole infinitas gracias por los beneficios recibidos de su bendita mano.

Ps. 6.	TRADUCCION.
Domine, ne in furore tuo arguas me, neque in ira tua, corripias me.	Que no me arguyas pido, Señor, a tu grandeza, ni en tu rigor airado me pidas larga cuenta.
Miserere mei, Domine, quoniam infirmus sum.	Habe misericordia de mi flaca miseria,
Saname, Domine, quoniam conturbata sunt ossa mea, et anima mea turbata est valde.	sana los huesos duros que con culpas se mezclan. El ánima turbada está con tal violencia,
Sed tu, Domine, usquequo?	que faltan los sentidos,

Convertere, Domine,
et eripe animam meam;
salvum me fac
propter misericordiam tuam.
Quoniam non est in morte
qui memor sit tui;
in inferno autem
quis confitebitur tibi?
Laboravi in gemitu meo;
lavabo per singulas noctes lectum meum,
lacrimis meis
stratum meum rigabo.
Turbatus est a furore
oculus meus;
inveteravi inter omnes
inimicos meos.
Discedite a me omnes
qui operamini iniquitatem,
quoniam exaudivit Dominus
vocem fletus mei.
Exaudivit Dominus
deprecationem meam,
Dominus
Orationem meam sucepit.
Erubescant et conturbentur
omnes inimici mei,
convertantur et erubescant
valde velociter.
Gloria Patri et filio
et Spiritui sancto
sicut erat in prin.º et nunc et semper
et in secula seculorum. Amen.

¿y tú, Señor, me dejas?
Trueca mis pensamientos
y líbrame con fuerza,
por tu misericordia
sáname la conciencia.
Porque no hai quien se acuerde
de tí en la muerte eterna,
¿y quién en el infierno
alabará tu alteza?
Trabajando en mi llanto
adornaré mis mesas,
y al lecho que me ampara
daré lágrimas tiernas.
Las luces perturbadas
con el furor se muestran,
que entre mis enemigos
me envejecieron penas.
Los que obrais insolentes
quitad de mi presencia,
porque el Señor del mundo
ha escuchado mis quejas.
Oyó mis rogativas,
admitió mis promesas,
porque las oraciones
sus sentidos penetran.
Todos mis enemigos
avergonzados sean,
conviértanse veloces
y ríndanse con fuerza.
Glorias demos al Padre
y al Hijo de su diestra
con el Spíritu Sancto,
que para siempre reinan.

CAPITULO XVI.

En que se trata de como Maulican mi amo me despertó al cuarto del alba y me significó el deseo que tenia, de ver a su padre y llegar a su tierra: porque la patria es amable aunque madrastra de sus hijos, como se da a entender en este capítulo.

Antes del amanecer algunas horas, me recordó del sueño Maulican mi amo con grande regocijo y alegría diciéndome: capitan, ya es tiempo de que vamos disponiendo nuestro viaje, porque estoi con grandes deseos de ver a mi amado padre, a mis hijos y a mi tierra. ¡O! qué buen hijo, que primero desea ver a su padre, que a sus hijos ni a su patria! Y es así verdad, que en eso mostraba su dócil y magnánimo natural y ser de sangre ilustre, como lo era en querer y estimar a su padre con todo amor y respeto. Loable accion en un bárbaro jentil, porque es achaque antiguo en algunos hijos desear a sus padres su fin y su muerte, como lo notó el ilustrísimo Villarroel en la peticion de Axa a su padre, diciendo, que era un vivo ejemplar y dechado Axa de los hijos cudiciosos que por heredar a sus padres, les desean la muerte. Y confírmalo

con las palabras de San Valeriano, que dicen así : este que tiene el
ánimo de patricida, o por lo ménos maldice la vida de su padre, o
aguarda la muerte de su madre, lo es. Y así es mui de notar el amor que
este indio bárbaro mostraba tener a su padre, que era un viejo venerable, calvo ya a poder de años, *toque* antiguo y principal de Repocura,
su tierra, que es mas que cacique ; que los juzgo como en los tiempos
pasados los senadores romanos, que gobernaban las repúblicas y ciudades, si bien en aquellos siglos parece (segun nos da a entender Ciceron) no asistian en las ciudades ni poblaciones, sino es en sus villas o
chacras, como estos naturales, que se asemejan mucho a los antiguos
en muchas disposiciones y ritos ; pues a imitacion de los otros, tienen
señalado y dispuesto un lugar conocido en cada parcialidad para sus
parlamentos y consejos de guerra, que llaman *lepum*, y cuando se ofrece alguna consulta o *cojao* (que así llaman estas juntas) para refinar
sus *toques*, insignias, como queda dicho, a modo de una hacha : esta es
de piedra y está en poder de los caciques mas principales, que llaman
toques, que para afijarlos con muerte de algun español, son llamados
del cacique o toque principal de aquella *regue* o parcialidad que ha
tomado la mano y convocado para la junta de parcialidades, que se
encamina a entrar a nuestras tierras y fronteras a hacer daño y a pelear
con los nuestros. Y de la propia suerte, dice Ciceron que eran llamados
los senadores romanos de sus villas para el senado, y estos eran los
mas viejos y ancianos ; y para el efecto tenian nombradas algunas personas que llamaban *viatores*, que son citadores. Estuvimos conversando várias cosas en el entretanto que desterraban las tinieblas y abrian
las puertas del oriente los crepúsculos del dia, aplaudiendo y estimando
el ostentoso hospedaje que nos habia hecho nuestro amigo y huésped,
de que se mostraba bastantemente agradecido ; y me volvia a significar
cuan deseoso estaba de llegar a su amada tierra en medio de aquellos
regalos, festejos y amorosos agasajos. Sobre lo dicho, se me vino a la
memoria lo poco que debemos a la patria los hijos de ella, y lo mucho
que la amamos, que para prueba de esta verdad, me pareció referir
algunos lugares sagrados, que los trajo a la memoria mi desvelo.

Llegó Cristo, nuestro bien, a Nazarhet [*sic*], su patria, *ubi erat nutritus*,
dice el texto, y segun la costumbre de los tiempos, entró el sábado en
la Sinagoga a la continuacion de su dotrina y enseñanza, adonde con
admiracion tenian todos los ojos puestos en sus lábios, suspensos los
sentidos, y con la atencion pasmados con la enerjía de sus razones y
con lo profundo de sus misterios, confesando lo milagroso y divino de
sus prodijiosas obras. Y en medio de estas suspensiones le estaban
mormurando los oyentes, diciendo : ¿no es este el hijo de Joseph el
carpintero, y María su madre? sus deudos y parientes no estan entre
nosotros? de adónde le viene esta grandeza, esta sabiduría y estas virtudes?

En otra ocasion los Gerasenos le pidieron con buenas razones y corteses súplicas, se saliese de su ciudad y de su contorno. Y dice el glorio-

so coronista, que de temor y espanto lo hicieron, por ver las portentosas maravillas que su divina sabiduría y inmensa bondad obraba: estos con reverencia y respeto procuraban evadirse y librarse del temor y espanto que les causaba Jesus, nuestro Salvador, con sus prodijios y milagros; mas los de su mesma patria Nazareht, vestidos y ocupados de la envidia con los propios prodijios, se ensañaron y enfurecieron con tan desapiadada ira y rabiosa cólera, que no se contentaron con echar violentamente a Christo, Señor nuestro, de su ciudad y contorno, sino es que con todo esfuerzo y conato procuraron de la cumbre del monte despeñarlo.

El demonio, cuando tentó a Christo, nunca tuvo atrevimiento de hacer ni aun algun amago para despeñarlo, contentándose solamente con servirle de consejero, entrándole por la puerta de la vanagloria, diciéndole, que si se dejaba caer, los ánjeles lo recebirian en sus brazos. Y de estos consejeros hallarémos muchos en estos tiempos a los lados de los príncipes que gobiernan, que como no son dioses en las obras, fácilmente los despeñan y desbarrancan; con que los unos y los otros vienen a ser peores que el maligno spíritu, que este anduvo mas cortés y no de tan dañada intencion con Christo, Señor nuestro, o por lo ménos no tan atrevido como los de su mesma patria, por ser conocidamente madrastra de sus hijos, pues en ella no pueden ser aceptados profetas, ni tener lucimiento sus acciones aunque patentes sean sus milagros. Porque la emulacion en los compatriotas sobra, y con envidia fiera solicitan deslustrar y escurecer los resplandores de sus esclarecidas virtudes; con que, como habemos dicho, son peores que el demonio, comun adversario nuestro: porque está mas cerca de llegarse a la razon el que sabe ser atento y cortés (como lo estuvo con Christo Satanas), que el que tiene sujetas sus pasiones a la envidia, y de mas conveniencia será lidiar y batallar con un demonio cortesano, que con un envidioso desmedido. Sintiólo así y lo dijo con eminencia San Teodoreto sobre el primer libro de los Reyes, en ocasion que el Profeta Rei con su músico instrumento llegaba a divertir al rei cuando el malígno spíritu se apoderaba dél; y dice, que con las sonoras consonancias se mostraba el demonio mas humano y apacible y dejaba de atormentar a Saul, y Saul, con la envidia que de su pecho estaba apoderada, mas furioso se hallaba y mas precipitado contra David su bienhechor, pues intentaba con su aguda lanza atravesarlo y con la pared coserlo. Peor era Saul envidioso, que el demonio inclinado a nuestro daño (así lo dijo Teodoreto); que David cantando y tocando su instrumento mitigaba el furor del maligno spíritu, pero que Saul no podia templar la envidia.

No obstante que la patria es madrastra de sus hijos, que escurece sus glorias y deslustra sus virtudes, ¡qué es desdichado el que las tiene en estos siglos siendo su oríjen de padres humildes y pobres! qué presto le dan con el agraz en los ojos y con la afrenta en la cara! sin atender a que el proceder, la humildad y la virtud, es el principal oríjen de la nobleza, como nos lo enseña el capítulo nono del primero libro de los Reyes.

Llegó el profeta Samuel a unjir por rei a Saul del pueblo de Israel, y significándole con las honras que le hacia, y con los respectos que le trataba, la superioridad y grandeza que habia de tener en su reino, le responde Saul estas palabras: ¿cómo, señor, me decis a mí estas razones? no sabeis que soi de baja stirpe y humilde nacimiento, y de la mas mínima tribu de Benjamin? y que mis fuerzas son mui limitadas y mis hombros no son para tamaña carga? mi estado, mi ejercicio y mi pobreza son mui contrarios para dignidad tan alta. Aqui dijo San Gregorio el magno: *Grande fuiste para con Dios, porque fuiste para tí pequeño.* ¡O! si conociésemos y nos pudiésemos persuadir a que no hai mayor nobleza ni mayor merecimiento que la virtud y humildad con conocimiento propio! pues por el que tuvo Saul de su humilde nacimiento y estado miserable, le levantó Dios de tal suerte, que lo hizo rei y monarca sobre todos los de su reino, calificando su descendencia con decir, que en todo el pueblo de Israel no habia otro mas esclarecido ni mejor que él.

¿Habrá alguno de los pretensores de estos siglos que diga como Saul, que no le ajusta el vestido, ni la potestad real le asienta, cuando con ella le envidan y lo buscan? ¿Habrá quién diga con él: soi de bajo nacimiento, soi incapaz y ignorante, soi cudicioso en extremo, porque no trato mas que de mis particulares intereses, y el que ha de tener a su cargo el gobierno y la superioridad ha de atender mas a los ajenos que a los suyos: soi libertado en mis razones: soi soberbio y altivo con los humildes? ¿Habrá alguno que diga con Saul estas palabras? No por cierto, porque esto se acostumbraba cuando los oficios y dignidades buscaban a los mas dignos sujetos, y no ellos a los oficios.

¡O! cómo debian los monarcas, príncipes y superiores imitar al supremo Rei de cielos y tierra, en buscar para los oficios preeminentes, no a los que los solicitan con dineros y favores, sino es a aquellos que los merecen por sus propios servicios, y por haber derramado su sangre en servicio de nuestro Rei y señor y de su patria! que de esta suerte se consiguiera la paz y quietud que se desea, y tuviera fin dichoso esta prolija guerra, y nuestra monarquía estuviera mas boyante, y sus tesoros no se hallaran tan menoscabados con estar solamente atendiendo los consejos a premiar letrados, aumentar audiencias y otros tribunales, sin hacer memoria de los que en los ejércitos de S. M. estan contínuamente derramando su sangre con excesivos trabajos, con hambres, desnudeces y peligros de la vida. Cómo no ha de ser esta guerra inacabable? que es a lo que se encaminan mis discursos.

Esto baste por ahora, y volvamos a nuestro intento, que es decir, que aunque el extraño suelo mejor hospedaje hace al peregrino, no sé qué se tiene el amor de la patria o la propia habitacion para el sosiego y descanso y para la quietud del ánimo, pues desde el ave mas real hasta la mas temida fiera hacen manifestacion patente de esta verdad constante, como lo notó Eusebio Galicano y nos lo da a entender el ilustrísimo Villarroel sobre el cap. 19 de los Jueces.

Salió el levita que refiere nuestro intérprete, en demanda de su mujer ausente, que a casa de sus padres se habia ido, y llegando a ella, le recibió el suegro con grande consuelo y alegría, hospedándole magnífica y spléndidamente, con todo amor y regalo ; y al cuarto dia, con grandes ánsias determinó salir con su mujer y volverse con toda brevedad a su morada y casa. El suegro con apretadas súplicas le detuvo aquel dia, significándole el gusto y placer que con su compañía y buena vista se gozaba, a cuyos ruegos y persuasiones contínuas obedeció forzado ; con que al quinto dia, sin poderle detener mas una hora el suegro con festejos, convites y alegres entretenimientos, atropellando sus razones se fué con toda presteza.

Verdaderamente que es para maravillarse, que de ninguna manera pudiese el suegro detener ni obligar al yerno con el amor, con el agrado, con la cortesía, ni con el spléndido y regalado hospedaje, a que ni una hora quisiese detenerse mas en su casa. Pues, ¿qué seria la causa de tanta priesa? pregunta nuestro gran arzobispo. Y responde experimentando lo que siente. ¿Sabeis por qué (dice) tenia puesta la mira y el deseo en el amor de la patria y en volverse a ella? Porque todo cuanto placer y gusto fuera de sus límites gozaba, le servia de penoso tormento y de fastidio, porque no hai cosa mas agradable ni mas dulce que el propio suelo. Pues corramos ahora con nuestro intento. Madrugó Maulican mi amo ántes que rompiese el dia, porque aunque habia tenido mui a su medida el gusto, y grandes y spléndidos banquetes con regocijos y bailes, acompañados con cantos y tamboriles y clamor de trompetas y flautas, deseaba con extremo llegar a ver su familia y casa. Porque no hai nacion en el mundo que tanto estime y ame el suelo donde nace, como esta de Chile, pues se ha visto en ocasiones llegar a cautivar algunos indios de los mas ancianos y viejos, y por no salir de sus tierras, permitir los hiciesen pedazos ántes que tener vida fuera de sus límites y contornos, y otros por sus mismas manos haberse dado la muerte, habiendo pedido ántes encarecidamente a los que los cojieron y cautivaron, que les quitasen las vidas y los dejasen muertos en sus tierras, y no habiéndoselo querido conceder, haber ejecutado lo que he dicho, con arrogancia y soberbia desmedida, ántes que dejarse sacar vivos de sus tierras y ranchos, teniendo por felicidad regar con su sangre valerosamente sus contornos.

¿Puede el amor de la patria llegar a mayor extremo? no por cierto, ni aun a tanto, porque la vida es mas amable que ella.

Poco despues de haberme despertado Maulican mi amo, dispusieron el fuego, las ollas y asadores las mujeres del dueño de aquel rancho, que era nuestro camarada y huésped, para darnos de almorzar con toda ostentacion y spléndido aparato. Levantóse Colpoche, mi grande amigo y el principal mantenedor de aquel festejo, cuidadoso de nuestro viaje, para lo cual envió luego a traer los caballos (que habian ya cobrado algun esfuerzo), porque el dia antecedente se lo habia pedido con ruegos el dueño de mi persona : llegóse a darnos los buenos dias, con repetidos *mari maris*, que son salutaciones entre nosotros, diciéndonos juntamente, que el tiempo estaba alborotado y revuelto de manera que le parecia que habia de volver el cielo a rociar las campañas con sus continuadas y prolijas lluvias ; a que respondió mi amo, que le seria forzoso atropellar con todas dificultades y apresurar con su viaje, porque los rios y esteros no se lo impidiesen, y que así estimaria mucho hiciese traer sus caballos con brevedad, por ver si podia alcanzar a su casa madrugando. Dijo el camarada que le parecia imposible porque era larga la jornada, por ser los dias cortos y estar mui pesados los caminos, y el rio de la Imperial que aun vendria crecido y peligroso ; y que le parecia mas acertado que se quedase en su casa hasta otro dia, pues podia hacer cuenta que estaba en la suya ; a que le respondió, que bien experimentada tenia su voluntad y la merced que le hacia, pero que temia y recelaba no volviese a llover con demasía, pues el tiempo parece daba muestras de ello. Respondió nuestro huésped, que no lo dudase, porque el norte iba a mas andar soplando con mas fuerza y el agua poco a poco descolgándose ; y así por mejor acuerdo tenia, que los caballos se volviesen y se quedase otros dos o tres dias a entretenerse con ellos, porque estaban aguardando de los comarcanos amigos y parientes un buen refresco de chicha y otras cosas para entretenerse y holgarse seis y ocho dias.—Mucho estimo, dijo Maulican, vuestro agasajo, vuestro amor y cortesía, mas por el mesmo caso que llueve y amenaza temporal, me es forzoso hacer viaje por pasar ese rio de la Imperial ántes que coja fuerza la corriente. Y así, con vuestra licencia me tengo de ir luego, ántes que se empeore el tiempo y aunque truene y caigan rayos.—Ea pues! amigo y camarada, respondió nuestro huésped, si tan resuelto estais a no quedaros, vamos primero a confortar los estómagos, y despues cojeréis vuestro camino. Salimos con esto afuera a ver nuestras cabalgaduras y a tratar de ensillarlas, como lo hicimos, ayudándonos a hacerlo algunos muchachos y el soldado mi compañero, enternecido ya de ver que nos habíamos de dividir y apartar, quedándose él en aquella parcialidad con su amo, y yo caminar con el mio a la suya. Consolámonos un rato el uno al otro y entramos con los demas a almorzar despacio. Asentámonos todos a la redonda del fuego los que cupimos, y tras nosotros se formó otra rueda de mujeres, chinos y muchachos. Dieron principio con ponernos por delante unos *menques* de chicha, que son a modo de tinajas, que harán poco mas de una arroba, con las bocas angostas y cuellos largos ; fuéronlos poniendo a los caciques principales, que es la cortesía que entre ellos se usa, y a mí me pusieron otro por delante, para que los unos a los otros nos fuésemos brindando. Hicímoslo así por ser costumbre entre ellos beber ántes que se coma alguna cosa, que dentro de breve rato fueron sacando diferentes guisados con la mesma abundancia que a los principios ; y por prisa que quisimos darnos a concluir con nuestro almuerzo, porque acabados unos cántaros de chicha salian otros, hasta mas de las dos de la tarde no pudimos.

CAPITULO XVII.

De como nos despedimos de los amigos, y yo de mi compañero el soldado con gran ternura; y de los trabajos y penalidades que padecimos mi amo y yo aquella noche y otro dia en el camino.

Cerca de las tres de la tarde seria cuando Maulican trató de despedirse, dejando a los demas amigos y compañeros en grande fiesta y concurso entretenidos; que en esto se puede conocer el deseo grande con que estaba de llegar a su casa. Pues siendo naturalmente todos estos indios inclinados con extremo a estas borracheras, bailes y bodas, que por hallarse en ellas suelen atropellar muchos imposibles y dilatarse dias, venció su natural inclinacion y dió de mano al gusto por entónces.

Despedímonos de los amigos, principalmente de nuestro huésped, que me abrazó con demostraciones de pesar y sentimiento, considerando los peligros y riesgos de la vida en que me habia de ver por allá, por cuya causa rogó a mi amo con encarecimiento que mirase por mí, y si queria asegurarme y librarme de las traiciones de sus compañeros, que no me tuviese en su casa; que él avisaria de todo lo que tratasen los de su parcialidad y regue (que es lo propio), que los caciques de ella habian sido los que en el camino dispusieron enviar por mí las pagas que ofrecieron, luego que llegásemos a las tierras de mi amo, en conformidad del trato que se efetuó en el pasado parlamento.

Apartéme a un lado de los demas a despedirme y abrazar a mi compañero el soldado, y en un buen rato no pudimos hablarnos palabra el uno al otro; porque nos faltaba ya el consuelo de comunicarnos y lamentar juntos y en compaña nuestros trabajos y desdichas, que es gran consuelo de los aflijidos tener con quien llorarlas y sentirlas. Porque aquel que a solas las padece, es el que verdaderamente las siente con extremo: así lo dijo Marcial en la epigrama de Gelia:

Non luget quisquis laudari, Gelia, querit :
Ille dolet vere, qui sine teste dolet.

No siente tanto el pesar
el que acompañado llora,
porque el dolor se minora,
teniendo con quien llorar.
Mas quien solo ha de pasar
sus penas y desconsuelos,
con voces rompa los cielos,
pues le faltan los amigos
que le sirvan de testigos
en sus mayores desvelos.

Abrazados estuvimos un buen rato en presencia de muchos que estaban atendiendo a nuestras acciones, y estando de la suerte referida, se hincó de rodillas el pobre soldado, y hechos arroyos sus ojos, lastimados con gran ternura, me dijo las siguientes razones: '

Señor capitan y padre mio, acuérdese vm. de mí, que soi un desdichado miserable, hombre de tierras extrañas, sin deudos ni parientes que puedan hacer memoria de mis trabajos. Vm. es mi capitan, mi señor y dueño; duélase vm. de mí cuando se vea en su casa fuera de estas miserias y penalidades, que yo espero en Dios y en su bendita madre que se ha de rescatar vm. mui breve. Yo soi el que tengo de perecer en estas desdichas y en este penoso cautiverio, el que tengo de morir sin consuelo entre mis enemigos. Yo soi el que no he de llegar a tener dicha de volver a tierra de cristianos, ni ver a mis amigos y compañeros, si vm. no se acuerda de mí, que soi su soldado, y se duele de un desdichado solo y aflijido, en habiendo ocasiones de rescates, que por vm. se ha de abrir la puerta para ellos, que no lo dudo. Mucho lastimaron mis sentidos y atravesaron el alma las razones, suspiros y llantos de este pobre soldado, que estando abrazado de mis piés, y mis brazos sobre su cabeza, no le pude responder en grande rato, sino fué con palabras que salian por los ojos de lo mas íntimo del corazon tan copiosamente y abundantes que le bañaron el rostro, que levantado tenia para mí, estando de rodillas a mis piés, que enlazados los tenia con sus brazos regandómelos con sus copiosas lágrimas.

Fué tanto lo que se enternecieron los circunstantes de habernos visto de la suerte referida, que los muchachos hijos del indio nuestro amigo lloraban con nosotros sin medida, y el P.ᵉ, que era hermano del dueño y amo del soldado, se llegó enternecido a donde estábamos, a dividirnos y a consolarnos con cariñoso agrado, diciéndome: capitan! amigo! no tengas tanta pesadumbre, ni te desconsueles de esta suerte, que tu buena fortuna y agradable semblante te ha de ayudar y ha de ser propicio para que con brevedad llegues a tu tierra. Y mira que ha latido en tu abono este brazo derecho, y en prueba de que ha de suceder lo que te he dicho, porque nunca me ha faltado esta seña y pronóstico verdadero. Con esto nos desenlazamos los dolientes, y volví a abrazar a este valeroso amigo y camarada, encomendándole aquel pobre soldado en su presencia, que no permitiesen le apurasen con malos tratamientos, ni le quitasen la vida, ya que su fortuna le habia permitido haber encontrado con tan principales amos y de tan jenerosos ánimos y corazones piadosos. Prometióme con juramento que no permitiria de ninguna suerte que le hiciesen pesar alguno, ántes con mucho amor y cortesía le tratarian, por habérselo yo pedido y porque naturalmente se inclinaba a querer bien a los españoles. Entónces volví a abrazar a mi soldado y compañero y le consolé mucho repitiéndole lo que el indio nuestro camarada me habia prometido, y que tuviese buen ánimo, que en los trabajos y desdichas se experimentaba el valor y esfuerzo de los hombres; como nos lo muestra Ciceron, y en las antiguas historias hallarémos ejemplificada esta verdad, que aun las mujeres en ocasiones de peligros, oprimidas con trabajos y tribulaciones, mostraban varoniles pechos, como refiere Pausanias en el libro 1.º de los Atticos y Plutarco en la vida de Hipérides. Y la Escriptura Sagrada lo significa así de la reina Jesabel, que viéndose apretada y combatido su alcázar del ejército de Jehú, justo perseguidor de la casa de Acab, se adornó y afeitó el rostro; y dice el gran maestro Gaspar Sanchez con la autoridad del Abulense, que fué por mostrar esfuerzo y ánimo varonil. Y así, le repetí otra vez que se esforzase en aquellas desdichas y trabajos, con esperanzas de que si Dios, nuestro Señor, fuese servido de sacarme con brevedad de nuestra esclavitud y cautiverio, haria todo lo posible por sacarle de él y rescatarle; que lo que importaba a su conservacion y vida, era no disgustar ni desabrir a sus amos, ántes ayudarlos al trabajo, haciendo con puntualidad lo que le ordenasen, llevando en amor de Dios aquellas penalidades y desdichas, haciendo de la necesidad virtud.

Dividímonos luego el amigo y yo ácia donde estaba mi amo, que enternecido tambien se habia apartado a un lado a despedirse de otros sus amigos, a quien dijo Colpuche, nuestro huésped y amigo: ea! Maulican, ya podeis subir a caballo, que es tarde, y procurad daros priesa para cojer la vereda que os he dicho, que luego encontraréis un estero y de la otra banda veréis unos ranchos, que son del cacique Inailican, y mis hijos van con vos a pasaros el rio de la Imperial y de la otra banda de él os enseñarán el camino. Lo que os encargo es a ese capitan que llevais, y por vuestra vida os ruego, que hagais con él lo que os tengo pedido, porque os ha de importar mucho su rescate; y advertid que es hijo de mui buen padre, de buen corazon e inclinado a hacer bien a todos. Y este capitan es hasta ahora niño, y andando tiempo se ha de acordar de lo que con él hiciéremos y no puede dejar de ser agradecido. Prometióle otra vez mi amo, que no faltaria de tratarme como su hijo y de defenderme de cuantos peligros y riesgos de la vida pudieran ofrecerse. Subimos a caballo dándonos los unos a los otros *marimaris*, que es como si dijésemos: quedáos con Dios, amigos, o, ídos en paz. Salimos como a las tres o cuatro de la tarde, el tiempo revuelto, turbio, y apresurado el norte, con dos muchachos por guia que a encaminarnos por el vado fueron, que estaria de los ranchos media legua poco mas o ménos, adonde allegamos a buen paso, y con toda brevedad arrojámonos a él, los guiadores por delante. Y aunque por aquella parte traia ménos agua el caudaloso rio, la corriente era mas precipitada y peligrosa; encomendéme a Dios, nuestro Señor, al pasarle, porque temí realmente la furia que llevaba con crecidas piedras, en que amenudo tropezaban los caballos y daban hocicadas cada instante: cayendo y levantando le pasamos, aunque mui bien mojados de las zabullidas que dábamos contínuas.

Cuando nos hallamos de la otra banda seguros de aquel peligro, preguntó a los muchachos mi compañero, que por adónde habíamos de encaminarnos, porque en su vida habia pisado ni atravesado aquellos caminos, si bien las noticias de los cerros no le podian faltar, que ellos le llevarian a su tierra. Respondiéronle los guias, que en subiendo a lo alto de la loma que cerca se divisaba, cojiese una vereda que salia entre otras y se apartaba a manderecha, que esta nos llevaria a un estero que estaba a la vista de la casa del cacique Inailican, y que no se rijiese ni gobernase por los cerros de Elol, porque si queria tirar derecho a ellos, encontraria con mui malos pasos, esteros y barrancas, pantanos y atolladeros, sin acertar a salir de ellos. Ea pues! amigos (les dijo), que yo saldré al camino que decis y no me apartaré de la vereda que habeis señalado. Y con esto nos despedimos, dándonos los acostumbrados *marimaris*, enviando muchas encomiendas a los amigos y camaradas.

CAPITULO XVIII.

En que se prosigue la misma materia.

Quedamos solos mi amo y yo, a tiempo que el norte apresurado iba haciendo su oficio, despidiendo poco a poco tupidas saetas de nevadas aguas, y como se acercaban las tinieblas al peso [*sic*] que se minoraba el dia, crecia el viento y el temporal deshecho se aumentaba, fuimos a mui buen paso caminando, y al llegar al sitio y loma rasa que nos señalaron nuestros guias, me parece seria ya el sol puesto, segun la oscuridad que nos seguia: hallamos en la parte señalada tres o cuatro veredillas mal trilladas, que parecian ser de vacas o de yeguas simarronas, con que se halló confuso Maulican mi amo, diciéndome: capitan, no sé por qué vereda de estas cojamos nuestra derrota ni encaminemos nuestros pasos: qué te parece a tí?—Segun lo que los guias nos significaron (le respondí), la de mano derecha es la que debemos seguir y cojer en la mano, que es la que nos señalaron los muchachos.—Esa se aleja mucho, dijo el compañero, y se extravía de aquellos cerros altos que se divisan de Elol, por adonde es forzoso que pasemos, y esa veredilla mas se encamina ácia la tierra de los españoles que a las nuestras. Ese otro de manizquierda sube arriba ácia la Imperial, y así me parece que es mejor que cojamos el de en medio. No le quise replicar porque no juzgase que me inclinaba al que se enderezaba a nuestras tierras, que la verdad es que las guias nos habian encaminado bien, segun despues lo experimentamos.

Cojimos la de en medio por el dictámen y acuerdo de mi compañero, y fuimos por ella marchando a mui buen paso y mas que largo, y dentro de breve tiempo se nos desapareció el dia con un temporal el mas terrible y espantoso que se pudo haber visto ni experimentado jamas. Y no vendrá fuera de propósito la tempestad horrible que finjida o experimentada nos pintó Virjilio, que con la que tan deshecha padecíamos, se me vino su descripcion a la memoria:

Eripiunt subito nubes cœlumque diemque
Teucrorum ex oculis; ponto nox incubat atra.
Intonuere poli, et crebris micat ignibus æther;
Præsentemque viris intentant omnia mortem.

Las densas nubes súbito quitaban
De nuestra vista el cielo, luz y el dia;
Las lóbregas tinieblas desataban
Sus tenebrosas lluvias a porfía;
Los varios elementos contrastaban,
Y el antártico polo despedia
Rayos de fuego entre nevadas puntas,
Intimando la muerte todas juntas.

Continuando aquella veredilla, fuimos sin saber para dónde nos encaminaba, y esto seria ya mas de una hora de la noche, que no nos veíamos cosa alguna el uno al otro, y dentro de breve rato me significó el compañero, que le parecia ir fuera de camino y habérsele perdido la vereda; apeóse del caballo y halló ser verdad lo que decia, y díjome atribulado: capitan! perdidos somos, que no sé adónde estoi ni ácia dónde habemos de tirar; apéate tú tambien y rastrearémos el camino, que no puede estar léjos de nosotros. (Malísima era la gana que tenia entónces de apearme, porque el temporal crecia, el viento bramaba, los montes se estremecian, la tierra convertida en mar nos anegaba, el cielo con heladas saetas nos combatia, los elementos todos se encontraban, los truenos, rayos y relámpagos contínuos nos causaban temor y espanto, aunque a veces algun consuelo porque nos servian sus resplandores ardientes de lucidas antorchas para podernos divisar el uno al otro.) Respondíle, que quién nos habia de arrear los caballos, pues aun estando sobre ellos no querian dar paso para adelante, sino era mui oprimidos de las espuelas. Teneis razon, me respondió mi amo, id vos a caballo, y arrearéis el mio, que yo quiero buscar a pié la vereda, que no puede faltar de por aquí cerca. Consoléme grandemente de que no me volviese a decir que me apease, y luego al punto hice lo que me ordenó, y fuimos atravesando ácia la parte del sur mas de seis cuadras, que la derrota para sus tierras habia de ser al poniente, y habiendo visto que en tan largo tiempo como el que habíamos gastado en demanda del camino, ni en tanto trecho, no le topaba ni podia palpar, Maulican mi amo determinó volver ácia la parte del norte; y como el agua y viento era recio y desaforado, que dándonos en el rostro de lleno y a los caballos por delante, era imposible hacerles dar paso porque volvian las ancas a huracan tan deshecho mezclado con helada nieve y agua, y a nosotros parecia que intentaba volarnos de los caballos, y viendo la contradicion grande que nos hacian tan contrarios elementos y feroces, le dije a mi amo, que era imposible contrastar con ellos, que tendria por mas acertado el arrimarnos a alguna montaña espesa y abrigada adonde pudiésemos pasar tan tenebrosa noche y repararnos de tempestad tan deshecha, pues las gotas de agua que caian, nos las embocaba el viento como balas por cualquiera parte que se descubria el rostro. Parecióle bien y mi consejo acertado al compañero, y volvimos las espaldas a tan embravecido y sañudo tiempo, y viento en popa y aguas abajo (como dicen) caminamos en demanda de algun bajo y montuoso sitio, adonde pudiésemos tener reparo y abrigo para podernos librar de aquel huracan deshecho que nos atribulaba y aflijia. Marchamos mas de una legua sin poder encontrar lo que buscábamos, cayendo y levantando en los pantanos, quebradas y zanjones, nunca continuados. Ya con la resolucion última el compañero habia subido en su caballo, y como iba guiando por delante, dió de hocicos con caballo y todo en un zanjon, quebrada o foso hondo, que no sabré decir lo que fué, pues no nos podimos [sic] ver el uno al otro con la grande oscuridad de tan perversa noche. Al ruido de la porrada del caballo y tropezon extraño, me detuve, y él me dijo, caido en el suelo: tenéos allá, capitan, no paseis acá hasta que reconozca si hai otro paso mas arriba o mas abajo. Dió una vuelta por una y otra parte, y como los relámpagos, truenos y rayos eran tan contínuos, con el resplandor de ellos divisó cerca de sí una veredilla, que palpándola con las manos, la pudo bien reconocer y rejistrar.

Yo estaba a todo esto detenido, sin atreverme a dar paso por adonde habia visto caer al compañero, que es sobrada inadvertencia no huir del peligro en que se ha visto despeñarse otro. Pasó por otra parte poco a poco y descubrió mas arriba mejor paso, por el cual me llevó sin topar impedimento alguno; con que seguimos la vereda que la fortuna nos habia deparado, y para no perderla no quiso volver a montar en su caballo y me mandó se le arrease, porque queria con piés y manos irla palpando por no dar lugar a que se le fuese de las manos. Seguímosla poco mas o ménos de una legua, y al descender por una loma rasa, que su fin era un valle hondable adonde no batia con tanta fuerza el viento, dimos en él con nuestros cuerpos, porque estaba sembrado de espesos arbolitos de *culenes*, que nosotros llamamos albahaquillas del campo. Corria por en medio dél un estero, que pareció no poder perjudicarnos: arrimámonos a él porque el viento no batia con tanta fuerza...........(1).

CAPITULO XIX.

..........reconociendo el paraje que juzgamos que podia ser el que asistimos, hallamos que solo las puntas de los árboles y ramones se descubrian: traíamos nuestras sillas sobre la cabeza, que todavía nos servian de algun reparo para que el agua no nos entrase por la cabeza y saliese por los piés. Fuimos el estero abajo en de-

(1) Del contexto y la foliacion del MS. se infiere que falta aquí una hoja, con la que se ha perdido el fin del cap. 18 y el principio del siguiente.

manda de nuestros animales, a ver si por alguna parte habían salido de aquel arrebatado piélago, y volvimos a subir a un alto de aquel cerro para divisar desde la cumbre mas a lo largo la campaña. Y en toda ella no se descubrian, con que tuvimos por cierto que las violentas aguas del estero habian dado fin a sus vitales alientos, por haberlos imposibilitado con las ligaduras que en las manos les pusimos, que a no haber estado de aquella suerte, hubieran sin dificultad alguna salido a salvamento. Desafuciados ya de topar con nuestras bestias, perdidos en aquella campaña, sin saber por adonde habíamos de encaminarnos ni pasar el estero embravecido, habiendo divisado de la otra banda dél los cerros y lomas altas de Elol, que eran adonde llevaba la mira puesta mi amo, nos hallamos suspensos y confusos.

Entramos en acuerdo para determinar y resolver lo que habíamos de hacer; y fuí yo de parecer que hiciésemos, como la pasada noche, una choza o toldeta de las frezadillas y mantas, hasta que pasase aquel aguacero que con un ventarron deshecho nos atribulaba, o por lo ménos algun tanto templase sus rigores, porque me parecia desesperada cosa marchar a pié, cayendo y levantando, por pantanos y lomas con los fustes a cuestas; a que respondió mi compañero, que no podia ser el dilatarnos mas, porque seria aguardar a tener otra peor noche, si con tiempo no solicitábamos algunos ranchos, que a orillas de aquel estero no podíamos dejar de encontrar con ellos; y que supuesto ya que nos hallábamos bastantemente mojados, que tenia por lo mas conveniente buscar algun abrigo y qué comer, pues nos faltaba ya el sustento y era forzoso que tambien el hambre nos fatigase. Repliquéle, que por adónde habíamos de caminar si él no sabia el camino ni el paraje en que se hallaba; a que me respondió, que tirásemos el estero abajo, porque seria peor que nos estuviésemos sin hacer alguna dilijencia, que suele ser madre de la buena fortuna. Vamos, pues, luego, le respondí, que me parece mui bien vuestra resolucion, y así no hai que dilatarnos.

Cojimos nuestros fustes sobre nuestras cabezas, que al reparo de un frondoso árbol los habíamos puesto un rato, y marchamos ensillados como bestias el estero abajo, deseosos de encontrar algunos ranchos o chozas en que podernos albergar aquella noche; y al cabo de haber caminado cerca de tres leguas, encontramos una vereda que infaliblemente era la que habíamos dejado a manderecha, y la que nuestros guias nos habian señalado, pues cojiéndola en la mano, a pocos pasos que dimos nos llevó a uno del estero, de adonde divisamos de la otra banda cuatro o cinco ranchos enfrente de nosotros, distantes de sus riberas mas de seis cuadras, por estar arrimados al abrigo de una loma y ceja de la montaña. Esto seria ya mui cerca de la noche, porque en el discurso del dia habíamos caminado poco ménos de cuatro leguas. Llegamos al paso del estero, que por aquella parte venia ceñido y encañado, y de allí dimos repetidas voces para que nos pudiesen oir los habitadores de aquel valle, que fué necesario continuarlas con mas fuerza, porque con el grande temporal de agua y viento, que era con notable exceso, no se podian oir bien nuestras lastimosas voces, ni daba lugar a que saliese persona alguna de las chozas. Finalmente, tantas voces dimos, tan contínuas, confusas y tristes, que envió el cacique a saber quiénes eran los que como desesperados y aburridos con tiempos tan extraños caminaban; vino un muchachon criado del dicho cacique a preguntar quiénes éramos, de adónde veníamos y para adónde caminábamos. A que respondió mi amo diciéndole su nombre y la causa de nuestra peregrinacion, y le rogó que diese traza de que pasásemos a la otra banda: a que respondió el muchacho, que si no era a nado, de otra suerte no podíamos, que por mas abajo venia anchuroso y esparcido, por adonde se nadaria poco.—Ea pues! amigo, le dijo Maulican, por vuestra vida que nos envieis a esta banda dos caballos buenos y alentados para que pasemos ántes que cierre la noche sus cortinas y la luz del dia nos deje.—Voi a avisar al cacique, respondió el nuncio a mi amo, y de vuelta traeré los caballos que pedis.—Andad apriesa, le repitió el compañero, y dadle mis encomiendas al cacique Inailican, y decilde [sic] que soi yo el que con este temporal deshecho ando perdido y extraviado por llegar a mi tierra y a mi casa. Fuése el muchacho con toda priesa y avisó al cacique, significándole la necesidad que traíamos de caballos, pues veníamos a pié con los fustes en la cabeza; enviólos luego con el propio criado y otro hijo suyo que le acompañó, y echando los caballos a nuestra banda, los recibimos y con los fustes que habíamos traido a cuestas, los ensillamos y enfrenamos, y subiendo en ellos, nos llevaron el estero abajo; ellos por una banda y nosotros por la otra, llegamos al paso que nos señalaron, por adonde el estero iba mas esparcido y ancho, y anduvo uno de los guiadores tan galante y bizarro, que se arrojó a la banda adonde estábamos, por ver que ponia alguna dificultad mi amo en arrojarse al agua. Y nos guió extremadamente un buen trecho, aunque al fin dél pasamos a nado, que con el deseo de llegar al reparo de los ranchos, se nos facilitaron las dificultades y allanaron los tropiezos. Salimos con bien de aquel empeño, y a paso mas que moderado, que llaman galope, nos pusimos en la casa del cacique, que ya nos tenia prevenida una buena candelada y un carnero vivo (que es la honra que unos a otros se hacen), para que el huésped lo mate o lo degüelle, y despues lo entriegue [sic] a otro que lo desuelle y lo beneficie: desmontamos de los caballos de buena gana, y desensillados, los entregamos a los muchachos que vinieron con nosotros de pasarnos el estero. Entramos con nuestros fustes al rancho, adonde nos recibió el cacique con mucho amor y agasajo, haciendo que nos asentásemos al fuego y nos secásemos el hato. Luego que nos quitamos las mantas y las colgamos al amor del fuego, nos trajeron a cada uno un cántaro de chicha, y a mi amo el carnero para que lo degollase, que luego lo puso en ejecucion, y abriéndole el pecho sacó los hígados y riñones, y de la suerte que salieron, los echó al

fuego sobre las brasas diciendo : mucha hambre traemos mi español
y yo, que desde ayer no nos habemos desayunado sino es con un
puño de harina. Respondió el huésped : ya estan haciendo de cenar, y
miéntras se ajusta, podréis comer unas papas y un plato de mote : que
mandó traer al instante, y entre mi amo y yo dimos fin a la porcion
mui brevemente, porque estábamos templados como alcones, y mas en-
treveramos los riñoncillos y hígados que habia puesto sobre las brasas
cuando degolló el carnero y lo entregó a uno de los muchachones
que nos guiaron, para que le beneficiase, que en un momento lo ejecutó
así; y pusieron dos o tres asadores de él al fuego, y en el entretanto
que se asaba la carne y nos daban de cenar, nos brindamos amenudo
los unos a los otros, y fué de manera que con mucha brevedad concluí-
mos con el licor de los cántaros, con que nos trajeron otros y nos los
pusieron por delante; y como me hallaba ya con el estómago acomodado, dije a mi amo, que queria quitarme los calzones, que como
eran de aquellos antiguos que se usaban estofados, aunque los habia
secado en otras ocasiones, siempre quedaban frescos y mojados, y de
la propia suerte estaba el armador y coleto de gala que traia; y
que en el ínterin que se secaba me pondria la manta que servia de
capa sobre el vestido, que no me lo quiso quitar ni la camisa hasta
que despues de haber llegado a su tierra, se le dí yo porque me diese
unas camisetas, mantas y calzones a su usanza, para tener que mudarme, y esto fué al cabo de muchos dias (que despues se dirá en su
lugar de la suerte que sucedió.) Respondióme que le parecia mui bien
y él me ayudó a secar el hato, el vestido y la camisa brevemente porque habia extremado fuego y abundante.

CAPITULO XX.

En que se continúa nuestro viaje, y se refiere el peligro y riesgo que pasé aquella
noche.

Con la noticia que tuvieron los demas vecinos y compañeros de
aquel cacique, se fueron juntando diez o doce indios de los que tenian
sus ranchos cerca del de este cacique y en su contorno, y trajieron
muchos cántaros de chicha para dar la bienvenida al recien venido
huésped y holgarse aquella noche bebiendo, cantando y bailando : que
es una de las mas perversas costumbres que se puede imajinar; porque
al llegar un pasajero a la jornada mojado, molido y hecho pedazos
de caminar a pié todo un dia por pantanos, quebradas y riscos, muerto de hambre y sin aliento, darle luego por descanso no dormir y estarse
parados, bailando y quebrándose las cabezas con gritos y voces desmedidas, no sé que pueda haber peor entretenimiento ni costumbre
mas mal useada.
Sacáronos [sic] de cenar de los guisados que acostumbran, asadores de
carne, platos de papas, porotos, maices y otras cosas; y despues de

haber cenado y secado mi vestido, camisa y jubon, me le puse y me volví a abrigar con lo demas.

Este cacique Inailican era uno de los que ofrecieron pagas para comprarme, en el parlamento que para el efecto se hizo en el camino, segun queda referido, y de los que mas apretaban en que con mi cabeza se hiciese parlamento jeneral para la convocacion de toda la tierra: aunque luego que entré en su rancho reconocí ser uno de los contenidos, no quise manifestar el disgusto grande que me habia causado el haberle visto; porque el spíritu es fiel, y leal el corazon, pues su presencia me perturbó el ánimo de manera que desasosegado no cabia en el pecho, leyendo en profecía la dañada intencion que en el suyo estaba escrita. Saqué fuerzas de flaqueza para mostrarme placentero, alegre y gustoso, encubriendo con el semblante lo que el alma interiormente padecia, trayendo a la memoria la prudencia y sagacidad con que disimuló su pesar y sentimiento la santa reina Esther, cuando entró a pedir al rei el perdon de su judaico pueblo, como lo refiere el texto sagrado. Así me sucedia siempre que le tenia presente y le brindaba benigno y amoroso, mintiendo y adulando contra todo mi natural por contemplar a un indio bárbaro, siendo este mal stilo a mi inclinacion contrario, que solo en conocidos lances y conocidos riesgos de la vida puede tolerarse, y por simulacion prudente permitirse; y aunque a los principios se tuvo por perjudicial vicio, hoi dijo un autor grave que se tenia por oficio. Y a este propósito Terencio elegantemente dijo:

> Postremo imperavi egomet mihi
> Omnia assentari: is quæstus nunc est uberrimus.

> Mandé yo imperiosamente
> a mí mesmo que adulase,
> porque del fruto gozase
> que en este tiempo es corriente;
> y le juzgo conveniente
> aunque en otro fuese vicio,
> pues se ha trocado en oficio
> de los mas calificados,
> dando ser a los privados
> y aun a los locos juïcio.

Hoi es corriente uso y aplaudido modo, pues hai pocos que no se sujetan a la blanda adulacion, o a lo ménos no se tiemplen con halagüeñas razones, como lo notó San Gregorio sobre el capítulo 15 del primer libro de los Reyes. Llegó el profeta Samuel a reprehender al rei Saul, que contra el órden y el mandato de Dios habia reservado los ganados de Amalec, y a su rei Agag, y preguntándole qué balidos y voces eran las que se oian y resonaban de ganados, respondió Saul: la multitud del pueblo perdonó o reservó lo mejor de los ganados para sacrificar a tu Dios. ¿Por qué Saul le dice al profeta, que los

11

ganados se reservaron para sacrificar a su Dios? no es jeneralmente y en comun de todos este gran Señor? claro está que sí; mas parece que quiso el rei hacer esta lisonja al profeta, como lo advirtió el
santo citado. ¿Fué esta sola la adulacion o lisonja de Saul? Mas adelante pasa. Apénas habia divisado al profeta, o llegado a su presencia,
cuando le dijo: bendito seas tú en el Señor, cuyo órden ejecuté con
toda puntualidad y cuidado. ¿A qué se encaminó esta salutacion humilde? Díjolo nuestro gran arzobispo Villarroel. Vió el azote (dice) en
el aspecto del profeta y puso de por medio la adulacion suave: así lo
notó San Gregorio diciendo, que solicitó el rei templarla con adulatorias
razones. ¿Qué fué lo que respondió el profeta? Déjame (dijo) para que
te signifique la embajada que traigo: verdaderamente que da qué pensar la palabra del profeta en decir que le deje. ¿Por ventura el rei Saul
tapóle la boca, o ligóle la lengua? No por cierto, pero diónos a entender, que es recia cosa hablar desabridamente al que alabándole obliga:
así lo dijo el mesmo San Gregorio, como si dijese: siento el decirte un
pesar; dame licencia para darte mi embajada. Tanto esfuerzo como este
ostenta la adulacion.

Poco me valió en esta ocasion la que finjia, que hai adulaciones
desgraciadas, cuando se encuentran con personas privadas del juicio (y
verdaderamente que siempre habian de tener el pago que merecen).
Fuéronse continuando los bríndis y calentándose con ellos las molleras, y
juntamente mi contrario poniéndose mas furioso, que es mui propio de
la embriaguez la insolencia y la maldad, acompañadas con temerarias
acciones. Así lo sintió el ilustrísimo Villarroel diciendo, que no pudiera Herodes haber visto degollado a San Juan Baptista si no se hallase
privado y con el vino enfurecido, porque era grande el respeto y reverencia que le tenia. San Pedro Crisólogo, hablando de la embriaguez
de este tirano, dijo, que es madre de la mortandad, padre de los litijios
y pleitos, oríjen del furor y cólera, maestra de la insolencia, y quien
consigo tiene este vicio, no se tiene a sí.

Luego que ví el alboroto y la contienda de palabras que se iba
armando entre el cacique Inailican, dueño de aquel rancho, y mi amo,
se me puso el corazon entre dos piedras, recelando en mí los efectos
que de ordinario se orijinan de semejantes concursos, entre estos bárbaros enemigos, privados del natural conocimiento; apartéme algo del
fuego, y a las espaldas de Maulican mi amo, me puse recostado a su
sombra, haciendo que dormia, y nunca mas despierto: porque con el
temor y el recelo con que me hallaba, atendia cuidadoso a las razones
de los unos y de los otros, para ver en que paraban sus litijios. El cacique Inailican decia enfurecido a mi amo, que era amigo de españoles
(que entre ellos es baldon grande darles este título), y que no entendiese
que le habia de durar mucho su español, con quien pretendia granjear
crédito, nombre y opinion. Pues como tambien estaba alborotado, y
con alientos procedidos de lo que habia bebido, le respondió enfadado,
que ¿quién habia de llegar a su español sin su consentimiento y gusto?

Con esto se enfureció mas el cacique y se levantó de su asiento dando traspiés, diciendo: yo te le quitaré y le mataré aquí luego. A esto se entraron de por medio dos caciques de su parcialidad de los que habian llegado al festejo, y le apartaron y llevaron a otro fogon de los que habia en el rancho; y Maulican mi amo se estuvo asentado sin hacer caudal de lo que el otro habia dicho. Yo estaba a sus espaldas con gran recelo y temor, encomendándome a Dios y pidiéndole favor en aquellos aprietos y trabajos. Luego que se sosegó algun tanto el colérico cacique, me asió de la mano Maulican mi amo, y me sacó afuera de la casa y llevó a un ranchuelo que estaba algo distante de ella a sus espaldas, entre unos *coleales*, que llamamos cañas bravas, que servia de gallinero, roto y abierto por muchas partes. Y en él me entró diciendo, que me estuviese quieto y sosegado, de manera que si acaso oyese algun ruido y a él dar voces y gritos, que saliese del ranchuelo y me fuese a embocar en la montaña que arrimada a las cañas o *coleal* estaba, y que sus voces serian la seña de que solicitaban mi persona. Dejóme otra manta suya para que me abrigase y defendiese de noche tan tempestuosa, consolándome con decir, que aquel cacique estaba borracho y sin juicio, y que no queria que me sucediese con él alguna mohina, por lo cual le parecia mas conveniente apartarme de su vista hasta que se le pasase la furia. Con esto me entró por un agujero o boqueron que tenia la chozuela entre otros, que era lo propio o peor entrarse en ella para el abrigo, que estarse en la campaña. Quise arrimarme a lo que me pareció mas enjuto y abrigado, y encontré con unas gallinas, que empezaron a gritar y a hacer ruido, que me obligaron a que me asentase en medio, adonde combatia el viento y el agua, aunque con moderacion por estar al abrigo de aquellas cañas bravas. Fuése mi amo dejándome de la suerte referida en aquel gallinero, adonde por una parte el agua, el viento y frio me molestaban, y por otra el estiércol de las gallinas que sobre mi cabeza mui de ordinario caia. Y si mudarme a alguna parte intentaba y arrimarme mas adentro, se alborotaban, de manera que me hallé obligado a no mover los piés ni las manos del lugar en que estaba como en prensa; y este fué el mayor consuelo que tenia en medio de los cuidados y aflicciones que me causaban tantos y tan varios infortunios, como los que iba experimentando cada dia.

Cuidadoso y desvelado me halló toda la noche, sin poder un rato entregar al sueño los sentidos, escuchando y atendiendo a las voces, gritos y ruido que en el rancho habia, que aunque eran orijinados de la chicha y efectos de su calidad, me parecia a mí que cualquier alboroto o movimiento que se hacia, se encaminaba a mi daño; y aunque el temporal era excesivo y la noche oscura y tenebrosa, me determiné a salir del rancho o medio choza y a arrimarme poco a poco a las espaldas de la casa, a escuchar lo que platicaban; adonde estuve un buen rato, y como reconocí que el ruido y las voces entre cantos confusos eran alboroto y parto de la chicha y abundantes licores que tenian, sin que se tratase mas de la contienda, me volví al gallinero como de ántes, a esperar de mi amo el órden que me daba, y lo que con acuerdo resolvia. Y estando de pensamientos varios combatido, y de penas y aflicciones rodeado, considerando la inconstancia de los tiempos y de los altibajos de nuestra humana vida, se vinieron al entendimiento los siguientes versos:

A LA INCONSTANTE FORTUNA.

Rueda, fortuna, no pares
hasta volver a subirme,
porque el bien de un desdichado
en tu variedad consiste.
      Un tiempo me colocaste
con las estrellas mas firmes,
y ahora me tienes puesto
en la tierra mas humilde.
      Entónces me ví tan alto,
que me pareció imposible
ver mis glorias humilladas
a los piés de quien las pise.
      Tan dichoso fuí en un tiempo,
que me diste lo que quise,
y hoi te me muestras contraria,
quitándome lo que diste.
      Tu natural inconstante
con varios efectos vive,
abatiendo al que merece,
sublimando al que no sirve.
      Si tu inconstancia ignorara
quejarme fuera posible,
pero es forzoso que ruedes
cuando con tu ser te mides.
      La esperanza me sustenta
de ver que cuando me aflijes,
tanto mas cerca me hallo
de la gloria que me impides.
      Que no pares en mi daño
la rueda, quiero pedirte,
porque es mi dicha tan corta
que presumo ha de estar firme.

CAPITULO XXI.

En que se prosigue el infortunio en que se vió el autor, y de como salió huyendo de casa de Inailican, y lo que le sucedió en el camino hasta llegar a las tierras de su amo y a su casa; y se da fin al primer discurso.

En estos discursos y varios pensamientos divertido estuve parte de la noche, y al romper el silencio oscuro el alba, llegó Maulican mi amo con dos caballos ensillados que le habian prestado sus amigos, dejando al cacique Inailican durmiendo la borrachera, y me hizo montar en el uno, y a aquellas horas les dimos rienda y marchamos hasta sus tierras.

Y aunque me hallaba debilitado, mojado y helado de frio, tuve por conveniente no volver a entrar al rancho de aquel cacique inhumano, y para mí fiera cruel; salimos como de rebozo, como huyendo. Y aunque el viento habia amainado y suspendido su violencia, estaba en su punto el agua dejándose caer a plomo; y a buen paso subimos las lomas y cerros de Elol, que eran las que traia marcadas Maulican para encaminarse a su tierra. Y habiendo caminado poco mas de dos leguas, encontramos en medio de aquellos cerros otros ranchos del cacique Antegüeno, que forzosamente habíamos de pasar por ellos porque el camino nos llevó a sus puertas, adonde salió el cacique y nos hizo apear de los caballos con repugnancia de mi amo; y verdaderamente que yo lo deseaba con extremo, porque el hambre y el frio bastantemente me tenian apretado y desvanecido. Desmontamos de los rocines y a unos árboles vistosos los atamos, que cerca de la puerta hermoseaban el sitio y su contorno, por ser de calidad que todo el año conservaban verde y vistosísima la hoja, demas de ser crecidos y copados; y cuando estan con su fruta colorada, es a la vista apacible y deleitable: a estos llaman *pengus*, que su sombra tambien es copiosísima y saludable de verano, y las hojas, batidas y oprimidas, despiden de sí un fragante olor y mui suave, y puestas en la cabeza, mitigan el dolor de ella causado del calor y de la fuerza que el sol tiene de verano. Y la corteza y fruta son medicinales para achaques del vientre y del estómago. Entramos adentro de la casa, y el cacique Antegüeno (que tambien era de los que se hallaron en el parlamento de mi venta o compra) nos llevó a un extremado fogon, dividido de otros que habia dentro, en que asistian las mujeres; allí nos hizo poner unas esteras en que asentarnos, y mandó a un criado suyo que desensillase nuestros caballos, a que repugnó Maulican diciendo, que habia de pasar a su tierra luego aunque el agua no cesase, que ya estábamos acostumbrados a las inclemencias del tiempo y a estar mojados de ordinario. A que le respondió el cacique, que para dos leguas que le quedaban para su tierra, tenia bastante tiempo aunque saliese a la tarde. Con todo eso (repitió mi amo), quisiera llegar temprano para excusar andar de noche, y porque há muchos dias que me aguardan en mi casa. Ea pues! le dijo Antegüeno, calentáos ahora un rato, y comeréis un bocado y ese pobre capitan que trais [*sic*], que me causa compasion de verlo, que vendrá helado de frio y cansado. Con esto que le oí decir, me consolé grandemente, porque como era de los contenidos en la junta y parlamento referido, juzgué que fuese como el pasado: pero, adondequiera hai buenos y malos, unos de un natural y otros de otro. Este Antegüeno era hermano del pasado Inailican, y no en la condicion ni en las costumbres, porque se ajustaba al nombre de Antegüeno, que quiere decir *sol del cielo*, cuyos efectos son jenerosos, saludables, suaves y apacibles. Por ser el capitan y príncipe de las antorchas y luces de esos cielos es el corazon del mundo y su templanza; con su grandeza se ilustran todas las cosas de esta vida, como lo notó Ciceron tratando de las calidades

de los astros y planetas. El nombre del otro cacique su hermano era
Inailican, que quiere decir *piedra esparcida o derramada*, que con sus
obras conformaba mui bien el nombre, pues de una piedra no se puede
sacar jugo ni esperar misericordia, y así dijo escojidamente el poeta :

Conveniunt rebus nomina sæpe suis.

Que las mas veces se ajustan los nombres a los sujetos y naturales de
cada uno.

Asentámonos al fuego, y al instante nos pusieron por delante dos
cántaros de chicha de buen porte. Y la que a mí me cupo era clara,
dulce y picante, con la cual me brindó primero el cacique diciéndome,
que bebiese y comiese, y que no me diese cuidado ni tuviese pesadumbre, por haber encontrado con buen amo, valiente y respetado; que
a no haber sido así, ya te hubieran quitado la vida, dijo el buen cacique.
Y aunque mis compañeros han dispuesto el hacerlo a persuasiones de
Putapichun, Namuncura y mi hermano Inailican, y todos los demas
fuimos de ese parecer, en llegando Maulican a su tierra se olvidarán
sus intentos; y aunque en el caso quieran poner aprietos, será dueño
allá de su voluntad y señor de sus acciones; que yo de mi parte te
prometo no meterme con ellos para este efecto, y excusar todo lo posible
comunicarlos ni verlos; y tu amo hará de tí lo que le pareciere, que
pues el *Pillan* (que quiere decir Dios entre ellos o su deidad finjida)
te ha librado de tantos peligros y riesgos de la vida, no será razon que
nosotros nos opongamos a tu buena fortuna. No es así, Maulican? dijo a
mi amo, quien le respondió con alegría y halagüeño semblante, que
tenia mucha razon, y que se habia regocijado interiormente haber
escuchado sus razones; y entónces le contó lo que nos habia sucedido
en casa de su hermano, y de la suerte que salimos huyendo de su casa
al alba, y la penalidad y trabajo que yo habia padecido y tolerado toda
la noche. Lastimóse grandemente de considerarme de la suerte referida, y volvió a decir a Maulican mi amo, que ya que mi dicha y
buena suerte habia sido conocida, habiéndome librado de en medio del
fuego de la batalla, en que murieron tantos compañeros, y de los elementos rápidos de tantos y caudalosos rios, y no menor peligro el de
la airada envidia de sus compañeros, que cuando se resolvieron en el
camino a ir a su chozuela a tratar de comprarme, con empeño que hicieron en aquel tan sangriento parlamento, fueron determinados con
perversas intenciones a quitarte este capitan y matarlo, si tus razones
(le repitió) no hubiesen sido tan ajustadas a lo que sus deseos se encaminaban, y yo no me hubiese levantado luego a dar esfuerzo a tus razones y palabras y apoyar lo que decias, con que los demas no tuvieron
qué responder ni hallaron qué replicar. Y pues este capitan es hijo de
Alvaro Maltincampo, gran soldado y principal caudillo, ¿qué podemos
granjear en quitarle la vida? Mejor será que trates de rescatarle para
que se vaya a su tierra, que todavía sabrá agradecer y estimar · las

acciones que con él hiciéremos; y pues cada dia andamos en la guerra y a semejantes riesgos nos ponemos, a continjencia de que lo propio nos suceda mañana, por lo ménos, tendrá en la memoria como hombre principal y noble el bien que entre nosotros hubiere recebido.

Gran consuelo recibió Maulican con haber oido al cacique Antegüeno las referidas razones, y mucho mayor le tuve yo, pues con semblante alegre y con los ojos le estaba agradeciendo su buen celo, brindándole a su salud con sumo gusto. Sacáronnos de comer unos platos de carne gorda y una gallina con su pepitoria de ají y otros compuestos, entreverados con papas y porotos, maices y otros guisados, que son las legumbres que mas acostumbran. Amainó en este tiempo tanto cuanto el agua, y despues de haber comido y bebido lo bastante, y oreado al fuego nuestras mantas, nos despedimos del cacique Antegüeno con grandes agradecimientos, y salimos de allí con mas gusto que de la casa de Inailican su hermano.

El camino cojimos a buen paso por una veredilla que atravesaba el camino real de la Imperial, y derecha nos llevaba a su tierra Repocura. Y por priesa que nos dimos, llegamos a las orillas del rio de este valle al tender sus cortinas las tinieblas. Venia de monte a monte (como dicen), y de la otra parte estaban los ranchos de su padre y de su familia, como dos cuadras abajo del balseadero, adonde tenian una canoa a modo de barquillo, por adonde se manijaban los pasajeros.

Dimos voces a los que asistian en las chozas de la otra banda, a tiempo que volvia el viento norte a combatirnos con espesas lluvias. Y a nuestro llamado vino un indio a saber quiénes éramos, y habiendo reconocido quienes, y que era Maulican con su español cautivo, fué con toda priesa a dar aviso a su casa, que estaba, como he dicho, mas abajo del balseadero dos o tres cuadras, habiendo enviado ante todas cosas otros dos muchachones a que nos pasasen y recibiesen los caballos, que echamos a nado de la otra banda del rio. Entramos en la canoa con nuestros fustes y frenos, y dándonos muchos *marimaris*, que son como entre nosotros salutaciones y bienvenidas, pasamos de la otra banda con sumo gusto, al dejarnos la luz del claro dia y interponer la noche su espeso y confuso manto, acompañado con lluvias y viento apresurado que las gobernaba.

Subimos a caballo a toda priesa y en breve rato nos pusimos en la casa de mi amo, adonde le aguardaban muchos dias habia anhelosos su padre (llamado Llangareu, toque principal de aquella tierra), sus hijos y mujeres con otros amigos comarcanos, y muchos jéneros de chicha, carne y otras legumbres que para el efecto habian solicitado y adquirido de otras partes, porque ellos, como soldados fronterizos, eran pobres y apénas tenian una poca de cebada que comer y de que hacer chicha. Entramos adentro de la casa, habiendo entregado los caballos y frenos con sus fustes a unos muchachos para que cuidasen de ellos, y con grande alegría y regocijo nos sálieron al encuentro los referidos y nos entraron adentro, dándonos muchos abrazos y *marimaris*; llevá-

ronnos a un fogon bien dispuesto y separado de los demas, **para** que
nos secásemos y al amor del fuego templásemos el frio que traíamos.
Hicímoslo así de buena gana, y despues de haber cenado y bebido de
los licores y chichas que nos pusieron delante, me hizo hacer la cama
Maulican y su padre el viejo Llancareu con unos pellejos limpios y
peinados, con una frezada de las mejores que tenian; y el buen viejo
Llancareu me llevó a la cama diciendo, que me habia de tener en lugar de su hijo, dándome muchos abrazos, y dejándome en el dispuesto
lecho se volvió a dar principio a su entretenimiento y baile acostumbrado, que empezaron con tamboriles, cánticos diversos, flautas y demas instrumentos alegres, celebrando la llegada de Maulican y su cautivo a su amada patria.

DISCURSO II.

*Este contiene: que despues de haber llegado a sus tierras Maulican,
llegaron los mensajeros de los caciques de la cordillera, con las pagas
que ofrecieron en el camino por mí, como mas latamente queda referido
en el discurso pasado, y a ejecutarle la palabra; la repugnancia que
hizo mi amo a sus aprietos y ofertas, y el mal despacho que tuvieron
los embajadores; de lo cual resultó declararse por enemigos y confederarse con un cacique de la parcialidad de mi amo llamado Lemullanca, quien con estratajema y fraude, trató de hacer parlamento para
quitarme la vida en él; y de la suerte que me libró Dios de aquel peligro, poniendo esfuerzo y valor a Maulican para oponerse a todos
los combates que se le atravesaron. De como despues fué convidado
a un festejo jovial y borrachera que dispuso el gobernador y toque principal Ancanamon en Pellaguen, su parcialidad y asistencia, y con particular mensaje para que llevase al hijo de Alvaro (que así llamaban
a mi padre); y para haber de ir en compañía de mi amo, le rogué se
pusiese mi vestido, que hasta entónces no habia mudado de traje. De los
agasajos que me hizo Ancanamon, las pláticas que tuvimos amorosas
y entretenidas, las causas que se dieron para privar de la vida a los
padres de la compañía de Jesus, y otros morales que se sacan al intento. Como despues que volvimos a nuestra habitacion, ensañados y
rabiosos los caciques de la cordillera por haber faltado Maulican de
lo que les prometió d bajo de su palabra, fueron una noche mas de
doscientos indios a maloquearle sus ranchos, por cojerme en ellos y satisfacer sus deseos. Y por haber tenido aviso de un amigo con todo secreto, se volvieron burlados, hubiendo hallado ausentes los habitadores, y
los ranchos vacios, y yo en unos bosques ásperos oculto. Lo que me
sucedió con una hija de mi amo pequeña; los regalos y agasajos que*

me hizo. Como despues de este asalto me fué retirando Maulican la tierra adentro, por asegurarme la vida; y habiéndome llevado a casa de un cacique en las riberas del rio de Cholchol, lo que allí obré en el servicio de Dios nuestro Señor, bauptizando muchos niños y muchachos discursivos, enseñándoles la dotrina cristiana, y otros ejercicios de virtud que admitian con sumo gusto; y de la muerte que tuvo uno de los recien bauptizados con ciertas esperanzas de su salvacion. Del entierro que a su usanza se le hizo; de las ceremonias que hacen los curanderos que llaman maches, *por arte del demonio, y cómo se apodera de ellos, haciendo las mas raras acciones que se pueden haber visto ni imajinado jamas. De como dispuso Maulican despues de algunos dias, pasase a la Imperial a un festejo a que fué convidado. Como se verá en el siguiente discurso.*

CAPITULO I.

Que trata de como luego que llegó a sus tierras Maulican, a los quince dias enviaron los caciques de la cordillera las pagas que ofrecieron por mí, con cuatro embajadores, y del mal despacho que tuvieron.

Al cabo de algunos dias, que los comarcanos, amigos y parientes de Maulican mi amo habian festejado su llegada con mucha chicha, bailes y entretenimientos, despacharon los caciques de la cordillera, en conformidad del trato que en el camino habian efectuado, cuatro embajadores con las pagas prometidas. Y como el rio con la continuacion de las aguas venia caudaloso y abundante, sin que se pudiese pasar, ménos que dando voces para que enviasen la canoa, que estaba a vista de la casa; habiendo llamado de la otra banda, imajinó luego Maulican, que sin duda serian los mensajeros, y que entre ellos vendria algun cacique de los contenidos en el trato; por cuya causa determinó que no pasasen ni llevasen a la otra banda mas que la canoa pequeña, en que no cabia mas que el canoero o balseador y otro compañero, para que no pudiese venir en ella sino era tan solamente uno de ellos, y que este fuese a hablar ante todas cosas con su padre Llancareu, toque principal y dueño de aquel pasaje: hízo el barquero lo que le ordenaron y pasó con él uno de ellos y mas principal embajador, que despues de haber visto a Llancareu, como estaba dispuesto, se encaminó a dar su embajada a Maulican mi amo, sobre el trato efectuado en el camino, a quien recibió no con buen semblante ni buenas razones. Y habiendo querido el mensajero desmedirse con palabras mayores, diciendo que eran malas correspondencias las que usaba con to la su parcialidad, y que mirase lo que hacia porque sus caciques habian de sentir en extremo la falta de su palabra y la poca estabilidad de su trato, por parecerles hacia chanza y burla de la autoridad de sus personas: a que respondió Maulican, que no hacia caudal de sus razones, que estando en su tierra y entre los suyos no los habia menester de ninguna suerte, y que la palabra que les habia dado de entregar a su español cuando enviasen por él, fué violentado y sin su gusto. Replicóle el mensajero diciendo : bien pudiérais haberlo mirado entónces, y no habernos hecho venir con estos temporales, pasando esteros y rios con grandes penalidades, cargados de las pagas que os ofrecieron.— No os metais vos en eso, le respondió Maulican, que si yo me hubiese hallado en aquella ocasion con otros tantos amigos como ellos eran, hablara mui a mi gusto, y lo que ahora respondo les hubiera dicho entónces ; mas como conocí la intencion que llevaban y la traicion con que iban, me fué forzoso sufrir y disimular mi aprieto. Porque tuve aviso cierto de que iban determinados a quitarme mi español, si yo le negase o hiciese alguna resistencia a su propuesta. Hoi estoi ya entre los mios y en mi tierra, adonde soi tan cacique como ellos en la suya, y mas estimado porque soi mas valiente ; y decidles que si quieren algo conmigo y experimentan lo que os he dicho, que uno a uno, o como les pareciere, no me excusaré de verlos. Y a ese Putapichun y a Inailican, que son los que mas han apretado en quitarme a este capitan; decidles que ya los conozco y ellos a mí, que no saben mas que hablar, y que cuando yo estoi peleando, ellos estan a lo largo dando voces y haciendo ruido solamente. Volvióle con eso las espaldas y entróse a su casa, desde adonde estuve escuchando sus razones, y ví al mensajero quedarse tan suspenso y corrido, que tuvo por bien el volverse sin replicarle otra palabra.

El viejo Llancareu, padre de Maulican, anduvo tan cuerdo y sagaz, que habiendo visto la resolucion de su hijo y el desabrimiento con que despidió al mensajero, le llamó y llevó a su rancho, convidándole a comer y a beber con agasajo ; con que se fué consolado al parecer. Este previno, como anciano y prudente, el daño que se puede orijinar de no hacer buena acojida y pasaje a los embajadores. Porque la descortesía y desaire que se les hace, y agravios que reciben, se apropia a los superiores o al reino o parcialidad que los envía, de que suelen recrecerse disensiones grandes y sangrientas, como le sucedió al rei Hanon, mal aconsejado de sus allegados, que son los que de ordinario ponen a los superiores en semejantes lances, y suelen ser la causa de destruirse los reinos y las repúblicas, como se va experimentando en este de Chille ; pues por causa de algunos tenemos la guerra en medio de la paz, pues no hai quien viva seguro en ella de ladrones, de salteadores y piratas, que los unos a lo oculto, y otros a lo descubierto, van abatiendo y aniquilando a los pobres y enflaqueciendo a los ricos. Esta es la paz y quietud que tiene Chille, y la que aguarda en adelante, porque no hai quien se atreva a quejarse ni a decir verdades ; los informes que se hacen (a quien pudiera remediarlo) [son] fabulosos, las relaciones siniestras, con que a toda prisa Chille se acaba, y a gran dicha tendrá, de que la guerra que tiene sea dilatada : que es a lo que se encaminan estos discursos, y a significar que la hacienda y patrimonio real se consume y gasta sin cojer el fruto de lo que se pretende, porque no se pone la mira mas que en los propios intereses a costa de los reales vasallos de su Majestad. Y a esto obligan y provocan los mal intencionados consejeros, pues, como vamos diciendo, los del rei Hanon fueron el oríjen de la destruicion y ruina de su reino, por no haber tenido la debida correspondencia con el rei David, recibiendo a sus embajadores con desprecio y con afrentosas acciones, volviéndoles a su presencia cortadas las vestiduras y raidas las barbas, cuando con piadoso celo y amigable intencion los habia despachado a significarle el pesar y sentimiento con que se hallaba por la fin y muerte de su padre Naas, a quien debia buena correspondencia y amorosas acciones; y por la suya mal mirada obligó al rei David a destruir sus reinos, con pérdidas de otros reyes que en su ayuda y socorro habian ido, y los demas huyeron: que la guerra y contienda que sin causas lejítimas se solicita, semejantes efectos acarrea, porque no debe ser otro su principal blanco que la conservacion de la paz y de la justicia, para vivir sin molestia y sin congoja ni opresion tirana, como lo advirtió Ciceron. Pues, si la guerra de Chille no se encamina a que vivan en paz, en razon y en justicia sus habitadores, sin duda será injusta la que se hace; porque el principal objeto y blanco a que van enderezados los superiores y ministros, es a la cudicia avara, que se apodera de ellos de tal suerte, que podemos decir de tales gobernadores, lo que dijo el profeta Ezequiel de los israelíticos reyes, que son rapaces lobos entre sus ciudadanos y súbditos; y la interlineal glosa a nuestro intento volvió esta palabra así: tales príncipes avaros y cudiciosos degüellan inocentes, y robando se apoderan de sus bienes: en cuyo lugar el gran maestro Francisco de Mendoza glosó de esta suerte: que no menores presas hacian estos entre sus ciudadanos y vecinos, que los voraces lobos entre las ovejas. Esto bien patentemente lo habemos experimentado en algunos gobernadores de Chille, que no tan solamente se han contentado con aniquilar y destruir las fronteras de guerra, ejecutando insolencias y maldades en los reducidos indios, haciéndolos esclavos debajo de la real palabra, habiéndolos admitido por amigos, sobre seguro haberlos maloqueado, cautivado y degollado várias veces; sino tambien en los pacíficos pueblos haber vejado a los ciudadanos y vecinos y oprimido a los leales vasallos del Rei nuestro señor, quitando las encomiendas a muchos para darlas a otros, o para que a costa de sus haciendas se las vuelvan a entregar, como se ha hecho en ocasiones, y asímesmo echando pensiones y cargas no acostumbradas con pretextos del servicio del Rei nuestro señor, apercibiendo para la guerra, no habiendo salido a ella mas de aquellos que no quisieron o no tuvieron ducientos pesos con que componerse para quedarse, como lo hicieron los mas, sacándoles tambien contra su voluntad a muchos sus haciendas para despachar procuradores a España, no enviándolos sino es a diferentes ajencias, a sus particulares propios; demas de otras pensiones y cargas ordinarias que echan a los pobres tratantes y oficiales para festejos frívolos y para el regalo de la nieve de los que gobiernan, y aun para sus tratos y granjerías, sacando a los pobres de sus oficios sin pagarles su trabajo, y otros agravios públicos que se han visto hacer mui de ordinario. Esta es la paz que tiene Chile entre sus

ciudadanos y domésticos. Pues, ¿qué paz pueden dar estos indios bárbaros si experimentan cada dia y han experimentado las traiciones y
engañosos tratos que tengo referidos? Los príncipes avaros y cudiciosos
ministros no buscan la paz ni la quietud del reino, porque son allegados
y ejecutores del príncipe de las discordias, quien los gobierna y rije por
apoderarse de ellos, tomando por instrumento la esclavitud de esta desdichada nacion. Pues, ¿cómo no ha de ser esta guerra perpétua y inacabable? y cómo no se ha de acabar y consumir Chile? si le faltan ministros de Cristo, Señor nuestro, y legales ejecutores de las órdenes y mandatos de su Real Majestad, que con cristianos medios soliciten la paz y
quietud que se desea; porque, aunque es conveniente y necesaria adondequiera, lo es mucho mas entre aquellos que ponen su cuidado y dilijencia en la conversion de estos indios bárbaros y de cualesquiera infieles y jentiles, como lo dijo con elegancia el ilustrísimo Villarroel. Y
proseguirémos con nuestra historia, ponderando un rato la resolucion de
Maulican mi amo en haber despreciado tan cuantiosas pagas como las
que le enviaban los caciques de la cordillera en cambio y trueque de
mi persona. De maravillar es por cierto que las desechase, siendo con
extremo estos naturales llevados del interes, que pudiéramos decir de
este lo que el ilustrísimo Villarroel de los reyes Cananeos dijo: que se
tiene por milagro y por cosa maravillosa que despreciasen los dones y
riquezas, siendo cudiciosos con extremo. Así lo hizo Maulican, dando de
mano a las pagas cuantiosas que se le enviaban, que entre ellos fué un
portento grande.

CAPITULO II.

En que se refieren las causas y fundamentos que tuvo, segun mi entender, el cacique
Maulican para el desprecio que hizo de las pagas y dones que le enviaron, y del
trato oculto que hicieron los caciques de la cordillera con otro Lemullanca, émulo
de mi amo.

A una de tres razones o causas me parece podrémos encaminar su
dictámen, segun el mio lo presumió: lo primero, que como cacique y
principal de su parcialidad, quiso hacer demostracion de su magnánimo
pecho y de su jeneroso corazon, no haciendo estimacion, aunque pobre,
de lo que entre ellos se reputaba por rico, por grande y ostentoso, dando a entender que el príncipe o gran señor no ha de tener puesta la
mira en las riquezas e intereses de esta vida, ántes debe vincular el dar
que el recebir, como lo advirtió el ilustrísimo Villarroel; y por venir al
intento, no excusaré referir un agudo pensar suyo, tan propio de su gran
injenio como digno de memoria. ¿Qué fué la causa (dice) de que, efectuado el milagro de haber dado de comer Cristo, Señor nuestro, abundantemente con cinco panes a un innumerable concurso, le quisiesen
levantar por rei, como lo refiere San Juan, y habiéndole visto obrar
otros portentos y milagros, no lo intentaron, aunque le vieron resucitar
muertos? ¿Sabeis por qué? responde nuestro gran arzobispo Villarroel:

porque el principal atributo y lo que como carácter debe tener el príncipe y superior cristiano, es el ser largo en dar y en socorrer las necesidades de los pobres, y no en recibir, como lo que se acostumbra hoi, que no tan solamente se recibe, sino es que declaradamente se estafa si con violencia no se quita. Pues, como vieron en Cristo esta grandeza y liberalidad piadosa en satisfacer al hambriento y socorrer al necesitado, lo buscan para rei, que en los hombres se tiene por mayor milagro el dar a manos llenas, que resucitar muertos.

No puedo dejar de decir lo que siento, y tirar al blanco que hallo descubierto, supuesto que el principal que tiene este libro por objeto, no es otro que dar a entender las causas y fundamentos que hallo para la dilacion de esta guerra de Chille y para su total fin y acabamiento. ¿Cómo puede Chille mejorarse ni conseguir la paz que se desea, si cuando juzgamos que le viene su remedio, su amparo y su defensa con un gobernador al parecer cristiano y celoso del bien comun y del aumento de lo que se le encarga y encomienda como a leal vasallo y fiel ministro de su Real Majestad, y estando en esta fee y en esta espera, hallamos lo contrario en algunos que han venido y vienen (entre otros moderados y atentos en sus acciones), que a cara descubierta y sin rebozo roban, quitan y destruyen, no tan solamente ellos, sino tambien sus confidentes y allegados, que como arcaduces por adonde se encaminan las corrientes de sus tratos, logros y granjerías, no pueden dejar de ser participantes de sus rebosos [sic] y contínuas avenidas? Con que podrémos decir, que estos con razon no son príncipes ni señores, pues no saben ajustarse al nombre que la dignidad y el oficio indignamente les comunica (que es, como dijo nuestro citado intérprete, saber dar ántes que recibir). Ni tampoco serán gobernadores cristianos, porque sin atender ni mirar a la obligacion que les corre, de verdaderos ministros de la justicia y administradores fieles de ella, solo cuidan y solicitan sus aumentos y sus mayores medras a costa de la sangre de los pobres y leales vasallos del Rei nuestro señor, a quienes pudiera afrentar dotrinando con su accion y con el desprecio de las pagas considerables que le daban, nuestro referido y valeroso jentil.

Lo segundo que se puede juzgar y entender de la poca estimacion que hizo Maulican mi amo de las referidas pagas es, que por espera de mayores bienes se pueden dar de mano a los menores, como agudamente nos lo dijo un cómico: tenia puesta la mira con mi rescate a muchas mas medras y intereses, porque a los diez o doce dias despues de haber llegado a su casa, tuvimos cartas, los caciques y yo, del gobernador y capitan jeneral, asegurando por mi vida la hacienda que quisiesen, y a los caciques que estaban presos y cautivos entre nosotros, que eran de la parcialidad de mi amo; y como vió que para solo este efecto habian dado libertad a una india que pocos dias ántes habian cautivado de la mesma parcialidad, y esta significó las grandes ofertas y pagas considerables que ofrecian por mi rescate, reconoció lo que le importaba el asegurarme la vida y tratarme con todo agasajo y respeto: por lo cual se puede presumir que daba de mano a los dones y despreciaba las riquezas que le ofrecian los apasionados caciques.

Lo tercero y principal que pude colejir de la firmeza y constancia que en defenderme y ampararme tuvo el dueño de mis acciones, fué la Providencia divina, que le ponia esfuerzo y ánimo varonil para que se opusiese a las contradiciones y aprietos que le hacian, con que le solicitaban la voluntad por todos caminos para la consecucion de mi muerte y de mi fin desastrado; y aunque Dios, nuestro Señor, por mis culpas y pecados graves intentó castigarme justiciero con las penalidades de mi cautiverio y con los peligros de la vida que a cada instante experimentaba, fué su recta justicia templada con su acostumbrada misericordia: que al punto que por nuestros delitos severamente se indigna, al mismo instante se conduele de nosotros. ¡Qué bien lo dijo San Ambrosio con estas palabras! No se olvida Dios (dice) de la piedad en medio de sus rigores, orijinados de nuestras culpas y pecados; amenaza con el castigo, mas no da lugar al cumplimiento: tiémplase su justicia, revócase su severidad, y siempre está mas dispuesto a hacernos bien que a castigarnos; y si tal vez se dilata en concedernos lo que le pedimos atribulados, no es porque deje de desear comunicarnos su clemencia. Díjolo con primoroso stilo San Basilio de Seleucia, sobre la peticion y súplica de la Cananea: que es de maravillar (dice) que Cristo, Señor nuestro, le dilatase el favor y escasease la merced que le pedia, apartándose de ella cuando le ruega, huyendo cuando le sigue, callando cuando le aclama, y últimamente cuando se arroja a sus piés con humildes razones, la responde severo: no es bueno ni cosa ajustada quitar el pan a los hijos y dárselo a los perros. Pues, ¿qué es esto Señor? Por qué os dilatais tanto en conceder a esta miserable mujer lo que os ruega? No venísteis al mundo por usar de vuestra misericordia? no bajásteis del cielo a la tierra por comunicárnosla jeneroso? Oigamos a nuestro citado santo la respuesta. No tiene tanto dolor (dice) la mujer oprimida con las angustias del parto, ni desea con mas ánsias verse libre de ellas, que Cristo, nuestro bien, no acabar de conceder lo que le pide la que a sus piés postrada se aflijia; ni ella tiene tanto deseo de recebir el bien que solicita, cuanto nuestro Redemptor de darla lo que desea, aunque disimulaba suspender el beneficio. ¡Oh gran Dios y Señor, lo que os debemos vuestras criaturas! pues nos encaminais con rigores, con trabajos y penalidades y desdichas al verdadero conocimiento de vuestra grandeza, para que os solicitemos rendidos y os pidamos favor atribulados, por tener en que ejercitar vuestras liberalidades.

Volviéronse los mensajeros con mal despacho de lo que aguardaban los caciques de la cordillera, quienes se indignaron grandemente con Maulican por haber faltado a lo que habia quedado con ellos; con que determinaron al instante confederarse con un cacique émulo y contrario de Maulican llamado Lemullanca, de su mesma parcialidad y compañero de los consejos y juntas de guerra del cacique principal Llancareu, padre de mi amo, como queda advertido: esta confederacion fué secreta para que por su parte Lemullanca solicitase por varios modos y caminos enviarles mi cabeza o mi persona, así porque Maulican no saliese con su intento de rescatarme, como para convocar toda la tierra y hacer un grueso ejército con la muerte del hijo de Alvaro, para volver a molestar nuestra frontera y seguir la buena dicha y fortuna que sus aciertos les habia manifestado con tan sucesivas victorias como las que habian tenido.

Admitió la flecha de este oculto trato con mucho gusto el Lemullanca, como apasionado y envidioso de las glorias y nombre que habia adquirido su contrario con la suerte que tuvo en mi prision y cautiverio, que es una depravada mancha del ánimo la envidia, que con el bien ajeno se congoja y aflije el que la tiene: que así la difinió el anjélico doctor, y San Bernardino dice de ella, que es polilla del ánimo, que come el sentido, abrasa el pecho y ata el entendimiento, y todas las cosas honestas y buenas con un pestilencial ardor las consume y traga. Bien manifestó este envidioso cacique el interior fuego que le consumia el alma, pues desde luego dispuso y trató con efecto hacer un parlamento con malicioso fraude, convocando a otros de su devocion y ayllo [sic] para que fomentasen su determinacion y mal intento; y sin dar a entender a Maulican ni a su padre Llancareu, toque principal y de los primeros de su parcialidad, para lo que se encaminaba su convocacion y junta de guerra, fueron citados y aplazados para él.

Reconozcamos y veamos ahora si en este reino de Chille ha habido emmulaciones, algunas con sobrada envidia, de que se hayan orijinado varios desaciertos en él y menoscabos. Podré experimentado asegurar algunos que en el tiempo que he continuado las fronteras de guerra y militado en sus ejércitos, he tocado con las manos. Algunos gobernadores habemos conocido de buenas intenciones, que obraron con buen celo y hicieron la guerra conservando lo ganado y fomentando lo que estaba quieto con sosiego y buena paz. Tras estos han venido otros que por querer acreditar sus acciones, han vituperado las ajenas, y con título de adelantamiento de armas y disposiciones militares han dado al traves con lo ganado, sin atender que es lo mas forzoso y mas loable saberlo conservar y defender, ántes que ponerlo al riesgo; que le tiene cierto y conocido cuando las intenciones son llevadas de la emulacion, de la envidia y de la cudicia, cuyas acciones siguen desenfrenados los ministros mayores del ejército, pues se ha experimentado en algunos de estos, si no han sido muchos, que habiendo reconocido alguno de estos ministros las medras y provechos que a costa de las piezas mal cojidas tenia cierto capitan y cabo de un fuerte que estaba adelante del ejército algunas leguas, trató al instante de ponerse en aquel paraje con su tercio, despoblando la mejor poblacion y mas antigua del reino por ir a ser dueño absoluto de las malocas y piezas que se cojian: que esta cudicia infernal tiene a Chille tan lastimado como se vee, y la guerra en peor estado cada dia, porque tambien ha habido algunos que lo que otros hicieron con buen celo gobernando, lo han deshecho fácil-

mente, y despoblado poblaciones convenientes y necesarias por borrar
de la memoria los lauros honorosos que adquirieron con los progresos y
adelantamientos que obraron, de cuyas acciones se han reconocido y
experimentado grandes inconvenientes y menoscabos, siendo principios
de los que hasta ahora padece lastimado nuestro Chille. Finalmente,
vienen mui pocos que miren las acciones ajenas con buenos ojos, y que
no procuren solicitar muchos modos de gobierno para sus mayores
aumentos y para menoscabos del comun de un reino, con que se halla
hoi el nuestro mui a pique de su total ruina por semejantes variedades
y emulaciones envidiosas, como la de nuestro cacique Lemullanca; pues
le obligó la que tenia rabiosa, a intentar con fraude quitarme la vida,
como se verá en el siguiente capítulo.

CAPITULO III.

De como, cumplido el plazo de la citacion del parlamento, le hizo Lemullanca y envió
a llamar a Llancareu y a su hijo Maullican mi amo con fraude; y estando ya marchando para él, tuvieron aviso de que nos aguardaban para matar al hijo de Alvaro
en él, con cuyo mensaje nos volvimos del camino a nuestro alojamiento.

Llegó el dia señalado para la convocacion y junta de guerra, y como
motor y fundamento principal de este cónclave y concurso, el cacique
Lemullanca habia llevado gran cantidad de botijas de chicha, ovejas de
la tierra, de las de Castilla y vacas al *lepum*, que así llaman al lugar diputado para tales llamamientos y juntas de guerra, que es un sitio distante
y apartado del comun concurso media legua o una poco mas o ménos:
este cacique traidor a sus comarcanos habia en secreto comunicado y
dado a entender a sus compañeros y amigos, que el parlamento era solo
encaminado a quitar la vida al hijo de Alvaro, y que si Maulican lo repugnase, lo habia de matar por fuerza y poner en ejecucion su intento,
para lo cual les pedia y invocaba su favor y ayuda porque apoyasen sus
razones y se opusiesen a las contradiciones y repugnancias que Maulican en mi defensa hacia; y aunque algunos admitieron su propuesta,
otros le avisaron en secreto de la traicion que intentaba Lemullanca.
En este tiempo habíamos subido a caballo mi amo y yo, Llancareu y
otros sus sujetos para ir al parlamento, sin saber lo que nos aguardaba,
y estando ya mas de seis o ocho cuadras de nuestros ranchos, nos encontró un indio mensajero que venia a darnos aviso de lo que Lemullanca maliciosamente intentaba. Y habiendo quedado suspensos y
parados, consultando la resolucion que habian de tomar en el caso, llegó otro embajador de parte del Lemullanca nuestro adversario, encaminado al toque principal Llancareu y a Maulican, diciendo que a ellos
solos aguardaban en el *lepum* (como si dijiese en el senado), y que tambien decia que llevasen al hijo de Alvaro, porque importaba su persona
mucho. Luego que Maulican oyó estas razones, habiendo sido ántes avisado de la dañada intencion de Lemullanca, dijo al mensajero enfurecido: andad y decid a ese mal intencionado tuerto (que lo era y mui mal

ajestado), que ya he sabido con certidumbre a lo que su cojao se encamina; que no quiero ir a él; que si tiene deseos de ensangrentar su toque y de matar españoles en sus parlamentos, que vaya a la guerra a cojerlos y aventure su vida en las fronteras, como yo lo hago y lo he hecho siempre; que este capitan me ha costado mucho trabajo y grandes disgustos y no le he traido a mi casa para que él ni otro alguno quiera adquirir nombre y gloria con su muerte. Con cuyas razones le volvió las espaldas, cojió el camino para su habitacion, y alegres nos retiramos y seguimos todos, que ignorantes de lo que nos aguardaba en el parlamento, nos habíamos puesto en camino para él; el viejo Llancareu su padre, luego que vió a su hijo retirarse, le siguió tambien, juntamente el otro indio que habia venido con la advertencia y aviso de los amigos de mi amo, y algunos otros comarcanos que se habian juntado de su parcialidad y distrito, y todos siguieron a Maulican, teniendo por bien acordada su resolucion.

Volvióse el mensajero al sitio y lugar en que le aguardaba Lemullanca y a mí para el sacrificio y ostentacion de su concurso; y hallóse burlado, porque lo deseaba con extremo y por haberlo prometido a los demas sus compañeros.

Habiendo visto, en fin, la falta de su promesa y que le era forzoso dar algun despediente a su cojao y parlamento, dió principio a su propuesta significando con enerjía lo que importaba mi cabeza para el sosiego de sus tierras y comodidad de sus habitadores, y que Maulican no queria de ninguna suerte ayudar a establecer y a fijar sus toques con la sangre de españoles, pues tan descaradamente defendia (1)........

Se retiraron a sus casas los caciques y huéspedes comarcanos, y el viejo Llancareu padre de mi amo me llevó a su rancho, adonde asistian con él un hijo casado, una hija soltera y sus nietos, cuya familia con estimacion, respecto y benignidad me miraba; y luego que entramos por la puerta, hicieron que me asentase al fuego, y aunque habíamos cenado y comido mui a gusto, me sacaron un cántaro de chicha de frutilla seca, extremada, clara, gustosa y picante, que es de las mejores que se usan, y el viejo se asentó cerca de mí, a quien brindé con ella y a los demas circunstantes, a quienes alabé la bebida grandemente porque el licor era sazonado y cordial al gusto, a cuya causa mandó el viejo que me la guardasen y que de ella no bebiesen otros: a que respondió la hija que no me faltaria de aquel jénero, porque ella tenia frutilla bastante con que aumentarme la bebida. Agradecíle mucho la oferta y la dije, que en todo lo que me quisiese ocupar, la serviria con todo amor y respeto. El viejo su padre la volvió a encargar con encarecimiento que tuviese gran cuidado conmigo en darme de comer y de beber, que hiciese cuenta que yo era su hijo, porque en ese grado me habia de tener; mandó disponer la cama, y que la hiciesen ancha y blanda añidiendo [sic] los pellejos

---

(1) Faltan dos pájinas del MS.

y otra frezada, sin la que me habia enviado Maulican mi amo. El buen
viejo Llancareu estaba ya mui cerca de la edad de los niños, pues se
burlaba y entretenia con ellos a ratos, y a mí me miraba como a tal,
porque entónces lo era sin pelo de barba, mostrándome grande amor y
voluntad, por lo cual me dijo que habia de dormir con sus nietos y con
él porque no tuviese frio, que le hacia con extremo: el uno de los muchachos seria de doce a trece años y el menor de diez a once; y despues
de haber conversado un rato con sus hijos y con los compañeros, me
llevó el viejo a la cama, adonde él y los nietos y yo nos acostamos, quedando el viejo en medio de nosotros todos con calzones, que así duermen los mas, aunque yo quedé con calzones, coleto y jubon, que no hice
mas de quitarme de encima dos camisetas grandes que traia para el
abrigo, con que echamos todas las mantas y camisetas encima de las
frezadas para repararnos del frio y de las heladas, que en aquel valle
eran contínuas; que como entónces era la fuerza del invierno, junio y
julio, padecí algunas penalidades orijinadas de la nieve y hielos que de
ordinario nos cercaban y combatian; y por ser jente pobre y desdichada la que asistia en aquel distrito, y ser fronterizos y soldados
perseguidos de los nuestros con malocas, entradas y correrías, no
tenian que comer, sino era una poca de cebada con que hacian mote,
y algunas papas, que a los camellones antiguos las iban a buscar de
las que de rebusco habian quedado en ellos.

Acostámonos en la cama ancha y esparcida los cuatro referidos, y
despues de haberme quitado las mantas y echádolas encima, me san-
tigüé despacio para encomendarme a Dios, a cuya accion estuvieron
todos mui atentos y el viejo me preguntó, que para qué hacia aquellas
señales con la mano y en el rostro; a que le respondí, que era antigua
costumbre de los cristianos porque el demonio de noche no nos in-
quietase, y que con aquellas señales de cruz que hacíamos, le ahuyen-
tábamos de nosotros.—Pues enseñad tambien a mis nietos (dijo el viejo)
a hacer esas señales, que me parece mui bien lo que decis.—De mui
entera voluntad los enseñaré (respondí al buen viejo), y tambien a
rezar para que invoquen el nombre de Dios y le conozcan. El nietecito
mayor, como estaba a mí arrimado, me preguntó lo que era Dios; a
que le respondí en breves razones, que era el Señor de cielos y tierra,
el Criador de todas las cosas, por quien los vivientes teníamos vida y
espíritu para rastrear con él lo que le debíamos, el que hacia que los
campos se matizasen de flores, que los árboles brotasen y de verdes
hojas se vistiesen, las plantas produjiesen frutos, los cielos estuviesen en
un contínuo movimiento, el sol con sus lucientes rayos iluminase la tierra y aclarase el dia, la luna y las estrellas que a la noche presidie-
sen, que a tiempos lloviese para la fertilidad de los campos; y finalmente es Dios (les dije) como San Gregorio difine, que si se dice no
se puede decir lo que es, si se estima o se aprecia no se puede apreciar de ningun modo, cuando se difine la mesma difinicion se aumenta
y crece: es a quien todas las cosas ignoran y temiéndole le conocen;

y mas adelante dice, que los mayores santos, cuanto mas miran y atienden a lo oculto y escondido de este gran Señor y Dios omnipotente, tanto ménos se conocen y se reputan por nada; y otras cosas que de paso les signifiqué, a que me estuvieron con gran atencion escuchando, no tan solamente los que en este lecho me asistian, sino tambien los que al amor del fuego estaban asentados. Y últimamente, les dije que si tenian gusto de saber muchas mas grandezas de nuestro Dios y Señor, las conocerian fácilmente si de todo corazon y afecto deseasen hacerse capaces de sus divinos misterios y ser cristianos. Oidas mis razones y bien atendidas, el muchacho que a mi lado estaba, me dijo: enseñaréisnos, capitan, desde mañana, que yo aprenderé con mucho gusto.—Gran consuelo me dais, respondí al chicuelo, con veros a conocer a Dios tan inclinado, y para que tengais mayor contento, os enseñaré las sagradas oraciones en vuestro natural idioma y lengua propia (que de haber oido dotrinar a nuestros domésticos indios algunos ratos tenia las tres oraciones hasta el credo en la memoria), que de esa suerte podréis entender mejor las cosas de nuestro Dios y Señor. Descansemos ahora lo que queda de la noche, que ya es tarde y el viejo parece que se ha quedado dormido y se ha quejado ántes de dormirse. Así lo hace siempre en acostándose, dijo el nietecito, porque la vejez lo tiene como niño. Achaques son de los años los que el buen viejo padece, respondí al compañero, y como dijo Sóphocles, no vive ya el que de esta suerte vive, porque mas es muerte que vida la que tiene.

> Nam nulla cui mentem voluptas recreat,
> Non vivere hercle existimo, sed mortuum.

Y Marcial a este propósito nos da a entender, que no la edad larga ni los dilatados años son los que se pueden reputar por vida, sino es la que con salud y fuerza se conserva.

> Ætatem Priami Nestorisque
> Longam qui putat esse, Martiane,
> Multum decipiturque falliturque:
> Non est vivere, sed valere vita.

> Aquel que piensa que vive
> Con edad prolija y larga,
> Siendo la vejez tal carga
> Que solo de muerte sirve,
> Se engaña, pues no apercibe
> Ni sabe que la salud
> Con vigorosa virtud
> Es la vida mas constante:
> Que así Marcial elegante
> Lo discantó en su laud.

Con esto podrémos hacer lo que nuestro viejo hace, dije a mi compañero, dando fin a nuestra dilatada conversacion, y a nuestros fatigados sentidos el reposo acostumbrado con el sueño.

CAPITULO IV.

En que se refiere como el cacique Ancanamon, que era el gobernador de aquellas
aillareguas, envió a convidar a mi amo para una fiesta y baile que habia dispuesto,
y envió a rogarle que me llevase porque querian verme los de su parcialidad, y de
como en esta ocasion mudé del traje de español en indio.

Permitió su divina Majestad que llegásemos con bien al dia para darle gracias, como se las dí reconocido a sus inmensos favores y beneficios,
y dejando dormidos a los muchachos y al viejo, me puse en pié al salir
el sol, que amanecia claro y luciente y sin estorbo alguno; salí afuera
del rancho a rezar mis devociones, y por estar cubierta la campaña de
escarcha y nieve helada, causada de la serenidad de la noche, fuí a ponerme debajo de unos árboles frondosos que con sus hojas y tupidas ramas (que todo el año se conservan verdes) habian defendido del hielo
su contorno. En esta sazon volvian ya del rio las mujeres de Maulican
y sus hijas mui frescas de bañarse y las demas indias del rancho de
nuestro viejo, que eran tan unos los dos, que no habia mas diferencia
que estar las puertas divididas y pared de por medio o un tabique; con
muestra de amor y buena voluntad me saludaron todas diciendo, que
cómo habia madrugado y dejado la cama tan de mañana, habiendo amanecido el prado helado y fresco con la sobrada escarcha que le cubria; a
que respondí, que eran las noches tan crecidas, que obligaban a desear el
dia con extremo: con que fueron siguiendo su viaje para el rancho, y
una de las mujeres de mi amo mas anciana me convidó a almorzar diciendo, que volviese a su casa luego a desayunarme con algo y a calentar-
me al fuego porque hacia grande frio; agradecíla el cuidado y los marimaris que me dieron, correspondiendo alegre con otros tantos, y dejándome solo y sin testigos, dí principio a dar gracias al Criador de
cielos y tierra, con grande afecto orando fervoroso por haberme dejado
llegar con bien, con salud y vida a gozar la clara luz del dia; y porque
los que pasaban de una parte a otra no me viesen hincado de rodillas en
camino pasajero y parte tan descubierta, no me arrodillé en la tierra,
porque no pareciese mas afectada hipocresía que sencilla ni pura devocion, si bien con el alma y todos los sentidos estaba postrado ante su
divino acatamiento, representando mis trabajos con las desdichas y penalidades de mi cautiverio, ofreciéndolas a su pasion santísima y por su
amor llevándolas con pacencia [sic] y sufrimiento.

En medio del afecto con que oraba, puse un rato la contemplacion
atenta en lo que somos y en nuestra humana vida y maligna inclinacion; que aunque los muchachos en nuestros primeros años nos criamos
con la doctrina y enseñanza de ejemplares varones, industriándonos en
el ejercicio de virtud y letras, así con naturales y prácticas demostraciones como con acciones santas y ejemplares (que son la mejor senda
que nos encamina, como dijo Lactancio), no nos aplicamos jamas a lo
que nos importa, porque si verdaderamente tenemos conocimiento verda-

dero de nuestro Dios y Señor, no sé qué se tiene la juventud, que aunque conocemos su grandeza y majestad, parece que la ignoramos;
tenemos la fee viva y al parecer no la tenemos, porque es muerta en la
mocedad; oramos con los labios y nos parecemos a los que dijo Cristo,
Señor nuestro, que le alababan con la boca y el corazon estaba mui léjos dél; finalmente, parece que nuestras obras de cristiano todas son
encaminadas solo a parecerlo, por ser nuestros caminos varios y las veredas que seguimos extraviadas, como lo notó el sabio extremadamente:
tres cosas son difíciles de alcanzar con el discurso humano, dijo; mas
parece que les dejo algun resquicio (aunque a lo largo) para entrarse a
lo oculto de sus misteriosos caminos, pero la cuarta confiesa que totalmente la ignora, que es el camino del varon en su vigorosa adolescencia,
y es cierto y verdadero que no es fácil de comprender ni alcanzar los caminos y derrotas de la juventud y mocedad, que por la mayor parte son
inusitadas sendas las que sigue y mui contrárias al verdadero camino de
la profesion cristiana. Pues ¿qué es lo que causa en la mocedad tantos des-
varios? lo que dice Ciceron: júzgase el mancebo vigoroso, eterno y permanente en sus acciones, por lo cual suelta la rienda al licencioso apetito,
para que la carnal concupiscencia venza y sujete a nuestro espíritu, que,
como dijo San Pablo, son contrarios tan opuestos, que lo que el uno apetece el otro lo contradice, y en otra parte, que halla una lei en sus miembros, que es la carne, contraria a la lei de su entendimiento, que es la
razon y el espíritu, habiendo dicho ántes que aunque conoce lo malo y
lo aborrece, se inclina naturalmente a ejecutarlo, y al contrario, desea
obrar lo bueno y no puede hacer lo que quisiera, porque no sabe ni entiende lo que hace. Pues, si toda esta contradiccion hallan los santos tan
de marca mayor en nuestra naturaleza humana para contra el mas ajustado spíritu, que con estar sofrenándola, castigándola y oprimiéndola
dice este gran doctor de las jentes lo referido, ¿cómo podrán librarse de
este profundo despeñadero fácilmente los que sin atencion y por su gusto se dejan llevar de este tan fiero monstruo y comun enemigo, como es
la carne, poniendo solamente su esperanza en la nota que hizo Ciceron,
de que el adolescente y mozo se juzga en el vivir eterno y permanente, sin
atender y poner en la meditacion lo que mas adelante dice y enseña este
sabio jentil, sin verdadero conocimiento de la eterna vida, que pudieran avergonzarnos sus palabras, y desengañarnos de lo que neciamente
presumimos. *Insipienter sperat* (dice). Necio e ignorante es el mancebo
que pone su esperanza en la primavera de sus años, porque no hai cosa
mas torpe ni presuncion mas vana, que tener por cierto lo dudoso y lo
falso por verdadero.

En medio de estas confusiones y falsos desvanecimientos, con que los
mancebos nos apresuramos vanos y precipitamos ciegos, es grande misericordia de Dios el salirles al encuentro con trabajos, tribulaciones y
miserias, que son las que al mas descaminado entran por vereda, y al
mas desenfrenado lo sujetan, y entónces, como dice el Rei Profeta, está
el supremo Señor mas cerca de ellos; por lo cual pedian a Dios los mas

santos y justos tribulaciones y contínuos trabajos, como lo hacia el profeta Jeremías: en cuyo lugar dijo San Gerónimo : de la manera que algunos invocan y llaman a Dios, de la propia suerte el varon justo y santo y batallador invicto pide tribulaciones y trabajos para ejercitarse con ellos.

Experimentado y reducido al freno del miserable cautiverio en que me hallaba, pude venir en conocimiento de la verdad que ignoraba, porque hasta entónces podré decir que no supe lo que era levantar los ojos de el alma a nuestro Creador y Señor, a quien invoqué aflijido, y a quien clamé desterrado, y triste lloré suspenso.

Acabada mi oracion, poco a poco me fuí acercando a las orillas del rio que jeneroso bañaba aquellas vegas, adonde me labé las manos, y el rostro refresqué con sus corrientes, en cuya ocasion llegó con sus hijos pequeños Maulican mi amo y los dos sobrinos nietos del viejo y mis compañeros en el lecho ; saludóme Maulican con agasajo, que como cautivo estimé el cariño, preguntóme que por qué causa me habia levantado de mañana. Y lo parecia, porque al salir el sol luciente y claro, con una niebla obscura se subió la helada escarcha para arriba, que entre ellos llaman *pirapilin* (que tras de este accidente suele ser de ordinario cierta el agua). Respondíle que era mas tarde de lo que parecia, porque el sol al salir se habia mostrado claro y limpio, y con la niebla se habian sus rayos escondido. En el intermedio de nuestras razones se desnudaron todos y al agua alegres se arrojaron, persuadiéndome a lo propio y envidándome con el sitio ; excuséme con palabras corteses a su envite, porque me juzgaba muerto si en ejecucion ponia sus intentos, y salieron frescos del agua, con que nos fuimos en buena conversacion y compañía a buscar el abrigo de los ranchos, adonde tenian bien dispuestos los fogones, aunque poco que comer, porque su ordinario no era otra cosa que un plato de mote de cebada, y unas papas bien limitadas, y una poca de chicha ; y hubiera llegado a sentir con extremo tanta abstinencia y ayuno, si no se entreverasen muchos dias de boda, fiestas y bailes, a que nos convidaban los vecinos caciques, de adonde solian llevar la carne cocida y cruda, tortillas y bollos de maiz ; que por ver al hijo de Alvaro (que por este nombre era mas conocido) armaban algunos entretenimientos, borracheras y juntas joviales, por regalarme todos con lo que podian.

CAPITULO V.

En que se prosigue la misma materia.

Habiendo llegado a tener noticia el gobernador Ancanamon que yo asistia en el valle de Repocura, confinante a su parcialidad, dispuso una grande fiesta y borrachera que llaman ellos *caquin*, y esta era con una circunstancia de entretenimiento deshonesto, llamado en su lenguaje *hueyelpurun* (que en su lugar se dirá de la suerte que es este baile). Envió a convidar para esta fiesta a Maulican mi amo y juntamente al hijo de Alvaro su cautivo, rogándole me llevase a aquel festejo para el dia señalado, que el plazo fué de cuatro dias. En estos se fué disponiendo nuestro viaje, alistando las armas y limpiando los aceros, lavando capotillos y calzones y demas adherentes necesarios. Y estando una mañana despues de haber almorzado al abrigo y reparo del rancho, gozando del sol y de sus apacibles rayos (que en aquel tiempo lo eran), me dijo Maulican con grande agrado : ¿no lavarémos tus calzones, capitan? porque has de ir conmigo al festejo de Ancanamon, que nos ha enviado a convidar a él y es forzoso que vamos a su llamado, y habemos de salir y caminar de aquí a dos dias. Respondíle que me habia alegrado infinito que se hubiese ofrecido aquella ocasion, por rogarle se los pusiese y acomodase para sí, que me hallaba mui mal con ellos y con el hato que traia encima, que estaba ya tan vieja y sucia la camisa, que ántes me servia de mayor tormento a causa de la comezon que me aflijia con tantos animalejos como habia criado, y que estimaria que me diese gusto en lo que le pedia, dándome otros calzones de manta y un par de camisetas que mudarme ; demas que pareceria mui bien con mi vestido, armas y aderezo de espada plateado, que en aquella ocasion estábamos limpiando. Ea pues! capitan, me respondió mi amo, pues que tú gustas de eso y me lo pides, yo lo estimo y agradezco encarecidamente ; lavarémos los calzones y te harémos otros de un pedazo de paño que he de tener guardado, que voi por él para hacerlos luego. Bien echaba yo de ver que miraba los calzones con buenos ojos y con alguna cudicia, y como me trataba con respeto, no se atrevia a significarme su gusto; y ántes que se resolviese a quitármelos, como dueño que era de todo, quise por buen camino ofrecerle lo que era suyo, sin dar lugar a que la cudicia le obligase a dar principio a estragar la cortesía y el respecto con que me trataba, porque en abriendo la puerta a la primer desmesura, es mui cierta la segunda y las demas. Volvió Maulican dentro de breve rato con el paño, o por mejor decir calzones ya cortados a su usanza, porque no se acordaba que estuviesen en aquel estado ; trajo otros tambien de manta nuevos y me dijo que con aquellos podia mudarme, y los de paño hizo que los acabasen luego, y mandó echarles un pasamano de los que usan de lana a modo de galon. Quitéme mis calzones y mudé de traje, y aunque el corazon se me puso entre dos piedras, disimulé lo que pude el pesar que me causó el desnudarme del coleto, jubon y mangas, que como eran cabos del vestido de raso pardo atrencillados de plata, le dije que habia de parecer con aquello mui galan en la junta y fiesta de Ancanamon, con las armas y aderezo plateado, y que me alegraria mucho verle a los ojos de tamaño concurso vistoso, lucido y bien mirado. Agradeció en extremo mis razones ; pareciéndole que me hacia algun placer y cortesía, me dijo con amor y con agrado : capitan, las mangas y calzones llevaré solamente pues tú gustas, que el jubon y el coleto podrás traer puesto para que te abrigue. Lo que tú dispusieres y mandares haré con sumo gusto, respondí a mi amo, aunque no me sirve mas que de molestarme, como te he dicho, por estar sucios y maltratados. Llamó en esta ocasion a una hija suya, a quien mandó fuese a lavarle luego y le secase, para que me lo pusiese: la china hizo lo que le mandó su padre, y yo me puse los calzones de manta y una camiseta a raiz de las carnes, y finjí estar mui contento con aquellas vestiduras; y como el sol reverberase luciente, dije a Maulican, que queria ir al rio a refrescarme, por dar a solas algun alivio a mis cuidados, que fueron grandes las aflicciones que se me acrecentaron con la mudanza del traje.—Id, pues, capitan, en hora buena y decid a mi hija que os lave con brevedad el jubon y os lo seque, que yo quiero acabar de limpiar las armas y la espada.

Salí de su presencia ya mudado en indio, deseoso de dar a las suspensas lágrimas rienda suelta, que con simulacion prudente estaban detenidas en el alma; y ántes de encaminar mis pasos para el rio, me fuí a la montaña umbrosa que de nuestro rancho estaba cerca, de adonde continuábamos ir por leña y a otros ejercicios naturales. Entréme a lo oculto y mas escondido de aquel bosque, bañadas ya mis mejillas de copiosas lágrimas, y habiendo reconocido el sitio por una y otra parte despejado y solo, despedí de lo íntimo del alma unos suspiros y ayes con lastimosas voces, que enternecidos los montes con mi llanto, le imitaban tiernos y respondian lastimados. Puse en tierra las rodillas y en el cielo los ojos y el espíritu, dando infinitas gracias al Señor de todo lo criado, por los favores y mercedes que me hacia, alumbrándome el entendimiento con trabajos y aflicciones para que supiese estimarlos y recibirlos con gusto de su bendita mano. Consoléme grandemente con haber orado y clamado ante mi Dios y Señor con afectuoso espíritu, y con haber contemplado su grandeza, su bondad y su inmensa misericordia, pues al que le ofende desenfrenado, con lo que le parece castigo riguroso le favorece benigno, porque es suma piedad la que nos muestra en apartarnos de nuestros deleites y torpes apetitos: reparólo agudamente un autor grave sobre haber echado el supremo juez a Adan nuestro primer padre del paraiso para que pudiese hacer penitencia, porque dice que no se avienen bien ni pueden estar en un lugar el llanto y el apetito, ni conformarse la penitencia con el deleite, ni la relijion con el regalo y placer. Sacó Dios a Adan del paraiso, lugar de deleite y gusto, para que fuera de él pudiera hacer penitencia de su pecado, porque en deleitable habitacion tiene poco lugar el buen discurso y es dudoso el arrepentimiento, y lo que se juzga castigo en Adan, es providente favor de la mano divina.

Despedí con el llanto mi congoja y con la contemplacion verdadera mi tristeza, porque, como dice el doctor anjélico, que todo lo que es nocivo y dañoso al ánimo, si dentro del pecho está oprimido, causa mayor afliccion y congoja; así, al contrario, de cualquiera suerte que se expela y salga afuera, se mitiga la tristeza y el dolor se minora. Lo otro dice, que la operacion conveniente al hombre segun la disposicion en que se halla, es deleitable y gustosa: el llanto y los suspiros son obras convenientes al doliente y aflijido, con que se hacen deleitables; síguese que por el llanto y los jemidos se mitigue la tristeza y el dolor se aplaque; y San Agustin en el libro de sus Confesiones dice, que cuando se hallaba aflijido y desconsolado, no hallaba consuelo ni descanso en otra cosa, sino era en las lágrimas y suspiros.

De la misma suerte, la contemplacion de la verdad, que es Dios, causa grande consuelo y alegría y tiempla el dolor y la tristeza; luego, con la contemplacion divina se mitigan los pesares y minoran las aflicciones: así lo resuelve el mismo anjélico doctor.

Bien experimenté esta verdad en mis oraciones, tripuladas con llantos y suspiros, que salidos del alma que la oprimian, la dejaron libre de su ahogo y sin la triste afliccion que la tenia presa, reduciéndome a tolerar mis trabajos y penalidades con sufrimiento y paciencia, que con ella se alcanza lo mas que se desea, como nos lo enseña el apóstol Santiago en sus católicas cartas; y el doctor de las jentes la tiene por necesaria y conveniente para que, conformándonos con la voluntad del Señor, consigamos su promesa.

Con esta doctrina y enseñanza volví a salir del bosque consolado y con la voluntad de Dios conforme y reducido, y entre los discursos y consideraciones que a la memoria se me venian, era la mas contínua y no desechable la transformacion en que me veia, dándome vueltas y mirándome por una y otra parte vestido como uno de los mas desdichados indios, descalzo de pié y pierna, representándoseme la poca estabilidad de las cosas humanas, que no tienen fundamento ni firmeza alguna, como lo notó San Gregorio diciendo, que se debe fiar mas en los vientos varios y veloces y en las letras escritas en el agua, que en la prosperidad y fausto de este mundo, porque las cosas humanas hoi florecen y mañana se marchitan: de manera que las fijas o no estables nunca tienen firmeza ni conocido asiento en nosotros. Caminando para el rio de esta suerte, sin mucha dificultad ni cuidado, a la mudanza de mi traje, fuí repitiendo los siguientes versos, con que darémos fin a este capítulo.

SONETO.

¿Soi el dichoso yo, soi por ventura
quien debajo del pié tener solia
lo mas sublime que corona el dia,
teniendo en poco la mayor altura?

¿Soi a quien jamas vió la desventura,
por ver que con el cielo competia
mi loco pensamiento y que a porfía
encumbrarse soñaba sin mesura?

Yo soi; mas ya no soi, que el tiempo mueve
lo que firme parece al pensamiento,
pues vemos que al mas alto se le atreve.

Ninguno en su vital estribe aliento,
ni piense que la gloria se le debe
hasta que tenga el fin feliz asiento.

14

CAPITULO VI.

En que se prosigue la misma materia. En la cual tambien se trata de como ántes de llegar al rio, encontré con mis compañeros los nietos del viejo Llancareu, que con grande ahinco me pidieron los enseñase a rezar, y el gusto que recebí y la doctrina que les hice.

De la suerte referida me fuí encaminando para el rio, y en el camino encontré con los dos nietecitos del viejo Llancareu, mis compañeros y amigos, que en mis alcances andaban, quienes me preguntaron cuidadosos de adónde venia, porque habia buen rato que me habia desparecido de ellos, y en mi demanda habian corrido las riberas del rio, con deseo de hallarme para que les enseñase a rezar las oraciones que les prometí la pasada noche, y que venian a ejecutarme la palabra.

Grande regocijo tuve, reconocida la voluntad y aficion que mostraban los chicuelos a las cosas de nuestra sancta fee católica, pues sin haberles hablado mas palabra que las pasadas al acostarnos en la cama, tuvieron en la memoria lo que de la grandeza de Dios les signifiqué de paso, pues me repitieron algunos puntos y razones, que entre ellos fueron decirles que Dios, nuestro Señor, era el criador de todas las cosas, el movedor de los cielos y de los astros, y que con las señales de cruz que me vieron hacer, se ahuyentaba el demonio; que querian saber cómo era este Dios y de la suerte que obraba tan grandes maravillas.

Yo confieso que con sus preguntas me pusieron en algun cuidado, considerando cómo habia de satisfacer sus deseos cuando eran tan bien encaminados a saber lo que ignoraban.

Vamos caminando ahora ácia el rio (les dije), y nos asentarémos en sus orillas, y despacio conversarémos en razon de lo que deseais y con afecto pedis. A que respondió el mayorcito: vamos, pues, capitan, el valle arriba, y traerémos de camino unos nabos que mi madre me encargó llevásemos, y allí nos bañarémos mui despacio. Paréceme mui bien lo que habeis dicho (le respondí gustoso); encaminádnos luego para donde quisiereis, que todavía es temprano y nos podrémos dilatar un rato en el paseo; y lo deseaba por ir pensando lo que habia de responder a sus dificultades. Fuimos arriba de la vega como dijo, adonde cojimos cada uno de nosotros un atado o manojo de nabos para llevar a casa, y despues de haberlos lavado en aquel cristalino rio, y bañádose despacio los muchachos, nos asentamos en sus apacibles y frescas orillas, adonde me hallé con discursos y pensamientos varios para ver de dar principio a la doctrina y enseñanza de aquellos bien inclinados muchachos, por haber reconocido en ellos un natural excelente, vivo y perpicaz para el conocimiento de nuestro Dios y Señor; y como esta ciencia es mas especulativa que práctica, porque trata principalmente y se encamina a la demostracion ántes de las cosas divinas, que de los actos humanos (segun el glorioso doctor Santo Tomas), me pareció investigar fácil modo y ajustado a la corta capacidad de los muchachos, aunque en sus razones y dudas manifestaban mas fundamento y ser del que prometian sus años; porque aun los que tenemos luz clara de los divinos rayos, necesitamos para tener alguna de la grandeza de Dios, del divino espíritu, como lo enseñó el apóstol San Pablo. Las cosas de Dios (dice) no se pueden comprender, sino es con el espíritu de Dios, y quien no le tiene, mal podrá divisar sus resplandores. Y aunque consideraba no eran capaces de tanto misterio, por darles gusto en lo que me pedian, dí principio a enseñarles a santiguarse, y con un cuchillo que llevaba, una cruz moderada les hice lo mas cuidadosamente que pude, dándoles a entender que de aquella insignia y señal de cruz, o de otra cualquiera semejante, huia el demonio, adversario comun de nuestras almas, por haber muerto en ella el supremo Señor Dios de lo criado, por nuestras culpas y pecados y por libertarnos de la esclavitud de este maligno espíritu; y para dárselo a entender mejor les dije, que si sabian lo que era pecado, que entre ellos llaman *huerilcan*. Respondiéronme que sí, que *damentun* era pecado, que es quitar la mujer a otro, siendo propia, y que hurtar tambien lo era, y matar a otro: estos son los ordinarios entre ellos, porque el privarse del juicio, ni emularse, ni cohabitar con las mujeres del trato y solteras, no lo reputan por tal; solo tienen por vil y vituperable el pecado nefando, con esta diferencia, que el que usa el oficio de varon no es baldonado por él, como el que se sujeta al de la mujer, y a estos los llaman *hueies*, que en nuestro vulgar lenguaje quiere decir nefandos y mas propiamente *putos*, que es la verdadera explicacion del nombre *hueies*. Y estos tales no traen calzones, sino es una mantichuela por delante que llaman *punus*; acomódanse a ser *machis* o curanderos porque tienen pacto con el demonio. Ajustado ya con ellos lo que era pecado, les signifiqué el aborrecimiento que Dios, nuestro Señor, tenia a los malos y pecadores porque era suma bondad y perfeccion, y principalmente los que no eran cristianos estaban separados de su gracia y de su gremio, y que aunque nos habia criado a su imájen y semejanza, con nuestros delitos y maldades borrábamos la perfeccion con que fuimos criados; para cuya intelijencia les puse un fácil ejemplo que de repente se me vino a la memoria, y fué que estando cerca de donde estábamos asentados un remanso del rio a modo de una poza sosegada y cristalina, me levanté diciéndoles: allegáos para acá y os significaré de la suerte que se mira Dios, nuestro Señor, y se asemeja a los justos puros y limpios; arrimáos a este remanso y mirad en él vuestros rostros, qué claros y qué propios se representan en este cristal bruñido: miráronse con cuidado y respondieron admirados: es verdad, capitan, teneis razon. Pues volved a miraros atentamente (les dije, habiendo primero alborotado el agua y con el cieno y barro que en su centro contenia, ensuciádola mui bien): miráronse otra vez en el propio espejo, y no se les representó como de ántes sus retratos. Preguntéles qué seria la causa de mostrarse tan escaso aquel remanso en dar lo que de ántes tan liberal les habia comunicado: eso claro está, me respondieron, porque habeis alborotado el agua y ensuciádola: decis mui bien (les dije), que ese ha sido el embarazo para esa diferencia. Pues de la misma suerte se mira Dios en nosotros miéntras estamos puros, claros y limpios de pecados, y en ensuciando el alma con ellos, que *es pilli* (que decis vosotros), se aparta de nuestra presencia su imájen verdadera, quien nos hizo y crió (como os he dicho) a su propia semejanza; y para el bien y conservacion de sus criaturas racionales formó estos cielos con todos los planetas mayores y menores, el sol, la luna y las estrellas: considerad sus movimientos, la continuacion del sol en asistir al dia, la luna y las estrellas en presidir a la noche; atended a las plantas, árboles frutales y silvestres, cómo estan desnudos y sin sus vestiduras el invierno, cubiertos de sus ropas el verano con su abundante fruto y sazonado, todas obras primorosas de nuestro Dios y Señor, aunque vislumbres y asomos de su jenerosidad y grandeza. Acabados estos discursos que les hice, me preguntó el mayorcito (que parece mostraba mas capacidad y entendimiento), habiendo estado mui atento a mis razones, que si Dios era como nosotros, y si tenia manos, cuerpo y los demas miembros que le componen; y para responder a su duda se me vino a la memoria la cuestion que hace el doctor anjélico: *Utrum Deus sit corpus;* que si Dios es cuerpo, que la contraria opinion o objebcion a [sic] la verdadera, parece que lo quiere dar a entender diciendo, que todo lo figurado es cuerpo: Dios formó al hombre y lo hizo a su imájen y semejanza, como consta del capítulo 1.º del Génesis; la figura es imájen, como dice San Pablo; luego, si es figura ¿será cuerpo? A que le responde con las palabras de San Juan, diciendo absolutamente que Dios es puro espíritu y no es cuerpo, lo primero, porque ningun cuerpo se mueve sin que tenga quien le mueva: Dios es el primer móvil y absoluto ser de todas las cosas sin dependencia alguna, de adonde se deduce no ser cuerpo: lo segundo, el cuerpo vivo es mas noble que el muerto en cuanto vive, y si viviese en cuanto cuerpo, todo cuerpo fuera viviente: conviene que por algun otro viva, como el nuestro vive por el alma, que le rije y le gobierna; síguese que el alma es mas noble que el cuerpo, y así es imposible que Dios sea cuerpo, siendo el alma y ser de todas las cosas y por quien todo viviente se mueve y tiene ser. Y absolviendo la objepcion [sic] de que Dios hizo al hombre a su imájen y semejanza, es en cuanto a la razon y al entendimiento, con lo cual se aventaja a los demas animales brutos, como resuelve el mismo ánjel doctor; de adonde se saca que en cuanto al entendimiento y la razon, que son cosas incorpóreas, se asemeja el hombre a Dios. Encontramos luego la dificultad de que, si el hombre es semejante a Dios, ¿si Dios será semejante al hombre? Y segun razon natural, en los semejantes hai recíproca semejanza, porque el semejante se asimila a su semejante, y si la criatura es semejante a Dios, se asimilará Dios tambien a la criatura, lo cual es imposible; que viene a ser como el retrato, que decimos que es semejante al hombre, no dirémos que el hombre es semejante al retrato, y así en alguna manera el hombre es semejante a Dios y Dios al hombre no, segun Santo Tomas. Y esta semejanza que el hombre tiene con Dios, no se lée en la escritura que la tengan los ánjeles, como lo dice Theofilato arrimándose a San Ambrosio en el sermon 10, sobre el Psal. 148, y a San Attanasio sinaita en su libro 7; que aunque está ventilada esta cuestion o dificultad entre los santos doctores, digo lo que este doctor dice: contemplad el estilo y forma que tuvo el sagrado texto, que al hombre llama imájen de Dios y le dá este título, y a los ánjeles no; y da la razon mas adelante, que podrá ver el curioso.

Pues, para dar a entender a mis discípulos de la suerte que era Dios, y en qué se asemejaba a nosotros, les pregunté que si sabian lo que era el spíritu del hombre o el alma; a que me respondieron que no sabian. ¿No soleis (les repliqué), cuando se muere alguno, decir vosotros *tipuinipilli*, salió del cuerpo el spíritu, y tambien opinan muchos, o es comun sentir de los ancianos, que este *pilli* o spíritu va a comer papas negras tras de esas cordilleras altas y nevadas? Sí, capitan (me respondieron), que así lo dicen nuestros viejos.—Advertid ahora y estad conmigo: ese espíritu, *pilli*, rije y gobierna al cuerpo y le da vida, y no le veis ni se puede divisar ni conocer; y para que mas claramente podais venir en conocimiento de lo que es spíritu, os lo daré a entender con un ejemplo claro: traed a la memoria a vuestra madre y a vuestro abuelo el viejo, acordándoos de ellos en vuestro entendimiento y en vuestro espíritu; ¿no parece que los estais mirando verdaderamente con todas sus facciones, ojos, narices y boca? Es así, me respondieron.—Pues ¿quién os trae a la memoria a vuestro abuelo y a vuestra madre, y os los representa como ellos son en sí, cuando os acordais de ellos? ¿no es el entendimiento, o vuestro *pilli*, que decis vosotros, que saliendo del cuerpo queda muerto y sin vida? y es así, que no tiene mas ser que cuanto le acompaña el alma. Pues considerad ahora a Dios, que es el alma y el *pilli* de todo lo criado, y como no se puede ver vuestro entendimiento ni vuestro *pilli*, que es lo que os representa a vuestro abuelo y a vuestra madre, o lo mas que quisiereis imajinar, y aunque con él se os representan todas las cosas pasadas y las mirais como presentes, no lo podeis ver ni conocer, porque no tiene cuerpo el espíritu; y en esto se asemeja la criatura a su Criador, que no se puede ver con los ojos corporales ni conocer sino es con los del alma, que es el *pilli*. Si con él contemplais sus maravillas y grandezas, mirad ese sol tan hermoso, que lo crió Dios para el bien de sus criaturas, para que nos alumbre con sus resplandecientes rayos, nos defienda y ampare de los rigores del tiempo, vista los campos, fructifique las plantas, y otros efectos que causan sus calidades; atended con cuidado a sus facciones, y no podréis distinguir de qué se componen, ni de la suerte que son, porque sus resplandores lucientes os perturbarán la vista. Teneis razon, capitan (me dijeron, habiendo ántes puesto los ojos con atencion y cuidado en las hebras doradas de ese sol hermoso). De eso podréis colejir, les dije, lo que será Dios, pues que sus obras y hechuras aun no las podemos comprender ni mirar con los ojos del cuerpo: finalmente, es nuestro Dios y Señor el criador de cielos y tierra y de todo lo que en sí contienen, el que lo alimenta y les da ser y vida, y mueve las acciones sin necesitar de que otro mueva las suyas, a cuya causa es eterno y permanente; que aun los antiguos jentiles los mas discursivos llegaron a conocer y alcanzar esta verdad con natural discurso, diciendo que aquel que movia todo el orbe con sus astros y planetas, nuestros cuerpos humanos dándoles ser y vida, y él sin dependencia alguna hacia estos efectos, que era eterno y que este era Dios, a quien los cristianos adoramos y reconocemos, por primera causa sin principio ni fin.

Volvióme a preguntar el muchachuelo, que discurria y dificultaba sobre lo que me oia, y que adónde estaba ese Dios de quien les habia significado tantas grandezas, que tenia deseos de conocerle; a que le respondí, que Dios estaba en el cielo, en la tierra y en todo lugar, y que no habia parte por mínima que fuese, que no ocupase su presencia, esencia y potencia, como lo dice y explica el anjélico doctor Santo Tomas. Todo lo llena Dios y lo ocupa con su potencia, porque todas las cosas estan debajo de su potestad y mando; con su presencia, porque lo mas oculto y escondido lo tiene presente y está descubierto ante sus ojos; con su esencia, porque como causa divina y principal del ser que gozan todas las cosas, asiste en ellas por mínima o grande que sea.

Ahora pues (les dije), si tanto deseo teneis de conocer a este nuestro Dios, os enseñaré a rezar y de la suerte que habemos de pedirle que nos mire como a sus hijos, nos socorra y defienda como padre, y nos libre y aparte de nuestros enemigos como Señor todopoderoso. Con mucho gusto aprenderémos, respondieron los muchachos, enseñadnos luego porque lo estamos deseando.

Dí principio por el *padre nuestro* en su lengua y natural idioma, a que estuvieron con atencion y cuidado, repitiendo lo que yo les decia, y para ponerles mas cudicia y que con brevedad se hiciesen dueños y capaces de la oracion que aprendian, les dí a entender que hasta que supiesen el *padre nuestro*, no les habia de enseñar otra oracion; y despues de haberles repetido seis o siete veces la oracion, nos retiramos a los ranchos, y cerca de ellos hallamos a Maulican mui gozoso, aliñando las mangas y los calzones, que los habia lavado y añadido un pedazo de paño ácia la pretina, porque de otra suerte era imposible ponérselos por ser de estatura disforme. Recibióme placentero, brindándome con un jarro de chicha, y el viejo Llancareu su padre con un plato de mote con muchas *achupallas* y yerbas del campo que dan buen gusto a sus guisados, y la hija del viejo a quien habia encargado mi persona, me trajo otro plato de papas y unos pedazos de cecina sin sal, mal seca al humo, que ellos no tenian otros regalos por ser fronterizos, y un jarro de chicha de frutillas, de la que me habia hecho guardar el viejo la primera noche que entré en su rancho. Llamé a los muchachos mis compañeros, y comimos a la resolana, que aun era temprano, pues todos los habitadores de los ranchos estaban al sol trabajando, haciendo unos lozas, ollas y cántaros, otros tejiendo, y a las orillas del rio otros lavando, y Maulican ocupado en aliñar su vestido, las armas y la espada, porque

al dia siguiente habíamos de salir para la fiesta y convite de Ancanamon, por llegar el dia señalado con bastante tiempo. Fuése acercando la
noche, y con su vecindad nos fuimos acercando y recojiendo al abrigo de
las casas, habiendo ante todas cosas ido todos los varones por un viaje de
leña para calentarnos, que este era el ordinario ejercicio que teníamos,
sin reservarse aun los mismos caciques; y al acostarnos en la cama me
volvieron a rogar mis camaradas los muchachos y discípulos, les volviese
a enseñar la oracion del *padre nuestro*, porque ya iban entrando en él:
hícelo así por darles gusto y por el que yo tenia de verlos tan inclinados
al conocimiento de Dios, nuestro Señor, y despues de haberlos enseñado, me encomendé a nuestro Dios y a su madre santísima, y acabadas
mis oraciones, dimos rienda suelta con el sueño a nuestros fatigados sentidos.

Ponderemos, si puedo (ántes de proseguir ni dar principio a otro capítulo), el entrañable afecto que estos muchachos mostraban al conocimiento de Dios, nuestro Señor, los padres y las madres el gusto que
recibian en oir a sus hijos recitar las oraciones: patentes y evidentes
muestras todas de unos naturales dóciles y sujetos a imprimirse fácilmente en ellos los mas ocultos misterios de nuestra santa fee católica;
con que podré decir y sacar de aquí el poco cuidado y solicitud que
parece pusieron en sus principios nuestros antepasados y pobladores
antiguos, en industriar a estos humildes bárbaros en la doctrina cristiana, cuando en todas las partes y lugares adonde asistí miéntras estuve
cautivo, experimenté esta verdad, de donde colijo que siempre habemos
sido el oríjen de nuestros males, por no haber sabido encaminar nuestras acciones a lo verdadero y cierto, que es Dios, a cuya causa la guerra
de Chile ha de ser perpétua e inacabable, porque somos hoi peores que
los primeros conquistadores en las maldades, en las traiciones e inhumanidades que usamos con estos pobres naturales, como lo irémos manifestando en los capítulos de adelante.

CAPITULO VII.

De como el siguiente dia salimos para la borrachera y festejo de Ancanamon, el viejo
Llancareu, Maulican su hijo, sus hermanos y yo, con otros dos caciques sus vecinos
y mas de veinte indios de su parcialidad con sus familias, y algunos morales necesarios al intento.

El siguiente dia cerca de las tres de la tarde, salimos para la fiesta
los vecinos, sujetos y comarcanos de Llancareu, cacique principal de
Repocura, con Maulican su hijo y sus familias, quedándose en resguardo de los ranchos las mas viejas mujeres e impedidas; llegamos
aquella noche a alojarnos una legua de adonde la borrachera se hacia
en cuyo sitio tuvimos ciertas noticias de que la misma tarde se juntaban
al lugar diputado Ancanamon y los dueños del convite, para el dia siguiente dar principio a su festejo y a su jovial entretenimiento.

A mui buena ocasion habemos llegado (dijo Maulican mi amo), porque mañana entrarémos a tiempo que nos reciban a nuestra usanza, en el palenque; salgan nuestros caballos a comer ahora, y los mas gordos y altaneros, pueden, porque no se alarguen, manearlos, y no nos detengan por la madrugada; sin tener ningun recelo de que les hurtasen alguno, porque viven en sus tierras debajo de su libertad con mas justa lei y natural razon que los que la profesamos.

No puedo dejar de ponderar un rato la disolucion y demasía con que hoi se vive en nuestro pais chilleno, pues es tanta la osadía y desmesura que ha corrido y corre en robarse los unos a los otros lo que tienen, que en este alzamiento jeneral y total ruina de las fronteras de guerra no ha sido el menor azote con que Dios, nuestro Señor, nos ha castigado, el de los ladrones comarcanos, compañeros y vecinos, que como el temor y el recelo estaba aun apoderado de los que en sus chacras y estancias asistian, apénas oian algun rumor de arma con voz de que corria el enemigo la comarca y maloqueaba sus distritos, cuando al instante desamparaban sus casas y haciendas y penetraban lo mas oculto y áspero de la montaña, por asegurar las vidas. Este alboroto y finjido rebato le tocaban los del contorno y sus propios vecinos, y para que se juzgase verdadero, subian a caballo algunos de estos ladrones de noche, y corrian la tierra hasta las mismas montañas, adonde los dueños de las haciendas, o los que las asistian, se habian entrado a valer de las asperezas y espesuras de sus ramas; con que se persuadian los miserables que era cierta y verdadera la ficcion maliciosa de los nuestros, o de aquellos que eran peores enemigos que los declarados, pues a su salvo y sin recelo alguno robaban las casas, las bodegas y lo mas que encontraban, llevándose cordobanes, zurrones de sebo, vino y herramientas, con notable disolucion, pues públicamente algunos vendian a sus dueños lo propio que les habian hurtado, sin atreverse a pedir lo que era suyo, ni la justicia remediarlo : a este estado llegó Chile.

Gran mano y permiso les han dado en este reino a los que militan en su ejército, pues tan licenciosamente se hacen dueños y señores absolutos de la hacienda ajena; y en lo que se habia de poner algun cuidado, poniendo inviolable lei y rigurosa, sin excepcion alguna en su cumplimiento, era en la seguridad de los caballos con que al Rei nuestro señor se sirve en esta guerra, porque son el principal nervio y fundamento esencial para la conservacion y defensa de nuestras fronteras; y siendo esto de tanta importancia y utilidad a los unos y a los otros, no se pone ningun remedio, ántes se ha visto dar mano los superiores a sus allegados y criados para que se valgan de los ajenos cuando les ha parecido; y de esta suerte no hai quien pueda tener caballo seguro ni decir que es propio, porque se tiene por gala el ser ladron el soldado, y aunque en la escritura sagrada se les da este nombre, es por diferente camino, que son llamados así por via de saqueadores, como por acá *maloqueros:* dálo a entender así el capítulo 2 del libro cuarto de los Reyes, sobre lo cual el gran maestro Gaspar Sanchez, de la compañía de Jesus, dijo: no solo se llaman ladrones los que roban y hurtan lo que es ajeno, sino tambien los que con armas lo solicitan, y principalmente son así llamados los que por paga y sueldo son conducidos a la milicia; y este nombre en ellos es mui antiguo, y Plauto nos lo dice claro en el siguiente verso:

Nam rex Seleucus me opere oravit maximo,
Ut sibi latrones cogerem et conscriberem.

El ruego del superior
viene a ser mas que mandato,
por lo cual nos dice Plauto
que le rogó su señor
el Seleuco emperador,
que para sí recojiese
los ladrones que pudiese,
que de esta suerte el soldado
fué antiguamente llamado,
cualquiera que sueldo hubiese.

Y si a los soldados por serlo solamente les dan este nombre de ladrones, aun no robando lo que es ajeno, los que en las obras se ajustan a este nombre, ¿qué serán? traidores dijera yo que son a Dios y al Rei nuestro Señor: a Dios, porque no piensan jamas restituir lo mal llevado; al rei, porque imposibilitan sus armas y a los que con toda reputacion le sirven en estas fronteras. Y los superiores que lo permiten pudiendo fácilmente remediarlo, ¿qué merecerán? que los dividan y aparten de los buenos para consumirlos y abrasarlos, como dijo Dios por San Mateo, cuyo lugar explicó a nuestro intento el obispo y gran español Lúcas Tudense. Los segadores (dice) van haciendo manojos de lo malo para consumirlos y abrasarlos, y a los que fueron iguales en delitos igualarlos tambien en los tormentos, poniéndose los soberbios con soberbios, lujuriosos con lujuriosos, infieles con infieles, ladrones con ladrones, para que los que fueron unos en pecar lo sean asímesmo en padecer: justo castigo de los que consienten el delito, que es lo propio que ejecutarle; y así podrémos decir que separen y junten los súbditos ladrones con los superiores que los permiten, como lo dijo el ilustrísimo Villarroel. Y a mi ver, mayor castigo merecen los que desenfrenadamente dejan ejecutar a sus inferiores acciones mal encaminadas y no corrijen sus depravadas costumbres.

Algunos han tenido por razon de estado permitir y hacer corriente este abuso, coloreado con el servicio de su Majestad, por cuyo respecto suelen bajar a la ciudad de Santiago y a sus distritos a peltrecharse todos los años de mas de 200 hombres para arriba, y todos vuelven con cantidad de caballos y aun de mulas; y aunque para el servicio del Rei nuestro señor y defensa de nuestras fronteras, los traen, y es este el principal blanco a que se encamina el tácito consentimiento de los que gobiernan, hallo ser una razon de estado sin razon ni justicia, como advierte Cornelio Tácito, que en desviándose de ella, aunque con

15

este pretexto quieran paliarle, no pueden tener salida honesta del empeño en que se ponen desatentos, porque la razon de estado (como dijo Botero) derechamente ha de ser encaminada al conocimiento de lo bueno y de lo justo.

Demas de que el principal intento a que se encamina este permiso disimulado, no se logra, ni cumplimiento tiene lo que se pretende, pues de la misma suerte que los caballos son traidos por los unos, son vueltos a llevar por otros, hurtados de la una y otra parte, y en breve tiempo se queda el ejército como de ántes, y la dificultad en pié por falta de remedio.

Algunos dudarán y no preguntarán mal diciendo, que adonde ha habido tantos gobernadores de tan lucidas y aventajadas prendas, ¿si ha faltado quién con justificado celo haya procurado el bien comun de este reino, que lo es el que cada uno conozca lo que es suyo, se le asegure su hacienda y viva en paz, en quietud y sosiego con el fruto de su trabajo? A que responderé con lo que he experimentado desde que tengo discurso y natural razon: y digo así, que es verdad que he llegado a conocer muchos superiores, presidentes gobernadores, ajustados a la obligacion de sus oficios, celosos de la justicia y con aventajadas muestras de cristiandad, sobre cuyo fundamento no puede haber accion mal encaminada, que con resolucion piadosa remediaron en sus tiempos este contajioso achaque; que me acuerdo haber gozado de tiempo en que sin recelo alguno se echaban las bestias a la campaña y amanecian en ella sin que persona alguna se atreviese a cojer ni a llevarse lo que no era suyo: entre los cuales fué uno el gobernador presidente Don Martin de Moxica, digno ministro del Rei nuestro señor, y de hacer muchas memorias de sus grandes prendas y de su justificada rectitud en hacer guardar y cumplir sus órdenes y mandatos, de que se orijinó un justo temor a la justicia, que mediante ella y sus disposiciones, se hallaba el reino en paz tranquila hasta los distritos de Valdivia, pues se comunicaban por tierra los que asistian en ellos con los que en nuestro ejército militaban. Pero tales gobernadores, por nuestros pecados, duraron poco, y nos los quita Dios por castigarnos, dándonos otros perversos y depravados, a quienes permite que en pena de nuestros delitos se desmanden y en todo yerren; que bien lo notó San Gregorio. Permitió Dios (dice) que pecase David santo y justo, llevado de alguna vanagloria, para que la plebe llevase la pena de su pecado, porque segun los méritos del comun concurso se disponen las acciones de los que gobiernan; y si por castigar tal vez al pueblo y al comun, permite Dios que peque el superior cristiano justo y bueno, evidente consecuencia podrémos sacar de que adonde permite gobernadores y presidentes iniĉuos (como otros que habemos visto y experimentado), que no aciertan jamas a encaminar sus acciones a lo decente y honesto (llevados de su cudicia, de su aficion o pasion, de su deleite y precipitado natural), ha sido y es ajustada permision del cielo a nuestros delitos encaminada, para que demas de las miserias, trabajos y penalidades que habemos sufrido y tolerado con alzamientos y alborotos jenerales de nuestros domésticos, inundaciones del mar, terremotos grandes y otras lastimosas ruinas, tengamos sobre nosotros de ordinario otro mayor trabajo y tormento intolerable con superiores livianos, presumidos, cudiciosos, libres y tiranos; porque el depravado superior y príncipe que gobierna, es la total ruina y perdicion mas cierta de los suyos, que así lo sintió el ilustrísimo Villarroel, y Eutroquio dice, que el que se sujeta al vicio torpe de la deshonestidad y a la cudicia avara, gobierna tiranamente y sin la igualdad que debe.

Aunque no he visto ni leido en cuestion ventilada la comun y jeneral opinion de que el superior que gobierna, de cualquiera suerte que lo haga, debe ser acatado de todos con toda veneracion y respeto, no por eso dejaré de decir lo que siento, y de la suerte que mi desvelo me ha dado a entender, el stilo que se debe observar en la reverencia y obsequiosa sumision que a los príncipes superiores les es dada; y porque no se presuma que salgo de los límites de la razon y de lo que se debe, hablando con alguna lisura y claridad de algunos que han gobernado este reino de Chile (porque nunca faltan censuradores en ajenos desvelos y contemplativos lisonjeros que a las verdades claras y patentes que se dicen, llaman sátira, y a los que las pronuncian, maldicientes), daré prueba a mi pensar con algunos lugares sagrados en el siguiente capítulo, que me sacarán del empeño en que me ha puesto mi duda.

CAPITULO VIII.

En que se prosigue la misma materia.

Mui grande respeto y alabanza se le debe al que gobierna con prudencia, sabiduría y igualdad a sus inferiores, pues con aplauso comun los llama el divino y jeneral juez dioses de la tierra, por el Profeta Rei. En medio del lugar diputado, que el hebreo llama su congregacion, se paró Dios, nuestro Señor. Y ¿qué es lo que hace en medio? tomando cuenta a los jueces y superiores (a quienes llama dioses) y dándoles liciones de lo que deben hacer: juzgad igualmente (dice), haced justicia al pequeño, al humilde, al necesitado y al pobre, que de esta suerte seréis dioses en la tierra. Y a los que acuden a esta su obligacion y juzgan con igualdad, no dejándose llevar del interes, de la pasion, ni del desenfrenado apetito, no hai que dudar sino es que se les debe todo respecto, todo aplauso y rendimiento, y la desmesura, molestia o detraccion que se les hace o se tiene con ellos, es perteneciente a Cristo, Señor nuestro, y a su Iglesia, segun el sentir del gran doctor y maestro Gaspar Sanchez sobre las palabras que dijo San Gregorio, comparando a Saul con los malos superiores y a David con los buenos súbditos.

Está bien que los que se ajustan a este stilo de gobierno santo y justo, merezcan en la tierra tener el nombre de dioses, y con él la estimacion y aplauso referido, que confieso que con aventajado título se les debe; pero a los que usan mal de la superioridad y mando, volviendo en tempestad deshecha su tranquilidad suave (como dijo Valdo, que la potestad mal usada y con tiranía es tempestad borrascosa), no será mui gran delito ni accion mal encaminada mirarlos como a tiranos y vituperarlos como a demonios, pues el mesmo Señor y juez universal da este nombre a los que no supieron ni entendieron su licion ni su doctrina, a quienes dice, que hasta cuándo han de juzgar mal y vestirse de la librea de los pecadores, porque andan en tinieblas siempre, sin entender ni oir lo que les importa. Y de la suerte que a los unos llama dioses, usando de la superioridad y del mando como se debe, a los otros demonios, según lo referido, no me parece que será mucho adelantamiento decir que al que no entiende ni sabe lo que es ser discípulo de Cristo, con vituperio le juzgan acciones de superior endemoniado. Y para comprobacion de mi intento y del poco aprecio y estimacion que se debe hacer del que gobierna mal, sin Dios, sin lei ni sin razon, referiré lo que le sucedió al profeta Eliseo con Joran, rei de Israel.

Joran era rei idólatra y perverso, quien convocó al rei Josaphad y al rei Edon para que en su ayuda saliesen en contra del rei moabita, por haberle quebrado la palabra y faltado a la confederacion y alianza que con su reino tenia: salieron estos tres reyes contra el de Moab, y estando en medio del camino, se hallaron con extremo apretados de la sed, de manera que el ejército y las bestias perecian. Lamentóse Joran desconfiado de la Providencia divina, que juzgaba (y no mal) que por sus méritos y acciones no era merecedor del auxilio y favor de el cielo. Mas el rei Josaphad, como justificado y bueno, acudió al remedio por el santo profeta Eliseo, a quien juntos los tres reyes, por consejo y acuerdo del rei Josaphad, fueron a favorecerse de él en su afliccion y trabajoso aprieto. Y ¿qué fué lo que el profeta en esta ocasion dijo al rei Joran, como a principal motor de aquel ejército? ¿Quién te mete a tí conmigo (le dijo el profeta)? vete a consultar y a valerte tambien de los falsos profetas de tus padres; a cuyas razones respondió el rei con enfado (habiendo de mostrarse compunjido, humilde y agradable): ¿por qué tu Dios nos ha congregado a tres reyes grandes con sus ejércitos para entregarnos y ponernos vilmente en las manos del rei moabita? a que respondió el profeta mui al intento de lo que he propuesto. ¡Vive Dios, le dice, y el Señor de los ejércitos ante quien estoi en pié, que si al rei Josaphad no tuviese algun respeto, y me reprimiese su presencia, no hiciera caso de tí, ni atendiera a tus razones, ni a tu corona respetara! Gran prueba para lo dicho: bien claro nos manifiesta el profeta santo y enseña tambien la poca reverencia, el poco respeto y estimacion que se debe al superior inícuo, al príncipe tirano, y a un gobernador perverso, que sin justicia, lei ni razon gobierna a sus súbditos y a sus inferiores; y al contrario, al justo, santo y bueno, que por todos caminos se le debe toda veneracion y rendimiento, como lo enseñó el profeta en esta ocasion, que por el respecto del rei Josaphad, en quien miraba un verdadero dechado de la recta justicia de Dios, que, como dijo el docto jesuita, le tenia el profeta por pio y justo, y no indigno de satisfacer su voto y cumplir su mandato, y no por el de Joran [*sic*]. Y si tal vez acontece tener semejantes superiores algunos aciertos en sus gobiernos, no habemos de juzgar ni entender que se los concede Dios, nuestro Señor, por su ajustado proceder, ni por sus méritos tampoco, que no saben conocer, son obras encaminadas por la mano divina y gobernadas por su gran misericordia, porque son tan soberbios y presumidos estos tales imitadores del demonio, que atribuyen a sus disposiciones y a su gobierno lo que es providencia del que lo gobierna todo, y accion de su bondad infinita: o porque, como el rei Joran, tienen en su compañía algun santo Josaphad por quien el profeta miró con buenos ojos su causa; que a estos llama dioses el jeneral juez a boca llena, y a los otros demonios.

Réstanos probar ahora, si a nuestro Chille han gobernado algunos que no hayan sido dioses en la tierra, sino es demonios, para que la detraccion de sus acciones y el vituperio de sus obras ajuste a la licion del profeta y no tenga que culparme el contemplativo lisonjero, cuando mi intencion no es otra que manifestar verdades y significar las causas de las ruinas y desdichas de este reino y los fundamentos que hallo para que no tenga paz firme, quietud ni descanso, y sean sus guerras perpétuas y dilatadas.

Entre tantos que han gobernado estas provincias, he conocido algunos deseosos de ajustarse al nombre de dioses de la tierra, como leales ministros del Rei nuestro señor; otros tan desenfrenados, tan soberbios, tan libertados y tan dueños de la potestad que tienen, que atropellando la justicia, la lei y la razon, han sido otros desatados demonios. Con un lugar sagrado comprobarémos lo dicho, y quedará manifiesto como tales superiores son demonios.

El capítulo cuarto de San Lúcas refiere mui al intento el modo de gobernar del maligno spíritu. Llegó a tentar a nuestro Redemptor en el desierto y despues de haberle ofrecido grandes dignidades de majestad y honra, haciéndose mui dueño de ellas, como dice el texto, añidió luego el modo de repartirlas, diciendo: estas dignidades y estas honras las doi a quien se me antoja y a quien me parece. Famoso lugar para prueba de lo dicho.

El superior presidente o gobernador que quita el premio al que lo merece, al que lo ha servido y trabajado, por darlo al que se le antoja, ¿no es conocido demonio? El que no atiende a las necesidades de los pobres, envejecidos en el servicio de su Majestad, y las encomiendas y oficios de provecho se los quita, por dárselos al mercader, pulpero o chacarero que se los paga, ¿no es un Satanas patente? El que no se ajusta a las órdenes y mandatos del Rei nuestro señor, que por sus reales cédulas tiene tan justificadamente dispuesto para premio y remuneracion de los que han derramado su sangre en su servicio, ¿no son traidores a su Majestad estos ministros, y demonios manifiestos? porque hacen lo que quieren y lo que se les antoja, como el demonio, y no lo que es justo y encaminado a la obligacion de sus oficios. Claro está que no hai que dudar en la propuesta, ni en que ha habido algunos en Chille que hayan seguido este mal estilo de gobierno, pues lo habemos experimentado en várias ocasiones y reconocido en otros apropiado, como en el Perú; y lo que hace mas en nuestro daño, es que como nos hallamos de la presencia de nuestro gran monarca tan distantes y apartados, nos dan a entender algunos, que su real Majestad los envía a estos remotos gobiernos a tiranizarlos, a destruirlos y a aniquilarnos; pues ha habido gobernadores que desatentos han dicho públicamente, que pues el Rei nuestro señor vende los oficios, que no hai que maravillarse lo hagan tambien sus ministros; y si esto es así (que no lo presumo), no hai que aguardar convalescencia al contajioso achaque de nuestra monarquía, y de que aqueste desdichado reino haya dado tan gran caida y postrádose a los piés de sus domésticos enemigos, cuando tan sin velo ni rebozo se ha trocado el premio de los dignos por el precio de los que no lo son, como lo notó Solon. Ningun daño mayor (dijo) le puede venir a una república feliz, que lo que habia de ser premio de sus hijos, se comunique por precio a los extraños. De que se orijina haber pocos o ningunos en estos tiempos que en los ejércitos y fronteras de guerra quieran arresgar las vidas por servir a S. M., ni que se den a la virtud, porque conocen y echan de ver que los que se aplican a estos ejercicios, no son remunerados: con que las repúblicas lo padecen, las armas se acobardan, las leyes se derogan, la sabiduría se envilece, y los servicios se malogran, porque los ignorantes con dinero y los que se ejercitan solo en adquirirlos y buscarlos, hacen burlas y escarnio de los que con su desvelo y trabajo merecen las dignidades y oficios preeminentes, pues son ellos los que con gran facilidad los alcanzan y poseen sin riesgos ni peligros de las vidas, como lo dijo elegantemente Pedro Gregorio.

De esto resulta que los beneméritos que sirven con amor y buena voluntad al Rei nuestro señor, a su patria y a sus repúblicas, esten arrinconados y abatidos, porque de ordinario son pobres, por haberse ejercitado limpiamente en los ejercicios militares y de la virtud, y no tienen con que comprar los oficios provechosos ni las dignidades; y siempre son preferidos los ignorantes y mercaderes, que solo atienden a solicitar y adquirir dineros para con ellos llevarse lo que con su trabajo y su desvelo no pudo el honrado benemérito, así en la paz como en la guerra, pues vemos las repúblicas y cabildos entreverados [de] tratantes y mercaderes, y tal vez de algunos que ántes ocuparon otros oficios no de tanto porte, y de las varas de medir pasan a ejercer las de justicia; y por la mayor parte son disimulados pulperos, con que en lugar de ajustar las medidas a lo que se debe y es razon, las adulteran de tal suerte, que aunque el vulgo clame, el comun lo sienta y los pobres lo padezcan, anda todo sin medida, sin cuenta ni sin razon. Porque como las varas de medir, algunas estan acostumbradas a desnudar al pobre y al rico enflaquecerlo, con facilidad se truecan las unas por las otras, y no hai quien ponga tasa ni medida en favor de la república, ni de los mas necesitados. Y para prueba de lo dicho, no dejaré de referir lo que con evidencia me consta sucedió en una de las repúblicas de este reino, que habiendo

llegado a ella algunos tratantes pulperos deseosos de tener con brevedad salida de los jéneros que traian (no habiendo hallado quien por
junto se los feriase), los vendian en sus pulperías con mucha mas comodidad que en las demas tabernas (porque se hallaban con cantidad crecida, o porque estaban a riesgo de que se les dañase), a cuya causa
acudian todos con notable continuacion a donde los pobres y aun los
que no lo eran hallaban mejor despacho, mas bueno y mas barato. Pues
luego que llegaron a entender que se llevaban el dinero de la comun
plebe los convenibles tratantes, fué cierto rejidor que me consta tenia
pulpería, como las tienen otros, y con la vara de la justicia en la mano, les
ordenó con penas pecunarias que no vendiesen vino ni otros jéneros,
sino fuese por el arancel real y de la suerte que se vendia en las demas
tiendas o pulperías. Esta es la justicia que en algunas ocasiones he
reconocido y visto ejecutar a los que han ejercitádose en las varas de
medir y pasado a las de justicia, en quienes se verifica lo que advirtió
San Ambrosio del glorioso apóstol San Pedro en el Tabor, que por
haberse criado en humildes ejercicios, manijando sus redes y en el trabajo de su pesquería, se aplicó luego a hacer los tabernáculos a Cristo
Señor nuestro, a Moises y a Elías: porque es cosa cierta que el que desde
sus tiernos años se crió en viles o lustrosos ejercicios, en lo uno o en
lo otro conserva hasta los fines su costumbre, como le sucedió a San
Pedro por lo pobre y humilde, y al contrario le acontece al ricacho.
Aun viendo que estando en los calabozos del infierno sepultado, mandaba
que fuese Lázaro a refrijerarle sus penas y a que le aliviase sus ardores
con una gota de agua.

Pues ¿por qué no pide que lo lleven a donde está Lázaro, y manda que
le traigan a su presencia? Sabeis por qué? dice San Pedro Crisólogo;
crióse en majestad y pompa, y aun le duraba en el infierno la malicia
y soberbia en que fué criado. De la mesma suerte, a nuestro intento, los
que estan acostumbrados a vender caro y varear escasos, han de seguir
el propio stilo con las varas de justicia y hacer contradicion a los liberales y ajustados en cambiar sus jéneros y mercancías, como les sucedió
a los referidos tratantes, que les fueron a la mano los escasos.

Bien habia en que meter la mano y dilatar este capítulo, mas la digresion ha sido larga, aunque forzosa, porque, supuesto que el principal blanco a que este libro se encamina y endereza, no es otro que dar
a entender las causas que se me ofrecen para la dilacion y perpetuidad
de esta guerra de Chile, poca estabilidad en las paces que ha tenido y
tendrá en adelante, necesariamente han de ser los superiores los fundamentos principales y los ministros de justicia y guerra, y por lo que
vamos diciendo, se podrán ir sacando evidentes consecuencias y ajustadas al propósito a que van encaminados estos discursos.

CAPITULO IX.

En que se prosigue el viaje para la fiesta de Ancanamon, adonde llegamos otro dia, y de la suerte que fuimos recibidos.

Habiendo quedado con mis compañeros alojados a las orillas de un apacible estero, en una tan amena vega como fértil, fué Dios, nuestro Señor, servido de enviarnos su luz, aunque con nieblas gruesas rebozada y con muestras mui ciertas de convertirse en agua; dí gracias infinitas a la Majestad suprema y universal Señor de lo criado por haberme dejado llegar con bien a gozar de la luz clara de aquel dia. Y despues de haber almorzado y recojido los caballos, montamos en ellos y fuimos marchando al paso de algunas indias y muchachos que iban a pié, porque no hubo cabalgaduras para todos, y por mi gusto me apeé del caballo en que iba, y acompañé a las indias un buen rato por entrar en calor y no sentir tanto el riguroso frio que nos apretaba: llegamos a medio dia a vista del lugar adonde se iban juntando con el gobernador Ancanamon los convidados para dar principio a su festejo; los que íbamos a caballo, desmontamos de ellos en frente del palenque y del andamio que tenian hecho para sus bailes y entretenimientos, y en medio dél estaba puesto un árbol de canelo de los mayores y mas fornidos que pudieron hallarse, con otros adherentes de sogas y maromas que pendian dél para hacer sus ceremonias.

Luego que Ancanamon y sus compañeros caciques divisaron nuestra tropa y conocieron a Maulican y al hijo de Alvaro a su lado, con los demas de su parcialidad, y al toque principal Llancareu su padre, y que aguardaban a que a su usanza los recibiesen, por haber sido llamados al convite, envió un recaudo al toque principal de nuestra cuadrilla y parcialidad de Repocura Llancareu, padre de Maulican mi amo, para que nos acercásemos al concurso de los demas: hicímoslo así, habiéndose agregado a nuestra jente tres caciques mas, compañeros y comarcanos de Llancareu, con sus sujetos, que por todos haríamos número de cien varones sin la chusma de indias, chinas y muchachos, que en forma de procesion caminamos a pié todos juntos y nos arrimamos ácia la parte descubierta que hacia el cuartel, formado en triángulo, hechas sus ramadas a modo de galeras, adonde tenian las botijas de chicha, los carneros, las vacas, ovejas de la tierra, y lo demas necesario para dar de comer y beber a los forasteros huéspedes. Hicimos alto distancia de cincuenta pasos del bullicio que iba concurriendo, y como el concurso que llevábamos era copioso, y a mí por delante en medio dél y de Llancareu, como toque principal, y de su hijo Maulican, pasó la voz de que habia llegado el hijo de Alvaro (a quien deseaba con extremo ver la muchedumbre), y con sus noticias se suspendió y paró toda la junta, y salieron muchos de sus lugares y asientos a vernos recibir y entrar dentro del formado cuartel para la fiesta.

Salió el gobernador de aquellas *aillareguas* y dueño de aquel festejo

Ancanamon con diez o doce caciques de su parcialidad, deudos y amigos que ayudaban al gasto y al desempeño de el convite ; llevaban tras de sí otras tantas mujeres y hijas suyas, con un cántaro moderado de chicha en la mano cada uno, y un jarro para irla repartiendo, y cojiendo cada cual de los caciques el suyo, primeramente Ancanamon, los llenaron de los licores y bebidas que traian, y con ellos nos fueron brindando, que es la cortesía que a su usanza tienen unos caciques con otros cuando son convidados para tales fiestas ; y despues de haber brindado el gobernador Ancanamon al toque principal, que era Llancareu, y los demas caciques imitádole en la accion, llegó a brindarme a mí y a decirme, que se alegraba infinito de verme con salud en sus tierras, porque conocia mucho a mi padre Alvaro, que era gran valiente y de opinion conocida entre los suyos ; y que él tambien lo era, que habia peleado en muchas ocasiones con él, y que tenia experimentada su buena fortuna y su valor, y juntamente que estaba satisfecho y enterado de su apacible trato y piadoso corazon, por haber estado cautivo y preso entre nosotros su pariente Inavilo, quien le significó el buen agasajo que le hizo, el respeto y regalo con que lo trató, y que esto le dijo diversas veces, mostrándose bastantemente agradecido a sus acciones ; y fuélo tanto y tan amigo de tu padre (me volvió a repetir), que se excusó volver a continuar la guerra y en muchas ocasiones le dió muchos avisos en secreto que le importaron mucho. Y así (capitan) ten buen ánimo y esperanzas ciertas de hallar entre nosotros el mesmo agasajo y cortesía, pues has encontrado con un cacique principal, noble y de buena sangre, que sabrá estimar la suerte que con tu prision y cautiverio ha tenido. Yo le respondí rindiéndole las gracias de los favores que me hacia ; y verdaderamente que quedé mui consolado con las razones de Ancanamon, que no dejaba de darme algun cuidado el hallarme en semejantes juntas y borracheras, adonde se privan del juicio y está la vida de un pobre prisionero sujeta a la voluntad de cualquiera mal intencionado, falto de razon y de entendimiento, por no tener esta nacion cabeza superior que los sujete, ni a quien ellos rigurosamente tengan temor ni respecto, porque cada uno en su parcialidad y en sus casas es tenido y acatado conforme sus caudales y el séquito de deudos y parientes que le asiste.

Esta es una de las mayores barbaridades que entre estos indios chillenos se reconoce, y de adonde podrémos tener algunas esperanzas de que no han de ser estables sus repúblicas, ni permanecer en su fiereza y contumacia, porque adonde no hai conformidad ni político gobierno, es forzoso que la palabra divina, por San Lúcas, tenga entero cumplimiento : porque si sus voluntades se hermanasen y por una cabeza se rijiesen todos, inexpugnables fueran sus montañas, que la aunacion y conformidad entre compañeros y hermanos es una fuerte liga y argamasa con que se labra y edifica una defensa y muralla incontrastable, como nos lo enseña el sabio. Y el glorioso coronista en su Apocalipsis dijo de Babilonia, que se dividió en tres partes y sus ciudades y pueblos perecieron ; sobre

cuyo lugar, en su libro séptimo Ambrosio Ansber lo declaró así. Y faltándoles a estos bárbaros la hermanable union, destruyen las demas
propiedades excelentes que les acompañan, como son principalmente las
de el esfuerzo y valor, que aunque algunos juzgan y presumen no ser
tanta su valentía, son los que han llegado a tiempo que no han podido
experimentarla, ni participar de los violentos golpes de sus lanzas, por
haberlos hallado quebrantados, sin armas ni soldados de experiencias; retirados adentro muchas leguas de nuestros ejércitos y poblaciones, que
los que habemos continuado el perseguirlos y apretarlos (aunque a
costa de nuestra sangre), los habemos puesto en estado miserable y trabajoso, para que los que vienen de refresco y a la continuacion de esta
conquista, juzguen de ellos lo que no han visto ni pensado, y no lo
atribuyan a nuestro trabajo y desvelo, ni a la poca conformidad y a la
emulacion envidiosa que unos entre otros tienen : de que se ha orijinado
várias veces el dar la paz los unos para poner mal a los otros con los
nuestros y maloquearlos sobre seguro entre paz y guerra, cautivando y
privando de la vida a muchos, por las emulaciones y envidias que entre los unos y los otros se acostumbran. Porque negar que es jente belicosa y de valor natural, no podemos dejar de confesarlo los que habemos experimentado sus arrestos y resoluciones en diversas ocasiones de
batallas campáles que se han ofrecido con nosotros, que podré asegurar
de verdad, que en algunos reencuentros repentinos que nos han cojido
sin prevencion alguna, nos han puesto en conocidos riesgos y en apretados lances, siendo así que somos superiores a sus armas ; que yo le doi
al mas atrevido y esforzado ponerse como ellos con una lanza o pica
al embestir con un escuadron de arcabuceros y mosqueteros, que aunque dicen algunos que es barbaridad notable, no me podrán negar que
es acompañada con osado denuedo y valor conocido, que naturalmente
le tienen algunos, si no todos, que no pueden ser iguales ni comunes
las acciones valerosas de los hombres. Y para prueba de lo dicho, se me
vino a la memoria un sazonado caso, que puede servir de entretenimiento y verificarse con él el natural valor y esfuerzo de estos jentiles. En una ocasion de campeada, habiendo entrado el ejército a hacer daño al enemigo en sus casas, ganados y sementeras (que es la mas
considerable faccion para sujetarlos), se dejó una emboscada cautelosa
volviendo de retirada al campo, porque tenian de costumbre el venirse
tras de nuestras pisadas algunos curiosos muchachones a ver si se nos
quedaba alguna cosa en el alojamiento en que habíamos estado, que
aunque fuese de poca importancia para nosotros, para ellos era de grande gusto lo que hallaban y de gran gloria al nombre que querian adquirir, porque volvian a sus casas y habitaciones a significar que habian
quitado a los españoles aquellos despojos. Entraron de estos curiosos ras-
treadores por nuestro emboscadero seis muchachones de buen porte, y
entre ellos un chicuelo de doce a trece años, mui arriscadillo, deseoso
de llevar algo de los nuestros. Salió nuestra cuadrilla y dió tras ellos, y
como todos no pudieron llegar a un tiempo, con los primeros que llega-

ron a darles alcance, pelearon valientemente, y como fueron llegando los demas, les fué forzoso rendirse y sujetarse; solo el chiquillo continuaba el defenderse, que para cojerle fué necesario maltratarle y aun herirle: al fin los apresaron a todos y los trajeron a la presencia del gobernador. Y estándolos examinando, dijo uno de los soldados que los habian traido, que ninguno de los seis les dió mas en que entender que aquel chiquillo, pues hasta haberlo mal herido no quiso rendir las armas ni dejarse llegar. Pues no está en esto tanto su valor, como en lo que dijo despues de cautivo en presencia de un ejército: estando como haciendo burla y mofa los mas soldados que se hallaron presentes, de ver al muchacho que estaba como colérico y enfadado mirándolos reir con grande ceño, le preguntaron que cómo habia peleado mas que los otros siendo un muchachuelo de burla y una figura ridícula; a cuyas razones con un denodado valor respondió las siguientes: yo no peleé de ninguna manera, defendíme no mas; porque si peleara, matara a alguno, y me pesa de no haberlo hecho. Causó esto mucha risa a los circunstantes, y al gobernador tanto gusto, que lo llevó para su paje y lo regaló desde entónces.

A otros he visto atravesados con una lanza el cuerpo y entrarse por ella halándose con sus propias manos hasta llegar a echar mano al que se la habia dado y echado del caballo abajo, con tal cólera y rabia, que a no haber llegado otros a socorrerlo, le quitara la vida con su misma espada, pues se la tenia ganada y en sus manos.

En la ocasion que me cautivaron (aunque la muchedumbre del enemigo era con exceso mayor que nuestra infantería), no dejaré de significar el valor y valentía con que nos embistieron indios de a pié a soldados infantes con arcabuces y mosquetes, que despedian balas que a lo largo mataban y herian, pues mas de media cuadra de nosotros vinieron acercándose al escuadron formado (aunque pequeño), a ratos dando saltos para arriba, y otras veces tendiéndose en el suelo, habiéndose ajustado a medir unas picas con las otras. Estando ya trabada la pelea, un soldado que a las espaldas y abrigo de la piquería estaba, despidió su arcabuz una violenta bala con que hirió a un indio en el brazo izquierdo, y hallándose lastimado, habiendo reconocido el ejecutor de su daño, embistió para él con mas furiosa cólera, y hasta que lo mató y quitó las vestiduras y las armas no se apartó de él, como hicieron los otros con los demas infantes, que no pudieron resistirles ochenta hombres que estaban a pié conmigo, la fuerza grande de ochocientos enemigos; con que muertos y cautivos quedamos todos los infantes.

Otras naturales propiedades, demas del valor referido, tienen, que son dignas de alabanza en ellos, como es la viveza del entendimiento, la agudeza en el pensar y fácilmente comprehender lo que oyen y lo que ven hacer, principalmente los muchachos y muchachas, pues queda reconocido así en los atrasados capítulos; cuán agradecidos se muestran a los beneficios y agasajos que reciben, como lo han mostrado algunos en sus acciones y lo confirma la del pariente de

Ancanamon Inavilo. Pues despues de rescatado y vuelto a su tierra tuvo tan buena correspondencia con mi padre Alvaro (que así le llamaban), como la que nos significó su deudo, pues llegó a posponer la salud y el bien de su patria por la conveniencia de su bien hechor, y por que tuviese felices aciertos, siendo como espía perdida entre los suyos (que es lo que acabamos de vituperar de su mal gobierno y de su poca conformidad, que es la que los ha de destruir y acabar, si Dios, nuestro Señor, no los conserva y guarda (como lo ha hecho hasta aquí) para castigo nuestro, en pena de nuestras culpas y maldades).

Gran fineza por cierto la de este indio jentil y de nacion bárbara, que enseña a muchos en estos tiempos adulterados a ser verdaderos correspondientes; porque es doblado delito y pecado con circunstancia [sic] ofender al bienhechor, como lo notó el ilustrísimo Villarroel; y en otra parte dijo, que si el siervo o criado ofendiese a su señor, no seria tan grande la culpa como despues de haberle dado libertad pecar contra él: así lo sintió San Crisósthomo, aconsejando que no caigamos en la culpa despues de conseguida la gracia. Bien se ajustó nuestro jentil a la leccion y doctrina de este santo, pues no tan solamente no volvió a ofender ni agraviar al que le dió libertad, sino es que se eximió totalmente de ponerse en ocasiones de dar muestra de ingrato y de desconocido, si entrase a nuestras tierras con sus compañeros a malocas, ni a hacer daño a los españoles, de quienes habia recibido bien y alcanzado el verse con vida, libre y en su patria. Verdaderamente que son acciones estas que demuestran jenerosidad de ánimo, pecho noble, ilustre sangre y un natural discursivo, rejido y encaminado de un entendimiento vivo y cultivado: con que no son tan bárbaros como los hacen, tan crueles como los pintan, ni tan mal inclinados como juzgan los que no han experimentado sus tratos ni los particulares modos de vivir de algunos (que claro está que adondequiera se diferencia la plebe y el comun de lo particular de la nobleza); que nuestra doctrina y enseñanza ha sido la que les ha dado mucho que pensar y en que entender, por haber sido las obras mui diferentes de lo que prometieron las palabras. Y porque en adelante se irán estas verdades aclarando, proseguiré con mi historia, que ella es la que nos ha de dar suficiente materia para acreditar las de este libro.

Despues de haber brindado a todos los caciques y hombres principales, Ancanamon con los suyos cojió la delantera y dió principio a nuestra marcha, a quien atropados y en un cuerpo fuimos siguiendo sus pasos, hasta llegar al sitio en que habíamos de asistir, inmediato al palenque y andamio de el baile. Allí nos asentamos en unos tapetes o esteras los que éramos de nuestra parcialidad, adonde trajieron luego una oveja de la tierra, que seria a modo de camello, para nuestro viejo Llancareu, como toque principal de su concurso, y a su hijo Maulican, un carnero, y a los demas caciques de la misma suerte, aunque particularizaron con una ternera mas a Maulican mi amo, por haber sido a quien envió a convidar con su español para su festejo; para el comun y chusma que llevamos, pusieron de antemano veinte menques de chicha, de mas de arroba cada uno, que ya queda en otra parte significado de la manera que son.

Dispusieron las mujeres hacer fuego, y los muchachones el desollar la carne para que comiesen, despues de haber los caciques degollado cada uno el que le dieron, conforme lo acostumbrado entre ellos; solo la oveja de la tierra quedó en pié, que la reservó el viejo Llancareu (a quien fué presentada) para llevarla a su tierra, porque son entre ellos de grande estimacion, y los que las tienen son hombres de cuenta y poderosos.

Demas de este convite que el gobernador Ancanamon nos hizo luego que llegamos, otros caciques de su parcialidad y compañeros le fueron imitando en los presentes, aunque no con la abundancia y ostentacion que manifestó el gobernador, con que hubo suficientemente que comer, que beber, y que llevar en pié algun ganado a nuestra habitacion; porque demas de estos regalos por mayor, se allegaron otros moderados de unos que nos llevaban el carnero, la ternera y el cordero, cántaros de chicha, platos de carne guisada, mariscos y otras viandas de pescados diferentes: con que en este recibimiento pasamos aquel dia entretenidos, y se dió principio a la borrachera al ausentarse el sol de nuestra vista. Juntáronse todos los caciques que se hallaron presentes de diferentes regües y parcialidades, con Ancanamon y los de la suya, que arrimándose al palenque, adonde bailando y cantando estaban los mocetones con la plebe y con el comun concurso, callaron los cantores y suspendieron los danzantes el ruido, y en silencio quedó la muchedumbre.

Tomó Ancanamon la mano, como dueño del convite, y estuvo grande rato razonando, a modo de un sermon entre nosotros, que atentos le miraban los oyentes; porque de verdad el indio era arrogante, discreto y desenfadado. Acabada su oracion y discurso, entonaron los músicos sus romances, dando principio con uno en alabanza de el gobernador, que ayudaron los caciques a cantar y a dar dos vueltas en el baile con las mozas y galanes; y dejando entablada ya la fiesta, se retiraron los caciques principales a sus ramadas y ranchos, porque la noche helada y fria a solicitar abrigos y reparos obligaba: quedáronse en el sitio la plebe y el comun, con gran ruido de voces, tamboriles, flautas y otros instrumentos, comiendo, bebiendo, cantando y bailando sin cesar toda la noche.

CAPITULO X.

En que se trata de la suerte que nos recojimos a los ranchos aquella noche, y como
fué el gobernador Ancanamon a donde estábamos, y me llevó a su alojamiento y casa, y de la conversacion larga que tuvimos, y del agasajo que me hizo.

Despues de haberse recojido los caciques a sus ranchos y ramadas,
convidó uno de ellos a Maulican mi amo, a que fuese a su choza a gozar
de el abrigo que ofrecia, que estaba como una cuadra del bullicio, que
como era la fuerza del hibierno, apretaba con exceso el frio y el tiempo
nos prometia mudanzas; aceptó el ofrecimiento con Llancareu su padre,
y con ellos fuimos la familia solamente, porque nuestros compañeros y
comarcanos quedaron en el baile entretenidos con el demas concurso,
que seria de mas de cuatro mil almas. Entramos en la casa del cacique,
que era mui cercano pariente de Ancanamon, y tenian los ranchos tan
vecinos y tan unos, que no se diferenciaban mas que en las puertas. Y
aunque el de nuestro huésped era moderado, nos acomodamos todos
arrumbados unos sobre otros, porque como los mas se hallaban privados de sus sentidos, no hicieron mas que tenderse en aquellos rincones y
quedarse dormidos. A este tiempo llegó el gobernador Ancanamon (que
su casa estaba tan cercana, que lo que se hablaba en una se escuchaba en
la otra fácilmente), hallándonos asentados al amor del fuego a mí y
Llancareu el viejo padre de mi amo, bebiendo un cántaro de chicha que
el dueño nos habia puesto delante para que nos fuésemos a dormir con
los demas nuestros compañeros, que como llegaron mas cargados de la
cabeza que el buen viejo, se quedaron dormidos en la parte adonde se
asentaron; con que nos halló solos, y a mis dos compañeros y amigos
nietos del viejo Llancareu, en cuya compañía y de otros del rancho estábamos dando fin al cántaro de chicha de manzanas, fuerte como vino.
Asentóse Ancanamon a mi lado, y brindándole con un *malgue* de chicha, que es una vasija de madera de buen porte, o como la quieren hacer, con su asa de que se coje mas ancha de arriba que de abajo, admitió
mi bríndis con agrado, y despues de haber bebido, brindó a mi viejo
Llancareu, que ya estaba tambien de buena manera, y díjole: déjame
llevar a mi casa a este capitan, para que vaya a cenar conmigo. Vaya en
hora buena, respondió el viejo, que solamente a tí pudiéramos fiar nuestro español. Levantóse Ancanamon y llevóme a su rancho, adonde tenia
tres fogones por ser capaz y anchuroso: en el uno estaban bebiendo algunos caciques, mujeres y niños; en el otro, la familia de Ancanamon
con muchas ollas de guisados diferentes, y asadores de carne, gallinas,
perdices y corderos; en el otro solamente asistia una mestiza, hija de
Ancanamon, y una de sus mujeres mocetonas, que debia de ser la mas
estimada. A este fogon me llevó, y en una estera o tapete que ellos usan,
nos asentamos al fuego, y mandó que nos trajesen de cenar. Al instante
pasaron del otro fogon al nuestro los asadores y las ollas, y nos pusieron
unos platos limpios por delante y el asador de perdices, del cual sacó

una el huésped y me la puso en el plato, y pidió luego el de cordero y cortó por cima lo mas bien asado y reforzó con él la porcion primera, y con unas tortillas sazonadas, platos de pepitoria para que la perdiz y la carne con aquella jalea se comiese, y otros guisados de aves y hervidos a su usanza con legumbres de papas y porotos, y por postre unos buñuelos de viento mui bien hechos. Cenamos con gusto y alegría, porque nos brindamos con extremadas chichas de frutilla, que para mí era el mayor regalo que se me podia hacer. En medio de nuestra cena me preguntó por mi padre Alvaro, diciendo que no habian conocido persona de tanta opinion ni que fuese tan temido de ellos, y por otra parte, bien querido, porque habia muchos cautivos a quienes habia hecho mui buen pasaje, y solicitado sus rescates y puéstoles en libertad, en que mostraba su valor y jeneroso pecho : que los que son cobardes (dijo) son naturalmente crueles y sangrientos. Teneis razon, por cierto (le respondí), que eso lo tengo experimentado y reconocido despues que estoi entre vosotros preso, pues los mas valerosos y principales caciques, como vos, que sois conocido en toda la tierra así de los vuestros como de nosotros por gobernador de estas fronteras, valiente y esforzado capitan, me han defendido y amparado, perturbando intenciones depravadas que han solicitado por varios caminos quitarme la vida ; y decis mui bien que los que estan vestidos de una crueldad temeraria a sangre fria, no pueden ser valientes ni hombres nobles. Así lo notó el ilustrísimo Villarroel en la inhumana accion de Abimelech, que consumió y degolló hombres y mujeres, sin perdonar a los inocentes niños de teta, y mas adelante dijo, que es propiedad de pusiles [sic] ánimos ser crueles y voraces ; y hablando Marcial con tales hombres, despechado dijo así :

> Exclamare libet : crudelis, perfide, prædo,
> A nostra pueris parcere disce lupa.

> ¡Ah! pérfidos, atroces,
> Fementidos, crueles, inhumanos,
> Dejadme daros voces
> Y poner un ejemplo en vuestras manos,
> De una loba ferina
> Que a perdonar muchàchos os inclina.

Tocó Marcial aquí la fábula de Rómulo y Remo para industriar y dar dotrina a los atroces y crueles hombres, que revestidos de condicion inhumana, no saben hacer bien, ni pueden tener vida sosegada sin el daño ajeno. Proseguimos nuestra conversacion Ancanamon y yo, y me volvió a preguntar, qué es lo que decian de él entre nosotros, si tenia opinion de soldado y de valiente ; a que le respondí, que entre ellos no habia otra persona que sobresaliese, ni otro nombre que en nuestra tierra fuese mas conocido que el suyo, pues hasta los niños y mujeres tenian en la memoria el de Ancanamon. Con esta relacion que le hice tuvo mucho placer y gusto, porque no hai ninguno que le pese ser alabado y aplaudido. Entónces me significó con grande amor como siempre habia sido mui afecto a los españoles y a su traje, y que a mas no poder defendia sus tierras y seguia a los demas, y tambien porque en una ocasion tuvieron mui mal trato con él y le llevaron sus mujeres a Paicaví debajo de conveniencias de paz, y no se las quisieron volver. Es verdad (le dije) que he oido tratar de esa materia, en que te culpan algunos por la muerte de los padres de la Compañía, y otros abonan tu causa por haberte quitado tus mujeres, y cada uno habla conforme su' intencion buena o no tal; y me holgara ciertamente saber el fundamento de la muerte de esos relijiosos, que dicen que fuísteis tú el principal instrumento de su fin último. Pues si tienes gusto que la historia te cuente (dijo Ancanamon), te referiré lo que me pasó con un *patero* (que así llaman a los relijiosos) que decian era gobernador, y que traia del Rei muchos negocios de importancia para nuestra quietud y sosiego. De mucha estimacion y gusto será para mí (respondí a sus razones) que me refieras el caso como subcedió en aquel tiempo, por tener certidumbre de lo que informes varios han puesto dudoso.

CAPITULO XI.

En que se refieren los fundamentos y causas que tuvo el cacique Ancanamon para quitar la vida a los padres de la Compañía de Jesus, y de como su accion no fué en odio de la fee.

Habrás de saber (capitan), dijo el jentil valeroso, que ese patero o padre tenido por gobernador nos envió a decir, que venia enviado del Rei solo a pacificar y poner en sosiego nuestra tierra,-y a que nos estuviésemos en ella quietos y sosegados, sin hacer guerra a los españoles ni ellos a nosotros; en cuya conformidad permitimos que viniese un español lenguaraz con mensaje como embajador a mi distrito, por ser el fronterizo mas cercano, para conforme lo que nos proponia en nombre del Rei y por la voz del padre, poner en ejecucion el asentarlo. Vino con nuestro permiso un alférez que se llamaba Melendez con otro compañero, grande intérprete y ladino en nuestra lengua, a quienes recibí en mi casa con todo amor y agasajo. Regalándole con lo que tenia y sirviéndole mi persona, llamé a mis amigos y a los caciques de mi parcialidad, y consultamos lo que debíamos hacer sobre la embajada que nos trajo el embajador del padre Luis de Valdivia (que así se llamaba este gobernador padre), y resolvimos que yo saliese, con otro cacique acompañado, a significar a las demas parcialidades de la costa hasta la Imperial las conveniencias y utilidades que reconocíamos en el trato de paces que nos proponia el padre, habiendo de estarnos quietos y pacíficos en nuestras tierras, sin que los españoles nos hubiesen de hacer daño ni entrar a nuestra jurisdicion, como nosotros pasar a la suya: abrazamos mui bien todos los de nuestra parcialidad este convenio; con que dispuse mi viaje a los seis u ocho dias despues de la llegada del alférez, y al tiempo de mi partida, se allegó á mí una de mis mujeres y me dijo en secreto, que el embajador se habia revuelto con la mujer española que [*sic*] tuve buena voluntad, y en quien tenia una hija : no dejó de darme algun cuidado y aun pesadumbre, que con disimulacion no la dí a entender a la que me vino con el aviso, ántes la dije que callase la boca y no fuese bachillera ni divulgase tal cosa, porque me enfadaria con ella grandemente, y que no se maravillase de que mirase con buenos ojos la española a los de su nacion y propia tierra, que lo propio haria ella si se viese entre los españoles y hallase ocasion de comunicar a los suyos ; con que la despedí sin hacer demostracion de lo que tenia en el alma. Quedéme por aquel dia con esta sospecha y con alguna mala intencion de matar aquel español y vengar mi agravio, por no darle lugar a poner en ejecucion lo que no pensé en mi casa.—Es cierto, le dije, que el que comete un delito fácilmente emprende otro, como lo sintió el ilustrísimo Villarroel.—Volví en mí y entré conmigo encuenta, y consideré que si quitaba la vida a aquel español, habian de colejir no bien de mi accion, y aunque se enterasen de mi razon y de la causa (que era justa), no habian de juzgar los españoles ser así, porque ya nos tienen por sospechosos y traidores, y sin duda dijeran que por no admitir las treguas o paces que nos ofrecian, habíamos dado muerte al mensajero : disimulé como pude mi pesar y suspendí mi apasionada intencion, y juzgué que, llevado de mi agrado y cortesía, parara en aquello solamente su perversa inclinacion y su mala correspondencia, y hallé que fué peor mi disimulo, porque el que es de natural maligno y no de esclarecida sangre, es ingrato y desconocido. Teneis razon por cierto (le dije al cacique) que el que es noble y de prosapia ilustre, es cuanto a lo primero temeroso de Dios, atento en sus acciones y reconocido al bien que se le hace, como se experimentó en Joseph, que permitió ántes padecer en una cárcel calumniado de la mujer de su amo, que ofenderle, por estar obligado a sus favores y agasajos ; y los que no tienen este conocimiento son dignos de vituperio y de admiracion. Así lo dijo el ilustrísimo Villarroel, sobre la ingratitud del pueblo israelítico que el Exodo insinúa, cuando pidieron dioses que los gobernase : pueblo desconocido (dice), pueblo ingrato y mal atento, ¿quién os sacó del cautiverio de Ejipto? quién os libró de la opresion que padeciais? quién os dividió las aguas del rubio mar para que pasaseis a pié enjuto y vieseis anegar en él a vuestros enemigos? y experimentado estos portentos, recibido tantos favores, y comunicado tantos beneficios, ¿no haceis memoria de ellos y pedis otros dioses sin empacho? Qué bien lo dijo San Crisóstomo! y mas adelante sojuzgando y reprendiendo su poca fee, dijo las siguientes razones : aun estás recibiendo y experimentando grandezas y obras sin medida para contigo, pueblo desconsiderado, y te olvidas de tu bienhechor. Al suplicio camina a rienda suelta el que al paso que recibe, no corresponde ni sabe contribuir : el dar es voluntario (dijo San Ambrosio), el satisfacer forzoso. Mal acudió nuestro embajador a esta obligacion y forzosa correspondencia : encartado entre los de Jerusalem estaba cuando, por Jeremías, se queja nuestro Dios de los ingratos y

17

desconocidos, porque no supieron corresponder a los beneficios de su
bendita mano. Proseguid con vuestra historia, dije a mi amigo Ancanamon, que me tiene admirado y suspenso la disolucion tan grande de ese
hombre. ¿Pues de eso os maravillais (capitan)? dijo el discreto y valeroso
jentil; no fué lo mas insolente, ni lo que a mí me causó mayor disgusto
lo pasado, porque la española ya yo determinaba que se fuese a su tierra
en asentando nuestro trato, que con todo corazon admitimos, y salí a
que se efetuase con los demas caciques y parcialidad de la Imperial y
costa.

Escuchad mas adelante, y veréis lo que hizo este hombre en mi casa.
Salí otro dia con otro cacique mi compañero y mis criados, y dejé al español en ella (con ir advertido de su mal trato), con órden de que lo
regalasen con lo que tenia, y a un hermano mio que le asistiese y acudiese a suplir mi falta, como lo hizo festejándole con mucha chicha, gallinas, perdices, corderos y terneras; y en el tiempo que falté por estar haciendo la causa de los españoles y reduciendo a mi voluntad a los
demas caciques de toda mi *regüe* y parcialidad, el español mensajero
estaba en mi casa haciéndome traicion y disponiendo dejarla robada
(como lo hizo); no habiéndose contentado con revolverse con la española, me inquietó dos mujeres muchachas que las queria bien, y tres o
cuatro dias ántes que yo llegase, previno sus caballos, y una noche subió
en ellos y me llevó la española y mis dos mujeres al fuerte de Paicavi.
Cuando llegué, habiéndome avisado del destrozo que habia hecho aquel
mal hombre en mi familia, ¿qué sentiria mi alma, y qué aflicciones
tendria mi corazon? lloré como una criatura la falta de mis mujeres, y
en este tiempo llegaron mis suegros padres de las muchachas y me pusieron de suerte que no faltó sino es matarme, diciéndome, que era traza
mia el haber enviado mis mujeres por delante, para irme yo tras ellas
a vivir con los españoles: yo me ví en notable aprieto y tan lastimado,
que fué menester valerme de mi prudencia, de mi valor y esfuerzo para
no hacer una locura y desesperada accion. Traté de ponerme en camino
para ir en demanda de mis mujeres al fuerte de Paicaví, juzgando que
los españoles, luego que yo llegase, me volverian mis mujeres y castigarian al que hizo conmigo semejante maldad; rogué a mis suegros que
me asistiesen y acompañasen, que por mis razones echarian de ver y
conocerian mi inocencia y cuán ajeno estaba de lo que me habian acomulado. Aceptaron luego el envite y vinieron en ir conmigo por el deseo
que tenian de ver a sus hijas.

Salimos otro dia por la mañana hasta veinte indios amigos y los caciques mis suegros, y llegamos al fuerte de Paicaví a significar el agravio que aquel español me habia hecho, diciéndoles, que cómo permitian
tan gran desafuero a quien iba a tratar medios de paces y conveniencias
públicas con personas no iguales en capacidad, entendimiento y discurso, y lo mas sin cabeza; que si habia algunos que supiesen distinguir lo
bueno de lo malo y considerar que tambien hai malos españoles como
buenos, y que los que no son ajustados a la razon, tienen gobernador y

cabeza superior que los castiga, como yo y otros lo entendemos así, los mas y el comun juzgarian haber sido trato doble, fraguado entre todos ellos, cuando no tuvo en mi opinion otro principio que la malicia de un particular extraño; y que así estimaria grandemente que no frustrasen mis esperanzas, ni diesen lugar a que los caciques mis compañeros y suegros, padres de las dos chinas que me habian robado (que presentes estaban), juzgasen en contra de lo que les tenia informado y asegurado, de que volverian mis mujeres y castigarian severamente a quien tan inhumano, cruel y mal correspondiente habia procedido en mi casa, y no ajustádose a la obligacion de fiel y legal nuncio; que la española podia quedarse, pues se hallaba ya en su tierra y entre los suyos; que las dos hijas de aquellos caciques que se hallaban presentes, y mis mujeres, pedia solamente para consuelo mio y alivio de sus padres. Estas y otras razones, salidas del corazon, con todo sentimiento y pena les dije, sin que en ellos causasen efecto alguno, pues me respondieron desabridamente, que las chinas no querian volver a nuestro poder porque eran ya cristianas. Pues ¿por qué las cristianasteis con tanta brevedad (les volví a decir), sabiendo de la suerte que ese mal hombre las habia traido, sin aguardar el fin de mi viaje, que claro está que sabriais que estaba fuera de mi casa en ejecucion y cumplimiento de vuestra embajada? ¡Nunca yo la hubiera admitido, pues estoi experimentando vuestras traiciones y doblados tratos! y con negarme ahora mis mujeres nos habeis dado a entender que todos sois unos y solo tratais de destruirnos y acabarnos. Y luego decis que nosotros somos los traidores y los que vivimos con doblados pechos. Finalmente, nos volvimos desconsolados y tristes, mis suegros sin sus hijas y yo sin mis mujeres, rabioso de haber admitido aquel español en mi casa, y deseoso de hallar ocasion de vengarme de aquel patero *apo* (que es lo propio que padre gobernador), que nos envió a engañar y hacer burlas y chanza de nosotros. En este tiempo, acabado de llegar a mi casa, tuve noticia cierta de que habian llegado al valle de Ilicura dos pateros o padres de la Compañía de Jesus, enviados del propio padre que nos engañó, y porque mis suegros entendiesen cuán lastimado volvia, por asegurarme de ellos y por tener en alguna parte venganza de tamaña ofensa, convoqué hasta ducientos indios amigos y comarcanos, y fuí a donde ellos estaban, y los hice matar rabiosamente. Mirad ahora si tuve sobrada razon o no, despues de recibidos los agravios que os he referido.

CAPITULO XII.

En que se ponderan las razones del cacique y se sacan algunos morales.

Atónito y suspenso me quedé por cierto, habiendo escuchado la relacion de este cacique, que nunca juzgué fuese tan verdadera, hasta que despues de conseguida mi libertad, me informé del caso de algunas personas antiguas y de crédito, y hallé ser a la letra de lo sucedido y de lo que el cacique me habia contado ; y aun mas me añidieron, que fué el modo con que engañó a las dos chinillas, que luego que Ancanamon salió de su casa, trató el Melendez de llevarse a Paicaví la española, y aficionado de las dos chinas, le dijo a la mujer, que importaria mucho llevar aquellas dos chinas para que la sirviesen ; cuadróle a la mujer el pensamiento, porque son cudiciosas y amigas de tener en sus casas a quien echar la carga y quien las sirva, y preguntó el stilo que pudieran tener para ejecutarlo : díjole su pasion el cauteloso hombre mezclada en la cudicia de la mujer liviana. Lo que habeis de hacer (le dice), es el reducirlas a mi gusto con dádivas, razones y agasajos, que aquí teneis chaquiras, peines y listones : hízolo así la mujer con gran cuidado, y como eran sus conocidas y desde niñas las habia criado, no fué dificultosa la conquista : redújolas a lo que Melendez deseaba, y despues de tenerlas ya debajo, trataron de su viaje con efecto. Llegó nueva dos o tres dias ántes que se retiraba Ancanamon, y dijeron a las chinas, que infaliblemente las habia de matar luego que llegase, porque ya traia malicias de su pecado y de la ofensa que le habian hecho, y que no habia mas remedio que ausentarse y seguir a la española, que se habia de ir la siguiente noche con él, porque todos corrian riesgo, les dijo el cauteloso mensajero. Con esto las chinuelas temerosas, acusadas del pecado que contra su marido habian cometido, vinieron fácilmente en el concierto, y la noche siguiente, ántes de llegar Ancanamon dos noches, salió el embajador con la mujer y las chinas y se puso otro dia en el fuerte de Paicaví. Este es el subceso a la letra, conforme a relaciones de españoles y capitanes antiguos, que por parecerme que la del cacique Ancanamon no estaba tan ajustada a la verdad, solicité con cuidado otros informes.

Suspendamos un rato la conversacion y plática de este valeroso jentil y ponderemos su justificada razon, que aunque dilatemos este capítulo algo mas de lo ordinario, los discretos lectores me darán licencia por ser al intento de este libro las digresiones que haga, y no la historia que suscinta escribo.

Algunos escritores de historia de este reino he leido, y examinado sus letras con cuidado, y los mas o todos se encaminan a culpar a estos naturales de traidores, de varios y insolentes ; y he reconocido en algunos que son llevados de la adulacion y mentira, deseosos de apoyar las acciones de los que gobiernan ; otros son movidos de su propio interes, que le tienen en alabar y engrandecer a quienes se lo pagan, y tambien a los que son deudos y parientes sin haber asistido en las fronteras de guerra cuatro dias ; y los mas historiadores se sujetan a la pasion comun que contra estos infieles manifiestan los ménos experimentados, y así sus escritos vienen a ser por informes antiguos, que no todas veces son ciertos, ni se ajustan al hecho de la verdad. Y aunque tengo por sin duda que han cometido grandes maldades y temerarias insolencias, solo estas insinúan y agravan, y no he visto que alguno haya examinado las causas y fundamentos que han tenido para haberlas de poner en ejecucion. Exajeran la muerte de los padres de la Compañía de Jesus, accion de un corazon lastimado y bárbaro, y dejan en blanco la traicion de los nuestros, habiendo de ser mas culpable y censurada por la obligacion de cristianos, de personas de mas discurso y sujecion a los que gobiernan y a nuestros superiores. Oidas las razones de este cacique, y averiguadas, ¿habrá alguno que le culpe? ¿A quién llegan a la mujer que no desespere? a quién hacen ofensa tan manifiesta que la disimule? ¿Pudieron hacerle mayor agravio, ni ponerle lance de mas vivo sentimiento que quitarle las mujeres? no por cierto: bien claro nos lo muestra el libro segundo de los Reyes. Envió Dios al profeta Natan a manifestar a David la culpa de su adulterio y homicidio. Y el castigo que le insinúa por él, es decirle que por el delito que ha cometido y pecado tan de mayor marca como el que ha ejecutado, le ha de dar la pena conforme su merecimiento, quitándole sus mujeres y entregándolas a otro para que duerma con ellas en la presencia de todos: así lo dice el texto. Con que se conoce que no hai mayor castigo ni que cause mas dolor, que quitarle a uno la mujer y entregársela a otro. Pues en otra ocasion amenazó Dios N. S. a los pecadores obstinados, por el profeta Amos, con este mismo castigo; en cuyo lugar dijo San Remijio estas palabras: gran tristeza causa y gran dolor al marido el ver a sus ojos manchado su honor y debajo de dominio ajeno a su mujer. ¿Qué sentiria Ancanamon verse sin sus mujeres y debajo del dominio de sus enemigos estragadas, que con capa de amistad hicieron con él semejante desafuero? Entre la mano cada uno en su pecho y medite el caso como es justo, y verá si es culpable la accion de este cacique, o nuestra mala correspondencia, de la cual se han orijinado las mas veces las variedades de estos indios y sus rebeliones, y tambien los castigos que habemos experimentado de la mano de Dios, como lo irá verificando esta verdadera historia.

No supe qué responder a razones tan ciertas y agravios tan conocidos como los que me refirió este cacique, mas que decirle que su indignacion habia sido justificada y su venganza debida correspondencia a la que con él habian tenido; que no lo podia negar (le dije), y que me habia alegrado infinito haberle oido el subceso, por haber; quedado con ciertas noticias de él. Muchas cosas pudiera referiros (me volvió a decir Ancanamon) de las que los españoles hicieron con nosotros en sus principios, pues por no haber podido nuestros antiguos antepasados tolerar las vejeciones y agravios que les hacian, los obligaron a cojer las armas y sacudir el yugo de su servidumbre; que tal vez al mas cobarde suele la desesperacion dar valor y esforzado atrevimiento. Decis mui bien (respondí al cacique), que esa verdad se ha experimentado en muchas ocasiones, y elegantemente nos lo dice así Vegecio con las siguientes palabras: al oprimido la mesma opresion le alienta y da valor y sobrado esfuerzo, y desesperado emprehende lo que desahogado y libre no intentara, porque el que tiene la muerte por sin duda, se arroja con denuedo a conseguirla breve.

En el tiempo que estuvimos cenando y en buena conversacion entretenidos, se armó un gran baile y jovial entretenimiento en el rancho de mis compañeros y de adonde yo salí para el de Ancanamon. Y como estaba tan vecino el uno del otro, se fueron a él todos los indios y muchachos y mui gran parte de las indias, a cuya causa me provocó el dueño a que siguiésemos a nuestros compañeros y fuésemos a bailar con ellos un rato ; y por darle gusto fuí en su compañía, bien forzado, porque mas se inclinaba mi deseo a buscar la quietud y mi descanso, que al bullicio y las voces de sus cantos roncos. Entróme en medio de los que estaban en rueda dando vueltas y bailando, y luego que nos divisaron, llegaron los unos y los otros a brindarnos con algunas bebidas fuertes y algo espesas, de que bebí mui poco y aun sin gusto, por haberle tenido con la cena y bebida del cacique, que parece advirtió en lo desganado que me hallaba, pues me dijo, que si tenia deseo de irme a descansar, que lo hiciese con mis compañeros ; pues me habian venido a buscar los dos muchachos nietecitos de nuestro viejo Llancareu y mis amigos : agradecíle el favor y regalo que en su casa me habia hecho, y mas el haberme dado licencia y permiso para ir a buscar el sosiego que solicitaba el cuerpo fatigado. Salí de aquel confuso laberinto, y adonde estaba con su familia Maulican mi amo, en un rincon me acomodé gustoso y dí infinitas gracias a nuestro Dios y Señor por los favores que cada dia experimentaba de su bendita mano, hallando entre mis enemigos tan corteses acciones y amorosos agasajos, como los que Ancanamon me habia comunicado y otros caciques principales, con que se fué haciendo mi prision dichosa, como feliz el cautiverio.

CAPITULO XIII.

De como el siguiente dia nos llevó Ancanamon al sitio en que el dia antecedente habíamos estado, y los demas compañeros habian asistido ; como se dió principio al hueyelpurun, que quiere decir baile deshonesto.

Todo el entretenimiento y deleitable festejo de estos naturales consiste (como queda referido) en comer, beber y estarse noches y dias dando voces, cantando y bailando al son de sus tamboriles y otros instrumentos que acostumbraban, y en medio de la embriaguez usan del torpe vicio de la deshonestidad, y tal vez acontece en semejantes fiestas y concursos las mujeres de los unos revolverse con otros, por estar tan privadas del juicio, que no entienden ni saben lo que hacen, y porque tambien estos dos vicios andan tan pareados, que adonde el uno asiste no falta el otro : así lo sintió un doctor grave, diciendo que eran hermanos y nacidos de un vientre ; mas yo dijera, por lo mas cercano, que la embriaguez era madre lijítima de la lujuria, pues de sus propios ardores nace la deshonestidad, y como dijo San Ambrosio, que por los ojos entraba el apetito liviano, mas en lo descarado de la embriaguez está la libre ejecucion de sus ardores.

Salimos por la mañana con el gobernador Ancanamon los que habíamos dormido en sus ranchos, y nos llevó al lugar que el dia antecedente habíamos tenido, con mucho acompañamiento; y los que ayudaban al festejo, nos llevaron de almorzar y que beber con abundancia para que los huéspedes se entretuviesen y alegrasen, porque la fiesta es comer, beber y bailar, cantando todo el dia y toda la noche, como lo hicieron mas de cuatro mil almas que se quedaron en los andamios y bancos con los cantores, y en sus sitios y lugares otros. Llevaron a Ancanamon todos los mas principales caciques al centro del concurso, donde chicos y grandes, mujeres y hombres estaban bailando en rueda, y cojiéndole en medio, le recibieron con el romance que el dia antecedente cantaron en su alabanza; despues de esto salieron diez o doce mocetones desnudos y en carnes, tiznados con carbon y barro hasta los rostros. Ya dije ántes de esto, que en medio del palenque estaba hincado o clavado un árbol de canelo mui crecido, y porque no blandease o se hiciese pedazos al tiempo que mas necesario fuese, por ser madera vidriosa y delicada, le tenian liado a otros dos árboles gruesos y fornidos, de adonde pendian unas maromas gruesas, que sus extremos llegaban a fijarse en otros postes firmes y robustos que de estribos servian a los bancos del baile y al palenque. Estos danzantes redículos traian ceñidas a la cintura unas tripas de caballo bien llenas de lana, y mas de tres o cuatro varas a modo de cola, colgando, tendidas por el suelo; entraban y salian por una y otra parte bailando al son de los tamboriles, dando coladas a las indias, chinas y muchachos, que se andaban tras ellos haciéndoles burlas y riyéndose de su desnudez y desvergüenza. Despues de haber andado de la suerte referida por entre todo el concurso de hombres y mujeres, subieron por las maromas que a modo de jarcias estaban puestas, por las cuales subian a lo alto y volvian a bajar, y otras veces se paraban sobre los estribos de los andamios, de los cuales pendian las puntas de las maromas, y se ataban en las partes vergonzosas un hilo de lana de un dedo de grueso, de adonde les tiraban las mujeres y muchachos, bailando los unos y los otros al son de sus instrumentos. Y esta es la fiesta mas solemne que entre estos bárbaros se acostumbra, imitando a la antigüedad, que usaba en sus convites bárbaros, para la solemnidad de sus banquetes, hacer otro tanto emborrachando algunos y poniéndolos en cueros para que sirviesen de risa y entretenimiento; y este deshonesto abuso fué entre los babilonios mas frecuente, como lo refiere un autor grave. Por lo cual dijo el profeta Abacuc: ¡desdichados aquellos que tienen tal gusto! y ¡ai de ellos, exclama, porque dan en la bebida su hiel a los amigos, para embriagarlos y gustar de mirar sus desnudeces! En estos entretenimientos se ocuparon aquel dia, y sobre tarde se fueron dividiendo las parcialidades, porque fué tan grande el temporal de agua y viento que empezó a atribularnos, que obligó a que los mas desamparasen sus sitios y se recojiesen a los ranchos los principales, si bien quedaron mas de mil almas cantando y bailando, comiendo y bebiendo a la inclemencia del cielo, teniendo por gusto su propia incomodidad.

Volvimos segunda vez Llancareu, Maulican y su familia a los ranchos de Ancanamon, adonde al derredor de los fogones se armaron diferentes bailes y convites, que duraron hasta otro dia. Segunda vez me llamó a su rancho Ancanamon, y fué tanto el amor que me cobró, que lo manifestó con obras y agasajos, pues demas de ellos me ofreció una nieta, que lo era tambien de la española que le llevó con las demas el fraudulento embajador; propúsome y dióme a entender con benévolo semblante la voluntad que me tenia, y el gusto que recibiria que yo le tuviese de quedarme en su casa; que por mí daria a mi amo las pagas que quisiese, y me casaria con su nieta. Agradecíle su oferta con extremo, y respondíle mui a su satisfaccion: lo primero, le signifiqué el amor que me tenia Maulican mi amo, los disgustos y pesadumbres que por mi causa habia tenido, los empeños en que se habia puesto por defenderme, y que sin su gusto y beneplácito no parecia bien tratar de mis comodidades, que por tales juzgaba las que me ofrecia. Lo segundo que se me ponia adelante, era el que con brevedad aguardaba resolucion de mi rescate, porque los caciques de la costa me habian remitido cartas de mi gobernador, y enviado repuesta mia, con que tenia por sin duda que se efetuarian los tratos principiados por aquella parte. Es verdad, dijo Ancanamon, que con mi permiso pasaron esas cartas y han vuelto las vuestras, y esperamos rescatar nuestros caciques presos por vuestra persona; pero si en el entretanto quisiereis habitar conmigo, estaréis mas cerca y será con gusto de Maulican vuestro amo, que aquí le daré las pagas que quisiere. No quisiera (le respondí) que entendiese que yo solicitaba el dejar su compañía y faltar de su obediencia, que aunque estoi conociendo que vuestra asistencia fuera para mí de grande conveniencia y para mis mayores medras, así por estar amparado de vuestra casa, como por librarme de los riesgos de la vida en que por allá me veo, porque han principiado a perseguirme los caciques de la cordillera y algunos de nuestros vecinos y comarcanos; con todo eso, quiero mas asistirle y no faltar a su gusto, que no que se persuada a que falto a la obligacion de agradecido y verdadero correspondiente; que si yo estuviese cierto haber de ser dilatada mi asistencia entre vosotros, sin que hubiese persona alguna que se acordase de mí para rescatarme, ¿qué mejor suerte podia tener, que la que me ofrecia vuestra gracia y benevolencia? Mas tened por cierto que si este verano no se efetúa lo tratado, y mis esperanzas se malogran, que he de solicitar con efecto el venir a serviros. Mucho gusto me han dado vuestras razones (me respondió Ancanamon), que por todos caminos manifestais lo ilustre de vuestra sangre y la nobleza de vuestro pecho, que sabeis agradecer la voluntad de Maulican y sus agasajos. Con todo eso, le daré una puntada y le rogaré que os deje conmigo, porque estaréis mas seguro y apartado de vuestros contrarios, y yo estimaré teneros en mi compañía. Yo fuera el dichoso en asistiros (le dije al cacique), y si Maulican tuviere gusto de dejarme, le tendré yo colmado de serviros. Estando en estas demandas y respuestas, se allegaron a nuestro fogon a brindarnos dos mocetonas solteras conocidas de Ancanamon, y como estaban alegres con la continuacion de las bebidas, con facilidad mostraron lo liviano y jocoso de sus naturales, que es propiedad del demasiado beber al mas atento y a la mas recatada mujer quitarle el velo de su honestidad y compostura. San Gerónimo dijo, que el beber vino la mujer, era sacrilejio, y San Juan Chrisóstomo nos manifiesta no haber cosa mas torpe ni mas fea que la mujer bebida, porque cuanto mas flaco y débil es el vaso, tanto mayor es la tormenta y el naufrajio. Abrióles la puerta el cacique Ancanamon (que tambien tenia los spíritus calientes y alborotados los sentidos, aunque no privado totalmente del juicio) con algunas palabras amorosas y de chocarrería, y echando los brazos sobre los hombros de la una, dijo a la compañera que comunicase conmigo y se me arrimase. Pues sí me allegaré a él, respondió la moza, porque es para querer y de mi gusto. Luego que oí semejantes razones, como avergonzado miré al Ancanamon y me arrimé mas a su lado, quien me dijo: bien puedes (capitan) dar gusto a esa *malguen* (que quiere decir moza), que yo te haré espaldas. Esto era cerrada la noche, y aunque habia luces en el rancho, algunos rincones estaban obscuros y tenebrosos, adonde se apartaban a comunicarse a solas los conocidos; demas de que en aquellas ocasiones ninguno atiende mas que a beber, a bailar y cantar, y tambien a encontrarse cada uno con la mujer que puede o desea. Yo juzgué que lo hacia el cacique por tentarme y por reconocer la inclinacion que tenia al sensual apetito, a quien respondí advertido, que estimaba con extremo la amorosa accion de la dama, pero que perdonase mi cortedad y el no poderla servir en correspondencia torpe y deshonesta; que acetaba el bríndis que me hacia, y que a la voluntad que me mostraba, quedaba bastantemente agradecido; que los cristianos y cautivos no podíamos ofender a Dios N. S. tan a las claras, y mas con mujeres infieles y ajenas de nuestra profesion, porque era pecado doble y de mayor marca. Si lo haces de vergüenza o de temor (me replicó el cacique), bien puedes no recelarte, porque esa moza no tiene marido que la mire y es dueña de su voluntad, sin que haya persona que se la impida ni coarte: quédate con ella, que yo me voi a despachar a esta otra su camarada y luego vuelvo. Acercóse la mocetona a mí y significóme mas despacio lo que el cacique me habia dicho, que no tenia marido ni quien sus acciones perturbase; y acordéme en esta ocasion de lo que la otra lasciva mujer representó a un mancebo que solicitó a su torpe correspondencia, que para mas obligarle, quizá por no haber hallado en él la facilidad que su amoroso gusto deseaba, le dijo que no habia cosa que pudiese darle cuidado, ni perturbar sus intentos: lo propio me sucedió con esta moza, y por no dejarla corrida, la dije que estimaba su voluntad y amor, que yo la solicitaria al descuido cuando no nos viese ni pudiese notarnos persona alguna; ni tampoco tenia gusto de que el cacique Ancanamon supiese mi liviandad ni conociese mi flaqueza, y que así se fuese en buena hora, que despues en la bulla del baile la solicitaria con cuidado. Bebí la chicha con que me brindó, y volvíle la vasija rogándola que se fuese luego, porque vendria ya el cacique, que

18

aunque me mostraba buena voluntad, no queria darle a entender mi pecado.

Con esto la eché de mí y quedé sosegado en compañía de mis dos camaradas los muchachos, que habian acabado de llegar en mi demanda para llevarme a donde su abuelo Llancareu estaba.

He significado este amoroso subceso para ponderar con agradecimiento los favores y mercedes que la Divina Majestad fué servida de hacerme en medio de mis trabajos y aflicciones, siendo querido y estimado de los mas principales y valerosos caciques; y tambien, para dar a entender el natural afecto que muestran a los españoles los que tienen y han tenido ménos comunicacion ni trato con nosotros, pues se ha reconocido ser mucho peores y mayores enemigos los domésticos criados con experiencia de nuestros malos modos de vivir, que en su lugar se tratará mas latamente este punto. Y porque, como dijo Ovidio, que es conveniente y permitido en las historias trájicas entreverar algunos amorosos subcesos, se me podrán permitir los que tocare y fueren convenientes a la historia.

Omne genus scripti gravitate tragædia vincit :
Hæc quoque materiam semper amoris habet.

Del gran poeta es opinion
que las trájicas memorias
son las mas graves historias
que muestra la descripcion,
y que entre su narracion
siempre se mezclan amores,
que un jardin con várias flores
es a la vista agradable;
y así será mas loable
lo vario en los escritores.

Llegó Ancanamon, estando con mis compañeros asentado al fuego gozando de sus apacibles llamas, que el tiempo helado y frio obligaba a solicitar sus cálidos efectos, y la otra moza con él, preguntando por su compañera, a quien respondí que luego se habia mudado a otro fogon. Pues ¿para qué la dejasteis (me dijo el cacique)? no debió de hallar buena correspondencia en vos, y se iria corrida. No fué (le respondí) sino es con mucho gusto, porque ella me pareció burlona y desenfadada, y no hai que hacer aprecio de sus palabras, que con todos debe de hacer lo propio. Y aunque no fuesen finjidas sus razones, ya te he significado, amigo Ancanamon, que no podemos los cristianos cometer semejante delito ni pecado tan grande. Pues ¿cómo otros españoles (replicó el cacique) no reparan en esas cosas? que ha habido muchos entre nosotros mui demasiados en eso y aun libres en solicitar mujeres ajenas, que las que son sueltas y del trato no hai quien las pida cuenta. Esos serian (le respondí yo) hombres sin obligaciones, pues no temian a Dios, ni se avergonzaban de las jentes. Decis mui bien, capitan, me dijo el cacique,

y ahora os estimo y quiero mas, porque sois atento y mirado en vuestras
acciones.—Luego, si yo me hubiese sujetado a vuestro parecer y a lo que
me facilitabais, ¿diferente concepto hubierais hecho de mí, amigo Ancanamon? Claro está (me respondió el cacique) que no os tuviera por tan
cuerdo, que en vuestros tiernos años es mui de notar vuestra prudencia.
Pero en tales ocasiones como esta de bailes y entretenimientos, ántes se
tiene por cortes y agradable al que se acomoda al tiempo y hace lo que
ve hacer a los demas. Eso se entenderá (le dije) con los que son dueños
de su libertad, y no con los que somos cautivos y estamos sujetos a
a vuestras voluntades y a obediencia rendidos. Vos no os podeis tener
por cautivo, capitan, dijo Ancanamon, pues vuestro amo os tiene como
a hijo, y yo de la propia suerte os estimo y amo, porque mi corazon se
inclina naturalmente a quereros bien, y así no os podeis contar con los
cautivos, sino es que sois libre y dueño de vuestra voluntad. Decis mui
bien, por cierto (respondí al cacique), que a no conocer yo mi dicha y
buena fortuna en la estimacion que haceis de mi persona, fuera mui falto
de entendimiento, que, segun Ciceron, solo el que le tiene se puede
llamar libre; y dice bien, que el sabio y el entendido vive libremente.
Pues ¿quién goza de libertad en esta vida? El mesmo Ciceron lo dice,
y pregunta qué es libertad. Y responde : el vivir cada uno como quiere.
Pues ¿quién vive como quiere, sino es el que obra bien y hace lo que
es justo sin apartarse de la razon y de lo recto? y a esto se ajusta el
que tiene capacidad y entendimiento.

Estando Ancanamon y yo en nuestra conversacion divertidos, se
levantaron de sus asientos los dos muchachos mis compañeros para irse
retirando a donde su abuelo Llancareu y los demas de nuestra parcialidad estaban bebiendo y holgándose, con cuya determinacion pedí licencia al cacique para seguirlos y ir a dar una vista a mi amo, que me la dió
luego de buena gana, diciendo que volviese despues a visitarle y no le
olvidase. Fuíme en compañía de mis camaradas a donde estaban nuestros
parciales y comarcanos, que fatigados ya de comer, beber y bailar, los
mas se habian echado a dormir, por cuya causa rogué a los muchachos
mis amigos que hiciéramos lo propio, porque me hallaba con buena
disposicion de sosegar los sentidos y aliviar los cuerpos de fatigas, con
que sin repugnancia alguna vinieron en lo que les pedí, porque tambien
lo deseaban ellos; y al rumor y ruido de las voces de los danzarines y
del agua que caia con precipitado viento, nos quedamos suspensos y
dormidos.

CAPITULO XIV.

En que se trata de la despedida de Ancanamon y mis compañeros, de los agasajos
que me hizo a la partida, de la inclinacion natural que muestran los mas a los españoles y a nuestra santa fee.

Amaneció con bien despues de la tormenta, mas humano el tiempo
y apacible el dia, con que se determinaron Llancareu y su hijo Maulican

a volverse conmigo a su habitacion y morada. Y habiendo traido los caballos para el efecto (por haber pasado ya la borrasca y temporal grande que el dia antecedente nos cojió en la fiesta), fuimos a despedirnos del gobernador y toque principal Ancanamon, que en su casa estaba bebiendo con una tropa de caciques, adonde nos hizo asentar y poner por delante tres o cuatro cántaros de chicha, y nos dió de almorzar con mucho gusto y abundantemente; y por priesa que quisieron darse, eran mas de las dos de la tarde cuando se vinieron a despedir los unos de los otros, y aunque hizo algunos aprietos el cacique por que me dejase con él, no lo pudo alcanzar de mi amo por haberle antepuesto algunos inconvenientes. Despidiéronse amigablemente, y yo llegué inmediatamente a abrazarle, y él lo hizo con notable amor y pesar de que no me quedase en su compañía, advirtiéndome de que, si no me rescataba tan presto como se presumia, que me habia de volver a su casa aunque fuese contra el gusto de mi amo; y quitándose una camiseta de las mejores que tenia puestas, me la echó encima para que me sirviese de abrigo y me acordase de él. Y a mi amo le encargó mucho mi persona, significándole la estimacion que haria de que me defendiese de todos mis contrarios y de aquellos que solicitaban perturbar mi rescate y el de sus caciques presos entre nosotros; que si para el efecto y para la seguridad de mi vida fuese necesario oponerse con su autoridad y ayuda, que le avisase luego, supuesto que por su camino y parcialidad se habia dado principio a los tratos y rescates de sus compañeros, que tambien le tocaba a él defenderme y asegurarme. Agradecieron mis amos con extremo la oferta y resolucion de Ancanamon, y se consolaron mucho con llevarle de su parte y empeñado en mi defensa. Yo le volví a abrazar, agradeciéndole de nuevo las finezas que conmigo habia hecho, y salí de su presencia tan tierno y lastimado por dejarle, como agradecido por debérselo.

Salimos aquella tarde de las tierras del cacique nuestro bienhechor y amigo, y volvimos a hacer noche al valle y estero adonde el dia antecedente de la borrachera llegamos a hacer tiempo los de nuestra parcialidad Repocura, y allí nos volvimos a juntar para retirarnos; llevamos por delante dos ovejas de la tierra, dos vacas mansas, tres terneras y veinte ovejas de Castilla, y mucha carne cocida y cruda, que, como pobres, los de aquel nuestro distrito recojian en tales ocasiones lo que habian de comer en sus posadas. Alojamos en aquel valle y estero con sumo gusto en diferentes chozas y ranchuelos, que para el propósito hicimos con cuidado, porque nos amenazaba el tiempo con muestras de querer volver a continuar sus lluvias principiadas; hiciéronse fogones mui copiosos con varios asadores de carne a la redonda, de que cenamos en buena compañía, y nos brindamos con algunos licores que las mujeres habian traido en sus calabazos, y despues nos acomodamos el viejo Llancareu, sus dos nietos mis amigos y yo en una choza, y los demas fueron haciendo lo propio en las que tenian dispuestas, con sus hijos y familias. Al acostarnos en nuestro lecho, los muchachos mis camaradas me notaron el descuido que habia tenido aquellos dias en enseñarlos a rezar; a lo que les respondí, que yo no sabia si tendrian gusto de rezar o no, o se enfadarian si contínuamente les tratase de ello; y que miéntras ellos no lo pedian, ¿cómo habia de entender que gustaban de que los enseñase? Respondiéronme con alegría diciéndome: pues callad la boca, capitan, y veréis como os apuramos cada dia, porque no nos digais otra vez eso. Mucho gusto recibiré (les dije) siempre que me soliciteis para ese efecto: decid ahora, pues, la licion, y verémos lo que sabeis. Y recitaron mas de un tercio del Paternóster, que de dos o tres veces que se le habia repetido, tenian en la memoria gran parte dél, porque en la campaña, cuando salíamos por leña, ellos entre sí iban refiriendo las palabras que se acordaban, y yo les correjia sus yerros y encaminaba sus palabras. ¿Quién no se maravilla de considerar a los mas de esta nacion bárbara tan afectos y inclinados a las cosas de nuestra santa fee católica, y los caciques mas principales y valerosos con natural amor a los españoles? Medítese sin pasion y como se debe el comun tratamiento que hacen a los cautivos soldados nuestros; dejemos aparte la plebe, que en todas las naciones se extrema y se aventaja en lo cruel y en lo mal intencionado, como se verifica en lo comun de este barbarismo insistiendo [sic] y provocando a los mas nobles caciques a que engrandezcan sus armas y fortifiquen sus toques con la sangre de los españoles, que son las insignias de mayor estimacion y respeto que tienen en sus parcialidades; y muchos contra su voluntad permiten estas sangrientas muertes, mas por materia de estado y temor de los demas, que por natural inclinacion a tan cruento sacrificio. Vamos discurriendo un rato en la materia. ¿Habrá algun cautivo nuestro que padezca las penalidades y tormentos que padecen los suyos entre nosotros, metidos en cárceles y mazmorras, aprisionados con cadenas, cormas y grillos, y desde que Dios amanece hasta el fin del dia en un contínuo trabajo y servil ocupacion, mal comidos y peor vestidos? Yo confieso que no todos tienen la felicidad y buena fortuna que tuve en mi cautiverio, porque tambien hai indios de malos naturales que aborrecen con extremo a los españoles, y estos son aquellos que mas conocimiento han tenido y tienen de nuestras acciones y ilícitos tratos; y aun estos, por mal que tratan a sus cautivos, no los prenden ni aprisionan con cadenas ni cormas, ni dejan de darles de comer y de vestir de lo que tienen. Y una vez que otra se escapan de sus manos y se vienen a nuestras tierras, como lo han hecho muchos en este alzamiento jeneral de las fronteras: cuando mas ensangrentados se han mostrado, se han reconocido otros mui piadosos que han dado mano a muchos cautivos para que se hayan venido huyendo a nuestras tierras; y aunque cada dia experimentan estas fugas, no por eso los aprisionan ni molestan mas, que pudieran hacerlo con el ejemplo que tienen de los suyos. Finalmente, no es tan penosa la vida que pasan entre ellos, como la que entre nosotros los suyos, que la mayor penalidad que pueden tener los españoles, es el estar siempre recelosos y con amenazas **de la muerte en los parlamentos y juntas de guerra que se les ofrece, y** aun en estas ocasiones ha habido algunos poderosos caciques que se han opuesto con sus autoridades y con sus haciendas a librarlos de semejantes lances y peligros, no reparando en el caudal que por sus vidas les pedian, manifestando jenerosidad de ánimo y un piadoso pecho y noble; y para verificacion de lo dicho, referiré lo que no há muchos dias pasó en este alzamiento jeneral (caso raro y digno de memoria), para prueba y verificacion de lo que vamos diciendo, como se verá en este siguiente capítulo.

CAPITULO XV.

En que se refiere lo prometido y se pondera la accion.

En este alzamiento jeneral de las fronteras, cuando mas ensangrentada reconocimos la guerra, cautivaron un soldado, entre otros muchos, de tierna edad, que tasadamente tendria quince años, a quien cupo por suerte tener un amo algo ríspido y mal acondicionado; y con ser de la suerte referida, se lastimaba de verlo aflijido y lloroso, que como niño se le venian las lágrimas a los ojos mui de ordinario. A este cobró tanta aficion con entrañable amor un hijo de este indio de la propia edad del mancebo, que no se hallaba un punto sin él; salian mui de ordinario a recorrer el campo, a mirar los caballos y a traer leña para el rancho, y como muchachos se entretenian los dos en jugar a la chueca y en cojer avellanas y otras frutas silvestres en los montes. Pasados algunos dias, habiendo reconocido en el mancebo poco gusto, porque a ratos lo hallaba suspenso y llorando, le dijo el compañero muchacho, que sentia grandemente verlo disgustado y triste, que estimaria mucho que le manifestase la causa de su tan contínuo pesar y malencolía [sic] ordinaria, que pudiera ser que él fuese instrumento para que sus penas y congojas tuviesen mui grande alivio y su gusto se colmase. ¿Cómo puede ser eso, le respondió el mancebo, si no puedes hacer que yo vuelva a ver a mi padre y a mi madre, que ese es el dolor que tengo, y el sentimiento que me atraviesa el alma? y esto fué derramando copiosas lágrimas con tiernos suspiros y sollozos, que enternecido el muchacho su compañero, lloró con él amargamente y le dijo, que no estuviese tan sentido y lastimado, que él le prometia sacarle de aquel trabajo y colmarle su deseo, y que no se habian de pasar muchos dias sin poner en ejecucion lo que decia. Con esto se consolaron los dos, y se alentó el mancebo, conociendo que el muchacho su camarada le queria bien, y que lo que decia era con sobrado amor y voluntad, como le mostró dentro de cuatro o seis dias, pues cuando mas descuidado estaba el mancebo, le llamó una noche y le dijo, que con todo silencio le siguiese: hízolo así y fuése con él a donde tenia dispuestos dos caballos de los mas alentados que su padre tenia, con dos taleguillas de harina, y hizo que subiese en el uno y él montó en el otro, y le llevó al vado del rio mas caudaloso que habia que pasar, y lo puso de la otra banda; y estando el mancebo temeroso de proseguir solo su viaje, se determinó el muchacho a venir en su compañía hasta ponerlo entre nosotros, y no quiso volverse a casa de sus padres, por acompañar a su amigo y ponerlo en casa de su padre y madre, en la ciudad de Santiago de Chile, adonde le asiste y le sirve con todo amor, habiendo dejado su patria, a su padre y madre y todo su regalo : accion ponderable y digna de toda alabanza en un tierno muchacho que aun no habia dejado el abrigo de su padre, ni apénas salido de las mantillas de su madre. Todas estas son verdades manifiestas y experimentadas, de las cuales podemos sacar evidentes consecuencias, que las variedades y traiciones que en estos naturales se han hallado en ocasiones, no han sido orijinadas de la aversion y mala querencia que nos hayan tenido, ni odio contumaz a nuestra relijion cristiana : a nuestras acciones várias sí y a nuestros ilícitos tratos tambien, pues habemos experimentado, cuando son dueños de sus voluntades y mas apartados se hallan de nuestra comunicacion, que los chicuelos y niños son naturalmente inclinados a rezar y a ser cristianos, los caciques y personas principales a defendernos y ampararnos cuando mas atribulados y aflijidos nos hallamos ; de que se sigue que la dilacion de esta sangrienta guerra, y la poca impresion que nuestra fee católica ha hecho en sus corazones, no ha estado en la contumacia de sus naturales, sino es en la falta de nuestras costumbres y en lo cauteloso de nuestras palabras. Y porque en adelante nos irá dando nuestra historia bastante materia para comprobacion de lo dicho, acabaré este capítulo con decir, que otro dia salimos de nuestro alojamiento con toda priesa, por haber amanecido con ciertas señales de volver a descargar sobre nosotros las preñadas nubes sus helados partos, y aunque procuramos apresurar el paso y darnos priesa por no participar de sus abortos, no pudimos conseguir lo que deseábamos, porque era forzoso seguir nuestra marcha conforme la que llevaban los ganados y algunas indias mayores, que por no saber andar a caballo iban a pié, o porque es costumbre entre ellos que en tales ocasiones caminen de esa suerte las mujeres por delante y sus maridos atras encabalgados, a cuya causa llegamos a nuestros ranchos con buen rato de la noche, bien remojados y helados de frio. Entramos al abrigo de las chozas, adonde con prevencion tenian las viejas y guardianas que habian quedado, extremados fogones y copiosas llamas, porque nos aguardaban; y habiendo secado nuestras vestiduras, comido y bebido de lo que llevamos, nos recojimos al rancho del viejo Llancareu mis compañeros y yo, y habiéndome pedido les repitiese la oracion que les iba enseñando, lo hice con mucho gusto por ver el que mostraban tener en el conocimiento de Dios y de nuestra fee católica, y habiéndoles repetido el Paternóster tres o cuatro veces y ellos imitado mis palabras, nos quedamos sin sentir dormidos, por haber llegado del camino fatigados.

CAPITULO XVI.

En que se trata de las dilijencias grandes que hicieron los caciques de la cordillera, agraviados de Maulican mi amo, por quitarme la vida, confederados con Lemullan- ca, toque tambien de nuestra parcialidad, por cuya causa me tuvo escondido hasta que pasó la furia, y el asalto y maloca que hicieron a la casa de mi amo.

Dentro de pocos dias despues que hubimos vuelto del festejo y con- vite de Ancanamon, cuando con mas gusto me hallaba en varios entre- tenimientos y ejercicios, cazando pájaros, corriendo perdices y a ratos ayudando a sembrar y a hacer chácaras a las mujeres, me sobrevino una pesadumbre y disgusto repentino ; que no puede faltar la parábola del sábio, que en medio del consuelo está el pesar mezclado, y el llanto ocu- pa el lugar adonde parece que hai mas alegría. Estando una tarde entre- tenido con los amigos y comarcanos de mi amo en una siembra de chacras, vino oculto un mensajero, como que pasaba a la costa a otros negocios, enviado de Colpuche, aquel indio mi amigo que en la primera mansion que hicimos en el camino, nos festejó en su rancho, y en cuya casa quedó el soldado mi compañero ; y con todo secreto habló con el toque princi- pal Llancareu y Maulican su hijo, hallándome yo presente, como a quien venia mas encaminado el mensaje, significándonos la resolucion con que estaban los caciques de la cordillera nuestros enemigos, de ve- nir a los ranchos de Maulican una noche y maloquearlos por cojerme en ellos descuidado, y llevarme resueltamente a pesar de los suyos, y poner en ejecucion su intento a fuerza de armas, para lo cual habian convocado mas de ducientos indios con todo silencio y disimulacion, por- que no se divulgase; y que sin duda alguna no se pasarian cuatro noches sin que tuviese efecto lo que decia : que no se diese por entendido ni se alborotase, sino es que con toda brevedad procurase poner en cobro a su español, a quien, si no hallaban en su rancho ni en los demas comarcanos, habiéndolos rejistrado, se volverian sin intentar otra cosa en su daño ; que era lo que se habia dispuesto y consultado entre todos; pero que no obstante lo dicho, si le pareciese conveniente el ausentarse o retirarse a casa de algun amigo, dejando emboscado y con seguro al capitan, juz- gaba ser mejor medio para que sus intentos quedasen desvanecidos y frustrados ; y que con esto acudia él a su obligacion y a la palabra que me habia dado, de avisarnos de todo lo que se tratase y dispusiese en mi daño.

Agradeció Maulican el aviso con extremo, y yo de la mesma suerte quedé tan reconocido, que le dí dos abrazos al mensajero y le rogué que se los diese en mi nombre a mi amigo Colpuche, y que no se olvidase de favorecer aquel pobre soldado que dejamos en su compañía ; y despues de esto, habiendo regalado a nuestro nuncio con lo que se acostumbra entre ellos, pasó adelante ácia la costa, porque no presumiesen haberse encaminado su llegada a lo que no era bien se imajinase. Disimuló por entónces Maulican la embajada, no dándolo a entender a ninguno de los suyos, y a mí me encargó el secreto, con que nos volvimos a donde los demas estaban cavando y sembrando las chacras. Acabamos con la noche nuestra faena, y aunque se pusieron a beber en el rancho de mi amo y a bailar, como se acostumbra despues del trabajo, salió Maulican con su padre Llancareu del concurso de los demas, y comunicaron despacio el mensaje que nos habian traido, y acordaron manifestarle a los otros caciques sus amigos y compañeros en la cava, que ellos llaman *quinelob*: hiciéronlo así, y resolvieron entre todos convocar en secreto todos sus sujetos, amigos, deudos y parientes, y que Maulican se ausentase de su rancho y se fuese a casa de uno de los caciques que se hallaban en aquella ocasiou con él, y a mí me dejasen en el monte bien escondido y oculto y en parte adonde aunque me buscasen no diesen conmigo; y con esta resolucion que tomaron, prosiguieron su fiesta y entretenimiento. Gran consuelo recibí con haber reconocido en aquellos caciques natural afecto, y con resolucion valerosa, grande arresto en mi defensa, con que se minoraban mis congojas, y mis aflicciones se hallaban desahogadas, y principalmente con la contemplacion divina, poniendo mis esperanzas en quien es el dueño absoluto de las voluntades, recibiendo de su bendita mano los trabajos y tribulaciones que padecia, y como de quien de mas cerca asiste al que se los comunica para su mayor consuelo, que bien lo dijo San Bernardo. Demos gracias (dice) a nuestro Dios y Señor, padre de misericordias, que en los mas graves aprietos y conflictos mas grandes está con nosotros, para que con esfuerzo y valor podamos llevarlos y sufrirlos, y tener constancia y sufrimiento en ellos, alicionándonos del mesmo Cristo y S. N., como lo amonesta el mesmo doctor.

Al cabo de algunas horas despues de la media noche, cuando mas fervorecidos y alegres se hallaban los compañeros, me llamó Maulican y el viejo Llancareu su padre, y sacándome fuera del rancho, me dijeron: ya sabeis (capitan) el aviso que habemos tenido de la determinacion con que estan los caciques de la cordillera, y que sin duda alguna han de venir a maloquearnos solo por matarte; y así has de tener paciencia y sufrimiento, que quiero llevarte al monte, adonde estés algunos dias miéntras pasa la furia de nuestros adversarios. Mis sobrinos irán de noche a dormir contigo y hacerte compañía (que eran los nietos del viejo mis amigos y compañeros), y te llevarán de comer sin que lo sepan ni entiendan mas que los de mi casa. Vamos a la montaña, que aquí cerca te pondré adonde, si estuvieses muchos años y te solicitasen hallar con todo cuidado, no habian de topar contigo. Yo le agradecí la prevencion y el cuidado que ponia en asegurar mi vida y en defenderme de mis enemigos.

Salimos a aquellas horas Maulican y yo, y en nuestra compañía los dos muchachos, que llevaban la cama en que nos acomodábamos los tres, y nos fuimos entrando en la montaña, que estaria de los ranchos cerca de dos cuadras; y lo que llevamos en nuestro favor fué la claridad y resplandores de la luna, que estaba en vísperas de su lleno, porque de otra suerte era imposible penetrar lo denso y escabroso de las ramas:

19

llegamos al sitio, que estaria como media cuadra de la entrada del monte, adonde habia una espesura grande de árboles mui crecidos y empinados, tan vecinos de la barranca del rio que parece estaban pendientes de ella, y entre dos de los mayores y mas poblados de hojas (que la conservan todo el año) estaba armado un rancho o chozuela, en que cabian tres o cuatro personas con apretura, y para llegar a él era necesario subir por uno que al pié de él estaba descombrado y algo raso el sitio; y porque no se entendiese que por allí subian al emboscadero, fuimos de rama en rama y de árbol en árbol caminando, que despues de haber atravesado mas de diez o doce de la suerte referida, llegamos al que tenia la choza en medio de sus frondosas hojas emboscada. Allí nos quedamos los dos muchachos y yo, y Maulican mi amo se volvió a su habitacion, sin dar a entender a persona alguna de adonde venia, ni el sitio en que me dejaba. Este ranchuelo y otros en la mesma forma tenian los mas fronterizos en quebradas y montes ásperos y inexpugnables, adonde en tiempo de verano y de alborotos de armas se recojian a dormir las noches, temerosos de las malocas contínuas con que eran molestados; allí, en aquel elevado emboscadero, estaba solo de dia, porque los muchachos mis compañeros se retiraban al rancho, y al medio dia me traian de comer ellos y una chicuela hija de mi amo, que me habia cobrado grande amor y voluntad y solia buscar en diferentes ranchos legumbres de las que comen, papas, maices y porotos, para llevarme; y a veces sin sabiduría de los de su casa me llevaba de estos jéneros cocidos y alguna poca de cecina que hallaba desmandada, y la segunda vez que fué esta chica (que tendria cuando mas doce o trece años) a llevarme de comer sola, le pregunté que quién la enviaba, y me respondió que su voluntad y la compasion que le causaba el verme solo, que no dijiese a su padre ni a persona alguna que continuaba el verme, que ella tendria cuidado siempre de llevarme de comer lo que hallase. Agrecíla el amor que me mostraba y la lástima que me tenia, pero que la rogaba que con mis camaradas viniese acompañada, y no sola, cuando tuviese gusto de hacerme algun bien, porque no presumiesen que la llevaban otros fines. Y no obstante lo que le dije, venia sola, y otras veces con mis compañeros los muchachos, a traerme de comer, que me hallaban en ocasiones, o en las mas, abajo del árbol, adonde me solia estar recostado, porque tal vez iba el viejo Llancareu y Maulican su hijo a verme cuanlo entraban a la montaña por leña: esto fué a los principios, que al segundo dia que estuve en mi retiro, se ausentó Maulican mi amo y se fué a casa de un amigo suyo, como una legua distante de la suya, por consejo y acuerdo de los demas caciques sus amigos.

A los cuatro dias que estuve en aquel emboscadero y mi amo ausente (como he dicho), llegaron aquella noche al cuarto del alba los caciques de la cordillera mis adversarios, con tropa de mas de ducientos indios armados, que unos se enderezaron a los ranchos de Maulican y Llancareu, y otros encaminaron al monte a rejistrarle, adonde estábamos durmiendo los muchachos y yo, que al grande ruido de los caballos y

de sus voces recordamos aflijidos, cuando dieron el asalto, y dije a mis
compañeros, que de ninguna suerte hiciesen movimiento alguno, que
sin duda era la jente de la cordillera que venia en mi demanda. No
deben de ser, sino es los españoles (dijo el uno de ellos) que vienen a
maloquearnos. Es imposible (les respondí) porque no es tiempo de eso,
que estan los rios mui crecidos y dilatadas nuestras armas. Callemos
ahora y no hagamos ruido, que parece que andan cerca de nosotros.
Con esto nos sosegamos y oimos gran rumor de caballerías ácia los
ranchos, y en la montaña adonde asistíamos, algunas voces y razones
que decian : aquí anda jente, venid por aquí, y volved por allá, y otros
que en altas voces decian, como que divisaban algunas personas : salid
acá afuera, que os habemos visto, venid acá ántes que vamos por vosotros. Yo me quedé verdaderamente suspenso, juzgando que habian
oido algun desden nuestro o bamboleo de los árboles, y si como dijeron
salid acá afuera, dicen bajáos abajo, fuera mayor mi afliccion y mas
viva la congoja. Con estos sustos y recelos nos estuvimos sin mover pié
ni mano, ni osar hablar una palabra, hasta que Dios fué servido de que
se sosegase aquel tumulto, y que al romper el dia las obscuras cortinas
de la noche viésemos pasar las cuadrillas y tropas enemigas por la otra
parte del rio, que se retiraban despues de haber penetrado nuestro
monte y rejistrado los ranchos de mi amo, a quien no hallaron en él :
solo hallaron al viejo Llancareu y las mujeres, quienes les dijeron, que
fuesen a donde estaba su hijo Maulican, que allí me tenia a mí, que
bien cerca estaba; que fuesen a buscarlo, que él sabria defenderse y
volver por sí y por su español ; y como no hallaron lo que deseaban,
habiéndoles salido en vano su desvelo, al esclarecer el dia se volvieron
a sus tierras, como he dicho. Y con haberlos visto retirar con toda
priesa, no nos atrevimos a hacer ruido ni a hablar una palabra, hasta
que salido el sol, al mui buen rato, vino Llancareu el viejo y un
hermano suyo con su mujer, y la chicuela que me solia traer de comer,
y arrimándose al paso por adonde subíamos al ranchuelo, nos llamaron
repetidas veces ; que conocidas las voces de los nuestros bajaron mis
compañeros, quienes me llamaron despues asegurándome del recelo y
temor con que habia quedado por el alboroto y tropel de aquella noche.
Bajé con gusto de la garita o choza que en lo superior de un árbol
nos guardaba, y como no estaba acostumbrado a descolgarme de sus
ramas como los muchachos mis compañeros, con tiento y con recelo
asegurándome venia por entre ellas, como a gatas, de que se orijinó
grande risa y alborozo alegre entre los que me esperaban al pié de
aquella escalera, a quienes ayudé a reir y a regocijar el gusto que
tuvieron de verme atribulado y entre las ramas densas confuso y
aferrado : cuando bajé abajo, ya habian dado principio a hacer una
buena candelada algo distante del árbol por adonde bajábamos y
subíamos, en cuyo sitio nos asentamos al amor del fuego a almorzar
mui despacio y a beber un cántaro de chicha que llevaron, de buen
porte. Tratóse de la maloca que nos habian hecho los serranos enemi-

gos, y de la importancia que fué el aviso que nos dió nuestro amigo
Colpoche, que a no haberle tenido, nos hubieran cojido sin duda descuidados y sin prevencion alguna. Y te hubieran llevado, o muerto (dijo
Llancareu el viejo, y tambien hubieran muerto a mi hijo por defen-
derte, que es atrevido y valeroso y no habia de permitir que te sacasen
de mi casa; con que sin duda hubiera habido en ella gran ruina y
alboroto. Mucho tenemos que agradecer a Colpoche tu amigo el cuidado que tuvo en avisarnos a tan buen tiempo, que pudimos estar con
prevencion bastante para que nuestros enemigos no lograsen sus intentos malos. Acabamos de comer y de beber en buena compañía, y
despidióse el viejo y los demas de mí, dejándome de comer en una olla
y de beber en un cántaro, para cuando el apetito o la gana me brindase, miéntras todos ellos se iban a cavar y sembrar una chacarilla,
que era faena y trabajo de todo el dia.

Quedéme recostado en una frezadilla que me dejaron, y a la sombra
de aquellos árboles y a la suavidad del fuego me quedé dormido y
descansado, porque la noche antecedente me habian desvelado los cuidados y alborotos de mis contrarios y crueles enemigos, que nunca juzgué por cierta su determinacion airada, hasta que los ví sobre nosotros.

CAPITULO XVII.

En que se trata de la continuacion que tuvo la hija de mi amo en regalarme, y como
    estando solo en el monte durmiendo, llegó sola a despertarme; de la suerte que la
    despedí, y de como, despues de haberme rescatado, la cautivaron a ella; de como la
    rescaté y llevé a mi casa, adonde se bautizó y murió cristiana. Trátase tambien de
    paso del amor y de sus efectos.

Estando durmiendo de la suerte que he dicho, en la montaña, adonde mis compañeros me dejaron, como a las tres o cuatro de la tarde llegó
la chinuela hija de mi amo a despertarme, que me traia una taleguilla
de harina tostada, unas papas cocidas y un poco de mote de maiz y porotos; y luego que la ví, despertando de mi sueño algo espavorecido y
asustado del repente con que me llamó, se empezó a reir de haberme visto
alborotado. Díjela como enfadado, que qué era lo que buscaba, que se
fuese con Dios, porque no la viesen venir tantas veces sola a donde yo
estaba, y que no fuese causa de que me viniese algun daño por el bien
que me deseaba, dando que pensar a su padre para que juzgase o presumiese que no era leal en su casa; y que así, le suplicaba que no viniese mas a verme sola, sino fuese con los muchachos mis camaradas; que
yo le agradecia la voluntad y el amor que me mostraba, y el cuidado
que ponia en regalarme; que por su vida no permitiese que por ella me
viniese algun desabrimiento, y pusiese en peligro la vida que su padre
me habia prestado; que advirtiese que por adonde juzgaba que me hacia
algun favor y lisonja, me daba un gran pesar, porque siempre que la
veia venir sola me temblaban las carnes, juzgando que ya la veian entrar o salir de adonde yo estaba; que si fuese vieja y no de tan buen

parecer como lo era, sobre muchacha, no tuviera tantos recelos, ni su vista me alborotara tanto. Estuvo a mis razones mui atenta la mucha- cha, y respondióme: ¿pues yo habia de venir, capitan, de manera que me pudiesen ver ni presumir que venia a donde tú estás? Créeme que cuan- do vengo extravío el camino y aguardo a que todos esten en alguna ocupacion embarazados, como lo estan ahora en la chacra que estan ca- vando y sembrando, y así no tienes que recelarte. Con todo eso, la dije, puedes venir tantas veces, que alguna entre otras no puedas excusar el que te vean : anda, vete por tu vida, y no vengas mas acá, porque me tengo de esconder de tí en no viniendo acompañada y con mis camara- das. Habiéndole dicho estas razones con algun desabrimiento, puso la taleguilla de harina junto a mí, y lo demas que traia, y me dijo: (capitan) si no quieres que yo vuelva mas acá, y me echas de esa suerte, no vol- veré sola ni acompañada, que yo entendí que agradecieras lo que hago por tí mas bien de lo que lo haces. Y esto fué volviendo las espaldas y retirándose apriesa: yo no quise satisfacerla ni desenojarla, por no oca- sionar a que continuase sus visitas, por el riesgo y peligro en que podian poner la conservacion del cuerpo y la salud del alma, que es lo princi- pal; porque el que no huye el peligro, y se arroja a él con arrogancia, continuando la comunicacion de las mujeres, es imposible que salga triunfante y libre de pecado, como lo dijo San Agustin en las siguien- tes palabras : los que con la habitacion de las mujeres piensan que han de adquirir o obtener la gloria y el triunfo de la castidad, ignoran que para con Dios son dos veces culpados. Lo uno, porque se arrojan al peligro no excusando la ocasion; y lo otro, porque muestran a los de- mas y enseñan con el mal ejemplo una perversa familiaridad y torpe comunicacion, de que los mas justos huyen y los mas atentos se excusan. Y así, me pareçió conveniente desabrir aquella moza por no volverla a ver a solas, que el amor entra por los ojos y en la soledad imprime con mas fuerza sus ardores; de adonde se saca que el amor pertenece a la potencia apetitiva, a la cual llama el doctor anjélico fuerza o facultad pasiva, a cuya causa se inclina a su objeto, pues es ordinario axioma que el que ama, asiste mas a donde ama, que a donde anima. Y así, su objeto se compara a ella como a causa de su movimiento y de su acto; y advierte el santo con el comun sentir de las escuelas, que el propio ob- jeto del amor ha de ser lo bueno o el bien : doctrina que enseñó ántes el divino Aurelio y la lumbrera de la Iglesia; luego, la causa del amor ha de ser buena, o su objeto bueno, conforme lo referido. Pues ¿cómo podrémos decir que el amor torpe y deshonesto es bueno o tiene el objeto bueno, pues nos dice el Rei Profeta que el que ama a la maldad y pone la mira en sus efectos, aborrece a su alma y a su spíritu? Luego, no es causa del amor solo lo bueno. A esto responde el doctor Anjélico, que se ama debajo de alguna razon formal que se le representa a la potencia con algunas vislumbres de bien, de honesto, útil y deleitable, con que el objeto viene a ser abrazado de la potencia debajo de la razon de bien, y paliado con capa o sombra de lo bueno. He significado este amoroso subceso con todas circunstancias, por haber sido los informes que hicieron en el Perú a quien hizo una comedia de las cosas de Chile, mui a la contra del hecho; porque representó estos amores mui a lo poético, estrechando los afectos a lo que las obras no se desmandaron. Solo pudieron dar motivo el haber cautivado a esta china despues de mi rescate, y en presencia del gobernador, haber hecho que llamasen al capitan Pichi Alvaro (que así me llamaban en su tierra); y habiendo yo llegado a donde estaba, en un concurso grande de capitanes y soldados (que a la tienda del gobernador se habian allegado por oir hablar tan desenvueltamente a la muchacha), al punto que me vió entrar acompañado de algunos amigos y camaradas, me representó los servicios que me habia hecho cuando estuve cautivo y debajo de la potestad de su padre y de ella, diciéndome que bien sabia yo las finezas que habia hecho conmigo en tiempo que sin libertad me hallaba, de aflicciones y penas combatido, el amor entrañable que me tuvo, la lástima y compasion con que me miraba cuando me tuvieron escondido en la montaña, y que para que comiese y no me fatigase la hambre, por ser pobres sus padres, andaba de rancho en rancho solicitando las papas, porotos y maices y algunos pedazos de cecinas, y que bien sabia que, sin que lo supiese su padre ni su madre, me solia llevar estos jéneros cocidos y la harina tostada para que comiese; que ahora que ella se veia sin su libertad, en poder de mis amigos y compañeros, trocadas las suertes, mostrase ser quien era y la correspondencia que le debia, rescatándola luego y sacándola del poder en que se hallaba, porque no habia de estar con otra persona que conmigo. Dió mucho gusto al gobernador la resolucion con que me habló la china, y la dijo que si queria estar con él, que la tendria en su compañía y la regalaria mucho; a que respondió que no, de ninguna suerte, que pues ella habia sido mi ama y señora cuando cautivo, que ahora le tocaba a ella estar debajo de mi dominio y mando, y pues ya nos conocíamos, no habia de apartarse de mi lado: con que me fué forzoso el comprarla, dando por ella luego todo lo que me pidieron. Y ya que habemos tocado esta materia y el cambio de nuestras suertes, no será bien dejar en blanco la que esta moza feliz tuvo para su salvacion conocida.

Llevé a mi casa esta china, con deseos de volverla a su tierra y remitirla a su padre, por mostrarme agradecido a los favores y agasajos que me hizo siendo su esclavo; por cuya causa excusé el hacerla cristiana, aunque en el poco tiempo que asistió en mi casa, sabia las oraciones principales, porque rezaba de noche con la jente del servicio. Llegó en esta sazon a la ciudad de Chillan, adonde yo tenia mi vecindad, un padre y relijioso grave de la Compañía de Jesus, conocido y amigo, comisario de el Santo Oficio, a ciertas dilijencias que importaban; alojóse en mi casa, porque no habia colejio ni fundacion alguna de esta relijion. Y dentro de tres o cuatro dias se llegó la china al reverendo padre y le dijo, como yo no queria que fuese cristiana, cuando ella lo estaba deseando con extremo; examinóla despacio el relijioso y halló que sabia las oraciones necesarias para poder recibir el agua del santo bautismo, y conoció en ella un fervoroso celo de admitirle, con lo cual se allegó a mí encargándome la conciencia y diciendo que no podia evitar que aquella china fuese cristiana, cuando ella lo deseaba con todo afecto. Díjele la causa que me movia, que era el despacharla a su padre, y que no me parecia que era cosa ajustada enviarla a su barbarismo prendada en los preceptos de nuestra relijion cristiana; a que me respondió que no tenia ningun deseo de volverse a su tierra ni a donde estaba su padre. Hicimos llamar a la muchacha, y examinándola, dijo resueltamente, que no tenia gusto de volverse a casa de su padre, sino es de ser cristiana y conocer a Dios, como ya tenia principios de ello. Con esta determinacion rogué al reverendo padre que la industriase a nuestra santa fee y la cristianase; hízolo así el dia de la Natividad del Señor, primero dia de Pascua, y como yo la tenia en lugar de hija, festejé su bautismo con algunos regocijos y un espléndido banquete. Y estando con mui entera salud, gorda y colorada, amaneció el segundo dia con una calentura recia y con unos cursos de sangre que en dos dias la pusieron mortal. Al tercer dia hizo llamar al reverendo padre y le dijo que la confesase, y con haberla dicho que con el agua del bautismo habia quedado limpia y libre de todas sus culpas, se confesó con notable gusto del confesor, y yo le tuve grande, por haberme dicho que una persona mui ejercitada en aquel sacramento no podia haberse confesado como ella, por cuya causa mandó que se le diese el veático [sic] al cuarto dia; con que se la llevó Dios N. S. la víspera de año nuevo con tan grande premisa de su salvacion, que nos dejó a todos mui consolados, habiéndola enterrado el dia de la Circuncision, año nuevo, con la solemnidad que su dichosa muerte merecia y mi obligacion forzosa demandaba.

CAPITULO XVIII.

En que se prosigue la historia y se significa como, despues de habernos retirado de la montaña donde dormíamos, determinó mi amo Maulican pasarme adelante ácia la Imperial, por quitarme del tropiezo y del emulo de sus enemigos, y resueltamente me llevó a casa de un amigo suyo, adonde fuí mui bien recibido y obré algunas cosas que se irán manifestando en la historia.

Volviendo, pues, a nuestra historia y prosiguiendo con ella, digo, que habiéndome dejado la muchacha referida en el antecedente capítulo en aquella habitacion umbrosa en que me hallaba, y despedídose de mí algo disgustada porque dí de mano a sus favores y excusé recibirlos estando a solas (y verdaderamente que me admira de que no me hubiese salido a la cara el desden que la hice, porque una mujer picada suele buscar su despique por varios modos, como me sucedió con otra en los distritos de la Imperial, que a su tiempo y en su lugar se referirá el subceso), quedéme solo como de ántes, y como el sol por aquella parte iba dando fin a su carrera, refrescaba la tarde, con que solicité algunos materiales que aumentasen el fuego que me acompañaba. Estando en

este ejercicio gustosamente ocupado, llegaron mis compañeros los muchachos, con aviso de que mi amo habia vuelto a su casa del retiro que
habia hecho, deseoso de verme y abrazarme, y que al echar la noche
sus cortinas negras, nos fuésemos al rancho, dejando nuestra cama en la
garita como estaba, porque habíamos de volver a dormir en ella despues
de haber cenado y brindádonos a gusto, por los recelos con que se hallaba Maulican de la traicion del cacique Leumullanca, su compañero en
las juntas de guerra y parlamentos que en su parcialidad se les ofrecian ;
que del ladron de casa y del enemigo arrebozado, es de quien se deben
guardar los mas leales. Salimos de la montaña con vislumbres de la
luna que asomaba, aunque por entre nublados, que sus obscuridades
prometian volver a continuar sus aguas ; llegamos a los ranchos como
ocultos, adonde hallamos a Maulican mi amo con Llancareu su padre
y toda su familia. Recibiéronme gustosos, asentándome en medio padre
y hijo despues de haberme abrazado ; díjome Maulican con alegre semblante : ¿cómo te ha ido (capitan) en la montaña y encima de aquellos
árboles? cómo te acomodaste? Respondíle que sin su abrigo y amparo,
cómo me podia ir, sino era mui mal y a mi disgusto, y mas cuando tuve
sobre mí aquel tropel y gran ruido de las armas de nuestros enemigos,
y en mis oidos el rumor y las voces de los que me buscaban con anhelo
rabioso ; dígote de verdad (le repetï) que fué grande el aprieto en que
me vide, y lo mas sensible en la ocasion fué el considerarte ausente y verme sin el abrigo de tu valerosa persona, cuando me contemplé entre las
manos y garras de aquellas sangrientas fieras. Pues ¿yo te habia de dejar,
vochum (dijo Maulican) (que quiere decir hijo mio), sino fuese en parte tan oculta y segura como aquella? excusé el estar en mi rancho
por acuerdo y consejo de mis amigos, y porque juzgué era mas conveniente el ausentarme, así porque no entendiesen que habíamos tenido
aviso de nuestro amigo Colpuche, como porque no nos sucediese algun
pesado disgusto entre nosotros ; y con haberme ausentado, se excusaron
todos estos inconvinientes [sic] que os he dicho. Mui cuerdamente hiciste
lo que maduro pensaste (dije a mi amo), que es mas ejecutar lo considerado, que consultarlo prudente, como Ciceron lo enseña. Ahora me
veo consolado en tu presencia y fuera de los temores que me asustaban,
estando debajo de tu sombra y de tu amparo. Sacaron de cenar de lo
que tenian y acostumbraban, y la hija del viejo a quien me habia encargado, me puso delante un cántaro de chicha de frutillas secas, que
para mí era el regalo mayor que se me hacia, con la cual brindé a mi
amo y al viejo Llancareu su padre. Acabamos de cenar con mucho
gusto, y volvimos a nuestra habitacion mis compañeros y yo, y ántes
de acostarnos en la cama, me pidieron los muchachos que les enseñase
otra oracion, porque ya sabian el Padre nuestro. Díjeles que lo repi-
tiesen, que queria primero oirles y saber si le tenian bien en la memoria : recítole cada uno de por sí escojidamente, y alabéles el cuidado y
amor con que habian aprehendido la licion, y díles otra nueva del Ave
María, que despues de habérsela repetido tres o cuatro veces, les dije

que tratásemos de dormir y desquitar el desvelo de la pasada noche ;
con cuya resolucion nos dimos con mucha brevedad al sueño, no habiendo faltado a lo principal de mi ejercicio ordinario y costumbre en
mis devociones. Al cuarto del alba, cuando mas sepultados en el sueño
nos hallábamos, nos dispertó el ruido del agua y del viento grande que
la embocaba por entre las ramas con tal fuerza, que atravesaba las pajas
de nuestro pequeño albergue y limitada choza, que como estaba fabrica-
da debajo de frondosos árboles, mas gruesas y espesas eran las aguas
que caian de sus hojas, que las que se dejaban caer de las preñadas nubes; cuya continuacion con fuerza de los vientos, y el bamboleo de los
árboles, nos hizo estar en vela y asustados hasta que dió principio a
esclarecer el dia, que los truenos, relámpagos y rayos que caian, mas
atemorizaban nuestros ánimos, que, segun sus efectos, pareció verificarse
lo que en otras tempestades dijo Silio Itálico, orijinadas del fuego
ethéreo.

> Subitis horrescit turbida nimbis tempestas,
> Ruptoque polo micat igneus æther.

> La tempestad deshecha
> Horrible, tenebrosa y desusada
> Violentos rayos echa,
> Y la tórrida zona destemplada
> Abrasa el firmamento,
> Rasgándose los polos con el viento.

Apénas descubrió la luz sus resplandores, cuando nos descolgamos
de las ramas con presteza, cargados de la cama en que dormíamos, y nos
fuimos a los ranchos retirando ; y como no habian experimentado tan de
cerca como nosotros lo borrascoso de la noche, estaban en sus lechos
durmiendo y sosegados. Cuando tan de madrugada nos vieron abrir las
puertas y entrarnos dentro, juzgó Maulican sin duda que habíamos tenido algun alboroto del enemigo, pues asustado nos preguntó la causa
de nuestro retiro tan al romper el dia las tinieblas; a que le respondimos
que la borrasca grande de agua y viento, mezclada con granizos, truenos y relámpagos, y las goteras que atravesaban nuestro ranchuelo sin
haber parte alguna en que asegurarnos, nos habian desasosegado de
tal suerte, que nos obligaron a desamparar el sitio apresurados. Verdaderamente (dijo Maulican) que presumí otra cosa de vuestra apresuracion
y madrugada. Hagan buen fuego (dijo a las mujeres) para que se ca-
lienten los mancebos, y háganles de almorzar alguna cosa. Luego se
levantaron las mas viejas y salieron al rio por el agua, de adonde volvieron frescas y bañadas como lo acostumbraban de ordinario, y al punto se pusieron a hacernos de almorzar de lo que habia. Fué entrando
mas el sol y con él amainando la tormenta : estuvimos en los ranchos
aquel dia, y consultando Maulican mi amo con su padre y sus amigos
el que le parecia mas acertado quitarme del tropiezo y del peligro,

20

vinieron a resolver que convendria pasarme mas adelante dos o tres leguas, a casa de un amigo suyo llamado Luancura, cacique de mucho respecto, poderoso y rico, y mui inclinado a los españoles. Amaneció otro dia, y como las cargas y aparatos que llevan, se reducen solamente a un poncho o frezadilla, que es lo mesmo, y esta se lleva a la gurupa o a las ancas del caballo, no hicimos mas que subir cada uno en el nuestro y marchar a la casa del cacique, que estaba a las orillas del rio de Cholchol, que por otro nombre llaman Tavon, adonde llegamos a medio dia y fuimos recibidos con summo gusto y regalados con extremo, porque este cacique era aespañolado y mui ostentativo: tenia en su casa muchas aves, carne fresca, tocino, longanizas y pan de maiz y trigo, que no le faltaba, a modo de tortillas mui bien hechas, y lo principal entre ellos, mucha chicha de diferentes jéneros. Despues de haber comido mui a gusto de los jéneros referidos, le significó Maulican a lo que iba y las causas que le movian a llevarme a su casa, para que con todo secreto y cuidado me guardase, mirase y defendiese, por los peligros en que me habia visto en su casa y los que recelaba en adelante. Dijo el buen cacique Luancura, que ya sabia y tenia noticias de lo que habian intentado y aun puesto en ejecucion los de la parcialidad de la cordillera, y que le habia pesado de que no le hubiese dado parte, si llegó a tener ántes algunas vislumbres del subceso, para que con sus amigos y comarcanos les hubiesen aguardado de emboscada, para que otro dia no se atreviesen a maloquear parcialidades ajenas. Respondió Maulican, que el no haber hecho ruido ni avisado a sus amigos fué por excusar las controversias y ruidos que se podian orijinar, y por otros respectos, que le movieron a ausentarse de su casa en ocasion semejante. Dejóme en la parcialidad y habitacion de aquel cacique, y por abreviar excuso lo mas que comunicaron acerca de mi quedada. Despidiéronse amorosamente, y a mí me dijo, que mui de ordinario iria a verme, que pues estaba tan cerca, y no tenia que darme cuidado su ausencia, porque me habia de hallar mui a gusto con aquel cacique, que era mui amigo de españoles y de condicion suave y apacible. Quedéme en aquella casa gustoso, porque el agrado del indio no daba lugar a echar ménos los amores y agasajos de mi amo, y porque era mayor el regalo que tenia. Aquella noche, despues de haberme dado de un ave bien aderezada y otros compuestos de carne, me hicieron la cama con muchos pellejos de carnero limpios y peinados, cosidos los unos con los otros, que los hombres principales y ricos usan de este jénero de colchones, y por sábana echaron encima de los pellejos una manta blanca, y para cabecera una almohadilla o costalejo de manta estofada con lana, y para cubrirme una frezada, nueva, gruesa y grande; despues de dispuesto el lecho como he dicho, me encaminó el cacique para él y me dijo, que porque no durmiese solo, me daba su hijo querido, para que me acompañase y lo enseñase a rezar, porque ya sabia alguna cosa. Quedamos solos el muchacho y yo, y era de tan buen natural como su padre, agradable, apacible y amoroso; preguntéle al acostarnos, si queria saber rezar, y me respondió, que de mui buena gana, porque ya él sabia un poco, que un español que habia asistido en su casa, le solia enseñar. Decid, pues (le dije), lo que sabeis y lo que os enseñaba ese soldado o español que decis; con que dió principio a recitar el Padre nuestro en nuestro castellano idioma, que repitió hasta cerca del medio bien recitado. Preguntéle si entendia algo o sabia lo que queria decir lo que habia aprendido, y me respondió que no. Pues yo os enseñaré (le dije) en vuestro lenguaje las oraciones, para que entendiendo lo que contienen, las aprendais con mas gusto. Tendréle grande (capitan), me respondió, por entender y saber lo que dicen vuestras oraciones.—Pues decid conmigo de esta suerte: *Inchi in ta inchao huenuneuta mileimi;* y así fuí prosiguiendo con el Padre nuestro, y él, respondiendo con alegre semblante, mostraba el regocijo que tenia con ir entendiendo lo que rezaba: repetímosle tres o cuatro veces, y por último remate refirió solo mas de un tercio de él, diciéndome que el siguiente dia le habia de recitar por entero, si yo no me cansaba de enseñarle; a que le respondí, que me daba mucho gusto de ver la cudicia y aficion con que deseaba saber las oraciones, que en cualquier tiempo que tuviese gusto, me hallaria dispuesto a su doctrina y enseñanza. Con cuyas razones cerramos nuestra conversacion y dimos al sosiego nuestros sentidos, habiendo ante todas cosas dado infinitas gracias a mi Dios por los favores y mercedes que me hacia.

CAPITULO XIX.

En que se refiere lo que el dia siguiente hicimos, y lo que vimos hacer a un *machi*, que son hechiceros y curan por arte del demonio, y de la suerte que se apodera de ellos, con las cerimonias [*sic*] que se dirán.

Apénas daba muestras de esparcir el sol sus rayos, cuando el muchacho me despertó, rogándome con ansiosos deseos que repitiésemos la oracion del Padre nuestro, porque toda la noche dijo, habia estado soñando con él; concedí con su gusto por el que yo tuve de verle tan inclinado y con natural afecto a las cosas de nuestra santa fee católica, y despues de habérsele repetido cuatro o cinco veces, refirió mas de la mitad sin ayudarle y me encareció el consuelo que recibia su alma con ir aprendiendo aquella oracion en su lengua, porque iba entendiendo lo que rezaba. Pues ¿cómo podeis entenderlo (le dije), ni penetrar el alma de esas razones? entenderéis las palabras y no lo esencial de su contenido. Sí entiendo tambien (me respondió), porque el que decis que es nuestro Padre, está arriba en los cielos, que decis que es Dios, *Villpepilbue,* que todo lo hace y todo lo puede. Pues ¿no es así (capitan)? *Inchi ta inchao,* no quiere decir Padre nuestro? *huenuneu ta mileimi,* que estais en los cielos? *Ubchigue pe tami igri,* sea reverenciado tu nombre? y lo demas que sabia lo fué refiriendo y explicando como lo demas, que verdaderamente que me dejó el chicuelo suspenso y admirado, habiéndole preguntado si creia en Dios y en todo lo que decia el Padre nues-

tro. Y me respondió que sí, porque no podia ser ménos de que hubiese
un gran Pillan, que sujetase a los demas Pillanes y fuese su principio
y sobre todos. Decis mui bien (le dije), que ese Pillan que presumis, es
el criador de todas las cosas, y el principio y oríjen de ellas; y no digais
Pillan sino Dios, que así se llama; y yo os iré explicando las oraciones
con todo cuidado y desvelo, porque he reconocido en vos mas entendimiento y capacidad que la que os pudo comunicar la naturaleza, pues
la teneis acompañada de verdadera fee, que es el principal fundamento
para que conozcais a Dios y le agradeis, que sin ella no podemos com-
placerle (como dijo San Pablo), y si no es que con luz sobrenatural sea
ilustrado el entendimiento, no puede ser de ningun efecto la comun
fee para nuestra perfeccion, ni la ordinaria creencia. Así lo enseña el
anjélico doctor; y segun las razones del muchacho y el afecto con que
deseaba saber las oraciones, y la intelijencia de ellas, tuve por sin duda
que su natural discurso y entendimiento estaba de mayores luces ayudado; con que con toda atencion, con todo desvelo y cuidado, le indus-
triaba en adelante en los misterios de nuestra fee santa. Levantéme
de la cama dando gracias a nuestro Señor por tantos favores y mercedes
como recibia de su bendita mano, y salí fuera a continuar mis devociones; y a poco rato llegó el muchacho en mi demanda, repitiendo lo que
sabia de su licion, y preguntando lo que no acertaba, de adonde acabé
de conocer su buena inclinacion y natural afecto a nuestra fee católica,
en la cual le fuí industriando con particular amor, y le pregunté si
queria ser cristiano y ser hijo de Dios por el baptismo, y dijo que de
mui buena gana lo seria, porque con gusto aprendia las oraciones y
deseaba con extremo hacerse capaz de las cosas de nuestro Dios. Primero habeis de saber rezar (le dije) y estar bien en sus misterios.
Enseñadme, pues (me replicó), que ya voi sabiendo el Padre nuestro y
hoi lo tengo de saber todo sin errarme. Volvíselo a repetir, y él a
seguir mis razones con grande atencion, y a tres o cuatro veces que lo
continuamos, le recitó solo con mui pocas enmiendas. En esto salió su
padre, que iba al rio a bañarse, acabado de levantarse de la cama, y nos
llamó para que fuésemos a hacer lo propio en su compañía; y aunque
a los principios llegué a sentir el imitarles en aquella accion y costumbre, despues me hice tanto al baño de por la mañana, que era el primero
que acudia a él sin repugnancia, porque real y verdaderamente conocí
y experimenté ser saludable medicina para la salud y para la conservacion de la vida, pues en todo el discurso de mi vida me he hallado
tan fuerte ni tan vigoroso como despues que continué aquel ejercicio,
y el haber vivido despues acá con buena salud (a Dios las gracias principalmente) juzgo advertido, [sic] el haber quedado acostumbrado a refrescarme de mañana; que ya que no puedo ejecutar el baño(por no tener
a mano cuando me levanto un cristalino arroyo a que arrojarme), me
hago echar en la cabeza y en el celebro un cántaro de agua serenada
de buen porte, despues de haberme lavado los brazos y la cara. Volvimos al rancho frescos y bien limpios, y al punto mandó el cacique

que nos diesen de almorzar de unas longanizas sazonadas, en el ínter que llegaba el mediodía, que como los dias eran los mas cortos de todo el año por ser la fuerza del invierno junio y julio, en que nos hallábamos, mui presto se llegaba para comer la hora.

Despues de haber nosotros almorzado, estando asentados al amor del fuego, llegó un indio de tan mala figura, que su traje, perverso rostro y talle, estaba significando lo que era: a este habian enviado a llamar el dia antecedente para que curase a un indio enfermo, que estaba en otro rancho mui al último de sus dias; y jamas juzgan estos naturales que salen de esta vida para la otra por ser natural la muerte, sino es por hechicerías y por bocados que se dan los unos a los otros con veneno, a cuya causa acostumbran consultar al demonio por estos curanderos *machis*, hechiceros y encantadores ; que en esto tambien imitan a los antiguos, que usaban de adivinos que por arte. májica resucitaban los muertos para que respondiesen a sus dificultades y preguntas : así lo dijo Horacio hablando de los manes.

Cruor in fossam diffusus ut inde
Manes eliceret animas responsa daturus.

Y Virjilio en sus Æneydas dijo estos medidos renglones al propósito :

Nocturnosque ciet manes mugire videbis,
Sub pedibus terram.

Los májicos suscitan
Cadáveres ya frios sepultados,
Porque así se acreditan
Sus vanos artificios encantados,
Y hacen que sean patentes
Los futuros que fueron continjentes.

que los encantadores resucitaban muertos y los llamaban para que respondiesen a sus dificultades y adivinasen lo por venir, como hizo Saul, que por medio de la Phitonisa, hizo parecer ante sí al profeta Samuel. Mas dicen algunos doctores, y entre ellos el Padre Gaspar Sanchez, que verdaderamente estos encantadores no resucitaban los muertos, sino es que solo eran aparencias del demonio, que con demostraciones fantásticas ponian a los hombres delante de los ojos aquellas aparentes figuras, para hacer burla y chanza de ellos. Y así lo dice Tertuliano en el libro *de ánima*, cap. 57, y mas latamente San Agustin l. 5, cap. 14. Por cuya causa hai várias opiniones sobre haber la Phitonisa resucitado al profeta Samuel, a ruegos del rei Saul : muchos son de opinion que no fué verdaderamente Samuel el resucitado por los encantos de la Phitonisa, sino que fué su sombra, que se apareció a Saul, y lo fundan en que las ánimas de los difuntos no pueden aparecerse por encantos ni arte májica, y ménos las que estan en el seno de los justos : así lo dicen Tertuliano, en el lugar citado, y Justino en la cuestion 52. Mas otros sienten lo contrario y dicen, que verdaderamente fué el ánima del profeta Samuel la que se apareció a Saul, pero que fué por permision divina y no por encantos. Ruperto lo siente así, en el cap. 15, San Isidoro, lib. 8, cap. 9, y San Agustin en el libro de *cura pro mortuis agenda*, adonde claramente mudó su primer sentencia, diciendo que Samuel despues de muerto, segun el testimonio de la escriptura, no calló las cosas venideras, con autoridad de San Ambrosio, San Justino, S. Thom., S. Basilio. Y los mas santos doctores son de esta opinion, y el insigne maestro Gaspar Sanchez es del mesmo sentir y dice, que fué el ánima del profeta Samuel la que habló con el rei Saul, pero que fué por divina Providencia, en aquella ocasion de la Phitonisa, y no por sus encantos ni hechicerías; y fúndalo en que con toda brevedad salió en aquella ocasion Samuel, porque el arte necesitaba de tiempo mas dilatado para sus encantos y para el ajuste de sus cerimonias, y tambien lo deduce de que la Phitonisa quedó turbada con vehemencia luego que vió salir al profeta, porque no salió en la forma umbrosa que los que por encantos y májicas artes suelen suscitarse, sino es que le vió con grande majestad y en figura mas que humana, de que quedó la Phitonisa perturbada; que a haber salido Samuel por sus encantos, es cierto que no extrañara la figura, porque saliera en la forma acostumbrada, como las demas obscuras y a modo de sombras tristes, que así fueron llamadas comunmente; por lo cual dijeron los poetas que eran obscuros y nublados los muertos que por arte májica se suscitaban. Así lo dijo Virjilio y habló de Didone:

> Quam Troius Heros
> Ut primum juxta stetit agnovitque per umbram
> Obscuram, qualem primo qui surgere mense
> Aut videt, aut vidisse putat per nubila lunam.

> Por las sombras obscuras
> El héroe conoció la suscitada,
> Como entre las roturas
> Del cielo y sus celajes asomada,
> Suele la luna verse
> Y entre confusas dudas conocerse.

Primero mes llama al primero dia de la luna, cuando los ojos del lince mas perspicaz no pueden discernir entre nublados si fué la luna o no la que se vido: de la mesma suerte dice que son las ánimas de los muertos que se suscitan por encantos, que se miran como por obscuras nieblas. Pues ahora a nuestro intento: de la mesma suerte juzgué a este hechicero *muche* (que así llaman a estos curanderos), que a aquellos antiguos adivinos, Phitones y Phitonisas, porque verdaderamente consultaba este médico al demonio, como se mostró en las ceremonias que referiré adelante.

En cuanto a lo primero, parecia un Lucifer en sus facciones, talle y traje, porque andaba sin calzones, que este era de los que tengo en otra ocasion advertido que llaman *hueyes*, que en nuestro vulgar son nefandos, y de los que entre ellos se tienen por viles, por acomodarse al oficio de mujeres (que mas latamente he manifestado en otro capítulo); traia en lugar de calzones un *puno*, que es una mantichuela que traen por delante de la cintura para abajo, al modo de las indias, y unas camisetas largas encima; traia el cabello largo, siendo así que todos los demas andan tresados [*sic*], las uñas tenia tan disformes, que parecian cucharas; feísimo de rostro, y en el un ojo una nube que le comprehendia todo; mui pequeño de cuerpo, algo espaldudo, y rengo de una pierna, que solo mirarle causaba horror y espanto: con que daba a entender sus viles ejercicios. Llegóse la hora de el comer, y lo primero, como se acostumbra entre ellos, le pusieron delante un cántaro de chicha, de que fué brindando a los demas despues de haber bebido, y en medio de esto fueron sacando de comer; y teniéndome el cacique a su lado, me decia: de esto comen en tu tierra, y no lo extrañarás, habiéndome puesto delante un guisado mui bien hecho de ave, con muchos huevos el caldo, finalmente una cazuela bien dispuesta y sazonada, que entre nosotros, las cocineras no pudieran aventajarla; y esto fué despues de haber comido un buen asado de cordero, longaniza, morcilla y tocino, que es sabroso manjar en el invierno y con el frio, tortillas a modo de pan, papas con mucha pepitoria de ají, zapallos y made, y otros guisados a su usanza. Acabamos de comer y tratamos de ir al rancho a curar al enfermo: esto era ya sobre tarde, y en el ínterin que fueron por algunos adherentes de ramos de canelo, por un carnero, cántaros y ollas, fué acercándose la noche, con la cual se juntaron las indias y los indios vecinos, parientes y parientas del enfermo. Llegó la hora de que fuésemos todos al rancho del enfermo, que por no dejarme solo, me llevó el cacique en su compañía, habiendo preguntado al curandero *mache* si estorbaria mi asistencia a sus ceremonias y encantos, a que respondió que no, que bien podia asistir en un rincon de la casa. Entramos ya de noche al sacrificio de el carnero, que ofrecian al demonio; tenian en medio muchas luces, y en un rincon del rancho al enfermo, entre clara y obscura aquella parte, rodeado de muchas indias con sus tamborilejos pequeños, cantando una lastimosa y triste tonada con las voces mui delicadas; y los indios no cantaban porque sus voces gruesas debian de ser contrarias al encanto. Estaba cerca de la cabecera del enfermo un carnero liado de piés y manos, y entre unas ramas frondosas de laureles tenian puesto un ramo de canelo de buen porte, del cual pendia un tamboril médiano, y sobre un banco grande a modo de mesa una quita de tabaco encendida, de la cual a ratos sacaba él humo de ella, y esparcia por entre las ramas y por adonde el doliente y la música asistia. A todo esto las indias cantaban lastimosamente, y yo, con el muchacho mi camarada, en un rincon algo obscuro, de adonde con toda atencion estuve a todas las ceremonias del hechicero. Los indios y el cacique estaban en medio de la casa asentados en rueda, cabizbajos, pensativos y tristes, sin hablar ninguno una palabra. Al cabo de haber incensado las ramas tres veces, y al carnero otras tantas, que le tenia arrimado al banco que debia de servir como altar de su sacrificio, se encaminó para donde estaba el enfermo, y le hizo descubrir el pecho y estómago, habiendo callado las cantoras, y con la mano llegó a tentarle y sahumarle con el humo de la quita, que traia en la boca de ordinario; con esto le tapó con una mantichuela el estómago, y se volvió donde estaba el carnero, y mandó que volviesen a cantar otra diferente tonada, mas triste y confusa, y allegando al carnero, sacó un cuchillo y le abrió por medio, y sacó el corazon vivo, y palpitando le clavó en medio del canelo en una ramita, que para el propósito habia poco ántes ahuzado, y luego cojió la quita y empezó a sahumar el corazon, que aun vivo se mostraba, y a ratos le chupaba con la boca la sangre que despedia. Despues de esto sahumó toda la casa con el tabaco que de la boca echaba el humo; llegóse luego al doliente, y con el propio cuchillo que habia abierto al carnero, le abrió el pecho, que patentemente se parecian los hígados y tripas, y los chupaba con la boca; y todos juzgaban que con aquella accion echaba afuera el mal y le arrancaba de el estómago; y todas las indias cantando tristemente, y las hijas y mujeres del paciente llorando a la redonda y suspirando. Volvió a hacer que cerraba las heridas, que a mi ver parecieron apariencias del demonio, y cubrióle el pecho nuevamente, y de allí volvió a donde el corazon del carnero estaba atravesado, haciendo enfrente dél nuevas ceremonias, y entre ellas fué descolgar el tamboril que pendiente estaba del canelo, y ir a cantar con las indias, él parado dando algunos paseos, y las mujeres asentadas como de ántes. Habiendo dado tres o cuatro vueltas de esta suerte, vimos de repente levantarse de entre las ramas una neblina obscura a modo de humareda, que las cubrió de suerte que nos las quitó de la vista por un rato, y al instante cayó el encantador en el suelo como muerto, dando saltos el cuerpo para arriba, como si fuese una pelota, y el tamboril a su lado de la mesma suerte saltando a imitacion del dueño, que me causó grande horror y encojimiento, obligándome a encomendar a Dios, que hasta entónces habia estado con notable cuidado a todas sus acciones, y luego que ví aquel horrible espectáculo, tendido en aquel suelo, y el tamboril saltando solo juntamente con el dueño, se me angustió el alma y se me herizaron los cabellos, y tuve por mui cierto que el demonio se habia apoderado de su cuerpo. Callaron las cantoras, y cesaron los tamboriles, y sosegóse el endemoniado, pero de manera el rostro que parecia el mesmo Lucifer, con los ojos en blanco y vueltos al colodrillo, con una figura horrenda y espantosa. Estando de esta suerte, le preguntaron que si sanaria el enfermo; a que respondió que sí, aunque seria tarde, porque la enfermedad era grave y el bocado se habia apoderado de aquel cuerpo de manera que faltaba mui poco para que la ponzoña llegase al corazon y le quitase la vida. Volvieron a preguntarle, que en qué ocasion se le dieron, quién y cómo, y dijo, que en una borrachera, un enemigo suyo

con quien habia tenido algunas diferencias, y no quiso nombrar la
persona aunque se lo preguntaron, y esto fué con una voz tan delicada,
que parecia salir de alguna flauta. Con esto volvieron a cantar las mujeres sus tonadas tristes, y dentro de un buen rato, fué volviendo en sí
el hechicero, y se levantó cojiendo el tamboril de su lado, y lo volvió.
a colgar adonde estaba de ántes, y fué a la mesa adonde estaba la
quita de tabaco encendida, y cojió humo con la boca; y incensó o ahu-
mó las ramas (por mejor decir), y el palo adonde el corazon del carnero
habia estado clavado, que no supimos que se hizo, porque no se le
vimos sacar ni pareció mas, que infaliblemente lo debió de esconder el
curandero, o llevarlo el demonio, como ellos dan a entender, que se lo
come; despues de esto se acostó entre las ramas del canelo a dormir y
descansar, y de aquella suerte lo dejaron, y nosotros nos fuimos a
a nuestra habitacion con el cacique. Y habiendo cenado mui a gusto,
me rogó el muchacho que le enseñase otra oracion, porque ya sabia el
Padre nuestro; díjele que le repitiese; hízolo así con primor, y porque
era tarde le pedí que dejásemos para otro dia el dar principio a otra
oracion, porque el sueño me tenia rendido y apurado : y despues de
haber acudido a lo principal de mis devociones, quedaron los sentidos
al sosiego entregados y al descanso.

CAPITULO XX.

En que se trata del afecto con que el muchacho mi camarada deseaba saber las
oraciones, y de algunas preguntas raras que me hizo.

Amaneció, otro dia, de escarcha helada bien cubierto el campo, y por
cima de sus cándidos tapetes fuimos todos a echarnos al estero, que
aun el decirlo puede causar pavor a quien no lo ha visto, y a los que
no saben ser costumbre antigua de estos naturales.

Volvimos limpios y frescos a asentarnos al amor del fuego, adonde
las mujeres dispusieron darnos de almorzar en breve espacio, porque
tenian que ir a resembrar una chacra en que se habian de ocupar hasta
la noche. Despues de haber salido el sol claro y sereno, a breve rato
se levantó una niebla cerrada y bien tupida, y acercándose mas al mediodía su curso, se cubrió el cielo de nublados densos, porque la helada
o los vapores de ella subieron para arriba conjelados (que estos indios
llaman a estas nubes *pirapilin*), cuyos accidentes se convierten en agua
de ordinario ; y habiendo las indias reconocido el tiempo alborotado, se
apresuraron en darnos de almorzar para salir luego a su faena, como
lo hicieron, dejándonos en el rancho al cacique, a mí y al muchacho
mi compañero y camarada, y a otro pariente del caporal casado, que
alojaba tambien en la casa. Estuvimos, despues de haber comido y brindádonos a gusto, en buena conversacion entretenidos, y rodeándose la
plática me preguntó el cacique, si los españoles que asistian en nuestras
fronteras, eran como los pasados que estuvieron en aquellas ciudades

21

antiguas. Respondíle que sí, porque los mas eran descendientes de ellos, y que claro estaba que habian de ser parecidos los hijos y los nietos a sus padres. Por ese camino habeis dicho mui bien (dijo el cacique): no es eso lo que pregunto, sino es, si son de tan malos naturales y de tan perversas obras como los que asistieron entre nosotros. Eso no lo podré yo saber (le respondí), por no haber tenido noticias ciertas de lo que fueron, ni de sus acciones.—¿Pues no habeis oido decir las causas y motivos que hubo para la desolacion de estas ciudades, capitan amigo? Verdaderamente (le volví a decir) que como muchacho y de pocas experiencias, no he cuidado hasta ahora de saber nada de lo que en esos tiempos pasó efectivamente. Pues si no lo habeis sabido, no quiero que de mí sepais sus procederes; solo os quiero decir (repitió el cacique) que si los que gobiernan hoi vuestras fronteras, y los que tienen indios a su cargo, son como los que por acá experimentamos, que no han de durar mucho los amigos y vasallos que tienen entre manos y estan debajo de su obediencia; y acordáos para lo de adelante de estas razones que os digo.

Mucho siento, cacique Luancura, que habiéndose ofrecido tratar de esta materia, me hayais dejado ayuno de lo que con extremo hacerme capaz he deseado. De otros mas antiguos que yo, que los experimentaron y trataron mas de cerca, tendréis ciertas noticias (dijo el cacique), que yo tampoco he llegado a saber mas de lo que nuestros pasados nos han dicho; si bien en la Imperial hallaréis todavía algunos ancianos que refrescan las memorias a los otros, para que tengan siempre mui presentes los agravios, molestias y crueldades que hicieron con nuestros padres, de que se orijinaron las ruinas de vuestras casas y el sosiego de las nuestras. Esto baste por ahora, capitan, y vamos donde estan nuestras mujeres, y ayudarésmoslas en algo, para que acaben presto su trabajo.

No puedo dejar de ponderar un rato de este cacique prudente las razones que dijo resueltamente, que si los españoles que gobernaban hoi nuestras fronteras, y los que tenian indios encomendados a su cargo, eran como los pasados, que tuviese por cierto que no habian de permanecer ni ser stables. Y haciendo memorias de los pasados tiempos en que he militado, en algunas ocasiones he hallado cumplida y verificada la profecía del cacique, pues en el discurso del tiempo que he continuado el servir a S. M. en esta guerra de Chille, he experimentado que algunos alborotos y alzamientos que ha habido en las fronteras, se han orijinado todos por malos ministros y gobernadores cudiciosos, sin temor de Dios ni respeto a la justicia ni a los mandatos del Rei N. S., pues no se saben ajustar a sus reales cédulas tan bien ordenadas y dispuestas; y en alguna manera los disculpo, porque como se salen con todo lo que intentan, y con cuanto hacen, sin que se vea ni haya visto algun ejemplar castigo en semejantes ministros, no es mucho que no teman la justicia de Dios ni de la tierra, y que vengan unos peores que otros, y lo pague el pobre reino con hallarse cada dia en peor estado, y engañados los consejos con informes falsos, que tambien lo paguen los leales vasallos

de S. M., y aun su real patrimonio, pues se lo estan gastando conocidamente en sus particulares intereses, mas que en los aumentos y progresos de la guerra : con que se han verificado las razones del cacique, que
no pueden ser estables los siervos y vasallos, si son los españoles como
los pasados. Y mucho peores, pudiéramos decir, pues por tener la presa
mas segura han promulgado paces cautelosas y falsas, haciendo que se
reduzcan algunas parcialidades, y sobre seguro las han maloqueado y
vendido por esclavos estas presas : estos son los agasajos que hacen a los
que con buena voluntad se rinden y sujetan a nuestras armas, y si se
alborotan o levantan con estas acciones y buenas obras que les hacen,
decimos que son traidores ; y así digo, que miéntras no se quitare la esclavitud de esta nacion, y ejemplarmente no se castigaren tales superiores y ministros, es imposible que haya paz firme en este reino ; ántes
tengo por mui cierto que ha de consumirse mui breve y acabarse, porque
los que vienen a gobernarle forasteros, son siempre sus mayores enemigos, alborotando la guerra y destruyendo la paz.

Prosigamos nuestra historia, que de ella irémos sacando o encontrando varios acontecimientos encaminados al blanco de mis discursos.

CAPITULO XXI.

En que se prosigue la conversacion trabada con el muchacho, y se responde a las
dificultades que puso, preguntando que cómo podia parir una doncella.

Salimos con el cacique los que con él dije que asistíamos, y nos encaminamos para adonde estaban las mujeres, y habiéndolas hallado en
sus sementeras ocupadas, las ayudamos con deseos de que se ajustase
brevemente la tarea. A los últimos fines de la tarde dió principio el
agua, aunque menuda, a dejarse caer sobre nosotros, con que abrevia-
mos nuestra vuelta, llevando por delante nuestros hacecillos de leña
seca, que es de todos el ordinario ejercicio. Llegamos al abrigo de la
casa a tiempo que la luz del dia se ausentaba y las lluvias crecian con
el viento ; con que al instante las indias aliñaron sus fogones, y en el
que hicieron para el cacique aparte, nos asentamos los que salíamos en
su compañía : allí nos trajieron de cenar despues de haber pasádose
buen rato, y con sumo gusto y alegría nos brindamos con chichas diferentes, y habiéndonos quedado conversando al fuego, me pidió mi
compañero y amigo que le enseñase otra oracion, porque sabia ya la
del Padre nuestro, que la recitó mui a mi gusto, y el padre le mostró
grande de haberle escuchado, pues me dijo que se hallaba mui pagado
de que enseñase a su hijo con buena voluntad las oraciones. Yo le respondí, que estimaba mas el haber reconocido en él una intencion piadosa y natural afecto a nuestra doctrina, que el amor y agasajo que me
hacia. A esto se allegaron dos mujeres del cacique, las mas queridas, a
nuestro fogon a escuchar un rato lo que hablábamos, que como las
oraciones que enseñaba eran en su lengua, parece que gustaban todas

de oirlas recitar al muchachuelo. Antes de dar principio a la oracion del Ave María, pregunté a mi discípulo, que si le habian parecido bien las hechicerías y ceremonias del *mache* de la pasada noche, y me respondió, que de ninguna manera se inclinaba a mirarlos, porque les tenia miedo, y mas aquel, que parecia demonio en su cara, talle y traje; y es así, que hai otros curanderos que hacen algunas ceremonias finjidas chupando al enfermo el estómago, y escupiendo sangre de la boca, dando a entender que se la sacan de adentro del pecho, y para esto dicen que suelen sajarse la lengua o picarse las encías, para hacer estas demostraciones; y estos verdaderamente no tienen pacto con el spíritu malo, como los otros que llaman *huyes*, que son nefandos, como queda dicho, y estos son los que causan mayor pavor y espanto: finalmente, el muchacho mostraba en todas sus acciones tener escojido natural, aplicado a lo bueno y desviado de lo malo. Principiamos el Ave María en su lengua diciendo: *upchia cimi María*, Dios te salve María, y con gran cuidado me preguntó, que quién era María; a que le respondí, ser hija y madre de Dios, en cuyas entrañas purísimas encarnó el Hijo de Dios, y nació de ella por ser tan santa, tan pura y tan limpia como las estrellas, quedando pura, intacta y doncella (le dije para la explicacion a su modo) ántes del parto y despues del parto, y siempre vírjen. ¿Cómo puede ser eso, replicó el muchacho, que la mujer que pare, quede vírjen? Admiróme la duda del muchacho y respondíle cuidadoso de satisfacérsela; y aunque quise explicarle el sacramento con las palabras del santo rei David, no me atreví sin la interpretacion elegante de los santos doctores, que para responder algo al discípulo que daba muestras de sobrenatural discurso, me valí de la explicacion de algunos santos doctores. Dice San Pedro Crisólogo las siguientes razones: el vellocino tiene su oríjen del cuerpo, pero ignora totalmente las pasiones dél: así la virjinidad, estando en la carne, no se inficiona con los vicios de ella; y en conclusion, el celestial rocio con un plácido ilapso se deslizó al virjíneo vellocino, y toda la onda de la Divinidad se encubrió en el pasoso vellico de nuestra carne. Las mesmas palabras, algo mas ampliadas, parecen en la boca del gran defensor y devoto de la Santísima Vírjen, San Ildefonso. El vellocino (dice este santo) representa a la Vírjen Santísima, y como este, tocándole tanto al cuerpo, huye los resabios del cuerpo, así la virjinidad, aunque está en la carne, ignora los vicios de la carne; bajará, pues, el Verbo como lluvia al vellocino, porque el celestial rocio (esto es la onda de la Divinidad) con un deslizo agradable se virtió en el vellocino puro y virjíneo de María, cuando el Verbo se hizo carne y se unió a nuestra naturaleza.

Aunque habeis dicho muchas cosas (dijo el muchacho), no os he entendido las mas; y el cacique, habiendo estado mui atento, me dijo lo propio. Pues aguardad, que mas rateramente os lo quiero dar a entender, dije a mis oyentes. El vellizo [*sic*] es como un vellon de lana: ¿no habeis reparado, cuando alguna noche se queda fuera de casa un ovillo de lana o pedazo suelto, que solo del rocio amanece empapado en agua, y parece que está enjuto, y llegando a exprimirlo, sale el rocio que se embebió en él? Sí, capitan, me respondió el muchacho, es verdad que la lana suele amanecer del rocio embebida en agua, y parece estar enjuta. Pues de la mesma suerte (le dije), en el vellocino puro y cristalino de María se embebió la divinidad de Cristo S. N., sin que le impidiese la virjinidad purísima de María, Señora nuestra; y todos conforman en que éste vellocino de Gedeon de que vamos hablando, es la Vírjen María, y el celestial rocio el Verbo Eterno: así lo dijo el ilustrísimo Villarroel. Con grande erudicion toca esta materia San Cirilo Hierosolimitano, y confunde a los judios y a los jentiles con sus propias fábulas, que tienen por verdaderas, y les tapa las bocas diciendo : ¿por qué afirmais y decis que las piedras arrojadas y postradas por el suelo producen hombres y se trasforman en ellos? cómo negais que puede una vírjen parir siendo vírjen? Los que imajinais o presumis que del meollo o celebro de Júpiter nació su hija, ¿cómo teneis por imposible que de un virjinal vientre nazca alguna cosa? Y para prueba de la grandeza de Dios y de su poder infinito, dice mas el santo : estéril era Sara, y falta ya por sus muchos años de la naturaleza para poder concebir, y parió fuera de los términos naturales ; pues agora, el parir la estéril, como la vírjen, es contra la naturaleza, o cosa sobrenatural, como se vé ; o has de negar ambas cosas, o concederlas. Mas aprieta la dificultad y dice : Eva fué nacida de varon, y no concebida en madre ; María, pues, representó el oficio prestado de la gracia, y no de varon ; por sí sola, sin haber sido maculada parió por virtud de Dios y por obra del Spíritu Santo, porque Dios lo puede todo y está en todas partes. Y porque con mas claridad vengais en este conocimiento, os pondré un ejemplo a vuestro modo, y veréis, si sale mañana el sol, en una bategüela de agua clara, penetrar con sus rayos los cristales y representarse en ellos de la mesma suerte que estan en el cielo. Y ¿ahora no podréis, capitan, hacer la experiencia con la luz de la vela (dijo el cacique)? que aquí os traerémos una bategüela de agua clara. Venga en hora buena (le respondí), y veréis lo que digo, aunque no con la propiedad que con los rayos del sol se manifestara mi deseo. Trajeron la batea de agua, y dejéla sosegar mui bien y puse luego la vela ardiendo a la vista del agua, y como en un espejo se representaba el resplandor de la propia suerte que se mostraba afuera ; estuvieron mirando con atencion el misterio, y confesaron que tenia razon, pues la vela y su luz estaba dentro del agua de la mesma suerte que la teníamos presente afuera. Pues así habeis de considerar el misterio de la encarnacion del Hijo de Dios en las entrañas purísimas de María, Señora nuestra, que penetra su poder lo claro y cristalino de su virjinidad santa y pura, sin que padezca lesion ni mancha alguna, como el agua clara, que se está en su ser, sin moverse ni enturbiarse, aunque le penetre el rayo del sol, el de la vela, o otro cualquier resplandor que sea ; y sobre todo, el poder de Dios es el que habeis de considerar, que no hai imposible alguno que se le oponga ni tenga lugar en su grandeza. Esto que he referido, les expliqué con el mejor modo y stilo que pude, con razones vulgares y ejemplares, que no dejaron de apercebir y comprehender algunas cosas, y quedar enterados del inmenso poder de nuestro Dios y Señor.

Proseguimos con el Ave María, que repetí muchas veces en presencia de su padre y madre, y de los demas que se habian agregado a nuestro fogon a escuchar las razones que al muchacho mi camarada referia, a que estuvieron todos mui atentos; y despues rogué al discípulo que dejásemos para otro dia la doctrina cristiana, y que fuésemos a dar descanso a los cuerpos con el acostumbrado sueño, porque era tarde. Vamos, pues (capitan), me respondió el camarada, y en la cama me volveréis a enseñar otro rato; con que nos despedimos de su padre y de los demas circunstantes, que al amor del fuego habian estado divertidos en nuestra conversacion. Fuimos a nuestro lecho encaminados, y despues de habernos acostado y rezado yo mis devociones, repetí el Ave María al compañero tres o cuatro veces, a ruego suyo, que no me dejaba sosegar un punto por que le enseñase a priesa; con que suspendimos la conversacion y dimos a la noche con el sueño lo que era suyo.

CAPITULO XXII.

En que se refiere como, habiendo dormido algun rato de la noche, me recordó el muchacho mi compañero en el lecho, para referirme un sueño que habia tenido; cuéntase como fué cierto pronóstico para cristianarse, y de la suerte que yo se lo expliqué y declaré.

Despues de la media noche, habiendo dormido solo un sueño, me recordó mi compañero juzgando no estaria dispierto, cuando me hallaba con discursos varios desvelado, por ser las noches mas crecidas del año; respondíle al instante con deseo de saber lo que me queria, preguntándole que para qué me llamaba, y me dijo mui alegre, que para contarme lo que acababa de soñar, me habia dispertado. Pues decid vuestro sueño (le dije al camarada), que me alegraré escucharos en extremo. Habeis de saber, Pichi Alvaro amigo (que así me llamaban de ordinario los mas porque el nombre de mi padre le tenian mui en la memoria), que estando durmiendo a rienda suelta y con gusto, me puse a rezar las oraciones que me vais enseñando, y cuando llegaba a decir: *Ipchi acimi María*, que quiere decir Dios te salve María, se acercaba a mí un negro grande a querer taparme la boca; túvele miedo verdaderamente, y aunque queria hablar y llamarte, no podia, y estando en esta afliccion y atribulado, en lugar del negro se me paró delante un *pichigüinca* mui blanco (un niño quiere decir), mui hermoso y mas rubio que el sol, que cuando le miraba me deslumbraban sus cabellos y su agraciado rostro. Púsose despues de esto a jugar con el agua de una fuente clara y cristalina, cojiendo en un jarro de plata la que cabia, y al punto la volvia a vaciar mui poco a poco: llegaron otros niños a jugar con él, no tan blancos ni agraciados, que parecian indiecitos como yo; subióse entónces el niño bonito (dígolo como él lo significó) a un árbol que estaba arrimado a la fuente, y en medio de sus ramas verdes y frondosas parece que estaba una señora, que su rostro era semejante al del niño, y por cima de aquel árbol andaban muchos niños como volando, que me pareció tenian alas; cojió otra vez agua de la fuente, estando en el alto sobre las faldas de la señora, y empezó a rociar a los niños desde arriba, y ellos pasaban corriendo por debajo; volvió a llenar otra vez el jarro y se lo dió a la señora, y ella fué echando poco a poco, de manera que caia el agua como la del chorrillo adonde vamos a cojer la que tiene aquella canalcita de palo: así caia, y los niños iban pasando por debajo uno a uno y recibian el agua en la cabeza, y ví que luego que les caia sobre ella, se les ponia nevada. ¿No habeis visto la escarcha que amanece en los prados cuando hiela? de la mesma suerte se les ponian las cabezas; y habiendo visto el entretenimiento que tenian, me fuí a entrar entre ellos y pasé tambien por debajo, y no caia agua sobre mí; levanté los ojos para arriba, y entónces me cayó la agua en el rostro, y bajando la cabeza me la bañaron toda, y recebí tanto gusto, que no quise apartarme hasta ver si me volvian a echar mas agua, y como se pasó algun tiempo, volví a levantar los ojos para arriba y no ví mas lo que de ántes; con que desperté gustoso de haber visto tan lindas cosas, que me holgara estarlas mirando hasta ahora. Este es mi sueño, capitan: ¿qué te parece? no es mui bueno? Respondíle que era mejor de lo que pensaba. ¿Cómo así (me preguntó el camarada)?· Yo os lo diré y explicaré vuestro sueño (dije a mi camarada.)

Habeis de saber, amigo, que antiguamente por sueños revelaba Dios N. S. sus secretos, como lo hizo con el rei Abimelech, en la vision de la escala con Jacob, con Jedeon en la batalla contra los Madianitas, y otros muchos ejemplos que pudiera traeros al propósito; y aunque hoi no podemos dar crédito a lo que soñamos, porque son ficciones del entendimiento y fantasías, o, como dijo Ciceron, que son pensamientos o palabras continuadas en la memoria en el discurso del dia; pero piadosamente podemos colejir algunas veces, que puede suceder lo que soñando se nos representa eficazmente, y mas cuando tiene fundamento en lo que honestamente deseamos; y asentado este principio, vos habeis imajinado entre dia o deseado ser cristiano, y conocer a Dios y sus grandezas, por cuya causa aprehendeis las oraciones con afecto, segun habeis mostrado. Es verdad, capitan (me respondió el muchacho), que he deseado con extremo ser cristiano y conocer a vuestro Dios, por la luz que me habeis empezado a dar de sus grandezas, y cada dia estoi con mayores ansias y continuos deseos de que me hagais cristiano. Pues ese es vuestro sueño (respondí al muchacho), que como habeis tenido esos fervorosos disinios, se os ha representado en sueños de la suerte que lo habeis de ser, bañándoos la cabeza con el agua que os echaré en el nombre del Padre y del Hijo y del Espíritu Santo, con que se pone blanca y resplandeciente, de la suerte que se os repre sentaron las cabezas de los niños que entre sueños se os pusieron delante. Y aquella señora que visteis sobre el árbol asentada, era la madre de aquel niño hermoso, que es nuestro Redemptor ; y porque alabais a su Madre Santísima con el Ave María, ahuyentó y apartó de vos aquel negro, que era el demonio, que os queria tapar la boca, porque es nuestro comun adversario y está perturbando siempre nuestros buenos intentos y propósitos ; y conociendo los que teneis de conocerle, se opuso el niño hermoso al negro feo y horrible, que es el demonio, y el otro Cristo, Señor Nuestro, hijo de Dios vivo, que os alentó y esforzó con su vista para que no dejaseis ni os apartaseis de vuestros deseos, que son encaminados al conocimiento de nuestra santa fee católica.

Decis mui bien, capitan, me respondió el muchacho, y me parece que habeis acertado con mi sueño, porque, como decis, que lo que se continúa en la memoria en el discurso del dia, se nos representa en sueños de noche, hame sucedido a mí de esa manera, pues no pudiendo desviar de la imajinacion las oraciones que me enseñais, y el ardiente deseo de conocer a Dios, durmiendo de noche parece que las tengo mas presentes ; y así, por vuestra vida, os ruego que no dilateis el cristianarme, pues habeis visto en mí sobrado afecto. Será menester, amigo y camarada (le dije), que pidais licencia a vuestro padre, que no será razon que sin su gusto mudeis de relijion y de vuestro estado. ¿Ya no sabeis (respondió el muchacho) que mi padre gusta de que me enseñeis a rezar? claro está que tambien ha de querer que sea cristiano.—Pues bien podeis prevenirle y avisarle. Para mañana harémos una buena cruz y la pondrémos enfrente de aquel árbol copado, frondoso y verde que está enfrente de nuestra casa, para que debajo de sus copiosas ramas recibais el agua del santo bautismo. Mucho me habeis consolado, capitan amigo (dijo el muchacho): yo se lo diré a mi padre, y veréis el regocijo que muestra con mi determinacion y vuestra enseñanza. Pues aguardemos al dia, camarada, y miéntras viene (le dije) podrémos sosegar otro buen rato.

CAPITULO XXIII.

De como, luego que el sol dió principio a manifestar sus rayos, nos levantamos a hacer una cruz hermosa, y la pusimos arrimada al árbol copado que estaba cerca de casa, y la cercamos a modo de claustro para dentro dél baptizar a mi amigo.

Apénas iba el sol dando principio al dia, cuando mi compañero empezó a levantarse de la cama y a decirme, que ya los rayos dél estaban con nosotros, que nos levantásemos y fuésemos a hacer la cruz que habia dicho pondríamos arrimada al árbol ; con que me obligó a levantar tambien del lecho en que habíamos dormido, dando infinitas gracias a nuestro Dios y Señor por las mercedes que me habia hecho, en dejarme llegar con bien a aquel dia, y por haberme llevado a casa de aquel cacique de buen natural y inclinado a mirar con buenos ojos a los españoles y cristianos, y adonde con tanto fervor y gusto admitia aquel muchacho mi compañero nuestra doctrina y fee católica. Salimos afuera, habiendo sacado una hacha que le pedí, con que nos encaminamos al monte, adonde escojimos una vara larga y gruesa, la mas derecha que topar pudimos, que con mucho gusto cortamos y sacamos de la montaña, y fuera de ella la pusimos y enderezamos, cortándole los gajos y ramas que por él se esparcian; con una azuelilla de las que ellos usan, hicimos las muescas o encajes para el atravesaño y brazo de la cruz, que con un asador ardiendo le taladrámos por falta de barreno, y con unos clavos de madera fuerte la clavamos, y entre los dos al sitio que de ántes propusimos, la llevamos, enfrente del copado árbol referido. En este tiempo estaba ya el cacique Luancura padre del muchacho con otros dos mocetones casados, parientes suyos, a la resolana, arrimados a las espaldas del rancho, y luego que nos vieron llegar con la cruz a cuestas, se levantaron y fueron a donde estábamos los dos cojiendo algun resuello y descansando, porque verdaderamente era de buen porte el madero y no dejó de fatigarnos algo; y lo que me maravilló fué, que siendo el muchacho tierno y delicado, pudiese soportar con esfuerzo la carga que a mis hombros, aunque mas vigorosos y robustos, agobiaba, y acordéme en esta ocasion de lo que nos dice el Redemptor divino, por su coronista glorioso, que su peso es liviano y su yugo suave. Yugo llama Cristo S. N. a su lei santa, y a los que la reciben, les dice, que la lleven sobre sí, y aunque el camino de la virtud parezca áspero y escabroso, en cojiendo la vereda con amor y gusto, se hace espaciosa si parece estrecha, gustosa y deleitable, si penosa, como le parecia a mi compañero catecúmeno suave el yugo, y la carga de nuestra lei liviana y deleitable. Pues ¿cómo (pregunta Ravano) nos dice en otra parte nuestro Salvador, que es angosta y trabajosa la senda que nos encamina al descanso y a la vida? Y prosigue diciendo, que a los últimos fines de la carrera se hace apacible el camino y espacioso, con el progreso del tiempo y con la dulzura del divino amor, aunque a los principios sea trabajoso, angosto y áspero.

Preguntónos el cacique nuestro intento, y a qué se encaminaba nuestro trabajo, y respondió el muchacho que me habia rogado várias veces que lo bauptizase, y que no habia querido hacerlo sin su consentimiento y gusto. Respondió el cacique con agrado y placentero, que recibiria grande júbilo y alegría en verlo hacer cristiano, porque él lo era antiguo y tuvo siempre buena voluntad a los españoles, aunque sus temeridades obligaron a aborrecer sus acciones. Pues esta cruz que traemos (repitió el muchacho), la habemos hecho para ese efecto y la queremos poner arrimada a este frondoso *pengu* (que así se llamaba el árbol), para que al pié de ella me bautice el capitan. Paréceme mui bien (dijo el cacique), y nosotros ayudarémos a levantarla, y se bauptizarán todos los de casa. Haced unos *pales* (dijo a sus compañeros), que son a modo de barretas de una madera mui pesada. El muchacho mi compañero estaba ya disponiendo una de estas, con una azuela pequeña que habia llevado al propósito, y los dos muchachones camaradas hicie-

22

ron otras, con las cuales se hizo el hoyo en que se habia de poner la cruz, que con el ayuda del cacique y los demas que nos habíamos juntado, la levantamos en alto y la pusimos clavada, derecha y bien proporcio-nada; y acabada de poner, nos hincamos de rodillas al pié de ella, y hice a mi compañero que rezase las oraciones que sabia, que eran las del Paternóster y Ave María, que lo hizo con mucho gusto. Y el cacique y los demas a nuestra imitacion hicieron lo propio, poniendo las rodillas en el suelo, alegrándose de ver la cruz, que señoreaba toda la campaña, y de haber oido a su hijo recitar las oraciones; y yo quedé maravillado, cierto, de la devota accion del cacique, que por habernos visto a los muchachos de rodillas hizo lo propio él y sus compañeros; de adonde se puede colejir con evidencia, que el dócil natural de esta bárbara jente no fué cultivado en sus principios con el azadon y reja del eficaz ejem-plo de que necesitaba un nuevo jentilísmo, porque importaban poco las palabras a los que con cuidado atendian mas a las acciones, que sin duda no debieron de ser mui ajustadas las de sus primeros maestros y señores, pues tan breve se reconoció el fruto que se sacó de ellas con la destruicion y pérdida de sus vanas ciudades: a cuya causa debemos seguir la doctrina y enseñanza de nuestro gran padre San Gerónimo, que dice, que nuestras obras sean tales, que no confundan ni perturben nuestras palabras, que de esa suerte tendrá la enseñanza lucimiento y feliz logro la palabra divina.

En esto se nos fué lo mas de la mañana, porque como los dias eran los mas pequeños del año, con el ejercicio que habíamos tenido, se nos fué el tiempo deslizando y sin sentir se nos acercó el mediodía; y de la mesma suerte (como dijo Ovidio) se nos van sin pensar y sin ruido los años y los dias de la vida.

Tempora labuntur tacitisque senescimus annis,
Et fugiunt freno non remorante dies.

Los tiempos se deslizan,
Los annos resbalando se nos pasan,
Callando nos avisan,
Y sin freno los dias nos aplazan,
Pues cuando no pensamos
Al fin de la carrera nos hallamos.

Llevónos, despues de esto, el cacique a su rancho, y comimos con él de lo que las mujeres tenian dispuesto y sazonado, y nos brindamos con extremados licores de manzanas, de frutillas y maiz crudo, que es fuerte y de mucho sustento; y en el discurso de nuestros bríndises [sic] platicamos largamente de los cristianos antiguos, que no debieron de ser sus principios tan ajustados a la doctrina cristiana y enseñanza que era conveniente para una nacion bárbara y nuevamente reducida y agre-gada al gremio de nuestra santa fee católica, pues el cacique me dijo como admirado: capitan, ¿sabeis lo que he reparado en vuestra doctrina y enseñanza? que los antiguos españoles no siguieron en ella vuestro stilo, que vos repetis muchas veces lo que enseñais a mi hijo, y así aprehende con facilidad lo que le decis; que los pateros (que quiere decir doctrineros) sola una vez enseñaban las oraciones, de año en año y de priesa, a las mujeres y a las muchachas y muchachos, porque los indios tributarios, pocos o ningunos asistian en sus casas, con que eran mui raros los que sabian rezar. Pues los muchachos y chinas que serviais dentro de las casas de vuestros amos (dije al cacique) ¿no rezabais todas las noches? En algunas partes (respondió el cacique) oí decir que solian hacerlo así en vuestro lenguaje castellano, con que ninguno llegaba a entender lo que rezaba; y esto algunas buenas señoras lo hacian, que los *huincas*, que quiere decir españoles, ya os he dicho, capitan, algunas cosas que hacian, no bien encaminadas, segun las noticias que tuve de mis antepasados. Bien creo yo (dije al cacique) que habria algunos de malos naturales, porque nuestra humana naturaleza siempre está sujeta a obrar ántes mal que bienes; y habeis de advertir, amigo Luancura, que el mundo se compone de malos y buenos, y que es mayor el número de los que se dejan llevar del licencioso apetito, que los que se sujetan a la razon natural; siendo la que debe rejir y gobernar nuestros descaminos, porque enseña, como dijo Ciceron, lo que se debe seguir y obrar, y de lo que se ha de huir y apartar, porque la razon debe presidir y el apetito obedecer: al contrario se gobiernan los mas, sujetando al apetito la razon, por ser (como tengo dicho) mas sujeta nuestra flaca naturaleza a obrar mal que bien; pero no me negaréis que entre los malos que decis, habria algunos buenos tambien y ajustados a nuestra cristiana lei. Mui pocos y mui contados (respondió el cacique) los que lo parecian; solo decian los antiguos mucho bien de un *patero* o ermitaño que vivia solo en una capilla o ermita que tenia fuera del concurso de las jentes, adonde se sustentaba con yerbas del campo y con el pan que pedia de limosna, y lo mas que traia, lo repartia a los pobres indios y a los niños y muchachos que enseñaba a rezar, y tambien oí decir, que de noche se azotaba mucho dentro de su capilla. Asímesmo tenian opinion de buenos relijiosos los que llamaban *videpateros*, que quiere decir los que tenian las vestiduras de color de perdiz (que son los de la sagrada relijion de mi padre San Francisco); que éstos (repitió el cacique) no buscaban oro ni plata, como los demas, y no tenian chacras ni heredades, y se sustentaban de limosnas como el hermitaño, y a su convento y casa acudian a comer todos los pobres, y los desamparados indios hallaban en ellos grande abrigo y consuelo: y de esto se acuerdan mucho los viejos de aquel tiempo. Pero dejemos ahora (capitan) estas pláticas, que como era yo pequeño entónces, no pudé llegar a tener tanto conocimiento, y puede ser que lo que cuentan los antiguos acerca de lo que hacian los españoles, no fuese con el extremo que várias veces les oí decir; y así, tratemos de cristianar a mi hijo y a mis hijas, que yo tengo mucho gusto de que lo hagais. Por la mañana, si os parece (le dije al camarada), podrémos bautizarlos, y esta tarde rezarémos todos al pié de la Cruz, y enseñará tu hijo las oraciones que sabe, y dejarémos el sitio bien enramado y limpio el suelo. Está mui bien (respondió el cacique): disponedlo, capitan, como os pareciere. Salimos con esta determinacion afuera, a tiempo que llegaron otros muchachos de la vecindad, hijos de los comarcanos, camaradas del cacique y sus sujetos, que tenian sus ranchos a dos cuadras, a cuatro, y a cinco el que mas ; comunicáronse con el muchacho mi compañero, y aficionólos a que tambien se baptizasen ; con que cojiendo una hacha, en buena conformidad, nos fuimos todos al monte, de adonde trajimos muchas ramas de laurel, de canelo y de otros vistosos árboles que conservan la hoja todo el año, y enramamos la cruz, y a modo de claustro hicimos un cercado con las propias ramas, y dentro de él esparcimos algunas yerbas olorosas de yerba-buena y toronjil. Despues de esto dije a mi camarada que repitiese las oraciones que sabia, y las enseñase a los demas muchachos, pues querian ser cristianos ; hízolo así con sumo regocijo, y habiéndolas repetido y seguídole los demas, signifiqué a mi discípulo que era necesario, ántes de baptizarse, llevar sabidas algunas razones del Credo, que era otra oracion larga y mui esencial para el verdadero conocimiento de Dios N. S. Pues no tenemos que hacer (me dijo el muchacho), por vuestra vida que me enseñeis luego ; y aunque le aplacé para la noche, me hizo tantas súplicas y instancias, que le repetí gran parte del Credo, y hasta que supo seis o ocho palabras, no me quiso dejar de la mano, porque era grande el ansia y la cudicia que tenia de ser cristiano, y conocer a Dios y sus misterios. Recojímonos al rancho, despues de haberse puesto el sol, con los demas muchachos huéspedes, y nos dieron de cenar y de beber mui a nuestro gusto ; con que se fueron a sus casas los muchachos y quedaron aplazados para el siguiente dia, que habian de volver a ser cristianos.

Despues de haber estado los que quedamos, un rato al fuego en buena conversacion y plática, porque las noches necesitaban de algun divertimiento para poderlas llevar, nos recojimos mi compañero y yo a nuestro lecho, adonde, sin dejarme dar fin a mis oraciones acostumbradas, me instó con amorosos afectos a que le volviese a enseñar la oracion del Credo, a cuyas súplicas y ruegos concedí lo que me pedia y estuve grande rato repitiéndole mas de un tercio de la oracion del Credo y explicándosele, que con admiracion me tenia ver su capacidad y entendimiento para comprehender y penetrar los mas altos misterios de nuestra relijion cristiana, en que manifestaba el muchacho mui singular auxilio y gracia de nuestro Dios y Señor ; que aunque el natural sea bueno, y se disponga y prepare para la adquisicion de la gracia, no puede por sí solo adquirirla ; sobre lo cual hace una cuestion el anjélico doctor Santo Tomas diciendo, que si podrá el hombre por sí mesmo prepararse para la adquisicion de la gracia, fuera del exterior auxilio de gracia ; y pone un argumento con las palabras del profeta Zacarias que dicen así : convertíos a mí, dice Dios N. S. por este profeta, como si dijiese : volvéos a mí, que yo me volveré a vosotros. La prevencion para la gracia no es otra cosa que volverse a Dios. Luego, con la preparacion natural para la gracia, por sí solo puede el hombre adquirirla, sin el auxilio de la gracia; a que responde que no puede, con las palabras de San Juan: ninguno (dice) puede venir a mí, sino es aquel que mi Padre, que me envió, lo traiga o lleve a mí. Si el hombre pudiese prepararse a sí mesmo, no necesitara de ser llevado por otro: luego, no puede prepararse para la gracia sin el auxilio de la gracia; de adonde consta (acaba el doctor anjélico) que el hombre naturalmente no puede prepararse así por sí solo a recibir la luz de la gracia, sino es mediante el auxilio gratuito de Dios, que mueve lo interior del ánimo. Bien manifestaba este chicuelo la luz sobrenatural que le alumbraba, con las demostraciones que hacia de sus afectos y del entrañable amor que tenia a los divinos misterios: entretenidos con este ejercicio buen rato, nos quedamos con la oracion del Credo en los labios, y con los sentidos suspensos hasta el alba.

CAPITULO XXIV.

En que se trata de la suerte que se baptizaron los muchachos, y de como llegó mi amo Maulican a prevenirme para la borrachera que hacian los caciques de la Imperial, a que habia sido convidado para que me llevase a ella, por el deseo que tenian de ver al hijo de Alvaro; y habiendo llegado a tiempo con los compañeros que tuve en su casa muchachos, se baptizaron tambien.

Apénas los resplandores y rayos de la luz del dia penetraban los resquicios de la puerta y las ventanas del rancho, cuando mi compañero estaba recitando mucha parte de la oracion del Credo, en que habíamos estado entretenidos mui gran parte de la noche, y juzgándome dormido me despertó con anhelos y ansias grandes de ser baptizado, manifestando con alegres razones el haber amanecido el sol sin los nublados que perturbaban de ordinario sus hermosos rayos. Mirad, capitan (me dijo), que el sol está ya sobre nosotros, y será razon que nos levantemos. Muchas palabras trabamos sobre sus fervorosos deseos, que por no dilatarme en lo que no importa mucho, paso adelante con lo principal de nuestro intento. Salimos afuera, y lo primero que hicimos, fué encomendarnos a la cruz que habíamos dejado la tarde ántes mui bien enramada, y cercado a la redonda su distrito; hincámonos de rodillas al pié de ella y rezamos las oraciones que sabia, y despues le repetí todo el Credo, que se alegraba infinito de rezarle. Salió en esta ocasion el cacique con toda la chusma de su casa a bañarse al estero, como lo tenian de costumbre, y nosotros fuimos a hacer lo propio, porque yo ya me iba hallando con los baños de mañana escojidamente. Cuando nos volvimos ácia el rancho, mandó el cacique a sus mujeres que matasen tres gallinas y las aliñasen con lo demas, para que comiésemos temprano.

Y a este tiempo venian los dos muchachos aplazados la noche ántes con otros tres o cuatro compañeros de su porte, reducidos tambien a ser cristianos; y en buena conformidad nos fuimos todos al claustro o cercado de la cruz, y hincados de rodillas al pié de ella, hice que mi compañero enseñase las oraciones que sabia a los demas, y habiéndolas repetido mui bien, se las fuí explicando y dando a entender mas por extenso.

Estando en esta ocupacion entretenidos, llegó el cacique con sus compañeros a decirme, que cuándo habia de baptizar a su hijo y a sus hijas, que querian ser tambien cristianas; a que le respondí, que luego lo haria, que para eso les estaba explicando las oraciones a todos aquellos muchachos; que no faltaba mas de que hiciese traer una mesita o banco con su sobrecama o manta, y un cántaro moderado, nuevo y limpio, lleno de agua, y una botijuela en que cayese. Luego al punto mandó traer todo lo que le pedí, y puse la mesita, con su tapete o manta encima, arrimada a la cruz, y el cántaro de agua sobre la batea. Con esto se fueron juntando todos los del rancho, a tiempo que veria asomando a una vista mi amo Maulican, con mis dos primeros amigos y camaradas los muchachos sus sobrinos; aguardamos a que llegasen, y al apearse, salí a recebirle y abrazarle, como lo hice tambien con los muchachos; llegó despues el cacique dueño del rancho, y saludáronse con mucho amor y grande agasajo, y a las espaldas de la casa se asentaron a la resolana en unas esteras que para el efecto les pusieron; y despues de haberle recibido a su usanza, con una cántara de buen porte de chicha, que se despachó con brevedad porque ayudamos todos al consumo, dijo el cacique Luancura a Maulican, que me habia hallado ocupado en enseñar a los niños a rezar las oraciones, y que estaba ya disponiendo el bauptizarlos cuando le vimos venir. Pues andad, capitan, con vuestros camaradas antiguos (dijo mi amo), que tambien los enseñasteis a rezar y querrán ser con los demas cristianos; a que respondió el cacique Luancura: mejor es que vamos allá todos, y verémos como los baptizan; con que se levantaron, y fuimos en compañía a nuestro claustro, adonde estaba la mesa con la batea y cántaro al pié de la cruz, todo mui limpio y aseado, lleno de yerba-buena, toronjil y otras olorosas yerbas. Llevaron las esteras al cercado, adonde se asentaron los caciques y algunas mujeres, y yo me arrimé a la mesa con los muchachos, a quienes hice hincar de rodillas y repetir las oraciones que sabian, y despues les pregunté si querian ser cristianos, y respondieron todos que sí. Expliquéles lo esencial del Credo y llamé primeramente al que habia sido el instrumento del festejo con que celebramos aquellos baptismos, y a quien con tanto fervor me habia solicitado para ello: llegóse a la mesa donde yo estaba, y hice que se persignase y que rezase solo las oraciones en alta voz, que era contento escucharle; acerquéle a la mesa y en altas voces le pregunté tres veces si queria ser cristiano y seguir la lei de Dios, pues sabia lo que habia de observar y guardar, segun lo que le tenia enseñado; respondió que de mui buena gana, y que no faltaria de lo que yo le dijiese, y de seguir mi dotrina; con que le hice bajar la cabeza, preguntándole cómo queria llamarse, habiéndole nombrado algunos santos, y advirtiéndole que era víspera del gran patriarca San Ignacio de Loyola, le dije, que pues le habia cabido por suerte baptizarse en tal dia, que se llamase Ignacio, porque era mañana su dia, que fué esto a los treinta de julio. Sea, pues, así, me respondió el muchacho, habiéndome preguntado si era su dia el que se seguia; a que le respondí que por esa causa le habia dicho se pusiese aquel nombre. Pues llamaréme Ignacio, dijo mui alegre, que me ha causado mucho gusto el saber que es mañana su dia: bajó la cabeza como se lo habia ordenado, y cojiendo el cántaro de agua en la mano, le bauptizé en el nombre del Padre y del Hijo y del Spíritu Santo, bañándole la cabeza con el agua. Y despues hizo una accion el muchacho que me dejó admirado, que fué llegar humillándose a abrazarme luego que se sacudió la cabeza, agradeciéndome la accion que con él habia ejecutado: muestras patentes de su dócil natural y bien inclinado corazon. Llamé sucesivamente a mis antiguos y primeros compañeros y los hice recitar las oraciones, que les habia enseñado el Paternóster y el Ave María, que los repitieron mui bien, y los baptizé poniendo al uno Diego, por haber pocos dias que habia pasado el del Señor Santiago, y al otro Francisco, porque dijo que habia de tener mi nombre. A los demas chicuelos fuí echando el agua de la mesma suerte que a los otros; llegáronse tambien los muchachones casados con sus mujeres, con quienes no hice mas que la ceremonia, sin intencion de baptizarlos, porque juzgué no lo hacian mas que por tener nombres de españoles, y que era imposible poderles quitar el tener tres o cuatro y mas mujeres, segun su costumbre, y no ser capaces de la dotrina y enseñanza que los chicuelos, que ponian todo su cuidado en atender a mis razones y en admitir con gusto lo que les decia. Acabamos con esta fiesta, que fué de sumo gusto para el cacique y no de menor consuelo para mi amo Maulican; con esto se volvieron a las espaldas del rancho, adonde llevaron los tapetes o las esteras, en que se asentaron. Fuéronse los viejos adelante y quedamos los muchachos y yo en nuestro cercado, abrazándonos los unos a los otros y platicando amorosamente; mis antiguos compañeros me decian, que se hallaban mui solos sin mi compañía, y que su abuelo el viejo sentia mi ausencia con extremo. En estas y otras razones ocupados nos hallábamos, cuando nos llamó el cacique para que fuésemos a comer a donde él y mi amo estaban a la resolana, conversando y dando fin a un cántaro de chicha, que por principio les habian traido; asentámonos con ellos a tiempo que traian de comer lo primero, tres o cuatro asadores de gallinas, corderos, longanizas, morcillas y tocino, y en tres o cuatro platos muchas papas cocidas, con sus pepitorias de zapallos y ají, y algunas tortillas gruesas que hacen a modo de pan. Comimos spléndidamente de lo dicho y de otros guisados de ave y baitucanes de carne a su usanza, y sacaron tres cántaros grandes de chicha, con que nos brindamos amenudo y nos regocijamos grandemente; y acabado el convite, nos fuimos los muchachos y yo a jugar a la chueca, y dentro de una hora poco mas o ménos se despidió Maulican del cacique, y a mí me llamó y me dijo en presencia de Luancura, que de la Imperial le habian enviado a convidar para una gran fiesta que tenian, y una solemne borrachera que se encaminaba solamente a ver al hijo de Alvaro, que no conocian a mi padre por otro nombre, como queda en otras ocasiones advertido; y que así, se hallaba obligado a llevarme consigo, que para tal dia volveria por mí y me llevaria con licencia del cacique nuestro amigo y bienhechor; a que le respondió que yo estaba siempre dispuesto a su órden y a su gusto. Con esto nos despedimos, enviando yo muchos recados al viejo Llancareu y a todas las mujeres de mi amo y a sus hijas; y llegando a abrazarme los muchachos, me dijieron, que habian de volver con el viejo y Maulican dentro de pocos dias para pasar a la borrachera de la Imperial. Fuéronse con Dios, y yo me quedé como de ántes con mi compañero Ignacio, que cada vez que le miraba, me parecia otro en sus facciones, que las tenia mas hermosas y agraciadas, que con el agua del baptismo estaba resplandeciente como un cristal puro y limpio; que a eso le comparó la glosa ordinaria, sobre el lugar de San Juan y su maravillosa vision, que dice, vió un mar de vidrio mui semejante al cristal; y la glosa dice, que el mar de vidrio es el baptismo, con la sinceridad de la fee lucido, y de la suerte que el cristal se endurece y se solida con el agua, así los escojidos son guiados por el agua del santo baptismo y por los trabajos a la corroboracion y firmeza que han de tener en conservar la gracia con las buenas obras, si bien en el sentir de Bachiario, es mar vidrioso por lo fácil de quebrarse en nuestra naturaleza. Finalmente, la gracia del baptismo es el mar de vidrio o de cristal que vió San Juan en su Apocalípsis, que con acciones santas se fortifica y consolida en los corazones que con verdadera fee le abrazan, como lo mostraba en todas sus acciones este muchacho nuevamente ilustrado con los rayos de la verdadera luz de Cristo, Señor nuestro.

CAPITULO XXV.

En que se trata de como dentro de dos o tres dias de bautizado el muchacho Ignacio, le cargó una calentura grande, que le hacia desvariar, y como en medio de ella no dejaba de continuar el que le enseñasen las oraciones.

A los dos dias que estuvimos ocupados y entretenidos en diversos ejercicios de gusto y de pasatiempo, no olvidando en medio de ellos mi discípulo y ahijado sus fervorosos deseos, solicitando por todos caminos el hacerse capaz de las oraciones y de la explicacion del Credo, en que mostraba tener summo consuelo, cayó enfermo de un dolor de cabeza excesivo, con un calenturon tan extraordinario, que le hizo perder el juicio y desvariar grandemente; causóme notable dolor y pena

ver al nuevo cristiano tan aflijido y apurado, y hablar algunos disparates, levantándose de la cama a ratos y tirando a los rincones lo que
topaba, que fué necesario tenerle por fuerza echado: congojéme con
notable sentimiento de ver a mi amigo y compañero de la suerte referida, y de considerar el cuidado y disgusto con que se hallaban su padre,
madre y parientes, juzgando que atribuirian a mi dotrina y enseñanza sus
achaques. Flutuando entre estos pensamientos mi discurso, manifestó el
alma por los ojos su congoja, y estando de las manos del enfermo asido,
se las regué con lágrimas salidas de lo mas íntimo del alma: estúvome
mirando de hito en hito un buen rato, y al cabo dél cerró los ojos y se
quedó dormido, habiendo estado una noche y un dia sin sosegar un
punto ni comer bocado; y yo de la propia suerte fuí de su ayuno compañero, y de sus achaques el mas participante. Dejémosle dormir (dijo el
cacique), y a la madre le ordenó le pusiese unas yerbas en las sienes
para templar el ardor vigoroso de la calentura: hiciéronlo así, y miéntras
dormia, me llamó el cacique y me consoló grandemente con decirme:
capitan, no lloreis de esa suerte, que me das mas pesar con el que
muestras, que el que me causa la enfermedad de mi hijo, que ya es
cristiano y se irá al cielo, como decis, si se muriere. Mui gran consuelo
me has dado (respondí al cacique) con haberte escuchado esas razones
tan de cristiano como de tu jeneroso y noble pecho. Este muchacho nació para el cielo, y el accidente que le ha sobrevenido tan de repente y
con tanto aprieto, no es para que vuelva en sí ni viva entre nosotros,
porque no he visto en toda mi vida tal inclinacion a las oraciones y al
conocimiento de Dios N. S., como el que este anjelito muestra, con luz
sobrenatural ilustrado; y así te puedes tener por dichoso que sin llegar
a tener conocimiento de las cosas de este mundo, se vaya a gozar de la
eterna gloria y a tener debajo de sus piés al sol, a la luna y a las estrellas, y a tener por sitio y asiento esos cristalinos cielos. La muerte
es natural, todos habemos de morir, y lo que debemos desear, es una
vida quieta, honesta y ajustada a la razon, con observancia de nuestra lei, como lo deseaba este muchacho, que así será la muerte al igual
de la vida y no parecerá penosa ni terrible, como la juzgan los malos,
que estan acostumbrados a derramar sangre inocente, a envidiar felicidades y ajenas medras, a ejecutar traiciones y disimular maldades
los que pueden remediarlas. La muerte toda es una, ninguno la desacredi-
te, que conforme la conciencia de cada uno tiene los efectos: al malo le
parece agria, horrible y desabrida, al justo dulce y deleitable, porque
el alma de los justos está en las manos de Dios, con que se libra de los
tormentos de la muerte. Dijo todo esto al intento escojidamente San
Ambrosio. Así puedes estar cierto, que segun la inclinacion de tu hijo,
su natural dócil y su afecto al conocimiento de la verdad, que es Dios, ha
de serle la muerte gustosa y de gran consuelo. Pues, ¿por qué lloras tanto,
me replicó el cacique, pues tienes por cierto el descanso y alivio de su
alma? Decis mui bien, dije al cacique Luancura; pero habeis de considerar y entender que es una cosa el espíritu, que es el alma, y otra el cuer-

23

po, que es la carne : esta es opuesta al espíritu, y lo que ella apetece y abraza, es contrario al otro, como lo enseñó San Pablo ; y así mi espíritu o el alma se consuela y regocija con la contemplacion del gozo que ha de tener el alma de mi amigo en la eterna gloria, y la carne o el cuerpo muestra el pesar con que queda sin la compañía del que ama, que son efectos inexcusables de la carne por ser natural en ella estas pasiones. Pues teneis razon, capitan, me respondió el cacique, que por una parte, parece que interiormente me hallo consolado y con gusto con las razones que me habeis dicho, y por otra parte, no dejo de sentir y lastimarme juzgándome sin la presencia y compañía de mi hijo ; mas como vos decis y es cierto, que todos somos mortales, como nos lo muestra la experiencia con la muerte de tantos que cada dia vemos desamparar los cuerpos sus spíritus, y estos dicen los pasados y aun los presentes ancianos que no mueren, sino es que van tras de esas nevadas cordilleras a comer papas, o allende del mar, como sienten otros, tengo por mas verdadero lo que los españoles dicen, que los que tienen buen natural y han obrado segun las leyes de razon y de justicia y estan baptizados, van a ser cortesanos de los cielos, y los mal inclinados, sin fee, sin lei, ni razon, ni agua del baptismo, a ocupar los lóbregos lugares y a los calabozos del infierno se encaminan. Y esto es lo que me parece mas ajustado y conforme al natural discurso ; y pues yo estoi satisfecho de lo que decis y de vuestra doctrina y enseñanza, por vuestra vida que no os aflijais, ni os desconsoleis de esa manera, que casi vengo a sentir mas vuestros pesares y lágrimas, que el achaque peligroso de mi hijo. Venid acá conmigo, que há dos dias que no os veo comer bocado (me dijo el cacique), y confortaréis el estómago miéntras reposa mi hijo. Arriméme al fogon, adonde se habia asentado el cacique, a quien rendí las gracias por los favores que me hacia, diciéndole, que solo me podia servir de consuelo en el trabajo de su hijo y de mi amado compañero, haberle oido sus discretas razones, mui conformes a quien era y ajustadas a la lei divina ; con que me alenté a comer un bocado de cordero y otras cosas que nos pusieron delante las mujeres del cacique, con un buen cántaro de chicha ; que habiendo dejado reposando a nuestro enfermo, despues de haber comido y bebido se quedó nuestro huésped al amor del fuego medio dormitando.

CAPITULO XXVI.

En que se trata de algunos remedios que se le aplicaron al enfermo, y de algunas exhortaciones que le hice para intelijencia de las palabras del Credo que sabia.

Dentro de breve rato despertó el enfermo quejándose dolorido y llamándome cuidadoso, a cuyas voces acudí al instante con deseo de saber cómo se hallaba, y al punto que me vió, con notables ansias me pidió una cruz pequeña de madera curiosamente obrada, que traia de ordinario conmigo pendiente al cuello, y habiéndosela puesto en las manos, la besó, como lo hacia otras veces cuando rezábamos. Consoléme grandemente de haberlo visto alentado y en su juicio, y que con fervoroso afecto repetia las oraciones, abrazando la cruz y poniéndola en los labios y en los ojos, por haberme visto esta accion cuando me acostaba en la cama y al levantarme de ella: que verdaderamente el ejemplo es el que mas bien enseña y encamina al infiel ignorante, que no las palabras ni la elocuencia en el decir, como lo sintió Macrobio; a cuya causa debemos obrar justificadamente y con atencion cristiana en la presencia de los que son ignorantes bárbaros infieles, porque no tengamos ocasion de decirles lo que el coronista amado dijo a Gayo, que no imitase lo malo, ántes sí siguiese lo bueno; y siendo nuestras obras bien encaminadas y ajustadas a lo que enseñáremos, siempre las imitarán gustosos, porque el obrar bien (como dijo Aristóteles) da crédito al decir, que en las acciones humanas ménos se creen las palabras que las obras. Cojí las manos con ternura al enfermo, dolorido de ver al amigo y compañero en aquel trance, y le hallé mas fresco y aliviado del calenturon que le habia privado de los sentidos; hícele traer una escudilla de caldo, y por fuerza se la hice beber, sin haber podido pasar otra cosa en tres dias que habia que el achaque le tenia postrado; y sobre lo que padecia, se le recreció un humor corrupto de sangre, que se vaciaba mui a menudo, y no le dejaba sosegar.

En medio de estos trabajos era contento oirle alabar a Dios y con rostro alegre decirnos, que habia visto entre sueños aquella señora que la vez pasada se le apareció con el niño bonito, y muchos pajaritos blancos volando a la redonda de ella; y estando despierto, decia que ácia el rincon de la casa se le aparecian unos perros negros y obscuros bultos que le causaban algun temor. No os dé cuidado, dije al enfermo, que teniendo esa cruz en las manos no os molestarán esas aparencias [sic], que son ilusiones del demonio, enemigo comun de los cristianos y perturbador de sus acciones; pero estando amurallado y defendido con las armas de Cristo Redemptor nuestro, poco importarán sus tiros y ménos logro tendrán sus intentos. Dejéle un rato en compañía de su padre y salí afuera a rogar a N. S. le diese al muchacho aquello que mas conviniese a su santo servicio y al descanso de su alma: en esto me ocupé un breve rato, y en hacer dos cruces de madera del altor de media vara, y entré adentro con ellas, y la una puse en el rincon adonde el muchacho dijo haber visto las figuras negras y los perros, y la otra en su cabecera, habiéndolas visto ántes y abrazádolas con grande júbilo y alegría; con que pudimos obligarle a que comiese un bocado del ave que le tenian aderezada, que forzado de nuestros ruegos, comió alguna cosa y bebió una poca de chicha espesa y tibia. Despues de esto rogó que le dejasen reposar un rato, y a mí me pidió que no me apartase de su cabecera; hícelo así, y con la ropa que tenia, le abrigué mui bien el cuerpo, y habiendo quedado solos, cuando juzgué que queria reposar la comida, me dijo y rogó que le explicase el Credo, como lo habia hecho los dias antecedentes, que aquella oracion no la habia acabado de entender. De mui buena gana haré lo que me pedis (dije a mi camarada), porque el pesar con que me tiene vuestro achaque, me le aliviais con veros tan jeneroso en la intelijencia de las oraciones y conocimiento de las cosas de nuestra santa fee católica, y en la impetracion ordinaria de la salud del alma, que por medio de las oraciones solicitais cuidadoso : indicio cierto de que alcanzaréis de Dios lo que por su Providencia divina se os está dedicado de *ab eterno*, como lo resuelve el anjélico doctor Santo Tomas en la cuestion que hace, si la oracion es necesaria o no para alcanzar de Dios lo que se le pide ; y hubo antiguas opiniones mui erradas (segun refiere el santo), que juzgaron que las cosas humanas no eran rejidas de la divina Providencia, a cuya causa las oraciones no eran de ningun efecto, y otras a este modo que estan reprobadas y tenidas por falsas. Y por esto debemos significar las utilidades y conveniencias de la oracion, que aunque no muda la disposicion divina, no se encamina a esto la intencion que tenemos en el orar, sino es solo a alcanzar de Dios lo que dispuso por medio de los santos haber de cumplirse ; y así conviene que los hombres pidan orando para que merezcan recibir lo que el omnipotente Dios tenia en sus principios dispuesto y ordenado.

Con esto entretuve un rato al enfermo, y habiéndome escuchado mui atento, me dijo, que rezásemos las oraciones, y con gran devocion dió principio al Padre nuestro y prosiguió con el Ave María, y acabadas estas dos oraciones, me significó entenderlas bien, y que del Credo dudaba algunas cosas, y que estimaria se las fuese explicando. Fué repitiendo el Credo, y cuando llegó a Cristo S. N. que fué concebido por obra del Spíritu Santo, me dijo que le dijese, que cómo siendo hijo de Dios, fué concebido por el Spíritu Santo, y quién era el Spíritu Santo. Yo confieso que me ví confuso con la pregunta del muchacho y con verme obligado a significarle tan alto misterio, adonde las águilas de injenio y santidad encojen las alas del entendimiento, pues dijo San Agustin, en su primero libro *de trinitate*, que no habia piélago mas peligroso que sulcar, ni cosa mas trabajosa que buscar, ni mas gustosa de hallar ; respondíle, que Dios era uno en esencia y trino en personas, que el Verbo Divino, hijo de Dios, procedia del Padre Eterno por el entendimiento, que lo que concibe, queda en su propia naturaleza, como la palabra intelejible [*sic*], que sale de quien la dice y se queda en él: así lo enseña el anjélico doctor. El Espíritu Santo procede de los dos, del amor del Padre al Hijo, a cuya causa en las divinas personas tiene nombre de amor el Espíritu Santo, como lo dijo San Gregorio; de la mesma suerte tiene nombre de Verbo el Hijo, que es nombre personal segun San Agustin: con que en las personas divinas se dan dos procesiones, la una por el entendimiento, que es la procesion del Verbo, y la otra por la voluntad, que es la de el amor, como lo resuelve Santo Tomas. Pero todo esto se viene a reducir (le dije a mi discípulo) a que hai un solo Dios en esencia y tres personas divinas, como os lo tengo dicho.

Replicóme el muchacho diciendo, que si era Dios tambien el Hijo como el Padre Eterno, y el Spíritu Santo por lo consiguiente, que ¿cómo no habia mas que un Dios? A que le respondí, que eso era lo que le acababa de explicar, que el Hijo lo era por el entendimiento del Padre, y el Spíritu Santo de su amor, que hacian distintas personas en una esencia; a cuyas razones me dijo el muchacho: ¿quereis que os diga la verdad (capitan)? que no he podido acabar de entender lo que me habeis dicho. No os maravilleis de eso (dije al amigo), ni se os ponga por delante la obscuridad de este misterio, cuando los mas santos, ilustrados con la luz de sabiduría, letras y virtudes, despues de haber con el entendimiento y todos sus sentidos discurrido en la materia y solicitado con desvelos apearla [sic], han dicho con rendimiento las palabras siguientes: no piense el hombre (dijo San Hilario) que con su capacidad y entendimiento ha de poder alcanzar el misterio o sacramento de la jeneracion divina; y el glorioso padre San Ambrosio dijo, que era imposible el poder alcanzar ni entender el escondido secreto de la jeneracion, porque el entendimiento faltaba y la voz no acertaba a decirlo. Y el anjélico doctor Santo Tomas dice, que es imposible que ningun discurso humano pueda llegar a penetrar lo escondido de este santo sacramento de la Santísima Trinidad. Y así, para que no os embaraceis en vuestra propia dificultad, dije al muchacho, arrimáos a la fee de lo que os digo, que ella nos enseña a creer y facilitar lo que a la vista se nos oculta y al entendimiento se esconde, como nos lo muestra el apóstol San Pablo difiniendo lo que es la fee, que con ella, dice, se hace visible lo invisible, y lo nublado y turbio claro y patente. Con la fee (prosigue el santo), siendo grande el caudillo de Dios Moises, negó ser hijo de la hija del rei Faraon, por librar a su pueblo; con la fee salió de Ejipto sin temor ni recelo; con la fee celebró la Pascua; con la fee pasó con su pueblo el Mar Bermejo como por camino llano; con la fee cayeron en tierra los muros de Jericó: ¿qué mas tengo que decir de la fee (dice este glorioso santo)? porque me falta el tiempo para decir de Jedeon, de Barac, de Sanson, de Jepté, de David, de Samuel y los profetas, que por la fee vencieron reinos, obraron maravillas y otras muchas cosas. Finalmente, sin la fee no se puede agradar a Dios, como ántes lo insinúa el mesmo doctor de las gentes.

Esta es la que habeis de tener viva, que mediante ella habeis de llegar a ver en la eterna gloria lo que acá es imposible que podais entender ni alcanzar; y acabaré con una cosa, que es deciros que la grandeza de Dios ni sus profundos misterios no son para nuestros entendimientos, que no fuera Dios si nuestros humanos discursos pudiesen escudriñar sus secretos, y como os tengo referido, los mas santos, los mas doctores [sic] y los mas versados en sus divinas letras se sujetan a la fee, que nos enseña lo que ignoramos, y manifiesta lo que no vemos. Esa razon me cuadra, capitan (dijo el muchacho), que Dios no ha de ser como nosotros, para que podamos comprehender sus grandezas, y me

reduzgo [*sic*] a lo que me decis, y a creer solamente lo que me enseñais.
Con esto me pidió la mano para levantarse, diciendo que le apretaban
mucho los cursos de sangre que hacia, y al asentarse en la cama, se
vació en ella; que por escucharme con atencion, dijo habia suspendido
la cámara gran rato. Llegó la madre a mudarle mantas y frezadas, y en
el entretanto salí afuera a que me diese el aire y sacudiese los vapores
y anhelos del enfermo, que me tenian la cabeza tan desvanecida y
dolorida, que juzgaba estar vestido ya del propio achaque; encontré al
salir por la puerta con el cacique hablando con el *mache* o curandero,
que en otra ocasion manifesté sus ceremonias y encantos, a quien habian enviado a llamar para que curase al muchacho, y luego que le
ví, como si viese al demonio, se me alborotó la sangre y perturbaron los
sentidos, y por otra parte encaminé mis pasos; y habiéndome divisado
el cacique, me llamó para decirme, que aquel médico habia venido
a curar al enfermo, que cómo se hallaba. Respondíle que la enfermedad
que tenia, no necesitaba de ceremonias ni machetunes, como ellos
dicen, sino era de algunas yerbas que le estancasen los ordinarios cursos,
que le tenian debilitado. Yo le curaré (dijo el *mache* o hechicero) y
veré lo que ha menester para que cobre salud: hagan traer un cántaro
nuevo, y una crecida rama de canelo, y lo demas que sabeis, repitió al
cacique. Yo no quise replicarle porque no juzgase que contradecia el
intento y perturbaba las delijencias [*sic*] que se pretendian para la salud
del muchacho.

CAPITULO XXVII.

En que se trata como, habiendo aplicado un indio mache al enfermo algunas medicinas, no le aprovecharon, con que murió como verdadero cristiano, porque su Divina
Majestad lo tenia dedicado para el cielo.

Entraron adentro, y yo me quedé afuera cojiendo el fresco, porque habia
salido medio almareado [*sic*]. Llegóse a ver al enfermo el endiablado médico en compañía del cacique, y luego que le divisó el muchacho, le dijo
que se fuese de su presencia, que no queria que le curase con aquellas ceremonias que acostumbraba, de el demonio; díjole su padre, que por qué
no queria dejarse curar, que cómo habia de tener salud, si no se sujetaba
a las medicinas que querian aplicarle; a que le respondió, que no queria
conseguir la salud por mano de aquel hechicero, que le tenia gran horror y miedo, y que de ninguna suerte lo queria ni aun mirar: y esto
fué volviendo el rostro a otra parte y tapándose la cabeza, con que
obligó a su padre a decir al médico, que no queria hacer cosa alguna contra el gusto de su hijo; que lo que podia disponer, era darle
algun bebedizo para que se atajasen y minorasen los cursos, que
era lo que le tenia debilitado y fatigado. Pues por la mañana le
buscaré las yerbas (dijo el *mache*), y se las darémos a beber, puesto
que no quiere que le curémos de otra suerte, y dejaré dispuesto el bebedizo, y acá se lo podrán dar. En esto entré yo de afuera, y el cacique

me llamó luego para decirme, que mi camarada no habia querido que
le curase el médico, y por no verlo, se habia tapado y vuéltole las espaldas ; que procurase yo reducirle a que le hiciesen algunos remedios.
Respondíle que me parecia imposible, porque cuando vió curar al otro
enfermo, me significó tener grande aborrecimiento al médico por las
ceremonias májicas que le vió hacer, y así tuviera por mejor darle
algunas yerbas para que se le estancasen los cursos, que aun eso se le
podia hacer beber. Por la mañana las traeré (dijo el *mache*) y enseñaré
de la suerte que se las han de dar. Pues no ha menester otra cosa,
respondí a sus razones, que como se le estanque el humor ordinario
que echa, espero en Dios mejorará de su achaque. Pues andad, capitan,
a verle y a consolarle (me dijo el cacique), porque quedó mui enojado
y desabrido. Con esto fuí a donde estaba mi amigo Ignacio, que aun
tenia el rostro vuelto a la pared o al tabique del rancho ; lláméle por su
nombre, y al instante que me conoció en la voz, volvió el rostro para mí,
quejándoseme de su padre porque le habia llevado aquel mal médico,
que lo tenia por demonio, que con solo haberle visto se le habian aumentado sus achaques y se hallaba mas apurado que de ántes : preguntóme si se habia ido, o adónde estaba ; díjele que asentado al fuego con
su padre, que por ser ya tarde y de noche se habia quedado ; que por
la mañana se iria. Decilde [*sic*], pues, a mi padre que no me lo traiga mas
acá, porque yo no lo quiero ver : y esto con algun enfado, porque la enfermedad le iba apretando, de manera que lo tenia impaciente y desabrido ; y en medio de sus congojas y aflicciones parece que hallaba algun
alivio y consuelo en repetir las oraciones y invocar el nombre de Jesus
y María, que para mí era de grande júbilo y alegría el oirle.

Finalmente, el muchacho se iba mui a priesa consumiendo y acabando
con no comer y con la evacuacion de sangre que cada dia se le aumentaba. Otro dia fué el médico *mache* por la mañana a buscar las yerbas,
y a medio dia las trajo y dejó dispuesto el bebedizo, para que el siguiente dia al alba se le diese a beber. En todo aquel dia no le pudimos
hacer que comiese bocado, sino fué un poco de caldo que bebió por
fuerza. Aquella noche le velamos, porque ya no podia dormir ni sosegar,
y solo cuando rezaba parece que se hallaba mas sosegado y estaba con
el semblante mas alegre, y lo mas de la noche me tuvo entretenido
en preguntarme de las cosas celestes, del sol, la luna y las estrellas,
cómo se movian ; a que le satisfacia con decir que eran obras del Señor
de todo lo criado y Dios omnipotente, que con solo su querer y divina
voluntad se hicieron todas las máquinas y grandezas de la redondez del
mundo. En estas conversaciones y en repetir a ratos el Credo, que era
lo que mas dudaba, pasamos lo mas de la noche, y en ayudar al pobre
muchacho a levantarse al servicio. Al amanecer poco ántes, vino su
madre con el remedio que el hechicero médico habia dejado dispuesto,
y no lo queria beber de ninguna manera, hasta que yo le rogué que lo
hiciese, que parece que en todo me mostraba mas amor y mas respecto
que a sus padres, por serlo espiritual de su alma y amigo verdadero en

su enseñanza y doctrina, a que estaba bastantemente reconocido, por estar fundada nuestra amistad en lo justo y honesto, y encaminada al bien de su alma, como lo amonestó San Agustin a un amigo suyo, diciendo: no es buena la amistad si entre los que se te allegan, no la aunas ni la incorporas con la caridad y amor de Dios.

Luego que bebió el bebedizo que su madre le trajo, se le recrecieron unos dolores de estómago y del vientre al enfermo, que dando vueltas amenudo estuvo mui buen rato, quejándose lastimosamente, que nos causó gran dolor y lástima, y en medio de sus aflicciones se nos quedó desmayado, o muerto por mejor decir, con un sudor frio que le cubrió todo el cuerpo. Lamentóse la madre con descompuestas razones y desmedidos llantos, a que acudió el cacique, su padre del enfermo, y aunque se enterneció de vernos a todos los circunstantes aflijidos y con lastimosas voces manifestando nuestro pesar y sentimiento, ántes nos sirvieron de consuelo su valor, su prudencia y sus razones, pues dijo, que de qué nos aflijíamos y por qué llorábamos tan desmedidamente, siendo el morir natural en los vivientes; que ántes era de envidiar la muerte que tenia su hijo, porque sin conocimiento de las cosas de esta vida ni humanos deleites, los dejaba y apartaba de ellos: y dijo este jentil escojidamente, porque el que vive bien sin conocimiento de lo malo, no tiene que temer la muerte, como lo notó San Ambrosio. El temor que causa la muerte (dice este santo), no es por la muerte, sino es por la vida, que conforme es ella así es la muerte, y no tenemos que temerla si nuestra vida no cometió cosa alguna que pudiera causarle temor y espanto. Así juzgaba yo aquel muchacho de buen natural, acabado de baptizar, sin vicio ni resabio alguno, inclinado a rezar las oraciones y al verdadero conocimiento de nuestro Dios y Señor, que no le seria la muerte desabrida ni molesta. Quedósenos (como he dicho) sin sentido, acezando y sudando, con que todo el dia y la noche estuvo de aquella suerte, abriendo a ratos los ojos; y al cuarto del alba, o al salir el sol, levantó la cabeza y me llamó mui alegre, diciendo: mirad, capitan, la señora tan linda, con su hijo en los brazos, y tantos pajaritos blancos que estan volando por cima, y un hombre vestido de negro, blanco hasta la cabeza, hincado de rodillas: ¿no los veis? y señalaba al techo de la casa. Díjele que ya los veia, que se animase mucho con tan buena vista. Volvió a decirme: ¿no veis cómo llueve, amigo? cómo una escarchita blanca está cayendo mui menuda? Alegráronse todos de oir hablar al muchacho de aquella suerte y con tantos alientos, juzgando que se hallaba mejor con las yerbas que habia bebido; y en medio de estas palabras, dió principió al Ave María, diciéndome que le ayudase, mirando con grande atencion al techo, y desmayando la voz. A los últimos fines de la oracion le dió un tuerte hipo, y acabando con aquellas palabras que dicen: rogad por nosotros pecadores ahora y en la hora de nuestra muerte, expiró con tres boqueadas, y en ellas el nombre de Jesus y María, ayudándole yo con todo afecto. Fué a gozar de la eterna gloria, segun nuestra fee católica, pues a los seis dias de baptizado, sin haber hecho accion que no fuese encaminada al conocimiento de Dios y de sus mayores misterios, mostrando sobrenatural auxilio, y habiendo estado todo un dia y una noche sin hablar, habérsela dado Dios para que muriese con el Ave María en los lábios, y saliese el alma de aquel cuerpo de dia y al salir el sol, que es particularidad grande, segun lo nota el gran padre San Gregorio, y que es prenuncio y señal de predestinacion. Y no habemos de entender que le movieron causas livianas ni accidentes de poco fundamento para haber hecho este reparo, que con sus palabras darémos fin a este capítulo.

De la calidad del tiempo se puede deducir el fin último de la accion: de la manera que Judas salió a ejecutar su maldad entregando a Jesucristo, Señor nuestro, no habiendo de recurrir al perdon de su mal intento, significó el Evanjelista que fué de noche; de aquí tambien se saca que haber dicho al rico avariénto, que aquella noche le arrebatarian el alma, fué porque la que está condenada a las obscuras tinieblas, no es llevada con la luz del dia, sino es con lo tenebroso de la noche. Este es el pensar del santo, para confirmacion del mio; que paso mas adelante ponderando haber muerto este anjelito (que así lo puedo llamar por las muestras que dió de serlo en su vida y muerte) el dia de Nuestra Señora de las Nieves, y es de creer que era la que se le apareció despidiendo escarcha nevada de su gracia, como dijo el muchacho que llovia. Todas son particularidades dignas de memoria: haberse baptizado víspera del gran patriarca santo San Ignacio, y representársele a los piés de la Vírjen Santísima; haber dado su alma al Señor a los seis dias, que viene a ser a cinco de agosto, dia de esta gran Señora de las Nieves, para darnos a entender la pureza del alma de aquel muchacho, que como la nieve pura, cristalina y blanca, la presentaba la Reina de los ánjeles a su preciosímo hijo, por ser símbolo de la pureza y candidez mas alba. Y así dijo el santo rei David: lavarásme, Señor, y quedaré mas albo que la nieve; en cuyo lugar dijo San Bernardo, hablando de la humildad de David, estas palabras: con esta confiaba el santo Rei Profeta, despues de su caida, ser levantado y lavado de su culpa; y así pedia a Dios, que le dejase el alma mas limpia y pura que la nieve. Permita su Divina Majestad, que de la mesma suerte la llevemos a su presencia y acatamiento, por medio de esta sacrosanta Señora de las Nieves.

CAPITULO XXVIII.

En que se trata de la suerte que dieron principio a las exequias y entierro de mi amigo y de otras circunstancias.

Murió el muchacho mi amigo y camarada en sus floridos y tiernos años, porque la muerte a ninguno perdona: chicos y grandes, poderosos y humildes, a su poder estan subordinados, como nos lo dijo escojidamente Horacio.

Sortitur insignes et imos ;
Et æquo pulsat pede pauperum tabernas,
Regumque turres [*sic*].

La Parca majestuosa
Con igual pié palacios atropella,
Que la escondida choza,
Y en los mas poderosos hace mella,
Y al fin con justas leyes
Iguala a los humildes con los reyes.

Y siendo esta infalible, no hai quien la traiga a la memoria, como lo advirtió San Bernardo, pues no hai en esta vida quien se asegure de ella, ni tenga hora firme ni cierta en su carrera. Díjolo Ovidio a su modo de entender, mui al nuestro :

Ludit in humanis divina potestas rebus
Et certam præsens vix habet hora fidem.

La fortuna poderosa
Se entretiene con lo humano ;
Quita y pone de su mano
La suerte mas venturosa,
Y aunque siempre es trabajosa
Porque no tiene firmeza,
El mas cuerdo se embelesa
En su palabra inconstante,
Pues no hai hora ni hai instante
Que fee tenga su promesa.

Y el Eclesiastes nos advierte cuán sin pensar se nos entra por las puertas. No sabe el hombre (dice) cuando llegará su fin, mas es cierto que de la manera que en el anzuelo se halla preso el pez, y en el engañoso lazo el ave, de la propia suerte el hombre es cojido y preso en el tiempo malo, cuando de improviso y repentinamente llega la hora. Por San Juan, dijo el mesmo Cristo : vendré a tí como un ladron escondido, porque no has de saber cuando será mi venida. El glorioso apóstol San Pedro nos lo enseña así, y el predicador de las jentes, escribiendo a los thesalonicenses, dice estas palabras : de los tiempos y momentos (hermanos mios) y de lo que pasa, no teneis necesidad de que os escriba, porque vosotros sabeis cuidadosamente lo que os importa, y que el dia del Señor ha de venir como el ladron de noche ; y por eso les dice que ellos no son hijos de la noche, sino es de la luz del dia, por lo cual les amonesta que no duerman como los demas. A todos nos compete esta licion, para que de noche no seamos asaltados de repente en la hora que, esperada a la luz del dia, será de consuelo grande al que la viere.

Murió mi camarada y amigo, y faltóme con su ausencia el alegría, y aun el alma toda me llevó consigo, porque el verdadero amigo es una mesma cosa con el que ama. Y asi dijo San Agustin sobre el dicho de Horacio, que pensó bien el que presumió que el amigo tenia la mitad del alma del amado : mas yo juzgué, dice el santo, que el alma de mi amigo fuese una con la mia, que habitaba en dos cuerpos; y San Gregorio Nacianceno al mismo intento dijo lo propio, y en resolucion, el que es amigo verdadero, es uno con el que ama, o el alma de ambos es una en dos cuerpos, que el pesar o daño que padece la una, siente la otra, y mucho mas dolor suele causar el disgusto y tormento del amigo, o el que se le previene, que la propia muerte, como lo notó Marcial en el trájico subceso de Arria. Mas gran sentimiento causa verdaderamente la falta de un amigo fiel y compañero en los trabajos, y solo puede servir de recompensa al lastimado el conocimiento de su eterna vida, cuando nos ha dejado prenuncios de obtenerla, como tengo por fundado que se fué a gozar de Dios este muchacho, por lo que he referido de su fee constante y celo ardiente. Vamos ahora al fúnebre llanto de sus padres, hermanos y parientes, y a las ceremonias que a su usanza acostumbran en sus lamentosos fines.

Despues del fallecimiento de Ignacio, mi amado compañero, todos los asistentes en la casa, padre, madre, hermanos y parientes, a llorar se pusieron sobre el cuerpo, como yo lo hacia lastimosamente sin haberme apartado de su cabecera; lamentáronse todos juntos con unos suspiros y unos ayes tan lastimosos, echándose sobre el cuerpo, que me obligaban a hacer lo mesmo, imitando sus acciones lamentosas : en cuya ocasion se me vino a là memoria ser esta nacion mui asemejada a los Hebreos y a aquellos de la lei antigua, que en esta forma se congregaban a celebrar sus exequias, como lo refiere el capítulo octavo de los Hechos Apostólicos, en la muerte de San Estéban; de la propia suerte lo hicieron con el varon de Dios, llevando su cuerpo al profeta anciano para que juntos le llorasen.

Pasó la palabra a los ranchos comarcanos, amigos y vecinos, de la afliccion con que se hallaba el principal cacique de la *regüe* (que ya queda dicho, que es parcialidad), y trajo cada uno su cántaro de chicha, que en otra ocasion he significado de la suerte que es esta vasija ; entraron adentro, adonde nos hallaron con las acostumbradas ceremonias llorando sobre el difunto ; levantóse el cacique a recebirlos, y acercándose al cadáver cuatro de los mas ancianos y nobles, fueron cada uno de por sí echándole encima una camiseta y manta nueva, y las mujeres de estos poniendo arrimadas al cuerpo frio las tinajas o cántaros de chicha que trajieron a cuestas, y como mas tiernas y cerimoniáticas [*sic*] las viejas dieron principio a dar tan tristes voces y alaridos rasgándose las vestiduras y pelándose los cabellos, que obligaron a que los demas las acompañáramos ; con que chicos y grandes, con los gritos, sollozos y suspiros que daban, hacian tan gran ruido, que parecia mas cerimonia acostumbrada, que natural dolor por el difunto : y es así verdad, que en lo de adelante se conoció hacerse mas aquellos extremos por el fausto y honor de las exequias, que por el pesar que les causaba la muerte de los suyos. Con que se verifica lo que he notado de estos jentiles : ser sus acciones mui asemejadas a las de los siglos pasados, que la escriptura sagrada nos lo enseña, y muchos dichos de santos, que lo comprueban. Los antiguos acostumbraban en los mayores pesares que tenian, rasgar las vestiduras, como lo hizo David con la nueva que le dieron, de la muerte de Saul y Jonatas su amigo: el que le trajo la nueva, dice el texto sagrado que venia la cabeza llena de ceniza y rasgadas las vestiduras. A esta imitacion se arrancaban los cabellos y arañaban los vestidos. Sus entierros los tienen en los montes y cumbres altas; los antiguos Hebreos de la propia suerte acostumbraban sus sepulcros, como lo muestra el capítulo 35 del Génesis: los valerosos varones de Jabei Galaad dieron sepultura a los huesos de Saul y sus hijos en los montes de Jabes: el rei Josias hizo sacar los huesos que estaban sepultados en los montes altos; y otros muchos lugares que a cada paso se hallan en la escriptura sagrada; y el gran padre maestro Gaspar Sanchez, de la Compañía de Jesus, dice que en aquellos tiempos pasados, ántes que se hallase diferente modo de sepulcros y mas ostentosos para los reyes y príncipes, se tenian por los mas dignos y majestuosos los que se edificaban en los montes. Solo en lo que hallo grande diferencia en estos naturales, es que los otros ayunaban y mostraban el sentimiento con no comer ni beber, y nuestros jentiles lloraban lastimosos con la chicha que bebian, y parece que era tambien cerimonia fúnebre privarse algunos ancianos y viejas del juicio y echarse a dormir a los lados del difunto, como lo hicieron algunos y algunas.

De esta suerte estuvimos todo el dia y la noche, cantando a ratos unos como motes tristes, entre suspiros y llantos; y de cuando en cuando iban a echarse sobre el cadáver helado y a cantar llorando sus acostumbrados versos, sin descubrirle el rostro, que con las mantas y camisetas nuevas que le habian traido, le tenia cubierto.

CAPITULO XXIX.

En que se dice la consulta que hubo para haberlo de enterrar, y adonde, y algunas particularidades que se hallaron en el cuerpo del difunto, que los admiró, y la respuesta que yo les dí sobre su duda.

Amaneció otro dia entre nublado y claro el cielo, y dispusieron llevar el cuerpo a un cerro alto, adonde habia otros entierros señalados, a la vista de la casa, que debian de ser de sus antepasados; consultólo su padre el cacique conmigo, y yo fuí de parecer que le hiciésemos la sepultura al pié de la cruz adonde habia sido baptizado, y que le tendríamos cerca de casa; respondióme que hablaria a los demas caciques por ver lo que les parecia, por no faltar a lo acostumbrado entre ellos. Mucho estimaré que los reduzgais (le dije) a que lo enterremos aquí cerca de casa, pues murió cristiano y como un anjelito. Pues voi a comunicarlo (dijo el cacique), y verémos lo que me dicen, y conforme sus pareceres dispondrémos el entierro. Salió afuera y llamó a los amigos y parientes mas graves, y consultó el caso, de manera que resolvieron llevarlo al entierro de sus pasados, por no faltar de la costumbre de los suyos, que aun en esto muestran asemejarse a aquellos antiguos padres, que tenian señalados sus sepulcros para enterrarse los maridos con las mujeres, los hijos con sus padres y parientes con parientes, como se verifica en el patriarca Abraham, Jacob y otros reyes. Despues de su consulta me llamaron afuera y me significaron la resolucion que habian tomado, porque no podian hacer otra cosa. Pues ya que ha de ser así, les dije, estimaré mucho que me permitais que ponga una cruz grande al pié de su sepultura. De mui buena gana, respondieron todos, y os ayudarémos a hacerla y levantarla adonde vos dispusiereis y gustareis. Con esto fuimos todos adentro a tratar de llevar el cuerpo a su sepulcro, y hallamos descubierto el rostro del muchacho muerto, porque su madre y otros parientes suyos lo estaban vistiendo de nuevo con calzones colorados, camisetas listadas y una bolsa mui labrada pendiente de un cinto ancho, a modo de tahalí, con sus flecos a la redonda; y hallamos a las indias mui admiradas cuando entramos, diciendo que no habian visto jamas en difunto lo que en aquel muchacho, que demas de haberse puesto mas hermoso y blanco de lo que era, que causaba mil gustos a sus padres y a los demas circunstantes que le asistian, decian con admiracion, que estaba el cuerpo tan tratable y amoroso, que se dejaba doblegar a cualquiera parte que querian moverle; a cuyas razones llegamos todos a hacer la experiencia, y lo atentamos como si estuviese vivo, doblándose los brazos y las piernas a las partes que los querian encaminar. Y habiendo estado dia y noche sin alma aquel cadáver frio, causóles notable novedad y a mí no ménos, porque me pareció cosa que no sucedia jamas, y el verle tan hermoso, blanco y risueño como si estuviese en su cuerpo el alma. Preguntáronme la causa de la diferencia que hallaban en aquel cuerpo helado, a los demas que habian visto difuntos; y respondíles, que en eso echarian de ver la diferencia que habia de los cristianos a los que no lo eran, que como iban a gozar de la presencia de Dios al cielo, participaba el cuerpo de la gloria y hermosura que se le comunicaba al alma, como resuelve el anjélico doctor diciendo, que de la gloria y beatitud del alma nace o sale una redundancia al cuerpo, de manera que goza de la perfeccion que tiene. Arguyéronme con decir que habian visto en otras ocasiones morir a otros españoles cristianos entre ellos, y quedar como los demas difuntos, y no con la hermosura y suavidad en el cuerpo que habian experimentado en aquel muchacho; que así, no era buena razon la que les daba; a que les satisfice con decir que entre los cristianos habia malos y buenos, como en todas las naciones; que tambien ellos no me podian negar que entre los suyos habia unos bien intencionados, de buen corazon, jenerosos y ajustados a su lei natural, y otros perversos, de mala inclinacion, inquietos, ladrones, maldicientes, envidiosos y crueles. A que me respondieron que tenia razon. Pues de esa suerte somos tambien los cristianos, que algunos no tienen mas que el nombre meramente, porque sus obras no son ajustadas a su profesion ni a la lei divina, y estos se apartan de Dios por dar rienda suelta a sus deleites y apetitos y a sus malos naturales; y los que mueren enredados en sus culpas de esta suerte, son condenados a tormentos eternos y llevados a las obscuras tinieblas del infierno, y los cuerpos de estos tales no pueden estar hermosos, alegres ni tratables, padeciendo su alma tormentos y penas eternas; y al contrario, el que muere en la gracia de Dios, por permision suya participa el cuerpo de la gloria que goza el alma. Y pues os consta que vuestro hijo Ignacio se baptizó seis o siete dias há, y quedó tan limpio y puro de toda malicia, culpa o pecado, y siempre estuvo entretenido en conocer a Dios, aprehender las oraciones y rezarlas, claro está que se fué a gozar de Dios, y a participar de aquella luz beatífica con que el alma queda santificada; y como la crió el Hacedor de todas las cosas con tan poderosa naturaleza, hace que participe del vigor incorruptible la que se halla inferior a ella, segun lo dice el gran padre San Augustin. Estos efectos causa la presencia de Dios, y ¡desdichados de nosotros si nos falta su asistencia! que aun a los mas justos y santos los adormece y causa descuido. ¡Qué bien lo notó el ilustrísimo Villarroel en las veces que halló Cristo, Señor nuestro, dormidos a sus discípulos, sobre las palabras de San Mateo! *Quid hoc*, dice nuestro gran intérprete hablando con los apóstoles: qué es esto, discípulos amados? así estais sumerjidos en el sueño cuando vuestro Divino Maestro está para padecer penas y tormentos, y os manda que le veleis? fregad vuestras luces, estregad vuestros ojos y volved atentos a vosotros mismos. ¿De adónde proviene tanta frajilidad humana? pregunta nuestro arzobispo, y responde: apartóse a orar Jesus un poco, y faltóles su corporal presencia, y luego al punto se duermen discípulos de tan gran Maestro, y se olvidan de los dolores y tormentos que esperaba su señor y amado dueño.

El obispo de Hostia lo advirtió escojidamente, hablando con el mesmo Dios Hombre en persona de los discípulos, y le dice: al instante (Señor) que os apartais de nosotros, nos rinde y avasalla el sueño, sin que seamos dueños de velar un rato, y no podemos tener despiertos los sentidos, sino es cuando vuestra divina presencia nos asiste.

Catad aquí absuelta vuestra duda y la dificultad propuesta definida (respondí a los que me la pusieron), que la presencia de Dios es la que lo llena todo, lo hermosea y enriquece; y de este bien goza el alma que muere en su gracia, como al contrario se experimenta en la que se condena; y esta es la diferencia que hai en los cuerpos de los unos y de los otros difuntos, que participan de lo bueno o malo de que goza el alma; con que me parece que he satisfecho a vuestro argumento y dificultad propuesta. Ahora sí (dijo el cacique) que nos habeis sacado de esta duda con habernos significado la diferencia que hai del que muere como bueno al que muere como malo; con que me habeis dado a entender que mi hijo está en el cielo, gozando de Dios, y que su cuerpo helado y frio participa de la gloria y sumo bien que goza su alma; de que la mia se halla con grande regocijo, estimando y agradeciendo la enseñanza y doctrina que tuvo de vos, por cuyo beneficio me tendréis siempre mui propicio y dispuesto a todo lo que fuere de vuestro gusto. Yo estimé mucho las razones del cacique; y porque nos habemos dilatado en este capítulo, proseguirémos en el otro con las demas cerimonias que usan en sus entierros.

CAPITULO XXX.

En que se prosiguen las exequias del difunto, con la ostentacion y fausto que acostumbran hasta dejarlo enterrado, y de como llegó mi amo al fin del entierro, y a lo que llegó.

En el discurso de la conversacion y plática que tuvimos, las mujeres se ocuparon en vestir al difunto con ropas nuevas, camiseta, mantas y calzones de diferentes colores, y una bolsa mui curiosa (como tengo dicho) que sobre todo le pusieron, pendiente de una como faja ancha, a modo de tahalí, que no tuve curiosidad de saber lo que llevaba dentro, porque iba bien llena y cocida por la boca: despues de haber salido del cautiverio, supe de algunos indios de los nuestros, que lo que les ponian en la bolsa eran sus collares y llancas, que son como entre nosotros cadenas y piedras preciosas; y esto se acostumbra con los hombres principales y de suerte. Acabaron de vestirle y trajieron unas andas a su modo, mui enramadas de hojas de laureles y canelos, y a falta de flores, que en aquel tiempo no las habia en el campo por ser la fuerza del invierno, le hice una guirnalda de hojas de laurel, toronjil y yerbabuena, y se la puse al muchacho difunto en la cabeza, que parecia con ella un anjelito, porque se habia puesto blanco y hermoso, que causaba a todos grande regocijo y gusto el mirarle; pusiéronle en las andas, y los mas principales las sacaron en hombros, y yo entre ellos, porque me convidé para el efecto: y los caciques estimaron mi accion, y el padre del muchacho con extremo. Salimos en procesion mas de cincuenta indios, que se habian juntado de los comarcanos de una cava que llaman ellos *quiñe lob*, y a mas de otras cien almas de indios, chinuelos y muchachos, que llevaban de diestro mas de diez caballos cargados de chicha, que iban puestos en órden marchando por delante; salimos con el cuerpo por la puerta del rancho, y así como pusimos los piés fuera de los umbrales con las andas, se levantó un ruido de voces tan extraño, que por lo nunca acostumbrado en mis oidos me causó de repente algun pavor y espanto; porque las dolientes mujeres, la madre, hermana y muchachos lloraban sin medida y lastimados, rasgándose las cabezas y cabellos, y los demas por cerimonia se aventajaban a estos con suspiros, sollozos y jemidos, y todos juntos despidiendo unos ayes lastimosos, acompañados con las lágrimas, gritos y voces de los niños, que penetraban los montes de tal suerte, que respondian tiernos a sus llantos. Parados estuvimos y suspensos miéntras se sosegaron los clamores, que verdaderamente eran mas encaminados al honor y fausto del entierro, que a demostrar la pena que llevaban: y en estas cerimonias fúnebres, tambien se asimilan mucho a los anti-

guos Hebreos, que, segun San Gerónimo, se congregaban las tribus
con el mayor concurso que podian, a llorar honrosamente a sus difuntos. Y dice el santo : no penseis que las lágrimas que derramaban,
y los suspiros que echaban por la boca, eran salidos del alma por acompañar a sentir al doliente sus pesares, sino tan solamente por la comun costumbre de la nacion hebrea, como hicieron con San Estéban
sus hermanos, Joseph en Ejipto con su padre, y consta haberlo hecho
Moises con Aron, su hermano, como lo refiere el santo, y acaba así:
este acostumbrado llanto no obliga a los Ejipcios a derramar prolijas
ni penosas lágrimas, que solo se encaminan al fausto y ornato del entierro, como me pareció lo hacian algunos de estos naturales, a semejanza de otro de quien notó Lucano que derramaba lágrimas alegre.

Lacrimas non sponte cadentes
Effudit, gemitusque expressit pectore læto.

Lágrimas derrama y vierte
Sin pena ni algun dolor,
Y teniendo alegre el pecho,
Jime y suspira su voz.

Llegaron los rejentes del entierro y mandaron que prosiguiésemos
nuestro viaje, habiendo caminado ya la vanguardia y entonado un canto triste y lastimoso, cuyo estribillo era repetir llorando, ai! ai! ai! mi
querido hijo! mi querido hermano! y mi querido amigo! y en llegando a
este punto se hacia alto otro rato, a modo de posas entre nosotros, y se
formaba otro grande llanto como el primero. Con esta suspension segunda, llegaron otros caciques a mudarnos y cargaron las andas hasta el
pié del cerro o cuesta adonde se habia de enterrar, que habia de la
casa a él poco mas de una cuadra, que lo mas trabajoso era subir la
cuesta ; prosiguieron con el mesmo órden, cantando, como he dicho, lastimosos cantos, y cuando llegaron al pié de la loma, volvieron a hacer
lo propio que en la primera posa, y para subir arriba, llegaron otros
principales mocetones y forzudos, y cojiendo las andas las subieron sin
faltar del órden con que se dió principio a la procesion. Llegamos todos a la cumbre, donde algunos principiaron a hacer el hoyo con tridentes, palas y azadones : los tridentes son a modo de tenedor, de una madera pesada y fuerte, y en el cabo arriba le ponen una piedra agujereada
al propósito, para que tenga mas peso, y con este van levantando la
tierra para arriba, hincando fuertemente aquellas puntas en el suelo, y
cargando a una parte las manos y el cuerpo, arrancan pedazos de tierra
mui grandes, con raíces y yerbas, y tras de estos entran las palas, que
ellos llaman *hueullos*, y con estas van echando a una parte y otra la
tierra, para volverla a echar sobre la cara del difunto ; y con los azadones ahondan todo lo que es menester, si bien no hacen mas de ajustar
unos tablones que sirven de atahud. Estos llevaron hechos al propósito,
tres de estos para el plan y asiento del cuerpo que tendrian mas de vara

y media de ancho, que al propósito es el cajon espacioso y ancho por lo que le ponen dentro; ajustaron los tablones en la tierra y pusieron al difunto dentro de esta caja, y yo llegué a quitarle la cruz que le habia puesto, que era la que me acompañaba de ordinario, y dentro del cajon me asenté un rato, que era bien anchuroso y grande, a contemplar la dichosa muerte de aquel muchacho, y el haberse puesto mas hermoso, mas blanco y agraciado que cuando estaba vivo, que causaba admiracion a todos los circunstantes. En el ínterin que hicieron el hoyo para ajustar las tablas, habian descargado la chicha, que llevaban mas de veinte o treinta botijas y las tenian puestas en órden, unas por una parte y otras por otra, en hilera; y tras de ellas estaban los caciques asentados, y las mujeres de la propia suerte tras de los varones, repartiendo algunas de ellas que andaban en pié en medio de la calle que hacian las botijas, jarros de chicha a todos los asentados; y a los que habian trabajado en la sepultura, les llevaron una botija ántes que acabaran con su obra, que la despacharon en un instante, ayudados de otros muchos chicuelos y chinas. Avisaron al cacique como estaba ya el cuerpo en el sepulcro, y levantándose con los demas, llevó en la mano un cántaro pequeño lleno de chicha, y los otros caciques de la propia suerte, y arrimándose al cajon del difunto, llegó la madre a echarse sobre él y a pelarse los cabellos y echárselos encima; y esto con unas voces mui descompasadas, mezcladas con suspiros y llantos, a cuya imitacion se levantó un ruido lastimoso de sollozos, alaridos y lágrimas, que como las de la madre eran verdaderas, obligaron a muchos a imitarla, como yo lo hacia despidiéndolas del alma por los ojos: que el compadecerse del ajeno dolor y llorar con los dolientes es de jenerosos pechos, como lo notó San Cirilo Alejandrino sobre las lágrimas de Jesucristo, Señor nuestro, en la muerte de Lázaro, que lo contrario es de fieras.

Sosegáronse un rato los clamores, y todos los caciques brindaron al muerto muchacho, y cada uno le puso su jarro pequeño a la cabecera, y su padre el cantarillo que llevaba, la madre su olla de papas, otro cántaro de chicha y un asador de carne de oveja de la tierra, que se me olvidó de decir que la llevaron en medio de la procesion y la mataron, ántes de enterrar al difunto, sobre el hoyo que habian hecho para el efecto; sus hermanos y parientes le fueron ofreciendo y llevando los unos platillos de bollos de maiz, otros le ponian tortillas, otros mote, pescado y ají, y otras cosas a este modo; finalmente, llenaron el cajon de todo lo referido y despues trajeron otras tres tablas o tablones ajustados para poner encima y taparle, que despues de haberlo hecho, el primero que echó tierra sobre el sepulcro, fué su padre, con cuya accion se levantó otro alarido como los pasados, y entre todos los dolientes y convidados cubrieron el hoyo en un momento, y sobre él formaron un cerro en buena proporcion levantado, que se divisaba desde la casa mui a gusto y de algunas leguas se señoreaba mejor.

Despues de acabada esta faccion, se asentaron a la redonda de el cerrillo y pusieron todas las botijas de chicha de la propia suerte en órden, y como habia mas de ducientas almas, brevemente despacharon con ella. Y en el entretanto que bebian, me fuí con cuatro amigos mocetones al monte, y escojimos una vara gruesa de roble fuerte, de las mas derechas que hallamos, de la cual formamos una cruz de mui buen porte, y la trajimos al sitio adonde los demas estaban acabando de beber, y con toda brevedad se hizo un hoyo al pié de la sepultura, adonde la pusimos entre todos, con mucho gusto de el cacique y de los demas circunstantes, que se señoreaba del rancho y de todo el valle. Con esto nos fuimos bajando para los ranchos, todavía con algun sentimiento y tristeza : y esto fué poco ántes de ponerse el sol ; y hallamos la casa del cacique con mui buenos fogones y en el uno de ellos diversos asadores de carne, perdices, tocino, longanizas y muchas ollas con diferentes guisados de ave, para cenar, que como aquellos dias de disgusto no se habia comido bien, quisieron recuperar lo perdido. Luego que nos trajieron el asado, que aun no habíamos empezado a cenar, llegó mi amo con su padre el viejo Llancareu, sus nietos mis primeros y antiguos compañeros y amigos, con algunos otros caciques, que serian hasta tres o cuatro principales con sus compañeros o criados mocetones. Salí afuera luego que nos dieron el aviso, y el cacique conmigo, que como dueño de casa fué o salió a entrarle dentro y a los demas sus compañeros. Diéronle el pésame de la muerte de su hijo, que ya habia corrido la voz por los demas distritos comarcanos : entramos adentro todos, y asentáronse los nuevos huéspedes por su órden, y cenaron con nosotros y bebieron mui a su gusto ; porque el cacique doliente era mui ostentativo y siempre tenia mucha chicha sobrada y abastecida la casa de todo lo necesario. Los caciques que tenian sus ranchos a dos y a cuatro cuadras, que se habian quedado a cenar, se fueron despidiendo con sus chusmas y nos dejaron solos con los recien venidos caciques, que son los que tengo referidos con Maulican mi amo, que llegaron para pasar otro dia conmigo a los distritos de la Imperial. Aquella noche nos recojimos temprano a nuestros lechos, porque como las pasadas habian sido de desvelo, nos obligó el sueño, el trabajo y la afliccion a solicitar al cuerpo algun descanso y alivio, como lo hice yo acomodándome con mis camaradas antiguos, que despues de haber rezado las oraciones que sabian, y yo mis devociones, con facilidad pusimos en silencio los sentidos. Y darémos fin a este capítulo y discurso con la meditacion que piden las acciones de estos naturales, para confirmacion y prueba del principal asunto de este libro.

CAPITULO XXXI.

En que se ponderan las acciones de algunos de estos bárbaros, y de el natural afecto que muestran al conocimiento de Dios estando en su libre albedrio, y se da fin al discurso.

Quién no se maravilla y pone suspension a sus discursos considerando el natural tan dócil de los caciques, en particular hablando de los hombres principales, acompañado con piadoso celo, capacidad y entendimiento para comprender los misterios de nuestra fee católica, y permitir a sus hijos y familias que los aprendan, sin repugnancia alguna ; y esto es comun en toda su tierra, adonde mas distantes se hallan de los españoles, como lo verifican los cautivos que entre ellos han asistido algun tiempo, demas de haberlo yo experimentado en todos los distritos que he corrido el tiempo de mi esclavitud.

¿En qué parcialidad no se regocijan con extremo de que a sus familias las enseñen a rezar las oraciones? quién contradice que se bapticen todos los que gusten? a qué cristiano impiden que rece en su rosario y sus devociones? qué contradiccion han hecho a nuestra fee católica jamas? ¿Han martirizado a algunos o alguno en odio de Dios N. S., haciendo que renieguen dél y de su lei santa? no por cierto, ni aun imajinádolo, segun tengo averiguado y experimentado. Paréceme que escucho a alguno o algunos referir las insolencias, las maldades y desafueros que el comun de esta nacion o la plebe, lastimada, ha emprendido y ejecutado en ocasiones, destrozando imájenes,. arrasando templos, quitando la vida a sacerdotes y a otros muchos cristianos, que con odio mortal han despedazado crudamente.

Está bien que sea así,.y me conformo con que han ejecutado todas esas atrocidades y las mas que se pueden decir, pero no podrá probar ninguno que las hayan puesto en ejecucion por odio que tengan a Dios N. S. ni a su fee santa de ninguna manera, porque si fuese con ese intento, hubiera habido muchos mártires en este reino, y como tengo dicho, no se sabe que hasta ahora se conozca alguno ; porque los padres de la Compañía que mataron en Ilicura, ya queda atras manifestada la causa y el fundamento que tuvo el cacique Ancanamon para darles la muerte. Con que el martirio que tuvieron aquellos siervos de Dios, seria voluntario y de fuego ardiente del amor divino. Y si cometieron y han cometido tantos y tan repetidos delitos, no fué nacido jamas por tener aborrecimiento a nuestra lei ni por el conocimiento de Dios, que no le conocen ni han conocido, como despues en su lugar se tratará mas latamente de este punto, que es mui esencial para que se desengañen muchos que han pensado, que son herejes estos naturales ; y está manifiesto lo contrario con el deseo que muestran, estando en su tierra y en su libre albedrio, de conocer a Dios y ser cristianos, y que sus hijos sean doctrinados y industriados en el conocimiento de nuestra santa fee católica. Y si cuando estan entre nosotros repugnan algunos ser doctrinados (que claro está que no han de ser todos de iguales naturales), no lo hacen por aborrecimiento que tengan a nuestra santa lei, sino es por no ver españoles en sus casas, ni quien con superioridad pueda entrar en ellas a inquietarles las mujeres y las hijas, y otras maldades que con ellos han usado aun los que debian tener mayor recato y compostura que los soldados, y por las tradiciones antiguas que tenian de sus pasados, de lo que con ellos hacian los que a los principios trataron de entablarles la fee; pues solo sirvió de obstinarlos y hacerlos incrédulos, pues con las bocas enseñaban uno y con las acciones manifestaban otro. Y de esto se tratará mas distintamente en los capítulos de adelante : solo digo que estos son los tiempos que decia el apóstol San Judas, que vendrian en adelante. Vendrán (dice) unos tiempos de unos embusteros engañadores, encaminados solo a sus malos deseos y a sus impiedades; que parece que hablaba con estos pobres infieles, para que estuviesen advertidos de lo que han experimentado tantas veces.

Diránme algunos (volviendo a nuestro intento), que a qué fin o por qué causa han puesto tantas veces en ejecucion sus maldades, manifestando odio y horror a nuestros templos, imájenes y santos crucifijos, quemándolos y destrozándolos; a que responderé con la experiencia que he tenido de muchos años y comunicacion con estos naturales, así con los infieles de la tierra adentro el tiempo que estuve cautivo (en el cual tuve curiosidad de hacerme capaz de sus variedades y mudanzas), como con los yanaconas criados entre nosotros, y digo, que es tanto el aborrecimiento que tienen a nuestras acciones (porque desde sus principios fueron mal encaminadas) y horror a los tratamientos inhumanos que recibieron de nuestros primeros conquistadores, que en todo aquello que les parece que tenemos puesta la mira y se esmera nuestro cuidado, le ponen ellos en darnos disgusto; y juzgando que en los templos y en la adoracion de las imájenes ponemos nuestro afecto y voluntad, en eso juzgan ellos que toman alguna venganza de sus agravios despreciando y abatiendo lo que estimamos y con ánimos humildes reverenciamos. Esta es la causa que les ha movido a algunos a ejecutar su cólera y rabia en nuestros sagrados templos y venerables imájenes; y esto lo han hecho los mas experimentados en nuestros tratos y costumbres no bien encaminadas, que con eso han dado ocasion a hacer burla y chanza de nuestra doctrina, por ver que con cerimonias y aparencias queremos parecer cristianos, dándoles a entender con las obras lo contrario, pues hubo sacerdotes y aun doctrineros, que eran los que mas obligacion tenian de industriarlos con el ejemplo, que se le dieron no tal, segun tenian en la memoria los antiguos para reirlo y escarnecerlo. Y en este alzamiento último de las fronteras, ¿qué han hablado y qué han publicado los yanaconas domésticos, criados y nacidos entre nosotros? Esto baste por ahora de paso hasta su tiempo, que será forzoso, en llegando la ocasion, manifestar mas claramente sus acciones para prueba de nuestro intento; que aunque el alma lo sienta y

la caridad cristiana no lo permita, será fuerza no excusarlo : pues estos
bárbaros infieles las tienen tan presentes como vivas en la memoria
para reirse de ellas y vituperarlas, que nosotros las saquemos a luz
para llorarlas y sentirlas, no será mucho, y para que sirva de enmienda
a nuestros venideros siglos, que siempre van de mal en peor ; con que
por este camino es imposible que la guerra de Chille tenga fin dichoso
ni paz entera, que es a lo que se encaminan mis discursos. Y darémos fin
a éste con unas palabras de San Bernardo, que parece miraba en profecía lo lastimoso de nuestros tiempos y lo relajado de nuestra relijion
cristiana. ¡ Ai dolor (dice el santo y se lamenta)! pereció ya el hábito
y costumbre regular, la santidad de la relijion se ha arrebatado, el silencio de la órden faltó, a nada se ha reducido la monástica relijion, la
hermanable caridad es ya ninguna. Y si aquellos que deben vivir en
cristiana paz y concordia, son los primeros que contienden, litigan y
quitan mormurando, ¿adónde está la vida sosegada, adónde la vida quieta, la pacífica y la honesta, adónde está la vida casta, modesta, la con-
templativa y vida anjélica? Esto mesmo podíamos llorar en estos tiempos, que tan a rienda suelta y sin rebozo alguno tienen los vicios
usurpado el lugar que debia no faltar a las virtudes ; y así, no tenemos
que esperar paz firme en este reino de Chille miéntras reinare en él la
cudicia, la maldad y la insolencia, y en las relijiones (como dice el
santo) ruidos, contenciones y poca conformidad, y si en ellas se experimentan estos achaques y dolencias, ¿qué podemos esperar los que habitamos en este miserable siglo?

DISCURSO III.

*De como salimos de casa del cacique Luancura (adonde habia asis-
tido algunos dias) para el distrito de la Imperial, que a súplica de sus
caciques me llevó mi amo a una borrachera y festejo ostentativo que
se hizo, por ver al hijo de Alvaro, que así llamaban a mi padre ; los
extremos y agasajos que me hicieron, y de como me dejó, a mis ruegos,
en casa de uno de los caciques mas principales de la otra parte del rio de
la Imperial ; de como fueron y han sido los superiores ministros y conquistadores la principal causa de la destruicion [sic] de estas provincias ;
del amor y agasajo con que me tuvieron en aquellas parcialidades ; de
la suerte que por agradar a un indio ladino de los antiguos, que se
dió por amigo, me hice médico y me salió bien mediante el favor divino ;
de como uno de aquellos caciques ancianos, que no habia podido arrostrar españoles desde que se alzó la tierra hasta aquel tiempo, ni se
probó haber comunicado alguno, habiendo escuchado a otro cacique
de la Villa Rica, que solo vino en mi demanda a agradecerme el bien*

que siendo niño le hice estando él cautivo, y refiriendo el caso, fué tanto el amor y voluntad que me cobró desde aquel punto, que se levantó de su asiento en presencia de todos a abrazarme, y fueron tantos los agasajos que me hizo, que se aventajó a los demas con tanto extremo, que con ser de mas de setenta años no quiso dejarme hasta ponerme entre los mios libertado ; la comunicacion que con él tuve, y con otros antiguos viejos, por adonde me vine a hacer capaz de los alborotos y alzamientos antiguos ; las causas que les dieron para que tomasen las armas contra sus amos y señores. Refiérense de paso algunos memorables sucesos, como son las muertes atroces de los primeros gobernadores Don Pedro de Valdivia y Martin García de Loyola.

De las inhumanidades que emprendian y ejecutaban en estos pobres naturales.

El mal ejemplo con que fueron industriados, causa principal para que aquellas antiguas ciudades no tuviesen permanencia.

De lo poco que deben ser culpados estos naturales en sus primeras rebeliones ; que la esclavitud de esta nacion, no hallo por ningun camino ser justificada, y que es la que perturba la paz y quietud de este reino, y que ha de ser su total ruina. Especificante las causas que para esto han movido mi pluma, sácanse morales ajustados a la proposicion de este libro y al título que contiene, de Cautiverio Feliz y Guerras Dilatadas de Chille.

CAPITULO I.

De como otro dia salimos de la casa del cacique Luancura Maulican mi amo, Llanca-reu su padre, sus compañeros, los muchachos mis amigos, para la borrachera y festejo que se hacia en la Imperial a mi llegada.

Al siguiente dia que llegaron Maulican y sus compañeros, salimos de el rancho del cacique Luancura, habiendo repugnado mi salida con extremo por el amor y voluntad que me habia cobrado, y por la falta de su hijo, que parece que con mi asistencia la toleraba con algun alivio. Prometióle mi amo que de vuelta del convite, a que estaba obligado a llevarme forzosamente, me volveria a su obediencia, con cuya promesa quedó consolado, y despues de haber mui a su gusto bebido y almorzado, cojimos para el festejo la derrota. Caminamos aquel dia cerca de seis leguas, porque pasamos el rio de la Imperial por la mesma ciudad antigua y desolada, que cuando llegué a divisar sus muros abatidos, enternecido el corazon, no pude dejar de decir lo que el gran profeta Jeremías dijo con dolorido ánimo, suspirando sobre los desiertos muros de Jerusalem : ¡cómo estan estos muros por el suelo, la ciudad desierta y solitaria ! esta que fué la principal señora de las jentes, cómo la miramos viuda y sin amparo ! la que fué cabeza de las otras, hoi son sus habitadores tributarios. En este lugar dijo San Gerónimo las siguientes palabras, que podemos aplicar mui bien a aquellos caidos edificios: el santo profeta habló en este lugar místicamente, porque en un tiempo fué copioso el número de virtudes que encerraban en sí aquellos muros, con que imperaban y eran dueños de diversos afectos, porque se señoreaban de las carnales conscupicencias: despues que se sujetaron a ellas, experimentaron sus ruinas.

Pasamos el rio en una canoa que hallamos de esta banda, y en los ranchos solamente las viejas y los niños, porque los habitadores habian ya caminado aquel dia a la borrachera; anocheciónos dos leguas mas adelante del rio, a la vista de unos ranchos adonde solo habia quedado una vieja y un muchachuelo que guardaba el ganado, que le divisamos dentro del corral que estaba arrimado al rancho. Alojamos a vista dél como distancia de seis cuadras, ya de noche, arrimados a un apacible estero y cristalino arroyo, y habiendo hecho mui copiosas candeladas y fogones, determinaron de que fuésemos todos al corral de las ovejas y trajiésemos la suya cada uno; y habiéndoles yo replicado que para comer diez o doce personas que estábamos, bastarian tres o cuatro cabezas; que las demas, qué habíamos de hacer de ellas? me respondieron algunos mocetones que iban con los caciques, que cada uno de ellos se habia de comer mas de dos carneros: y es así verdad, que al paso que saben ayunar y tolerar el hambre cuando es necesario, en hallando la ocasion de desquitarse, como sea a costa ajena, es con tanto extremo lo que comen, que causa admiracion al que los mira. Vamos, pues, amigos (les dije), que tambien traeré yo la que me toca, para el viejo Llancareu mi abuelo, que así llamaba al padre de mi amo. Con esto salimos todos a la empresa, sin dejar mas que al viejo y a los muchachos en guardia de nuestros fustes y caballos; llegamos al corral de las ovejas, que arrimado al rancho le tenian, y al ruido y alboroto que hicieron, salió el muchachillo que cuidaba de ellas, a reconocer la causa del alboroto; y uno de los que iban con nosotros, lo espantó con un amago, que al instante se volvió a entrar adentro, y los demas en el ínterin cojimos cada uno una cabeza, la primera que topamos. Salió despues la vieja dando voces y gritos desaforados, diciendo que quiénes eran los atrevidos desvergonzados que a la casa de su hijo fulano, que le nombró, cacique principal, no tenian respecto, que lo habia de saber y castigar. A esto levantó la mano uno de los que se hallaron mas cerca, y le sacudió las narices con dos golpes, que tuvo a bien el entrarse adentro y cerrar la puerta, aunque gruñendo entre dientes. En aquel tiempo juzgué a los indios fronterizos de la mesma suerte que los soldados de nuestro ejército, cuando bajan a los distritos de la ciudad de Santiago, que son dueños de todo cuanto topan. Cargamos cada uno con la oveja o carnero que nos cupo, segun lo que encontramos, y nos fuimos retirando a nuestro alojamiento, adonde con toda brevedad, a orillas de aquel estero montuoso, degollamos la que trajimos, y la desollamos, que fueron hasta diez cabezas: los muchachos mis compañeros me ayudaron con presteza y no dejaron cosa de los menudillos que no comiesen, de la suerte que salian, echados sobre las brasas, medio crudos. Aumentáronse los fuegos con extremada leña seca de aquel monte, que la ofrecia a la mano dadivoso, y de cañas bravas, que llaman coleos, hicimos nuestros asadores, que ensartaban cada uno media oveja, demas de otros pedazos que se echaban sobre las brasas, los hígados, los bofes y las panzas, que decian era lo mas gustoso y saludable. Despues de haber comido lo necesario, me recojí a descansar al abrigo y reparo de unas ramas tupidas, y para tolerar el frio, que era mui conforme al tiempo de agosto, en que las travesías y hielos continuaban, hice otra candelada tan cerca de adonde puse mi frezada, que me sirvió de abrigo y de consuelo ; y luego que mis camaradas se hallaron satisfechos, me fueron a buscar y a acompañarme, y el viejo nuestro abuelo mui poco despues fué a entrarse en medio de nosotros, obligado de la escarcha y hielo que caia. Recordamos al alba mis compañeros y yo a socorrer el fogon de leña que nos abrigaba ; y aquellas horas aun estaban comiendo algunos de aquellos voraces avestruces, que ménos que teniendo los estómagos semejantes a sus ardientes buches, era imposible haber podido dar fin a tanta carne. Amaneció a poco rato, y fuimos en demanda de nuestros animales, que maneados habian pacido el campo, el valle abajo, y ántes que saliese el sol, los teníamos ensillados para marchar en ellos ; y habiéndoseme antojado almorzar un pedazo de carne, despues que llegamos de recojer las bestias, no hallé un bocado de que echar mano, porque toda se la habian comido aquella noche. Subimos a caballo aquellas horas y fuimos en demanda del festejo que se hacia, y de la borrachera obstentativa [sic] que nos aguardaba dos leguas adelante de adonde nos alojamos, y llegamos al sitio ántes de medio dia, adonde se iban agregando muchas parcialidades. Luego que llegamos a una vista de adonde estaba el concurso y la plebe y mocetones dando principio a sus bailes y cantos, envió Maulican y Llancareu su padre a avisar al cacique Huirumanque, que era el dueño y tuautem de la fiesta, y el que habia enviado a convidarnos. Al instante envió el cacique cuatro embajadores, hombres principales y parientes suyos, a que nos allegasen media cuadra del palenque, y nos pusiésemos a una vista dél para que nos entrasen al sitio y lugar que nos tenia desocupado : acercámonos con los embajadores, los cuales nos hicieron hacer alto a la vista de todo aquel concurso, que seria entónces, ántes de haberse juntado otras parcialidades, de mas de cuatro mil indios y mas de seis mil mujeres, sin la chusma, que era grande. El distrito que ocupaban, era de mas de dos cuadras a lo largo, cercado por dos lados en triángulo de unas ramadas a modo de galeras [sic], cubiertas y cercadas por la poca seguridad del tiempo ; estas galerías tenian sus divisiones y aposentos, adonde los parientes y deudos del que hacia el festejo, tenian las botijas de chicha, carneros, ovejas de la tierra, vacas y terneras, con que ayudaban al cacique pariente al gasto de aquellos dias, que serian mas de cuarenta divisiones, sin la muchedumbre de estos jéneros que en su casa tenia el cacique para el gasto de aquellos dias.

Vamos ahora a nuestra entrada. Salió el cacique Huirumanque (que para tales dias guardaban los antiguos vestidos de los españoles) con un calzon de terciopelo morado, tan anchos y largos que parecian costales, que llamaban gregüescos, guarnecidos con un franjon de oro mui ancho, y una camiseta mui labrada, con sus flecos a la redonda, que le servia de coleto, una bolsa colgada con su cinchon, que parecia tahalí, y encima su capa de paño de Castilla azul escuro que tiraba a morado, tambien con su franjon de oro por los cantos y por el cuello, y unas medias de seda amarillas puestas sin zapatos, pero con unos alpargates a su modo y usanza; otros que le acompañaron, sacaron tambien sus vestidos antiguos de españoles, con sus sombreros largos de copa y cortos de falda, que parecian panes de azúcar, y algunos traian sus plumajes, y otros cintillos de oro a lo antiguo, y el cacique llevaba sus collares de piedras, que tienen por preciosas, y de los propios cintillos; llevaron por delante diez o doce chinas mui bien vestidas a su usanza, cada una con su jarro de chicha. Llegaron al sitio adonde estábamos aguardando, y cojió el cacique una vasija grande de madera que llaman *malgues*, y brindó con él a mi amo y con otro a Llancareu su padre, y luego pidió un jarro de plata que traia aparte una hija suya, con un licor suavísimo y regalado de manzanas, que estando en su punto y no añejo, es de las mejores bebidas que se hacen; con el cual me brindó diciéndome, que por el deseo que tenian todos los de su distrito de la Imperial, su tierra, de ver al hijo de Alvaro, cuyo valor y nombre estaba tan temido y respetado, habian dispuesto aquel festejo y cagüin, que quiere decir junta comun y alegre borrachera; por lo cual habian enviado a convidar a Maulican mi amo, a quien estimaban mucho el cuidado y puntualidad con que habia acudido a su ruego, y llevádome para satisfacer el gusto y el deseo a toda aquella muchedumbre, que para el efecto se habia congregado. Agradecíle el favor y honra que me hacia; y despues de haber brindado a todos los demas caciques que venian en nuestra compañía, nos mandó apear: que todo esto fué estando a caballo; y aunque no acostumbran hacer guardar los caballos de los que acuden a tales festejos, por habernos él convidado y llevado de diferente parcialidad, mandó a los criados de su casa, los llevasen a su potrero y mirasen por ellos con cuidado. Cojió la vanguardia el cacique, a quien fuimos siguiendo todos los de nuestra parcialidad en un cuerpo; llegamos al lugar que nos tenia señalado, inmediato al palenque y andamio del baile. Poco ántes de llegar al sitio, salieron mas de otros setenta indios principales a darnos la bienvenida, que estos eran los que ayudaban al gasto de la borrachera, cuñados y parientes del cacique Huirumanque, dueño de aquel lugar y principal motor de aquel convite. Pusiéronnos, en suma, en el lugar adonde habíamos de asistir todo el tiempo que durase aquel festejo; en él nos tenian seis o siete esteras o tapetes en que asentarnos, y por principio de fiesta, seis tinajones de chicha de diferentes jéneros.

CAPITULO II.

En que se da principio al festejo, y de como, para verme mas a su salvo toda la muchedumbre del concurso, me pidieron encarecidamente subiese al último andamio y mas
alto, adonde estaban todos bailando, y de otras cosas que sucedieron, fundadas en mi
agasajo.

Asentáronse todos a la vista de los que estaban cantando y bailando
en las gradas y escaleras del andamio. Tenian por delante los seis tinajones referidos; y levantóse el cacique con un criado, y fuélos repartiendo a los recien venidos; principiando por Maulican y su padre, acabó por los demas caciques, habiendo hecho traer a una hija suya
otro cántaro moderado para mí, de chicha de frutillas, que es la que tiene el primer lugar en sus bebidas, con el cual me brindó amorosamente.
Tras de esto fueron trayendo tantos platos de diferentes viandas, guisados de ave, de pescado y de mariscos, con diversos asadores de corderos,
perdices y terneras, que solo con la vista podian satisfacer al mas hambriento; a esto se allegaban otros contínuos bríndises de otros particulares caciques, que los mas venian a mí encaminados por conocer y
mirar despacio al hijo de Alvaro. Fuéronse agregando tantos indios y
muchachos, indias, mocetonas y chicuelas con pretexto de brindarnos, que
apénas podíamos rodearnos en nuestro sitio. El cacique Huirumanque,
advertido de otros que le asistian, dijo a Maulican que me rogase, que
subiese arriba a la grada mas alta del andamio, adonde estaba el comun
de la plebe bailando y cantando en altas voces, para que de abajo me
divisasen todos mas a gusto, porque lo deseaban en extremo. Respondió
mi amo, que él era dueño de todo, y que me hablase a mí para el efecto:
llegó el cacique y otros cuatro de ellos a donde yo estaba con mis compañeros y el viejo Llancareu, repartiendo la chicha que nos habian
traido, y con amorosas razones y corteses súplicas me pidió que le hiciese
favor de subir a la última grada del andamio, para que puesto en alto,
fuese mas bien mirado de las *ilchas* y *malguenes*, como si dijiese de las
damas, que como a muchacho sin pelo de barba, se inclinaban a verme
con agrado. Vamos mui en hora buena (respondí al cacique), si mi amo
tiene gusto de eso. En el vuestro lo ha dejado, me repitió el cacique,
que ya lo tengo hablado para el caso. Con esto fuimos entrando por medio de aquella muchedumbre de cantores y cantoras, que estaban bailando al pié de los andamios, y luego que me divisaron, llegaron todos
a darme muchos *marimaris*, que son salutaciones entre ellos, y en
particular se arrimó a mí una mocetona, no de mal arte, a brindarme
con un jarro de chicha extremada. Díjome el cacique y los demas que
iban en mi compañía, que recibiese el favor de aquella dama, que como
suelta y libre podia arrimarse a quien le diese gusto; que la pagase el
amor que me mostraba, con igual correspondencia, haciendo oficio de
tercero él y los demas, diciendo a la moza que tenia buen gusto. Traia
en la cabeza esta muchacha una *mañagua,* que llaman entre ellos, que es

un hocico de zorra desollado, abierta la boca manifestando los dientes y colmillos, y las orejas mui tiesas y levantadas para arriba, cubierta a trechos de muchas liancas y chaquiras de diferentes colores mui bien adornadas, que en tales festejos las tienen por gran gala las que entran a bailar entre las demas mozas. Yo traia puesto un sombrerillo viejo, y díjole al cacique la muchacha, que habia de bailar conmigo de las manos asida, como lo acostumbran, y que me pusiese aquella mañagua en la cabeza; díjola el cacique: deja que suba primero a lo alto de las gradas para que lo miren todos y lo vean, que para eso lo traemos aquí. —Pues ponedle esta zorrita en la cabeza, para que me la dé despues cuando se baje. Cojió el cacique la zorra o la mañagua, quitándosela a la moza, y díjome el cacique :capitan, ponte esta prenda de esta ilcha y estima el favor que te hace, que no le hace a todos. De mui buena gana, por cierto, respondí al cacique alegre y placentero, que por obedecerte haré todo lo que me mandares, y corresponderé con buenas cortesías a la voluntad y amor que me muestra esa hermosa dama; que alentada de diferentes licores, habia perdido el honesto velo que acompaña a las mujeres cuerdas, que arrojadiza es la mujer perturbada del juicio, que su maldad y torpe apetito no puede disimularlo, como lo dijo el Eclesiástico; y Ovidio manifestó cuán torpe cosa era y fea la mujer bebida y empapada en vino, y Epidoro expresó estas palabras: mas quiero acabar la vida a manos de la sed, que padecer calumnias de embriagado; por lo cual los antiguos romanos prohibieron el vino a las mujeres, como lo refiere Valerio Máximo, y da las causas. Púseme en la cabeza la venérea insignia, y el sombrero entregué a uno de los muchachos mis compañeros (que nunca me dejaron de la mano), para que le tuviese en tanto que volvia a su dueño la mañagua. Luego que me la vieron puesta, fué tanto el gusto que les causó a todas las circunstantes mocetonas, que con otras insignias semejantes estaban dando vuelta en el baile, que se llegaron a mirarme mui despacio, diciendo las unas a las otras: ¡qué bien le está la zorrita al capitan! y la que me la dió, con encarecimiento me dijo que me asentaba bien su mañagua, que en bajando de arriba habia de bailar con ella de la mano.

En esto me puso el cacique en la primera grada, que estaria del suelo una vara, y habia sobre ella otras cinco gradas, a distancia de tres cuartas poco mas o ménos las unas de las otras. Fueron dándome la mano con notable gusto los que estaban bailando encima de ellas, hasta llegar a la última y la mas alta, adonde me pusieron dos galanes mocetones en medio, y con grande agrado me saludaron corteses, y me rogaron que cantase con ellos y bailase; a que les respondí, que no sabia, ni podria aprender aunque quisiese, porque como cautivo me faltaba lo principal, que era el gusto: y esto fué mostrándome algo aflijido. Pues no te desconsueles, capitan, me dijo el uno de ellos, que esto que hacen contigo, es para que puedan gozar todos de tu vista, porque es tan grande el nombre de tu padre Alvaro, que por ver a su hijo y conocerle ha venido mucha jente de muchas leguas de aquí. Estando en esto, llegó un mensaje del cacique para que volviese el rostro ácia las espaldas, por-que, como el andamio y las gradas estaban en cuadro, no me podian divisar mas que los que estaban dentro y en los andamios; y así, el moceton que estaba a mi lado, me volvió el rostro para que la muchedumbre que estaba a las espaldas de las gradas, pudiesen divisarme y verme a su gusto; dieron vuelta conmigo los dos acólitos que me tenian en medio, a todo el distrito que cojia el andamio, bailando al son de los tamboriles, trompetas, flautas y cornetas, y cantando un romance a mi llegada, di-ciendo, que allí estaba el hijo de Alvaro, que lo mirasen bien y lo cono-ciesen, pues para ese efecto se habian juntado todos aquel dia; y respon-dian afuera los circunstantes con el mesmo romance, cantando y bailan-do, y puestos los ojos en mí con gran cuidado. Al cabo de mui buen rato, que el sol se iba apartando de nosotros, me envió a llamar el caci-que, que me estaba aguardando abajo de las gradas; y los dos compañe-ros que me habian tenido en medio, no quisieron dejarme hasta entre-garme a los caciques. Llegué a donde me estaban aguardando, que se levantaron luego a recibirme, y la moza con ellos a brindarme y a de-cirme lo bien que parecia su prenda en mi cabeza. Mas bien asienta en la tuya, le respondí, que sin ella no me pareces bien: y esto fué quitándomela y poniéndosela encima por eximirme de que me buscase despues; paguéle el bríndis con otro que me habia hecho el cacique al apearme, a quien rogué nos fuésemos a donde estaba mi amo; y a una vuelta que dió la muchacha con sus compañeras bailando, nos despareci-mos de adonde estaban, y llegamos al sitio de nuestros compañeros, que estaba Maulican mi amo y Llancareu su padre mui privados del juicio. Y el cacique anduvo tan bueno y cortesano, que nos llevó a todos los de nuestro ayllo [sic] a su rancho, porque pasásemos la noche con algun alivio y sin riesgo de mojarnos; porque verdaderamente el tiempo era vario y a ratos el viento helado y frio nos sacudia con unos aguaceros desmandados y violentos: efectos propios del mes de agosto, que si como pasan luego, tuviesen sus rigores permanencia, fuera mas penoso el tiempo y desabrido que el del mas riguroso invierno, por ser los hu-racanes de travesía con extremo fuertes y desaforados, pues se ha visto en ocasiones arrancar de raiz fornidos árboles y crecidos, y despedir las ramas fuego ardiente sacudidas las unas con las otras, como lo notó en otra ocasion Lucrecio:

Exprimitur validis extritus viribus ignis,
Et micat interdum flammai fervidus ardor,
Mutue dum inter se rami stirpesque teruntur.

Los montes mas trepados,
De la fuerza del aire combatidos,
Brotan rayos helados,
Y de sus propias ramas oprimidos,
Encontrándose a veces
Pedernales se vieron sus arneses.

Acomodamos a los dos viejos Maulican y Llancareu su padre en un rincon desocupado de la casa, para que durmiesen sosegados y quietos, y mis compañeros y yo nos asentamos al fuego un rato, adonde nos hizo dar el cacique de cenar y unos buñuelos bien hechos, con mucha miel de abejas empapados; con que nos fuimos a descansar arrimados a nuestros viejos; y el rancho, como era tan capaz y espacioso, se ocupó con tres o cuatro tamboriles y bailes diferentes, a cuyo son nos quedamos suspensos y dormidos.

CAPITULO III.

En que se trata de como aquella noche vino la moza que me puso su mañagua, con el cacique; de la repugnancia que hice para su comunicacion, las cosas que me dijo el cacique, y el moral que se saca de sus razones.

Estando ya con mis compañeros entregado al sueño, a la media noche llegó el cacique a recordarme, acompañado de la moza de la mañagua, diciendo que me levantase a bailar con ella, pues habia venido en mi demanda. Asentóse junto a mí la muchachona, haciéndose mas borracha de lo que estaba, pareciéndole que de aquella suerte disimularia su deshonesto descoco. Persuadióme el cacique a que comunicase a la moza y bailase con ella de la mano; repugnélo con algunas instancias, haciéndome mas dormido de lo que estaba. Y aunque quiso hacer la moza otros extremos, en presencia del cacique echándose a mi lado, me levanté luego de la cama como enfadado; y el cacique, que servia de tercero, me dijo, que por qué me excusaba de dar gusto a aquella moza y de bailar con ella, cuando los *huincas* y españoles antiguos acostumbraban en sus casas bailes y deshonestos festejos, como los que ellos tenian; a que le respondí, que aquellos estaban en su libertad y eran dueños de sus acciones, y que yo me hallaba sujeto y cautivo, con que no hallaba gusto ni placer en cosa, sino era en el temor de Dios, que era el que me habia de conservar en su gracia. Con esto se levantó la moza medio enfadada y se fué al baile, y el cacique me dijo, que me volviese a echar a dormir; que lo hice con mucho gusto por verme libre de tentacion tan grande.

Vamos ahora a las razones que me dijo el cacique, de que los españoles pasados tenian bailes deshonestos como ellos en sus casas, convites y banquetes desmedidos, y otras cosas que no especificó; y aunque no me pude persuadir a que fuesen con el extremo que me significaron, despues me informé de algunos españoles antiguos, que confirmaron lo dicho y me certificaron que estaba el vicio y ocio tan apoderado de aquellas ciudades antiguas, que todo su conato y solicitud le ponian en comer y beber, y en banquetearse los unos a los otros mui de ordinario, para con mas desenvoltura y desahogo usar de la deshonestidad por medio de la gula, vicio tan valiente y poderoso, que adonde él asiste con su hartura desmedida, se hallarán los demas vicios acompañados. Y este es el pecado mas insolente, mas atroz y del que mas memoria hace la divina justicia para ejecutarla en los habitadores de Jerusalem, como lo dió a entender por el profeta Ezequiel. Dale a entender a mi pueblo (dice) cuales son sus culpas, sus maldades y pecados; y haciéndole memoria de ellos, se los compara a los de Sodoma y Gomorra, y les dice: estas son las insolencias y desafueros de Sodoma: *saturitas panis et abundantia*, el demasiado comer con abundancia. Por esta causa fueron destruidas y desoladas aquellas insolentes ciudades, por haber sido la raiz y fundamento de todas las demas maldades y insolencias, como lo notó San Gregorio. De verdad (dice este santo) que el deleite en el gusto, y la dilijencia y cuidado que se pone en el comer y beber, es la madre de muchos males y la principal raiz de aquellos pecados y maldades que se cometen en esta vida, porque está siempre dispuesto el que es dado a este vicio, a que no le falte la asistencia del maligno spíritu para ser tentado contínuamente de su astucia y maña.

La prueba de esta verdad la hallarémos en el capítulo cuarto de San Mateo. Ayunó Cristo, nuestro Redemptor, cuarenta dias con sus noches, y al cabo de ellos, dice el texto que comió un bocado, o tuvo hambre. Y ¿qué se siguió de esto? que al instante llegó el demonio y le tentó. Pues si al cabo de cuarenta dias de ayuno y abstinencia, apénas tuvo gana de comer Jesucristo S. N. un bocado, cuando llega el demonio a tentarle atrevido, ¿no es consecuencia cierta que el que está siempre lleno de abundancia de manjares y deleitosas viandas, ha de estar contínuamente tentado y asistido del maligno spíritu? Claro está, que no hai que poner duda en su asistencia, y que no habrá menester mucho cuidado para postrarle a sus piés. De lo dicho podrémos sacar, que aquellas desoladas y antiguas ciudades fueron destruidas y abrasadas por justos juicios de Dios, en pena y castigo de las insolencias y maldades que se orijinaron del ocio y de la gula, como las otras ciudades.

Volvamos a nuestra historia, que ella nos irá dando materia para que se reconozca la felicidad que tuve en mi cautiverio, y las causas que hubo y hai para que esta guerra sea inacabable. Toda aquella noche estuvo la plebe y el comun cantando y bailando en el palenque y en diferentes fogones mas copiosos, con abundancia de manjares para el sustento ordinario de aquella muchedumbre; que con particular cuidado los dueños de la fiesta tenian dispuesto el gasto de aquellos dias por sus turnos, dando de comer y de beber lo necesario cada dia entre seis o siete caciques de los parientes y amigos del principal motor de aquella fiesta, con tal concierto y órden, que por las mañanas salian de los ranchos adonde de noche se recojian, los caciques principales y se iban a sus lugares y asientos señalados, y allí les llevaban de almorzar y de comer a cada parcialidad, de que participaban todos los de ella; y a los que estaban sustentando el baile en los andamios y gradas del ordinario concurso, les llevaban aparte sus ollas de guisados, y gran suma de asadores de carne, que puestos en el fogon que tenian en medio, iban comiendo todos lo que querian y cuando les parecia. Atras de esto les llevaban **mas de cuatrocientos** *mencues* o tinajones de chicha, para que fuesen repartiendo a todos los que llegaban, y a los danzantes y cantores, que siempre estaban con los jarros o *malgues* en las manos, brindándose los unos a los otros : lo propio hacian con las demas parcialidades, si bien con mas concierto y mas regalo, porque a los caciques les daban de comer espléndidamente, varios guisados de pescados, mariscos, aves, perdices, tocino, longanizas, pasteles, buñuelos, tamales, bollos de porotos y maices y otras cosas, poniendo a cada parcialidad, conforme la jente que tenia, ciento o ducientas cántaras de chicha ; que cuando mas se suelen juntar en ordinarias borracheras y festejos veinte o treinta parcialidades, y en esta se juntaron mas de cincuenta, con que el gasto que habia cada dia de chicha, era de mas de cuatro mil botijas. Y no era mucho para mas de doce o catorce mil almas que se hallaron a aquel festejo, indios, indias, chinas y muchachos.

De esta suerte se continuaron seis dias aquellos regocijos y fiestas, habiendo de ser ocho los dispuestos y señalados, porque el gasto fué grande ; y el tiempo a los dos últimos dias fué tan riguroso, que fueron desamparando los andamios y recojiéndose a los ranchos y a los tabiques, en que a los principios dije que estaban las botijas de chicha, el ganado muerto y todo lo demas necesario para el gasto de la fiesta. Vamos ahora a los regalos que en particular me hicieron todos aquellos caciques, pues a porfía me llevaba cada uno a su casa o habitacion, unas veces acompañado de Maulican mi amo y de Llancareu su padre, y otras solo, porque mui de ordinario en aquellos dias estaban divertidos todos con la chicha, con el baile, y con las mocetonas solteras y libres, y así mi amo pocas veces me acompañaba, ni me veia : cada cual de aquellos caciques principales se esmeraba en darme algun regalo de los que antiguamente habian aprehendido las cocineras que aun duraban de aquellas ciudades asoladas. Unos me daban pasteles, empanadas, otros rosquetes y buñuelos, tortillas de huevos con mucha miel de abejas, que la tenian sobrada, y otros muchos jéneros de guisados ; con que parece que fuí cobrando algun amor a la posada y deseos de asistir en aquellos paises, y con el agrado y buena voluntad de aquellos caciques, que cada uno me decia tendria mucho gusto de tenerme en su casa. Yo lo deseaba con extremo, por estar apartado de la frontera, adonde no tenia seguridad ninguna de la vida, por haber principiado a perseguirme los caciques de la parcialidad de la cordillera y otros comarcanos de mi amo y de su consejo y *regüe*, a cuya causa me traia siempre en diversas partes escondido. Pues, como ví que algunos deseaban con extremo tenerme en su casa y compañía, y entre ellos el que mas lo manifestaba era el cacique Huirumanque, quien nos habia convidado y llevado a aquel festejo, le rogué que se lo propusiese a mi amo, que yo tendria summo consuelo en quedarme a servirle, por el riesgo que corria mi vida en las fronteras de guerra. Y porque no hace tan al propósito mucho de lo subcedido en la borrachera, voi abreviando lo posible por encontrar con lo que habemos menester, para dar en el blanco a que se encamina el principal intento de este libro.

CAPITULO IV.

De la despedida del cacique, y en que se prosigue el viaje, y de como me quedé
desotra banda de la Imperial.

Acabada la fiesta a los seis dias, porque el tiempo no dió lugar a mas,
trató Maulican, su padre y los de su cuadrilla y comarca de irse retirando ácia sus tierras; y al despedirse del cacique Huirumanque, el todo
de aquel regocijo, le pidió encarecidamente me dejase en su casa, que
me tendria como a su hijo y miraria por mí con todo amor y cuidado;
a cuya súplica se excusó mi amo, poniendo algunos inconvenientes que
le parecieron bastantes para no concederle lo que pedia. Despidiéronse
del cacique a medio dia, despues de haber comido y bebido mui a su
gusto; y cojimos el camino que nos pareció habíamos llevado. Pregunté
a mi amo, que por qué causa no habia querido dejarme en casa de aquel
cacique, cuando lo deseaba tanto, y él me lo habia prometido, por no
llevarme a donde no tenia seguridad alguna, y era forzoso traerme oculto de rancho en rancho y a sombra de tejado (como dicen); respondióme
que le habian certificado que aquel cacique era mui celoso, y que tenia
en su casa algunas mujeres mozas y aviesas, y que yo era muchacho, y
me podian ocasionar, aunque yo no quisiera, a inquietarme de manera
que el cacique me maltratase o me quitase la vida; y excusando estos
lances, le pareció por buen camino excusarse de su súplica y ruegos; que
otros muchos caciques habian deseado lo propio, y que ántes de pasar
el rio de la Imperial, hallaríamos ocasion en que se me cumpliese mi
deseo, pues lo deseaba él tanto como yo. Mucho estimo el cuidado (dije
a mi amo) que poneis a lo que me importa; y aunque, mediante el favor
divino, no le diera ocasion al cacique a que tuviese ningun recelo ni
disgusto, si él es tan delicado has dispuesto mui bien en no dejarme con
quien pudiera ser que mis acciones, aunque fuesen bien encaminadas,
las mirase con ojos de celoso, que (como dijo el ilustrísimo Villarroel)
no se sujeta a la razon su celo ni la sangre refrena su pasion airada,
hablando del levita que despues de el lastimoso subceso de la mujer
gozada y muerta, habiéndola despedazado estando ya sin vida, dice nuestro arzobispo que fué accion de celosa rabia.

Con estas y otras pláticas entretuvimos el camino, y aun fué causa de
extraviarnos del que habíamos menester, porque seguimos una vereda
sin saber para adonde nos llevaba, porque ninguno de nuestros compañeros habia continuado aquellos caminos. A pocos pasos que anduvimos,
divisamos de lo alto de una loma en un valle mui ameno, adonde un
apacible estero ceñia por partes su contorno, un rancho de buen porte
y espacioso, entre otros seis o siete que a distancia de una cuadra unos
de otros se situaban a sus orillas: llegamos con disinio de saber el paraje o sitio en que nos hallábamos, para proseguir nuestro viaje, y al
llegar a la casa del cacique, que era la mayor y mas vistosa, al ruido de
los caballos salieron los muchachos hijos y parientes del cacique, y como

habian asistido en la borrachera, me conocieron al instante; con que pasó la voz y la palabra de que el hijo de Alvaro habia llegado con su amo a sus puertas; a cuyas razones salió el cacique a recibirnos, que tambien me habia regalado en el convite y aun pedido a mi amo me dejase en su casa, porque el viejo Llancareu su padre tenia amistad y comunicacion antigua con este cacique, que el dia antecedente se habia vuelto a su rancho y habitacion porque el tiempo fué riguroso a los últimos dias y se habian vuelto a sus casas los mas cercanos. Luego que nos conoció el principal anciano, rogó a Maulican y a Llancareu se apeasen un rato, porque su intencion era pasar de largo, por lo cual se estaban reacios a caballo; y aunque lo repugnaron al principio por el respeto que se tienen los caciques unos a otros, y por ser tan principal aquel como lo era, y venerable por sus canas, nos apeamos todos por darle gusto, y entrando a su casa, nos hizo asentar al fuego en unas esteras que tienen al propósito, y al instante nos pusieron delante tres cántaros de chicha, y de los asadores de carne que tenian al fuego, nos fueron repartiendo, habiéndonos traido ántes unos tamales mui bien hechos de maiz y porotos en lugar de pan. Comimos y bebimos mui a gusto, porque el dueño de la casa era mui agradable y jovial, y como era conocido del viejo Llancareu, sobre quien era mas viejo de los dos porfiaron un rato, que hai pocos que no sientan este comun achaque.

Salió fuera del rancho en esta ocasion Maulican con alguna necesidad forzosa, y en su seguimiento salí yo a significarle la oposicion grande que hacia a mi espíritu el volver a la frontera, adonde sabia que no podia tener hora segura mi vida : vióme salir en seguimiento de sus pisadas, y me preguntó que si se me ofrecia alguna cosa; con que tuve lugar de decirle lo que deseaba quedarme en aquellos distritos, por los inconvenientes que le constaba tenia en los suyos mi asistencia, y que si tenia gusto de verme libre de trabajos y seguro de sus enemigos, que me hiciese favor de dejarme en casa de aquel cacique, pues nuestra suerte nos habia llevado a su casa, cuando tambien era de los que le habian pedido que me dejase en su compañía; a que me respondió, que allí me quedaria, porque era una persona de mucha estimacion, venerable y de maduro consejo, y que ninguno se atreveria a perderle el respeto. Agradecí mucho a mi amo la promesa, y volvimos a entrarnos adentro a concluir con los cántaros de chicha que nos habian puesto por delante; y estando a los últimos fines y en buena conversacion entretenidos, dijo mi amo al cacique lo que le importaba no volver a su tierra a su español, y que aunque se lo habian pedido muchos y rogado se lo dejase en sus casas, por no tener la satisfaccion que de él tenia, no habia concedido a ninguno lo que tanto le habian pedido : en cuya conformidad os ruego (dijo al buen viejo) que mireis con todo cuidado por este capitan, que le tengo en lugar de hijo y se ha de rescatar este verano, y aunque vengan por él en mi nombre (que pueden usar de esta traza mis enemigos), no lo entregueis de ninguna manera, sino es a mí, o algun pariente mio con la seña que yo os enviare, o cartas que le traigan. En mucho estimo vuestro favor (respondió el viejo cacique), porque estoi enterado de que ha habido algunos que han deseado la asistencia de este capitan en sus casas por servirle y regalarle, que verdaderamente, como es niño, se lleva la voluntad de todos. Yo os agradezco la lisonja que me haceis, prefiriéndome a tantos pretensores: lo que os podré asegurar es, que lo tendré como a hijo, y atenderé cuidadoso a su resguardo y seguridad. Pues por entenderlo así (dijo Maulican) no me pareció dejarlo en otra parte, porque quiero bien a este capitan y deseo con extremo su rescate y sus conveniencias, que se estan ya tratando para este verano. Y volviéndose a mí, que me tenia a su lado, enternecido me dijo con grande amor: *bochun* (que quiere decir hijo), aquí te puedes quedar hasta que sea tiempo de que te vuelvas a tu tierra, que harto siento el apartarte de mi lado; mas, bien conoces que lo hago por tu seguridad y por tu bien: quédate en buen hora y procura servir a Tureopillan, nuestro amigo y patron tuyo, con todas veras, dándole gusto en todo lo que te mandare. Levantóse con esto diciendo que era tarde, que queria llegar a hacer noche al rio de la Imperial, por poder otro dia llegar a su casa temprano; despidióse del cacique, y al salir por la puerta, me dió un abrazo tiernamente, y aunque el cacique le habia rogado que se quedase aquella noche, se excusó, y saliendo afuera, salimos todos con él. El viejo Llancareu y sus nietos mis compañeros y amigos se pusieron a llorar conmigo mui de veras, que aunque me quedaba de buena gana, no dejé de enternecerme, por el sentimiento que mostraban con mi ausencia; abrazáronme con amor y con ternura, y aunque pobres me dejaron dos camisetas o tres de las que tenian, y otra frezada nueva para mi abrigo, porque era el tiempo mas riguroso de frio de todo el año. Con que dándonos muchos marimaris y abrazos, se fueron con Dios y yo me quedé adonde deseaba.

CAPITULO V.

En que se trata de mi quedada en casa del caciqué Tureopillan, cacique principal de aquella *regüe*, y de la ajilidad con que se hallaba, siendo mui viejo, y de la estimacion que estos hacen de el que es valiente y soldado.

Cojieron su derrota mis compañeros y dueños de mi voluntad para su tierra Repocura, y dejáronme de la otra banda del rio de la Imperial, en casa de Tureopillan, anciano al parecer de mas de ochenta años, aunque estaba mas ájil y alentado que el viejo Llancareu padre de mi amo, que juzgué no seria la diferencia que habia entre los dos, de un año, mas o ménos, por las memorias que hicieron, en la competencia de edad, de cosas antiquísimas. Y siendo iguales en el tiempo, parecia Llancareu padre de Teuropillan [*sic*]; en que se confirma que no son los años los que imposibilitan la naturaleza, ni apresuran las canas, sino son los trabajos, enfermedades y desasosiegos, con incomodidad de la vida humana, como nos lo muestra la experiencia en algunos mozos, que fatigados y perseguidos de achaques, desdichas y incomodidades, se hallan canos, viejos y impedidos, y otros con muchos años mas a cuestas, alentados, vigorosos y con esfuerzos varoniles, como lo mostraba mi nuevo dueño Tureopillan, que en el brio, esfuerzo y valor parecia jóven de perfecta edad; a quien en lo aparente se le podia dar título de varon, que, segun la opinion de Séneca, no todos los hombres le merecen, porque una cosa es ser hombre, que se orijina de *humus*, y otra el ser varon, que es orijinario de *vis, vim* o *vi*, que es la fuerza, y no la adquieren todos, porque se gana a fuerza de valor y de heroicas hazañas, oponiéndose a las adversidades, peligros y trabajos: que esta es virtud, segun el citado autor. Por este camino no le ajustaba a este cacique Tureopillan el nombre de esforzado varon, porque la salud y esfuerzo con que se hallaba, no era adquirido en adversidades, peligros ni afanes, sí en la quietud, descanso y sosiego de su casa; al otro viejo Llancareu sí, por haberle granjeado y adquirido en las fronteras de guerra, con las armas en las manos y en defensa de su tierra y de su amada patria; y este reconocimiento es mas observado y aplaudido entre estos jentiles bárbaros que en los nuestros, pues les dan el primer lugar a los soldados, con toda estimacion y respecto, pues dondequiera que van los fronterizos, les socorren los de adentro con lo que piden, y con lo que han menester, y en las partes donde no tienen estas atenciones como deben, les obligan a tenerlas con hurtarles los ganados, caballos y lo que mas encuentran en sus distritos, sin que se atrevan los dañados a hablar palabra aunque claramente conozcan de adonde les vino el daño.

Quedemos con la historia en casa de este cacique, adonde por algunos dias habré de tener mi asistencia forzosa, y ponderémos un rato la costumbre de estos naturales, supuesto que el principal blanco a que se encamina, es a sacar de ella algunas consecuencias ajustadas al principal intento a que este libro se endereza, de la felicidad y dicha que tuve en mi cautiverio, y de la dilacion de guerra tan antigua como la de Chile, para confusion de nuestro gobierno, como causa principal de las ruinas.

¿Qué estimacion ni premio tienen en este reino los soldados antiguos, que han derramado su sangre en defensa de la patria, y por su valor y esfuerzo merecieron el nombre de varones fuertes, y a poder de brazos y contínuos años obtuvieron los oficios mas preeminentes que en esta milicia se reparten? Si es pobre el ministro superior, y ha servido limpiamente al Rei N. S. sin desnudar al soldado, ni usar de otras ilícitas granjerías, poco dura en el oficio, porque no supo robar ni quitar para ofrecer; que el que no lo hace, aunque sea con lo ajeno, desnudo se queda.

En las ofertas y sacrificios antiguos, se acostumbraba hacerlos con sangre ajena de los animales; y derogó esta lei antigua Jesucristo S. N. con la lei de gracia, ofreciendo por nosotros su preciosíma sangre, como lo refiere por San Lúcas: este es el cáliz, nuevo testamento en mi sangre ; en cuyo lugar dijo Theofilato estas palabras : que el nuevo testamento tuvo principio en su sangre, porque en el antiguo, cuando se dió la lei, bastó la sangre de los animales sin razon, mas ahora la del Verbo divino. Y esta es la lei nueva y el nuevo testamento, como si nos dijese : en la lei antigua ofrecian la sangre ajena en los sacrificios, pero en esta, que es la de gracia, la sangre propia ofrece Jesucristo, para enseñarnos de la suerte que habemos de hacer los sacrificios.

Vamos con el lugar a nuestro intento, y veamos si hai algunos sacrificantes de la lei antigua en estos tiempos. Paréceme que no faltan, pues con la hacienda ajena y con la sangre de los pobres hacen sus sacrificios y ofrendas a los que parecen dioses de la tierra (que en buena razon lo debian ser los príncipes y superiores que gobiernan); y esto lo hacen para solicitar sus mayores medras y aumentos, y asegurar sus oficios.

De aquí nace el estar las repúblicas, reinos y provincias mal servidas, los ejércitos aniquilados y abatidos, sin soldados que sirvan con amor a su Real Majestad ; porque no se busca la virtud, ni el mérito, ni el que es al propósito para el oficio, sino es a los que tienen manos liberales y largas, aunque esten tullidos de piés y manos : con que de ordinario los mas indignos tienen el mejor lugar adquirido, como lo dijo Aragon.

Y desdichado, en estos siglos, el que en ellos no se acomoda al tiempo, porque lo que en los justificados y a la razon medidos era afrenta y descrédito conocido, hoi es lei establecida, que el que no tiene que dar, no tiene que pretender; sino es los que siguen el camino de las letras, que esos fácilmente consiguen el premio de su trabajo y lo atropellan todo, gobernando lo civil, político y militar, con oficios permanentes y rentas asentadas, y aun despues de muertos. Y porque se reconozca que en todos los fueros, así civiles como militares, son dueños absolutos y hacen lo que quieren, no há muchos dias que por un caso grave envió de las fronteras de guerra un gobernador y capitan jeneral a prender a cierto vecino, que con un mílite ocupado en el servicio del Rei, tuvo grandes demasías y excesos, y llevándole preso el preboste jeneral del ejército, envió la real audiencia con fuerza de armas a quitarle, y lo volvieron a la ciudad; de adonde tuvo ocasion de decir los siguientes versos un autor moderno y de buen celo, trayendo a la memoria lo demas arriba referido :

> El que no tiene que dar,
> No tiene que pretender,
> Porque no hai mas merecer
> Que haber sabido robar.
> Ya no tienen que esperar
> Premio los pobres soldados;
> Con que se han de ver postrados
> Los ejércitos chilenos,
> Pues en marciales gobiernos
> Se introducen los letrados.

Con rentas y con honores
Estos solo estan premiados,
Con que todos son ya oidores,
Relatores y abogados,
Porteros y licenciados,
Procuradores subtiles,
Escribanos y alguaciles,
Y solícitos ajentes:
Y a estos tienen por valientes,
Y a los soldados por viles.

Yo juzgué verdaderamente que solo en este reino, por remoto y apartado del sol universal que esclarece y vivifica toda nuestra monarquía, se acostumbraba este abuso contajioso, y es comun opinion que de otros mas inmediatos tribunales y palacios viene derivada esta perversa lei; con que el achaque es de muerte y la enfermedad incurable, porque proviene de la cabeza el mal: y así no hai que maravillarnos, que los inferiores ministros y tribunales caminen al paso de los mayores, siendo las normas y el réjimen de los que se hallan en inferior jerarquía.

Pregunta el doctor anjélico, si los ánjeles inferiores tal vez iluminan o pueden dar luz a los superiores en dignidad, y responde a su cuestion diciendo: nunca los inferiores ánjeles iluminan ni dan luz a los superiores y mayores en dignidad; ántes al contrario, es tan observado por Dios el órden dispuesto de que den luz y iluminen a los inferiores los que estan en superior sphera y mayor jerarquía, que no se dispensa en su rigor jamas. Y segun esto, podemos decir y quedar advertidos de lo que dijo Plinio, que de la manera que las enfermedades mayores y dolencias mas peligrosas para el cuerpo son las que se orijinan y dimanan de la cabeza, a su imitacion los achaques que dan mas cuidado, las indisposiciones que amenazan mas ruina al cuerpo de una república, son las que provienen y se orijinan de la cabeza. De aquí podemos deducir, que los trabajosos males y dolencias que ha padecido este reino, y las que está experimentando hoi con mayores aprietos y desdichas, se han orijinado de las cabezas, que contra el órden natural y divino, han pospuesto la virtud al vicio, el mérito al interes, la sabiduría a la ignorancia, y los pobres capitanes y soldados a los pulperos y mercaderes, que supieron adquirir y buscar dineros.

Este es el lugar que tienen los que se desvelan en el servicio de S. M. y en la defensa de su patria en este reino de Chille, que es de adonde voi hablando, por haber visto y experimentado mucho mas que lo que en este libro va delineado; porque en algunas cosas he cortado el hilo de la pluma.

CAPITULO VI.

En que se continúa la misma materia y de algunas morales al intento.

Vamos discurriendo mas en la materia, y veamos cuántos maestros de campo jenerales de Chile, envejecidos en el servicio del Rei N. S., se han visto premiados. Hasta ahora no se conocen, sino es los que han tenido dineros y hoi estan sobrados, que han adquirido con ellos lo que han pretendido, y estos mui contados o singulares. ¡Cuántos estan arrinconados, sin tener un pan que comer, de los de sobrados méritos, adquiridos con su sudor y trabajo, y a costa de su sangre y vidas! Yo soi el ménos digno entre todos, que a imitacion de mis padres he continuado esta guerra mas de cuarenta años, padecido en un cautiverio muchos trabajos, incomodidades y desdichas, que aunque fuí feliz y dichoso en el tratamiento y agasajo, no por eso me excusé de andar descalzo de pié y pierna, con una manta o camiseta a raíz de las carnes, lleno de pulgas y otros animalejos que me daban fastidio ; que para quien estaba criado en buenos pañales y en regalo, el que tenia entre ellos no lo era : y con todo esto, me tuviera por premiado si llegase a alcanzar a tener un pan seguro con que poder sustentarme, y remediar en algo la necesidad de mis hijos, que por el natural amor que he tenido de servir a S. M., (aunque conozco la poca medra que por este camino se tiene), los he encaminado a los cuatro que tengo, a que sirvan al Rei nuestro señor.

Bien juzgo que si mi suerte me pusiera a los piés de S. M., me levantara de ellos mui acomodado y socorrido, porque tenemos por experiencia, que los mas que han parecido en su real presencia de estas provincias de Chille, no siendo de los de mas aventajados servicios, han conseguido el fin de sus pretensiones. Pero dirán algunos, que han llevado con que facilitarlas, que, como dijo el ilustrísimo Villarroel, que bien podia cualquiera en los palacios y alcázares de los reyes emprender lo que se le antojase, llevando dones de plata y oro, porque abren las cerraduras mas fuertes ; mas esto fué hablando de un rei tirano, que luego tuvo su castigo merecido. Y lo propio pudiéramos decir de algunos ministros de Chille, adonde no se premian méritos y servicios de pobres beneméritos. ¿Qué es lo que tengo, despues de haber trabajado en esta guerra desde que abrí los ojos al uso de la razon, y en este alzamiento jeneral, en que quedaron las fronteras asoladas, poblándolas de nuevo, sustentándolas y asistiéndolas con doscientos, o trescientos hombres cuando mas, en los principios de su ruinas? Y en los tiempos de mayores riesgos me solicitaron para el trabajo y peligro, y despues de mejorada la tierra, me dieron de mano, porque no supe acomodarme a lo que se usa. Esto es lo que he granjeado en esta guerra de Chille, y hallarme hoi al cabo de mis años, por tierras extrañas, buscando algun alivio y descanso a la vejez, aunque sin esperanzas algunas de consuelo ni remuneracion de los trabajos padecidos, en una tierra y gobierno adonde se cierran las puertas de las comodidades a los pobres dignos y merecedores de ellas ; pues habiéndome opuesto a algunas encomiendas de consideracion que han vacado, me han preferido los que han tenido que dar por ellas tres mil y cuatro mil patacones. Y no se contentan los gobernadores con no dar al benemérito lo que de justicia y de derecho se le debe, sino que tambien le quitan la reputacion y el crédito,

declarando por mas digno y por de mayores méritos al que nunca fué
soldado ni supo lo que es servir a S. M. Este es el galardon y premio
que tenemos en Chile los que habemos sido soldados y seguido el militar ejercicio; mui a la contra de lo que acostumbran estos bárbaros jentiles, que al que es valeroso soldado, que sustenta la asistencia de la
guerra, le veneran todos, le dan lo que ha menester y el primer lugar
y asiento en los concursos y parlamentos: y es con tanto extremo y
cuidado esta costumbre, que si un forastero de los que se van de entre
nosotros agraviados, aunque haya sido mortal enemigo de ellos, siendo
valeroso y práctico soldado y de consejo, le anteponen a todos los caciques y toques principales, para que por su mano corran y se dispongan
las cosas de la guerra. A este propósito, me trajo a la memoria mi desvelo lo que nos cuenta el sagrado texto de los del pueblo de Israel, que
hallándose apretados y perseguidos de los Ammonitas, se congregaron
los mas nobles y ancianos para ir a donde habitaba Jephté, a pedirle
favor y ayuda, habiendo ántes echádole de parte sus hermanos, y obli-
gádole a retirarse a las montañas a ser capitan y caudillo de bandoleros;
y habiéndose acreditado de valeroso, temido y respetado por tal, fueron
con sumisas palabras a rogarle les defendiese de sus enemigos, y los
gobernase como su príncipe, a cuya obediencia estarian todos sujetos y
subordinados, porque pelease contra los hijos de Ammon. Esta es la
obligacion del príncipe o del rei, dijo el ilustrísimo Villarroel, por
cuya causa y a cuyo título se sujeta el pueblo a su obediencia y mandato.

Respondió Jephté: ¿no fuísteis vosotros los que aborreciéndome y mirando mal mis acciones, me desterrásteis de casa de mis padres? y ahora
me venis a buscar, apretados y compelidos de la necesidad y trabajo
que os aflije? Estamos bien, dice Jephté: si forzados de vuestra afliccion
y oprimidos de vuestros enemigos, venis a buscarme, yo quiero conce-
deros lo que me pedis, para confusion y afrenta vuestra, y aun para castigo de lo que habeis usado conmigo. Y dijo mui bien, porque ¿qué
mayor ni mas penoso se le puede dar a uno, que obligarle a la sujecion
de su enemigo, ni qué mayor tormento, que haber menester hoi al que
despreciaba ayer, pedir ayuda y favor al que se la negué cruel? Finalmente, es gran desdicha llegar a significar amor al que tuvimos mal
afecto, ponerme debajo del amparo del que de mí está ofendido, porque
no será maravilla no hallar en él proteccion ni seguro auxilio. Hace una
cuestion Theodoreto sobre haber sido el arca del testamento cautiva y
presa de los enemigos en tiempo del sacerdote Helí: que por qué causa
lo permitió Dios N. S.; y responde, que por haberse valido de ella, teniéndola ofendida con no guardar la lei que dentro de sí llevaba. Y en
este lugar dijo el ilustrísimo Villarroel estas siguientes palabras: ver-
daramente (dice) los delincuentes traian en la lei su proteccion y amparo; mas, como la quebrantaban y ofendian, llevaban consigo su total
ruina y al vengador de su propio agravio; por lo cual no me maravilla-
ria de que los Israelitas no hallasen defensa ni amparo en el protector

que buscaban ofendido. Tanto como esto puede el esfuerzo y valor en los vivientes. Sujetándose rendidos los Israelitas, atropellando imposibles, se postran a los piés de Jephté porque los gobierne y defienda; de la propia suerte estos naturales (quienes imitan a los antiguos en muchas acciones) dan la mano y el primer lugar al valeroso capitan, industriando a los príncipes y gobernadores de estos tiempos, que contra justicia y razon anteponen el dinero al valor, al mérito y a la suficiencia, para que sepan imitarlos dando el lugar que merece, al que es digno benemérito, aunque sea pobre. Y aunque se estan experimentando de los referidos gobiernos efectos no tales y perversos subcesos, no se van a la mano en sus acciones; ántes los que vienen de refresco a poner remedio en nuestros males, y a restaurar lo perdido, y a socorrer necesitados, no tratan de otra cosa que de sus particulares intereses, y de chupar la sangre a los pobres que no tienen capa ni capote que quitarles; que todavía tuvieran por partido tenerle para ofrecerlo, como lo hicieron los de Ramoth Galad.

Cuenta el texto, que envió el profeta Eliseo a uno de los hijos de los profetas, a unjir por rei a Jehú, industriándole en lo que habia de hacer y decir. Ejecutó el órden, y habiéndole sacado de en medio de sus compañeros y hermanos, y llevado a su aposento a solas, le unjió por rei, y al instante que lo hizo con todas las circunstancias que el profeta le encargó, se volvió a darle cuenta. Salió Jehú a la presencia de los ciudadanos y compañeros, que estaban cuidadosos de saber el recaudo que el nuncio de los profetas le habia traido a solas y en secreto; a que respondió, que a unjirle por rei habia venido en nombre de Dios, para que rijiese y gobernase el pueblo de Israel, y ejecutase sus órdenes y mandatos.

Luego que oyeron a Jehú que le habian unjido por rei, siendo un particular, hombre pobre y de entre ellos, dice el texto que se quitaron las capas y se las ofrecieron, tendiéndoselas o poniéndoselas debajo de los piés, como si dijiesen (juzgo yo): este viene a gobernarnos pobre y ha de buscar capa con que cubijarse; pues, ántes que nos las quite, ofrezcámoselas de grado, que podrá ser que le obligue el respecto, si no la obligacion, a dejarnos las camisas y a no chuparnos la sangre. Pues si algunos pobres criados que nunca supieron ser señores, vienen a gobernar un reino desdichado y trabajoso sin capa ni capote, y si traen alguno, lo deben, porque se lo fiaron a cuenta del oficio, ¿no es forzoso que busquen capa, o con que pagar la que traen? y si no la hallan en los pobres habitadores, ¿no han de quitarles las camisas y aun la sangre? claro está, que cada dia tenemos estas experiencias a la vista. Demos fin a este capítulo, habiendo quedado con la historia en casa del cacique Tureopillan, adonde me hice capaz de muchas antigüedades y de los fundamentos que para las ruinas y desolaciones de las ciudades de la Imperial, Osorno, Villarica y las demas hubo, que en breve tiempo habian felizmente florecido, para marchitarse con la mesma priesa y abajar de golpe al peso [sic] que subieron.

CAPITULO VII.

En que se trata en lo que a los principios me ocupé en casa de este cacique Tureopillan, baptizando muchachos y chinas, y de otras cosas que me sucedieron de paso.

Al cacique Tureupillan, persona de todo respeto, quedé encomendado en aquella parcialidad, quien me miraba con buenos ojos, y me
regalaba y trataba no como a cautivo. Al cabo de tres o cuatro dias
que me comunicaron sus hijos, me cobraron tan grande amor y voluntad, que no se hallaban sin mi compañía un punto. Eran cuatro hermanos, los dos muchachones ya casados, y los otros dos pequeños dé diez
a doce años, sin otros pequeñuelos de tres y de cuatro poco mas o ménos, y otros de teta que estaban mamando; que por todos eran hasta
siete o ocho de diferentes madres, porque el cacique habia tenido muchas mujeres, si bien entónces no se hallaba mas de con cuatro, las dos
de ellas ya viejas y las otras mocetonas : de estas últimas eran los dos
muchachos medianos de diez a doce años (como dije). Estos eran los que
me acompañaban de ordinario y en la cama, que luego que llegué, me
dió el cacique un colchon de los que usan los principales, demas de
treinta pellejos mui limpios y escarmenados, cosidos los unos con los
otros, una frezada nueva, que con las que yo tenia, cómodamente me
reparaban de los hielos y frios que en aquellos tiempos nos molestaban ;
demas de esto me dió dos mantas, la una blanca, que servia de sábana, y
otra listada, que servia de sobrecama, una almohadilla de lana para
cabecera, y a sus dos hijos medianos para que durmiesen conmigo y
me acompañasen, encargándome que los enseñase a rezar; que en aquella parcialidad todos los mas sabian alguna cosa de las oraciones, y estos
dos muchachitos y compañeros mios tenian el Padre nuestro en la memoria, que de las mujeres españolas ancianas y cautivas habian aprendido : repetíanle mui bien cuando nos íbamos a acostar y por las mañanas
al levantarnos.

Estando una noche, al cabo de algunas, rezando en la cama, les dije
que si entendian algo de lo que rezaban, y me respondieron que nó.
Pues ¿cómo (les dije) deseais que os enseñe las demas oraciones, si no las
habeis de entender? Con todo eso (me dijeron), tenemos gusto de saberlas, porque dicen los *huincas* y las señoras que son palabras de Dios, y
por eso gustamos de saberlas y oirlas aunque no las entendamos. Está
bien (les dije): mucho consuelo me han causado vuestras razones : yo os
enseñaré de mui buena gana, y en vuestra lengua las habeis de aprender, para que con mas facilidad y gusto os hagais capaces de los misterios de Dios, entendiendo lo que rezais. Alegráronse infinito de haberme
oido decir les enseñaria las oraciones en su lengua, y con notable regocijo me dijieron asentándose en la cama, que les enseñase luego, porque
se les habia aumentado el deseo de saber las oraciones con haberles
significado se las repetiria en su lengua y natural idioma. Repitan, pues,
conmigo, dije a mis compañeros, que con mucho gusto obedecieron, si-

28

guiendo con las suyas mis palabras ; y despues de haberles recitado tres o cuatro veces la oracion del Padre nuestro, me repitieron mas de un tercio de ella, con notable alegría, porque eran señores y dueños de lo que aprendian : finalmente, en tres o cuatro dias supieron el Padre nuestro, y pasó la palabra a los demas muchachos que estaban en los vecinos ranchos; con que todos los dias se me agregaban mas de catorce o quince chicuelos, que sus padres los enviaban para que fuesen doctrinados y baptizados, que en esto me ocupé muchos dias. Y porque una india se vino a hacer cristiana y me trajo una gallina, todos los demas la fueron imitando, con que me hallé en breve tiempo con cantidad de gallinas que comer, muchos huevos, papas, bollos de maiz, rosquetes y otras cosas que me traian de regalo, que aunque yo lo repugnaba, y les decia que no era menester nada de aquello para que yo les enseñase y baptizase, me respondian, que ellos lo hacian por su gusto, por regalarme, y tambien porque los cristianase de buena gana. Y es de notar una cosa en estos bárbaros (que juzgo que la tengo en otra parte advertida), que cuando estan en su libre albedrio, y son dueños de su voluntad sin hallarse señoreados de los españoles, muestran mayor afecto a nuestra santa fee católica ; pues en los tiempos antiguos, sabemos y es notorio que para haber de baptizarse, los obligaban con dádivas y regalos de chaquiras, agujas, listones, añil y otras menudencias que para ellos eran de alguna estimacion, por cuyo interes se baptizaban muchos dos y tres veces ; y ocasion hubo que un cacique principal hizo que se baptizasen todos los de su casa, por el interes de lo que a cada uno se le daba, y no teniendo otra persona que pudiese baptizarse, llevó un gato o perro al padre que los cristiniaba, y le dijo que le baptizase tambien aquel perro, y le daria unas chaquiras.

Este bien manifestaba la poca fee que tenia, y ningun conocimiento de lo que era el baptismo, pues presumia que era lo propio baptizar al perro, que baptizar a él o a una piedra insensible ; a que son comparados los jentiles, que hablando con los de Judea San Juan Baptista, les dice, que bien puede Dios de las jentílicas piedras hacer hijos de Abraham ; en cuyo lugar dijo San Ambrosio (para significar lo que habemos dicho, que los jentiles son comparados a las piedras): ¿qué otra cosa son los que sirven y adoran a las piedras, que las mesmas piedras, semejantes a aquellos que de ellas hacen sus dioses? Así presumia este bárbaro, que no habia mas Dios que el suyo de piedra, si es que tenia alguno ; aunque en estos naturales de Chille no se les ha conocido mas ídolo por su dios, que el ocio, el comer y el beber, y el de la carnalidad, que es el peor y mas difícil de apartarles dél, porque son como piedras empedernidas en estos vicios. Este modo de fee manifiestan entre nosotros, o porque los industriaban a ser cohechados y pagados para ser cristianos, o porque al contrario y al reves de lo que les decian, experimentaban en nuestras obras, que son las que entre naciones bárbaras y nuevamente reducidas hacen impresion en el alma; que, como dijo Séneca, es camino mas breve y atajo mas seguro para industriar al ignorante el ejemplo, que el de los documentos y preceptos. Y San Ambrosio manifiesta ser de mas utilidad y provecho el ejemplo de los santos y de los que viven bien y ajustados a la lei divina, que la elocuencia del orador en sus palabras. Esto es lo que se ha experimentado cuando asisten entre nosotros estos jentiles: querer ser baptizados por el interes de los dones que les daban; en que conocidamente se echaba de ver que no les movia el afecto que a nuestra fee tenian, pues solicitaban la paga por haber de baptizarse, a sus familias y mujeres, y aun a los perros y gatos; al contrario de lo que en sus tierras sin comunicacion de españoles acostumbran, que porque los hagan cristianos y los enseñen a rezar, pagan agradecidos a quien les parece que lo puede hacer sin superioridad. Por estas acciones, no es dificil de alcanzar que les acompaña un buen natural y dócil para imprimir en ellos lo que con buena enseñanza y ejemplo quisieren estamparles, y que entre nosotros es adonde se hacen malos los que tienen buenos naturales, y perversos los no tales.

Ocurrian a mí para el efecto de muchas parcialidades, y reparé con cuidado que en algunas habia españoles antiquísimos entre ellos, y no los solicitaban para este sacramento; y inquiriendo la causa, me sacó de esta duda un indio antiguo y en nuestro lenguaje ladino, que me mostraba amor y buena voluntad, y este me dijo, que los españoles que habian quedado entre ellos, no eran captivos, sino era de los que por su gusto entre ellos estaban viviendo a su usanza,' y no como cristianos, gozando del vicio y del ocio que los demas infieles; por cuya causa no querian ser baptizados por sus manos, y por haber dicho algunos captivos españoles, que eran herejes los que asistian por su gusto entre ellos, y que estos no podian baptizar a ninguno. Y debian de ser algunos ignorantes los que decian que eran incapaces de dar el agua del baptismo a los que con buena voluntad la pedian, y con buena fee, pues, segun Santo Thomas, aunque no esté baptizado, y aunque sea hereje, puede echar el agua del baptismo a otro, guardando la forma que se requiere. Y cierto que es de notar el reparo de estos indios, que por haber dejado por su gusto aquellos españoles la fee católica, los miraban como a herejes (aunque eran sus compañeros), y decian que no podian hacer cristianos a otros porque ellos se excusaron de serlo y se apartaron de nuestra lei y profesion: y en alguna manera dijieron bien, porque los que dejan a Dios por el demonio, se transforman en demonios, como lo dijo San Gregorio Niceno con estas palabras: los que ponen los ojos y miran con los del alma a la verdadera luz, reciben en sí las propiedades de la divina naturaleza; y al contrario, el que pone su cuidado, su ánimo y su corazon en la vanidad de dioses falsos, se transforma en ellos. Y así juzgaban bien estos naturales, que aquellos apóstatas de nuestra relijion cristiana no podian hacer cosa bien encaminada a ella.

ꞏCAPITULO VIII.

En que se refiere el ofrecimiento que hizo el autor para curar una enferma sin tener
conocimiento de yerbas, ni haber sido médico en su vida, y el disgusto que le causó,
despues de haberse ofrecido a hacer lo que no entendia.

En estos ejercicios virtuosos me entretuve, y en visitar los ranchos
y casas comarcanas de los parientes y amigos de el cacique, que a una
cuadra y a media los tenian; y estando un dia en casa del indio que
arriba signifiqué me mostraba mas aficion y voluntad que otros ladinos de los antiguos, llamado Pedro, me causó gran compasion y lástima el ver a su mujer mui achacosa y aflijida, y el marido mas lastimado, porque la queria bien por ser moza y de buen parecer, demas
de no tener otra que le acompañase, ni quien le hiciese un bocado que
comer. Preguntóme el camarada Pedro, despues de haberme mostrado
el achaque de la mujer, que tenia un pecho apostemado, que si acaso
sabia o tenia noticias de algunas yerbas para curar a su esposa y compañera, que entre nosotros habia muchos médicos herbolarios que
curaban con ellas y eran acertados; a que le respondí, que era verdad
que habia personas entendidas en la materia y con conocimiento de
yerbas medicinales, que yo conocia algunas para postemas, juzgando
que seria alguna hinchazon que fácilmente pudiera curarle. Mucho me
huelgo, capitan amigo, dijo el indio, que los españoles suelen ser acertados, y curaréis a mi mujer, que me ha parecido que habeis de acertar
con la cura: volved a mirarle el pecho, y reconoceréis el achaque, que
há mas de un año que le tiene, y siempre mas empedernido. Llegué a
descubrir el pecho, que le tenia mayor que una botijuela, y tan endu-
recido que me causó admiracion y espanto, de tal suerte que me pesó
infinitas veces de haberle dicho que conocia de yerbas medicinales; y
aunque me quise eximir con decirle que aquella era enfermedad antigua, y que me parecia incurable por ser en parte peligrosa y delicada,
no pude salir del empeño en que me puso mi inadvertida razon y el
deseo de dar gusto a quien me mostraba amor y natural afecto, porque
me dijo el amigo con resolucion, enternecido, que yo habia de curar
a su mujer y buscar las yerbas que conocia para el efecto.

En suma, yo me ví apretado del doliente amigo y en obligacion de
buscar las yerbas que no conocia, con harto dolor y sentimiento de haberme ofrecido a hacer lo que no entendia: mi merecido castigo tuve en
la afliccion y cuidado en que me vide, que es mui justo el que le tenga
el que se mete en aquello que no entiende, y que le digan que no sabe
lo que se hace, como le sucedió al apóstol San Pedro.

Estando en el Tabor, se ofreció a hacer los tabernáculos para Jesucristo, Moises y Elias, y le notó el evanjelista de necio, diciendo que no
sabia lo que decia; y aunque sobre esta necesidad [sic] y sobre saber
en qué consistió el disparate, dan muchas razones los santos doctores, es a mi propósito y a mi intento la de San Timoteo Antioqueno

hablando con San Pedro. ¿Qué pensamiento (dice) es el que te ha venido, Pedro? a lo que no aprendiste, acometes presumido. Pues si tú eres pescador, y solo sabes tejer redes, ¿quién te mete a carpintero? Razones que se me podian decir a mí mui ajustadas (y a otros muchos presumidos que juzgan saberlo todo), porque si yo no conocia yerbas ni en mi vida habia curado ni tenido tal ejercicio, ¿quién me metia en ostentarme médico? Cualquier castigo en mí fuera mui bien merecido, demas del interior que padecia el alma con la afliccion y pena que mi ofrecimiento vano y necedad conocida causó justamente.

Finalmente, yo me resolví a decir saldria a buscar las yerbas, y que me holgaria hallarlas por darle gusto, pero que me parecia dificultoso, porque de ordinario se hallaban arrimadas a la costa del mar. Pues irémos a la costa (dijo el amigo), si por aquí cerca no las hallais mañana; con que me vide por todos caminos cercado, y con obligacion de salir a buscar lo que no sabia ni conocia, y traer las primeras que encontrase.

Fuíme desconsolado a casa del cacique aquella noche, y encomendé a Dios y a la Vírjen Santísima del Pópulo (desde mis tiernos años abogada) el subceso, con todas veras y fervorosas súplicas, despues de haber con mis compañeros rezado la oracion del Padre nuestro (que ya sabian) y echádonos en la cama. Apénas el sol rayaba entre confusos nublados, cuando estaba conmigo el indio Pedro, solicitando el que saliésemos al campo en demanda de las yerbas, y esto con ruegos amorosos y ofertas grandes de agradecimiento; con que me hallaba mas obligado a corresponder a sus respectos y agasajos, poniendo de mi parte algun cuidado en hacer demostraciones de solícito, aunque no hubiesen de ser de ningun efecto. Yo saldré a la tarde, dije al camarada, y me alargaré lo posible, por ver si en alguna quebrada de estas comarcanas me depara la dicha lo que habemos menester. Pues volveré a acompañaros (dijo el indio), si gustais que nos vamos paseando; a que respondí, que no faltase del lado de la enferma, porque podria ser me dilatase mas de lo que quisiera; que los dos muchachos mis camaradas y compañeros bastaban para hacerme compañía. Pues quedáos a Dios, amigo (me dijo Pedro), que en vos tengo puesta mi esperanza, y en vuestras manos la salud de aquella pobre enferma. Dichas estas razones, me dejó en el rancho, mas pesaroso que de ántes y con mas cuidado y imajinaciones; salí afuera a las orillas del estero a encomendarme a Dios y darle gracias por haberme dejado amanecer con bien aquel dia, aunque con algun disgusto por el empeño en que me hallaba con aquel indio Pedro; que se sirviese su divina Majestad de ayudarme y por algun camino sacarme con gusto de aquel aprieto en que estaba: y esto fué hincado de rodillas dentro de un bosque adonde solia continuar mis devociones, diciendo con David: en tí tengo, Señor, puesta mi esperanza; por tu divina bondad, me has de oir, Dios y Señor nuestro, que aunque me considero indigno, porque como malo y **perverso no he atendido a vuestras voces, llamamientos y inspiracio-**

nes, por lo cual no debo ni merezco ser oido (porque dijo Oríjenes sobre este salmo de David: ¿cómo nos ha de oir Dios, nuestro Señor, si cuando nos habla, no le oimos? cómo ha de hacer lo que queremos, si lo que quiere y manda no lo ejecutamos? quiere Dios que seamos tales, que como dioses seamos para hablar con Dios), con todo eso, Señor, no puedo dudar ni desconfiar de vuestro favor y ayuda, fundado en vuestra gran misericordia.

Volví con esto al rancho, adonde el cacique estaba esperándome para almorzar; y los muchachos habian ido por otra parte en mi demanda, y ántes de entrar adentro me encontraron, preguntando por el lugar o sitio en que me habia ocultado y escondido, porque no habian podido dar conmigo en toda la mañana. En el estero estuve (les dije) divertido un rato, rezando mis devociones algo distante de la ordinaria vereda por adonde solemos encaminarnos. Aun por eso no pudimos encontrar con vos (me dijieron los chicuelos): vamos adentro, que os está aguardando el viejo para comer; que el almuerzo servia de comida entre las nueve y las diez. A este tiempo salió el viejo cacique a las espaldas del rancho a cojer el sol y a comer a la resolana, en cuya compañía fuimos platicando hasta llegar al sitio, del aire reparado y descubierto al sol; allí nos trajieron de comer y de beber mui a gusto, que los mas dias me guisaban una ave de las que me habian ofrecido los ahijados y ahijadas, sin otros regalos que me hacia el cacique, y los comarcanos parientes suyos. Acabamos de comer, y como el rancho de Pedro era el mas cercano, al instante estuvo con nosotros y significó al cacique lo que deseaba que yo saliese al campo en busca de unas yerbas que le habia dicho que conocia, para curar el achaque que su mujer padecia.

Díjome el cacique mi huésped: capitan, mucho me huelgo que conozcais yerbas medicinales, porque curarás nuestras enfermedades. Yo no entiendo de eso, dije al cacique, que las yerbas que conozco, son unas con que vi curar una postema, y no sé si han de ser a propósito para tan antigua enfermedad como la que tiene la mujer de mi amigo Pedro; con todo eso, saldré a buscarlas, y si las hallare, haré todo lo posible por sanarla. Mucho estimaré de mi parte (me dijo el viejo) que pongais todo cuidado en la salud de mi parienta, que há muchos dias y meses que la tiene aflijida aquel penoso achaque, sin que haya habido persona que haya acertado a curarla, aunque se han hecho muchas y várias dilijencias. Salid con esos muchachos a pasearos por esas campañas, que hace apacible tarde sin viento ni frio, y buscaréis con cuidado las yerbas que habeis dicho; y lleven unos bollos de maiz para merendar allá, que de vuelta les tendrémos de cenar mui bien. Yo quiero tambien ir con el capitan, dijo Pedro, por hacerle compañía y guiarle. No es menester, amigo y camarada (le dije), que estos muchachos solos son bastantes para en este paseo acompañarme; porque habemos de ir rezando las oraciones, y a ratos cantándolas, que de esa suerte se aprenden mas bien y con mas facilidad. Ea pues! capitan amigo (dijo

Pedro, apadrinado del viejo), id en buena hora con vuestros compañeros, y quiera Dios que volvais con el despacho que deseamos.

CAPITULO IX.

En que se trata de como salí con mis compañeros los muchachos en demanda de las yerbas que yo no conocia, y que llegando a una loma rasa de adonde se divisaba el rio de la Imperial y su hermoso valle, a donde habia muchos ranchos arrimados a sus orillas, nos bajamos al valle a descansar un rato, y habiéndonos divisado del rancho mas cercano, nos envió a llamar el cacique dueño dél, adonde fuimos; el cual nos detuvo aquella noche y nos hizo gran fiesta, adonde me hice capaz de muchas cosas antiguas que se refieren, y otras cosas.

Salimos de la posada los muchachos y yo, y habiendo pasado el estero que nos ceñia la casa, cojimos el camino que se enderezaba al rio de la Imperial; y preguntando a mis camaradas cuánto habria de adonde estábamos a él, respondieron los muchachos: allí tras de aquella loma está no mas, mui cerca es; y el cerca de los indios suele ser de dos leguas poco mas o ménos, si bien en esta ocasion no fué media legua la que habia; y como la loma estaba poca distancia de nosotros, díjeles: pues lleguemos a divisar el rio de aquel alto. Vamos, capitan, me respondieron, y llegarémos a casa de mi tio, que está a la orilla del rio. Fuimos caminando poco a poco, rezando las oraciones y cantándolas a ratos, hasta que llegamos a la cima del cerro, de adonde descubrimos un hermoso valle que hacia el rio, y enfrente dél, de la otra banda, sobre una loma rasa que señorea a otro valle por aquella parte, se divisaban los paredones antiguos de la ciudad Imperial, que como los mas eran de piedra, estaban todavía mui enteros. Descubrimos tambien por aquellos llanos de tan apacible valle muchos ranchos fundados en sus orillas, con muchas sementeras y árboles frutales; que todo nos provocaba a bajar a verlos y a gozar de la amenidad de aquellos prados; y los muchachos estaban con mas deseos que yo, de llegar al rancho de su tio: con que fué menester mui poco para conformarnos y bajarnos a la falda del cerro, adonde nos asentamos a descansar un rato y a merendar los bollos de maiz que llevábamos. En esto nos divisaron los muchachos que estaban entreteniéndose al juego de las chuecas, que estarian como dos cuadras de nosotros; llegaron a reconocernos, y aunque despues de haber conocido a sus primos, me rogaron que llegásemos al rancho y a donde su padre estaba, me excusé diciendo, que habíamos salido a buscar unas yerbas, y que era forzoso andar por aquellas montañas solicitándolas, y no detenernos.

Estando en esto, llegó un hijo mayor del cacique, de buena traza, con recaudo de su padre, en que rogaba que me llegase a su casa; que por aviso que le dieron, de que estaba allí un *huinca*, que quiere decir español, colijió no podia ser otro que el que estaba en casa de su hermano. Obedecí al ruego y mandato del cacique y a los agasajos del mensajero. Llegamos al rancho del cacique *Neucopillan*, primo hermano de Tureopillan, con quien yo asistia, y a quien habia quedado encargado de mi amo; asentámonos a la resolana, adonde él estaba cojiendo el sol sobre tarde, y al punto me pusieron delante un cántaro de chicha, que es la honra y agasajo que hacen a los huéspedes principales; y como ya yo estaba diestro en lo que acostumbran, brindé luego al cacique, y bebió la mitad de lo que habia en el jarro, y él me brindó con lo que quedaba: *llag paia cimi*, a la mitad habemos de beber. Fuí luego repartiendo a los demas circunstantes, despues de haber bebido lo que el cacique me dejó en el vaso, con que, despues de haber hecho con los mayores y principales la cerimonia del bríndis, pasé el cántaro al muchacho mayorcito que me acompañaba, para que brindase a los demas muchachos, como lo fué haciendo. Sacáronme luego un plato de frutilla pasa, unos bollos de porotos y maiz, mezclados con la semilla que en otra ocasion he dicho la calidad que tiene, que es el madí; y miéntras comia, me preguntó el cacique, que para adónde iba encaminado; a que le respondí, que por aquellas quebradas y vegas buscábamos unas yerbas que en mi tierra conocia, y por acá no podia encontrar con ellas; que a ese efecto habia salido de casa con aquellos muchachos, por órden y ruego del cacique mi huésped, y habiéndonos alargado hasta el alto de este cerro, de adonde se divisan las riberas apacibles de este rio, pobladas de tan hermosos ranchos y vistosos jardines de olorosas flores, tuvieron gusto mis compañeros de que bajásemos a gozar de ellos, y que de esta suerte nos habíamos acercado a su casa y habitacion. Mucho me huelgo que hayais llegado a ella (dijo el cacique), porque desde que os ví en la borrachera, adonde nos juntamos todos los comarcanos solo por ir a conoceros y a ver al hijo de Alvaro, naturalmente me incliné a quereros bien y a miraros con buenos ojos, pues llegué a brindaros algunas veces; y ya que habeis llegado a mi casa, me habeis de hacer favor de quedaros esta noche en ella, porque el cacique Aremcheu tiene grandes deseos de conoceros, que por estar tan viejo y impedido, no pudo ir a la borrachera, y tiene ya noticia que estais aquí cerca en casa de mi hermano y le enviarémos a llamar, que aquel de abajo es su rancho, y tendrá mucho gusto de conoceros. Yo le respondí que me holgara mucho ser dueño de mi voluntad para obedecerle al punto, que no pareciera bien, sin gusto del cacique que me tenia a su cargo, faltar de noche de su casa. No os dé cuidado eso (dijo Naucopillan), que yo enviaré a mi hijo a avisarle, para que no esté con cuidado. Hízolo así; con que fué fuerza darle gusto, y en el entretanto que dábamos fin al cántaro de chicha que teníamos presente, se levantó y fué adentro a disponer el rancho y a mandar hacer de cenar espléndidamente, y a hacer traer el ganado, que por allí cerca paseaba el campo, de adonde cojieron cuatro o seis corderos gordos y otros tantos carneros, gallinas, diez o doce pollos, y capones demas; muchos fogones en el rancho, porque ya refrescaba la tarde y necesitábamos de abrigo. Con esto envió a avisar al cacique viejo Aremcheo y a otros tres o cuatro comarcanos de los que tenian sus casas mas cercanas, parientes y amigos. Llegaron al ponerse el sol, y a un mesmo tiempo el mensajero que habia enviado el cacique a avisar a mi huésped.

El rancho era mui capaz y anchuroso, con tres fogones, bien proveidos de ollas, asadores y sartenes, en que freir buñuelos y rosquillas y sopaipillas de huevos y pescado fresco, que todos estos regalos me hizo aquel cacique en este espléndido convite; que despues de haberme saludado el cacique Aremcheu el viejo y regocijádose con mi vista, y los demas caciques que ya me habian visto en la borrachera, por abreviar con la fiesta, dejando circunstancias, digo que cenamos aquella noche abundante y regaladamente, y despues se armó el baile (que es el complemiento [sic] de la fiesta entre ellos) con la mujer y familia de aquel cacique viejo y con las de los otros que fueron convidados. Gastáronse muchos cántaros de chicha, con que los caciques y demas se fueron alegrando, y estando yo asentado al fuego con el viejo Aremcheu y otros dos caciques tambien ancianos platicando algunas cosas de los primeros conquistadores de este reino (que con cuidado solicitaba las veces que podia, saber con qué principios entraron sujetándolos y reduciéndolos), llegaron a mí los hijos del cacique dueño de aquel festejo, acompañados de algunas muchachonas con sus jarros de chicha, a brindarnos y a rogarme a mí que fuese a bailar con ellas, pues a mi llegada era aquel convite y regocijo; a que les respondí que no sabia sus romances, que cómo querian que fuese a estarme parado y mudo; a cuyas razones se levantaron los viejos y me dijieron que fuésemos a holgarnos, pues habian venido aquellas ilchas (que queria decir damas) a convidarme, y por el respecto de los viejos y sus agasajos, me levanté con ellos y fuimos a la rueda en que estaban bailando, dando vueltas a la redonda del tamboril, y a su imitacion hice lo propio : que fué la primera vez que me pudieron obligar con regalos, con cortesías y agrados, a hacer lo que no sabia. Quedaron mui pagados de mi accion los caciques y los demas muchachos y muchachas, porque me mostraba con ellos alegre, placentero y agradable; aunque el corazon y el spíritu se hallaba repugnante a aquel ejercicio, que por urbanidad y buen respecto ejercitaba, que es prudencia y cordura en ocasiones mostrar el rostro alegre teniendo sentimiento el alma.

Al cabo de un buen rato que hubimos entretenido la noche con dar vueltas en el baile y brindarnos a menudo, y entreverando platos de mariscos, rosquillas fritas, sopaipillas con mucha miel de abeja y otros regalos (porque toda la noche los que bailan estan comiendo, porque con eso no se les sube tan presto lo que beben a la cabeza; y así, han menester mucho para que las bebidas los postren en el suelo), me dijieron los viejos que nos fuésemos a descansar a otro fogon que estaba separado del bullicio y del concurso entretenido ; retirámonos a él, y el cacique Neucopillan, que fomentaba la fiesta, nos hizo hacer las camas, para que los tres viejos se acomodasen, y yo con mis compañeros en otra : hízonos llevar despues dos cántaros de chicha, para que con gusto el sueño nos rindiese.

El cacique Aremcheu era mui viejo, criado entre españoles y ladino, tenia escojido natural, agradable y apacible, ajustado en su vivir a lo cristiano, sin haber querido tener mas mujer que la lejítima por la Iglesia (que segun el aspecto de ella, se debió de casar muchacha, siendo él ya mayor), quitado de ruidos, de pleitos y disensiones; no salia de su casa, sino era tal vez a aquellos ranchos de sus vecinos y comarcanos que le servian de paseo; sabia este cacique rezar el Padre nuestro y Ave María, y me certificó que todos los dias rezaba aquellas oraciones: finalmente, era un indio que se acordaba mucho de los españoles y de un ermitaño principalmente que asistia cerca de su casa, que este fué quien le enseñó a rezar, y con su ejemplo y buena vida permaneció con buenas costumbres este indio; que las acciones ajustadas y obras virtuosas son las que mas bien encaminan a los ignorantes infieles, que las palabras y sermones aunque sean eficaces. Así lo dijo San Bernardo; y al contrario, las razones dichas con mal ejemplo, son perdidas, sin fruto y postradas por el suelo, como advirtió San Gregorio, y San Gerónimo, escribiendo a Nepociano, le dice, que procure que sus obras sean tales que no perturben sus palabras, ni contradigan lo que dice; que el que es maestro (dice en otra parte) y tiene a su cargo la enseñanza y doctrina de otros, pierde la autoridad de enseñar si con su mal ejemplo y obras destruye las razones que promulga.

Bien conoció este natural que lo que el ermitaño hacia, era lo cierto y verdadero, porque enseñaba mas con el ejemplo y con su vida, que con sus palabras, por cuya causa le tenia por el mejor y mas ajustado de todo el lugar; porque el que hace y dice juntamente, conformando las obras con sus palabras, este será llamado grande en el reino de los cielos, dijo San Matheo. Y interpretando Oríjenes aquel lugar del libro de los Jueces adonde dijo Dios a Gedeon, que en los trecientos hombres que cojieran el agua en la mano para beberla, estaria cifrada su vitoria, dijo este intérprete, que no sin grande misterio dijo Dios que en aquellos que con las manos y las lenguas bebieran el agua, estaria la salud y la libertad de Gedeon y de los suyos: fué decirnos, que los soldados de Cristo deben obrar con las manos y con la lengua, y con obras y palabras, porque el que enseña y hace, es llamado grande en el reino de los cielos.

CAPITULO X.

En que se ponderan y refieren algunas acciones inhumanas por los caciques viejos y antiguos, obradas por los primeros conquistadores.

Si los que entraron a conquistar estas provincias y a reducir sus habitadores, hubiesen sido todos como este ermitaño, que con vida y ejemplo mostraba la verdad de lo que su lengua significaba (pues dijo este cacique, que muchas noches solian ir ocultamente a deshoras a la ermita, o cerca de ella, a escuchar los azotes que se daba tan crueles, que en las montañas resonaban sus ecos, y un llanto con esto y suspiros que enternecian las peñas), claro está que hubieran tenido mejor asiento y permanencia aquellas poblaciones antiguas; mas faltó Dios en ellas, y perturbóse la paz que humildes ofrecian estos naturales, a quienes vienen ajustadas las palabras de San Bernardo, que dice : si en este lugar estuviere el hijo de la paz, que es Cristo, allí tendrá asiento y descanso vuestra paz; mas prosigue el santo diciendo, porque son humildes, pequeñuelos y desdichados, con escándalos y costumbres perversas asombrados, pierden luego la paz que recibieron. Parece que el santo hablaba propiamente de estos naturales, pues dice mas adelante, que son demasiado sufridos y pacientes, los que habiendo dado o recibídola, la conservan y no la dejan, aunque con injurias y malos tratamientos sean exasperados y oprimidos.

Mucho disculpan estas palabras de tan gran doctor a estos miserables indios de Chile, que por tantos caminos fueron maltratados, vejados y escandalizados. ¿Cómo se podia conservar la paz que no estaba fundada en Dios? luego, no faltó de parte de ellos, pues no supieron los nuestros entablarla con amor y caridad, que es el vínculo de la paz y su principal raiz, segun el mesmo doctor, definiendo lo que es paz. La paz no es otra cosa (dice), que un vínculo del amor y una union indisoluble de la caridad. Si esta no la tenian ni aun con los pobres enfermos, que no daban crédito que lo estaban por no quitarlos de las faenas ni del trabajo ordinario que tenian, ¿cómo podia haber paz firme adonde faltaba el principal fundamento de ella, como queda dicho que es la caridad? que me certificaron estos caciques antiguos que los dejaban morir a algunos en las quebradas y socavones de adonde sacaban oro, ántes que retirarlos a que como cristianos diesen el spíritu a su Criador. ¿Puede haber mayor crueldad ni mas inhumana accion? dije a mis compañeros caciques, que en buena conversacion estábamos haciendo memoria de los pasados conquistadores. Pues ¿de eso os maravillais, capitan? me dijo el uno de ellos; yo os contaré otra cosa que os causará mayor admiracion. Mucho me holgaré escucharos, respondí al cacique, porque deseo grandemente enterarme de lo que hicieron y obraron los españoles antiguos a los principios de esta conquista. El cacique Aremcheu (dijo este anciano) os podrá dar mejor noticia de la entrada de los españoles en nuestra tierra, que era mayor, que nosotros éramos mui pequeños, y en estos tiempos no pienso que hai otro mas antiguo; a que respondió el buen viejo, mui conforme a su natural bueno y al amor que mostraba a los cristianos, que entre ellos tambien hai algunos de buenos corazones (como ellos dicen), sufridos y pacientes; que si todos fuesen de esta calidad, hubieran conservado la paz admitida en sus principios.

Yo tampoco me acuerdo bien de los principios, dijo Aremcheu; solo las noticias de mis padres tengo presentes, que decian, que cuando entraron los españoles, fué haciéndonos la guerra y peleando, y en las primeras batallas que tuvieron, como estaban los nuestros ignorantes de los efectos que causaban los arcabuces, murieron muchos en los primeros encuentros, y atemorizados los demas, se sujetaron fácilmente y dieron la paz. Lo que sé deciros, es que a mí me parecieron bien los españoles despues que fuí abriendo los ojos y teniendo uso de razon, porque mi amo nos hacia buen tratamiento, y los muchachos que servíamos en su casa, éramos doctrinados y enseñados con cuidado, bien vestidos, bien comidos y tratados. Mucho gusto recibí de haber oido a este cacique, que entre tantos que habia comunicado, ninguno se habia movido a decir bien de los pasados conquistadores.

Respondióle uno de los otros caciques viejos: vos solo podeis hablar de esa suerte de vuestro amo, y los de su encomienda, porque tenian diferente tratamiento; que nosotros y los mas del reino no podemos decir eso, porque no nos dejaban sosegar en nuestras casas, ni gozar de nuestros hijos y mujeres. Es verdad, volvió a decir Aremcheu, que los que servíamos de pajes y éramos muchachos, no podemos juzgar de lo que pasaban los indios tributarios, si bien me consta que los de mi amo no se quejaban de otra cosa, sino era de que la señora queria tener todas las chinas en su casa, sirviéndose de ellas.

Pues ¿no sabeis, le volvió a decir el otro cacique, que era tanta la cudicia que tenian, que cada mes cobraban el tributo de nosotros, y al que no podia enterar el oro que le tocaba, le quitaban las mantas y camisetas con que se abrigaban y defendian de los frios rigurosos del invierno? no sabeis que al que era pobre y no tenian que quitarle, le daban cien azotes amarrado a un rollo, y tal vez le quitaban el cabello? no sabeis que nuestras mujeres e hijas eran tambien tributarias, pues las tenian en sus casas hilando, tejiendo y en otras faenas ordinarias? Esto es lo que experimentamos nosotros, si vos tuvísteis dicha de encontrar con buen amo, y que algunos aunque pocos habia tambien buenos. No hai que dudar de eso (dije al cacique), que habria entre malos otros buenos, y aunque los mas se portasen ajustadamente, con la razon en la mano y con el celo cristiano que debian, es de tal calidad el vicio y la costumbre mala, que se señorea y sobresale entre las virtudes, porque en nuestros humanos sentidos tiene el mejor lugar adquirido, y miéntras éste vive las otras mueren; porque dijo San Bernardo, que no puede asistir la virtud adonde el vicio tiene puesto su asiento y colocada su silla: de la mesma suerte no podian los buenos tener lugar, ni parecen la cara descubierta, adonde habian tantos malos, o por lo ménos adonde los vicios eran manifiestos y las virtudes andaban con rebozo, a cuya causa era el vicio bien notado y no conocida la virtud.

Vamos ahora, cacique amigo (le dije), a lo que al principio me apuntásteis, que me habeis tenido cuidadoso por saber lo mas perjudicial y atroz que obraron nuestros pasados, o de lo que os pareció mas inhumano. Yo os lo diré (dijo el viejo), y no lo que oí a otros, sino es lo que ví y experimenté. La mujer de mi amo era mui andariega y cudiciosa, y de ordinario tenia sus tratos y conchabos con las indias de la ranchería, y aun con los indios y muchachos; y entre los conchabos que tuvo en la ranchería, fué el haber conchabado una china de mui buen parecer, por ciertas sospechas que tuvo, por ser de otra encomienda (que las que eran de la suya, todas las que queria tenia en su casa ocupadas). Llevóla a su casa, adonde dió principio a tratarla con mas rigor que si fuese esclava, porque todos los dias la desollaba a azotes y la pringaba hasta las partes vergonzosas, teniéndola presa y en un cepo; últimamente, llegó a tanto su pasion, que le cortó las narices y las orejas, encerrada en su prision, adonde con tan inhumanos castigos murió la desdichada como un perro, y dentro de la propia prision y aposento la enterró. Esto yo lo ví, porque la señora, fiándose de mí, me llamó para hacer el hoyo y enterrarla, como lo hice; que habiendo reconocido aquel espectáculo, sin narices ni orejas, me quedé tan suspenso y asombrado, que no acertaba a hacer el hoyo para enterrarla. ¿Qué os parece, capitan? no es peor esto que lo pasado? Y tan peor (le respondí), que a no haberme dicho que fuísteis testigo de la accion, no sé si diera crédito al caso. A que respondió el viejo Aremcheu, que era verdad, que habia sido público entre todos; y por ser indio de tan buen natural y amigo de españoles, como lo mostró, pude dar crédito a tan grande atrocidad. Y mas añadió este viejo para confirmar la crueldad de las mujeres: que las señoras eran peores que los hombres, porque su amo mui de ordinario tenia disgustos con la mujer, porque era de malísima condicion. Yo estoi admirado y suspenso (dije a mis compañeros caciques, con quienes tuve larga conversacion) de haber escuchado una cosa fuera del uso cristiano, tan horrible, atroz y lastimosa, que no sé qué deciros. Suspended por vuestra vida las razones, que con lo que habeis referido basta para colejir lo mas que pudiérais contarme.

Suspendimos la conversacion trabada y nos recostamos en las camas que al amor del fuego nos habian dispuesto, y habiendo rezado mis devociones y con mis compañeros las oraciones que sabian, dormimos lo restante de la noche.

CAPITULO XI.

En que se ponderan algunas razones de los caciques dichas en este antecedente capítulo; de cuán perjudiciales son los aduladores en la guerra, y si son sacerdotes mucho peores.

Dijo Theodoreto, hablando de las grandezas y milagros de aquel gran anacoreta San Pedro, que dejaba de referir muchas cosas, juzgando que el vulgo no habia de dar crédito a tamaños portentos; y presumió bien, porque volviendo los ojos a nuestras acciones, los que no somos ajustados pocas veces damos crédito ni tenemos fee ni verdadero conocimiento de las sobrenaturales obras de los santos. Mas a mí no me pueden acobardar las incredulidades del vulgo (que en los defectos ajenos está tan adelante y advertido, como incrédulo y dudoso en las virtudes de los justos) para pasar por alto algunas cosas que no se pueden decir como se sienten, aunque se deben sentir como se hacen, dejando al curioso lector la contemplacion de ellas; advirtiendo que si en algunas cosas dejo muchas circunstancias, y no las refiero con la claridad que me las significaron los antiguos indios y españoles, no será por faltar a la proposicion del libro, que lleva por blanco hablar las verdades claras y descubiertas, sino es porque convendrá al crédito y opinion de nuestras acciones : si bien, como tengo dicho en otra parte, no fuera mucho manifestarlas sin rebozo, cuando estos infieles naturales las tienen tan presentes, como divulgadas para reirse de ellas, que nosotros las trajiésemos a la memoria para nuestra confusion y enmienda.

Ponderemos un rato la relacion que nos hizo el cacique en el capítulo pasado. ¿Quién no se maravilla de la inhumanidad de los vecinos y de la crueldad atroz de las mujeres? que estas inhumanamente quiten las vidas a sus criadas y las sepulten dentro de sus casas, ¿quién tal ha oido? que los encomenderos permitan que sus vasallos encomendados mueran como bestias en las campañas, por no sacarlos del ordinario trabajo y ejercicio de las minas, ¿no es suma maldad y sobrada cudicia? ¿Quién lo duda? Faltos de entendimiento y privados del juicio parecian estar estos racionales hombres, pues no cuidaban de conservar su dicha y buena suerte, ni dejar a sus hijos vínculos, rentas ni feudos, no atendiendo ni mirando por la salud y vida de sus vasallos, dejándolos morir como bestias en el campo. Esto nace de ser las encomiendas transitorias y finitas, que aquel que sabe que por su vida solamente goza el feudo, tira la cuerda de manera que, si no quiebra, da de sí mas de lo que puede, sin quedar con fuerzas para sustentar la carga o el peso de los subcesores.

En la Europa, mediante los mayorazgos se sustentan las familias y los hijos con decoro y lustre de sus personas; y de la mesma suerte, fueran estas provincias mas seguras, mas espléndidas y abundantes, si las encomiendas fuesen perpétuas, como lo dijo eruditamente el que con cristiano celo escribió del derecho de las Indias, el doctor don Juan de Zolórzano.

Y es cierto que los feudatarios encomenderos con mas cuidado y solicitud atendieran a las conveniencias de sus vasallos y a la conservacion de su salud y vidas, que así lo sintió el mesmo doctor mas adelante.

De la mesma suerte, juzgo yo que los gobernadores que vienen interinarios y de prestado, no atienden mas que a sus particulares intereses, a costa del comun y de los pobres, y en lo aparente solo hacen papeles de servidores de su Real Majestad, haciendo informes siniestros y contra la verdad, y a lo que patentemente estamos experimentando; y para prueba de esto no quiero decir mas, de que se recorra la memoria y se vea desde el alzamiento último jeneral de las fronteras del año de cincuenta y cinco, qué gobernador de los que han gobernado despues acá, no ha enviado informes a España de que ha puesto la tierra de paz y sosegádola, y lo que estamos reconociendo es que cada dia tiene peor estado y se halla con mayores riesgos.

Mui aplaudida está ya la mentira, pues sin atender a los inconvenientes y daños que acarrea, sin rebozo y aun sin empacho la sacan a la plaza, como las relaciones que en estos tiempos se han dado y dan a la estampa, de progresos y mejoras de Chille, adonde estamos reconociendo lo contrario, sin que persona alguna pueda significar lo que siente ni contradecir al poderoso. Y que tales escritos cautelosos se impriman y parezcan en remotos reinos para acreditar fantásticas opiniones, puede este atrevimiento y descoco desmedido tolerarse; pero que descaradamente los traigan a este reino miserable, sin que haya personas poderosas y de autoridad que se atrevan a contradecirlos, ántes sí hai aduladores que los aplauden sabiendo lo contrario de todo lo que se relata, esto es lo que provoca al mas compuesto a publicar verdades manifiestas contra falsos escritos y perjudiciales informes; que aunque dilate la digresion mas de lo que quisiera, llevado del amor y celo de la patria, iré significando y dando a entender las mejoras y aumentos que dicen tiene este reino, que puesto que todo es encaminado al principal intento de este libro, no será culpable mi dilacion, en el entretanto que nos quedamos con la historia en casa del cacique Naucopillan, adonde me dieron ocasion aquellos viejos antiguos para ir haciendo estos reparos.

¿Cómo puede haber paz firme en Chille, ni esta guerra dejar de ser perpétua (con cuya continuacion es forzoso que este reino tenga miserable fin, pues cada dia lo vemos con intercadencias de muerte), si los medios [sic] que le aplican para su dolencia, son contrarios al achaque que padece? Si Chille está achacoso, y tanto que miramos mui cerca su acabamiento, y los médicos que a consolarle vienen, y a curar su enfermedad peligrosa, alguno de ellos dice, que ya no morirá el enfermo porque ha convalecido y mejorado, siendo al reves de lo que todos vemos, ¿no es cierto que este médico no trata de otra cosa que de llevarse el premio y el dinero, que en justicia ni en razon merece por paga de lo que ostenta ser tan presumido? Paréceme que está claro, pues vemos que el doliente está acabando, y aunque reconozca que es el mal incurable, porque vino de prestado, o porque el otro quiso acreditarse, publican su mejoría, dejando solapado el cáncer: corre a lo largo la fama, enviando escritos y informes repetidos a la corte; apláudele el consejo, y alégrase de oir su buena suerte en relaciones falsas encubierta; y si alguno, con caridad cristiana y celo del servicio de Dios y su Real Majestad, quiere desengañarle manifestando lo contrario con verdades descubiertas, son atropelladas sus razones y mal miradas sus escritos, porque los reyes, príncipes y señores escuchan las verdades con hastío, en comun opinion de los doctores. Y así dijo San Gerónimo sobre el lugar de San Pablo, que escribiendo a los de Galacia les dice, que se recela de que le tengan por enemigo por decirles las verdades; en cuyo lugar dijo el citado santo, que era achaque y plaga de la verdad el perseguirla enemigos, como a la adulacion acompañarla halagos, porque lo que deleita al oido, se escucha de buena gana, y lo que no queremos, nos ofende.

Y así dijo el gran maestro Francisco de Mendoza, que los reyes y príncipes que gobiernan, ignoran lo esencial y lo que mas importa, porque no quieren oir las verdades, ni hai por esa causa quien se atreva a decirlas. De aquella calidad son los gobernadores de Chile (que es de adonde voi hablando con experiencias).

Oyen de malísima gana las verdades, dan a las mentiras y adulaciones apacibles oidos; con que no aciertan jamas en sus gobiernos, porque la adulacion es con extremo perniciosa, y mucho mas en la guerra que en la paz.

CAPITULO XII.

En que se trata como son peores los profetas falsos y aduladores que con capa de buen celo despeñan a los superiores.

En alguna manera parece que los que gobiernan tienen bastante disculpa, cuando los que estan obligados por sus oficios y dignidades sacras a no mentir ni adular, son los primeros que lo hacen, endulzando los oidos a los superiores con palabras finjidas y alabanzas vanas en los lugares solo dedicados para la palabra divina y verdadera; y si el predicador evanjélico en un púlpito lisonjea y miente al príncipe y sus acciones engrandece, habiendo de ser reprehendidas y vituperadas, ¿qué juzgará el superior, sino es que sus obras son ajustadas y santas?

Bien está lo dicho, y disculpado al parecer el gobernador errado que no teme a Dios ni a su justicia, porque el temeroso de ella y el que solicita ajustarse a la divina lei, mui fácilmente distinguirá al profeta falso del justo y verdadero, como lo hizo el Rei Josaphad.

Convocó a este rei, por ser su amigo, el rei Acab para contra los de Siria, y ántes de salir a la batalla, dijo el rei Josaphad, que era bien consultar a Dios, por los profetas, lo que habian de hacer, para obrar segun su disposicion; a cuyas persuasiones hizo el rei Acab llamar a sus profetas, a quienes consultó la jornada de Ramoth Galaad, para que supiesen si convendria ponerla en ejecucion o no; a que respondieron unánimes y conformes a la medida de su deseo, que era mui justo y conveniente, porque Dios N. S. pondria en sus manos a sus enemigos. Vuelve Josaphad y dícele: ¿no hai aquí algun profeta de Dios, a quien consultemos el caso, y sepamos por él su voluntad? Respondióle Acab, rei de Israel: aquí ha quedado uno, pero es de tal calidad, que nunca me profetiza cosa buena ni ajustada a lo que mi deseo se encamina, sino es siempre contra mi parecer y dictámen; por lo cual le tengo notable aborrecimiento (calidad de reyes tiranos y inícuos). No hables de esa manera (dijo el ajustado rei Josaphad), ni digas semejantes razones: a ese profeta es al que habemos de consultar, que ese es el profeta verdadero, y quien nos ha de manifestar la voluntad de Dios.

Vamos ahora a nuestro intento. ¿No habian consultado cerca de cuatrocientos profetas, y todos a una voz profetizaron el buen subceso de la jornada? Es así. Pues ¿por qué el rei Josaphad solicita otro profeta para que los desengañe? Porque como justo y santo (digo yo) sabia hacer diferencia del profeta verdadero al falso, que el verdadero lastima con la verdad al que es enemigo de ella, y el adulador embustero con lisonja y mentira endulza los oidos de el que la ama : Acab, como rei idólatra, perverso y malo, juzga por buenos a sus profetas falsos porque le mienten y adulan, y al verdadero desprecia y aborrece porque dice la verdad y le desengaña; oye la voz del demonio, y no admite la de Dios. Esa fué la perdicion de Adan, dijo San Crisóstomo; oyó la adulacion del demonio, que le dijo seria como Dios si comiese de la vedada fruta, y no hizo caudal del precepto de su Criador. ¡Qué buen toque pudiéramos dar en Chille! mas ya estarán al cabo los entendidos, que los profetas falsos sean demonios, o por lo ménos endemoniados, pues hablan por ellos los spírirus malignos, o ellos por esos otros : no lo dudo y lo pruebo con el mesmo capítulo.

Quiere castigar el divino juez al rei Acab, y que muera en la batalla que con tanto conato solicita, y para que tenga efecto su castigo, dijo, que quién se atreveria a incitar al rei Acab a que saliese a aquella jornada contra Ramoth Galaad, para que cayese en sus manos; y aunque hablaron algunos y dieron diferentes pareceres, dice el texto sagrado que salió un spíritu maligno, y se puso en la presencia de Dios y se prefirió a engañar a Acab: preguntóle que de qué suerte lo haria, y respondió el spíritu : seré spíritu de mentira en la boca de sus profetas. ¡Cuántos profetas hai en estos tiempos, que sus lenguas son rejidas y gobernadas de los spíritus de mentira! que aunque son malignos, son tambien spíritus del Señor, por la licencia que les da con justa potestad de obrar : son llamados malos por el deseo con que estan siempre de ejecutar sus afectos con injusta potestad. Así lo dijo San Gregorio.

Camina, dice Dios a este spíritu maligno y de mentira, que tú prevalecerás contra el rei Acab, porque el natural humano se sujeta fácilmente a dar crédito al profeta que en lo exterior parece ajustado, y en lo interior es spíritu de mentira : y estos son los peores consejeros, que con capa de virtud entablan la maldad mas fácilmente adulando y mintiendo ,como lo hicieron estos profetas de Acab, que por no saber o no querer escuchar verdades, tuvo su merecido castigo muriendo desesperadamente en la batalla.

CAPITULO XIII.

En que se significan (prosiguiendo la materia del antecedente capítulo) las mejoras con que se halla Chile ; de los enemigos que tiene por el real situado, en que los mas que andan con la masa, participan mas dél que los pobres soldados.

Prosigamos con las mejoras y aumentos de nuestro lastimado Chille, que profetas falsos y escritores iníicuos engrandecen. Que en lo porvenir no profeticen, ni acierten, vaya que es tolerable y sufrible ; pero que en lo manifiesto y patente vayan contra la razon y la verdad, siendo descubierta y clara, esto es lo que causa admiracion y espanto : porque son nuestros profetas en estos gobiernos, o algunos de ellos, mucho peores que los del rei Acab. Insinúa la escriptura sagrada tres jéneros de profetas, los unos ajustados en el decir y obrar, a quienes llamaban profetas de Dios, como a Samuel y otros, que el mesmo Señor les da este renombre.

Otros profetas hai que, aunque son malos en sí, publican la verdad y no la defraudan, como Balaam, que deseó hacer lo que el rei Balac le pedia, y no se pudo excusar de hacer lo que Dios le mandó.

El tercero jénero de profetas es de los que no tan solamente son en sus costumbres y en sus obras perversos, sino tambien en la enseñanza y doctrina, de quienes dijo Dios, por el profeta Jeremías, que sin enviarlos se adelantaban, y que profetizaban sin que sus palabras fuesen rejidas ni encaminadas por las suyas; y así llamaban a éstos profetas del pueblo, y no de Dios, no tan solamente porque no sacaban a luz los divinos secretos, sino porque tambien no guardaban ni cumplian la voluntad de Dios, ni sus mandatos los ejecutaban.

No sé si en este reino de Chille ha habido algunos de este último jénero de profetas, que mandándoles Dios N. S. predicar las verdades y que desengañen a los superiores, los adulan y lisonjean, como lo hicieron los del rei Acab. A que pudiéramos responder, que aun peores se han reconocido los que por ser aplaudidos de los príncipes y gozar de los mundanos faustos de palacio, dejan la quietud y el sosiego de sus celdas : porque si los otros mintieron al rei Acab para que fuese castigado y pereciese en sus propios apetitos y deseos, en alguna manera pudiéramos decir que fueron bien encaminados; mas estos otros con lisonjas vanas y relaciones fabulosas que han escrito y divulgado, son mas perjudiciales y dañosos, porque adulan y mienten en perjuicio conocido del prójimo y del comun de un postrado reino. Y si la mentira solo encaminada al descrédito del prójimo y a su menoscabo, es pecado mortal, como lo resuelve el anjélico doctor, cuánto mayor delito y mortal pecado será el mentir, oponiéndose a la verdad, en cosas que perjudican y dañan a tantos prójimos, como los que padecen trabajos y desdichas en este nuestro Chile; pues obligan y han obligado sus falsos informes y relaciones supuestas (por complacer y adular a los que gobiernan), a que no sea asistido ni socorrido como necesitado, juzgando los que pueden darle la mano, que no necesita de ayudas de costas, ni de tan asistentes socorros, porque segun la opinion de estos profetas, y sus escritos opuestos a la verdad, se hallan nuestras fronteras sosegadas, y en tranquila paz sus habitadores. Con que los situados y ordinarios socorros han llegado tan cortos y limitados, que en las mas ocasiones no se puede vestir enteramente el soldado pobre, a causa de que los socorros que traen, lo mas viene de ordinario en guarismo (como dicen) : tantos mil pesos en procuradores, otros tantos de ayuda de costa a los que van a traerle, ocho o diez mil pesos que suelen venir consumidos en las levas que hacen en el

Pirú, de soldados muertos y huidos, que me han certificado que los que no quieren embarcarse para Chille, que no han menester mas de llegar al que puede de los que andan en la masa, y ofrecerle ducientos o trecientos pesos para guantes, demas de volver la cantidad que recibieron, que de ordinario suelen, ser de ducientos y veinte y cinco, por cuenta de S. M., y se quedan con los unos y con los otros, y pasan por muertos o huidos, como queda dicho, y al situado cargada esta cantidad, demas de la que viene por mayor, que se gasta en los soldados que llegan, que suelen traer de consumo mas de cuarenta mil patacones; sin otros muchos desagües, que a su tiempo irémos sacando a luz para prueba de las mejoras que dicen los fabulosos aduladores tiene Chile. Solo tocarémos algunos que de paso se nos vienen a las manos, y puesto que estamos en las levas, refiramos algunas de las que se usan.

¿Por qué causa o razon no se ha platicado [*sic*] hacer levas cuantiosas de soldados en este reino, como las hacen en el Pirú, siendo así que son de mas utilidad y provecho cuatro hombres conducidos por acá, que ciento de los que suelen traer y han traido en estas últimas tropas, que a la una pusieron la de los *Chunchos,* que no sé qué quiere decir, porque parecian mas indecitos que soldados? Pues las mas veces llegan sin camisas ni espadas, que en lugar de dar algun cuidado y temor a los enemigos y a los nuevamente reducidos (que todos son unos), los menosprecian y hacen burla y chanza de ellos; y los pocos que en ocasiones se han conducido en la ciudad de Santiago y sus distritos, entran luego trabajando como baqueanos, por venir bien pertrechados de armas, caballos y criados algunos. Y no hubiera los descuentos tan excesivos como los que hai de las levas referidas y del stilo que se usa en ellas, en grande perjuicio del real situado y menoscabo del reino: y esta será la causa sin duda de que se hayan perpetuado estas conduciones y levas en los reinos del Pirú. Estas mejoras son las que tiene Chile, y las que le solicitan sus ajentes, como las que se siguen: las harinas que se traian en aquellos tiempos necesitados, ¿de qué calidad eran? como quien las vió con cuidado, podré asegurar con verdad, que hice volver algunos costales a la fatoría, porque ni aun las bestias mas hambrientas pudieran llegar a arrostrarla; y por las quejas que los pobres soldados daban, trayendo a mi presencia las raciones que les tocaban o pertenecian, para que como quien los estaba gobernando de maestro de campo jeneral, pusiese algun remedio en semejante maldad, fué forzoso dar cuenta al gobernador como a superior de todo, porque no sucediese algun desman de mayor marca; pues estábamos experimentando que de desesperados algunos de dos en dos y de cuatro en cuatro se ausentaban desamparando sus banderas, y en esquinas y corrillos varios hablaban lo que no era lícito, que muchas veces, llegando a oir a lo largo algunas razones, hacia que no las oia, como lo hizo el rei Saul llegando a escuchar de sus soldados y súbditos algunos menosprecios, como lo dice el texto sagrado; en cuyo lugar dijo el padre Gaspar Sanchez, que el rei se acomodó al artículo del tiempo, que oyendo algunas palabras contra él ignominiosas, hizo que no las oia. Así lo hice yo considerando la razon que tenian de quejarse, porque estar trabajando en la campaña, marchando a pié con las armas en las manos, y llegar al cuartel medio desnudos por la falta de los socorros, tan limitados como venian, y despues de esto no tener que comer mas que la harina que he referido, no habia que maravillarnos de que les faltase el sufrimiento a soldados tan fieles y leales como los de Chille. Y habiendo dado cuenta, como tengo dicho, al gobernador que en aquellos tiempos gobernaba, en lugar de ser agradecido mi cuidado y estimada mi advertencia, fué causa de que no se mirasen mis acciones con buenos ojos, y corriese plaza de no atento ministro en la opinion de aduladores sátrapas, que son los que por acomodarse en los oficios, procuran descomponer a los que los sirven con cristiandad y piadoso celo; porque el ministro jeneral que no se va con la corriente y al paladar del que gobierna, jamas serán aceptas sus razones, ni sus pareceres admitidos : solo se tiene por jeneral prudente y de importancia al que sabe ajustarse al tiempo y vivir al uso mal usado, que es desnudar a los pobres soldados con ilícitos tratos, para vestir al superior y ofrecerle víctimas de lo que han robado. Hablo de algunos, porque ha habido muchos ministros jenerales en la guerra mui limpios y mui justificados : de lo que hoi se trata y es corriente stilo en los mas, es lo que digo, y los que llegan a usarle y permitirle, no será mucho que los llamemos felices ladrones, porque roban sin recelos ni temores del castigo, como le dijo un pirata al de Macedonia.

Fué severamente acusado este cosario [*sic*] ante el emperador Alejandro Macedonio, y habiéndolo llevado a su presencia, le preguntó el emperador que por qué infestaba las costas del mar robando lo que encontraba; a cuyas razones respondió atrevidamente (como lo refiere Ciceron y el gran doctor de la Iglesia San Agustin) diciendo : y tú ¿por qué infestas todo el orbe? porque yo con grandes afanes y trabajos corro la costa con mi navichuelo, soi llamado ladron, y tú con tantas armadas haces lo propio y eres llamado emperador. Por lo cual dije el gran doctor Francisco de Mendoza, que eran peores sin duda los príncipes avaros y cudiciosos, que en el mar los piratas mas astutos; y da la razon para esto, porque dice, que si estos son llevados del apetito que tienen de la hacienda, tambien tienen por contrapeso el recelo y peligro con que andan en las costas, a causa de que si son apresados, corren sus vidas grande riesgo; con que se van a la mano y oprimen el orgullo de su natural maligno. De aquí tuvo ocasion Lucano de poner en el sepulcro de Masedio [*sic*] el siguiente epitafio :

Illic Pelei proles vesana Philipi, felix prædo yacet terrarum.

Aquí yace el Macedonio,
Que por ser tan buen ladron
De feliz tuvo opinion.

Llámale ladron porque en todo el orbe tenia a su salvo todas las presas que queria, y llámale feliz por la falta de castigo, pues sin recelos ni temores robaba libremente y sin afanes. ¡A cuántos gobernadores de Chille pudiéramos decirles lo que al Macedonio, porque no habemos visto a ninguno castigado ni reprehendido por sus robos ni exceeos!

CAPITULO XIV.

En que se refiere por menor los jéneros que traen los que van por el situado, por lo cual se conjetura no ser ajustadas las acciones.

Corramos la pluma con lo que tenemos entre manos, de las mejoras y aumentos de Chille. En la ciudad de los Reyes ¿no da S. M., o sus reales ministros, a los que van por este situado, la cantidad de los ducientos y doce mil ducados en reales? Es así verdad. Pues ¿por qué quien los recibe y va para este efecto dedicado, no compra con ello lo que es necesario y de mayor utilidad para el pobre soldado, lo mejor y lo mas bien acondicionado? si trae harinas ¿no será bien que por el dinero la escoja y vea lo que trae? la miel, que es en Lima abundante cosecha y se halla en diversas partes a escojer, y a satisfaccion de el que va con los dineros, ¿por qué con ellos no se feriará lo que es de mejor calidad? sino es que presumamos lo que han publicado algunos en ocasiones (no de todos, claro está, que,ha habido nuncios de este situado que habrán procedido con toda limpieza y ajuste de sus conciencias), que compraban la miel mas espesa, dura y de mejor calidad, y se encerraban en sus posadas y aguaban la miel, y de una botija hacian dos. Mas lo ordinario en otros era traer la que no podia tener salida por allá, por ser de las borras y asientos, revueltos con agua, que demas de comprarla barata y a ménos precio, les daban alguna cantidad considerable por que la recibiesen: y esto tengo por mas cierto, y sin duda debe de suceder así, pues a mí me ha acontecido haber querido sacar de la municion, a cuenta del sueldo, algunas botijas de miel, y dejádolas por no haber podido hallar una, entre mas de ducientas, que fuese razonable; que a no haber experimentado estas cosas y otras, no hablaran con esta claridad mis escritos. Corramos con otros jéneros de los que suelen traer los situados, de los forzosos y mas necesarios para el vestuario de los soldados.

Las bayetas, ruanes, bombasíes, damasquillos y otros jéneros que por la mayor parte son cabos y desechos de las tiendas, podridos y de mala data, ¿por qué se compran con dineros de contado semejantes trapos? ¿No es forzoso que presumamos lo que dicen, sin que el mas cuerdo y atentado en este juicio pueda ser adicionado [sic], ni juzgarle por temerario? Pues por los efectos se conoce manifiestamente que algun interes de porte se les sigue a los que, con dineros en las manos, ferian y compran estos jéneros dañados, no es mucho que presumamos lo que comunmente corre y ha corrido : que el mercader que ya no tiene salida, ni la puede tener, de sus trastes y desechos, a los que tienen a su cargo esta compra para el real situado, les ofrecen cinco o seis mil pesos (o mas o ménos segun las cantidades) por que acrediten y abonen lo que no es de lei ni de provecho alguno para el vestuario del soldado. Y no puede ser ménos que esto sea así, pues hai muchos que han solicitado este viaje a costa de tres o cuatro mil patacones, no teniendo de ayuda de costa mas de mil, o mil y quinientos. A mí me ha sucedido haber deseado hacer este viaje, por ver si en algo podia servir a este real ejército, solicitando los jéneros mas esenciales para él y de mejor calidad, y aunque lo pedí por memorial, me negaron esta solicitud, y la encargaron despues a un mercader o cargador; con que no será de admirar que presuma ser así lo que arriba habemos referido.

Y aunque lo que habemos significado y dado a entender con ciertas evidencias, es digno de toda ponderacion, mucho mas es de maravillar, que habiendo en este reino o en estas fronteras ministros de toda satisfaccion y crédito, reciban estos jéneros de mala data al que pudo traerlos por el dinero a satisfaccion de todos; con que se abre la puerta a la mas atenta consideracion para que juzgue no bien de semejante permiso, y mas cuando habemos visto que los empleos que traen para sí los dichos situadistas, suelen embargárselos por cuenta de S. M. a título de faltar ropa para socorrer a los soldados del ejército, y a letra vista cobran el dinero por sus manos, del situado que han de volver a traer el siguiente año.

Bien conozco que es necedad grande y aun en estos tiempos desatino el querer sacar a luz estas patentes verdades; pero, de la manera que es prudencia y sagacidad disimularse sordo, mudo y ciego en ocasiones, y no darse por entendido de lo que no se puede remediar con efecto, así tambien, en mi opinion, es delito que los que somos leales vasallos de su Real Majestad y hijos de esta desdichada patria Chille, no solicitemos por algun camino la salud y aumento de ella, poniendo ante los ojos del Rei nuestro señor y de sus reales consejos, estos excesos y maldades, y los trabajos y miserias que padece, orijinadas de semejantes gobiernos; que cuando mis desvelos y cuidados no adquieran mas galardon ni premio, que el ser admitidos y leidos con reconocimiento de la intencion y celo con que se han escrito, quedaré bastantemente remunerado, y desahogado el pecho del tormento cruel que le aflijia.

Y volviendo al permiso de los ministros en recebir los jéneros mal acondicionados que se traen por cuenta de S. M., digo, que aunque sea sin malicia el consentirlo (que así juzgo será), no puede ningun moderado discurso presumir ménos de que tenga mui seguras las espaldas el que tan clara y abiertamente defrauda y adultera la real hacienda, o por mejor decir la roba; que lo ménos que suelen hacer algunos, es con el dinero del situado traer para sí un considerable empleo, y como compran por junto, malo y bueno entreverado, sáleles la ropa con alguna comodidad, y demas de haberse aprovechado del dinero, truecan los jéneros que traen en el situado escojidos, por los que ellos han feriado no tan buenos. Esto es lo ménos que suelen hacer los que viven mas ajustados, y valerse del navio que viene por cuenta de S. M., para traer la ropa sin derechos ni fletes; y hallan otra commodidad en llegando, que aunque el dinero habia de ser lo primero que se entriega, les dan permiso para que vayan enterando a pausas, haciéndoles esperas de tres y cuatro meses, dándoles lugar a que vendan la ropa que traen de su cuenta: con que este es el menor provecho que tienen los que van por la real hacienda, y son los que mas justificadamente proceden, segun las opiniones de todos.

Lo que podemos asegurar es que los jéneros que se traen, de ruanes, bayetas, bombasíes, damasquillos y paños tundidos, dulces y otras cosas, suele ser lo mas dañado y de avería, que en el Pirú era imposible que pudiesen algunos de ellos tener salida. Asentado esto ser verdad pura, no me parece será mala conjetura la que se hace, de que los ministros y superiores tengan alguna intervencion en estos tratos, siendo así que no me puedo persuadir a tal, porque fuera faltar la razon y la justicia, y ser los príncipes y gobernadores tratantes y mercaderes de la justicia, como lo dijo el profeta Micheas; y Sophonias los compara a los leones hambrientos, que es peor que ser lobos rapaces entre sus ovejas, esto es, entre sus inferiores y súbditos, verificándose en ellos lo que dijo el profeta Ezequiel; en cuyo lugar dijo San Agustin las siguientes palabras: adonde los príncipes que gobiernan, son lobos hambrientos para chupar la sangre y el sudor del pobre, es fuerza que falte la justicia, y con su falta ¿qué pensais que son los reinos, sino es un depósito de ladrones, cuyos robos y maleficios los hacen depravados y perversos?

Algunos semejantes príncipes superiores sin duda habrán experimentado nuestras provincias de Chile; con que no solo se han despeñado ellos, sino es tambien condenado a otros, imitando a los príncipes sacerdotes, que habiendo llegado a ellos el malhechor y sacrílego Judas, pesaroso y arrepentido de haber vendido a su maestro, confesando su culpa, no echan mano dél, ni le condenan por malhechor, ingrato y causador de la mas atroz maldad que se ha cometido, y se contentan con solo decirle: ¿qué se nos da a nosotros de lo que tú has hecho? hubiéraslo considerado ántes y visto lo que hacias. ¿Qué fué la causa de que estos príncipes jueces no atendiesen ni acriminasen la culpa y el pecado manifiesto y confesado por el delincuente mesmo, pues no necesitaba de mas probanza su delito, y le permiten salga de sus presencias desesperado y se condene, que pudiera ser que ejercitando en él la justicia debida a su pecado, alcanzase de Dios la misericordia?

Lo que yo he juzgado de la omision de estos jueces, y de haber dejado a Judas libre y dádole mano, fué haberles entregado la bolsa del dinero, que es el que atropella la justicia y hace que enmudezcan los jueces. Otros hai contemplativos y ambiciosos del mando, como Pilatos, que no hallando causa alguna por donde condenar a muerte a nuestro amado Redemptor, le hizo dar la sentencia injusta el decirle que no seria amigo del César si perdonaba a Jesus, nuestro bien. ¡Cuántos ministros jueces se habrán reconocido en las Indias como Pilatos, que por contemplaciones del superior y por conservarse en su gracia, hayan dado sentencias inicuas, y condenado a muerte a algunos inocentes! Quiero aquí cortar el hilo a la pluma por no encontrar con algunos de nuestros tiempos que en lugar de ser verdaderos pastores de sus rebaños, padres y amparo de sus súbditos, han sido lobos hambrientos de la sangre de sus mansas ovejas: causas y fundamentos que me obligan a discurrir, que no tan solamente nuestro desdichado Chile (que es de adonde propiamente voi hablando) ha de ver su fin postrero con los afanes y tormentos de su prolija guerra, sino es tambien mui gran parte de las Indias, si no se pone mui gran remedio en sus excesos y en la conservacion y aumento de sus naturales indios, que a grande priesa se van consumiendo y acabando, porque los que habian de ser su amparo, su defensa y proteccion, son los mayores enemigos y contrarios mas ciertos que los asisten; y por no aclarar mas este punto y señalar con el dedo las personas, pasarémos a otro capítulo y llevarémos adelante la materia principiada del situado de Chille.

CAPITULO XV.

En que se prosigue la materia que el capítulo pasado dió principio, sobre el situado del reino de Chille.

Son tantos los alanos que por diversos caminos tiran sus dentelladas a la real hacienda del situado, que es necesario para nuestro propósito no perder el tiro en descubriéndose el blanco, y en hallando la ocasion no dejarla de la mano, y entrarnos por estas veredas, aunque por un rato dejemos el camino real de nuestra historia, que ella es la que nos va encaminando por las que se ofrecen y son ajustadas al intento principal de nuestros verdaderos discursos.

Hame dado mucho que pensar lo que se hace y se platica en los oficios de papeles, principalmente en el de la veeduría jeneral, que es de adonde salen ajustados los sueldos por mano de los plumarios; que huyendo algunos del trabajo ordinario que el pobre soldado padece en la campaña, se arriman a la pluma tan humildes, tan corteses y agradables, como desnudos de ropa, y aun de costumbres malas.

Antes de entrar en este laberinto, que el de Creta no pudo ser tan confuso y intrincado, diré lo que vale y puede un escribiente, en cojiendo uno de estos la pluma en las manos, y revolviendo las listas y papeles: dentro de breve tiempo, si entró desnudo y sin camisa en el oficio (que así suelen entrar mui de ordinario) y aun sin cañones, le vemos luego cubierto de muchas plumas, bien vestido y con dineros sobrados, y tan soberbios y altivos a cuatro dias, que no conocen ni ven, porque miran por cima del hombro; y si alguna persona de cuenta los ha menester para algun ajuste de cuentas, o otras dependencias que se ofrecen cada dia, y les escribe un papel, aun no se dignan de responderle : en quienes se cumple lo que el refran antiguo nos enseña. Y fuera cosa ajustada, que estos que estan ya soberbios y altivos, los restituyesen a los tercios a sus compañías, a que con el trabajo volviesen a bajar el lomo, y entrasen otros pobres a participar de este jubileo, y lo mesmo se hiciese con los tenedores de bastimentos, porque dejasen de comer a ratos a dos carrillos.

Preguntarán algunos, y con razon, qué es lo que tienen de sueldo estos plumarios, y dirémos, que lo ordinario suele ser a ciento y cincuenta y a ducientos pesos, y el oficial mayor a quinientos; y estos juegan mill, comen otros tantos, sustentan casa sin tenerla, y el que es casado, demas de la suya sustenta otras. ¿Cómo puede ser eso? me pregunto yo a mí mesmo. Cómo? yo lo diré : son extremados aradores, ajustan una cuenta de milagro, revuelven con el arado de la pluma los papeles de los pobres capitanes envejecidos en el servicio de S. M., que con no enterarles cada año el sueldo que les toca, que en buena razon habian de alcanzar en reales, a la Real Hacienda son ellos los alcanzados ; y cuando bien libran otros, si se les debe cantidad de mil pesos, no hallan por las cuentas que son mas que quinientos, y si tal vez algun curioso que sabe de guarismos, halla el yerro en sus papeles o despachos, dicen que fué de la pluma el yerro. Estos famosos aritméticos son y extremados escribas y aradores, que sin trabajo alguno muñen bien la tierra y sin sembrar en élla cojen buena cosecha.

Aquí se ha conocido oficial mayor de esta veeduría que entró en el oficio sin camisa, y en tres años que asistió entre los papeles, gastó, comió y vistió, y sustentó casas, y jugó muchos reales, sin tener mas que quinientos pesos de sueldo : y fué corriente y público, por haberlo él confesado a algunos amigos suyos, haber gastado en los tres años diez y seis mil patacones. Dirán algunos, que cómo puede ser eso, si los sueldos salen ajustados, y lo que a cada uno se le ha de dar, de la veeduría jeneral, conforme lo acordado ; pues ¿en qué pueden meter la mano para tener tan grandes aprovechamientos? Lo que podemos alcanzar o habemos investigado, por algunos libramientos que se han hecho, es que las cuentas de los difuntos a quienes se les debe el socorro de aquel año, solicitan el que se le pague a algun heredero o acreedor, aunque no lo sea, y danle un tanto de aquel socorro, y de los demas que hai de esta calidad, y quédanse con lo restante ; y al que con justificacion y derecho pide aquel socorro, por ser mujer lejítima o hijo del difunto, ponen infinitos embarazos si no les contribuyen con lo que piden, como me sucedió a mí (que lo mas que en este libro refiero, es con propias experiencias), que habiendo tenido decreto y órden del gobierno para que se me pagasen algunas cantidades de difuntos, que en el fuerte de Boroa sacaron de mi casa para que la jente del fuerte fuese socorrida el tiempo que estuvo cercada del enemigo, con muchas incomodidades y trabajos mas de un año perturbó esta paga el oficial mayor, porque juzgué que yo no necesitaba de los suplementos que otros. Y ya que he llegado a tocar este punto, diré mas por extenso lo que pasa en esta razon, para crédito de algunos ministros que tiene la Real Hacienda.

Yo estaba por gobernador de las fronteras de Boroa, Imperial, Tolten, Villarica y sus contornos, cuando me ordenó el gobernador y capitan jeneral que saliese con los soldados de mi cargo, así indios como españoles, en compañía del maestro de campo jeneral, para las tierras de Junco y Rio-Bueno, adonde el antecedente año habia tenido el dicho maestro de campo una gran pérdida de capitanes valerosos y soldados; y aunque hicieron los indios amigos de mi distrito grande repugnancia a que no [sic] volviese el siguiente, con notables aprietos, pues habiéndose juntado mas de catorce caciques, llegaron al fuerte a decirme que escribiese al gobernador, que no fuese el maestro de campo a la jornada de Junco, porque importaba al reino; y que tuviese por cierto (me volvieron a decir) que si iba el maestro de campo, que no tenia que hacer caso de ellos, porque no le habian de seguir ningunos : razones que se las escribí al gobernador, y aun con mas aprieto de el que los caciques me hicieron, por ciertos indicios que teníamos del alzamiento de las fronteras, y con haber hecho dos propios para el efecto, no hicieron caudal de mis escritos ; con que a los tres dias que salimos del fuerte (habiendo llegado ántes el maestro de campo), se levantó toda la tierra. Estando ya en el fuerte de la Mariquina el maestro de campo con su ejército, y habiendo yo quedado atras hablando a los caciques para que nos siguiesen ; estando seis leguas de la Mariquina, llegó el cabo del fuerte de Tolten, por adonde habíamos pasado, en un caballo en pelo, sin espada ni sombrero, huyendo a toda priesa, y encontrando conmigo, que, como digo, estaba aguardando a que me siguiesen los caciques con sus soldados, me dió razon de como aquella noche le habian pegado fuego al fuertecillo, que tenia cuatro hombres (que no servian mas que de mirar el barco y atender al pasaje del rio), que a todos los demas cautivaron, y que él se habia escapado a Dios misericordia. Yo me hallé en aquel paraje solo con treinta soldados, y al instante despaché uno extraviado a dar aviso al maestro de campo, para que de los indios amigos que llevaba de la costa de la Imperial, me prendiese los caciques, hasta que yo llegase, y que si podia enviarme al camino algun socorro de jente, que lo hiciese, porque, como digo, me hallaba a seis leguas del ejército.

El cacique de la parcialidad en que en aquella sazon estaba, era mi amigo (y todos los mas que yo gobernaba); llegó a mí estando recojiendo los caballos para marchar (sin darle yo a entender lo que pasaba) y me dijo, que procurase darme priesa porque les habia llegado órden de que me detuviesen, porque la tierra se habia alzado, y que para el efecto, los demas caciques sus compañeros se estaban juntando en el lugar y sitio adonde hacian sus parlamentos. Agradecíle el aviso y caminé con toda priesa para adonde estaba el maestro de campo; y dos leguas ántes de llegar al fuerte de la Mariquina, encontré la caballería nuestra con los indios amigos de las fronteras, que habian ido con el ejército, y agregado con ellos llegué a la Mariquina, dando infinitas gracias a N. S. por que nos libró de tan conocido peligro como el que tuvimos. Aquí quede esta historia, que podrá ser que se ofrezca ocasion en que adelantarla, que al presente no ha servido mas que para dar a entender de como con este subceso quedó el fuerte Boroa cercado del enemigo, adonde tenia alguna hacienda y un hijo mio. Embistiéronle dos o tres veces con fuerza de mas de cinco mil indios a llevársele; y si cuando yo llegué a gobernarle, no pongo todo mi cuidado en hacer de nuevo la muralla con estacas nuevas y de buen porte, se llevan el fuerte: finalmente, se defendieron valerosamente los que le asistian, y como fué el cerco de mas de un año, necesitaron de valerse de la hacienda que tenia en mi casa, que seria cerca de tres mil pesos con la plata labrada y los reales, de que hicieron balas para defenderse, y la ropa la gastaron en vestirse y conchabar al enemigo algun sustento; todo lo cual sacaron de mi casa por acuerdo del cabo que habia quedado, del fator y de los demas. Y como, cuando llegamos a las fronteras, hallé mis estancias despobladas, y por cuenta del enemigo toda la demas hacienda de ganado y indios de mi encomienda, me vi obligado, despues de haber sacado la jente de aquel fuerte (que me costó harto cuidado y desvelo, siendo maestro de campo jeneral del ejército), a querer valerme de la Hacienda que para socorrer los soldados y para otras facciones del servicio de S. M. me habian sacado de mi casa: esto fué causa de que presentase los recaudos y órdenes del cabo y el entrego del fator, por cuya mano habia corrido el despendio de esta hacienda; y habiendo reconocido mi justicia el gobernador y capitan jeneral, lo remitió al acuerdo de Hacienda, de adonde salió dispuesto que los propios soldados volviesen a reconocer por la memoria del fator las partidas que cada uno habia recibido, y que las confesase; y no tan solamente las confesaron, sino es que a una voz respondieron, que era mui justo que se me pagase de sus sueldos, por haberles sido de grande alivio en sus trabajos el socorro que con mi hacienda habian tenido. Volví con estos recaudos al acuerdo, despues de haberse pasado mas de seis meses en estas demandas y respuestas, y viendo la repugnancia que habia en satisfacerme lo que se me debia justamente, me reduje a que se me pagase la mitad de la cantidad que por cuenta de S. M. se habia sacado, y que de la otra parte hacia gracia y donacion de ella, que mis necesidades no daban lugar a otra cosa; con que se me satisfizo la mitad de lo que S. M. habia gastado por su cuenta, que fueron setecientos pesos, de los que me deshicieron de plata labrada y reales para balas; y lo que tocaba a la deuda de los soldados, respondieron los ministros y rectos jueces, que yo cobrase de ellos, porque no podian dejar de darles el socorro que les tocaba, en tabla y mano propia, como estaba ordenado y dispuesto: y como los soldados estaban divididos en diferentes compañías, quién habia de andar cobrando diez pesos del uno y cuatro del otro, en retazos que no eran de provecho; con que hasta hoi me quedé sin mi hacienda.

CAPITULO XVI.

En que se queja el autor de los ministros rectos, y para lo que les importa, omisos.

Aquí entra ahora mi queja, que la tuve y tengo de la justificacion y rectitud que conmigo mostraron estos ajustados ministros y puntuales ejecutores. ¿Cómo no se guardaba esta forma y este stilo de dar al soldado en mano propia su socorro, cuando se lo quitaban de lo mas bien parado dél para pagar a algunos mercaderes y pulperos las drogas y conchabos que tenian con ellos, dándoles la botija de miel a diez patacones para volvérsela a comprar a cinco, y otras cosas a este modo? Y para mas seguro de estas cobranzas, llegaba un ministro o oficial mayor de la veeduría a acreditar al soldado en estas tiendas : y esto se pagaba puntualmente, aunque el soldado lo repugnase, y para esto no habia placarte ni órden de dar en mano propia al soldado su socorro, o ya porque la tienda corria por superior jerarquía, o porque en estos abonos tenian los ministros algunos intereses vinculados ; con que se conoce que los tales oficiales mayores y plumarios, son los que ajustan las cuentas como quieren, dan y quitan el sueldo a quien se les antoja. Y para prueba de esta verdad, referiré lo que le sucedió a un pobre reformado, envejecido en el servicio del Rei N. S.

Este reformado pudo ser faltase a alguna muestra, o a la última que se acostumbra para socorrer el ejército, con licencia o sin ella, de que tuvo ocasion el oficial mayor de apuntarle el sueldo, y habiendo llegado a noticia del soldado, clamó al cielo el desdichado porque tenia su sueldo quitado y se hallaba desnudo, sin tener con que cubrir sus carnes ni a sus hijos ; hizo algunas dilijencias por ver si por algun camino podia negociarle, y habiendo llegado a este ministro mayor de papeles a significarle su necesidad y a que se doliese dél, le respondió que si queria su sueldo, habia de pagar ante todas cosas una cantidad que debia a un particular dependiente suyo : el desdichado reformado vino en el partido, porque le diesen alguna cosa con que remediar parte de sus necesidades. En esta conformidad le despacharon su boleta, y habiendo llegado con ella a que le socorriesen con los jéneros que contenia, el ministro y oficial mayor, teniendo en la mano el socorro, le dijo: vmd. ha de dejar aquí de este socorro cincuenta patacones que debe a fulano. Pues, como reconoció el soldado que tasadamente le quedaban veinte pesos, que ni aun para vestirse tenia, juzgando que tendria algun recato, o por mejor decir, vergüenza este ministro por estar, como estaba, la municion o el almacen ocupado de varios negociantes, le dijo, que de aquello poco que el Rei le daba de sueldo, no podia pagar aquel año; que el venidero satisfaria con mucho gusto la cantidad, que para el efecto tenia hablada la parte, y que así se sirviese de entregarle todo su socorro, que tenia sobre el mostrador ; a que le respondió indignado que con él no se tenian aquellos tratos, que pues no queria cumplir la palabra que le habia dado, que fuese con Dios sin cosa alguna, porque tenia apuntado su sueldo : y le dejó sin él. Esto es lo que hacen a cara descubierta los plumarios y ministros, sin lo que no se alcanza, aunque al soldado no hai cosa que se le oculte. Para esto no hai cédula ni placartes, como dicen, para dar al soldado en mano propia su sueldo, ni para que cobren las drogas y conchabos los pulperos y mercaderes, y los que miden, o desmiden, en la municion, que si les deben algo, se pagan de sus manos : solo para un pobre maestro de campo jeneral, que sirviendo a S. M. perdió sus haciendas, y lo que tenia en el fuerte de Boroa, se aprovechó de ello para socorrer aquellos pobres que estaban cercados del enemigo, sin haber tenido trato ni contrato con ellos, hubo cédulas para esto y órden de dar al soldado en su mano el socorro que le cabia. Estos son los ministros que tiene la Real Hacienda: no todos, claro está, que ha habido y hai algunos mui ajustados y celosos de sus oficios.

No culpo yo tanto a los ministros como a los superiores, que pudiendo remediar semejantes excesos, los disimulan, siendo obligacion suya el ver y saber de la suerte que son sus súbditos y soldados satisfechos y enterados de lo que se les debe por su trabajo. Notólo así el ilustrísimo Villarroel sobre el lugar de S. Matheo, por quien mandó Cristo S. N. que llamasen a los operarios y les diesen lo que se les debia. Pregunta nuestro intérprete, que por qué mandó Dios que trajesen a su presencia a los que habian de ser pagados, no por su mano, sino es por la de sus ministros ; y responde, que la intencion del Señor supremo y recto juez fué para ver si enteramente les daban lo que les tocaba, o si les quitaban o defraudaban algo de lo que les estaba mandado dar y satisfacer. Esto es lo que deben hacer los que gobiernan adonde se reconocen defraudadores ministros, sino es que quieran que juzguemos de ellos lo propio que de sus ministros.

Y para evitar esta calumnia y conjetura que se puede hacer, será acertado gobierno que corra por mano del príncipe superior la distribucion de lo que se le debe dar al pobre soldado, y que la satisfaccion no se le encargue a los ministros, por el riesgo que tienen de pegárseles a las manos el caudal que les toca.

Enseñó Cristo, nuestro bien, esta doctrina a los reyes y monarcas de estos siglos, para que a su imitacion, los que quieren ser superiores atentos y gobernar como Cristo, sigan sus pisadas.

Habiendo de hacer el Redemptor divino el milagro portentoso de los cinco panes, con que satisfizo el copioso concurso que le seguia, dice el sagrado texto que cojió con sus manos los referidos panes y los fué repartiendo con providente acuerdo. Pues ¿no podia el Rei supremo encargar esta faccion a sus apóstoles y ministros y ejecutores fieles de sus órdenes y mandatos? claro está que pudo, sin jénero de duda, mas quiso industriar a los que gobiernan, de la suerte con que han de poner las manos en el caudal de los pobres necesitados para que en ellas se aumente y crezca, y no en las de los ministros que no son secuaces de Cristo S. N., porque está a riesgo de minorarse, quedándose con el sueldo y porcion que le toca al que lo tiene merecido, como acontece mui de ordinario con el situado de Chille; que por andar en tantas manos como las que lo manijan, cuando lo vienen a repartir está tan menoscabado, que mui de contínuo se queda el soldado desnudo y muerto de hambre, porque algunos superiores que gobiernan, abren la puerta con llevarse mui gran parte de esta hacienda, con pretexto de comprar bastimentos para el ejército, y encargar la distribucion a los ministros, que, a imitacion suya, sin recelo ni empacho alguno entran las manos hasta los codos. Y corriendo por su cuenta y disposicion la paga, si en sus manos no se aumentare ni creciere este caudal, por lo ménos se reconocerá en quien está la falta o el milagro, y no se atribuirá lo uno o lo otro a los ministros; que hai algunos ajustados a sus oficios, y no será razon que adonde el águila real hizo la presa, se atribuya al milano su destrozo. Esto es hablando en comun y en jeneral, que ha habido gobernadores tan atentos y desinteresados, que en sus manos se aumentaron y crecieron los socorros de los pobres, como en las manos de Cristo los cinco panes.

Demos fin a este capítulo, porque la digresion ha sido larga, aunque forzosa por ser encaminada a lo que habemos menester para deducir las consecuencias necesarias al intento de este libro, que es decir : que con semejantes ministros y gobiernos tan contrarios a la razon y justicia, ¿cómo puede haber paz firme en Chille? con que la guerra será perpétua y inacabable, si primero no se acaba Chile.

CAPITULO XVII.

En que se prosigue la historia del cacique Naucopillan, y de la suerte que volvimos a nuestra posada ; y de camino llevé unas yerbas para la cura de la mujer del amigo, sin conocerlas, que fueron medicinales por milagro de la Vírjen Santísima.

El principal blanco a que se han encaminado estos verdaderos discursos (como al principio tengo manifestado), ha sido el significar las causas y fundamentos que hallo para la dilacion de esta guerra de Chille; y para que se conozca con evidencia que lo que digo y escribo en este volúmen, es por ciertas relaciones adquiridas de los propios antiguos naturales, he fundádolos en historia de mi captiverio dichoso y feliz, por referir experimentado lo que adquirí cuidadoso entre los indios mas ancianos, criados y nacidos en aquellos tiempos de los primeros conquistadores ; a cuya causa me parece que de los entendidos y cuerdos no serán adicionadas las digresiones largas que se ofrecen para la materia propuesta.

Los capítulos pasados solo nos han servido de ponderar algunas cosas atroces, inhumanas y ajenas de la piedad cristiana, que nos refirieron aquellos viejos caciques estando en buena conversacion, de la cual se han ido eslabonando las materias y puntos que se han tocado. Quedamos entregados al sueño, despues de nuestra plática y jovial entretenimiento, lo restante de la noche, en casa del cacique Naucopillan, primo hermano de Tureopillan, mi huésped y patron en aquella parcialidad.

Amaneció otro dia con rebozo el cielo, dando ciertas señales de rociar los campos con sus lluvias, a cuya causa solicité con el cacique el retirarme luego con mis compañeros, ántes que el viento norte, que soplaba lento, apresurase mas las densas nubes. Diéronnos de almorzar con toda priesa, y con grande regocijo, entre los viejos, nos brindamos y comimos regaladamente, y para el camino nos dieron algunos bollos de maiz y porotos, que es el ordinario pan de aquella jente, y algunas rosquillas de huevo fritas que la pasada noche habian sobrado; y despues de haber dado fin a dos cántaros grandes de chicha con los demas caciques que se hallaron al festejo, nos despedimos los unos de los otros con amorosos abrazos, citándome para otras ocasiones en que nos habíamos de ver mui de ordinario, en las cavas y sementeras de chacras, que era el tiempo de ellas.

El cacique Naucopillan, como dueño del rancho y de nuestro festejo, tenia dispuestos tres caballos ensillados y enfrenados, para que con mas commodidad y priesa llegásemos a nuestra habitacion, y saliendo con nosotros a la puerta, hizo que subiésemos a caballo a los dos muchachos y a mí, poniendo a las ancas de uno un hijo suyo para que volviese las cabalgaduras, y despidiéndose de mí y de toda su casa [*sic*], que salieron a la puerta sus mujeres, hijos y hijas, cojimos el camino con alguna priesa; y al emparejar con una quebrada montuosa, honda y áspera, de adonde se descollaban unos crecidos robles, les dije a mis compañeros que me tuviesen de diestro el caballo, que en aquella montaña me parecia que habia de hallar las yerbas que buscaba, y que no era bien que volviésemos sin ellas; a que respondieron los muchachos, que tenia razon, supuesto que a eso solamente habíamos salido de casa. Pues aguardad un rato (les dije) aquí al reparo del viento, que yo abreviaré lo posible, porque conocidamente el tiempo va arreciando y dándonos priesa. Fuí entrando por el bosque adentro, despidiendo tiernos suspiros del pecho y encomendando a la Vírjen Santísima el buen subceso, para que me deparase algunas yerbas extraordinarias, que ni ellos ni yo las conociésemos; fuí tendiendo la vista por todas aquellas faldas del monte, cojiendo unas y desechando otras. Y al llegar a un pradecito verde que hacia la quebrada, abajo de adonde tenia sus raices un anciano roble, tan descollado y robusto como cubierto de barbas largas y canas, a sus piés me puse humilde y arrodillado, pidiendo a Dios N. S., me ayudase y favoreciese en aquella afliccion en que me hallaba, por medio de la Vírjen sacrosanta María, y con lágrimas de los ojos dí principio a mi oracion deprecativa, con ciertas esperanzas de ser admitidas mis súplicas y ser escuchados mis ruegos. Porque el piadoso Señor y Dios poderoso siempre está dispuesto a dar consuelo a los aflijidos que por medio de la oracion le invocan con clamores y suspiros, como lo hizo con el pueblo de Israel, estando en la afliccion y servidumbre de Faraon, y con la aflijida Agar, que la volvió el ánjel consolada a casa de su ama ; porque atiende nuestro Dios a las aficciones y congojas de los que le invocan. La mia era bien grande por el empeño necio en que me habia puesto, de dar gusto al camarada Pedro; y despues de haber rezado aquella oracion devota de *ante oculos tuos culpas nostras ferimus*, dí principio al himno de la Vírjen Santísima, que mui de ordinario le tenia en el álma y en los labios, porque es cosa cierta que podemos decir a esta gran Señora, lo que Marta a Cristo, Señor nuestro: por cosa averiguada tenemos (Reina de los Anjeles) que todo cuanto pidiereis a vuestro precioso hijo, habeis de alcanzarlo con efecto ; sobre lo cual dijo estas dulces palabras San Bernardo : busquemos la gracia, el consuelo y el favor, y entremos a buscarla por la puerta verdadera, que es María, que lo que busca halla, y lo que pretende adquiere de manera que no puede defraudarse. Levanté los ojos al cielo con aquel verso deleitable, suave y amoroso de *Monstrate esse matrem*, que en otra ocasion fué mi mayor refujio y amparo ; y habiendo puesto la mira en aquel despojado árbol, que el rigor del invierno le tenia desnudo de sus verdes ropas, que mas parecia estar de todo punto infructífero y seco, que con esperanzas de volver a verse matizado de ellas, descubrí por entre sus cortezas y secas ramas unas tan verdes y empinadas yerbas, que al punto que las divisé, me causaron gran consuelo y alegría, y habiendo considerado que yerba que en un árbol tan seco, macilento y deshojado se conservaba fresca, verde y sin la sujecion al tiempo que otras plantas, me pareció sin duda que seria de conocida virtud para mi intento : subí al árbol gustoso y apresurado y cojí un buen golpe y cantidad de yerbas con las raices de adonde procedian y se empinaban, que eran a modo de lagartijas que estaban en las cortezas brutas abrazadas. (Despues supe, cuando salí del cautiverio, ser una yerba extremada y medicinal, llamada polipodio, que jamas habia oido nombrar, ni vístola mis ojos). Bajé con toda prisa de aquel árbol barbado, que fué para mi desvelo algun alivio ; salí afuera del bosque, y a breves pasos encontré a mis compañeros, que al reparo del monte me aguardaban ; quienes mostraron grande regocijo de haberme visto cargado con las yerbas que solicitábamos, que las repartí entre los demas muchachos, por ser de buen porte la carga que traia. Subí a caballo a tiempo que cernia el cielo menuda escarcha, y en breve se trocó en deshecha nieve ; con que apresuramos el paso y de un galope largo nos pusimos en nuestra posada. El hijo del cacique que habia ido con nosotros a llevar sus caballos, como vió que el tiempo iba arreciando, no quiso apearse ; solo pidió le mancornasen los dos caballos y se los echasen por delante : hiciéronlo así los compañeros, y despues de haberle brindado con un buen jarro de chicha, partió con toda priesa a su posada.

Tasadamente nos recojimos al rancho y saludamos al cacique nuestro huésped, cuando estuvo nuestro amigo Pedro con nosotros, cuidadoso de saber si habíamos traido las yerbas para curar la enferma su mujer, y habiéndome saludado con todo agrado y cortesía, me preguntó si habia hallado lo que habia salido a buscar a ruegos suyos; a que le respondí, que las yerbas que habia encontrado, no eran las principales que conocia, pero que tambien las que me habia deparado mi solicitud y cuidado, eran mui medicinales, y que en el entretanto que no encontrábamos con las otras, daríamos principio a la cura con aquellas. Pues ¿cuándo quereis, capitan (me dijo Pedro), que curémos a la enferma? En hallando lo que es menester mas forzoso, le respondí juzgando que no hallaria los jéneros que le signifiqué ser necesarios. Pues ¿qué es lo que es menester para la cura? volvió a decirme Pedro, que yo lo buscaré al instante. Es menester, le dije, muchos trapos de camisas viejas, y un pedazo de puerco gordo que no tenga sal, un cabo de vela de cera grande, un jarrillo de aceite, unas malvas y una poca de levadura, y para hacer el cocimiento, una olla de buen porte nueva, que no hayan cocido ni guisado en ella cosa alguna. Pues voi a buscar todo lo que me habeis dicho (respondió Pedro), porque no dilatemos esta cura. El viejo Tureupillan, que estaba asentado al fuego, le dijo, que para qué se queria ir a mojar, ni salir de su casa con tiempo tan riguroso, que aguardase a otro dia; él no quiso aguardar a mas razones y se fué diciendo: no son estos aguaceros de dura, que luego pasan; y nos dejó con la palabra en la boca (como dicen), por el deseo que tenia de ver a su mujer puesta en cura.

CAPITULO XVIII.

En que refiere el autor las noticias que tuvo de las antiguas acciones de nuestros antepasados, en casa del primo de Tureupillan.

Despues de haber salido nuestro amigo Pedro con toda priesa, nos asentamos al fuego con nuestro viejo huésped, que al punto mandó que nos trajiesen un cántaro de chicha y alguna cosa que comer, que luego nos pusieron delante los guisados que mas ordinariamente acostumbran, de carne, mote de maiz y porotos, bollos de lo mesmo, con extremada chicha, que siempre la hai sobrada en la casa de los caciques principales para los casos que se pueden ofrecer, de huéspedes de respecto; que no es cacique principal el que no está abastecido de este jénero. Estuvimos en buena conversacion miéntras comimos: preguntando el viejo lo que habíamos hecho en casa de su primo, yo le signifiqué cuán agradecido habia vuelto a los agasajos y festejos que me hizo; los chicuelos dijeron con mucha risa y contento: chau (que quiere decir padre), tambien bailó el capitan; que como no me habian visto hacer otro tanto, aunque se me habian ofrecido algunas ocasiones de bailes en nuestros vecinos ranchos, tuvieron a gran favor el que yo habia hecho a aquel cacique, y como celoso, el viejo me dijo: pues ¿cómo, capitan, no nos quisisteis dar ese gusto el otro dia cuando nos entretuvimos y nos holgamos en casa de Millalipe? que así se llamaba un cacique vecino a nuestro rancho, tres o cuatro cuadras divididos. Yo me disculpé con decirle, que por recien llegado a su distrito y estar en casa ajena, no me habia dado lugar el velo vergonzoso que me acompañaba, y el encojimiento que tenia, a venir en lo que en aquella ocasion me habian pedido sus amigos y comarcanos, demas de no habérmelo ordenado él como dueño de mi voluntad; quedó con esto mui pagado el viejo y me dijo, que me tuviese por convidado para la primera ocasion, que dentro de pocos dias nos habíamos de juntar en casa de cierto cacique que asistia cerca de una legua de nuestros ranchos, a hacerle sus chacras, y que por la noche se festejaba el trabajo del dia con grandes bailes, banquetes y entretenimientos, y que este cacique era mui regocijado y ostentativo; que allí habíamos de holgarnos todos. De mui buena gana (respondí a mi huésped), que por daros gusto seré yo el primero que coja el tamboril en las manos y solicite a los demas para el efecto: y os puedo asegurar una cosa, que todo el tiempo que asistí en las fronteras, no pudieron hacer conmigo que bailase en ningun festejo, porque aunque me hacian los caciques muchos favores y agasajos, parece que con los disgustos que tenia, y los sobresaltos que de ordinario me asistian con andar emboscado ya en los montes, ya en las casas ajenas, no me daban lugar a consolarme: hoi me hallo entre vosotros apartado de los que me solicitaban la muerte, y del peligro ordinario que me servia de tormento, que le tengo vuelto en gusto, habiendo experimentado vuestro agrado, vuestra cortesía y noble trato; con que estaré siempre dispuesto a obedeceros en eso y en todo lo demas que me mandareis y fuere de vuestro placer. Y acabando de decir estas razones, le brindé a la mitad de lo que tenia el jarro, que es bríndis de amistad entre ellos beber en una mesma vasija, la una parte el uno y la otra el otro. Volvió a preguntar el viejo, que si habíamos bailado toda la noche, o en qué la habíamos entretenido; repetíle el espléndido banquete que nos habia hecho su primo, y el regocijo que con mi llegada habian tenido todos aquellos comarcanos, principalmente el anciano Aremcheu, por no haber estado en la borrachera pasada, adonde los demas me habian visto; signifiquéle tambien de la suerte que las ilchas (que son las mozas) y los hijos del cacique me fueron a convidar para el baile, estando en conversacion con el Aremcheu y los demas caciques viejos, los cuales se levantaron, y cojiéndome de la mano, me llevaron al desempeño en que las mozas me habian puesto, siendo los primeros que bailaron los buenos viejos para obligarme a hacer lo propio, con que no pude excusarme de hacer lo que ellos hacian, y aun de cojer de la mano a una de las que fueron a brindarme, porque ella llegó con resolucion a bailar conmigo.

Grande misericordia es de Dios el tener de su mano y conservar en su gracia a quien con semejante compañía está metido, y entre un vicioso concurso provocado. Notólo con excelencia el Crisólogo, sobre el lugar de San Marcos, que dijo que para dar Cristo N. S. salud y vista a un ciego, le sacó fuera de la ciudad; y preguntó que por qué para curar a este doliente y darle salud lo sacó fuera de la ciudad. Sabeis por qué? responde a su duda, porque esta ciudad es la de Besaida, que maldijo Cristo por sus habitadores, y para darnos a entender que es imposible que consiga salud verdadera el que está cercado de enfermos contajiosos, saca a curar al enfermo fuera de este lugar : de la mesma suerte, al que está acompañado de naturales malignos y licenciosos amigos es forzoso apartarle de ellos, para que no se le pegue el achaque. Doi infinitas gracias al Señor, que habiendo asistido en compañía de lasciva jente, y en festejos deshonestos y torpes solicitado de los propios caciques, agasajado de las mujeres, y aun incitado algunas veces, podré asegurar con bien (no quiero decir que me faltasen como a muchacho diversos pensamientos malos y interiores tentaciones, que el mas justo no está libre de ellas), que todo el tiempo que asistí cautivo entre estos naturales, no falté a la obligacion de cristiano, procurando parecerlo tambien en mis acciones, sin que de ellas pudiesen echar mano para calumniar nuestra relijion cristiana, como lo hacian con las memorias de los subcesos pasados, que adelante irémos manifestando. Yo confieso que el recelo con que andaba, y el temor de perder la vida me oprimia a ratos el juvenil orgullo, porque aunque muchas me abrieran la puerta para que las comunicase en secretos lugares, juzgaba a los principios que fuesen echadizas de algunos mal intencionados, por tener ocasion de hacer chanza y escarnio de mi recato y compostura, y pasar mas adelante con molestias y daños que pudieran hacerme ; y así por esto, como por la ofensa de Dios principalmente, me valia de la oracion mental y de la interior contemplacion, poniéndola por muralla y escudo de mi flaqueza, y valiéndome de las palabras del santo Profeta Rei, que el hebreo trasladó diciendo : tú, Señor, estás cerca de mí por escudo y amparo. Y traduciendo este salmo San Juan Crisóstomo, dijo las siguientes palabras, que en mi corazon las tenia esculpidas : esta mala naturaleza de mi carne (dice el santo) trae conmigo la guerra que me aflije ; mi pueblo me persigue y contra mí se ha armado fuertemente, mis ovejas domésticas y mansas se me han vuelto lobos carniceros, y los corderos tigres y leones : mas tú, Señor, estás de mi parte, y me tienes fundado sobre la firme piedra de la fee, a cuya causa me muestro valeroso, sin caer en los lazos del peligro. Estas razones decia compunjido y atribulado, cuando el maligno spíritu me facilitaba las ofensas de Dios, y repetia orando con fervor ardiente : *sed tu es, Domine, pro me*, mas tú, Señor, estás en mi defensa declarado ; porque la oracion es patrona singular del aflijido en todos los infortunios y adversos acaecimientos que se nos ofrecen, como nos lo dijo elegantemente San Gregorio Niceno. La oracion es el sello de la virjinidad, la fee y crédito del matrimonio, escudo de los caminantes, de los que duermen custodia, fertilidad de labradores, y la salud de los navegantes, y para lo demas un todo.

Proseguimos nuestra conversacion trabada el cacique viejo y yo, y entre otras cosas que fuimos platicando, le referí algo de lo que me dijieron de los primeros conquistadores aquellos antiguos viejos (sin tocar en el caso atroz de la mujer, que fué para mí de mayor admiracion); signifiquéle de cuán maravillado habia vuelto de las atrocidades y inhumanas acciones que de ellos me refirieron : y esto fué por sacarle a barrera (como dicen), para ver si conformaba con lo que los otros me habian dicho ; a que me respondió mi camarada huésped : ninguno sabe mas bien que yo esas cosas, y lo que los españoles obraron en sus principios. Mucho estimaré saber (dije al cacique) de vuestra boca lo que en otras me ha parecido dudoso. ¿No os contaron aquellos viejos (repitió el cacique) el stilo que tuvieron en cobrar sus tributos de nosotros? con el rigor que lo hacian, castigando al que cada mes no le satisfacia? ¿No os dijeron que los dejaban morir en esas campañas como bestias, sin hacer caso de ellos mas que de un perro, sin dejarles oir misa ni confesarse? ¿No os manifestaron que las señoras eran tan crueles y cudiciosas, que de ordinario tenian en sus casas a nuestras mujeres y hijas, trabajando y velando todas las noches para sus tratos y granjerías? ¿No os dijeron que hubo algunas tan feroces y insanas, que no se contentaban con hacer anotomías [sic] de sus criadas, cortándoles las narices y las orejas y quemándoles sus vergonzosas carnes, sino es que de esta suerte les daban inhumana muerte en las prisiones y las enterraban dentro de ellas? ¿No os refirieron tambien que habia algunos españoles tan cudiciosos y tiranos, que ocultamente hurtaban los muchachos y chinas de las rancherías y los iban a vender al puerto de Valdivia por esclavos? ¡Qué de cosas pudiera deciros, capitan! que puede ser que os las hayan dicho aquellos viejos con quienes platicasteis la pasada noche ; que estan mui bien en ellas y las tienen tan presentes como yo y otros. Lo mas de lo que habeis referido (respondí a mi viejo) supe por los informes de aquellos ancianos caciques, y entre ellos el mas viejo llamado Aremcheu, que me pareció indio de mucha razon y ajustado a la verdad. Aun ese (dijo mi camarada) no puede contar lo que nosotros, porque su amo era el mejor español que habia en nuestro distrito, y trataba a su servicio con diferente modo y agrado que los demas ; pero bien sabria lo que pasaba con los otros. Parece que os veo mui atento, y que gustais de oir lo que os refiero : ¿quereis que os cuente otras cosas mas de las que habeis oido? Mui atento me tendréis (respondí al cacique), porque deseo con extremo hacerme capaz de todo lo que os pasó con los españoles a los principios de su entrada. Yo no os podré dar razon tan por extenso (dijo el viejo) de los primeros españoles que pisaron nuestras tierras, que era mui niño entónces y sin algun uso de razon : de lo que ví y experimenté cuando fuí abriendo los ojos del entendimiento, sí os podré referir muchas cosas, y del primer gobernador que oí nombrar, que fué Valdivia. Pues ese dicen que fué el que pobló estas ciudades de la Imperial, Valdivia, Villarica y las demas (le dije). Yo no me acuerdo haberle visto (respondió el viejo), pero tengo en la memoria el alboroto y ruido que causó su muerte en toda nuestra tierra. Mucho estimaré saber de vos ese subceso (dije a mi huésped); si fué su muerte en batalla campal, o en otro accidental reencuentro, y en qué paraje, y cómo le quitaron la vida; porque hai en eso várias opiniones. Con que dió principio el buen viejo a su historia, que en el capítulo siguiente la oirémos.

CAPITULO XIX.

En que refiere el cacique la muerte del gobernador Valdivia, y de los morales que se sacan para el intento del libro.

Habeis de saber, capitan, repitió el viejo, que ese gobernador Valdivia dicen que entabló los tributos y pesadas cargas a nuestros antepasados, que entónces, como os he dicho, era yo muchacho, que no me acuerdo haberle conocido, mas de tan solamente por el nombre, que entre los españoles y los indios era mui nombrado : tenia grande opinion de cudicioso y avariento, y entre las reparticiones que hizo de las *regües,* que son parcialidades, se quedó con cinco o seis de las mas opulentas de indios y de minas de oro conocidas ; por cuya causa cargó la mano en los tributos, que fueron intolerables. Pues esa fué la causa y oríjen de su desastrada muerte (dije al cacique), porque los príncipes que gobiernan, y está a su disposicion y cargo entablar tributos y pensiones, ignoran los iníicuos señores que tienen la potestad y el mando, que miéntras mas tributos y cargas ponen a sus ciudadanos, mayores daños y ruinas acarrea para su pueblo o para su reino : así lo sintió el gran doctor Francisco de Mendoza, y el ilustrísimo Villarroel dijo, que para semejantes reyes o príncipes avaros era de grande dolor y pesar el que sus pueblos no les tributasen ; y ese paradero vienen a tener los que por ese camino se enderezan. Proseguid, amigo, con vuestra historia, que esto se ha ofrecido de paso. Tenia este gobernador (dijo el cacique) las parcialidades de Arauco, Tucapel, Lebo, hasta Puren, que todas le estaban de ordinario sacando oro, de que dicen tenia ya cantidad considerable, como todos los demas vecinos de estas ciudades. Con que dieron principio a levantarse a mayores y a no tratarnos como de ántes, trocando el nombre que a los principios nos dieron de vasallos del Rei, en el de miserables esclavos y aun peores: aflijidos y apurados los araucanos, como jente belicosa y altiva, dieron principio a sacudir el yugo de su servidumbre y a querer restaurar lo que de ántes era suyo, para gozar de su antigua libertad que es amable; convocaron estos otras parcialidades de la costa, y hasta Tucapel, Ilicura y Paicaví pusieron cerco a los fuertes y poblaciones que por aquella parte tenian, y aun mataron algunos españoles y embistieron a la estacada.

A la nueva de este alboroto y alzamiento, dicen que salió el gobernador de la Concepcion al reparo de aquellas fronteras levantadas, y fué atravesando por Puren, adonde le estaban sacando oro, y aunque halló toda la tierra alborotada, y algunos españoles colgados en los caminos, de los que habia despachado por delante a reconocer la tierra, demas de haber tenido aviso cierto de algunos indios (que por aquella parte habian permanecido fieles) de que le aguardaba una gruesa junta de los rebelados en los confines de Paicaví o Tucapel, no quiso dar bastante crédito ni volverse, juzgando no serian tantos los traidores alzados, y por no dar a entender que el temor le acobardaba, cuando su valor era conocido ; y

aunque le aconsejaron los que con él iban, que se retirase, pasó adelante
en demanda de su desdichada muerte. Decis mui bien (respondí al cacique), que cuando llama a ejecutar el plazo señalado, no hai estorbo ni
tropiezo que por delante se ponga; que aunque los antiguos romanos
hallaron a la isla Tiburtina por de tan buen cielo y constelacion, que
juzgaron que sus habitadores se hacian eternos, y de la isla Sardinia al
contrario, porque los que en ella entraban todos perecieron, dijo Marcial que cuando la muerte se embravecia, era lo propio la una que la
otra:

> Nullo fata loco possis excludere;
> Cum mors venerit, in medio Tibure Sardinia est.

> Si te viene a ejecutar
> La muerte en plazo cumplido,
> Aunque estés favorecido
> Del Tiburtino lugar,
> No te puede aprovechar
> Su saludable terreno,
> Porque es el mesmo veneno
> Que en Sardinia se contrata,
> Y si aquí por malo mata,
> Lo propio hace allá por bueno.

Dijo el gran maestro Francisco de Mendoza de esta isla Sardinia y de
la Tiburtinia, que no se distinguia la una de la otra cuando la muerte
llegaba embravecida, porque no hai lugar seguro para ella: la ciudad
mas saludable y la plaza mas amena, es igual su cielo y constelacion a
esta isla Sardinia.

Proseguid con vuestra historia trájica (dije al cacique), que a vuestras
razones me teneis atento. Marchó este gobernador con su jente (dijo
el cacique) y en las faldas rasas de Tucapel descubrió al ejército enemigo, que era pujante y numeroso, y el suyo dicen que seria de pocos
mas de docientos hombres, si bien de crédito y de opinion constante de
valerosos y esforzados; comenzaron la batalla luego que se divisaron,
porque ni los unos pudieron excusarlo (aunque reconocida la ventajosa
fuerza, que era de mas de seis mil indios), ni los otros dejar de gozar de
la ocasion que buscaban, de tan limitado número de españoles, que
nunca juzgaron que iba en él el gobernador, y presumieron llevarse
luego por delante el pequeño escuadron de los soldados; y les salió tan
al reves, que de la primera embestida mataron a los nuestros mas de
cien indios. Embistieron tres o cuatro veces, y aunque derribaron algunos españoles de las primeras hileras, que estaban en escuadron, no
pudieron atropellarle, ántes salieron con pérdidas de otros mas de ducientos, y heridos los mas valerosos; y despues de haberse retirado a una
vista, con pérdida de gran suma de los nuestros y mucha sangre derramada de ambas partes, estuvieron determinados a no volver a embestir-
les ni proseguir la batalla, cuando un criado del gobernador, paje suyo,

se hizo a la banda de los nuestros (que no pudo dejar de tirarle el natural), y fué tan grande el esfuerzo y valor que les puso con las razones y parlamentos que les hizo, significándoles cuán desmayados y mal heridos se hallaban los españoles, que volvieron a embestir de nuevo con el pequeño número de soldados, con tal valentía y osado atrevimiento, a caiga el que cayere, y venza el que tuviere dicha, que a pocos lances, cayendo unos y levantando otros, atropellaron el escuadron y degollaron todos los mas soldados dél, y al gobernador lo cojieron vivo, mui maltratado y cubierto de heridas peligrosas y penetrantes. Y aunque hubo opiniones várias, unos de que lo acabasen de matar, otros de que le otorgasen la vida, prevaleció el voto y parecer de Lautaro, su criado (porque se hallaba agraviado dél y maltratado), a quien la mayor parte del ejército seguia, deseosa de beber chicha en su cabeza y hacer flautas de sus piernas, que dicen que era bien dispuesto; y así determinaron matarlo luego, con un jénero de tormento penosísimo que le dieron, llenándole la boca de oro molido, y con un garrote ahuzado de las macanas que llevaban, se lo iban entrando por el gaznate adentro, como cuando se baquetea un arcabuz, y le iban diciendo, que pues era tan amigo del oro, que se hartase y llenase el vientre de lo que tanto apetecia. En lugar del oro que presumen algunos que le echaron por la boca, no fué sino es tierra que cojian del suelo, para hacer la cerimonia de quitarle la vida por lo que tanto la aventuraba.

Este fué el desastrado fin del primer gobernador, que nos puso el pesado yugo en las cervices con tributos y cargas tan extrañas, que pudieran desesperar los ánimos de los mas humildes y cobardes naturales.

Teneis razon por cierto (dije al cacique), que ese subceso fué castigo conocido de la divina justicia, porque los clamores y quejas de tantos lastimados pobres llegaron a los oidos de Dios N. S., que ama lo justo y aborrece lo mal encaminado, y vuelve por los aflijidos. El apóstol Santiago lo dijo mui a nuestro intento en sus católicas cartas, y parece que hablaba propiamente con nosotros y de vosotros : catad aquí (dice el santo) los jornales de vuestros operarios, que han trabajado y sudado en cultivar vuestras tierras y en aumentar vuestros caudales, a quienes habeis defraudado su sudor y trabajo, sin satisfacerlo ni aun agradecérsele: claman, suspiran y lloran, cuyas quejas y alaridos llegaron a la presencia de Dios y a sus oidos, y volvió por vuestra causa, permitiendo la muerte desastrada a quien atendió mas a sus conveniencias y particulares intereses, que al bien comun de los vasallos del Rei N. S., habiendo de ser el principal blanco y atencion primera la permanencia de nuestra lei y fee católica y la conservacion de lo ganado y adquirido.

Y mas propiamente pudiéramos traer a vuestro intento las palabras del profeta Jeremías, que orando en el capítulo quinto de sus Trenos, dijo así: acordáos, Señor, de nosotros y mirad lo que nos ha acontecido, atended a las vejaciones y oprobios que padecemos : nuestras heredades las vemos apropiadas en otros dueños; nuestras casas poseidas de extranjeros y tiranos hombres; hallámonos como pupilos sin padre, nuestras madres como desamparadas viudas; el agua que era nuestra, la bebemos hoi a precio de nuestro trabajo, y aun la leña de nuestros campos la compramos; y otras razones mui al intento, que a estar en vuestros corazones la fee viva, pudiérades decir lo que adelante el profeta pronunció lastimado: ¿por qué, Señor, nos olvidais tanto? habeisnos de dejar para siempre de esta suerte? convertidnos, Señor, y con facilidad nos convertirémos; pero vosotros no teneis conocimiento de la grandeza de Dios ni de su misericordia, que si en ocasiones ha vuelto por vosotros dándoos esfuerzos y valor para sujetarnos y ponernos debajo de vuestra servidumbre, ha sido mas por castigar nuestras culpas y delitos, que por fomentar vuestras infidelidades.

Yo lo confieso así, capitan (dijo el venerable cacique), pero la culpa de nuestra ceguedad en vuestra lei cristiana no la habemos tenido nosotros, sino son las perversas acciones de vuestros antepasados, que con inhumanos tratamientos y crueldades no acostumbradas, querian poner fin a nuestras vidas y conquistarnos nuestras mujeres e hijas, para servirse de ellas por todos caminos: y esta es la doctrina y enseñanza que tuvimos de ellos; y el refujio y amparo que hallábamos en los gobernadores, era el no hacer caudal de nuestras quejas, ni lastimarse de nuestros contínuos trabajos, porque eran ellos los primeros que solicitaban nuestra asistencia en sus minas, adonde nos consumíamos y acabábamos, y como todos tiraban al blanco de la cudicia y a desnudarnos de lo que era nuestro, chupándonos la sangre y quitándonos las vidas, fácilmente se conformaban los unos con los otros.

Esos, amigo mio, no eran gobernadores cristianos, ni superiores atentos, porque no imitaban al supremo juez y maestro Cristo S. N., cuya enseñanza y doctrina debian tener mui en la memoria, y cuyo gobierno debian imitar y seguir, principalmente en las conquistas y nuevos descubrimientos de jente ciega en el conocimiento de nuestro Dios y Señor; que así en lo espiritual como en lo corporal debian quitarse el pan de la boca para darlo y comunicarlo a los necesitados, como lo hizo nuestro Salvador, como se verá en el capítulo siguiente.

CAPITULO XX.

En que se moralizan algunas razones, y se significa cuán perjudicial es la cudicia y lo fué para los primeros conquistadores.

Consuela este divino maestro a sus amados discípulos, por haberlos visto la noche de la cena pesarosos y tristes, diciéndoles: buen ánimo, queridos discípulos, no os vea yo desconsolados y tristes; advertid que en la casa de mi Padre hai muchos lugares y alojamientos adonde os albergueis, entretengais y descanseis. Nota aquí Salmeron y dice: en tiempo que necesitaba Cristo, nuestro bien, de consuelo y alivio para los tormentos que previstos tenia cuando en el huerto se vió apretado de pesadas agonías y congojas, que le obligaron a temblar y entristecerse, tanto que se halló menesteroso y necesitado del consuelo y confortacion de un ánjel: en esta ocasion, se quita el pan de la boca (como dice Salmeron) por darlo a sus desconsolados compañeros, o sus tristes discípulos y lastimados apóstoles. Esta es la obligacion del superior cristiano, del gobernador atento y del verdadero ministro del Rei N. S. ¡Qué pocos hai que se ajusten a esta obligacion forzosa, ni que imiten al verdadero Maestro en su gobierno! ¿Quién hai que se duela y lastime del trabajo contínuo que tolera el pobre soldado en las guerras y ejércitos de S. M.? hai alguno que se quite el pan de la boca para dárselo? hai quien se acuerde dél para premiarle sus desvelos? no por cierto. Quitarle el pan que le toca para su sustento, eso sí que lo saben hacer algunos, y quitarles el premio que tienen merecido, para darlo a quien se les antoja o tiene con que feriarle.

Este es el corriente stilo de este desdichado reino, sin alargarnos a decir que le imitan otros, por las relaciones que he tenido: solo con lo que la experiencia me ha mostrado con ciertos conocimientos, podré asegurar lo que refiero en estos verdaderos discursos. Estas son las causas por que se halla este desdichado reino con las penalidades y trabajos que padece, y por lo que esta guerra es prolija y dilatada, y por que tenemos los enemigos dentro de nuestras casas, que con insaciable cudicia las consumen, las aniquilan y derriban por el suelo, como se experimentó en las ciudades antiguas y se ha reconocido en estos tiempos en nuestras perdidas fronteras; y supuesto que éste es y ha sido el oríjen de nuestro daño y la total ruina de nuestras conveniencias, apretemos mas este punto, que fué el principal tropiezo en que nuestros antepasados y primeros conquistadores dieron de ojos, y quedaron hechos siervos y criados de sus propios vasallos y humildes sirvientes.

Cuenta el sagrado texto, que el rei Balac, que en aquellos tiempos gobernaba a los Moabitas, se vió perseguido y apretado del pueblo de Israel, y teniendo noticia que el profeta Balaam lo era, trata de enviar a suplicarle (como en hecho de verdad lo hizo), fuese a maldecir al pueblo que en su contra venia; y consultando el profeta con su Dios lo que habia de hacer en aquella ocasion, le responde el verdadero, que no vaya ni siga a los mensajeros del rei Balac, ni maldiga a su pueblo, que está debajo de su proteccion y amparo: con cuya respuesta despidió a los mensajeros, sin conceder lo que le pedian. Vuelve a repetir el rei segunda súplica con sus mas allegados y del pueblo los mas nobles, con mas aprieto, envuelta en muchos ofrecimientos de honras y riquezas grandes; con que parece que el profeta se mostró mas blando y totalmente inclinado a concederle lo que le pedia: y Dios N. S. airado *eo quod ille abiisset* (dice el caldeo) y la glosa interlineal un notable encarecimiento, que se rindió....(1) (como si dijiese) a tan poderoso

---

(1) La oscuridad de este paraje parece nacer de un error de copista del MS. que no hemos podido rectificar.

enemigo como es la cudicia, y dejó de su mano al profeta para que obrase segun su natural y corazon dañado, pues buscaba ocasiones y achaques para no faltar a la súplica del rei, movido del interes y de la cudicia; que bien lo notó el gran doctor y egrejio intérprete de las sagradas letras sobre las palabras del mismo profeta, que insinuó en el mesmo capítulo, diciendo: el rei Balac me envió a llamar con sus allegados y confidentes, como si dijiese (dice Lira): por la autoridad de rei y su majestuosa dignidad, estaba obligado a obedecer sus mandatos; y prosigue Lira: buscaba ocasiones y licencia para ir a la presencia del rei, movido de la cudicia y del interes prometido. Y San Agustin sobre el mesmo capítulo lo dijo elegantemente: habiendo querido el profeta volver a consultar a Dios en segunda instancia, diciendo a los segundos nuncios, que se dilatasen aquella noche, que queria saber lo que le respondia su Dios en la segunda consulta, aquí el santo doctor dice: con esto manifestó el profeta estar vencido y sujeto a la cudicia, pues estando enterado de la voluntad de Dios, ¿qué necesidad tenia de volver a consultarle? por lo cual permitió el Señor que fuese a la ejecucion de su avaro deseo, para que en el camino fuese reprehendido de una bestia, y de un jumento su cudicia reprimida. ¿Puede llegar a mas la cudicia y el interes, que obligue a un profeta a posponer la honra de serlo y la que el rei Balac a los principios le hizo, diciéndole que sabia que como profeta del Señor podia maldecir y bendecir a quien tuviese gusto, y que esto no le moviese a conceder lo que le pedia, y solo los ofrecimientos de dones y riquezas grandes le provocasen y moviesen a que saliese a la ejecucion de lo que el rei Balac deseaba?

¿No es de maravillar ver la potestad y el dominio que este monstruo fiero ha adquirido sobre la naturaleza humana, que necesite de que una bestia bruta y sin discurso, a sus arrebatados ímpetus ponga freno? Grande es por cierto su poder y señorio, pues tiene postrados y abatidos por el suelo los mas sublimes y levantados solios, monarquías, reinos y ciudades: y ojalá nuestros primeros conquistadores y antepasados hubieran encontrado una bestia torpe o jumento sin discurso, que les hubiese impedido el paso de su voraz apetito y cudicioso anhelo, y los encaminase por la senda que no acertaron ciegos y deslumbrados, como lo hizo la jumenta con Balaam, para que reconociese su yerro y se encaminase a no faltar de la voluntad de Dios, que es la verdadera guia para nuestros aciertos.

CAPITULO XXI.

En que se ponderan las razones del cacique anciano sobre las inhumanidades que usaron en aquellos principios con estos naturales.

En el capítulo pasado dimos principio con la cudicia con que empezaron los primeros conquistadores a aflijir y a desesperar a sus nuevamente reducidos vasallos, con apretarles en el entero de sus tributos, de manera que los despojaban de sus vestiduras y les quitaban el cabello (que era grande afrenta para ellos) y les daban cien azotes en un rollo cuando no habian podido enterar lo que estaba dispuesto: mas nos refirió nuestro venerable viejo, que fué decir, que los dejaban morir en las campañas como bestias, aunque estuviesen enfermos, por no sacarlos del trabajo ordinario de las minas, sin cuidar de que se confesasen, ni oyesen misa los dias festivos de precepto, en los cuales los relijiosos y doctrineros les mandaban no trabajasen, sino que solo acudiesen a rezar y oir misa; y sus amos ordenaban lo contrario, porque querian sembrar mucho. Y les subcedió lo que dijo el profeta Aggeo a los Judios: sembrasteis mucho y cojisteis poco; comisteis abundantemente y no os satifacisteis; bebisteis con demasía y quedasteis sedientos; arropasteis vuestros cuerpos, y no os calentaron vuestras vestiduras. ¡Qué razones tan medidas y ajustadas a nuestros conquistadores y antepasados, y aun en estos tiempos a muchos que los tiene el interes y la cudicia avasallados, rendidos y postrados de tal suerte, que aunque con el trajin ordinario siembran mucho, cojen nada segun sus deseos; comen y no comen; beben y no mitigan la insaciable sed que los acompaña; cubren sus carnes y no estan calientes, porque permite Dios N. S. que anden fatigados siempre en lo que anhelosos buscan y no hallan; con que, cuando ménos piensan, llega el fin último de nuestros dias y los halla hambrientos, sedientos y desnudos, como les subcedió a los primeros conquistadores, que no contentos con la buena suerte que tenian, y las conveniencias que gozaban, quisieron apretar tanto la clavija y subirla de punto con extremo, que reventó la cuerda de que pendian sus medras y mayores dichas: porque, como dijo Ovidio, todas las cosas de los hombres estan pendientes de esta débil cuerda, pues a cualquier subceso repentino vemos las cosas altas por el suelo y la fortuna mas favorable, adversa y contraria.

> Omnia sunt hominum tenui pendentia filo,
> Et subito casu, quæ valuere ruunt.

> De un cordel delicado
> La mas feliz fortuna está pendiente,
> Y lo mas levantado
> Se mira por el suelo fácilmente.
> Porque son las desdichas
> Sinónomos [sic] mui ciertos de las dichas.

Con que con estas liciones y ejemplares podemos quedar alicionados, para no dar de ojos en los mesmos tropiezos que cayeron nuestros antepasados. El principal blanco a que tira la intencion de nuestro Rei y señor, es a questos naturales infieles sean industriados en nuestra fee católica y en el conocimiento verdadero de Dios N. S.; y este habia de ser el primer paso y la puerta por adonde habian de haber entrado los primeros conquistadores, para que fuesen conocidos y tenidos por benignos pastores, y no por lobos sangrientos y carniceros: discreparon de ella buscando portillos extraviados, y juzgáronlos ladrones; con que se alborotó el rebaño. Díjolo Dios por San Juan en estas palabras: conocidamente es ladron el que se desvía del camino verdadero y huye de entrar á su rebaño por la puerta cierta, que es Dios, como mas adelante nos lo enseña: yo soi la puerta del rebaño. Los que quisieren ser conocidos de sus ovejas, esto es, de sus inferiores, súbditos y vasallos, los que desean ser amados y admitidos por verdaderos pastores, por príncipes y superiores cristianos, entren por esta puerta; pero si solo procuran ilícitas entradas y extraordinarios portillos para alborotar su rebaño, para enflaquecer sus ovejas y para chupar la sangre a sus vasallos, súbditos y inferiores, con cojer todos los puertos [sic] de granjerías, de tratos y contratos, de usuras, cohechos y simonías, serán odiados y aborrecidos, y no los tendrán por benignos pastores, ni los conocerán por superiores cristianos, sino por usureros ladrones y voraces lobos: con que los unos tirarán por un camino, y los otros por otro, y sus voces no serán oidas ni sus mandatos obedecidos, porque entraron como salteadores, por diferentes entradas, a hurtar, a sacrificar matando y a perderlos, como lo dijo el mesmo capítulo. Por esta causa no cuidaban los antiguos encomenderos de sus pobres vasallos, dejándolos perecer miserablemente en el trabajo ordinario de sus minas, sin razon, sin justicia ni cristiandad, pues aun los dias festivos no daban lugar a que fuesen doctrinados ni oyesen misa, y consiguientemente que no tuviesen descanso ni sosiego alguno en ellos, atropellando el precepto divino; cuando pudiéramos avergonzarnos en los ejemplares antiguos de jentiles, que en sus dias sagrados aun hacer humo en sus casas prohibian, porque todo el dia se ocupasen en la adoracion de sus dioses y en el comun descanso de las jentes. Díjolo Tibulo desta suerte:

Luce sacra requiescat humus, requiescat arator,
Et, grave suspenso vomere, cesset opus;
Solvite vincla jugis; nunc ad præsepia debent
Plena coronato stare boves capite.
Omnia sint operata deo: non audeat ulla
Lanificam pensis impossuise manum.

En el sagrado dia el humo pare;
Descanse el labrador, cuelgue el arado,
Desate el lazo al yugo; el buei no are,
Asista en el pesebre bien colmado;
Encamínese a Dios lo que se obrare:
Ninguno ejerza oficio tareado,
Ni se atreva a poner la mano en cosa
Que parezca (aunque leve) trabajosa.

Esto es en suma lo que los jentiles nos enseñan, dándonos ejemplo y doctrina suficiente con la observancia de sus preceptos, y la veneracion a sus festivos y sagrados dias. Solo el quebrantamiento de este precepto era suficiente para que tuviesen sobre sí aquellas ciudades antiguas la amenaza que hace Dios N. S. a los de su pueblo, por Jeremias, que se vió cumplida bastantemente en los habitadores de ellas, pues hasta el dia de hoi se han podido volver a ver en pié aquellos edificios, ántes sí muchos de los nuestros igualados con los otros; de adonde podemos colejir y sacar evidente consecuencia, de que somos y habemos sido mucho peores que idólatras jentiles, los que no permitimos ni damos lugar a que se le dé a Dios del cielo y tierra el tiempo que es suyo y está dedicado solo a su mayor honra y gloria: con que nos hallamos siempre con el castigo del Señor sobre nosotros, porque no cumplimos sus mandatos y menospreciamos sus preceptos. Solo este era suficiente y bastante oríjen para que no solicitásemos ni inquiriésemos causas ni otros fundamentos para las ruinas y desolaciones de nuestras ciudades antiguas, y para los menoscabos de las presentes; pues para la total perdicion del universo y de todo nuestro ser humano, bastó la inobediencia de nuestro primero padre, en el quebrantamiento del precepto, como lo notó agudamente la docta pluma del grande doctor Francisco de Mendoza, con estas palabras:

De admirar es (dice este doctor) que en guardar o quebrantar un precepto solo, y en materia tan leve, consistiese nuestra salud o nuestra ruina, nuestra vida o nuestra muerte. El desdichado fin y muerte de Samson, ¿en qué consistió o estuvo? Díganoslo la lumbrera de la Iglesia San Agustin: no penseis (dice este santo) que la fortaleza de Samson estaba en lo sensible del cabello, sino es en la obediencia del precepto divino, y miéntras permaneció en guardar el mandato de Dios, se le aumentaba la fuerza con el don del Spíritu Santo; pero luego que faltó a esta observancia y se sujetó a los halagos y persuasiones de una engañosa mujer, al instante se le apartó el spiritual don de fortaleza y fué como una bestia sujetado. Esto es lo que se adquiere de no guardar los preceptos divinos, por lo cual nuestros antepasados experimentaron los castigos de Dios, y en estos tiempos nosotros no habemos quedado sin parte, con ciertas señales de ser igualados en todo con ellos.

Vamos adelante con las palabras que en los capítulos atrasados nos dijieron los caciques, sobre que habemos ido haciendo algunos reparos, y ponderarémos en el capítulo siguiente otras acciones inhumanas de nuestros antepasados conquistadores.

CAPITULO XXII.

En que se prosiguen y se refieren las acciones y modo de vivir de los antiguos.

Refirieron los caciques ancianos la inhumanidad de las mujeres con cudicia insaciable, que las tenia sujetas, la opresion en que tenian el servicio, indias, chinas y muchachos, aun de los que no tenian suficiente edad para el trabajo, teniendo asímesmo las mujeres casadas, sirviéndose de ellas contra su voluntad; con que el desventurado vasallo, al fin del jornal del dia, para alivio de sus trabajos no hallaba quien en su casa le tuviese un bocado que comer, ni quien en ella le pudiese encender un tizon de fuego, por estar, como digo, sus mujeres ocupadas en hilar, tejer mantas y otras faenas, en que sus señoras las tenian ocupadas para sus tratos y contratos y sus mayores granjerías, y para sus festejos, banquetes y entretenimientos ordinarios: que no me atrevo a decirlos de la suerte que aquellos antiguos viejos me los pintaron, poniendo todo su cuidado y felicidad en deleites vanos y sensuales apetitos. Bien excusado desvelo, cuando les faltaba el principal, que era la atencion en el recato y buena enseñanza de sus casas, pues me certificaron los caciques y despues muchos de los españoles antiguos las fiestas, deleites y gustosos pasatiempos con que eran continuadas las unas y las otras casas. No sé si me adelante a decir que fuesen con extremo dañosas y perjudiciales, mas por lo ménos escandalosas sí, por lo mucho que se daba que notar con el mal ejemplo; que fiestas, pasatiempos y visitas ordinarias en casas de mujeres (aunque fuesen ajustadas), no podia dejar de haber que pensar y que decir.

Notó San Ambrosio agudamente, a este propósito, el recojimiento, la compostura y soledad de la Vírjen Santísima, enseñando a las mujeres el recato y recojimiento que deben tener en la comunicacion y trato con los hombres, y cuan estimado y loable debe ser en ellas el apartamiento y retiro de semejantes lances. Aprendan las mujeres (dice este santo) a tener vergüenza, tomen ejemplo de esta gran Señora, a quien ningun varon humano pudo divisarla en sus escondidos ni impenetrables retretes: solo un ánjel, celestial spíritu, tuvo licencia para en su clausura y soledad hallarla [sic] por nuncio feliz de nuestra redempcion humana y a solas sin testigo ni compañía, que aun quiso el supremo y todo poderoso monarca que hubiese tanto recato en esta visita, que no la permitió a un profeta, ni la encomendó a un patriarca, que aunque tan grandes santos, por lo que tenian de hombres, no quiso agraviasen su limpieza; a cuya causa envió un ánjel, spíritu puro y limpio, y aun este sola una vez la visita y en esta sola da su embajada. Pregunta en este lugar un autor grave y moderno, que por qué causa no partió el ánjel las palabras de su embajada, pues pudo a la primera vista decirla: el recado con que os vengo a saludar, y el mensaje de que soi nuncio, es que habeis de concebir y parir un hijo; y despues de haber parido, pudiera volver a decirla: el nombre que habeis de poner a vuestro hijo, ha de ser Jesus; y parece que se adelantó a decirla el nombre del que no estaba aun nacido.

Agudamente responde este doctor a su dificultad y duda y dice, que quiso Dios N. S. darnos a entender en este continuado mensaje y en esta breve embajada, que en casa de una doncella, aun un ánjel de su celestial corte excuse hacer dos visitas. Luego sin escrúpulo alguno ni jénero de duda se podrá colejir que tan continuadas visitas, con pasatiempos acompañadas, no podian traer consigo otra cosa, que malos pensamientos y peores obras.

Con esta doctrina y enseñanza, ¿con qué fervor y fee habian de abrazar los siervos y criados y los pobres infieles nuestra relijion cristiana? de que se ha orijinado que los que estan criados entre nosotros, sean peores que los mas apartados, y esten ignorantes del verdadero conocimiento de Dios N. S.: porque si la doctrina y enseñanza que tuvieron, fué perversa y perjudicial, ¿qué tenemos que maravillarnos que se hayan conservado nuestros domésticos con el primer licor que en sus principios fueron paladeados, y que quedasen dañados con la corrupcion y contajio de sus señores y amos? ¡Cuánta es la corrupcion de los criados adonde es tan grande la de los señores (dijo Salviano)! ningun miembro del cuerpo se halla con salud, cuando la cabeza padece algun achaque; y en este lugar dice muchas y mui bien dichas otras razones al intento, y de los señores y padres de familias que en sus casas abundan de criadas, que las tienen como mujeres propias, que el latin lo dice mas desembarazadamente, que podrá ver el curioso, y acaba el período diciendo: de adonde se puede colejir y entender cuánto cieno de inmundicias y fealdades habria adonde, debajo del dominio de inmundos señores y padres de familias, no se permitia fuesen castas las mujeres aunque tuviesen voluntad de serlo. Esto es lo que dice Salviano, que parece que hablaba con nuestros primeros conquistadores, y aun con muchos de nuestros tiempos, que los imitan y siguen sus pasos: y plegue a su Divina Majestad, no les sigan totalmente sus ruinas, porque se hallan mui cerca de experimentarlas.

Digamos algo de la fiereza y inhumana crueldad de las mujeres, que fué lo que nos encareció el cacique, por las atrocidades que acostumbraban, y por la muerte que a la humilde y desdichada criada dió la rabiosa fiera de su ama y señora, que este nombre solo se le puede dar a quien obró tan sin discurso humano y contra toda lei de naturaleza, por ser de esta la crueldad mortal enemiga, que así lo dijo Ciceron: y si esta es contra la naturaleza humana, ¿qué será la fiereza y la sevicia, que solo se halla y es propia en los feroces animales? Y en eso se distingue de la crueldad, que es orijinada de accidental ira y enojo, que es accion natural en el hombre, y tal vez no perjudicial ni dañosa al alma, porque, segun Santo Tomas, es la ira pasion del sensitivo apetito, y en tanto es buena en cuanto se regula y rije por la razon y justicia: y este enojo o ira se llama celo justificado; mas, si se desvía y aparta del órden de la razon y de lo justo, será mala y será pasion, porque se encamina su apetito a una injusta venganza, y entónces será pecado mortal, por la malicia humana. Y esta se llama crueldad. Todo lo dice elegantemente Santo Tomas, y distingue el nombre de fiereza y sevicia de la crueldad, como queda dicho, porque no miran estas ni atienden a la culpa del castigado, sino es solo al deleite y gusto que con su tormento y castigo recibe el mal intencionado que lo ejecuta; y porque esta es accion bestial y sale de los límites humanos, se llama fiereza y sevicia, y no crueldad, como lo dice y explica el santo citado. Luego bien probado queda que no fué crueldad la de esta mujer, sino es fiereza de mayor

marca, que pasó a ser accion de Satanas, porque, como dijo San Crisóstomo, el tigre y el leon mas encarnizado se sujeta con el tiempo
al cariño y al halago, pero el ferino natural del hombre y el de la mujer,
mal sujeta a lo justo la pasion de su apetito arrebatado.

De la inhumanidad con que algunos españoles hurtaban de noche,
con estratajemas, con trazas y ardides, algunas chinas y muchachos de
las rancherías, tambien nos significó el cacique y los demas ancianos,
para ir al puerto de Valdivia a venderlas por esclavas, como en hecho
de verdad lo hacian; y de esta suerte, faltaban de sus pueblos muchas
indiecitas y muchachos, sin saber qué se hacian, ni cómo se desparecian
de entre las manos, hasta que fué uno descubierto llevando un muchacho de la Imperial a Valdivia, adonde los embarcaban para fuera del
reino; y con haber llegado a noticia de los que gobernaban, jamas se
hizo dilijencia de sacar en limpio esta maldad y desafuero. Y hoi parece que corre el mesmo stilo; con que no podemos esperar otro fin,
que el que tuvieron aquellas ciudades antiguas, que con efecto se han
empezado a experimentar algunos principios en este alzamiento jeneral de la frontera, pues vimos reducido y acorralado en la plaza de
armas de la ciudad de la Concepcion todo su distrito, y asoladas las
estancias, fuertes y presidios; y si no se truecan y mudan los stilos
de gobierno, cuando ménos se piense ha de quedar lo restante de Chille
como las demas ciudades antiguas y desoladas, porque en mi opinion
esta guerra de Chille y su esclavitud es injusta, y parece que nos lo
da a entender el Rei de cielos y tierra, pues cuando se juzga en mejor
estado, se halla el reino en mayores aprietos. Y ántes que pasemos
adelante con ponderar esta accion como se debe, significarémos los
fundamentos y causas que se deben mirar y anteponer para que la
guerra que se moviese, sea justa y en cristiandad encaminada, para que
de ellas saquemos las hilaciones necesarias y congruas consecuencias al
intento a que se encamina mi dictámen, que es manifestar no fueron
justificadas, ni lo son, las que se continúan en este reino de Chile, y por
consiguiente, la esclavitud de esta nacion ilícita, de mas de ser mal
usada: que en el capítulo siguiente darémos las causas que han movido mi pluma a poner en plática materia que no la he visto ni aun
propuesta en autor alguno de los que escriben y han escrito historias
de Chile, que el celo que me lleva, del servicio de Dios N. S. y del de
su Real Majestad, me sacará con bien y a salvo de esta propuesta.

CAPITULO XXIII.

En que se trata, si la guerra que está perpetrada [*sic*] en este reino de Chille, es
justa o injusta.

Tres cosas son las principales que se requieren para que la guerra
que se emprende, sea justa y bien encaminada, segun la autoridad de
Santo Tomas y de otros santos doctores de la iglesia. La primera es la

autoridad del príncipe y su rejio mandato, con cuya órden y permiso se ha de principiar y trabar esta contienda. Porque a otra cualquiera persona privada de esta autoridad, no le es permitido ni dado principiarla ni moverla. Finalmente, esta autoridad de hacer guerra, conforme el natural órden a la paz conveniente (a cuyo fin y blanco debe encaminarse), ha de ser ventilada y conferida entre los príncipes superiores de las unas y otras partes, como lo resuelve el gran padre San Agustin y lo muestra así Ciceron. Y en cuanto al permiso del príncipe, si le hubo, o no le hubo, pase por ahora, que en otra ocasion (que se han de ofrecer muchas), apretarémos mas este punto, que claro está que los que principiaron estas conquistas de las Indias, tan remotas, traerian el necesario permiso para obrar conforme conviniese, mas no para ampliarle como nuestro ambicioso natural dictase.

La segunda que se requiere para la justificada guerra que se emprende, es que sea la causa justa de tal manera, que haya alguna culpa que merezca pena o castigo, la parte contra quien se cojen las armas en la mano. Y el gran padre San Agustin dice, que las guerras solo son justas cuando se encaminan a tomar venganza de algunas injusticias recebidas, o cuando una ciudad o ciudadanos no cuidaron de castigar y reprimir con efecto a los que de su parte hicieron algunos agravios y perjudiciales molestias contra otros, quitándoles o robándoles los bienes y las haciendas que conocidamente eran suyas, y no trataron de volverlas, ni recompensar el agravio. En tal caso, se justifica la guerra que se intenta, como la que hizo el patriarca Abraham a los cuatro reyes que despojaron a los de Sodoma, y entre ellos a su sobrino Lot y a toda su familia. Estas son guerras justas y lijítimamente emprendidas, porque hai causa suficiente para tomar venganza del agravio recibido. Vamos ahora a nuestro intento, y con esta cuestion en la mano, preguntemos y propongamos a los que apoyan y justifican esta guerra, las siguientes razones.

Estos bárbaros infieles, que estaban quietos y pacíficos en sus tierras, sin hacer daño a los españoles, ni tener aun conocimiento de ellos, ¿qué causa lijítima dieron o hubo para entrarlos guerreando y atemorizando con estruendo de armas y caballos? qué consultas ni acuerdos se interpusieron entre los unos y los otros? qué capitulaciones principiaron? qué embajadas ni mensajes de paces recibieron? qué repugnancia ni contradiccion a sus propuestas, a sus razones y a sus requirimientos, parece que hicieron ántes de haberlos guerreado, perseguido y alborotado? que debian hacerlo los nuestros, y ellos repugnado su entrada y contradíchola, para que fuese la causa justa, y lijítima la guerra. Lo que sé decir es que ninguna de estas circunstancias parece haber precedido, ni en ningunos anales de esta conquista de Chille pienso que se halla tal razon; ántes lo que yo he averiguado y sacado en limpio, por informes de aquellos indios antiguos y algunos españoles, ha sido que los nuestros, despues de haber venido del Pirú conquistando los distritos de Chille, principalmente los de las fronteras para dentro (que

34

son los que sustentan hasta hoi la guerra, y son diferentes en el lenguaje), no hicieron ningunas dilijencias de las referidas con ellos; ántes nos consta que los primeros nuncios que tuvieron de la entrada de los españoles, fueron los avisos de las batallas y reencuentros que tenian con los confinantes indios de Coquimbo y Santiago, diferentes parcialidades y distintas lenguas; que sabiendo el destrozo y estrago que venian haciendo en los antecedentes vecinos, les obligó el temor y el recelo a disponer para su defensa (que es natural) las armas que tenian, y las que usaban, que eran el arco y flecha, hondas y macanas, que son unas porras de madera pesada.

Estas fueron las noticias primeras que tuvieron los fronterizos indios, que hoi sustentan la guerra; estas las embajadas y mensajes de paz que recibieron de los españoles.

Que con los antecedentes hubiesen hecho algunas de estas dilijencias, no lo sabré decir con cierta sciencia. Solo sí aseguraré haber sido así lo que refiero de estos otros fronterizos y valerosos naturales. De aquí podrémos ir sacando en limpio, si la guerra que se les hace o en aquellos principios se les hizo, fué justificada o no. Y porque en adelante apretarémos mas la dificultad que trae consigo esta materia comenzada, pasarémos al tercer punto, para la prueba de lo que tenemos entre manos.

Lo tercero que se requiere y es necesario para que la guerra sea con razon justificada, es que la intencion de los que guerrean sea recta y bien encaminada, o para que lo bueno se prolongue y se dilate, o lo perjudicial y dañoso se evite, y no para que la cudicia y el apetito desenfrenado obre desatentamente, sin razon ni cristiandad.

Dijo San Agustin, que las guerras que no son movidas con cudicia, con ambicion ni con inhumana crueldad para con los hombres ajustados a la lei divina, no es pecado ni delito emprenderlas, y mas cuando la solicitud y el cuidado que se pone, es solo encaminado a la propagacion de nuestra relijion cristiana y a la paz y quietud que se debe pretender, para que los que son de indijestos naturales, sean reprimidos y sujetos, y los buenos ensalzados y subidos.

Si nuestros primeros conquistadores hubiesen llevado por delante estas luces y antorchas encendidas, no hubieran hecho ilícito lo justo. Por los subcesos pasados podrémos deducir y sacar la falta que hubo en la observancia de estas reglas y puntos, que aunque en los dos primeros no se hubiese reconocido omision alguna en su cumplimiento y sus principios fuesen bien encaminados, bastaba estar desvanecido el último y mal encaminado, para dar con todo el edificio en tierra: así lo resolvió el anjélico doctor en esta cuestion. Puede acontecer (dice este santo) que sea la causa justa y la autoridad lejítima, y por la mala intencion y depravada malicia, se trueque en perjudicial la guerra que es justa. Y San Agustin confirma lo dicho con estas palabras: la intencion dañada o encaminada al daño ajeno, la crueldad en vengarse, el ánimo implacable, la fiereza en tomar armas rebelándose, el antojo y apetito de adquirir y dar, y otras semejantes cosas son las que en la guerra justa son culpables, y las que contradicen la razon y el derecho. Esta intencion dañada bien se manifestó patente en los antiguos conquistadores, con las acciones y inhumanos tratos que habemos referido; con que en ellos se han visto bien cumplidas las razones que da San Agustin para que se conozca la guerra que es injusta y mal encaminada. Y últimamente, para echar el sello a sus acciones y a la cudicia con que entraron, nos dijeron los viejos caciques que vendian los muchachos y las chinas por esclavas; ya que públicamente no podian, que de secreto las robaban de los pueblos para llevarlas al puerto de Valdivia, adonde las dejaron vendidas y cambiadas sin justo título. Considérese bien la accion, y medítese el sentimiento y dolor con que quedarian los padres y las madres con la falta de sus hijos, sin saber cómo ni de qué suerte se habian desparecido, los clamores y llantos de los inocentes, que los desviaban de ellos, los suspiros y sollozos con que se apartarian de su patria, del abrigo de sus padres, deudos y parientes, amigos y compañeros, despues de haberse reducido y sujetado a la vil servidumbre que padecian, vejados, oprimidos y trabajados con tributos excesivos y cargas onerosas, demas del personal servicio que sobre sus hombros tenian, así hombres como mujeres, muchachos y chinas. Habiéndoles recibido la paz con título de vasallos de S. M. los engañaron, trocándoles el nombre en esclavos, y mui viles y desdichados; que pudiéramos decir a nuestros conquistadores las razones que dijo San Agustin a Bonifacio: no se busca la paz para que se ejercite la guerra; ántes sí, el fin de la guerra es la paz; sed pacíficos en la guerra, para que aquellos a quien expugnais, los encamineis, venciendo, a la utilidad y provecho de la paz.

No fué esto lo que los antiguos y primeros conquistadores intentaron, sino fué el admitir la paz de estos pobres bárbaros infieles para hacerles la guerra mas a su salvo y sobre seguro, con las acciones que habemos referido; que estas obligaron a que se volviesen fieros enemigos, a los que de ántes eran domésticos siervos y vasallos humildes. A este propósito dijo Séneca unas palabras mui ajustadas, entre otras elegantes. Cuantos siervos y esclavos nos asisten, otros tantos enemigos son los que nos acompañan; no los tenemos por enemigos, mas hacemos por fuerza que lo sean, miéntras somos con ellos soberbísimos, contumeliosísimos y cruelísimos. Esto fué lo que subcedió a la letra con nuestros conquistadores, que teniendo a sus vasallos leales, mansos, humildes y sujetos, quisieron hacerlos enemigos declarados, con vejaciones, con cargas insufribles, tributos exorbitantes y penosas pensiones, que a los mas ajustados y fieles vasallos del Rei N. S. tal vez obligarian a que de necesidad y forzosa obligacion contribuyesen con lo que toca de derecho, mas que de grado ni amoroso reconocimiento. Constituyó por tributarios el pueblo de Israel a los Cananeos (dice el arzobispo Villarroel), y fué lo propio que criar enemigos, que no hai cosa que mayor aborrecimiento cause contra el príncipe, que la imposicion onerosa y demasiada de los tributos. Y hablando Salviano de los excesivos que pusieron los romanos, dijo estas palabras: los tributarios, en comun hablando, son como viles esclavos, sujetos al yugo y servidumbre de los enemigos, que de necesidad toleran el castigo, y llevan la carga mas de fuerza que de grado, porque en sus ánimos y deseos solicitan la libertad y la aman, y en lo exterior disimulan su trabajo y su opresion. De la propia suerte aconteció con estos vejados y maltratados vasallos, que habiéndose reducido a la obediencia y sujecion de los españoles, y a su vil servidumbre, teniéndolos por humildes siervos y criados, los hicieron feroces enemigos, y dominaron a sus propios dueños y señores; y sobre esta materia, que la estábamos platicando el cacique anciano y yo, me dijo una cosa rara, que despues la premedité, habiendo reconocido cuán inclinados son estos naturales de Chile al traje y vestidura de los españoles.

CAPITULO XXIV.

En que se ponderan algunas razones de los caciques viejos, por las cuales se conoce los hicieron enemigos de por fuerza, con las inhumanidades que con ellos usaban.

Habeis de saber, capitan (dijo el cacique), que cuando entraron los españoles en nuestras tierras, con facilidad y gusto se sujetaron nuestros antepasados a ellos, porque naturalmente nos lleva los corazones y el afecto el traje y la bizarría de los *huincas*, a quienes servíamos a los principios con amor y buena voluntad; aunque fueron las cargas y tributos que nos pusieron, grandes y con extremo onerosas, eran al fin tolerables con dejar quietas nuestras mujeres, nuestros hijos y nuestras casas, para que pudiesen acudir al servicio de nuestras personas y a la conservacion de lo poco que teníamos en nuestros ranchuelos. Principiaron a poco tiempo a llevar nuestras mujeres, nuestras hijas y muchachos a sus casas las señoras, para servirse de ellas y de ellos, como de nosotros lo hacian; y esto fué lo que nos empezó a desabrir y aun a desesperar, con las demas cosas que os he referido. Con mui justa causa (respondí al cacique) sacudisteis el yugo que en las cervices os tenian puesto los que no supieron conservaros en cristiandad, en justicia y quieta paz.

Bien meditadas estas razones del cacique, con justa causa podrémos decir, que quisieron nuestros antepasados hacer enemigos por fuerza a los que eran verdaderos siervos y vasallos, con quebrantar lo dispuesto y capitulado a los principios, volviendo a acrecentar pensiones y tributos, vejándolos, oprimiéndolos y desesperándolos con quitarles las mujeres e hijos y otras acciones que quedan insinuadas. Con que por parte de los nuestros faltó la fidelidad y la paz, que entraron ofreciendo con diferentes promesas de las que ejecutaron y cumplieron; síguese, que fueron estas guerras injustas y mal encaminadas, y las que despues de reducidos estos indios prosiguieron mucho peores, que aunque no dieron principio a ellas con declaradas acciones y con descubiertas armas, moviéronlas con hostilidades, con vejaciones, con muertes secretas y cautiverios de sus familias, vendiéndolas como esclavas y despoblando sus pueblos, con tener a los varones de ordinario asistentes en sus minas, a las mujeres e hijas en sus casas, sin gozar un punto de la quietud, descanso y libertad que les prometieron en sus principios, no poniendo la mira en lo principal, que era Dios N. S., y en la propagacion de nuestra santa fee católica, pues no fueron industriados en ella ni doctrinados, sino fué de cumplimiento y mui de paso, significándoles con la boca la verdad de sus misterios, y con las obras y el efecto desmintiendo sus razones como en todo lo demas. Peor guerra y mas perjudicial era esta civil que padecian, que la que en sus principios les hicieron; menor inconveniente hubiera sido y no tan perjudicial accion, haber proseguido degollando y cautivando a fuerza de armas, que haber consumido y muerto con título de paz tantas almas como perecieron en el trabajo, como robaron en los pueblos y enajenaron cautivos. Estos, enemigos descubiertos pudiéramos decir que eran de estos humildes y pacíficos siervos, y de este nuevamente reducido rebaño con título de paz: y no era paz, porque, como dijo San Bernardo, que solo la paz fundada en Dios y la que nos ofrece, es la verdadera, y la que el mundo y los hombres manifiestan, falsa, engañosa y finjida; y sobre la paz que Cristo S. N. dejó a sus discípulos, nos dice una cosa rara y digna de reparo el mesmo santo.

Yo leo en el coronista apóstol (dice) que Cristo, nuestro bien, dijiese a sus discípulos: la paz dejo con vosotros, y la mia verdadera os doi a vosotros; y no leo ni hallo escrito que este beso de paz santísimo se imprimiese o señalase en los lábios de los apóstoles discípulos de Cristo. Y prosigue el santo diciendo: si de la boca de la verdad consta y parece estar declarada y pronunciada esta paz de Cristo, ¿por qué no constará estar ejecutada, cumplida y admitida de los apóstoles? que parece no la admitieron; y el dudar esto y creerlo así no es peligroso, no es damnable sentirlo de esta manera, ni es contra la fee, dice el santo. De las mesmas razones de Cristo, que pronunció despues diciendo: no es mi paz como la que da el mundo, saca el santo que solo la que ofrece este Señor soberano, es la verdadera, que las demas son falsas, finjidas, sofísticas y paliadas. Estas son las paces que da el mundo, y las que ofrecieron nuestros conquistadores, y las que entablaron engañosamente y con intencion dañada; y así quedaron desvanecidas y fácilmente quebrantadas, porque no intervino en ellas la paz de Cristo.

De todo lo referido podrémos sacar algunas consecuencias al intento de este libro. Lo primero, que la guerra no parece haber sido bien encaminada, ni en razon, ni en cristiandad desde sus principios, por las razones que habemos manifestado.

Lo segundo, que los indios ya domésticos no se rebelaron ni cojieron las armas para hacer guerra a los españoles por aversion que tuvieron a nuestra relijion cristiana, sino es por vengar los agravios, molestias y vejaciones que les hacian, y por defender sus fueros, sus vidas, sus mujeres y sus hijos ; que, segun San Agustin, fué justa la guerra que movieron contra los que los agraviaron y tuvieron como a esclavos, y aun peores, porque el que lo es y asiste al órden de su señor, está obligado a darle de comer, de vestir, doctrina y lo demas para la conservacion de la vida humana : pero estos pobres vasallos estaban forzados a satisfacer su tributo, asistiendo de ordinario con el azadon y barreta en la campaña, no gozando de sus hijos ni mujeres, servir tambien personalmente las unas y las otras mujeres casadas y solteras, muchachos y chinas, en traer leña, barrer, tejer, hilar y en lo demas que les ordenaban, sin darles de comer ni de vestir, ni un agradecimiento.

Lo tercero, que fué permision divina el tomar por instrumento unos humildes criados sin armas, ni prevencion militar, ni experiencia, a quienes dió el Juez soberano vigor y fuerzas para que fuesen azote cruel y cuchillo de aquellos que fueron lobos carniceros y fieras inhumanas de estas ovejas mansas, nuevamente reducidas y dispuestas a recibir nuestra fee católica y profesarla, como lo hubieran hecho si la intencion primera de nuestros españoles se hubiese encaminado a la mayor honra y gloria de Dios y a la propagacion de nuestra católica lei ; que sin estos fundamentos es imposible tengan dichosos fines los principios, cuyas experiencias estamos tocando con la mano, con mas vivas memorias hoi (por los trabajos presentes) que las que nos dejaron los pasados subcesos, que ni las unas ni las otras aprovechan para la enmienda de nuestras costumbres y reformacion de los gobiernos, que llevan adelante las acciones de los pasados, y aun juzgo que con mas ventajas las ejecutan por la esclavitud inhumana de que se aprovechan. Con que no hai que aguardar convalescencia ni mejoras de nuestros males, ni esperanzas de volver a gozar de nuestros perdidos bienes.

CAPITULO XXV.

En que se prosigue la historia, y como el indio Pedro mi amigo volvió de buscar los adherentes que le habia pedido para la cura de su mujer, y llegó a donde yo estaba mui de mañana a solicitarme para que diésemos principio a lo que tanto deseaba.

Despues que el cacique viejo mi huésped acabó de referir la desdichada muerte del gobernador Valdivia, de que se orijinaron las demas razones que habemos ponderado en los atrasados capítulos, quedamos sosegados, y al sueño sujetos nuestros sentidos, hasta que los resplandores de la aurora dieron principio a ausentar las confusas nieblas de la noche ; y apénas el sol comunicó sus rayos, cuando estuvo en nuestro rancho y con nosotros el indio Pedro, que habia vuelto a deshoras de la noche con todo lo que dudé que hallase entre los suyos, para la ejecucion de mi oferta, bien excusada y bastantemente de mí sentida, diciéndome placentero, que habia traido lo que habia dicho era necesario y conveniente para la cura de su mujer ; con que me ví ya obligado a dar

principio a lo que no sabia, ni el fin ni paradero que tendria mi necia determinacion, poniendo solo la mira en el que es absoluto dueño de todas las cosas. Respondí a mi amigo Pedro, que me alegraba infinito que hubiese hallado lo que pretendíamos para solicitar la salud a nuestra enferma; y porque me pareció imposible que hallase la cera y el aceite que cuidadosamente pedí, procuré saber y inquirir cómo y adónde habia descubierto aquellos jéneros, que los demas no era dificil hallarlos; a que me respondió que el cacique Melillanca, cuando se rescató el capitan Márcos Chavarri (español de los antiguos que estuvo cautivo muchos años entre ellos), le encargó le enviase una botijuela de aceite, que con mucha puntualidad se la envió, y tenia en ella todavía alguna cosa. Esto juzgué ser así, porque cuando a mí me rescataron, lo primero que me pidieron fué una botijuela de aceite mi amo, y otra el cacique viejo en cuya casa asistí en los distritos de la Imperial, porque han experimentado ser este licor contra veneno, y como juzgan siempre que cualquier achaque o enfermedad que padecen, se orijina y proviene dél, solicitan tenerle mui de ordinario por este camino o por otro. La cera me dijo haberla encontrado en casa de un antiguo español, criado entre ellos y connaturalizado en sus costumbres, que era medio zapatero y remendaba zapatos para salir a las borracheras calzados; y este, dijo que tenia en una petaca grande muchos trastes antiguos y entre ellos algunos cabos de velas de cera y pedazos de brea, con que enceraba el hilo: lo demas era mui ordinario y comun en sus ranchos. Pues ya que teneis dispuesto todo lo que os he pedido, amigo Pedro, a la tarde harémos el cocimiento de las yerbas y darémos principio a nuestra cura en el nombre de Dios; y pues sois cristiano antiguo, poned el corazon en él y tened buenas esperanzas de ver a vuestra mujer libre de la penalidad y achaque que la aflije. Disponed la vasija nueva para el cocimiento y los demas adherentes, que en acabando de comer me tendréis en vuestra casa, y no saldré de ella hasta haber curado a la enferma. Con esto se despidió mui consolado, y yo salí al estero a ejecutar el ordinario baño de por las mañanas con los demas, y despues a encomendarme a Dios como lo acostumbraba, rezando mis devociones; y entrándome por la montaña, dí principio a mi oracion, encaminada al buen acierto de la medicina y cura que entre manos tenia, y considerándome ya indigno de levantar los ojos al cielo y ser importuno a Dios (que solo los profetas santos y justos pueden llamar orando y pedir repitiendo, porque la oracion del justo, continuada, tiene para con Dios lo mas andado, como...................................
..............(1) dueño absoluto de todo lo criado, y el que ha de encaminar nuestras acciones). Salimos Pedro y yo, y en nuestra compañía los dos muchachos mis camaradas, y fuimos al rancho de la enferma, adonde me tenia mui bien que comer mi amigo Pedro, a quien dije, que despues de haber curado a su mujer, merendaríamos con gusto de lo que para comer habia dispuesto. Apartaron las ollas y los demas trastes del

(1) Faltan dos hojas del MS., que debian contener el final del cap. XXV y el principio del XXVI.

fuego, dejándolo desocupado, adonde hice poner la olla nueva de buen porte que estaba prevenida, con los demas adherentes, la cual henchí de agua y de las yerbas que traje no conocidas y como milagrosamente descubiertas ; cociéronse de manera que menguó el agua de las tres partes las dos, quedando la restante de color tinto. En el entretanto estuve disponiendo de una camisa vieja que habia traido Pedro, una como talega o bolsa en que entrar el pecho lastimado ; y la primer cura que le hice, fué hacer que recibiese en aquella parte inflamada el vapor del cocimiento, que con extremo humeaba la vasija en que estaban las yerbas hirviendo, y con esta dilijencia, stilaba [sic] el pecho agua como de una fuente ; luego vacié las yerbas con el cocimiento en una bategüela limpia, que es a modo de librillo, y estando tibia el agua, le dí con ella unos baños, y a ratos le entraba el pecho en la batea, y al fin de ellos envolví la inflamacion con las yerbas bien molidas, y sobre ellas puse la bolsa o funda para que no diese lugar a que se despegasen, y con unas tiras del mesmo ruan, que unas por debajo del brazo y otras por cima del hombro daban vuelta para atras, adonde se enlazaban de manera que tenian firme la bolsa y las yerbas. Abriguéle aquella parte con paños calientes y mantas, y quedó descansada por entónces, y con algun consuelo, por las esperanzas que la dí, de que, mediante el médico celestial, habia de quedar con buena salud; que se encomendase a él con todo afecto y prometiese ser cristiana, pues su marido lo era y de mui buen natural, que de esa suerte nos ayudaria nuestro Dios a todos : a mí para que tuviese acierto en la cura, a ella para que consiguiese la salud, y a su marido el gusto y consuelo que deseaba.

A cuyas razones respondió la buena india, que desde luego estaba dispuesta a ser cristiana con mui buena voluntad. Yo la respondí que me alegraba infinito de reconocer en ella tan fervorosos deseos de conocer a Dios y hacerse su hija por el agua del baptismo, y supuesto que estábamos despacio, la repetí, será bien que aprendais a rezar primero las oraciones que sabe vuestro marido, y si las quereis aprender en vuestra lengua y natural idioma, os las enseñaré de mui buena gana ; a que me dijo con grande alegría, que lo estimaria con extremo, y el marido Pedro con mas fervor me significó el deseo que tenia de oirlas en su lengua, porque para las personas que no entendian nuestro lenguaje, les seria de grande gusto y consuelo saber lo que rezaban : y miéntras se calientan los asadores y los guisados, podréis recitarnos el Padre nuestro y el Ave María. Hícelo así como me lo pidió Pedro dos veces, y quedó la enferma grandemente aficionada y deseosa de aprenderlas luego, y Pedro por lo consiguiente para enseñarlas a su mujer : y en tres o cuatro dias que continuó la asistencia de su rancho con los muchachos mis compañeros, que ya sabian el Padre nuestro, lo iban enseñando a la enferma y a Pedro, que le supieron escojidamente. Con que me apretaron su marido y ella, que la baptizase luego, porque lo deseaban con extremo ; y al tercero dia, en los cuales continuaba los baños, bapticé a la enferma con grande consuelo suyo y regocijo comun de todos los vecinos, que para el efecto vino el viejo mi huésped y todos los del rancho, y otros comarcanos, que comimos y bebimos mui a gusto en concurso alegre. Despues volví a repetir la cura, bañándola como de ántes el pecho con las demas circunstancias referidas, quedando sosegada, aunque aquella mañana del tercero dia, me habia dicho haberle punzado con extremo el pecho; a que le respondí que era buena señal, porque lo empedernido y duro de aquella parte mas incorrejible se habia morijerado y ablandado mucho; con que quedó la enferma consolada y mas alegre, y nosotros nos retiramos a los ranchos, de adonde nos determinamos salir en demanda de mas yerbas de las que habíamos reconocido en los mas ancianos robles. Agregáronse a nosotros otra tropa de chicuelos, que la serenidad de la tarde convidaba a salir a gozar de los templados y apacibles rayos del sol; salimos en compañía entreteniéndonos con una pelota, que en otra parte queda significado de la suerte que la juegan estos naturales; acercámonos al sitio adonde la primera vez tuve dicha dé encontrarlas, porque no en todos los árboles, aunque fuesen robles, se podian hallar: volvióme a dar aquel sitio lo que buscaba, abundantemente, de cuyas hojas y raíces llevamos mas de las necesarias, porque por via de entretenimiento llevamos todos nuestra carguilla. Cuando volvimos era cerca de ponerse el sol, y aunque habíamos merendado mui a gusto, llegamos a nuestra habitacion con mui buenas ganas de comer, o de cenar; hallamos al viejo, que nos estaba aguardando asentado al fuego, con la cena caliente y un buen cántaro de chicha, y despues de haber brindado a los chicuelos con agasajo y amor, se retiraron a sus ranchos, que sus padres los estarian esperando: asentámonos al fuego mis compañeros y yo cerca de nuestro cacique viejo y nuestro dueño, quien ordenó luego a sus mujeres, sacasen de cenar para todos, que al punto lo ejecutaron las criadas, y para mí trajeron una ave bien guisada de las que me habian ofrecido los ahijados y ahijadas, como queda atras declarado, y de ella partí con los compañeros. Y como el viejo no era amigo de gallinas, y me volvia de ordinario lo que le daba, excusaba el brindarle con algo de ella, y cuando no era mucha mi necesidad, convidaba con el plato a algunas de sus mujeres o hijas, y otras veces a un enfermo hijo suyo, que se hallaba desganado y mui achacoso. Cenamos y bebimos entre todos los de casa, y dimos fin a nuestra cántara de chicha, con que despues nos pusimos a rezar las oraciones los muchachos y yo y las indias; y habiéndonos acomodado la cama una hija del cacique, que por su órden cuidaba de mí, nos acostamos, y por haber llegado fatigados del camino, con facilidad nos rendimos y sujetamos al sueño.

CAPITULO XXVII.

De como habiéndome acostado con gusto a dormir, tuve un grande susto, porque la enferma dió voces a media noche del gran dolor que tuvo, y el marido juzgó que se moria y fué volando a despertarme, y yo salí bien atribulado.

Con gusto y alegría summa nos acostamos en la cama, porque la tarde antecedente baptizamos a la enferma con grande regocijo, y yo

35

me hallé con él así por esto como por háber reconocido la sujéción que con el medicamento mostraba el empedernido áchaque; más no se dilataron los pesares, cuando de los placeres son verdaderos sinónomos, que bien lo notó San Bernardo sobre el capítulo dos de los Cantares.

Convida el sposo a la sposa a que se anime á levantar los ojos y los pensamientos y ponerlos en los descansos, placeres y gustos de la otra vida; y para ponerla mayores aprietos y animarla a crecidos deseos la dice: levántate, date priesa, amiga mia, paloma mia y hermosa mia, ven y verás qué poblada está nuestra feliz patria de vistosas y purpúreas rosas, de fragantes y olorosas flores; y sucesivamente añade luego las razones siguientes: la voz de la tórtola se ha oido entre esas flores. Pues ¿qué es lo que quiere darnos a entender el sposo santo? Aquí lo dice el doctor melifluo: las flores dice que son símbolo de la gloria y alegría, y la tórtola, viva estampa del dolor, del tormento y del trabajo, de las penas y de las lágrimas; con que manifestó el sposo que adonde está la gloria, el consuelo y el alegría, ha de estar el dolor, el tormento y el trabajo con que se adquieren.

A sueño suelto estaba descansando, bien ajeno del susto que me sobrevino de repente, a mas de la media noche; y fué el caso que los baños y las yerbas habian ablandado la dureza y reducido a corrupcion lo empedernido, y las materias aflijieron a la enferma de tal suerte, que la obligaron a dar voces desmedidas, con cuyo desasosiego le tuvo mayor el marido, que llegó tan lastimado a donde yo asistia, que juzgué que su mujer estaba muerta, diciéndome a voces: capitan, capitan, ya se muere mi mujer: llégate allá por vida tuya, que te está llamando mui apriesa. Alborotóse la casa de mi huésped, fueron al instante las parientas, mujeres y hijas del cacique a ver cómo estaba la enferma, y yo mas muerto que vivo (como dicen) no acertaba a levantarme de la cama. Considere el lector de buen discurso el pesar y sentimiento que tendria un pobre captivo y preso, que aunque no me trataban como a tal, en hecho de verdad lo era, y para la sujecion debida no faltaba en mí el reconocimiento.

¡Qué poco duró el contento, el placer y el alegría que la tarde antecedente tuve con el baptismo de la enferma, y con haberla visto con mejor semblante y el pecho mas blando y mas tratable! Acostéme con gusto y consolado, y desperté, o me recordaron, con sobresalto y con disgustos. Clamé a Dios humillado, que en las aflicciones y desconsuelos es mas cierto su favor y auxilio, como lo notó San Crisóstomo sobre las palabras de San Pablo: cuando estoi enfermo y dolorido, entónces me hallo con mas esfuerzo y vigor. Y nuestro citado santo dice, que adonde está la afliccion y el trabajo, allí se halla el consuelo y el alegría. Cuando San Pablo (prosigue) fué aprisionado y arrojado en la cárcel, entónces obró mayores portentos y maravillas; cuando se vió naufragado y en bárbaras rejiones sumerjido, mas resplandecieron sus acciones y mas lucimiento tuvieron sus desprecios; y al llegar al tribunal con ataduras ligado, entónces el soberbio juez, altivo y arrogante, pareció vencido, sujeto y avergonzado. De manera que en los desconsuelos, en los aprietos y tribulaciones estan vinculados los auxilios de Dios y sus consuelos, porque, como dijo San Ambrosio, que adonde hai mayor trabajo y peligro, allí se hallan los mayores auxilios de nuestro Dios y Señor.

Con esta consideracion, con firmes esperanzas de ser socorrido y amparado de la proteccion divina, salí del rancho bien aflijido y triste, y como que iba a algun natural ejercicio; me hinqué de rodillas a las espaldas de la casa, y con suspiros y sollozos tiernos hice mi deprecacion, encaminada a la salud de la enferma y al consuelo de Pedro su marido, y al seguro de mi vida y crédito. Fuí con esto al instante a donde lastimada y aflijida y desconsolada se hallaba la enferma, y con mucho desahogo (como si yo entendiese lo que hacia, ni lo que tampoco habia de obrar) hice llevar la vela o arrimarla al lecho de la dolorida, a quien consolé y animé mucho a que tolerase aquel penoso dolor, que dél habia de resultar su mejoría y entera salud. Traté luego de desenvolver el pecho y quitar las ataduras y las yerbas con que estaba envuelto y liado; reconocí en ellas lo que los antecedentes dias 10 habia visto, que con la fuerza del ardor del pecho estaban hechas una yesca y aun quemadas; despeguélas como pude, y hallé la inflamacion reducida a materias; y por la parte mas flaca, que parecia manifestaba boca, con una manezuela de arcabuz (que tambien habia prevenido) bien caliente y hecha una ascua, le dí un boton de fuego en aquella parte : porque no me atreví a abrirle herida con cuchillo, ni otro instrumento de hierro, por parecerme mas peligroso. Despues de esta dilijencia, pedí una callana limpia, que es a modo de sarten, en que tuestan el maiz, el trigo y otras legumbres, y en ella puse muchas yerbas de las referidas, malvas machacadas, el unto sin sal y la cera, y con todos estos compuestos hice un emplasto griego ni nunca visto, ni aun imajinado ; y como yo habia oido decir que la levadura era mui a propósito para ablandar y madurar postemas, despues de mezclados al fuego los dichos adherentes, los volví a incorporar con la levadura, de que hice un parche que le cojia toda aquella parte mas empedernida que las otras, la cual lié de manera que no se pudiese caer ni desmentir de la parte en que le habia puesto. Con esto descansó algun tanto la enferma, y se recojieron los parientes y parientas a sus ranchos, y yo me quedé acompañándola juntamente con los muchachos mis compañeros, y en compañía de la doliente rezamos las oraciones ; y habiendo hecho Pedro traer a su rancho nuestra cama, nos echamos a dormir en ella, hasta que los resplandores del mayor planeta dió principio a esclarecer los mas obscuros y retirados rincones de nuestra habitacion. Levantéme dejando dormidos a los compañeros, y habiendo reconocido que la enferma se habia quedado un rato postrada al sueño, despues de haber pasado lo mas de la noche con doloridos ayes, salí afuera a rezar mis oraciones en el sitio acostumbrado del mas tupido bosque, adondé encomendé a Dios el cuidado.

que entre manos tenia; y al fin de este forzoso y principal ejercicio, me encaminé para el estero, adonde estaba ya el cacique viejo y los de su casa en el ordinario baño de por la mañana, a quienes immité ejercitado en aquella su costumbre antigua.

Volvimos a los ranchos frescos y limpios (que verdaderamente es gran parte para la salud y vida este ejercicio, como juzgo lo tengo notado en otra parte de este libro); fué conmigo el viejo, deseoso de saber cómo se habia hallado nuestra enferma, a quien hallamos continuando el sueño y su reposo, y solo Pedro su marido en el fogon asentado, cebándole con leña para aumentar sus llamas y efectos calurosos; arrimamos a él nuestros helados cuerpos, porque era el tiempo mas riguroso de frios y heladas de todo el año, y consolados estuvimos de ver que la enferma reposaba con sosiego y sin fatiga. Y en el entretanto dispuse unos trapos o lienzos limpios para curarla, y a Pedro previne que hiciese aliñar una ave bien guisada para la enferma, que en curándola se habia de hallar con buenas ganas de comer, y para nosotros era bien disponer otras, porque esperaba en Dios N. S. que todos habíamos de comer con mucho gusto: hízolo así nuestro amigo Pedro, pues sin dilacion alguna llamó a una mujer española que asistia una cuadra de nosotros, para que dispusiese lo que habia de comer la enferma, y tambien nosotros, porque era grande cocinera de las antiguas que captivaron.

En este espacio de tiempo recordó la dolorida, con mejor semblante que solia, diciendo que sentia como mojada toda aquella parte envuelta y emplastada, y que el dolor no era tan intenso como de ántes, ni las punzadas eran tan contínuas en el pecho como solian. Ahora verémos cómo está la inflamacion (le respondí), y conforme estuviere, así obrarémos; dispuse otro parche o emplasto como el pasado, y estando prevenido lo necesario, me puse a desliar el pecho, que por la parte del boton de fuego habia reventado la materia y llenado todos los lienzos de aquel humor corrupto, y aun salido y esparcídose por la cama; con cuya evacuacion se habia hallado sosegada y dormido un rato: alegréme infinito de haber descubierto boca por la parte del boton, para que por allí fuese despidiendo el antiguo achaque y detenidas corrupciones; apreté por los lados la inflamacion reducida, y por ser pequeña la boca que habia abierto, no podia salir copiosamente la corrupta sangre; a cuya causa me determiné con una punta de un cuchillo bien afilado a romperla y acrecentarla, con cuyo beneficio y dilijencia pude exprimir el pecho de manera que quedó totalmente descargado; y habiendo despedido mas de dos bacenillas de podriciones, volví a poner el parche, o por mejor decir, emplasto sin concierto, y despues de liado como ántes, quedó la enferma quieta y sosegada. Acabada la cura, comimos y bebimos todos juntos, con mucho regocijo y alegría de ver a la doliente comer con buenas ganas, y Pedro su marido haciéndome mil halagos y brindándome amenudo con diferentes chichas, unas mejores que otras, de várias frutillas y legumbres, que las parientas y amigas de la mujer la traian para su sustento y regalo; porque cuando estan desganados, los enfermos se sustentan con estas bebidas algo espesas.

Acabamos de comer, y dentro de breve rato dijo la enferma que queria dormir y reposar un rato, por haber la noche antecedente pasádola trabajosamente; con que nos despedimos los unos de los otros, y nos recojimos a nuestros ranchos.

Finalmente, continuando aquel medicamento por las mañanas y de noche, en quince dias quedó buena y sana la que habia mas de un año que padecia de aquel penoso achaque, segun me significaron Pedro su marido y los demas sus parientes; con que quedé opinado en toda aquella tierra y parcialidad de insigne *mache*, que así llaman a los médicos y curanderos: y como yo estaba enterado que habia sido obra sobrenatural y divina, fuí a dar infinitas gracias a nuestro Dios y Señor al lugar adonde por las mañanas me recojia a tener algun consuelo con representarle mis trabajos, mis cuidados y aflicciones, y a agradecerle rendido sus grandes misericordias, mostrándome obligado a tamaños beneficios, con las palabras del santo Profeta Rei:

De todo corazon (Señor) te confesaré, y publicaré tus grandezas, porque te dignaste de oir mis ruegos y atender a mis súplicas; en cuyo lugar dice San Crisóstomo, engrandeciendo el agradecimiento de David: no como algunos, que ántes de recebir el bien, o lo que apetecen y desean, se muestran mui dilijentes y solícitos, y despues de haber conseguido su pretension desmayan y enflaquecen el espíritu con que consiguieron lo adquirido; y así nos enseña el Profeta Rei a dar gracias al Señor y confesarle por absoluto dueño ántes y despues de los beneficios recibidos, y nos lo advierte el Maestro soberano.

Cuéntanos el glorioso coronista San Matheo, que habiendo Cristo S. N. curado al paralítico, le dijo que cojiese su lecho y se fuese a su casa. Pues, ¿para qué le manda se recoja a ella? San Gregorio nos dice, que a su casa manda Cristo se retire el beneficiado, para que pese y medite la accion y el milagro en lo interior de su espíritu, sin embarazos de divertimientos, y sepa corresponder a Dios lo que debe, para ser fino agradecido. Así me retiré a lo oculto y escondido de mi bosque a solicitar con el alma acciones fervorosas de fiel correspondiente; con que daré fin a este capítulo con unas palabras del doctor melifluo, San Bernardo, que son las siguientes: cuando nos mostramos agradecidos a Dios N. S., abrimos la puerta y damos lugar a recibir de su jenerosa mano mayores misericordias y mas colmados beneficios, como los experimenté en diversas acciones, mostrándome rendido y humillado a los piés de este Supremo Señor de la vida y comunicador magnánimo de bienes.

CAPITULO XXVIII.

De como el cacique Quilalebo convidó a todos los de su parcialidad para que fuesen a hacerle sus chacras; de la suerte que se convidan, y cómo trabajan.

El tiempo de las cavas y de hacer sus chacras es por septiembre, octubre y noviembre, conforme los sitios y lugares secos y húmedos, que los unos se adelantan a sembrarlos, y los otros aguardan a que se oreen y esten tratables. El cacique Quilalebo convidó a los de su cava y contorno, de cuya parcialidad era mi huésped el cacique Tureupillan, deudo y amigo de este Quilalebo, quien era enemiguísimo de españoles, habiéndose criado con ellos desde muchacho; y me aseguró el viejo mi camarada, que no se probaria que hubiese llegado a hablar a ningun español captivo de cuantos habian pasado a sus tierras, desde que las ciudades antiguas se despoblaron hasta el tiempo en que nos hallábamos, y me advirtió que yo no le llegase a hablar, sino es que él llegase primero a hacerlo. Con esta advertencia fuimos a su casa, adonde se ajuntaron mas de sesenta indios con sus arados y instrumentos manuales, que llaman *hueullos*, unos a modo de tenedores de tres puntas, que en otra ocasion me parece, he significado de la suerte que con ellos se levanta la tierra; otros son a la semejanza de unas palas de horno, de dos varas de largo, tan anchos de arriba como de abajo, y el remate de la parte superior, como cosa de una tercia, disminuido y redondo para poder abarcarle con la una mano y con la otra de la asa que en medio tiene para el efecto; y de aquella suerte se cava la tierra muñida, y hacen los camellones en que las mujeres van sembrando. Estos dias son de regocijo y entretenimiento entre ellos, porque el autor del convite y dueño de las chacras mata muchas terneras, ovejas de la tierra y carneros para el gasto, y la campaña adonde estan trabajando, cada uno adonde le toca su tarea, está sembrada de cántaras de chicha y diversos fogones con asadores de carne, ollas de guisados, de adonde las mujeres les van llevando de comer y de beber a menudo. Y aunque a mí no me mandaban trabajar, ántes cuando me entretenia por mi gusto en ayudarles, y por divertirme en casa de mi huésped cojia el arado manual, por no estar ocioso, me decia que para qué trabajaba, ni me ocupaba en aquellos ejercicios, que aunque eran por mi entretenimiento, juzgarian algunos pasajeros o caminantes que iban de una parte a otra, que me lo ordenaban, o que era compelido a lo que de mi bella gracia y por pasar tiempo ejercitaba; y no obstante este respeto que conmigo usaba, me convidaba siempre a cojer mi tarea como los demas, con que obligaba a que todos los vecinos y comarcanos me mirasen con amor y benevolencia, y aun el rebelde cacique daba muestras de no seguir conmigo el stilo que con los demas captivos habia observado, pues habiendo llegado a brindar a mi camarada Tureupillan, a quien estaba ayudando a cavar lo que le tocaba de tarea, despues de haber dado fin a la mia, me brindó tambien a mí, sin hablarme mas palabra que decir que bebiese; y yo recibí el jarro de chicha con un marimari, (que es el stilo de saludarse y el modo de agradecimiento) con tanta cortesía y sumision, haciéndole una reverencia y acatamiento no acostumbrado entre ellos, que ayudó mucho para que el odio y mala querencia que mostraba a los españoles, la fuese trocando en interior afecto, como despues en lo exterior y en público lo significó a todos. Tanto como esto puede la cortesía, la humildad y mansedumbre; que bien lo notó San Crisóstomo en la homilía de Ana y Samuel.

Oraba Ana con lastimado corazon y dolorido pecho, y a los ojos del sacerdote Elí, pareció estar privada del juicio, y al vino sujetos sus sentidos; por lo cual le dijo, que hasta cuándo habia de estar ebria y sin sentido. ¡Oh válgame Dios! qué temeraria es nuestra humana naturaleza! qué fácilmente nos dejamos llevar de nuestros discursos y juicios temerarios, principalmente los que con experiencias de dilatados años nos hallamos! que es propiedad de los tales, estar vestidos de maliciosas sospechas, como lo sintió el filósofo. Y como el sacerdote Elí era bastantemente anciano, juzgó en la devota Ana lo que no tenia; por cuya causa debemos abstenernos y apartarnos de todo aquello a que mas prontos estamos y mas dispuestos a creer por conjeturas y maliciosos juicios, como lo sintió el gran doctor Francisco de Mendoza: porque naturalmente somos llevados a sospechar mal de nuestros prójimos y hermanos, y si son leves los indicios y en grave daño del prójimo, es pecado mortal, como resuelve el anjélico doctor Santo Thomas.

Vamos ahora a lo que respondió Ana a la injuriosa palabra del sacerdote Elí. Señor mio, responde al que la injuria y afrenta, no juzgues de tu humilde esclava semejante cosa, porque de ninguna suerte he probado vino, ni otro jénero que pueda haberme desvanecido ni perturbado el juicio: soi una pobre y infelice mujer que con todo afecto he postrado mi corazon y todos mis sentidos ante el acatamiento divino y presencia del Señor. Grande cordura y modestia la que muestra Ana, por cuya causa se trocó en un instante el que injuriaba, y sirve de patron y amparo a la que se humilla y a sus piés se postra. Pues ¿en qué estuvo tan repentina mudanza? Y responde San Crisóstomo a esta duda diciendo, que es de tanto valor la cortesía, y pueden tanto las sumisas razones y humildes respuestas, que tiemplan el furor del mas airado (como dijo el sabio): de aquí le vino al sacerdote Elí el trocarse tan breve en favor de la injuriada; y prosigue el santo con las siguientes razones: por el agravio recebido salió la dolorida proveida de remedio, y adquirió con sumisiones patrocinio y defensa, en aquel que poco ántes la reprehendió y se mostró contrario a sus acciones. Así me subcedió con el cacique Quilalebo, enemigo contumaz de los españoles, y despues amigo verdadero de aquel que primero miraba con ceño y malos ojos. Proseguimos con nuestra cava, y al medio dia nos acojimos a la sombra de unos crecidos árboles que en otra ocasion he significado lo copioso y abundante de sus hojas, contínuas en el invierno y en el verano, que llaman *pengus,* con una fruta colorada mui gustosa y medicinal con otras calidades diversas, para el apetito sazonada, que si mal no me acuerdo, las tengo en otra parte referidas; regaba sus raices un cristalino arroyo y abundante, adonde a refrescarnos fuimos todos, fatigados del sol y del trabajo. Tenian en los fogones las mujeres, con diferentes guisados las ollas, y de carne varios asadores, con cantidad de cántaras y botijas de chicha, de que bebimos y comimos sin medida; y a breve rato volvimos a dar fin a nuestras melgas o hileras de camellones que a cada uno de nosotros nos pertenecian. Estando a los últimos tercios de nuestras tareas, como a las tres o cuatro de la tarde, vimos bajar por una loma rasa y descubierta, adonde en concurso alegre estábamos cavando, a un cacique grave de los distritos de la Villa-Rica, con dos compañeros deudos y amigos suyos y otros dos criados, que traian de diestro dos caballos cargados; que acercándose a nosotros, salió el cacique principal y dueño de aquel valle a saber quiénes eran los que venian, y para dónde caminaban; y habiéndole significado de adonde eran y como se llamaban, dijo el principal de ellos que iba encaminado a la casa de Tureupillan, el viejo mi camarada, sin decirle otra cosa por entónces; a que le respondió Quilalebo, que entre los demas sus amigos y compañeros estaba cavando sus chacras. Llevólo al sitio donde habíamos sesteado, y le recibió con la cortesía y agasajo que acostumbran, haciendo tender unas esteras o tapetes en que asentarse, poniéndole delante tres o cuatro cántaras de chicha, y despues envió a llamar al viejo Tureupillan y a otros tres o cuatro de sus parientes, para que asistiesen al recibimiento del forastero cacique; y yo quedé acabando la tarea de mi camarada y compañero, con los dos hijos suyos que me asistian siempre.

Fuéronse agregando al sitio y lugar en que estaban los recien venidos, los que iban dando fin a sus pertenencias y melgas señaladas, y aunque dentro de breve tiempo concluimos con nuestra faena y trabajo, nos fuimos por otra parte los muchachos mis compañeros y yo, ácia el estero, a lavarnos las manos y los rostros. En este intermedio estaban los caciques bebiendo y festejando la llegada de aquel forastero, príncipe y curaca de la Villa Rica, a quien preguntaron cuidadosos la causa de haberse movido a alargarse tanto de sus distritos, cuando nunca le habian visto por aquellas parcialidades; que por lo ménos habria catorce o quince leguas de distancia de una parte a la otra, que viene a ser, como ellos dicen, diferente *utanmapo,* que es parcialidad. Respondió el cacique forastero, que la noticia que tenia de un español captivo, hijo de Alvaro, le traia por aquellos distritos, por haber sabido estaba en casa del cacique Tureupillan. Es verdad, le dijeron los circunstantes, y aquí asiste entre nosotros con mucho gusto y contento. A cuya causa me hicieron llamar a toda priesa, y no dejó de alborotárseme el spíritu, que el que se halla con ordinarios recelos, pocas veces se asegura de infortunios.

CAPITULO XXIX.

En que se refiere lo que le pasó al autor con el cacique que vino en su demanda.

Fuí al cónclave de los caciques resignado en la voluntad del Señor, con mi acostumbrada humildad y compostura, y llegué a donde estaban, y llamado de mi huésped Tureupillan, me asenté a su lado, quien me recibió brindando con un jarro de chicha, que bebí con gusto, partiendo con mis compañeros los muchachos lo que quedaba, porque la vasija era de buen porte y tenia para todos.

Al instante que me vió el recien venido cacique, preguntó si yo era el hijo de Alvaro, a quien buscaba y deseaba ver en extremo, y habiéndole respondido que sí, se levantó de su asiento y dijo en altas voces: con vuestra licencia y beneplácito, caciques magnates y amigos, tengo de ir a abrazar a este capitan y hablar con él cuatro palabras; y diciendo estas razones, se fué acercando al sitio en que juntamente con mi cacique viejo asentado me hallaba. Levantéme tambien por verle cerca, y arrimándose a mí me echó los brazos amorosamente, preguntándome tiernamente, si le conocia o me acordaba de él (los demas caciques del concurso, atentos y suspensos, miraban las acciones del forastero príncipe y lo que en su presencia razonaba); respondíle con humildes razones y agradables, que no me acordaba haberle visto; repitió preguntándome, si yo era el hijo de Alvaro Maltincampo, y si tenia otro hermano mayor entre los que éramos; a que le satisfice con decir, que no tenia otro hermano, ni mi padre haber tenido mas hijo varon que a mí, aunque tenia otras hermanas. Con esta razon que le dí, se volvió a los circunstantes caciques, que asentados estaban atendiendo sus acciones y palabras, y les dijo las siguientes, asentándose al lado de mi cacique viejo, cojiéndome de la mano y poniéndome en medio de los dos.

Bien os acordaréis, *ilmines* amigos (que quiere decir caciques magnates y principales varones) que en tiempos pasados, siendo muchacho orgulloso y atrevido, en los primeros años de la juventud hierve la sangre y el ánimo se halla inquieto, pues con estar distante de la frontera de guerra, con otros amigos y compañeros me determiné a ser soldado y seguir los pasos de los que se muestran mas valerosos; y quiso mi fortuna que fuese en ocasion a la parcialidad de *Tirua* que aguardaban al ejército de los españoles los habitadores de ella, para cuyo efecto habian convocado la mas jente que asistia en aquel contorno. Tuvimos aviso de que venia marchando el escuadron cristiano, y en un paso montuoso y estrecho aguardamos de emboscada mas de mil infantes, entre los cuales me cupo a mí la suerte de quedar entre ellos (que es por demas huirla si es adversa). Y dijo este jentil mui bien lo que no es dudable, porque la suerte no es otra cosa, que término de la vida, como lo dijo David: *in manibus tuis sortes meœ*, que es lo propio que decir: en tus manos está el término de mi vida, como traslada el hebreo.

Quedamos emboscados (prosiguió el cacique) mas de mil indios, y otros tantos serian los de a caballo que se mostraron al ejército español, que vino caminando para ellos; y lo que estaba dispuesto entre nosotros, era que nuestra caballería se fuese retirando a toda priesa, hasta pasar la estrechura del paso montuoso, que a un costado dél, entre las mas tupidas y escabrosas ramas de aquel monte, estábamos los infantes encubiertos, para que luego que pasasen los españoles tras de nuestra caballería, les cojiésemos las espaldas, y la nuestra revolviese sobre la vanguardia. La disposicion habia sido con buen arte y con militar acuerdo, si el Maltincampo Alvaro no fuese tan gran soldado, y estuviese tan adelante de nuestros pensamientos y disinios; pues al punto que llegó a aquel sitio, como si le hubiesen avisado de nuestro cauteloso trato, habiendo su caballería querido arrojarse tras la nuestra, la mandó detener con toda priesa, y poniendo en escuadron su poca jente, hizo rejistrar nuestra montaña con la mosquetería que traia siempre por delante, y como las pelotas (que así llaman a las balas) penetraban lo mas oculto del bosque en que asistíamos, haciendo grande daño en los que por aquella parte tenian cojida la frente, fué forzoso el descubrirnos y salir a campaña descubierta, resueltos a morir ántes peleando que volver las espaldas al peligro manifiesto. Hicímoslo así, embistiendo por tres partes al escuadron armado, y la caballería nuestra acometió por otra parte; y cuando juzgamos a los primeros lances llevarnos los españoles por delante, porque eran pocos, nos salió mui al contrario; pues habiéndose trabado una batalla sangrienta, de manera que por una parte tuvimos el escuadron desbaratado, y muertos algunos españoles, en cuya ocasion llegó Alvaro el Maltincampo con un trozo de caballería, y empezó dando voces a animar su jente, y atropellar nuestra infantería con tal furia y valor, que dió lugar a su infantería a ponerse en órden y disparar sus arcabuces y mosquetes, que nos obligaron a poner en huida, procurando ganar la montaña de adonde habíamos salido, y nuestra caballería por otro cabo, a rienda suelta, solicitando escaparse a toda priesa; despues de haber quedado de los nuestros mas de ducientos indios tendidos sin vidas en aquella campaña, y algunos de los españoles tambien, porque verdaderamente a la primera embestida, llegamos a ajustarnos de manera que de una y otra parte cayeron algunos. Fuimos a toda priesa, ya desbaratados, ganando la montaña, hasta llegar parte de los nuestros a abrigarse de nuestra caballería, que por la oeja del monte se iba retirando; y juzgando algunos de mis compañeros que con mas seguridad nos libraríamos quedando en lo mas áspero del monte, nos sucedió mui al reves de lo que imajinamos, porque habiéndole cercado de postas, entraron los *puconas* (que así llaman a los indios amigos de los españoles) con cien arcabuceros, disparando por entre las mas espesas ramas, y escudriñando los mas secretos bosques me sacaron en compañía de otros mas de ciento, que por todos los captivos fuimos mas de ducientos, y los muertos serian otros tantos; con cuya victoria revolvió el Maltincampo su ejército para Arauco, adonde llegamos despojados, desnudos y en carnes, solo con un trapo por delante.

Pidieron los indios amigos a los mas principales de la tropa para matarlos en sus parlamentos, a nuestra usanza, y entre los que señalaron fuí yo el uno, porque supieron que era hijo del toque principal de la Villa-Rica Naucuante, mi padre; y aunque me tenian ya dedicado para el primer parlamento, en esta ocasion llegó este capitan con otros españoles a ver la multitud de prisioneros que estábamos en la guardia, o a la vista de ella al sol, y como era hijo del Maltincampo, traia muchos soldados tras de sí y sus muchachos. Seria entónces este capitan de siete a ocho años, poco mas o ménos, y habiéndome visto maltratado, lleno de sangre de una herida que me habian dado en la cabeza, desnudo en cueros, como tengo referido, llorando amargamente mi desdicha (que como yo era tambien muchacho, sentia con extremo el saber que me pedian los indios amigos para darme la muerte), llegó este niño y me preguntó la causa de mi afliccion y llanto, y dándole razon de mi trabajo y pena, me consoló grandemente con decir que no moriria, porque me tenia mucha lástima: quitó a su muchacho una manta nueva que llevaba, y me la hizo poner encima, con que me pude abrigar, y al instante fué a su padre Alvaro y le pidió que me sacasen de entre los otros captivos, como lo hicieron luego, y me pusieron aparte. Los caciques y toques de Arauco porfiaban en pedirme, y por apartarme del tropel de sus instancias, mandó Alvaro, su padre de este capitan, que me llevasen a la ciudad de la Concepcion a la cadena, adonde habia otros ocupados en varios ejercicios: y esto fué miéntras el Maltincampo iba a la dicha ciudad para pasarme a su casa y a su hacienda, que así me lo tenia prometido por intercesion de este niño. Mirad ahora, ilmines mis amigos, si es razon que tenga en la memoria tan grande beneficio como el que este capitan me comunicó en su tierra, siendo tan tierno y delicado. Por cierto sí, le respondieron todos, y no sin bastantes causas se granjea las voluntades de los mas extraños. Proseguid vuestra historia, dijo el cacique Quilalebo, que estamos deseosos de saber en qué paró vuestra fortuna. Aunque es trajedia larga (dijo el forastero), pues gustais de escucharme lo restante de mis infortunios, los referiré despacio.

CAPITULO XXX.

En que prosigue el cacique, y refiere lo que le subcedió en la ciudad de la Concepcion, y cómo se libró de la cadena hasta llegar a su tierra.

Llegué a la ciudad de la Concepcion (amigos mios), dijo el forastero cacique prosiguiendo su narracion principiada, y despues de algunos dias que estuve con los compañeros ocupado en varios ejercicios, se ofreció ocasion en que me mandaron fuese con otros cinco prisioneros a ayudar a cavar una viña de las que estaban sobre los altos y cerros de la ciudad, que desde ella nos podian estar atalayando ; continuamos dos dias este trabajo, habiendo salido en compañía de un español viejo, que nos alquilaba, y dos chapetones soldados, que servian de guardia : estos se iban a pasear y dejaban al viejo solo, juzgando que bastaria su asistencia y cuidado para los que estábamos aprisionados. Con esta advertencia dispusimos hacer fuga al cuarto dia, como en hecho de verdad pusimos en ejecucion nuestro disinios, y fué de la suerte que os referiré.

Salimos al tercer dia con intencion de ejecutar lo comunicado, y parece que no se nos dispuso tan bien como deseábamos, por haber los dos soldados asistido con el viejo, y comido con él aquel dia, con que salieron tarde a su paseo. El cuarto dia salimos ya resueltos a poner en obra lo dispuesto, aunque fuese a costa de las vidas de todos tres guardianes, que a esta resolucion nos insistió [sic] y puso espuelas el haber visto que los dos soldadillos desharrapados y sin espadas, dejaban al viejo solo, principalmente el uno de ellos que se iba a pasear, y el otro se echaba a dormir sin cuidado ni recelo alguno, que la confianza de vernos aprisionados y con cormas, les aseguraba el hecho que emprendimos. Llevaban de comer al viejo de su casa, y para nosotros de la mesma suerte, a mediodía, y aquel dia permitió nuestra fortuna sernos propicia y favorable, con habernos llevado de comer mas temprano que otras veces ; que solian hacerlo los muchachos poco ántes de tocar las campanas a vísperas, que entónces empezaba a cruzar mucha jente por las calles, y por los caminos pasajeros que pudiesen a lo largo divisarnos; y como se adelantaron aquel dia, se volvieron a tiempo que al de la siesta nos quedamos solos, de tal suerte que no parecia una alma en las calles ni caminos. Uno de los chapesillos y guardianes se echó a dormir, luego que acabó de comer, debajo de unas ramas que para el reparo del sol habian subido a lo alto de la viña, y el otro al instante se fué a pasear como solia, con que no paraba un momento con nosotros : solo el viejo nos asistia con un chuzo o lanzon en la mano, que mas le servia de bordon para afirmarse, que de arma para su defensa ; a este con astucia lo engañamos, con decir que cavando en una cepa, habíamos descubierto una cueva o huaca, en la cual parecia haber algun tesoro sepultado. Pusímonos como admirados a la redonda del hoyo o socavon descubierto, y cuando el viejo nos vió de aquella suerte, solícito y cuidadoso se fué allegando a nosotros, preguntando la causa de nuestra admiracion : todo esto finjimos por hallarnos juntos para matarle, porque no se nos escapase ; dijímosle lo referido de la cueva, y el pobre inocente se acercó a mirarla (que la curiosidad y la cudicia suelen no dar lugar al mas avisado discurso a reparar lo que nos importa muchas veces). Luego que estuvo entre nosotros, le cojió por las espaldas uno de los mas atrevidos y alentados, y otro le descargó en la cabeza tan grande golpe, con uno de los azadones con que cavábamos la viña, que le dejó sin sentido, y al segundo quedó privado de la vida. El uno de los nuestros estaba advertido que cuando el viejo se fuese arrimando a nosotros, él se acercase al dormido, y en descargando el golpe sobre el anciano, ejecutase tambien en el inadvertido chapeton y descuidado soldado la sentencia de muerte pronunciada : sucediónos a medida del deseo y como lo pintamos, y con un macheton que traia el viejo, y con los azadones que teníamos, hicimos las cormas treinta mil pedazos. Habia entre nosotros dos valerosos indios, de toda la tierra baqueanos, y de los caminos de la cordillera expertos por haberlos pisado algunas veces, y entrando en consulta, se resolvieron encaminarse ácia la costa por el propio camino de las chacras y estancias de los españoles, como lo hicimos, y en unas serranías y barrancas que estaban cerca del lugar, que las olas del mar las combatian, nos emboscamos, y en ellas estuvimos hasta mas de la media noche ; quiso tambien nuestra dichosa suerte que hasta ponerse el sol no nos echasen ménos, porque el soldado que se iba a pasear, volvia siempre a aquellas horas, y hasta entónces no pudo dar aviso de lo que pasaba. Habiendo hallado a los compañeros muertos, y las cormas arrojadas por el suelo hechas pedazos, fué a tocar arma a prima noche a los de la ciudad y a sus militares oficiales, con que no pudieron echar jente en demanda de nuestros rastros, sino fué mui tarde y a deshoras de la noche obscura ; enviaron a cojer todos los caminos, juzgando (claro está) que habíamos de tirar para nuestras tierras, mas los baqueanos y astutos compañeros se fueron caminando por el camino real de las estancias de los españoles, con que era imposible cojernos el rastro, porque era forzoso que ellos tirasen ácia nuestras tierras a cortar los caminos, y nosotros a la contra nos encaminábamos a las suyas. Aquella noche salimos de las barrancas del mar, y en algunas estanzuelas, que arrimadas a sus orillas estaban sus poblaciones, encontramos los caballos que hubimos meñester, dos aquí y otros tantos en otra parte, con que nos aviamos mui a gusto. Pasamos aquella noche el rio que llaman de Itata, camino para Santiago, y sin recelo alguno nos fuimos arrimando a la cordillera nevada, y por un camino de los Puelches (que son indios serranos, de diferente lengua y traje), por la orilla de un rio que llaman Longaví, nos entramos a un valle que entre dos cordilleras se nos mostraba ameno. Antes de entrar en estas serranías y ásperos despeñaderos nos pertrechamos de corderos gordos, terneros y legumbres de las chacras, con otros caballos que encontramos con que aliviar los primeros, que los unos y los otros nos fueron de mucha importancia para la brevedad de nuestro viaje por entre aquellas serranías y pedregales, que en mi vida habia visto ni aun imajinado que pudiesen ser tratables tan empinados cerros, por muchas partes cubiertos de cuajada nieve, pasando por cima de ella en diversas estrechuras, que lo áspero de sus veredas nos obligaba de ordinario a pasarlas a pié, con los caballos de diestro.

Con esto dejamos burlados a los que nos asechaban por las fronteras del Biobio, que es el camino comun para nuestras tierras, que aunque el que trajimos fué trabajoso y dilatado, aseguramos con eso nuestras vidas. Dejo las penalidades, miserias y desdichas que padecimos, porque al referirlas, parecerán increibles a los que no han experimentado sus rigores ; solo diré que al cabo de treinta dias penetramos los mas ásperos rincones de esa sierra nevada, y venimos a salir por junto a Lirquen, de donde eran naturales los dos de mis compañeros, que fueron los que nos guiaron por aquel derrotero. Llegamos a unos ranchos de sus parientes y conocidos, que por mui buen rato se quedaron suspensos y atónitos de habernos visto de repente en sus tierras y en sus casas, cuando nos tenian por muertos y olvidados ; con notable júbilo y alegría volvieron en sí abrazándonos una y muchas veces, y a nuestra llegada se hizo aquella noche gran festejo, con un grande convite y baile ; y como yo estaba con grandes ánsias de pasar a mi casa por ver a mi amado padre, madre y parientes, me fuí otro dia caminando por entre los nuestros, con aplauso comun de toda aquella *regüe*, principalmente de los amigos y conocidos de *Naucoante*, mi padre, que los mas vecinos a la Villarica, mi patria, deudos y conocidos, me llevaron a mi casa, habiendo ántes enviado a avisar a mis padres, que con toda prevencion y regocijo me aguardaron.

Dejo a la consideracion de cada uno los convites y festejos que con mi llegada harian mis parientes y vecinos, juntándose en nuestro rancho mas de ducientas almas, unos con las botijas de chicha de diferentes jéneros, otros con las terneras, corderos y gallinas, y con ropajes nuevos para mudar los rotos que traia ; con que duraron los bailes y entretenimientos mas de ocho dias ; y cuán gustoso me hallaria yo de verme entre los mios, regalado, celebrado y aplaudido.

Toda esta trajedia de mis subcesos varios os he referido, para venir a acabar con ella con deciros, que a este capitan hijo del Maltincampo Alvaro debo la vida que tengo, los regocijos, los aplausos y los gustos que hoi poseo ; y no cumpliera con la obligacion de mi sangre, ni saliera bien de los empeños en que me puso, si luego que supe de la llegada de este capitan hijo de Alvaro, que tan nombrado y conocido es en toda nuestra tierra, no solicitase con todo cuidado y esfuerzo el buscarle y descubrirle, para agradecerle y estimarle el bien y el agasajo que en trance tan peligroso me comunicó este niño. Y como sé lo que es estar cautivo, le juzgo al pobrecito temeroso, triste y disgustado ; y pues sois mis amigos, comarcanos y señores mios, con todo encarecimiento os ruego y suplico muchas veces, me ayudeis a estimar y agradecer a este capitan la accion que conmigo hizo, en que se manifiesta y reconoce ser de ilustre sangre, de buen corazon y jeneroso pecho. Regaladle, defendedle y consoladle, que al tanto os ofrezco hacer en lo que se ofreciere y tuviéredes gusto de mandarme.

CAPITULO XXXI.

En que se da a entender que por la relacion del cacique de la Villarica cobró tanto amor al autor el cacique Quilalebo, que le ofreió su hija, siendo así que desde que se levantó la tierra hasta entónces, no habia podido arrostrar ni hablar a ningun español cautivo, ni mostrarle el rostro alegre.

Apénas acabó de pronunciar estas razones, cuando se levantó de su asiento el cacique Quilalebo, y se vino a donde yo estaba, diciendo en altas voces con notable regocijo : abrazadme, capitan, que de hoi en adelante habeis de ser mi íntimo camarada y amigo verdadero. Levantéme con toda sumision y reverencia a abrazarle, como lo hice obedeciendo su mandato ; y despues cojiéndome del brazo, me asentó junto a sí, dejándome en medio de mi viejo Tureopillan y de su lado, y prosiguió sus razones de esta suerte :

Bien os consta y sabeis con evidencia, caciques amigos y compañeros, nombrando por sus nombres a los mas antiguos y principales (que es lo que acostumbran en sus parlamentos), que desde que despoblamos estas antiguas ciudades, y de nuestras tierras aventamos a los españoles, no he podido reducirme ni acabar conmigo, el hablar a ninguno de cuantos captivos han estado entre nosotros, ni aun a mirarlos a la cara me he inclinado, por las malas obras y vejaciones que experimenté en los primeros españoles, no habiendo podido tolerarlas, que aun repetidas y traidas a la memoria, me lastiman y me ofenden. Esta fué la causa de que me hubiese quedado tal horror y aborrecimiento a sus acciones ; y os aseguro de verdad, que con ser así lo referido, luego que ví a este *pichigüinca* (que quiere decir español muchacho), naturalmente en lo interior de mi corazon tuvo lugar su agradable aspecto, su humildad y su compostura, y aunque me inclinaba a comunicarle por una parte, por otra la continuacion de tantos años en el entredicho puesto a mis razones, me las reprimia, y acortaba el ánimo para no manifestar ni hacer patentes mis afectos. Mas, con lo que vos, Lepumante (que así se nombraba el cacique de la Villarica), habeis dicho acreditando el concepto que de este capitan tenia, y de su buen natural y jeneroso pecho, no me tendréis a liviandad que haga con él estas y muchas mas finezas. Y volviendo a echarme los brazos, me dijo habia de ser su *quempo* (que quiere decir yerno), ofreciéndome una hija mestiza que tenia, de mui buen parecer, y otras cosas notables que despues en su lugar se irán manifestando.

Volvamos ahora al cacique forastero Lepumante, y descubrirémos los quilates de su agradecimiento. Preguntóme si me acordaba dél y de lo que habia referido ; a que le respondí, que de haber hecho la accion tenia memoria, pero que me faltaba el conocimiento de la persona con quien la habia obrado, y que así no estaba cierto si fuese él, o fuese otro el beneficiado. Pues yo era, capitan, repitió el cacique, y me acuerdo mui bien que traias un vestido azul con muchos pasamanos de plata, y la manta que me diste, era verde con listas amarillas, blancas y azules; y esta la traje a mi tierra, y siempre que la miraba, me acordaba de tí y del bien que me hiciste; y al punto que supe que asistias de esta banda del rio de la Imperial, te mandé labrar una manta, dos camisetas y unos calzones, para que tengas que mudarte y andes limpio, que si nuestras alhajas fueran de mas lucimiento y costo, ten por sin duda que igualaran a mis deseos, cuando no a lo que mereces. Con esto llamó a uno de sus criados que estaban asistiendo con las cargas, y le mandó las trajiese a mi presencia: hízolo así el criado, y trájome el repuesto a donde yo estaba, en presencia de todos los demas caciques, quienes me daban muchos parabienes, y haciéndome cada uno de ellos grandes agasajos. El regalo fué compuesto de lo que referiré:

Primeramente, cuatro botijas de chicha regalada, las dos de frutilla pasa, que es de las mejores que se beben, y el jénero que mas dura sin acedarse, y que no es comun como las demas, por no haber en todas partes de este licor suave; las otras dos de manzanas, que como no esté pasada de punto, es cordial y de lindo gusto. Lo segundo que me pusieron delante, fueron dos zurrones de frutilla seca y bien pasada, y otros dos de harina tostada de maiz, revuelta con quinua y made, con unos bollos en medio de porotos, linaza tostada y otras legumbres gustosas de que ellos usan por regalo, dos docenas de rosquetes de huevos y otras dos de panes de maiz, que llaman *umintas* y nosotros tamales; dos docenas de gallinas y capones, y una botija de miel de abejas, clara y de extremado gusto. Despues de esto desenvolvió un lio o fardillo, en que me traia una manta mui bien labrada, dos camisetas, la una pequeña, cerrada por los lados y flocada a la redonda, que así las usaban los caciques debajo de las demas camisetas grandes, que sirven como a nosotros de coletos de gala o armadores: esta camiseta era mui curiosa, labrada y listada de varios colores; otra camiseta colorada, que parecia un terciopelo carmesí, con unos calzones de la mesma tela, guarnecidos por los cantos y costuras de un galon amarillo con azul entretejido. Y al fin de todo esto, que mi amigo Quilalebo encargó a su mujer y a su hija se hiciesen cargo del presente, me echó al cuello una bolsa mui curiosa, que se la quitó de encima, que usan tambien los caciques traerla colgada, pendiente de una curiosa faja, a modo de tahalí entre nosotros, y en secreto al oido me dijo, que guardase aquellos panecitos que estaban dentro para llevar a mi tierra, que allá servirian de algo, porque los españoles antiguos decian que era el jénero de mayor estimacion que se hallaba entre ellos, y de precio mas levantado. Agradecíle como era justo su regalo y su presente, y mucho mas la accion pública que conmigo hizo, pues de ella se orijinó que los que no me comunicaban, lo hicieran con agrado y cortesía, y los que me tenian buena voluntad, la continuasen con mayor afecto.

Aquella noche estaba dispuesto el baile y el regocijo que acostumbran en sus cavas y en el trabajo de sus sementeras, y por haberse el sol ya trastornado, se quedó con nosotros mi correspondiente, y el cacique Qui-

lalebo, dueño del festejo, celebró su llegada con algo mas de lo prevenido, porque·verdaderamente era ostentativo y galante en sus acciones.
Despues de haber cenado espléndidamente, y bebido de la chicha regalada del presente, nos fuimos al fogon (adonde el baile se habia principiado) los caciques viejos y el de la Villarica conmigo, quienes me rogaron que bailase con ellos, como lo hice por darles gusto; y en medio
de este entretenimiento, cojió de la mano Quilalebo, mi nuevo amigo, a
su hija, que estaba entre las demas bailando, y la trajo acompañada con
las otras a donde nosotros estábamos, y la dijo, que me cojiese de la
mano y bailase conmigo, porque ya me la tenia dada para mujer: los
demas caciques se acomodaron con las otras que venian en su compañía,
y empezaron a bailar con ellas de las manos, y a persuasiones del Quilalebo su padre y de los demas principales ancianos, hice lo propio, habiendo ántes de esto brindádonos las mozas, que es lo que acostumbran
las solteras cuando quieren que las correspondan los que no tienen
mujeres, o cuando quieren hacer alguna lisonja a los caciques viejos; y
de esta suerte suelen casarse en estas fiestas y bailes, que llaman ellos
gñapitun.

Jamas me ví mas atribulado, ni mas perseguido del demonio que en
esta ocasion forzosa y inexcusable, porque [era] aplaudido de los caciques, y solicitado con amor y voluntad a sensuales apetitos; que si en
otras ocasiones me pusieron en semejantes empeños, no con tantos aprietos ni demostraciones tan afectuosas como las de Quilalebo, padre y
dueño de las acciones de su hija.

¿Quién no temblará asustado de verse con enemigo tan poderoso y
fuerte en la campaña, sin poder usar del remedio mas eficaz que para
esta contienda se conoce, que es el apartamiento del péligro, con la
fuga y ausencia? Y aunque Tertuliano asigna algunas causas y fundamentos que le mueven a ir en contra del comun de los doctores, que
es el principal el decir, que sin la voluntad de Dios (que es el que todo
lo ordena) no puede ser vencido ni sujetado el hombre que se opone a
semejantes peligros y tentaciones (que, por no dilatarme, citaré solo al
gran maestro Francisco de Mendoza, que el curioso lector podrá ver
latamente esta cuestion ventilada en el tomo segundo sobre los Reyes);
si bien es verdad se encaminan sus palabras a otro jénero de fuga, en
cualquier conocido peligro es mas seguro el huirle (como resuelven
otros doctores), que ponerse a contrastar con él. Digo me ajustara yo en
esta ocasion a acojerme mas al asilo de la fuga, si pudiese conseguirla,
que a poner en duda la victoria; así lo sintió San Cipriano, en estas palabras: mas honestamente y con ménos peligro se lucha con el spíritu
a brazo partido, que con la carne a lo descubierto. Del bocado o mor-
dedura de la deshonestidad licenciosa ninguno se escapa, ni pudo salir
libre; aquel soplo o pestilencial anhelo aun a los mas apartados dél
los inficiona. Este jénero de contienda y riguroso certámen en batalla
mas requiere salir huyendo de ella, que asistir abrazado en su demanda. Hasta aquí el santo, que me valiera de su consejo y me arrimara

37

a sus razones, si pudiera evadirme y apartarme del lado de los caciques mis amigos y compañeros, y eximirme de tan apretado lance; mas ya que con la presencia no pude ausentarme, ni huir a espaldas vueltas de enemigo tan fiero y poderoso, lo hice con el espíritu y el alma, acojiéndome al sagrado del amor de Dios y al temor de su justicia; porque, como dijo San Agustin, que de la manera que son mejores los que por el amor se encaminan y enderezan, así son muchos mas los que con el temor se corrijen. En lo uno y en lo otro puse el pensamiento, asegurándome de la misericordia de Dios, que me ampararia y libraria de semejante aprieto, como lo hizo su divina bondad y clemencia, teniéndome de su mano para que no me dejase llevar de los halagos torpes del demonio.

CAPITULO XXXII.

En que se prosigue el empeño en que me puso Quilalebo, mi nuevo amigo, entregándome a su amada hija.

Puesto ya en el empeño con la moza de la mano, la comuniqué con apacible semblante entre el bullicioso ruido de los demas caciques, que con las compañeras estaban dando vueltas en el baile a su usanza, sin que ninguno atienda a lo que los demas hacen, y con buenas razones la dije, que eran de grande estimacion para mí los favores que su padre tan a banderas desplegadas me hacia, a que estaré toda mi vida con el reconocimiento debido a tamañas honras y agasajos, porque las muestras que me habia dado de su afecto y de su amor, con accion tan jenerosa y tan del alma, entregándome una prenda de tanta estimacion como lo era su hermosura, con honestidad compuesta, no era para ménos que para confesarme por humilde esclavo suyo y de ella; pero que la suplicaba, como a tan cuerda y entendida, me perdonase la cortedad y encojimiento que hallaria en mis acciones (y esto fué quitando mi mano de la suya), porque la deseaba servir con mas fundamento y con mas seguro de mi alma, porque como no era cristiana y profesaba diferente lei que la mia, no podíamos los cristianos quebrantar nuestros institutos en ofensa de Dios N. S.: y que esto era lo principal para mi reparo; y lo otro, el estar aguardando la primavera el trato de mi rescate, y que sentiria con extremo prendarme en su amor para no ser para muchos dias; que le prometia con toda verdad, que si por algun camino se perturbase mi salida y no tuviese efecto el verano siguiente, trataria de quedarme con su padre y ajustarme a vivir entre los suyos. Respondióme la moza cortesmente y con agrado, que ella no habia de hacer mas de lo que su padre le ordenase, a quien estaba sujeta, y su voluntad subordinada. A todo esto estaban cantando y bailando los caciques mis padrinos (que ya me juzgaban casado), dando vueltas con las otras compañeras a la redonda del tamboril, que en medio de todos asistia el que les tocaba, sirviendo de maestro de capilla, a quien seguian los circunstantes en los altibajos de su voz y tonada.

En esta ocasion llegó la madre de esta muchacha al sitio en que nos hallábamos parados y en nuestra conversacion metidos, y me brindó con un jarro de chicha clara y dulce, de las botijas que me habia traido el cacique Lepumante, tratándome ya como a su yerno, significándome el gusto que tenia de que Quilalebo su marido me hubiese dado a su hija, porque ella era de las señoras principales de Valdivia, y aquella niña nieta de uno de los conquistadores antiguos, que me le nombró en aquella ocasion, y como cosa que importaba poco (cuando ella estaba connaturalizada con aquellos bárbaros) no encomendé a la memoria su apellido. Hallé blanco en que decirla los inconvenientes que por entónces se me ofrecian para no empeñarme en el amor de su hija, repitiendo lo propio que poco ántes acabé de significar a ella, con razones corteses y agradables; y como mujer de entendimiento, aunque abrutada en el lenguaje, traje y costumbres, me respondió, que le parecia mui ajustada mi razon, pero que no obstante lo propuesto, Quilalebo su marido tenia voluntad de que yo la festejase y bailase con ella de la mano, y cojiéndosela a la hija, me asió la buena vieja a mí de la otra, y en medio de las dos, mostrándome alegre y placentero, hice lo que los demas circunstantes en concurso comun ejercitaban : y aunque corporalmente asistia, a mas no poder, en medio de estos combates, el espíritu y el corazon estaban ante la presencia de Dios, solicitando su ayuda y eficaz auxilio, que comunica piadoso a quien con temor le ama, que es doctrina de San Pablo.

¿Quién no confía y pone sus esperanzas en la grandeza de nuestro Dios y Señor verdadero, cuando en pintadas tablas y dioses falsos las tenian los jentiles puestas, y se aseguraban de sus socorros y auxilios en todos sus acontecimientos, peligros y adversidades, como lo notó Ciceron? Tú que piensas (dice) que no cuidan de las cosas humanas los sagrados dioses, ¿no advertirás que muchos que huyen de la fuerza y rigor de la tempestad neptuna, son llevados por nuestros pintados dioses (con la fuerza de sus imájenes en unas tablillas puestas) a salvamento, y a seguro puerto encaminados? Y Lucano a este propósito expresó las medidas razones que se siguen:

Nunc, Dea, nunc succurrere mihi, nam posse mederi
Picta docet templis multa tabela tuis.

Si el bosquejo en la tablilla
De vuestra imájen nos muestra
El ser, bella diosa, vuestra
Para obrar con maravilla,
Sacadme os ruego a la orilla
De mi tempestuoso mar,
Que bien me podeis librar
Del tormento que padezco,
Y aunque yo no lo merezco
Bien os lo podré rogar.

Pues si los jentiles bárbaros, sin el conocimiento del verdadero Dios, tenian por infalible el ser de sus dioses pintados y finjidos bien patrocinados y defendidos, ¿por qué no habia yo de asegurarme de quien es solo Dios y Señor de lo criado, para tener el auxilio y favor que comunica siempre a los que se postran a sus piés humildes? Y como dijo Oleastro, ¿qué nacion hai tan grande ni tan dichosa, que tenga a su Dios tan de su parte y contínuo, y tan presente a todos sus ruegos y súplicas, como la nuestra, que no falta jamas a quien con el espíritu y el alma le solicita? Con esta confianza me finjí en lo exterior a lo galante con palabras corteses y agradables, deseoso de dar gusto al cacique Quilalebo, y a ellas de la mesma suerte servirlas y estimarlas, y en lo interior del pecho mi spíritu luchaba con los tres enemigos mas poderosos del alma; que por la misericordia de Dios triunfó de ellos mi constancia y fee viva, pues que con sagaz stilo y prudentes razones pude aquella noche eximirme del empeño y aprieto en que me habia puesto el padre de la moza.

Grande felicidad es la de un cauptivo cuando preso y esclavo, se arrastra del comun concurso los aplausos y en los mayores enemigos halla vinculada su defensa y no solicitada dicha. Entónces ponia yo mayor freno a mis acciones, y con doblado recato me portaba, porque el prudente jeneral y sagaz guerrero, despues de la victoria conseguida, debe estar receloso y con mayor cuidado prevenido.

Venció el patriarca Abraham a cuatro reyes asirios, quitándoles en batalla la presa y los despojos que poco ántes gloriosos y triunfantes habian adquirido; y en vez de estar glorioso, placentero y alegre con la suerte y victoria conseguida, se aflije y desconsuela de tal suerte, que es necesario que le consuele Dios y le diga, que no tema a sus enemigos, ni se recele de infortunios, porque él está en su ayuda y a su lado. Pues ¿qué es lo que temia Abraham? no habia visto vencidos a sus enemigos, triunfantes a sus soldados y gloriosos? Es así verdad. Pues ¿qué es lo que temia y de que se recelaba el santo patriarca? Varios son los discursos de los doctores, pero el que hace a mi intento, es el de el grande escriptor de las divinas letras Lira, traido por el ilustre maestro Francisco de Mendoza, que dice, que temió la felicidad que tenia presente; y el citado interprete amplia mas estas razones y dice, que el temor fué por haber visto poco ántes aquellos cuatro reyes victoriosos, y en breve tiempo trocada su fortuna feliz en desdichada, y temió como cuerdo y ajustado, en que podia por él acontecer lo propio.

¡Oh qué buen jeneral! oh qué buen gobernador! que despues de la felicidad y despues de la victoria está con mayor recelo y vijilancia, cuidadoso y prevenido. ¡Cuán al contrario y al reves acontece en este reino de Chille desdichado, con los que gobiernan presumidos y con aquellos que juzgan que todo se lo saben y todo lo discurren y io alcanzan, pareciéndoles que por una moderada suerte que les ha dado Dios, tienen el reino sujeto y de paz! Y cuando ménos piensan, como ha subcedido, se hallan con mayores desgracias y peores infortunios.

Luego, bien temia el patriarca Abraham, que despues de la victoria adquirida se recelaba prudente y velaba cuidadoso, poniendo sus pensamientos y sus acciones en las manos del Dios de los ejércitos; que temiendo su justicia, se aseguran los buenos aciertos y se conservan los adquiridos, como se verificará en el sucesivo ejemplo.

En otra ocasion salieron victoriosos los israelitas en los cristalinos y encrespados montes del mar Bermejo, habiendo reconocido la multitud de aquellos cuerpos muertos de los ejipcios, sus contrarios y perseguidores enemigos, en aquellas riberas areniscas derramados. En medio de esta gloria y alegría, dice el sagrado texto que temió el pueblo a su Dios y Señor. Pues ¿de ver a sus enemigos castigados y muertos se atemoriza el pueblo? sí, dice Oleastro, que de ese recelo y de ese temor se han de orijinar sus mayores aciertos y continuarse sus victorias; y al contrario, pueden experimentar sus rigores como estos otros, si no saben conservarse en la amistad y en la gracia del Dios Todopoderoso.

CAPITULO XXXIII.

En que se significa que la mayor dicha y privanza está sujeta a desvanecerse mas presto, si con prudencia y sagacidad no se sabe usar de ella.

Mui presentes tenia en mi memoria estos ejemplares, para estar con recelos y temores de verme tan dichoso y aplaudido, por ser cierto tambien lo que Claudiano dijo, que la fortuna pone a los privados en lo mas alto de la dichosa cumbre para derribarlos con mas fuerza, y la caida ser mayor y mas sensible.

Aconsejaba Séneca a un privado amigo suyo, que no fiase en la mayor dicha deste mundo, porque en un momento se alborotaba el mar tempestuoso de esta vida, y tras de una bonanza asegurada, venia la borrasca rigurosa. Y el ilustrísimo obispo de Zamora significó ser grande atrevimiento el querer amigarse estrechamente con los reyes, porque era ponerse de piés sobre la fortuna.

Ignorante es el privado que no tiene presente la caida, para rejirse y gobernarse con sagacidad y prudencia, porque es mui dudoso conservar la modestia y compostura en medio del contento y alegría que con el amor del príncipe se adquiere: advirtiólo así Casiodoro. Grande es el ánimo y descoco del privado mas levantado que, experimentado en otros, no se ajusta a serlo con recato y con cristiano celo, atendiendo a premiar a los que lo merecen sirviendo al Rei N. S. en sus ejércitos y derramando su sangre en su defensa, ántes que a los que tienen dineros y caudal considerable con que comprar los méritos: y así se hallan las repúblicas mal servidas, con los reinos destruidos y aniquilados, los ejércitos de S. M. abatidos, sin soldados de valor ni de experiencia, porque aun en la milicia se ha puesto arancel y precio señalado para los oficios mayores y menores, y solo medran los que tienen favor o con que feriarlos, como lo estamos experimentando cada dia en estos reinos. Y es forzoso que nos cause gran sospecha aquel que compra el oficio caro, que no habemos de presumir que lo hace por la utilidad pública, ni celo de la justicia, cuando ha puesto su dinero a daño. Díjolo elegantemente Aragon, y Aristóteles en sus Políticas hizo reparo y notó, que miéntras el imperio romano no vendió los oficios y los dió en premio de servicios y méritos, se conservó con felicidad su monarquía, y al punto que por dineros se cambiaron, experimentó su ruina y sus menoscabos; y así dijo el filósofo, que miéntras se soliciten a los que son idóneos, virtuosos y de sobrados méritos, para los oficios y los premios, los monarcas y reyes, príncipes y absolutos señores serán mas bien servidos y amados de sus leales vasallos, y las repúblicas mas aliviadas de trabajos y de molestias.

Esto toca directamente a los que son privados de los reyes y monarcas, que deben atender a la conservacion y aumento de los reinos y repúblicas que penden de su administracion y cuidado, como miembros principales de la cabeza univèrsal de sus monarquías; porque el daño que padeciere, o la dolencia que le apretare, es forzoso que los miembros principales participen del achaque y se sientan vivamente; y para que se conserven y vivan sin lesion alguna, es necesario que ellos fomenten y reparen la cabeza. Así lo sintió Andrada:

Quam bene, dum caput est salvum, salva omnia membra!
Ergo, ut vitatis, membra, fovete caput.

Si está la cabeza lesa
Los miembros lo han de sentir.
Miembros, si quereis vivir,
Fomentad vuestra cabeza.

Estos serán buenos privados, ministros confidentes y leales vasallos, que atendiendo a la salud y vida de sus príncipes y naturales señores, saben alimentar y conservar las de sus provincias, repúblicas y reinos: y esto tendrá cumplido efecto premiando la virtud, los méritos y personales servicios de soldados pobres, que por no tener que comer, estan arrinconados y abatidos, sin que haya ministro del Rei nuestro señor que en estos remotos reinos se acuerde ni aun de mirarlos a la cara. Y esta es una de las principales causas para que, a mas andar, no permanezcan los reinos, y miserablemente perezcamos todos.

Temeroso me hallaba y cuidadoso (como he dicho) de verme tan querido y estimado de todos aquellos caciques y principales señores, que a porfía solicitaban regalarme con estimacion y aplauso; mas poniendo la mira y el spíritu en Dios, no tuerce la fortuna este camino, porque, como dijo Séneca, no tiene en las buenas costumbres jurisdiccion ni imperio; y en otra parte repitió, que solo en los bienes temporales podia tenerle, mas no en los ánimos; y segun Sócrates, no pueden ser derribados ni expelidos del templo de la prosperidad y buena dicha, los que saben entrar por la puerta de la virtud, porque lo que la fortuna no les dió, no se lo puede quitar: así lo sintió Séneca. Con esta consideracion me ajustaba a no descaminarme de esta vereda cierta, dando infinitas gracias al Señor Todopoderoso, suplicándole me tuviese de su mano para no caer en su desgracia, que con su favor y amparo se aseguran todas las privanzas de esta vida. De esta suerte corria con mi dicha, asegurada mas con la venida del cacique mi correspondiente, que con la accion que hizo, movió los corazones de los mas rebeldes, solicitándome aplausos y comunes agradecimientos. El hacer bien y el obrar con piadoso celo no dañó jamas a quien lo ejecutó con el rendido, que por bárbaro que sea el beneficiado, no deja de obligarse a estar agradecido, o por lo ménos parecerlo ; y esto se experimenta mas bien en los que son principales y de sangre ilustre, porque de ordinario tienen los corazones jenerosos, correspondientes y dóciles, como lo notó San Ambrosio. Y el que no puede con obras satisfacer ni salir de su empeño, lo hace con los afectos del ánimo, como lo debe observar el mas necesitado : así lo enseña el gran maestro y doctor Francisco de Mendoza ; y el que no lo hace así, mui justamente se apropia el nombre de ingrato y desconocido, y (como dijo Ciceron) no es esto lo mas, sino tambien el de impio, y contra las leyes de la relijion.

Bien salió de su empeño y obligacion forzosa este jentil gallardo, y con la correspondencia que debia cumplió galantemente, pues no tan solo satisfizo el bien y el don pequeño que recibió aflijido, sino es que aventajó tambien con las obras al afecto, dejándome por todos caminos deudor a sus acciones jenerosas.

Bien consideradas y atendidas estas razones de bárbaros jentiles, ¿no son para desmentir y barajar los conceptos y dictámenes de algunos escritores de historia de Chille, que los calumnian de contumaces, de rebeldes, de traidores, de infieles, de ingratos y desconocidos, sin manifestar las causas y fundamentos que han tenido y tuvieron para sus variedades, rebeliones y alzamientos? Que si bien volvemos sobre ellas, hallarémos trocados los discursos, y podrémos decir, que nuestras costumbres, nuestros perversos tratos y nuestras inhumanidades l s han enseñado a todo lo que de ellos se presume. Con que en el estado que hoi se hallan las materias, con gobiernos tan varios y tan contínuos, que apénas abren los ojos los bien intencionados y de buen celo, cuando la justicia divina los quita y arrebata con la muerte, por castigar severa nuestras culpas, y se conservan otros arrebatados y ciegos de la cudicia infernal, que traen para aprovecharse de la esclavitud de esta desdichada nacion, que en lo uno y en lo otro se conoce claramente que está la mano de Dios airada sobre nosotros : y así es imposible que haya paz firme en este reino de Chille, que es a lo que se enderezan mis discursos, y al ajuste del título de este libro, de Guerras Dilatadas y Cautiverio Feliz, como le tuve y se puede reconocer en las acciones referidas y en las que en adelante se irán manifestando.

Recojíme con el cacique de la Villarica a descansar del trabajo de aquel dia, para mí bien penoso, si para ellos bien alegre y regocijado, y a breve rato nos quedamos con el sueño privados de nuestros sentidos, y los demas del comun concurso continuando sus voces y cantos con tamboriles y bailes, comiendo y bebiendo con grande gusto lo restante de la noche.

CAPITULO XXXIV.

En que se refiere la disposicion que hubo para la despedida del cacique de la Villarica y se moraliza el mal uso de las guedejas.

Amaneció otro dia, para nosotros mas tarde por haber sido la noche entretenida y haber estado lo mas de ella desvelados: despertamos del sueño el sol bien alto, si bien las mujeres del cacique Quilalebo madrugaron juntamente con él, como quienes tenian a su cargo el regalarnos. Poco despues de los dueños de la casa, me levanté del lecho, dejando en él al compañero correspondiente, y con un mesticito, hermano de la moza contenida en el tratado casamiento, salimos al estero a repetir el baño continuado de mañana, adonde encontramos algunas muchachonas desnudas en el agua, sin rebozo, y entre ellas la mestiza, hermana de mi compañero (que tambien por su parte me insistia y solicitaba para que la comunicase a lo estrecho), entre las demas muchachas se señalaba y sobresalia por blanca, por discreta y por hermosa. Confieso a Dios mi culpa, y al lector aseguro como humano, que no me ví jamas con mayor aprieto tentado y perseguido del comun adversario; porque aunque quise de aquel venéreo objeto apartar la vista, no pude, porque al punto que nos vieron las compañeras que con ella estaban, nos llamaron, que en estos entretenimientos y alegres bailes, como solteras y sin dueños ni maridos, suelen servir de bufonas; y porque no me juzgasen extraño y descortes a sus razones, respondí con agrado y buen semblante, diciendo que a otro cabo nos íbamos a bañar con toda priesa. Y aunque nos convidaron con el sitio en que ellas desnudas asistian, pasamos de largo a otro emboscadero y lugar mas oculto, excusando el envite con palabras de chanza, respondiendo conforme nos hablaron.

Contemplemos un rato la tentacion tan fuerte que en semejante lance el spíritu maligno me puso por delante: a una mujer desnuda, blanca y limpia, con unos ojos negros y espaciosos, las pestañas largas, cejas en arco, que del Cupido dios tiraban flechas, el cabello tan largo y tan tupido, que le pudo servir de cobertera, tendido por delante hasta las piernas, y otras particulares circunstancias, que fueron suficientes por entónces a arrastrarme los sentidos y el spíritu; que al mas atento y justo puede turbar el ánimo una mujer desnuda, como le sucedió al Rei Profeta, que vió lavarse a una mujer sin velos, y le llevó no tan solamente la vista de los ojos, pero tambien los afectos íntimos del alma; en cuya ocasion, a este propósito, dijo un curial poeta los siguientes versos:

Porque la mujer desnuda
Cosa delicada es,
Ha de estar entre vidrieras
Porque el aire no la dé.

Mas, despues de haber experimentado lo que es la mujer en carnes, trocara yo los versos de esta suerte:

Porque la mujer desnuda
Cosa perniciosa es,
Ha de estar entre paredes
Porque no la puedan ver.

Y esto seria lo mas seguro para no poner tropiezos a nuestra frajilidad humana.

La mayor gala y hermosura en la mujer, en mi opinion, es la limpieza y la frescura, y esta es la que lleva y arrastra el apetito, mas que la gala, el ornato, ni el afeite; porque hai algunas que salen de los límites de este antiguo abuso de tal suerte, que por adonde piensan granjear aplausos y favores son objetos de risa a los mas cuerdos: y juzgo de verdad que es permision del cielo, para castigo de las que solicitan con lascivos deseos el ser bien miradas y aun tambien festejadas, que las que con esta mira y intencion se adornan y se pulen, traen consigo el pecado que las afea y hace abominables, porque es cierto, como resuelve Santo Tomas, que peca mortalmente la que con sus ornatos y afeites desea y solicita provocar a lascivos apetitos y deseos deshonestos. Y explicando el citado santo y definiendo las palabras de San Cipriano, despues de haber dicho que las que quieren transformarse y mudar sus facciones con los ungüentos y betúmenes que se ponen, contrastan con la voluntad de Dios, procurando reformar lo que la divina Providencia formó en ellas, dice mas adelante hablando con alguna de éstas, o con las mas: no podrás ver a Dios, dice a la mujer enmascarada, porque los ojos que puso en tí, no son los que muestras en el rostro, sino son los que el demonio te mudó por ellos.

Saquemos de aquí algun moral para nuestro intento, aunque el discreto lector adicione mis digresiones largas, que ya tengo advertido que son y han de ser el blanco principal de mi desvelo.

Si es vituperada accion en las mujeres adornarse y pulirse siendo con el exceso que se ha dicho, y con la intencion lasciva declarada, con ser en ellas costumbre tan antigua, como nos lo enseñan las sagradas letras en ocasion que despachó Joab a la tecuita al rei David, diciéndola que se finjiese dolorida, llorosa y triste, y lo mas, que no se puliese ni afeitase para hacer mas propiamente el papel de lastimada viuda (que en aquellos tiempos no se debian de afeitar las que lo eran): ¿cómo no serán abominables y notados de mujeres los hombres que descaradamente les hurtan el oficio acostumbrado, haciendo lo que ellas hacen?

Mandaba Dios en el Deuteronomio que de ninguna suerte ni manera la mujer vistiese el traje ni vestidura del hombre, ni el varon el de la mujer, porque en sus ojos era cosa abominable ; sobre lo que dijo San Ambrosio, que no tan solamente se ha de entender que este precepto fuese sobre el traje y vestiduras, sino tambien sobre las costumbres, y mas adelante insinúa unas palabras que bien atendidas y contempladas, son para avergonzar y reprehender a los hombres que con mujeriles acciones no lo parecen. Deformidad es grande en el varon (dice) hacer obras de mujer, y el que las hace, póngase a parir como ellas ; pues enriza los cabellos y los tiende sobre las espaldas, y se afeita, no le falta otra cosa a un melenudo.

Muchos santos y autores graves han escrito latamente sobre esta materia : San Juan Crisóstomo sobre la Homilía de Absalon, tomo primero, el padre Gaspar Sanchez, el doctor Mendoza de la compañía de Jesus, el Concilio Iliveritano, en que [se] prohibió a las mujeres que se servian de criados melenudos, y a los hombres, la comunion sacramental de la eucaristía ; y aun a los obispos les es vedado servirse de ellos, como lo insinuó San Bernardo al papa Eujenio ; el Concilio cuarto Tholedano ordenó que solo los herejes pristilinistas trajiesen guedejas y el cabello largo, para que se diferenciasen de los cristianos ; Tertuliano, libro tercero, *ad uxorem*, y otros muchos santos y doctores, en que hallarán raros discursos sobre la materia que pueden poner freno y causar admiracion al mas desvanecido y amartelado de sí mismo y de sus cabellos luengos y encrespados. Solo ponderaré con el maestro Gaspar Sanchez lo que dice de Absalon, que los criados y soldados del rei David no le quisieron perseguir ni quitar la vida, por haber oido a su padre que no le matasen, y permitió Dios N. S. que fuese causa de su muerte lo que mas estimaba, que era su cabello ; a quien perdonaron los hombres (dice este autor), castigó la justicia del cielo, tomando por instrumento aquello en que tenia puesta su mayor felicidad, su gusto y su recreo. Que en la paz y quietud, adonde los republicanos mercaderes y los demas galantes mancebos no tienen otros entretenimientos que continuar la plaza, rondar las calles, requerir ventanas y en amorosos desvelos suspender los sentidos, pase en hora buena este abuso afeminado ; pero en el que se precia de soldado y de valiente guerrero en la milicia, es abominable el uso, y echa un borron mui feo a la escuela de Marte que profesa, haciendo mas aprecio del cabello que de la celada o morrion luciente.

¡Cuánto mejor y de cuánta mas conveniencia le hubiera sido al patricida Absalon, en lugar de sus melenas bien curadas, el morrion acerado, o el casquete (así lo sintió el padre Gaspar Sanchez)! Con la celada resistiera mas bien los golpes fuertes, que con el largo cabello con arte al viento tendido, para que al sol resplandeciendo, fuesen mas deleitables a la vista.

Introduce Ovidio una mujer discreta y de buen gusto, que se enamoró de un soldado que traia el cabello corto y sin aliño, lleno de polvo del camino, como nos suele acontecer a los que continuamos los ejercicios militares:

Te tuus iste rigor, positique sine arte capilli
Et levis egregio pulvis in ore decet.

En tu desden y rigor
Y en tu cabello sin arte
Está cifrado el dios Marte,
A quien se rinde el amor ;
Porque parece mejor
El varon y el que es soldado
Tal vez el rostro empolvado
Y sin aliño el cabello,
Que así parece mas bello
Que un melindroso afeitado.

Dando a entender que el polvo y el desaliño en el varon que se precia
de serlo, asienta mejor que el afeite ni el aliño cuidadoso. No vitupero
yo a los hombres cuerdos que con discreto medio dejan el cabello suficiente para que acompañe al rostro y no le afee, que, como dijo Ovidio
en otra parte, es cosa fea y torpe ver la cabeza sin pelo, el ganado sin su
lana, el campo sin yerba, y el albor [*sic*] sin hoja :

Turpe pecus mutilum, turpis sine gramine campus,
Et sine fronde frutex, et sine crine caput.

Torpe cosa y fea es ver
Sin su ropaje al ganado,
Sin su verde grama al prado,
Como suele acontecer,
Al árbol sin florecer
Y de sus hojas desnudo,
Sin cabello a un cabezudo
Que en orejas solo crece,
Que mas torpe y mal parece
Que un calvo y un melenudo.

Los extremos son los perjudiciales, y mucho mas en aquellos que pueden
evitarlos y còjer un discreto medio cercenando lo supérfluo y vituperable ; y como tengo advertido, son mas de notar estos excesos en los
que tienen entre manos los militares ejercicios: que bastaba para avergonzar nuestra nacion española, el ver y considerar lo que estos bárbaros jentiles observan en la milicia, que siendo tan amarteladas de sus
cabellos y coletas que acostumbran los que estan criados entre nosotros,
que permitieran ántes ser maltratados con castigos públicos y aprisionado con cormas y otras prisiones, que permitir les llegue la tijera
a derribar el mas mínimo cabello de su coleta, nos enseñan discretos y
valientes industrian al soldado, pues llegando la ocasion de serlo y a
empuñar la lanza y a vibrarla, ellos propios se quitan el cabello y hacen chanza y escarnio de los enmelenados. Y aun han advertido muchos
con discurso prudente, que despues que entran en nuestros ejércitos
soldados desbarbados y sobrados de cabellos, se les han levantado los
spíritus y multiplicado los alientos para embestir con ellos con ánimos

mas esforzados, por parecerles son de especie de mujeres; y no me admiro de que lo juzguen así, cuando en algunas ocasiones los de mas reputacion y obligaciones sobradas, por no llenar de polvo las melenas, las han trenzado por atras como las *mallenes* (que se llaman así las indias que nos sirven), y este nombre les dan a estos caballeros peinados y trenzados como ellas.

Pues ¿qué dirémos de los que se rapan la barba y el bigote, que algunos lo hacen con tal extremo, que parecen frailes expulsos, por parecer mas mozos y no descubrir las canas? Que tambien podrán ser alicionados de estos bárbaros rebeldes, que en adquiriendo nombre de valerosos en la guerra, y habiendo llegado a pelear en batalla con los españoles y muerto alguno, se dejan crecer el bigote y las barbas para ser conocidos y estimados entre los demas por valerosos.

Y estando premeditando estas acciones, he venido a colejir y entender, que es esta la causa de que no se hallen, como en los pasados siglos, de aquellos grandes soldados que sus hazañas y hechos valientes daban ocasiones a la fama a dilatarlos con repetidos ecos por el mundo; y si el valor y esfuerzo en nuestros tiempos se afemina, no tenemos que aguardar mejoras de nuestras pasadas desdichas y de nuestras presentes plagas.

Estas son las consecuencias y hilaciones a que debemos atender y cuidadosos mirar, entre otras referidas, para prueba de la dilatacion de nuestra guerra, que es el blanco a que mis discursos se enderezan.

Volvamos a cojer de nuestra historia el hilo, que ella nos irá ofreciendo, como hasta aquí, várias y ajustadas materias de que sacar mui rectas hilaciones para la proposicion de nuestro libro.

CAPITULO XXXV.

En que se da fin al discurso con la despedida del cacique de la Villarica, y de como me quedé con el cacique Quilalebo, mi nuevo amo.

Salimos del estero, mi compañero y yo, y volvimos al rancho alegres, limpios y frescos, y en la puerta dél encontramos al cacique Quilalebo, en su opinion y voluntad mi suegro; recibióme con los brazos abiertos, y echándomelos al cuello amorosamente, me dijo: *marimari, quempo* (que es lo propio que decir entre nosotros: Dios os dé salud, amigo yerno; que este es el modo que tienen de saludarse); ¿cómo os ha ido esta noche? juzgando haber tenido mas familiar trato y amoroso empeño con su hija; porque en semejantes bailes y joviales entretenimientos, ninguno atiende mas que a lo que le importa, ni mira lo que los demas hacen ni en qué se entretienen. Respondíle que me hallaba mui gozoso y estimando con extremo sus favores, que eran mui propios de quien era, y de su jeneroso pecho feliz parto. En este tiempo salia con otros caciques el de la Villarica, y ántes de encaminarse para el rio al acostumbrado ejercicio de la mañana, dijo a Quilalebo y le rogó, que le hiciese traer sus caballos, porque deseaba volver a su casa a concluir tambien sus sementeras, porque el año al parecer daba muestras de ser seco. Respondióle mi suegro (que este título y renombre merecia el afecto y amor que me mostraba), que no queria que se fuese tan aceleradamente de su casa, porque se habian de holgar y entretener mui despacio, una vez que habia aportado a su distrito; demas de que sus caballos no parecian. Y todo esto fué en chanza y con burlesco modo, porque el viejo era de humor alegre, jovial y entretenido; a que replicó el de la Villarica, que no le hiciese mala obra en detenerle, que ya sabia el camino para su casa, que volveria a verle mas despacio y al capitan su amigo.

Envió con esta resolucion el viejo por sus caballos y mandó hacer de comer con toda priesa, aunque ya las mujeres lo tenian dispuesto. Volvieron los caciques de su baño y asentárouse al sol en unos tapetes o esteras a su usanza, adonde les sacaron cuatro cántaras de chicha de buen porte, con sus botijas pequeñas de madera, que llaman *malgues*, con que sacan la chicha para repartirla y brindar a otros. Entregóme una cántara de aquellas, y las demas repartió a sus compañeros, quienes fueron brindando a los circunstantes, como yo lo hice, dando principio por el huésped y acabando por los demas que asentados estaban con nosotros. En medio de nuestros bríndis fueron trayendo de comer, con algunos extraordinarios de empanadillas fritas, tamales, rosquetes, hojuelas, buñuelos y otras frutas de sarten, despues de varios guisados de aves, perdices, corderos gordos, pasteles mui bien hechos, pan de maiz y de trigo: todo dispuesto con mucha limpieza y aseo; y en otro corro o rueda estaba el concurso de los demas, comiendo y bebiendo como nosotros, con grande regocijo y algazara; y dentro de breve rato dieron principio al baile, por ver si podian detener al forastero cacique con la variedad de instrumentos que tocaban.

En esta ocasion llegaron los caballos, que sus dos criados habian salido a ayudar a buscarlos porque no los conocian bien los muchachos de Quilalebo. Y luego trató el huésped de ponerse en camino, sin que pudiesen detenerle un punto. Dejo algunas circunstancias que pasaron, por no dilatarme en lo que no hace mui al caso, ni es lo mas esencial a nuestro intento. Despidióse de mí con gran ternura y rogó a Quilalebo y a mi huésped Tureopillan (con quien yo asistia), que mirasen por mí y me regalasen, y de su parte tambien solicitasen mi rescate; que él procuraria dar la vuelta breve, y que con su licencia me habia de llevar entónces por diez o doce dias a su casa; en cuya conformidad quedaron los unos y los otros, y se despidieron con mucho amor y gusto de haberse comunicado y conocido, que los que son de diferentes parcialidades y tan dilatadas, no se comunican todas veces ni aun se conocen. Abrazóme dos veces el buen cacique, dejándome con su vista consolado y con la accion que hizo, que fué de mucha importancia para afijar el amor y voluntad que todos los mas caciques me mostraban.

Quedamos ocupados los vecinos y comarcanos en dar fin algunos a sus tareas, y a la tarde se fueron despidiendo los unos de los otros, habiendo trabajado, entreteniéndose y holgándose con banquetes y bodas extraordinarias. Despidióse tambien Tureupillan, mi huésped, y Quilalebo no permitió me llevase, rogándole me dejase en su casa por algunos dias, pues era lo propio estar en ella que en la suya; y aunque yo sentí no volver con mi viejo camarada, disimulé por entónces y a solas le rogué que dentro de tres o cuatro dias enviase por mí con pretexto de haber tenido un mensaje de mi amo Maulican, en que avisaba no me dejase de la mano, ni me entregase a otra persona que a él, o algun pariente suyo, como se lo habia dejado dicho, porque sus enemigos solicitaban por mil caminos cojerme solo y llevarme a un parlamento que se estaba disponiendo para quitarme la vida. Y es verdad que cuando se despidió de mí y del viejo, le previno todo lo referido; y esta dilijencia hice por apartarme de la ocasion y peligro en que quedaba, con riesgo de caer en desgracia de Dios N. S., habiendo de dar gusto al que me mostraba amor y entrañable voluntad: por esta causa pedí con encarecimiento a Tureupillan mi huésped que enviase por mí con toda brevedad, porque el huir la ocasion es el mejor camino para no caer en los lazos del demonio, como lo advirtió Lira. Y no sin gran misterio, para llorar su pecado, dice el texto sagrado que se salió el glorioso San Pedro afuera del concurso depravado; en cuyo lugar dijo el venerable Beda estas palabras: porque detenido en el portal o patio de Caifas no podia hacer penitencia, ni volver los ojos sobre su culpa, sale afuera, para que apartado del concilio o concurso de los malos y perversos, pudiese lavar las inmundicias de la pavorosa negacion con libres llantos y desahogados suspiros; porque las malas compañías no dejan de perturbar el ánimo a los mas justos, por lo cual amonesta San Pablo, que nos desviemos y andemos a lo largo de aquellos que desordenadamente caminan y obran.

Quedéme con aquel cacique a mas no poder forzado, por el empeño en que quedaba; y por otra parte consideraba que si no correspondia a las finezas de su declarado amor, arriesgaba el perder su gracia, siendo un tan poderoso *curaca* y amigo valiente: que los auxilios humanos, despues de los del cielo, no deben ser despreciados, como lo advirtió Lira sobre el cap. 1 del libro segundo del Paralipomenon, diciendo que aunque tengamos el auxilio y favor de Dios de nuestra parte, no habemos de desechar humanas dilijencias para el seguro de nuestras vidas y particulares conveniencias, como lo hizo Salomon, que con estar debajo del amparo de Dios y de su ayuda, se prevenia de armas, caballos y carros para su conservacion y defensa. Así me subcedió en este forzoso trance, quedándome en casa de aquel cacique confiado en la misericordia divina y en su patrocinio cierto, que me tendria de su mano para no caer en su desgracia; y despues quise quedarme tambien por no disgustar y desabrir a quien habiendo sido tan feroz enemigo de españoles, en mi proteccion y amparo se mostraba íntimo amigo con afectuosas demostraciones. De lo referido podrémos deducir y sacar ciertos desengaños de que la naturaleza de estos bárbaros infieles no es tan de bestia fiera como algunos la pintan, pues se sujetan mansos al halago y reconocen el bien agradecidos; y a este peso se les imprime en el corazon el agravio y ofensa recibida, como se les quedó arraigada y imprimida en el alma la que nuestros primeros conquistadores les hicieron, que con la doctrina y enseñanza de este viejo cacique Quilalebo, y con las noticias de otros antiguos, se ha perpetrado [sic] el rencor y el odio que en sus principios adquirieron de nuestras acciones mal encaminadas. Con que por esta via me parece hoi un imposible querer sacarlos de su usanza y reducirlos a policía cristiana y al conocimiento verdadero de nuestra sancta fee católica, así por lo dicho como porque en la enseñanza y doctrina que les ofrecemos, y en los tratos que usamos con ellos, imitamos mucho a sus primeros maestros.

DISCURSO IV.

En que se refiere de la suerte que me quedé con mi grande amigo el cacique Quilalebo, los agasajos y regalos que me hizo en su casa, las conversaciones que tuvimos, en que me refirió cosas particulares de los antiguos españoles: la poca cristiandad con que fueron industriados, de los festines y entretenimientos lascivos que acostumbraban en sus casas, de la poca reverencia que tenian a los templos, y del ejemplo que nos dan los antiguos Ethnicos en el culto de sus falsos dioses y en la veneracion de sus templos. Trata tambien de algunos casos raros y subcesos particulares; de como el informe que a su R. M. hicieron para declarar por esclavos a estos naturales, fué siniestro, y la guerra que a los principios se les entró haciendo, no fué justificada, por las razones que para ello se insinúan; a cuya causa esta guerra de Chille es inacababable, y cuando se juzgue estar en mejor estado su conquista, ha de ser para su total ruina, porque ya desenfrenadamente, por la cudicia de las piezas esclavas, se atropellan las leyes de nuestra relijion cristiana. Que aun las palabras de santos doctores estan a riesgo de perder el crédito en estos reinos, porque todas las cosas andan al reves y al trocado. De los trabajos y penulidades que padecen los soldados deste reino; del poco premio que tienen los que mas sirven; de como el sueldo que el Rei N. S. les manda dar, se lo merman y comen muchos a dos carrillos, y a su costa visten sedas y delicados lienzos, y ellos andan desnudos y muertos de hambre. De la reparticion de los situados, de la suerte que lo merman, y las trazas que hai para enriquecer otros con él; de como ha habido en los oficios plumarios y oficiales mayores que no teniendo de sueldo mas que tun solamente setecientos o ochocientos pesos, han gastado al año mas de cinco mil, habiendo entrado en ellos sin cami-

sa; de como las órdenes y mandatos del Rei N. S. son mal cumplidos, y sus reales cédulas justificadamente despachadas se posponen al gusto de los que gobiernan : probado con patentes obras y contrarios efectos ; de como la real audiencia de Chille y de otros lugares de las Indias sirven mas de embarazo y de supérfluo gasto al Rei N. S., que de provecho alguno, porque la muchedumbre de letrados, jueces y ministros son la carcoma y polilla de nuestra monarquía cristiana, porque son mas los que usan mal de las leyes (interpretándolas a su paladar y gusto) que los que con cristiano celo las abrazan ; que cuando se usa bien de la sciencia y sabiduría, y con buena intencion se adquieren y solicitan, las letras son la muralla y la defensa de los reinos ; que los hombres mas doctos y presumidos letrados puestos en dignidad, por la mayor parte son los que mas mal usan de la sciencia y sabiduría, porque con la potestad y el mando son soberbios y altivos y hacen de la justicia lo que se les antoja ; que aunque haya algunos que esten adornados de virtudes y otras excelencias, en asistiendo en ellos, la hinchazon y soberbia las atropella todas y las abate ; que en las Indias son mas propias estas altiveces en algunos ministros, jueces y superiores, que en otros reinos y provincias, de que se orijina, no haber mas justicia que la que sus voluntades ejecutan, a cuya causa se dilatan las guerras, se consumen los ejércitos, y finalmente a gran priesa camina el reino a su total ruina.

CAPITULO I.

De como, habiéndome quedado en casa del cacique Quilalebo, me regocijaron todos los de aquel distrito ; ocupándonos en algunos entretenimientos, y a veces íbamos a ayudar a las mujeres a sembrar sus chacras, adonde iba a buscarnos el cacique ; y de la conversacion que trabamos, y las cosas que se rodearon para tratar de las acciones de nuestros conquistadores.

Dejóme Tureupillan mi antiguo huésped en aquella parcialidad, en casa de su amigo y deudo Quilalebo, a súplica y ruegos dél, y en mi compañía uno de los chicuelos hijo de Tureupillan, que me asistia de ordinario y con grande afecto aprendia las oraciones : agregóse a mí luego el mestizo hijo de Quilalebo con otros muchachos vecinos, que como todavía yo lo era, fácilmente se allegaban a comunicarme. Salíamos a la campaña a entretenernos unas veces a la pelota, otras a la chueca, y a ratos íbamos a ayudar a las mujeres a sembrar lo que habíamos arado, que de la mesma suerte se convidan a la siembra que los indios a la cava : asistimos con ellas una tarde, ayudándolas a beber mas que a trabajar, y nuestro viejo Quilalebo, hallándose solo, vino en nuestra demanda y nos halló dando fin a un cántaro de chicha y comiendo unos bollos de maiz y porotos mui bien sazonados. Convidamos al viejo luego que llegó, y él se asentó a mi lado, echándome los brazos y diciéndome : capitan, mui enojado me teneis porque no hablais a mi hija, habiéndoosla dado para que os sirva. Ya le dije a vuestra mujer y a ella por lo consiguiente (respondí al cacique), que no podíamos los cristianos tener cohabitacion con las mujeres que no lo eran y profesaban diferente lei que la nuestra; y esto es lo que me acorta para no extender mis acciones a lo que mi agradecimiento debe y la voluntad se inclina. Pues, si no es mas que esa la dificultad (dijo el viejo), fácil es el cristianarla, que eso lo podeis hacer cuando tuviéreis gusto. Síguese (le repliqué) mayor enconviniente [*sic*] de esa accion, por haber de quedar ligado en parentesco mui cercano, de tal suerte que vengo a ser su padre espiritual, como lo sois vos por naturaleza; y como es cosa torpe y fea mezclarse los padres con las hijas (aun entre vosotros, que no teneis luz ni verdadero conocimiento de Dios N. S.), fuera mayor mi delito, por tenerle yo de su grande inmensidad, que es juez todopoderoso y recto y castiga semejantes pecados y maldades con severidad y rigor grande. Callad, capitan, me respondió el viejo: ¿yo no soi cristiano tambien, que me he criado con españoles y los conozco mas bien que a mis manos? para qué me decis a mí eso? Pues si sois cristiano (como decis) y os habeis criado con ellos, ¿no sabeis que hai Dios, que castiga nuestros pecados porque aborrece la maldad y la insolencia, Quilalebo amigo (dije a mi viejo)? Eso debe de ser así (me respondió), pero yo no lo he visto, porque los españoles que conocí en aquellos tiempos, eran de tal calidad que no les faltaba otra cosa que revolverse con sus hijas en lo público, que en lo secreto no sé si lo hacian. No me hagais hablar, capitan, que os diré tantas cosas que os admireis de escucharlas. No me maravillaré (dije al cacique), porque somos hombres frájiles y estamos sujetos a todas esas desdichas, si nos deja Dios de su mano. (Perdóneme la antigüedad, y escúcheme un rato el discreto lector, porque no puedo excusar de paso estas razones, para confusion nuestra y enmienda de nuestras costumbres, que no es mucho las repita y las pondere, cuando tienen ellos tan impresas en la memoria las acciones de nuestros antepasados, que por tradiciones van pasando de los unos a los otros).

¿Qué nos maravillamos de que estos jentiles bárbaros no tengan conocimiento verdadero de nuestro Dios, si la primer doctrina y enseñanza que tuvieron, fué tan perjudicial y descaminada, que aun entre ellos eran sus obras abominables y su modo de vivir tan escandaloso, que hasta hoi les ha quedado horror de las costumbres mal atentas de los nuestros? Pues de la razon pasada se puede colejir, diria muchas al intento y con descoco, juzgando que entre nosotros se acostumbraba lo que vieron hacer a los antiguos, y lo que entre ellos se platica, imitando a los ejipcios y persianos; que segun refiere Diódoro Sículo, estas naciones se casaban parientes con parientas y hermanos con hermanas, y otros autores dicen, que padres con hijas y hijos con madres. Y afeando esta bárbara costumbre, y vituperando tal modo de vivir, dijo Eurípides estas medidas razones:

Tale est omne barbarum genus:
Pater cum filia, filius cum matre miscetur, soror cum fatre [*sic*].

> Tal es el barbarismo
> De la nacion ejipcia,
> Que hermanos con hermanas
> Se casan y cohábitan.
> Las madres con los hijos,
> Los padres con las hijas,
> Todos viven mezclados
> Como bestias marinas.

Y en aquellos tiempos (prosiguió el viejo) no vimos que a ninguno castigase Dios (como decis). Bien pude significarle cuán castigados habian sido sus primeros dueños, como despues se lo advertí; pero como teníamos trabada conversacion, no quise cortarle el hilo de su discurso, ántes le fuí abriendo la puerta para que prosiguiese con materia que deseaba saber, y hacerme capaz de aquellos antiguos alzamientos y alborotos: y así le respondí, que me holgaria saber y alcanzar algunas cosas mal hechas y delitos ponderables, que le parecieron a él dignos del castigo de Dios N. S.; porque aunque habia oido algunas cosas exajeradas a particulares personas, no todas eran del crédito y opinion que lo era él, ni de tan conocidas prendas; por cuya causa estimaria en extremo que me refiriese algunos principios de nuestros conquistadores y las causas y fundamentos que precedieron para sus rebeliones y levantamientos. Y el otro dia (le dije a mi cacique viejo) nos disteis a entender que desde que vuestra tierra quedó sin españoles y alterada, no habíais comunicado a ningun español captivo, ni aun podido levantar los ojos a mirarle halagüeño, con que he juzgado que siendo vos cacique de tan buen discurso, llegado a la razon en vuestro natural uso de vivir, es forzoso que tengais mui grandes fundamentos para haber conservado tantos años vuestro rencor y enojo contra los españoles. ¡Ahora pues! capitan amigo, pues me sacais a barrera, os contaré la causa de nuestros alborotos, y de haber quedado yo con tan mala querencia a vuestros antepasados. Mucho gusto tendré en escuchar vuestras razones (dije al cacique), porque verdaderamente hai várias opiniones, que se encaminan unas a culpar a los españoles, otras a la inconstancia de vuestros naturales. Pues escuchadme un rato por vuestra vida (repitió el viejo), y juzgaréis despues lo que os pareciere.

Principió este anciano cacique con lo que los primeros me refirieron, con algunas mas circunstancias, que por no repetir lo pasado en los atrasados capítulos, escucharémos solamente lo que no habemos sabido.

Prosiguió el cacique con la cudicia grande de los vecinos, el humano [sic] trato (dijo) para con nosotros, que parece que solo cuidaban de menoscabar y consumir nuestra nacion, no dándonos de comer, teniéndonos en un ordinario trabajo de las minas, dejándonos morir en ellas, sin asistencia de nuestras mujeres, sin el consuelo de nuestros hijos, y sin el regalo de nuestras casas; los contínuos y lamentables robos de nuestras reduciones, llevándonos los hijos y las hijas con violencia, vendiéndolas por esclavas de secreto; la crueldad tan feroz de las mujeres, que a sus criadas las quemaban vivas y dentro de sus aposentos las enterraban, despues de haber hecho con ellas mil anotomías; la libertad con que se servian de nuestras hijas y mujeres, hasta forzarlas los hombres a vista de sus padres y de sus madres, y aun de sus maridos; y otras cosas mas graves que pudiera referiros. Mui atento me teneis (amigo Quilalebo), y estimaré no os canseis de proseguir con vuestra principiada narracion. Si nos causaban (prosiguió el buen viejo) estas atrasadas acciones tanto horror y espanto, mucho mas las maldades y insolencias de los pateros (que quiere decir sacerdotes). ¡Oh! cómo llego a sentir haber forzosamente de tocar esta materia, y referir lo que este cacique dijo de los sacerdotes doctrineros y curas de almas, con las pabras tan feas y torpes que él significó! Por una parte me acorto y suspendo el juicio con lo que notó Salviano sobre el castigo que dió la divina justicia a Aaron y a su hermana María: pecaron contra Moises en la murmuracion de sus acciones, y vemos que solo María fué castigada con lepra. Pues ¿qué puede ser la causa de que habiendo cometido el mesmo delito el uno que el otro, solo María quede cubierta de lepra en castigo de su culpa, y Aaron, encartado en la mesma, quede libre de este azote público?

Sácanos de esta duda Salviano diciendo, que quiso Dios N. S. darnos a entender el respeto que se debe a la dignidad sacerdotal: así lo sentia aquel gran emperador Constantino, dejando norma y ejemplo para que le imitasen los superiores cristianos, que hai algunos en nuestros siglos que no se dignan de dar al sacerdote la veneracion que tan justamente se le debe, aunque represente la santa persona del summo pontífice. Si llegase a ver o descubrir (dijo este gran monarca) la menor falta o pecado del mas mínimo sacerdote, porque no fuese patente le cubriera con la capa: y es mui justa accion por cierto; pero hai algunos que hacen gala de sus defectos y gustan que sean patentes a todos, y así mal se los podrán cubrir ni tapar con la capa. Por otra parte, considero que de no hablar con la claridad que el viejo me lo dió a entender, dejarémos su justicia y su proposicion dudosa, que fué decir, que nuestro Dios y Señor no habia castigado los delitos y atroces culpas de nuestros pasados conquistadores; y si no insinuamos los que él tuvo por mayores y mas escandalosos, podrá quedar su opinion desvanecida en algo; y supuesto que ellos tienen tan en la memoria las perversas acciones y mal atentas obras de aquellos antiguos sacerdotes, que las oigamos nosotros para nuestra confusion y enmienda no será mucho; demas de no ser nuevo en la sagrada escriptura hacer patentes las culpas y pecados de los profetas y sacerdotes, y haber sido muchas ciudades y reinos destruidos y aniquilados por sus delitos manifiestos, como lo insinuó el profeta Jeremías; que por los profetas falsos y sacerdotes indignos de tal nombre fueron consumidos y abrasados los de Jerusalem, y por los delitos cometidos en los templos por los hijos del sacerdote Helí, perecieron con ellos treinta mil almas. Y así me parece no será desmesura ni indignidad decir de los que por acá los imitaron, lo que el cacique tuvo por mas insolentes culpas.

Proseguid vuestro discurso (dije al cacique), que me teneis absorto con lo que me habeis dicho. Estos pateros (repitió el buen viejo), en quienes teníamos puestas nuestras esperanzas de que hallaríamos en ellos segura proteccion y amparo cierto, eran peores que los propios seglares nuestros amos; que como nuestras poblaciones y rancherías estaban de ordinario sin la asistencia de los indios tributarios, por estar trabajando en sus tareas, los contenidos padres dotrineros, con pretexto de enseñar a rezar a los muchachos y chinas, se entraban en las casas con descoco y hacian de las mujeres lo que querian, por engaños y dádivas, y cuando se resistian constantes, las mandaban ir a la iglesia para que aprendiesen a confesarse, y en las sacristías, adonde los pateros se revestian para decir misa, las entraban atemorizadas y les decian que en aquel lugar en que estaban, si no consentian con lo que el patero o el sacerdote las decia, que el *Pillan algue* (que quiere decir el demonio) las habia de castigar severamente, y que si hablaban palabra, o revelaban lo que al oido les decia, y lo que hacian, las habian de quemar vivas, porque lo que en aquel acto se trataba, era caso de inquisicion si se divulgaba: y de esta suerte, dentro de las iglesias violentaban muchas doncellas, forzaban casadas y reducian a su gusto las solteras, y esto lo tenian por costumbre y como por lei establecida. Algunas mujeres casadas con todo secreto comunicaron a sus maridos el caso y lo que les pasaba con el padre doctrinero, encargándoles encarecidamente el silencio y que no lo publicasen, porque el patero les habia dicho, que la que se atreviese a hablar palabra de lo que en la confesion hacian, la habian de quemar luego.

Resolvióse uno de los lastimados a llegar a solas a su amo (que le mostraba voluntad), a decirle que por vida de sus hijos y mujer se sirviese de escucharle dos razones, con cargo de que habian de ser solo para entre los dos; que le jurase el guardarle el secreto, que le importaba mucho. El amo le aseguró todo silencio, deseoso de saber alguna novedad, juzgando fuese el aviso de algun alboroto o rebelion entre ellos; díjole el indio: habeis de saber, capitan y señor, que vengo a deciros una cosa que despues que la supe me ha tenido el corazon entre dos piedras, y tan dolorido y lastimado, que me ha sido forzoso significaros mi pesar; y refiriéndole lo que arriba queda dicho, le preguntó si lo que hacian aquellos padres con sus mujeres, era antigua costumbre entre los españoles, y si con sus mujeres hacian lo propio. (El amo de este indio sin duda era discreto y entendido, como lo mostraron sus razones.) Respondióle suspenso y admirado, haciéndose cruces en el rostro, con demostraciones grandes de sentimiento, y le dijo: no puedo creer que eso sea así de ninguna suerte, y mirad que es caso grave el que me habeis dicho, que si se averiguase por algun camino, que algun sacerdote hubiese cometido delito semejante, lo quemarian vivo, y por lo consiguiente, si alguna persona levantase testimonio al sacerdote, o revelase lo que no era por hacer daño, tendria el mesmo castigo ; y así, callad la boca, y averiguarémos el caso de secreto, y si tuviere fundamento lo que me habeis dicho, con todo secreto y silencio, sin que lo sienta la tierra, veréis como es castigado con toda severidad y rigor. Por vuestra vida que no publiqueis lo comunicado, que a todos importa ; traed esta noche a vuestra mujer a mi casa, que quiero examinarla con cuidado. Hízolo así el indio, y el amo se informó de ella y citó a otras que en aquella ocasion las habian llevado al intento, con cuyas declaraciones quedó manifiesta la de el indio ; con que encargó a todas el silencio, dándoles a entender que con todo recato y disimulo se habia de castigar a aquel sacerdote y llevarlo a parte adonde purgase su pecado y no pareciese mas entre las jentes. Y el castigo que le dieron, fué enviarlo a Santiago, adonde supimos que se estaba paseando: y esta fué la pena que tuvo maldad tan grave. ¿Cómo decis los españoles que las iglesias no son mas que para rezar y decir misa en ellas? Y sois unos embusteros (aunque perdoneis, capitan), porque no servian los templos de otra cosa que de ser capa de semejantes maldades ; con achaque de llevar las mujeres a enseñarlas a rezar, a oir misa y a confesarlas, hacian lo que os he dicho y mucho mas, y si, como decis vosotros, que Dios asiste en las iglesias y no permite tales maldades y pecados tan descubiertos, ¿cómo no castigaba a estos malos sacerdotes, que tan desenfrenadamente vivian, y en medio de sus templos atropellaban sus leyes? Esta fué la enseñanza que tuvimos, la primer leche que mamamos, y la dotrina que aprehendimos de vuestros antepasados.

CAPITULO II.

En que se prosigue la conversacion de nuestro viejo, y se ponderan algunas razones.

Con admiracion suspenso he escuchado vuestras razones, respondí al cacique a todo su razonamiento, y ahora no me maravillo de que fuesen asoladas, destruidas y abrasadas estas ciudades antiguas; que aunque os parece (amigo Quilalebo) que no tuvieron castigo de la mano de Dios, semejantes excesos y maldades, las propias ruinas de estas poblaciones y edificios despoblados, las muertes y cautiverios de tantos españoles y españolas nos estan insinuando, con manifiestas acciones, la recta justicia de nuestro Dios y Señor: porque de otra suerte ¿cómo habiais de ser vosotros poderosos a emprender una cosa tan árdua y dificultosa como despoblar tantas ciudades, degollar tanto número de españoles, acometiendo a las murallas y fortalezas sin armas iguales a las suyas, si no fuese permision del cielo y castigo conocido del divino y providente juez? Catad ahí la sentencia ejecutada por el supremo Dios, bien castigados y purgados los delitos y culpas que me habeis referido, pues a letra vista (como dicen) fuisteis ministros y ejecutores de su mandato y voluntad divina, tomándoos por instrumento de su justo juicio.

Teneis razon por cierto (dijo el cacique), que parece cosa imposible haber echado de nuestras tierras a los españoles, si no fuésemos ayudados de nuestro Pillan, y entregados ellos de su Dios, como decis: porque noté una cosa en aquellos tiempos de batalla y guerra, que parece que los españoles y soldados estaban como ciegos y dormidos, sin saber defenderse de nosotros, ni oponerse al tropel de nuestras armas. En lo propio que advertisteis (respondí al cacique), hallaréis la prueba de lo que os he dicho, que cuando castiga Dios N. S. a los pecadores y depravados hombres, permite que sus propias culpas y pecados los cieguen y perturben los entendimientos, y se hagan pusilánimes, se acobarden y temerosos se recelen. El rei Saul, poderoso enemígo de David, acompañado de innumerables soldados y de la réjia majestad vestido, luego que conoció su pecado, se acobardó de tal suerte en la presencia del Profeta Rei, que le dijo humillado, que le hiciese juramento de no borrar su nombre ni quitar de casa de sus padres su semilla. Pues ¿qué es la causa de que Saul, rei poderoso, acompañado de sus ministros y criados, tiemble en la presencia de David, que fujitivo de sus rigores excusaba ponérsele delante? Sabeis por qué (dice Theodoreto)? es tanta la flaqueza de la culpa y del pecado, que el que era rei y monarca de tantos millares de soldados, se atemoriza y humilla a pedir rogando a un fujitivo que mire con benignidad su casa. Veis aquí lo que hace el pecado : ciega los entendimientos, acobarda los ánimos y adormece los sentidos ; que concuerda bien con lo que notasteis, en aquellos tiempos, de aquellos antiguos españoles, que sus delitos y culpas los tenian suspensos, atónitos y fuera de sus juicios ; que este es el castigo que da Dios a los que se sujetan desenfrenadamente al torpe vicio, el cual les sirve de tormento, y el mesmo pecado de pena y de castigo. Díjolo Séneca escojidamente, y Juvenal al intento cantó estos versos :

Templo quodcumque malum committitur, ipsi
Displicet autori : prima hæc est ultio, quod se
Judice, nemo nocens absolvitur, improba quævis
Gratia fallacis prætoris viserit urnam.

Es tan torpe el pecado
Y de su natural horrible y feo,
Que se halla castigado
En su propio placer y en su trofeo,
Y el mesmo que lo hace,
De su aparente gusto se desplace.

Y dijieron bien estos autores, porque no hai culpa ni pecado que quede sin castigo, teniendo su pena en su propia maldad y pecado. Y es de tal calidad su mala nota y ejemplo, que al mesmo que lo emprehende desagrada : y esta dice Juvenal que es la primer venganza o castigo de la culpa ; que aunque sea juez de su mesma causa, no puede absolverse ni librarse de ella. Y para mayor prueba y última conclusion de lo que habemos dicho, ¿puede haber tormento mas penoso ni castigo con mas rigor ejecutado, que el que tuvieron vuestros primeros conquistadores, pues con la vida pagaron lo que sus perjudiciales obras tan justamente debian, y con lo mas sensible y mas gravoso que se puede imajinar entre humanos discursos, que fué con la servidumbre y sujecion a sus enemigos?

Juzgaban antiguamente los judios, que eran libres y sin sujecion alguna por lo que dijo Jeremias en el cap. 2: ¿por ventura es siervo Israel, o doméstico de casa? por lo cual presumieron los hijos de Abraham ser hidalgos y libres, y respondiendo a Cristo S. N., en el cap. 8 de San Juan, le dicen : hasta ahora no habemos servido a ninguno, que somos descendientes de Abraham ; pues ¿cómo nos decis que serémos libres? ¡Oh ignorantes maliciosos! cómo no atendeis a las siguientes palabras de Jeremías? Esto es lo que sucede a algunos presumidos que interpretan los preceptos divinos en el sentido que les asienta mejor, o entienden aquello que a su paladar y gusto les es mas deleitable, y dejan aparte el principal sentido y el que es mas conveniente a la salud del alma. Si Jeremías pregunta: si es siervo, doméstico de casa, o esclavo el pueblo de Israel, no atenderéis a que os dice mas adelante, que cómo estais cautivos y sujetos, asoladas vuestras ciudades y provincias, apoderados de vosotros los Ejipcios, teniéndoos forzados y oprimidos ; y esto no echais de ver (prosigue el profeta clamando) que ha sido porque habeis dejado a vuestro Dios y Señor, sin haber querido seguir el camino o la vereda por adonde os encaminaba ; en cuyo lugar dijo San Gerónimo: estos eran unos hombres torpes y sin racional discurso, pues ignoraban que los que se sujetan al pecado, son siervos del pecado y obligados a servir a sus vencedores.

Este fué el mayor castigo y el tormento mas riguroso que padecieron esos que decis (Quilalebo amigo) que se quedaron sin él, que habiéndose visto poderosos, triunfantes, servidos de vosotros, regalados y contentos, quedaron captivos y esclavos de sus propios siervos y criados. ¿No os parece que sus culpas, maldades y pecados fueron bastantemente castigados, cumpliéndose en ellos lo que arriba nos dijo el profeta Jeremías, porque dejaron el camino verdadero y la vereda por adonde los encaminaba el cielo, por seguir el de su gusto y el de su apetito licencioso? Decis mui bien, capitan (me respondió el viejo), y vuestras razones me han ajustado y parecido mui bien, y hallo que es sin duda, cierto y infalible, que como castigó Dios a aquellos perversos y malvados hombres por sus atrocidades y depravadas costumbres, tambien nuestro *pillan* volvió por nuestra causa y atendió a nuestra defensa, que cuando un dios nos es contrario, otro suele mostrarse favorable en ocasiones. De bárbaros jentiles es vuestra opinion por cierto (dije a mi amigo Quilalebo), que lo mesmo juzgó aquel injenio raro del natural poeta, y lo mostró en sus medidas letras:

Sæpe, premente deo, ferst deus alter opem.
Mulciber in Troiam, pro Troia stabat Apollo.
Æqua Venus Teucris, Pallas iniqua fuit.

Oprimido del tirano
El dios que nos favorece,
Otro dios se nos ofrece
A tenernos de su mano.
Contra Troya fué Vulcano,
Y Apolo su defensor;
Vénus le dió su favor
Si Palas le fué contrária,
Que por mujer siempre es vária,
Y así lo ha de ser su amor.

Esto es lo que presumian los antiguos jentiles, que no tenian conocimiento del verdadero Dios, que es el que lo gobierna y rije todas las cosas, [y cuando por sus culpas castiga a los unos, a los otros ayuda para que sirvan de instrumento y ejecutor de su divina justicia, como les aconteció a aquellos primeros conquistadores, que por darles Dios N. S. su merecido castigo, os favoreció a vosotros, dándoos esfuerzo y valor para que los humillásedes, los venciésedes y sujetásedes a tenerlos debajo de vuestra servidumbre y como esclavos: esto no pudiérades conseguir, sino fuese por permision del cielo, que os habilitó para castigo nuestro y para libraros de la tirana opresion que padecíades; y pues sois cristiano (como decis), creed esta verdad infalible (Quilalebo amigo), que no hai mas que un solo Dios Todopoderoso, Señor de cielos y tierra, que nos ayuda y favorece cuando le servimos y nos ajustamos a sus órdenes y mandatos, y cuando le ofendemos desatentos nos desampara y pone en manos de nuestros enemigos. Y es de tal calidad y de tan perversa inclinacion nuestra humana naturaleza, que aunque cada dia experimentamos estas manifiestas verdades, con infortunios y subcesos trájicos, no enmendamos nuestras costumbres, ni enfrenamos nuestros desordenados apetitos; por cuya causa me veo yo entre los mas bien librados cautivos, preso y esclavo de vosotros, y nuestro ejército derrotado y vencido con muerte y pérdida de mas de ducientas almas. Y solo cuando nos vemos en trabajos y penalidades, y sobre nosotros tenemos el azote de su recta justicia, lloramos y suspiramos sentidos, y recurrimos a su inmensa misericordia, que como piadoso padre atiende a los clamores y llantos de los atribulados y oprimidos, y con mas facilidad y presteza vuelve los ojos de su bondad a nuestras aflicciones y suspiros, que a castigar airado nuestras culpas; que en esto se dilata lo posible y en lo otro se apresura jeneroso. Notólo así San Juan Crisóstomo con elegancia sobre el lugar del capítulo 1 del Génesis, que dice que en seis dias hizo el Hacedor Supremo toda la máquina del mundo, y para destruir y asolar una sola ciudad se dilata mas tiempo; por lo cual pregunta nuestro citado santo a Dios N. S., que por qué causa para la edificacion y fábrica universal del mundo no ocupa mas que los seis dias referidos, y para consumir y abrasar una sola ciudad es mas tardio y remiso; y el mesmo santo nos absuelve esta duda diciendo: ¿sabeis por qué? es Dios N. S. mas veloz y apresurado en el obrar en nuestro bien, que en el destruirnos y hacernos mal: lo pri-

mero es efecto propio de su potencia, lo segundo de su bondad y misericordia. Con que podréis estar cierto (camarada) que nos castiga Dios
con esperas de muchos dias, y para hacernos bien cuando aflijidos nos
hallamos, se adelanta veloz su piadosa clemencia. Con mucha atencion
y cuidado he escuchado vuestras razones (dijo el cacique), y han sido
para mí de grande gusto y consuelo, que aunque nos cristianaron vuestros antepasados, no supimos jamas lo que era Dios, porque, como os he
referido, los que habian de ser nuestros maestros y cuidar de indus-
triarnos en la católica fee y conocimiento de vuestro Dios verdadero
y de sus santas obras, como vos me habeis explicado, nos enseñaban con
sus costumbres lo que aun entre nosotros era abominable y contra el
natural de nuestro modo de vivir.

Y aun por eso permitió nuestro Dios y Señor que no permaneciesen
aquellos antiguos edificios y soberbios muros, cuyas memorias traen a
la mia las palabras del sacerdote Esdras: despues de haber escuchado
las ruinas y incendios de Jerusalem, dice que se asentó a llorar amargamente. Así me subcedia siempre que hacia recordacion de aquellas
perdidas ciudades y antiguos edificios abatidos y postrados por el suelo.
Estando en estas razones entretenidos mi camarada y yo, llegaron las
mujeres de sembrar sus chacras a tiempo que el sol se nos ausentaba,
con cuya falta nos vimos obligados a ir en demanda del abrigo de los
ranchos y del material calor, que suple el natural de sus ardientes rayos; de camino nos llevamos un hacecillo de leña para calentarnos y hacernos de cenar, siendo el cacique el primero, que este es el ejercicio
ordinario aun en los mas principales viejos. Con que acabarémos aquí
nuestro capítulo, que parece haber sido dilatado pero inexcusable, y de
lo referido y platicado sacarémos en el siguiente algunas consecuencias
y morales hilaciones para el principal intento de estos discursos, que
son encaminados a la dilacion de esta guerra y a la felicidad de mi captiverio.

CAPITULO III.

En que se ponderan las razones del cacique, y se prueba el haber sido los antiguos
transgresores de la divina lei, sacrílegos y escandolosos, idólatras conocidos.

Falto de la luz del entendimiento será el que por lo dicho y exajerado del cacique Quilalebo, no conozca y alcance que fué conocido castigo de la suprema mano el que dió a los antiguos edificios, juntamente
a los habitadores de ellos por transgresores de la divina lei, por sacrílegos y escandalosos, por idólatras conocidos y de dioses falsos cultores: probemos estas razones con las acciones de nuestros pasados.
Transgresores de su lei, ya se vé que lo fueron, pues no tan solamente
la quebrantaban, sino que tambien daban ocasion a sus allegados, súbditos y feligreses a que la menospreciasen y abatiesen; y de estos habló
el Profeta Rei diciendo: grande aborrecimiento tengo a los inícuos y

malos, y solo tu lei es la que me agrada, y la que venero y amo. Y explicando este lugar dijo San Ambrosio, que el profeta aborrecia a los quebrantadores de su lei; y el gran doctor Francisco de Mendoza lo explicó mas a mi intento, diciendo: por inícuos y perversos sin lei ni natural razon, tenia a aquellos que a sus domésticos y allegados los hacian retroceder de la lei divina y no permitian que viviesen debajo de ella y de sus institutos. Sacrílegos y escandalosos, no hai que poner duda en que lo fueron, pues violaban los templos y lugares sagrados, imitando a aquellos malvados administradores del templo hijos del sacerdote Helí, de quienes dijo San Gerónimo, que en el tabernáculo de Dios usaban deshonestamente de las mujeres; y amonestando a los sacerdotes de Cristo que no los imiten, dice que porque dormian en el vestíbulo del templo con mujeres profanas. Y haciendo memoria de semejantes sacerdotes, se lamenta Jeremías diciendo, que los sacerdotes y ancianos de Jerusalem fueron consumidos y abrasados porque no atendieron mas que a su conveniencia, a sus gustos y comodidades, habiendo de ser lo primero cuidar y atender a la obligacion de sus oficios, dando pasto spiritual a sus allegados, domésticos y amigos; y ántes de esto pide a Dios, que atienda y mire a sus aflicciones y congojas, porque el enemigo universal se ha levantado a mayores y engreido de tal suerte, que intenta avasallarlos a todos, sujetarlos y rendirlos; sobre lo cual dijo mui a nuestro intento el glorioso doctor San Buenaventura: un feroz enemigo se levanta cuando en la Iglesia se prefiere al malo, como los hijos del sacerdote Helí.

Y dijo elegantemente este santo doctor: porque cuando se prefiere en la Iglesia al malo, así en costumbres como en sangre, se levanta y se cria contra ella un cruel enemigo; que como dijo San Juan Crisóstomo, que eran estos tales los que se atrevian sin temor ni respeto a menospreciar las cosas sagradas, a atropellarlas y a abatirlas, por haberlos puesto en dignidad que no merecian; y por permision divina estos son despreciados y abatidos, como lo dice el mesmo Dios por el profeta Malachías, habiendo insinuado ántes la causa de su castigo. Gran dignidad es la del sacerdote, y a ese peso es mayor su delito, y su culpa mas notada, por el escándalo que da, que es mucho mayor que el de el no conocido humilde pecador y pobre, como lo advirtió San Juan Crisóstomo. Con que queda bien probado y manifiesto que fueron nuestros antiguos sacerdotes sacrílegos y escandalosos, ajustadas las irreverencias y pecados cometidos en los sagrados templos, que son en injuria y desprecio de Dios N. S., y este es sacrilejio conocido, como lo resuelve el anjélico doctor. Vamos ahora a probar y sacar en limpio como fueron idólatras y cultores de dioses falsos. San Gerónimo sobre el ps. 8 nos hace clara y patente nuestra proposicion, diciendo que el que tiene a su vientre por Dios, ese es su reciente y nuevo dios; cuantos vicios y cuantos pecados cometemos, y en ellos nos gloriamos, tantos nuevos dioses consagramos. Pasa mas adelante y dice: ¿soi llevado y sujeto a la pasion irascible? pues ese es mi dios reciente, y cualquiera que adora y venera

aquello en que tiene puesto su apetito y lascivo gusto, esto constitu-
ye y tiene por su dios verdadero. Luego, sin escrúpulo alguno podrémos
decir, que nuestros sacerdotes antiguos fueron tambien idólatras, pues
en los mesmos templos consagrados al verdadero Dios de cielos y tierra y Señor absoluto daban culto y hacian reverencia a sus lividinosos
apetitos, a quienes consagraban por su nuevo dios: y lo peor y mas
escandaloso era significar a aquellos ignorantes pobres, que debajo del
sacramento de la confesion fuese permitido tan grande sacrilejio como
el que cometian, poniendo temor y espanto a las pobres mujeres para
que no descubriesen semejante maldad, ni tuviesen boca para significar
su sentimiento. Y si estas maldades y heréticas acciones no tenian su
merecido castigo por los jueces superiores de la tierra, no tenemos que
maravillarnos le tuviesen por mayor del supremo Juez y Señor de cielos y tierra, asolando, abrasando y consumiendo aquellas antiguas ciudades, y a los habitadores de ellas sujetándolos a la servidumbre de sus
propios siervos y criados.

CAPITULO IV.

En que se da a entender la doctrina y enseñanza que nos dan los antiguos Ethnicos
en la reverencia y culto que se debe a los templos y sagrados lugares.

Grande es el ejemplo, doctrina y enseñanza que los antiguos bárbaros
nos comunican en la veneracion de sus dioses y en el culto y reverencia
de sus templos, pues celosos y severos castigaban delictos y pecados
cometidos en los lugares consagrados a sus falsos dioses, y tambien los
encartaban en la pena, porque consentian en ellos ilícitos tratos y lascivos gustos; para cuya verificacion y prueba de lo dicho acabarémos
este capítulo con lo que nos cuenta Flavio Josepho en sus Judaicas
Antigüedades. Estaba en Roma (dice) una mujer llamada Paulina, tan
adornada de excelentes costumbres como noble en su ilustre sangre y
claro nacimiento, desposada con un varon igual y digno de tales prendas,
que su nombre era Saturnino. Un mancebo llamado Decio Mundo, no
ménos ilustre en sangre que poderoso en hacienda, llevado del amor lascivo y de la hermosura grande de Paulina, acompañada con honesta compostura y mas que aparente recato (que aun este no se platica en estos
siglos en las mujeres que tratan de desenvueltas), que verdaderamente
que es el iman para los hombres cuerdos la honestidad y lo compuesto
en la mujer, solicitó con veras, Decio Mundo, el conseguir el fin de su
deseo, y juzgando que el dinero es la llave maestra que abre con facilidad las puertas mas cerradas y mas fuertes, no habiendo hallado ni
aun un resquicio en la de esta valerosa mujer por diversos modos y
caminos, la ofreció ducientas mil dragmas de moneda (que es como entre nosotros ducientos mil reales) para la ejecucion de sus deseos, pareciéndole que así facilitaria lo que por otros medios no habia podido
conseguir. Pues habiendo visto que con esta última dilijencia (que sue-

le ser para allanar dificultades la mas eficaz y fuerte) no podia dar paso en lo que tan fervoroso pretendia, trató de no comer ni beber, para
dejarse morir de aquella suerte. No se le ocultó a una criada de su padre, esclava astuta y confidente, la causa de su pesar y oríjen de su
desesperado achaque; con que determinó Idis (que así se llamaba la
criada) a decir al mancebo, que le aseguraba la conquista que tanto
deseaba, como era el ver sujeta y rendida a Paulina; que se consolase
y no se dejase morir de aquella suerte. El mancebo cobró grandes alientos y agradeció a la criada su promesa; la cual le pidió cincuenta mil
dragmas para facilitar por otro medio lo que con ducientas mil le habia
sido imposible a Decio Mundo; al punto se las entregó, y ofreció lo mas
que quisiese y para el efecto fuese necesario: con que la buena criada
solicitó nuevo modo y stilo para la consecucion de lo que pretendia,
reconocida la imposibilidad de ser vencida y sujeta por dineros la que
estimaba mas su compostura que cuantas dragmas mil pudieran darla.
¡Oh cómo debian las mujeres de estos tiempos tener doctrina y aprender a no recebir lo que las dan, porque estan obligadas a corresponder
con lo que las piden! Y si en este empeño se ponen las que admiten
dádivas, ¿qué podrémos coléjir de las que descaradamente piden, sino
es que sin empacho ni rebozo darán lo mas que tienen? Pues estando
enterada esta criada que Paulina frecuentaba el templo del Dios *Isidis*,
o *Anubide* por otro nombre, pensó una cosa rara y particular para conseguir su pretension, que fué consultar el caso con los mesmos sacerdotes y custodios del mesmo templo del dios Isidis, encargándoles el
secreto y silencio conveniente; y ántes de todas cosas les entregó veinte
y cinco mil dragmas de presente, y otras tantas les manifestó tenia
dispuestas para el fin y conclusion de lo pretendido, que al punto que
se concluyese, pondria las restantes en sus manos. ¡Oh válgame Dios, a
qué desafueros y maldades no obliga el dinero a los que se dejan llevar
del interes y a los que se postran a su cudiciosa pasion! El sacerdote
que trata de mercader y de aumentar lo que tiene, mas es negociador
que sacerdote, como lo dijo la lumbrera de la iglesia, y los que tratan de
adquirir dineros por este o por el otro camino, mui cerca se hallarán
de imitar a estos isiacos sacerdotes, que por el interes de las dragmas
postraron por el suelo el crédito y opinion de sus sagrados dioses.
Enterados ya los sacerdotes de la pretension de Decio Mundo, y que
por ningun caso se ablandaba Paulina ni se sujetaba a ruegos o halagos amorosos, ni a dineros, determinó uno de los mas ancianos a ir a
casa de Paulina con una embajada falsa del dios *Isidis o Abnubide*, diciéndola, que llevado el referido dios de su virtud y hermosura compuesta, la llamaba para que aquella noche fuese al templo a verse con
el referido dios. Recibió Paulina el recaudo con summo gusto, juzgando
que su hermosura era tan grande que obligaba a los dioses a sujetarse
a ella (que las que se juzgan de esta natural gala estar vestidas y
adornadas, fácilmente darán crédito a que las mas altas deidades se
enamoran de ellas); comunicólo con sus amigas, jactándose de haber me-

recido la gracia de un dios tan grande como *Abnubide,* y tambien a su marido significó su dicha y buena suerte (que hai algunos tan buenos, que les harán creer sin dificultad alguna, que los que entran y salen en sus casas, son dioses que enamoran las mujeres; por eso esten alerta los maridos y adviertan que hai mas que dioses sacerdotes falsos). Dispuesta la cena en el retrete del dios *Abnubide,* fué aquella noche al templo la engañada Paulina, y despues de haber cenado con majestuosa pompa y aparato, la entró el sacerdote al retrete, adonde a obscuras y en lóbregas tinieblas estaba Decio Mundo en forma del dios Abnubide con asechanza escondido; con que toda la noche la tuvo a su mandar sujeta y a su apetito, juzgando siempre Paulina ser el contenido dios con quien dormia y en amorosos desvelos se regalaba. Al amanecer, ántes que los sacerdotes sabedores del trato recordasen, se fué Paulina a dar parte a su marido del festejo amoroso que con el dios Abnubide habia tenido aquella noche, y lo mesmo comunicó gustosa a sus amigas.

Al cabo de tres o cuatro dias que el mancebo Decio Mundo habia satisfecho su deseo y a su salvo gozado a la incontrastable Paulina, por darla a entender que habia conseguido lo summo de su apetito con mucho ménos de lo que la ofrecia, o porque le habia dado en rostro el deleite torpe de la carnal concupiscencia, porque del nimio y demasiado amor ya satisfecho suele nacer el odio y aborrecimiento de ordinario; como le subcedió a Amon con su solicitada hermana, que dice el texto que fué mayor el pesar y hastio que adquirió despues de haber conseguido su deseo, que el amor que de ántes le obligó forzándolo a gozarla: en cuyo lugar dijo el maestro y doctor Gaspar Sanchez de la compañía de Jesus que siempre se habia visto y reconocido, que dél demasiado amor y estrecha comunicacion nacian inmortales odios, principalmente cuando alguna torpe razon o deshonesta causa unió las voluntades, o se puso de por medio a convenirlas: por uno o por otro respeto se declaró a Paulina Decio Mundo, diciéndola que estimaba mucho el favor que le habia hecho, en haberle ahorrado las ducientas mil dragmas, pues importó poco su resistencia y el haberle despreciado, cuando con pretexto del dios Abnubide habia ejecutado sus intentos y satisfecho su apetito. Y dichas estas razones, le volvió las espaldas con desden y hastio.

Corrida la mujer y avergonzada, rasgando las vestiduras y haciendo de sentimiento otros extremos, declaró lo que pasaba a su marido, rogándole con encarecimiento que no permitiese que tan gran maldad y sacrilejio se pasase en blanco y sin castigo. El marido luego al punto, corrido y lastimado, manifestó al emperador lo subcedido; y habiendo hecho Tiberio (que así se llamaba el emperador) apretadas dilijencias y averiguado el caso como queda referido, mandó poner en una horca o patíbulo a los sacerdotes causadores de tan gran delito, y a la que fué el oríjen de la traza como criada astuta y maliciosa, ordenó que acompañase a los isiacos sacerdotes cultores del dios Isidis, cuya estatua y simulacro mandó echar en el Tiber, y arrasar el templo por el suelo, porque permitió en él tan espantoso sacrilejio; y al mancebo Decio Mundo le dió una pena de destierro, considerando que como mozo liviano se dejó llevar del sensual apetito de la carne, que en los discretos y maduros jueces es mas fácil de perdonar esta culpa, o de mirarla con mas piadosos ojos (como lo hizo este sagaz y avisado emperador), que acriminarla severos. Desta suerte quedaron todos castigados, en que nos industrian los antiguos de la suerte que se han de castigar delitos y maldades cometidas en el templo; y si en nuestras antiguas ciudades se hubiesen experimentado algunos de estos castigos, pudiera ser que los nuevamente reducidos mirasen con mas fee de la que tuvieron, nuestras acciones, viendo que habia castigo riguroso para los excesos tan grandes que se acostumbraban.

De aquí podrémos sacar algunas consecuencias al principal intento de este libro ajustadas. Lo primero, que estos naturales bárbaros no pueden reducirse a policía cristiana, porque en sus principios fueron mal industriados, maltratados y oprimidos, y tienen mui presentes los agravios, molestias y vejaciones que recibieron en sus principios.

Lo segundo, la nota y mal ejemplo con que fueron doctrinados, cuyas memorias tienen hoi tan vivas como si al presente las estuviesen experimentando. Porque puede tanto el obrar mal en naturales nuevos y ignorantes de nuestra relijion cristiana, que atropella y avasalla las mas eficaces palabras; que aunque nuestros antiguos y pasados con la boca les manifestaban los sacrosantos misterios de nuestra fee católica, destruian con sus acciones lo que con la lengua edificaban; y así pudiéramos decirles lo que San Agustin dijo sobre el ps. 120: ¿qué importa (dice) que tu lengua himnos cante, si tu vida y costumbres exhala sacrilejios y maldades?

Lo último que podemos notar, es decir que adonde no hai justicia igual a la de estos antiguos jentiles, y se permiten iguales maldades y sacrilejios, cómo podemos esperar paz, quietud ni descanso, sino es una guerra perpétua y inacabable, como la que hasta el dia de hoi se ha continuado en este desdichado reino, a cuyo blanco van enderezados estos verdaderos discursos.

CAPITULO V.

En que se prosigue la historia, y del aviso que tuvimos del cacique Tureupillan mi huésped, para que estuviésemos con cuidado, porque los indios serranos andaban acechando mi persona para cojerme y llevar a quitar la vida.

Quedamos con el fin del dia recojidos en el rancho de mi amigo y suegro Quilalebo, o por lo ménos en demanda de su abrigo, caminando a aquellas horas a gozar del sosiego y descanso que con su quietud la noche nos ofrece; y estando en los segundos tercios de ella, cuando las voces ni humanos ecos se escuchan, y aun cuando las de los canes mas vijilantes se suspenden, como dijo Ovidio:

Jamque quiescebant voces hominumque canumque,
Lunaque nocturnos alta regebat equos.

Ya que la noche en su sosiego estaba,
Y las humanas voces suspendidas,
Y el can mas vijilante no ladraba;
Ya que entre las estrellas mas lucidas
La luna en su carroza se paseaba,
Ostentando sus luces mas crecidas,
En nocturnos caballos obsequiosos
Que rejia con pasos presurosos.

llegó en esta ocasion un mensajero de mi camarada y huésped Tureupillan, con aviso de que habian bajado algunos valentones del distrito de la cordillera con pretexto de comprar algunos bastimentos de que por allá necesitaban, siendo su principal intento ver si me podian haber a las manos, y como aves de rapiña súbitamente arrebatarme y llevar a un parlamento que se estaba disponiendo para quitarme la vida; que, como dije en los capítulos atrasados, quedaron los caciques serranos corridos y avergonzados por no haberles cumplido la palabra Maulican que en el camino les habia dado habiéndose visto solo y sin sus compañeros, como queda referido; a cuya causa se habian convocado con un toque principal llamado Lemullanca, de la parcialidad y territorio de Llancareu y Maulican mis amos, y este hacia todo esfuerzo y ponia todo su poder en dar trazas y modos, por caminos varios, para conseguir su pretension y la de sus aliados, y demas de haber esparcido mas de veinte indios en cuadrillas de a seis y de a ocho cosarios para la intencion arriba referida, envió dos mensajeros este tal Lemullanca al cacique Tureupillan, en cuyo poder me habia dejado el dueño de mi libertad, para que con fraudulento mensaje me sacasen de su poder; que despues en su lugar se dirá en qué pararon sus enredos y maliciosas trazas.

Vamos ahora a lo que hizo Quilalebo, en cuyo rancho asistia y me hallaba aquella noche que nos llegó el aviso. Luego que el cacique Quilalebo oyó la embajada que mi huésped Tureupillan le habia enviado, no dejó de alborotarse, por haber sabido dos dias ántes, de como habian llegado una legua de su casa algunos de estos compradores que habemos dicho, con achaque de comprar maiz, pescado y otras legumbres; y receloso de lo que podia sucederme, se levantó de la cama a aquellas horas y me dijo, queria llevarme a una cueva que tenia oculta y mui secreta, miéntras pasaba aquel rumor y ruido, y tambien en que paraba el parlamento que estaban disponiendo en Repocura, parcialidad de Maulican y Llancareu su padre, y del cacique Lemullanca, confederado con mis adversarios y enemigo mortal de mis defensores amos. Respondí al cacique Quilalebo, que para qué me queria llevar a padecer penalidades y trabajos en soledad desierta, lóbrega y triste; que de qué se recelaba, estando en su tierra y en su casa acompañado de sus hijos, parientes y amigos; que quién se habia de atrever a mirarme a la cara, estando debajo de su amparo y favor; que esos indios que decian andaban derramados de seis en seis y de ocho en ocho,. no habian de andar en parcialidades ajenas con armas en las manos, sino era como tratantes y mercaderes de lo que tenian necesidad; que aunque hubiesen venido con el disinio que nos aseguraba el mensajero, seria por si podian cojerme solo, o con algunos muchachos, en la campaña, como los dias atrasados que nos alargamos hasta el rio de la Imperial, y puede ser hubiesen tenido ciertas noticias de nuestro paseo y viniesen a buscar otra ocasion como la pasada: que entender que habian de atreverse a llegar a casa de ningun principal cacique a sacarme descaradamente, lo tengo por imposible, amigo y camarada. Habeis pensado mui bien (me dijo Quilalebo): estados en casa, que aquí tendrémos nuestros parientes y amigos con toda prevencion y cuidado para lo que se puede ofrecer. Mandó hacer fuego y sacar un cántaro de chicha para el recien venido mensajero, que entre todos le bebimos, y sosegados con las razones que me oyeron, volvimos a continuar el sueño, habiendo ántes enviado a prevenir viniesen con sus armas los comarcanos deudos y amigos, que en distrito de una cuadra poco mas tenian sus ranchos, que al amanecer estuvieron con nosotros mas de veinte indios con sus lanzas y flechas, a saber del cacique lo que habia de nuevo; con cuya llegada nos levantamos todos de las camas, y el cacique Quilalebo, agradecido a su puntualidad y cuidado, los festejó con ocho o diez cántaros de chicha y con un espléndido almuerzo y abundante: porque era el viejo magnánimo, ostentativo y agradable, por cuya causa todos los comarcanos le estimaban con respeto. Retiráronse a sus casas, habiéndoles dado a entender el aviso que habia tenido, de que se orijinó el darles parte, como a compañeros, amigos y deudos, para que estuviesen dispuestos y prevenidos para la defensa y amparo de su casa: porque no pareceria bien que estando yo alojado en sus distritos y en sus casas amparado, me sacasen por fuerza mis enemigos; a que respondieron todos, que no tenia que darle cuidado lo propuesto, que como yo no me desmandase en andar solo en esas campañas, de adonde me pudiesen arrebatar al vuelo, que de lo demas que recelábamos, me podia asegurar, porque ellos no podian faltar a mi defensa y a todo lo que les ordenase y fuese de su mayor gusto; con cuyas razones se despidieron, dejando a Quilalebo agradecido y gustoso, y el mensajero se volvió a casa de Tureupillan mi huésped, de quien habia sido despachado, y yo quedé continuando la compañía y asistencia de Quilalebo, mi amigo y camarada. Y miéntras llega la ocasion de los mensajeros falsos de Lemullanca, que atras queda citado este punto, referiré la ocupacion y ejercicio de aquel dia, de que sacarémos algunos morales ajustados al intento principal de nuestro libro.

CAPITULO VI.

En que se trata del ejercicio que tuvimos aquel dia, despues de despedidos los amigos,
y de la plática que trabamos el viejo y yo, y del moral que se saca de ella.

Habiendo despedido a nuestros huéspedes, almorzado con ellos y brindádonos, las mujeres y chusma de la casa se fueron a sus chacras a
resembrarlas, a limpiarlas y asistirlas, que la continuacion de cultivarlas
y tenerlas a la vista las hace mas fértiles y abundantes, como lo enseña
Dionisio Casio ; y como estos naturales no tienen mas recreos ni mas
rentas que sus sembrados y chacras, de adonde se sustentan con abasto,
y conservan el crédito y opinion de caciques principales y poderosos
teniendo de ordinario cantidad de tinajones y cántaras de chicha, ponen
todo su cuidado y felicidad en ellas.

Quedamos Quilalebo y yo a las espaldas del rancho o casa gozando
de los apacibles rayos del sol, que en aquella altura tiene mas frescos
los efectos la primavera que aun el mesmo invierno. Convidónos el abrigo y lo templado del dia a suspender un rato los sentidos, y si a mí me
solicitaba el deseo el haber visto al buen viejo dormido y sosegado, por
otra parte me desvelaban los cuidados y los discursos varios con que me
hallaba, considerando por una parte las persecuciones y trabajos padecidos, y aun hasta entónces de mis malignos émulos solicitados, y los
riesgos en que me hallaba en mis mayores dichas, a riesgo de caer en
las ocasiones y lazos que el maligno spíritu me ponia cada dia : daba
gracias a Dios, por otra parte, de verme fortificado con su favor y ayuda,
y tambien contemplaba mi dichosa suerte en la acojida feliz que entre
todos los mas halló mi fortuna, con el amparo y defensa de mis amos y
la que los caciques imperiales tan declaradamente me ofrecian, a quienes
debí mui grandes agasajos y corteses acciones. Volví los ojos en medio
de estos confusos pensamientos al camarada y amigo, postrado al sueño
y presos sus sentidos, a un cadáver insensible asemejado, que como sus
años pasaban de setenta, poco habia menester para representar una viva
estampa de la muerte ; que durmiendo aun el mas vigoroso jóven lo
parece: elegantemente lo notó San Crisóstomo. ¿Qué cosa puede haber
mas parecida a la muerte (dijo), que el aspecto del dormido, y quién hai
que esté mas lleno de vida, que la forma del que está dispierto? Esta
consideracion me solicitaba desvelos y el no sujetarme al sueño todas
veces, porque el que duerme a rienda suelta, no tiene mas de precio y
estimacion que el que no vive, como lo enseña San Clemente Alejandrino; y mas adelante dice, que la mitad de la vida divide el sueño entre
nosotros. Qué bien pareciera el desvelo en los que gobiernan perezosos
y dormidos, que con gran perjuicio de los pobres negociantes hacen de
los claros dias noches, sin atender a que el que es príncipe y superior
que gobierna, ha de estar dispuesto a todas horas a atender y escuchar
las quejas y clamores de los pobres humildes, y cuando duerma, ha de
ser con tal arte y de tal suerte, que el primer movimiento del súbdito

mas desdichado y la voz del necesitado pobre le recuerde cuidadoso, como lo acostumbraba el capitan troyano, que daba a sus fatigados miembros una tardia quietud y un sosiego acelerado en las orillas del mar o de los rios, como lo manifiestan los siguientes versos:

In ripa gelideque sub ætheris axe procubuit
Æneas, seramque dedit per membra quietem.

Al que importa no dormir
Aunque el sueño le combata,
Tenga en memoria al pirata
Que le viene a combatir:
Procure en esto seguir
Al troyano valeroso,
Que dado al leve reposo
En las riberas del rio,
No tuvo mas que al rocio
Por su capa y su rebozo.

Porque se ha de dormir de tal suerte y en tal cama, que fácilmente y a cualquier movimiento se hallen dispiertos los sentidos. Dice San Gerónimo, que el desvelo del demonio y su mayor cuidado no es otro que procurar adormecer el ánimo del que se muestra mas vijilante y solícito en la obligacion de lo que está a su cargo y es conveniente; y esto lo solicita con mas veras en los príncipes superiores que gobiernan, y prelados dilijentes, que como pastores vijilantes, si se duermen y descuidan, corren grandes riesgos sus rebaños; y para que en el peligro no naufraguen los siervos, los vasallos y feligreses, velen cuidadosos los pastores, esto es, los reyes, príncipes superiores y prelados, que de esa suerte reconocerán atentos las necesidades de los pobres humildes, que por tales no ven el rostro jamas a la justicia; y es bien que la justicia se desvele en buscarlos, ampararlos y defenderlos, para que no se diga de ellos lo que el profeta Nahum dijo del neglijente rei y dormido superior: tu pueblo (dijo) está esparcido por esos montes, sin pastor que le recoja, y sin superior que le defienda.

Al cabo de dos horas, el viejo Quilalebo mi camarada con alegre semblante despertó del sueño, llamándome apresurado y significándome lo que en mi favor habia soñado. Habeis de saber, capitan (me dijo), que acabo de llegar de vuestra tierra, con una capa azul que me habiais dado, habiéndoos dejado con gusto entre los vuestros, que con grande aplauso y regocijo os recibieron. Mirad que esto no puede faltar, porque nunca mis sueños han salido en vano. Yo os agradezco (respondí al cacique) el consuelo y alivio que con vuestras proféticas palabras dais a mis pesares y congojas, en que se conocen los afectos y verdaderos deseos que teneis de mi rescate, y de que vuelva gustoso a gozar de mi libertad perdida; porque el sueño no es otra cosa que una representacion viva y eficaz de lo que en el discurso del dia se continúa en la memoria, y así juzgo que habeis soñado lo que vuestro amor y buena vo-

luntad me desea. Es verdad (me respondió el cacique) que todo lo que
os toca y es de vuestra conveniencia y al seguro de vuestra vida encaminado, os lo deseo y solicito, y tened por cierto lo soñado. Quiéralo
Dios así (Quilalebo amigo), que cuando se cumpla vuestra profecía, no
os podrá faltar la capa azul y lo mas que fuere de vuestro gusto. Mucho estimo vuestro ofrecimiento, capitan (me respondió el buen viejo),
y porque conozcais cuanto es lo que os estimo, aunque me veo cargado
de muchos años, no os tengo de dejar de la mano hasta que con todo
seguro os ponga entre los vuestros : y tomad esta palabra de mí, que la
cumpliré a lei de quien soi, y no se han de pasar muchos dias sin que
veais ejecutado lo que os he dicho. Agradecí al cacique la oferta que
me hizo, con extremo, y proseguimos nuestra conversacion, que fué
de várias cosas : solo referiré lo que a nuestro intento puede hacer al
caso.

Entre otras preguntas que me hizo Quilalebo, fué decirme si tenia algunos hermanos o hermanas, y cuántos; a que le respondí, que no tenia
mas que dos hermanas, que estaban en un monasterio de monjas, adonde se habian criado desde mui pequeñas. Pues ¿para qué las entran en
esos conventos? me volvió a decir mi camarada. Para que sirvan a
Dios (le respondí), y para que esten apartadas de la comunicacion
estrecha de los hombres ; a cuyas razones me dijo, haciendo chanza y
burla con los labios risueños : grandes embusteros sois los españoles,
capitan amigo ; ¿a mí me quereis dar a entender que las monjas no
tienen comunicacion con los hombres? Bien parece que ignorais que
he sido paje y criado de hombres mozos. Habeis de advertir una cosa
(le repliqué al viejo), que de dia y en concurso de muchas relijiosas
se permite comuniquen los deudos y parientes con las que lo son,
y esto es estando de por medio dos fuertes rejas de hierro ; y esta
permision que tienen, es mui ajustada y· conveniente, para que las
pobres relijiosas y virtuosas señoras que se recojen a servir a Dios,
puedan con decoro y decentemente sustentarse. Está bien lo que decis
(me respondió Quilalebo); pero decidme, capitan *cuempo*, que quiere decir yerno, los que van de noche y a deshoras y entran dentro, ¿a qué
dirémos que se encaminan sus pasos? Nunca se ha presumido tal cosa
(dije como admirado), ni se puede dar crédito a semejante desvario, y
si como lo decis pasaba el caso, pudiera ser que alguna criada, que
dentro de los conventos suele haber algunas, fuese la que diese lugar
a vuestro amo a poner en ejecucion tan horrendo sacrilejio y digno
de toda admiracion ; porque no se puede presumir, ni aun poner en la
imajinacion, que mujeres consagradas a Dios N. S. se atreviesen a
hacer ofensa de mayor marca a su verdadero esposo Cristo. Puede ser
capitan, lo que decis (dijo Quilalebo): lo que os he referido, os podré
asegurar por cierto. No quiero apretar mas este punto, ni especificarle
con las circunstancias que el cacique lo refirió ; basta que haya dicho
el stilo y modo risueño con que escarneció nuestras costumbres.

Dejemos por ahora nuestra historia de la mano y discurramos un rato sobre el caso y sobre lo platicado con el cacique, para dar algun pasto a la proposicion de nuestro libro.

CAPITULO VII.

En que se ponderan las razones del cacique Quilalebo, y se manifiesta ser la guerra injusta, por no haber podido ser compelidos estos bárbaros a entrar en el gremio de la Iglesia a fuerza de armas.

¿Cómo pudieron estos naturales infieles tener verdadero conocimiento de Dios N. S. y de nuestra relijion cristiana, con semejantes ejemplares como los que atras quedan insinuados? Reconocidos bien y averiguados, ¿habrá quién a esta nacion bárbara, de infieles ni traidores los calumnie? Si la luz que habia de abrir camino a sus ciegos discursos y incapaces entendimientos, era una confusa noche de tinieblas, con públicos pecados y atroces culpas forjada y entretejida, ¿no era forzoso que estuvieran siempre a escuras, sin acertar al blanco verdadero de nuestra fee católica? Paréceme que no tiene duda esta propuesta. Pues ¿cómo han informado al Rei N. S., que felices años guarde el cielo, que estos naturales son herejes, sobre cuya proposicion fué fundada la cédula real de su esclavitud, que es la que ha perturbado la quietud y sosiego de este reino? Lo primero digo, que por ser contra la verdad el informe referido, la esclavitud de esta nacion la hallo por no bien justificada; porque si por herejes han de ser esclavos los rebelados vasallos, estos no lo son ni lo han sido jamas, por no haber tenido verdadero conocimiento de nuestro Dios y Señor.

Pruébolo con los principios de esta conquista, que como queda apuntado en otros capítulos, la guerra principiada o conquista a fuerza de armas no fué justa, por haber faltado en lo principal de las condiciones que pone Santo Thomas para que la accion de guerrear sea lícita y bien emprendida: que vuelvo a repetir en este lugar, que siendo la intencion depravada de los que la principian, y a sus particulares fines dirijida, aunque sea la causa justa y el permiso lejítimamente adquirido, no será la guerra ajustada a lei divina ni humana. Pues vamos al beneplácito y consentimiento del príncipe, si le pudo dar o no, siendo de la suerte referida. San Pablo dijo, que no tenia que entremeterse con aquellos que estaban fuera del gremio de la Iglesia, y Santo Tomas expresamente dice, que la Iglesia no tiene jurisdiccion en los infieles que nunca tuvieron luz de la fee, ni puede castigarlos; y si la Iglesia quisiese hacerlo, fuera tener mas mano y señorio sobre ellos que el mesmo J. C. en cuanto hombre, que aunque en potencia estuvo sujeto y subordinado el comun y universalidad de los hombres a su poder infinito, en actu no; porque Cristo, nuestro bien, no quiso todo el poderio en cuanto hombre en la obra, de la manera que en cuanto Dios lo comprehende todo: de que se saca que la Iglesia no puede tener mas poder que Cristo S. N., y el castigo de estos infieles que nunca tuvieron luz de nuestra fee santa, lo reservó el Supremo

Dios para sí, segun San Pablo. Y la diferencia de este poder la difine Santo Tomas diciendo, que los infieles referidos no son competentes a la iglesia *in actu*, sino en la potencia.

Algunas razones hai y lugares de la sagrada escriptura que al parecer tienen algun viso para que se pueda colejir, que los infieles pueden ser compelidos a entrarlos en el gremio de la Iglesia, y se valen algunos de las palabras de San Lúcas que dicen: sal a esos caminos y desiertos (dijo el Señor al siervo) y por fuerza entra a los que encontrares; y segun la exposicion de los santos doctores, no se entiende de la compulsion exterior por guerra ni por fuerza de armas, sino es de la interior, que Dios hace por sus inspiraciones, o por ministerio de ánjeles, como lo declara San Crisóstomo y Santo Tomas, que dice, que en aquella parábola que hace mencion de la compulsion, no se entiende haya de ser con violencia exterior, sino es con razones y persuasiones eficaces, o por blandas o ásperas, de manera que unas veces por adversidades, otras por milagrosos efectos, por inspiraciones 'y por palabras, compele Dios a las veces a los endurecidos y obstinados. Por lo cual dijo San Agustin: dichosa y feliz necesidad la que obliga a buscar lo mejor; y el doctor Inocencio, que lo fué en las leyes divinas y humanas ilustre y grande, dice sobre la parábola *non compellant*, que ninguno puede ser forzado a que reciba nuestra católica fee, ni hacer cristianos con materiales amenazas ni castigos, y que no hace al efecto que al siervo ordene el Señor que éntre por fuerza o compela a los convidados a entrar, porque se entiende de la compulsion hecha por instancias de razones eficaces, y no por aspereza ni severidad del castigo material, ni temporal violencia. Y el anjélico doctor resuelve, que de ninguna manera pueden ser forzados los que nunca tuvieron luz de fee, a recibirla, porque debe ser admitida mui de grado y de espontánea voluntad.

De aquí podrémos sacar dos cosas a nuestro intento: lo primero, que la Iglesia o su vicario no pudo dar permiso para que a fuerza de armas se conquistasen estos infieles, y si por lo dicho no tuvo potestad para hacerlo, y el permiso que dió fué no con la intencion de guerra que por los primeros conquistadores se ejecutó, seguiráse de aquí no haber sido justificada esta guerra. Lo segundo, que habiendo entrado conquistando a fuerza de armas, con muertes, destrozos y vertida sangre de muchos, la fee que admitieron, fué sin ninguna luz de nuestro Dios ni de nuestra relijion cristiana, así por el temor que cobraron a los españoles, como por el mal ejemplo con que fueron industriados; que ántes pudiéramos decir, que los enseñaron a blasfemar a Dios, como dice San Crisóstomo sobre las palabras de San Matheo, en nombre de Cristo: así resplandezca vuestra luz en la presencia de los hombres, para que vuestras buenas obras sean patentes a todos, y glorifiquen y ensalcen a vuestro Padre que está en los cielos. Por aquellos que enseñan con la lengua (dice este santo) y con las obras desdicen y desmienten sus razones, es blasfemado nuestro Dios y Señor, así como si bien enseñan y mejor obran con el ejemplo de sus santas vidas, los jentiles ignorantes con admiraciones dicen : bendito sea el Dios que tales siervos y ministros tiene, que muestran ser el verdadero, porque si no fuese justo y santo, nunca su pueblo estuviera tan cerca de la justicia, amparándola y defendiéndola. Esto es lo que puede el ejemplo en los ignorantes y en los que nunca tuvieron conocimiento de nuestra fee católica. Vamos adelante con las palabras del santo : al contrario (dice), si enseñan bien y obran mal, conversando peor los jentiles que estan a la mira, dirán : ¿cuál es el Dios de estas jentes que tan abominables cosas hacen? por ventura permitiera semejantes maldades, ni las tolerara, si no fuese consentidor de ellas? Veis aquí como nuestro Dios es blasfemado por malos y perversos cristianos, que no puede un señor, teniendo mala familia, granjear buena opinion ni crédito. Luego, bien podrémos decir que a estos pobres infieles no los enseñaron, sino fué a blasonar [sic] a Dios N. S., como dice San Crisóstomo, y a fuerza de armas y rigores los hicieron cristianos, y lo fueron de cumplimiento y solo en el nombre, porque con palabras querian parecer ministros de Cristo S. N., y con sus perversas obras embajadores y siervos de Satanas. Vamos a la última condicion, y averigüemos si hubo causa lejítima y justa para entrar a esta conquista de Chile guerreando a fuego y sangre, sin otras dilijencias que se deben hacer ántes, como en otra parte de este libro estan manifiestas.

CAPITULO VIII.

En que se prueba no haber dado causa alguna estos indios chilenos en sus principios para haberlos entrado guerreando, ni S. M. haber dado tal permiso.

Las causas que justifican las guerras que contra infieles jamas vistos ni doctrinados se emprenden, son el haber estorbado o impedido que nuestra fee católica entrase en sus tierras o distritos, habiéndola querido entrar por buenos y apacibles medios, o habiéndola blasfemado con patentes persecuciones o perversas persuasiones ; y habiendo permiso declarado del príncipe, se les puede hacer guerra, bien manifiestas y averiguadas estas causas.

Reconocida por los efectos la intencion con que entraron guerreando nuestros primeros conquistadores, no se hallará que ninguna de estas referidas causas concurriese en los principios de esta conquista ; porque no habiendo conocido ni visto jamas a los españoles, sino fué por noticias que de los vecinos lastimados tuvieron, conquistados a fuerza de armas, manifiesta cosa es, que no los habian contradicho, impugnado ni mostrádose enemigos capitales de nuestra relijion cristiana, pues no la conocian ni se la habian dado aun a conocer : con que no pudieron perseguirla ni solicitar destruirla con abiertas y claras persecuciones, o por ocultas y secretas persuasiones (como advierte Santo Tomas), o por otros caminos solicitando que los cristianos renegasen, forzados o persuadidos por que dejasen nuestra fee, que jamas lo han imajinado. Con que parece que la guerra o conquista emprendida a fuerza de armas, por ningun camino hallamos algun viso de justificacion en ella; en que concuerdan todos los doctores de la Iglesia y el anjélico doctor en la cuestion citada; y el ilustre y doctor don Juan de Solorsano Pereira, que escribió del derecho de las Indias con toda erudicion, experiencia y sabiduría, con haber sido de los que mas amplian y ensanchan la real jurisdiccion, se ajusta a la cuestion probada y citada de Santo Tomas, y dice estas siguientes palabras:

No porque yo sienta ni pretenda sentir ni decir que sea lícito absolutamente forzar a los infieles a que reciban la fee que se les predicare, ni hacerles guerra, o despojarles de sus tierras por esta causa; que bien sé que eso no es permitido: palabras formales en su Política Indiana.

En la bulla de Alejandro VI, pontífice summo de la Iglesia, concedida a nuestros Católicos Reyes, tampoco he hallado cosa que contradiga a la opinion probada, ni que expresamente diga que se entable entre los infieles nuestra católica fee a fuerza de armas; que se reduzcan sí conforme a la piedad cristiana y a la lei suave y amorosa del Evanjelio santo; sobre lo cual dice estas razones la bulla a los fines de ella:

Y allende de esto, os mandamos en virtud de santa obediencia, que así como tambien lo prometeis y no dudamos por vuestra grandísima devocion y magnanimidad real que lo dejaréis de hacer, procureis enviar a las dichas tierras firmes e islas, hombres buenos, temerosos de Dios, doctos, sabios y expertos, para que instruyan los susodichos naturales y moradores en la fee católica, y les enseñen buenas costumbres, poniendo en ello toda dilijencia que conviene.

Estas son las palabras de la bulla, que penetró mas bien el sentido de ellas nuestro Católico Rei Fernando, que los que la han querido interpretar y dar otro viso a sus claras razones, pues ordenó al primer descubridor de las Indias lo que por la cédula siguiente parece:

CEDULA REAL.

Por ende Sus Altezas, deseando que nuestra santa fee católica sea aumentada y acrecentada, mandan y encargan al dicho almirante, visorei y gobernador, que por todas las vias y maneras que pudiere, procure y trabaje atraer a los moradores de las dichas islas y tierra firme a que se conviertan a nuestra santa fee católica, y para ayuda de ello Sus Altezas envian allá al devoto padre frai Buyl, juntamente con otros relijiosos, que el dicho almirante consigo ha de llevar; los cuales, por mano y industria de los indios que acá vinieron, procuren que sean bien informados de las cosas de nuestra santa fee, pues ellos sabrán y entenderán ya mucho de nuestra lengua, y procurando de los instruir en ella lo mejor que ser pueda. Y porque esto mejor se pueda

poner en obra, despues que en buena hora sea llegada allá el armada,
procure y haga el dicho almirante que todos los que en ella van y los
que mas fueren de aquí adelante, traten mui bien y amorosamente a los dichos indios, sin que les hagan enojo alguno, procurando que
tengan los unos con los otros conversacion y familiaridad, haciéndose
las mejores obras que ser puedan. Y asímesmo el dicho almirante les
dé algunas dádivas graciosamente de las cosas de mercaduría de Sus
Altezas que lleva para el rescate, y los honre mucho; y si acaso fuere
que alguna o algunas personas trataren mal a los indios en cualquiera
manera que sea, el dicho almirante, como visorei y gobernador de Sus
Altezas, lo castigue mucho, por virtud de los poderes de Sus Altezas
que para ello lleva, etc.

Estas palabras y las de la bulla, mas se encaminan a que con razones, con agasajos y dádivas, y con el ejemplo y santa vida de personas
expertas y sábias sean reducidos los infieles indios, que no a que sean
compelidos ni obligados con violencia, ni a fuerza de armas, a entrarlos
en el gremio de la Iglesia santa, ni que para esto sean despojados de sus
tierras, de sus haciendas y casas, ni arrebatados sus hijos ni mujeres
para aprovecharse de ellos, como lo han hecho en estas conquistas, contra todo el dictámen y voluntad del summo pontífice y de nuestros
Católicos Reyes, que se conformaron y unieron al gobierno y disposicion del primer vicario Cristo S. N., que no envió a predicar la fee
armados ejércitos, a que primero sujetasen al mundo y lo atemorizasen:
solo dijo a sus discípulos: andad y predicad el Evanjelio, curad a los
enfermos, limpiad a los leprosos, y echad demonios de los cuerpos, y pues
de gracia se os han comunicado estos previlejios, de gracia debeis hacerlo; con cuyas razones no concuerda, que ántes de predicar la fee y el
Evanjelio, se éntre no a curar los enfermos, ántes sí a matar a los sanos,
ni a echar los demonios de los cuerpos, sino es a entregar las almas al
infierno con malos tratamientos, malas obras y peores ejemplos. Y así
dice por este evanjelista santo el lejislador divino: catad aquí os en-
vío, discípulos mios, como ovejas entre lobos; dando a entender que los
envía no como lobos a tragar ovejas, sino es como ovejas entre lobos,
para que muriendo y padeciendo diesen verdadero testimonio de nuestra santa fee católica, encargándoles toda benignidad y mansedumbre
en sus palabras y en sus acciones, como lo dijo San Crisóstomo. Con
que me parece que queda bien claro y manifiesto, no haber sido en
sus principios justificada la guerra que contra estos bárbaros infieles
se comenzó y se les hizo; de adonde podrémos sacar evidentes razones
para desvanecer los fundamentos en que pudieron estribar los [sic] que
tuvieron para la esclavitud de esta nacion, de que tratarémos en el siguiente capítulo, continuando esta materia como cosa de tanta importancia para la dilacion de esta guerra, que es el blanco y fundamento
de este libro.

CAPITULO IX.

En que se prosigue la materia, y se prueba como estos infieles no han sido herejes ni apóstatas jamas, sobre que se fundó la cédula de esclavitud, y como es la que hace perpétua la guerra de Chille, y de otros morales que se ofrecen.

Prosiguiendo con la historia y con la conversacion trabada el cacique Quilalebo y yo, habiéndola dejado en el capítulo atrasado por sacar de sus razones al intento algunas consecuencias y hilaciones, darémos principio a este capítulo con otras que se rodearon mui al propósito de lo que tenemos entre manos. Pasó en esta sazon un español cautivo con su amo, que se encaminaban para la costa en demanda de algunas legumbres, mariscos y pescado, que le teníamos en abundancia los que nos hallábamos vecinos a una laguna que estaria de nuestros ranchos poco mas o ménos de una cuadra. A esta la bañaba el mar y tenia sus crecientes y menguantes como ella, y como tan apacible y sosegada, habia dentro cantidad de embarcaciones de canoas, balsas y piragüas, en que los muchachos y chinas andaban de ordinario, por via de entretenimiento, mariscando y pescando con redes y trasmallos, que con gran facilidad sacaban choros, erizos, ostiones, pejereyes, róbalos y otros jéneros en abundancia, así para comer y regalarse, como para feriarlos a los que de la cordillera y otras partes distantes venian en su demanda. Entre estos llegó, como he dicho, este indio valeroso y soldado con su cauptivo, que él queria bien, y lo mostraba el buen tratamiento que le hacia; apeáronse de sus caballos y asentáronse a las espaldas del rancho, adonde nosotros estábamos platicando; y al punto, como acostumbran los principales caciques, les sacaron dos cántaros de chicha, algunos bollos de maiz y panes de lo mesmo, y un guisado de ave que para merendar teníamos: de que comimos todos en buena compañía y en la mia el soldado cautivo, despues de habernos abrazado con summo gusto y amor, porque era de los prisioneros que conmigo cautivaron y de mi propia compañía. Que luego que me vió, se le cayeron las lágrimas de los ojos, y yo no pude detener las mias; que enternecidos nuestros amos o dueños de nuestras voluntades, nos consolaron grandemente, diciendo que no todos los cautivos tenian dicha de encontrar con amos de tan buenas entrañas y apacibles condiciones, como los que teníamos, y que mañana u otro dia se ofreceria ocasion de rescates, y que sin duda seríamos los primeros y los mas bien librados. Acabaron de comer y de beber, y trató luego el forastero de proseguir su viaje para la costa, adonde tenia un conocido amigo; y al despedirnos, fué forzoso volver a enternecernos, rogándome el soldado que no le olvidase cuando me hubiese de rescatar; que en la frontera de adonde él venia, decian por cosa cierta todos, que no estaria yo entre ellos muchos dias, porque ya se habian principiado los rescates, y que solo por mí se habian abierto. Yo le prometí que haria todo lo posible por llevarle conmigo, como lo cumplí, como se verá despues en su lugar; con que se despidieron de nosotros. Y lo restante de la tarde quedamos conversando Quilalebo y yo sobre la pasada del indio con su español cautivo, bien tratado y bien querido, de que se orijinó decirme el viejo las razones siguientes:

Veis aquí, capitan, los mas cauptivos españoles que andan entre nosotros, el tratamiento que tienen: comen con nosotros, beben con nosotros, visten de lo que nosotros, y si trabajan, es en compañía nuestra, como lo habréis experimentado en vuestro compañero y otros; que no quiero yo entraros a vos en ese número, porque correis por diferente camino, por quien sois, por capitan y por vuestro agrado, que naturalmente os llevais las voluntades de todos. ¿Por qué los españoles, pregunto ahora, nos tienen por tan malos como dicen que somos? pues, en las acciones y en sus tratos se reconoce que son ellos de peores naturales y crueles condiciones, pues a los cautivos los tratan como a perros, los tienen con cormas, con cadenas y grillos, metidos en una mazmorra, y en un contínuo trabajo, mal comidos y peor vestidos, y como a caballos los hierran en las caras quemándolas con fuego. Si acá hiciésemos eso con vosotros, no habia que maravillarse, cuando seguíamos el camino de vosotros; y con tener estos ejemplares (que siempre habeis sido los españoles los que nos habeis industriado en malas y perversas costumbres), no habemos querido imitaros en esto, por parecernos crueldad terrible y no digna de pechos jenerosos ni de valientes soldados. Verdaderamente que no dejé de quedar avergonzado y corrido, porque todo lo que dijo, sucedia así; respondíle al cacique, que en algunas cosas tenia razon, y que era cierto lo que habia dicho; pero que era imposible tener entre nosotros sin prisiones los cautivos y sin guardias, a causa de que al instante se ausentaban, y a cualquier descuido como perdices de entre las manos se desparecian; y que así no se admirase de que los tuviesen con prisiones y con guardias. Y el quemarles las caras con hierros ardiendo y otros instrumentos, capitan, ¿por qué lo hacen (dijo el viejo)? no es porque naturalmente nos quieren mal, y porque quieren vernos consumidos y abrasados? Nosotros ¿qué es lo que hacemos? defender nuestras tierras, nuestra amada libertad y nuestros hijos y mujeres, pues ¿no es peor sujetarnos a padecer las desdichas, miserias, vejaciones y agravios que en otra ocasion os he significado que padecíamos? no nos está mejor morir en la demanda, que volver a experimentar nuevos tormentos y trabajos de la manera que los padecieron nuestros antepasados? Que los tenemos tan en la memoria, que es imposible que la tierra vuelva a sujetarse a los españoles, y deje de haber guerra perpétua y inacabable, porque aunque no quede mas que un indio solo, ese ha de andar con las armas en las manos y perecer con ellas ántes que vivir sujeto.

Yo no supe verdaderamente qué responder a las razones que con tanta razon y verdad el viejo me proponia. Solo respondí, que no me maravillaba de que tuviese tan presente los antiguos modos con que fueron maltratados y oprimidos; que aunque al presente corria por otro stilo el agasajo y amor con que eran tratados los indios amigos en sus reducciones, no dejaba de haber algunos mal contentos y desabridos, porque no todos habian de ser reservados del trabajo ordinario y necesarias faenas del servicio del Rei, como eran las escoltas y acarreos de los bastimentos, de que ellos eran tambien participantes, en el manejo de los barcos, en centinelas, en cortar los caminos y rejistrarlos, para el seguro de sus casas y reducciones. Esto fué por disculpar en algo nuestras acciones; de que el cacique no quedó mui satisfecho, porque tenia en su parcialidad dos o tres de los nuevamente herrados en las caras, cuyas señales no podia yo borrarlas, ni dejar de tenerlas el cacique mui presentes, por ser de las cosas que de nosotros mas abominaban, vendiendo como a negros sus parientes, sus hijos y mujeres, echándolos a tierras remotas y enajenándolos de las suyas.

Vamos ahora al intento y a lo propuesto en el capítulo sobre la esclavitud de esta nacion; que de las razones antecedentes del cacique podrémos proseguir nuestros discursos y decir, que la esclavitud de esta nacion es la que perturba la paz, el sosiego y la quietud de este reino: para cuya prueba, habemos sacado en limpio lo primero, no haber sido las guerras principiadas en esta conquista con justo título emprendidas: causa que ayuda tambien a nuestro intento, para no habiendo sido lijítimamente lo uno permitido, lo otro quede fácilmente derogado.

Lo segundo que se debe probar para desvanecer el principal fundamento de esta esclavitud, es que no son herejes, ni jamas lo han sido, ni apóstatas tampoco, como dicen. Hereje es aquel que ha tenido y tiene verdadero conocimiento de Dios y de nuestra católica relijion, y la blasfema, oponiéndose a la verdad de su doctrina y enseñanza, siguiendo opiniones falsas, o inventándolas de nuevo, como dice Santo Tomas. Luego, estos bárbaros infieles no han sido jamas herejes, ni lo son, porque lo primero, la contradiccion que hicieron a los españoles en sus principios con opuesta repugnancia, no fué encaminada al odio y aversion que mostraron a nuestra santa fee católica (como queda atras probado), ántes pudiéramos decir, que porque los enseñaban a blasfemar a Dios, como dijo San Crisóstomo (citadas sus palabras en el capítulo antecedente), permitió N. S., por sus juicios, que cortasen y atajasen los pasos a sus desenfrenadas acciones: porque habiendo de enseñar y mostrar el verdadero camino de nuestra fee católica con buenas obras y costumbres, con su mal ejemplo y perversos procederes dieron ocasion a que se desviasen de su doctrina y tuviesen por falsas sus finjidas palabras.

Lo segundo, para prueba de lo dicho, no se podrá decir de esta nacion infiel que haya inventado nuevas ni falsas opiniones en contra de nuestra fee sancta, que si han seguido y siguen las que en su jentilismo acostumbraban, seria por parecerles mas ajustadas a la lei natural en que vivian. Porque si entre nosotros experimentaban adulterios, incestos, robos y ladronicios, estos vicios entre ellos no eran conocidos, ni por sus efectos jamas les habian visto las caras, pues para ausentarse alguno de su casa no necesitaba para dejarla segura de mas llaves de lo vas [sic], ni muralla mas fuerte que unas ramas verdes, que arrimadas a la puerta del rancho, bastaban para el seguro de lo que entre sus pajas se encerraba : a mujeres ajenas no habia quien mirase, ni se atreviese a hacer a ningun particular ofensa, ni a inquietar doncellas que al abrigo de sus padres estaban recojidas ; no mentian, ni los unos a los otros con fraude ni engaño se trataban ; y hoi con la comunicacion de los nuestros tienen esta licion bien estudiada, porque a los ignorantes bárbaros les facilita el ejemplo, y lo que ven hacer, aun lo mas repugnante a nuestra depravada inclinacion y lo mas difícil a la imitacion humana. Con que queda probado no haber tenido mas conocimiento de Dios N. S. que el que les manifestaron nuestras obras.

Pues ¿no fueron cristianos, preguntarán algunos, y admitieron la fee y la profesaron, oyendo misa, rezando las oraciones, y confesándose como fieles verdaderos y católicos hijos de la Iglesia santa? Responderé que sí, que tuvieron el uso y ejercicio de cristianos, solamente a modo de las bestias, que repugnan la carga y la despiden, y con violencia vuelven a obligarlas a que la lleven mas de fuerza que de grado. De esta suerte abrazaron la fee, que nunca tuvieron, por haberles faltado el principal móvil, que es la voluntad, por quien se rijen y gobiernan las demas potencias, como lo resuelve el anjélico doctor ; por lo cual el uso que tuvieron de aquellos ejercicios de cristianos fué de ningun efecto y en sí nulo totalmente, que, segun San Agustin, el uso es poner debajo de la facultad y dominio de la voluntad, alguna cosa que se aprehende y se coje. Estos naturales no tuvieron voluntad de comprehender los sagrados misterios de nuestra fee santa, porque quisieron dárselos a entender con rigores y malos ejemplares ; luego, fueron sus acciones ningunas en sí, y el uso que tuvieron, de ningun efecto, por haber sido forzados y oprimidos a fuerza de armas y de malos tratamientos, y con peores obras alicionados ; y consiguientemente no tuvieron fee jamas (hablando en comun y en lo jeneral de los rebeldes), porque el que derechamente la posee, de su propio motuo y libre voluntad ha de asentir y abrazar la doctrina de Cristo S. N., en el sentir de Santo Thomas.

CAPITULO X.

En que se prueba que estos naturales bárbaros no pudieron tener conocimiento de Dios, por las razones que se insinúan.

En los capítulos atrasados queda advertido que jamas han intentado ni aun imajinado estos naturales el hacer apostatar ni blasfemar nuestra fee católica a ninguno de cuantos han estado cautivos entre ellos, por odio ni adversion que muestren a nuestra relijion cristiana, para prueba de que no son herejes ni lo han sido estos infieles de Chille ; ántes son naturalmente inclinados a que enseñen a sus hijos a rezar y a que sean cristianos, estando en su libre albedrio y sin la sujecion de los españoles: y en esto no ponen ningun embarazo ni impedimento a los cautivos; que el haber emprendido y ejecutado algunas insolencias y maldades en nuestros templos y sagradas imájenes, ha sido por parecerles que con semejantes acciones toman de nosotros alguna venganza, como mas latamente queda este punto en otros capítulos especificado. Con que queda declarado y manifiesto, que esta nacion infiel y bárbara, ni rastro de herejía se halla en ella, y por lo consiguiente no tener lugar la apostasía que asímesmo les acumulan; porque apostasía no es otra cosa, que un apartamiento de la fee admitida con conocimiento de Dios: este no le tuvieron ni abrazaron jamas, luego no pudieron dejar lo que no poseyeron, ni apartarse de aquello a que nunca se allegaron; con que queda probado que el informe que hicieron a S. M. para hacerlos esclavos, fué siniestro; con que por esta parte queda sin fundamento la cédula de esclavitud. Y mui grandes fundamentos sin duda debe de haber tenido S. R. M., pues diversas veces ha derogado las cédulas de esclavitud que se han despachado a este reino de Chille; que algunas juzgo se ocultan con cuidado, pues no ha llegado a mi noticia que el año de seiscientos y treinta y nueve se despachó otra cédula en favor de los indios naturales contra la esclavitud de esta nacion, en que manda S. M. que de ninguna manera sean esclavos, como lo refiere en su Cronolójica el R.º P.º Claudio Clemente de la compañía de Jesus, que hizo del gobierno secular y eclesiástico de las Indias occidentales, islas y tierra firme, despachada por el Rei N. S. Philipo IV, que buen siglo haya, a diez de septiembre del dicho año de seiscientos y treinta y nueve. Y supuesto que ha habido tantas variedades en esta razon, es cierto que fué fundado en los informes que se le hicieron por personas de cristiano celo e intencion piadosa, y de sana conciencia. Y para mayor prueba y confirmacion de lo que habemos dicho de estos naturales, de que no tienen ni han tenido conocimiento verdadero de Dios para haberles acomulado que fueron herejes y lo han sido, en que se fundó la primera cédula de esclavitud, se pudiera hacer la experiencia aun con los mismos indios yanaconas criados entre nosotros, que aunque saben rezar algunos, los mas no entienden lo que rezan ni lo que contiene nuestra fee católica; que aun estos pudieran haber adquirido de ella mayor luz y mas cierto conocimiento, por estar industriados y doctrinados con mas cuidado y continuacion de curas y doctrineros que los asisten, si bien no todos con el ejemplo y compostura que requiere semejante ejercicio y enseñanza: de que nos podíamos lamentar con el glorioso padre San Gregorio, que trayendo a la memoria aquellos falsos sacerdotes del dios Dagon, dijo estas palabras: muchos sacerdotes falsos permanecen hasta hoi, imitadores de aquellos que hincaban las rodillas al falso dios Dagon, porque en nuestros tiempos tambien hai algunos que con inmundos deseos hagan sacrificios al antiguo enemigo y comun adversario de nuestros spíritus. Y pluguiese a Dios parase solamente en deseos la imitacion de estos sacerdotes, que parece que el santo doctor hablaba en profecía de estos nuestros tiempos, pues prosigue diciendo: sacerdotes falsos de Dagon son verdaderamente los que, aunque a manifiestos ídolos y simulacros falsos no se humillan, con sus perversas y malignas obras se sujetan a postrar por el suelo las rodillas a los ídolos y simulacros de sus desenfrenadas concupiscencias y apetitos livianos.

Este es el mayor trabajo de nuestro reino, que se presuma pueden permanecer de aquellos sacerdotes que a los principios de esta conquista, escandalizaron a estos pobres infieles, como queda manifiesto y declarado en otros antecedentes capítulos; pues en este alzamiento jeneral último del año de cincuenta y cinco, los mas ladinos pajes criados entre nosotros hacian burla y chanza de nuestra doctrina y enseñanza, por el mal ejemplo que les daban algunos que tenian a cargo su doctrina: que cuando no fuese mas que uno entre tantos buenos, bastaba para decir lo que nuestro citado santo nos significa con sus palabras antecedentes, que hasta hoi permanecian algunos sacerdotes del dios Dagon. Pues ¿de qué nos maravillamos de ver por el suelo tantos edificios, arrasadas nuestras haciendas, despobladas nuestras casas, los templos sagrados que nos servian de muralla y de consuelo, postrados y abatidos, y finalmente a nada reducidas nuestras conveniencias? Y con estar mirando estos continuos castigos de la divina mano, no los tememos, ni al camino verdadero nos encaminamos, y no hai quien nos dé voces, como las daba el sacerdote Esdras a los de Babilonia, a los de Asia, Ejipto y Siria: ¡ai de vósotros los de las Indias! hai pocos que nos digan; por cuya causa podré decir yo llorando: ¡ai de tí Chile y ai de nosotros, porque aun no tenemos el castigo igual a nuestras culpas por semejantes obras a las referidas! como dijo el gran maestro Gaspar Sanchez, de la compañía de Jesus, sobre la muerte que algunos juzgaron la padeció el sacerdote Ossa, por haber aquella noche antecedente a su muerte cohabitado con su mujer, que en aquella lei antigua era prohibido a los que administraban las cosas sagradas, y habiendo llegado atrevidamente a tocar el arca, quedó muerto en presencia de los demas; a cuya causa dijo nuestro intérprete citado, que fué mui justo el castigo que tuvo, porque los que tienen a su cargo la administracion de los sagrados ministerios, han de estar mui limpios y puros y se han de abstener de todo aquello que les puede manchar y entorpecer, principalmente de cualquiera cosa que toque o huela a cohabitacion de la mujer, segun el precepto del Levítico. ¡Oh cómo debíamos seguir los pasos de algunos antiguos jentiles y imitar sus acciones en la observancia de sus ritos y en la reverencia con que administraban sus sagrados ministerios! pues para ver de llegar a tocarlos con las manos y hacer sus acostumbrados sacrificios, acostumbraban purificarse por las mañanas, habiendo tenido la noche antecedente con la mujer, aunque fuese propia, algun acto: así lo notó Brisonio, y Tíbulo en medidas letras y Persio por lo consiguiente dijeron así:

Vos quoque abesse procul, jubeo, discedite ab aris,
Queis tullit externa gaudia nocte Venus.

Hæc sanctæ ut poscas Tiberino in gurgite mergis ;
Mane caput bis terque noctem flumine purgas.

Vosotros que en torpe gusto
Esta noche habeis pasado,
Apartáos de lo sagrado
Porque causais gran disgusto.
Tampoco es razon ni es justo
Que al simulacro divino
Llegue por ningun camino
El que manchado estuviere,
Ménos que a lavarse fuere
Al corriente Tiberino.

Luego, bien he ponderado no haber tenido nosotros el castigo igual a nuestras culpas, como le tuvo Ossa, por la gran misericordia del Señor y por su bondad inmensa, a quien debemos dar infinitas gracias y agradecimientos por ver ejecutada su justicia solo en nuestros bienes temporales y caducos.

Este es el conocimiento que tienen de nuestro verdadero Dios nuestros domésticos yanaconas con semejantes ejemplos como los insinuados, que son los que pudieran haber adquirido alguna luz de su grandeza y debieran ser mas culpados en sus traiciones y alborotos, que la muchedumbre y el comun de los reducidos, que han estado y estan solamente debajo de la obediencia de S. M. y al abrigo de sus armas, sin ser obligados ni oprimidos a entrar por las puertas de nuestra relijion cristiana, sino es solo aquellos que por curiosidad, o por tener nombres de cristianos, o por otros intereses han gustado que los bauticen, permitiéndoles tener seis y mas mujeres, como lo acostumbran en su jentilismo, diciendo que como los españoles tienen tantas criadas, tambien tendrán a las demas mujeres por sus criadas, habiendo hecho eleccion de una para su mujer lejítima.

Esta es la mayor cristiandad que en lo jeneral deste jénero de reducidos he visto platicada, y mal permitida, a mi ver, porque es como hacer escarnio de nuestros sacramentos, pues se quedan cohabitando con todas las demas como de ántes.

De aquí se podrá sacar el conocimiento que pueden tener de Dios N. S. y de nuestra fee católica; con que queda manifiesto y declarado no haber sido estos naturales herejes ni apóstatas jamas (por el poco o ningun conocimiento que tuvieron de nuestra sagrada relijion y lei divina), sobre lo cual está fundada la cédula de esclavitud de esta nacion; y siendo injusta por esta parte, no es pequeño tropiezo y embarazo el que se le opone a este [reino para no llegar a conseguir la tranquila paz y la quietud con sosiego, que há tantos años que se desea y se solicita.

CAPITULO XI.

En que se prosigue la conversacion del cacique Quilalebo, refiriendo nuestros
malos tratos.

De la conversacion de nuestro viejo Quilalebo vamos sacando algunas consecuencias directamente encaminadas a la dilacion de esta
guerra de Chille, que es el principal blanco a que este verdadero libro
se encamina.

Volvió el cacique a cojer la hebra de su principiada plática y a
desenvolver el ovillo de su lastimado corazon, trayendo las memorias
antiguas de nuestros mal atentos antepasados; habiendo quedado en
la inhumanidad de los nuestros en herrar y quemar los rostros a sus
descendientes, mujeres, hijos, deudos y parientes: que en esta esclavitud injusta se funda mi opinion y mi discurso para la perpetuidad
de esta sangrienta guerra, y para la poca estabilidad en las paces que
ha tenido y tendrá en adelante este reino, corriendo por el stilo que
hasta aquí han corrido los gobiernos; de que se han orijinado grandes
ofensas de Dios en descrédito de su fee santa y desdoro de nuestra
lealtad cristiana, haciendo esclavos a muchos inocentes, saliendo de los
límites que por la cédula real son permitidos, como se verá en algunos casos particulares que adelante se irán manifestando.

Prosiguió Quilalebo su principiada plática, diciéndome: ¿cómo pueden (capitan amigo) reducirse nuestros naturales a la obediencia y
sujecion de los españoles (como os lo tengo imposibilitado) si han
reconocido y experimentado en algunas ocasiones sus fraudulentos
tratos y sus mentiras, con dañadas intenciones? como las que experimentó el gobernador Ancanamon, que con pretexto de promulgar paces y medios de conveniencias para los unos y los otros, admitiendo
vuestros mensajeros con todo amor y agasajo, le vinieron a ofender
y a inquietar las mujeres en su casa; y no contentos con esto, habiendo salido de ella a los distritos de la costa a proponer y a asentar los
medios de paces que nos ofrecian por medio de un padre de la compañía, que decian era gobernador, ántes de volver a ella, se la robaron
los embajadores y le llevaron tres mujeres, las mas queridas y estimadas. Con estas acciones y otras que os pudiera decir, ¿cómo pueden dar
crédito a vuestras razones, ni tener fee ni confianza en la palabra
del Rei, como decis vosotros, que no puede faltar? En otras ocasiones
han dado la paz y sujetádose algunas parcialidades, y debajo de estos
tratos han entrado a maloquearlos, degollando y cautivando a los
pobres engañados, que salian al camino a recebirlos con canelos, que
son insignias de paz, y con camaricos y repuestos de chicha, carne, yerba para los caballos y otras cosas; y sin resistencia ni repugnancia
alguna se llevaban las mujeres, hijos y hijas para herrarlas y venderlas como negros. ¿Esta es la palabra del Rei que decis vosotros que
no puede faltar? esta la cristiandad y justificacion de vuestro Dios?

¿Cómo es posible que con estas experiencias, que cada dia tocamos con las manos, demos crédito a lo que decis, y tengamos por firme lo que nos prometeis? ¡Ah infernal cudicia! que esta es la que no ha dado lugar a conseguir verdadera paz, quietud ni sosiego, ni la ha de permitir la esclavitud de esta nacion, que es la causa principal de la dilacion de esta prolija guerra.

Respondí al cacique en aquella ocasion lo que en esta no sabré decir, porque verdaderamente sus ciertas y patentes razones me pusieron confuso y atribulado; solo dije a mi amigo Quilalebo: vuestras verdaderas quejas, camarada, son tan justificadas, que no me dan lugar a deciros mas, de que lo malo y perjudicial que tenemos, es el estar sujetos y subordinados a sola una voluntad y al gusto y apetito del que nos gobierna; que si este obra mal y es llevado de la cudicia con extremo, no hai quien pueda irle a la mano, con que todos venimos a ser culpados en sus acciones cuando son mal encaminadas: que muchos hai entre nosotros ajustados a la razon, piadosos, apacibles y de excelentes naturales, y que sienten no bien de semejantes excesos, como los que me habeis referido, aunque los mas ministros superiores del ejército se van con la corriente y con el gusto del que gobierna, porque son tambien parciales en la esclavitud de esta desdichada nacion, que es la que perturba los entendimientos y ciega los ojos del mas atento spíritu.

Tambien me dijisteis, capitan (dijo el viejo), que era diferente el tratamiento y agasajo que hoi hacian a los indios amigos, que se reducen y sujetan a vuestras voluntades, y con todo eso vemos que se vienen muchos a vivir entre nosotros, y no de los de menor esfera ni ménos cuenta, como entre ellos son Colpoche, gran soldado de la cordillera, y Lientur, que gobierna hoi las armas y es caudillo principal de la guerra, por su valor y sagacidad; y segun he entendido, el uno se vino porque inquietaban sus mujeres y las de sus compañeros, y las forzaban, y el otro, porque resueltamente se las quitaron, siendo la cosa de mayor estimacion que tenemos nosotros. Estos no son buenos agasajos, como decis, ni lícitos tratamientos. Si eso es así, Quilalebo (respondí a sus razones), no puedo deciros otra cosa, mas de que entre los que son buenos hai malos españoles, y no puede un superior que gobierna llegar a saber todo lo que pasa y se hace en las reduciones, ménos de que se quejen las partes lastimadas; y si habiéndolo hecho, el cabo o capitan a cuyo cargo está el remediarlo no castiga severamente esos atrevimientos y desatenciones, hacen mui bien de dejar nuestra comunicacion y trato, cuando les es de tanto daño y perjuicio. Dejemos en este punto por un rato nuestro parlado entretenimiento, y sobre lo dicho permítame el letor discreto una digresion forzosa, encaminada a la proposicion mas recta de este libro.

CAPITULO XII.

En que se ponderan las razones del cacique Quilalebo, y se da a entender las quejas de nuestros antiguos indios amigos, y algun moral de sus razones.

El agasajo malo y trato cauteloso de los nuestros, dijo el viejo que obligaba a los amigos reducidos a desamparar nuestras fronteras y dejar nuestra comunicacion y compañía; y hasta hoi no he visto ni leido escritor de estos tiempos que haya solicitado ni puesto en escrito los fundamentos y causas que han tenido estos naturales para haber puesto en ejecucion sus traiciones y exajeradas maldades, que lastimados y aflijidos han emprendido en diferentes tiempos y ocasiones; que yo manifestaré algunas, por haberse ofrecido esta ocasion inexcusable, y que será al intento de importancia.

En los capítulos atrasados habemos reconocido y visto el oríjen principal de los primeros alborotos, alzamientos jenerales y desolaciones de aquellas antiguas ciudades; que por lo que obraron nuestros primeros conquistadores, se conoce claramente haber sido mas castigo de la divina mano el que experimentaron, que fuerzas humanas las que los vencieron y sujetaron a sus siervos y enemigos, que es la pena que por nuestras culpas y pecados nos da Dios N. S. para que correjidos conozcamos su justicia, que la saca del medio de nuestros delitos. Así nos lo da a entender el profeta Exequiel, sobre cuyas palabras dijo Franconio, que parece que en propios términos habló de nuestros primeros conquistadores; que habiendo dicho el profeta, que sacaria Dios fuego voraz y abrasador de en medio de nosotros para que nos consuma y abrase, dijo Franconio, que era justo castigo y pena igual a nuestras impiedades el que salga de ellas la vengadora llama para que castigue nuestras atroces culpas y maldades; que son las que dan fuerzas y vigor a nuestros enemigos, como lo notó San Gerónimo. Despues de haber referido algunas plagas y desdichas del pueblo romano, manifiesta un epitafio nepociano, en que dice estas palabras:

Por nuestros pecados son valerosos y fuertes los bárbaros enemigos, por nuestros vicios deshonestos el ejército romano es sujeto y vencido. ¡Desdichados de nosotros, que tanto desagradamos a Dios, para que por medio de la cólera y rabia de los bárbaros experimentemos contra nosotros su justificada ira, como se ha visto y experimentado en los pasados subcesos ya ponderados, y en los nuestros presentes padecidos y en breve tiempo olvidados, de adonde provienen todos nuestros daños! Pasemos adelante con lo propuesto y manifestemos las buenas obras y agasajos que en ocasiones han tenido nuestros indios amigos de las reduciones, que las significaré como quien las ha tocado con las manos. El año de veinte y cinco, cuando la guerra andaba mas viva y sangrienta, asenté plaza de soldado, como a los principios queda manifiesto; y es verdad infalible, que en aquellos tiempos era mejor el agasajo y cariño que hacian a los indios amigos en medio de las batallas y ocasiones de peligro, que el que despues de sosegadas nuestras armas con las paces o treguas admitidas, y no a nuestra conveniencia encaminadas, experimentaban nuestros antiguos amigos, de que se orijinaron las inquietudes y alborotos que hoi estamos llorando sus efectos: y entre los pesares, vejaciones y molestias que padecian los mas allegados a nosotros y primero reducidos, fué uno de los mas sensibles el ver los aplausos, estimaciones y honras que a los nuevamente reducidos tan a manos llenas comunicaban, y el olvido que en los ánimos españoles habia entrado para con los que habian sido verdaderos y leales vasallos de S. M., y ayudado a la conquista y reduccion de los rebeldes; que verdaderamente no les faltaba razon, porque con la que les sobraba, nos argüian y calumniaban de ingratos, fáciles y con demasía confiados.

Ingratos lo primero nos calumniaban y decian que éramos, porque habiendo ellos sido amigos de tantos años, y los que con las armas en las manos trabajando y guerreando habian ayudado a reducirlos, o despoblarlos de sus tierras, y retirarlos adentro, para que hallándose destituidos y enajenados de ellas con pérdidas grandes de mujeres, hijos y parientes, se humillasen y redujesen a dar rendidos la obediencia, siendo ellos alguna instrumental parte para el efecto; fuesen preferidos y antepuestos los otros en la estimacion y trato que de fuero y obligacion precisa a ellos se les debia, por la antigua amistad y asistencia ordinaria a nuestro ejército. Levántase o aparece en este lugar una cuestion dudosa, que al parecer de algunos puede ser difícil: que si los nuevos amigos (dice Ciceron), aunque sean dignos de amistad, se han de anteponer en ella a los antiguos, que por experiencias largas estan conocidos y aprobados; y responde Ciceron, que es una duda bien indigna de quien tiene racional discurso, porque si para conocer y experimentar la fidelidad de un amigo es menester comunicacion larga, y aun comer mucha sal en compañía, para que el beneficio o don de la amistad se tenga por lleno y firme, como mas adelante nos lo enseña el mesmo autor, ¿por qué razon o causa se puede dudar de que el amigo antiguo, a poder de años y experiencias conocido, no haya de ser a los nuevos preferido? Eso es lo justo dice; aunque no se deben repudiar los noveles y nuevos amigos, a los antiguos no les ha de faltar su lugar primero. Por esta razon la tuvieron nuestros antiguos amigos en culparnos de ingratos, habiendo de ser ellos los que habian de gozar de los favores y agasajos que a manos llenas a los noveles amigos se comunicaban.

De fáciles y livianos nos calumniaban constantes, pues dejábamos lo antiguo por lo nuevo, lo cierto por lo incierto lo cambiamos, sabiendo la poca estabilidad que tiene y ha tenido el comun de esta bárbara nacion en sus amistades y palabras, que solo atienden a sus conveniencias y provechos, y al interes que se les sigue de nuestra comunicacion y trato; de quienes pudiéramos decir lo que el profeta Isaías de los infieles príncipes: todos aman las riquezas y los dones, y siguen

sus intereses; cuyas palabras explicó San Gerónimo al intento. No dijo
el profeta (dice este santo) estas misteriosas palabras por los que
reciben cuando la necesidad aprieta y obliga a no perder la ocasion
de recebir: por aquellos sí que no tienen por amigos a otros que
aquellos de quienes reciben dádivas y dones; y prosigue al intento de
lo que experimentamos en estos bárbaros infieles, que son hijos de la
cudicia y del interes, porque estos tales (dice) no consideran ni atienden a las palabras de los amigos, sino es tan solamente a las manos,
a ver si con ellas les dan lo que desean, y a aquellos tienen por santos
a quienes enflaquecen las bolsas y se las minoran: propiedad y costumbre conocida y experimentada en estos cudiciosos naturales. Acu-
saban tambien nuestra demasiada confianza, como astutos y cautelosos,
que las mas veces se orijinan de ella los mayores peligros y conocidos
daños, que en la guerra son mas ciertos y perjudiciales, y que a letra
vista su merecido castigo tienen nuestras vanas confianzas, como se vió
y experimentó en el célebre caso que le sucedió a Jonatás, valeroso
capitan del ejército de los Macabeos. Refiérelo el texto sagrado con
estas siguientes palabras: como desease Triphon coronarse en Asia
y derribar de su asiento al rei Antioco, recelando que Jonatás se le
opusiese y perturbase sus intentos, trató de asegurarle con cautelosas
trazas, viniendo con su ejército a Bethsan, adonde Jonatás le salió
al encuentro con cuarenta mil hombres de pelea. Temió Triphon
a Jonatás y a su copioso ejército, y con fraude solicitó su amistad
y alianza, por medio del interes y la sumision, haciéndole grandes
presentes, y ordenando a todos los de su ejército que obedeciesen a
Jonatás, y le reconociesen por absoluto señor y príncipe soberano,
y asegurándole con esto le dijo, que no tenia que molestar a sus
soldados trayéndolos en campaña, con trabajos y incomodidades, cuando eran amigos, y él dueño de sus acciones y de todo lo que estaba
debajo de su dominio y mando, y que despidiese su ejército, que en
buena paz y quietud se fuese a descansar, y que él viniese con los
soldados que tuviese gusto y le pareciese conveniente, que al punto
le entregaria la ciudad Ptolemaida y los demas presidios y fortalezas
que rejia y gobernaba. Confiado Jonatás, sin acuerdo, en las palabras
de Triphon, despidió su ejército, quedándose con tres mil soldados,
de los cuales envió los dos mil a Galilea, dejando en su compañía solos
mil, con que entró en la ciudad de Ptolemaida juzgando entregarse de
ella y de lo demas prometido por el cauteloso Triphon; y al punto que
le tuvieron dentro, los ciudadanos cerraron las puertas y prendieron
a Jonatás y pasaron a cuchillo a todos sus soldados, y sin pasarse
largo tiempo (como dijo Egesipto) le quitaron a él tambien la vida,
quebrantando la fee de la amistad y palabra. Y al punto envió Triphon su ejército a Galilea, para que destruyese y acabase con la jente
que allí quedaba, y todos los reyes circunvecinos, viendo que no habia príncipe en Israel, levantaron ejércitos contra sus habitadores para
acabar con ellos y consumirlos.

Todos estos daños y peligros de la vida causa una demasiada confianza, sin recelo ni cautela.

De la propia suerte ha sucedido en este reino en muchas ocasiones, y en este último alzamiento del año de cincuenta y cinco bien a costa de nuestras conveniencias se ha experimentado esta verdad y reconocido con evidencia, que la demasiada con que se vivia, fué el oríjen de nuestra perdicion y total ruina, pues jamas se quiso dar crédito a los repetidos avisos que un año ántes se tuvieron y aun en los últimos dias de su ejecucion se continuaron con eficacia y viveza, sin que persona alguna de las que gobernaban por mayor, se persuadiese a que habia de tener efecto lo que por tantos y tan varios caminos fué por permision divina pronosticado, para mayor confusion nuestra y castigo de nuestras culpas. Luego, justamente calumniaron los antiguos amigos nuestra ingratitud, nuestra facilidad y demasiada confianza, pues de sus efectos se han orijinado nuestras calamidades y desdichas; y porque con evidencia se conozca su razon y nuestra culpa, proseguiré en el capítulo siguiente con las buenas obras y agasajos que en algunos tiempos han recibido, haciéndolas patentes como lo he propuesto, para apoyo de nuestros naturales amigos y antiguos compañeros.

CAPITULO XIII.

En que se trata de que de la confianza nace el ocio, y del ocio el descuido, y de cuán necesaria es la vijilancia y el manejo de las armas cuando nos juzgamos mas quietos y en tranquila paz, y como de la opresion del enemigo se orijinan audaces atrevimientos.

Con las finjidas paces que admitieron incautos los sucesores de don Francisco Lazo de la Vega, gobernador que pudo entre otros héroes señalarse por guerrero, por vijilante y en sus acciones entero, juzgaron sosegadas las fronteras y en tranquila quietud toda la tierra los ministros superiores de el ejército, mas con vana confianza entretenidos, que con prudente acuerdo desvelados, tratando solamente de sus comodidades y conveniencias propias; ocasionando el ocio a poner en olvido lo que en él debiera estar mas ejercitado, como lo enseña Casiodoro a los que el ejercicio de las armas profesamos. Si el soldado en la paz no se entretiene en el manejo de sus armas, cuando la necesidad le obligue a cojerlas en las manos, no las hallará de provecho; a cuya causa es obligacion del jeneral prudente, en los tiempos que parezcan mas ociosos, hacer que sus soldados en el manejo de ellas se desvelen, porque el fundamento principal de la adquirida paz consiste en la constancia y fortaleza de la guerra. Y hoi con mas justa causa se debe observar esta razon de Estado con esta nacion bárbara, audaz y atrevida, porque conocidas y experimentadas várias veces nuestras costumbres y tratos desiguales a nuestra profesion cristiana tan en su daño y contra la libertad que desean y valerosos han defendido, han de estar siempre solicitando por todos caminos, con simuladas paces, desvanecer nuestros intentos y asegurar mas sus traiciones.

Demos casos de que verdaderamente den las paces estos indios, como de ántes estuvieron reducidos, que no dudo se hallarán gustosos todas las veces que de nuestra parte queramos admitirlas, por ser de su mayor conveniencia las treguas o amistades de los españoles; pero ¿de qué provecho y utilidad son a Dios N. S., al Rei ni al reino, semejantes paces como las pasadas, dejándolos vivir a sus anchuras, en diversas quebradas cada uno, si no han de conocer a Dios, tributar al Rei, ni ayudar en algo al reino; dándoles lo que han menester, dejándolos quietos y pacíficos en sus ranchos, ociosos y adquiriendo armas y caballos? Esto es habiendo de vivir nosotros como cristianos y conforme a sus capitulaciones, que si ha de correr por el corriente stilo y acostumbrado gobierno, no les puede estar a cuento el conservarse, y a nosotros mui mal el tener amigos y súbditos ociosos y dueños de sus voluntades; que, como dijo don Lorenzo Ramirez, de la summa felicidad y del ocio que gozan, suele orijinarse gran daño a la república, porque la maldad es jeneral parto de la quietud y del ocio, y de bárbaros rústicos levantarse a mayores hallándose desahogados y sin sujecion alguna, y dar ingratitudes por obsequios. Así lo notó un moderno autor en estos siguientes versos:

Rustica gens est optima flens, et pessima gaudens;
Ungentem pungit, pungentem rusticus unget.

Aflijida y apretada
Esta bárbara nacion,
Es buena su condicion,
Mui humilde y sosegada:
Mas en viéndose ensalzada
Con agasajos y honores,
Muestra luego sus rigores,
Hiriendo al que no le hiere;
Y el que la maltrata adquiere
Lo que no hicieron favores.

Con los trabajos la rústica nacion y bárbara es con extremo buena, humilde y mansa, y con el regalo y ocio a mayores se levanta; mas, lo que habemos experimentado en esta chilena nacion, es entre los principales y hombres nobles grande agradecimiento a los beneficios que reciben, y contumaces con extremo en perdonar las molestias y los agravios que les hacen; el comun y la plebe tiene su mas y su ménos, y los otros son mas hijos del rigor que del halago, si bien es conveniente mezclar el uno con el otro, de manera que no les obligue el demasiado amor a ser altivos, ni la severidad, con ira cruel acompañada, les solicite alientos desesperados para ejecutar cautelosos lo que el valor y esfuerzo no intentaran: que la angustia y opresion en el humilde siervo suele hacer animoso al mas cobarde, como nos lo advierte Séneca, y el verso virjiliano, tan célebre como antiguo, nos lo enseñó con elegancia:

ÆNEID. 2.

Una salus victis (dijo), nullam sperare salutem.

Los vencidos y opresos
No tienen mas salud que no esperarla,
Y en los casos adversos
Con resuelto valor solicitarla,
Que tal vez el perdido
La adquirió por constante y atrevido.

Que a los vencidos no les queda mas recurso y remedio que no aguardar-
le por ningun camino, de cuyo imposible un audaz atrevimiento se orijina y una resolucion desesperada, como las que han tenido en ocasiones
estos naturales; que por singular y célebre, referiré la que tuvieron en
el rio Bueno, que fué bien malo para nosotros, pues de aquel subceso se orijinó el siguiente año la total ruina de las fronteras y de nuestras haciendas y heredades.

Estando sosegado todo lo mas de la tierra hasta la de los Cuncos,
que confinante estaba con las armas y ejército de Valdivia y distante
de los nuestros mas de setenta leguas; por cudicia de las piezas y esclavitud de esta nacion (que es la que en primer lugar turba la paz,
dilata la guerra y es oríjen y ha sido de todos los desastrados sucesos
y infortunios que han sucedido y se continúan en este reino, como mas
largamente se manifestará adelante), por cudicia de las piezas, dije y
vuelvo a repetir, que se ponia en campaña el ejército, con toda incomodidad y trabajo, marchando estas setenta leguas y mas un año y
otro subcesivo. El enemigo, considerándose acosado y perseguido, por
una parte, del ejército de la poblacion de Valdivia, como mas inmediata, y por otra de las armas de Chilué, ciudad de Castro, y por las nuestras del ejército de Chile (aunque dilatadas), determinó aguardarlas
de la otra banda del rio Bueno, con intencion resuelta de morir o
vencer desesperadamente, ántes que volver las espaldas al peligro con
descrédito de sus personas y menoscabo de sus haciendas y pérdida de
sus mujeres y hijos: hicieron lo que los Danitas en otra ocasion ejecutaron, como costumbre antigua, y dalo a entender el capítulo 18 de los
Jueces sobre el robo y asalto de la casa de Micas, que dice que llevaban por delante los niños, las mujeres, los jumentos y lo mas precioso
de sus alhajas; adonde advierte Cayetano, que no se entiende que
eran de las cosas sagradas arrebatadas de la casa de Micas, sino es que
verdaderamente llevaban a la guerra, cuando se habia de dar la
batalla, sus mujeres, sus hijos y lo mas estimable de sus haciendas;
y el Abulense da la razon por que lo acostumbraban los antiguos. Era
costumbre antigua esta (dice nuestro intérprete), para que movidos del
amor de las mujeres y hijos, y de lo mas estimable de sus haciendas,
valerosamente batallasen, sin que pudiese ponérseles por delante, en
cualquier siniestro acaecimiento, haber de volver las espaldas dejando

perdidas y en poder de sus enemigos las mas amadas prendas y estimables alhajas, no quedándoles cosa buena ni de precio en sus casas,
que pudiese llevarles el afecto y arrastrarles el alma. Así lo platicaron
y ejecutaron los Cuncos; que habiendo llegado nuestro ejército a las
orillas de aquel caudaloso rio (memorable en nuestro daño) solicitando
pasarle, se puso de la otra parte el escuadron enemigo, con las mujeres
y hijos a sus lados (que es lo mas precioso que ellos tienen), y a vista
de los nuestros manifiesto; con que de nuestra parte se aumentó la
cudicia perniciosa, teniendo a la vista el blanco de sus deseos, y juzgando por mui de su parte la victoria, se arrojaron al peligro valerosos por cima de unas puentes de madera, que a modo de unas balsas
para el intento fabricado habian de priesa y sobre falso.

Bien lo repugnaron los mas soldados antiguos, conociendo que el
riesgo era con evidencia conocido y manifiesto; mas, quisieron como
leales vasallos del Rei N. S. perder ántes con crédito las vidas, que
manchar contumaces la militar obediencia, aunque conocidamente conocieron el peligro, pues ántes de pasar los mas se confesaron; que
la cudicia avara de los superiores que gobiernan, es lo que causa semejantes daños, sin atender a los peligros conocidos, que si ellos fuesen
los primeros en acometerlos, pareciera mejor que contemplarlos. Fueron pasando por cima de estas balsas, a pura fuerza y maña, y como
era imposible arrojar a un tiempo considerable número de jente, que
pudiese resistir el ímpetu feroz de la enemiga muchedumbre, embistió
con violencia a los primeros, que con indios amigos serian pocos ménos
de ducientos, que atropellados fácilmente, quedaron muertos en las
riberas del buen rio mas de cien españoles, capitanes valerosos y soldados, y de los amigos indios mas de treinta, y los demas como pudieron se libraron, arrojándose al rio, adonde muchos mal heridos acabaron sus dias.

Estos fines resultan de una avara intencion y cudiciosa; y de la congoja y opresion del enemigo, efectos valerosos se orijinan, con resoluciones valerosas y mas que de hombres.

He referido este subceso (que pudieran acompañarle otros) por
dar a entender que no es buen gobierno usar de todo rigor con los
siervos y amigos reducidos a nuestra obediencia, que dél resultan y
han resultado en este reino semejantes infortunios como el pasado.

CAPITULO XIV.

En que se trata de algunas vejaciones que padecian nuestros antiguos amigos.

Vamos adelante con nuestros naturales reducidos y con las molestias y agravios que en algunos tiempos han padecido. A los nuevos
amigos, dije, no les estaba bien el conservarse en nuestra amistad y
trato, por el perjuicio y daño que se les seguia de ella, robándoles los
hijos y las hijas de secreto para venderlas y enajenarlas de sus tie-

rras sin lei, justicia ni razon, como queda dicho; a los amigos viejos y antiguos compañeros, mucho peor les estaba nuestra compañía y comunicacion estrecha, porque sobre ellos cargaba todo el peso y trabajo personal que se ofrecia, así tocante al servicio del Rei, como de particular de los ministros superiores de el ejército, y era tan contínuo y incomportable, como lo que referiré de algunas cosas que llegué a alcanzar, sin otras ordinarias que tendrian.

Sacaban para el manejo de los barcos diez o doce indios de estas antiguas reduciones, y a fuerza de brazos a la silga [sic], contra la corriente del rio y violencia de los vientos contrarios, subian las embarcaciones bien cargadas para el sustento del ejército, cinco y seis leguas para arriba, desnudos, metidos en el agua desde por la mañana hasta la noche; y el alivio que tenian en sus afanes, era tener sobre sí un cómitre de un arraez que los maltrataba. El sustento era solamente de una poca de harina cruda, o trigo, que para haber de comerlo hacian unas poleadas al cabo del dia, o cocian el trigo por sus manos; y aunque S. M. tenia dispuesto el que se les pagase su trabajo, socorriéndolos con lo que habian menester para su vestuario, las mas veces se lo usurpaban los ministros, y cuando mas piadosos, los dejaban desnudos como a los soldados, con boletos y vales que daban para sus pulperías, adonde a precios excesivos vendian el pan, vino y otros jéneros: demas de esto, ocupaban en sus contínuas arrias y trajines los indios que gustaban, o que habian menester para la conduccion de sus bastimentos y el servicio de sus casas, y a estos los obligaban a que llevasen a su costa dos caballos de los que S. M. les daba por su dinero y a su cuenta para las facciones militares que se ofrecian, y estos los habian de llevar para los acarreos y conducciones del ministro jeneral, uno para una de sus cargas, y el otro en que habia de caminar el dueño; y si se perdian o se quedaban cansados, habia de ser por cuenta de los pobres indios, demas de no pagarles su personal servicio, ni aun permitirles que por su dinero trajiesen ni entrasen en sus reduciones una arroba de vino para su consuelo, siendo el mayor que tienen el beberle, y por cuyo licor vencen imposibles y dificultades, y aun venden muchas veces los hijos y las hijas. Y por obligarles los ministros cudiciosos a que gastasen del que tenian en sus pulperías, no les permitian de ninguna manera que entrasen ni una gota; y lo que nunca se acostumbraba con los capitanes y oficiales del ejército, hubo superior que les puso tasa en el vino que habian de entrar para su gasto ordinario, poniendo guardias en los caminos, demas de las que asistian en las puertas principales y postigos del cuartel, para que por una y otra parte no lo consintiesen; con que la afliccion de los unos y los otros pronosticaron las congojas, penalidades y ruinas que dentro de breve tiempo se siguieron con el alzamiento jeneral de las fronteras. No era esto lo mas que se obraba en aquel tiempo, pues con inhumano pecho y depravada conciencia enviaban a las reduciones de los indios amigos, compradores de piezas a trueque de vacas,

44

vino, ropa y otros jéneros, y con este pretexto feriaban muchas chinas y muchachos a la usanza a sus parientes, o a los que no lo eran; que con la cudicia que en nosotros veian, tambien se inclinaban a imitarnos y hurtaban entre los suyos algunos huérfanos, sin padres ni madres, y los vendian, que por materia de Estado se permitia en aquellos tiempos este trato de la usanza, que a ejecutarse como era justo y de la suerte que estaba dispuesto: que los tales muchachos y chinas conchabadas por este camino, se sirviesen de ellas, teniéndolas como libres, dotrinándolas y industriándolas en el conocimiento de nuestra fee católica, sin poderlas vender ni pasar de mano en mano; que cuando fuese solo para este efecto, parece que se podia tolerar el apartarlos de sus deudos y parientes; mas, era tal la cudicia de algunos ministros superiores, principalmente de los de aquellos tiempos, que los vendian por esclavos, dando certificaciones falsas de como lo eran.

No era esto lo mas perjudicial que inhumanos emprendian, que coloreada esta venta con la compra de la usanza (aunque por moderado precio), podia parecer a los desalmados cristianos tener algun viso o apariencia de honesto trato y permitido; lo peor y mas exorbitante que obraban, sin lei, razon ni cristiandad, era en medio de estos cambios hacer robar de los domésticos pueblos y parcialidades sujetas a nuestra obediencia, muchos pobres huérfanos humildes y ignocentes, y con informaciones falsas de haberlos cojido en la guerra, los vendian por esclavos sin sabiduría de sus padres, deudos ni parientes. Y aconteció tal vez haber muerto a un soldado honrado a bastonazos y horquillazos (y esto sin exajeracion, porque sin levantarse de la cama murió dentro de breves dias) por no haber querido jurar falso, aconsejado del superior, que una china, que por su órden habia traido arrebatada de las dichas reduciones, fué cojida en la guerra y lejítimamente presa, para dar la certificacion falsa, como lo acostumbraban con otras.

Lo propio acontecia con algunos pueblos antiguos de indios encomendados, cercanos de la ciudad de la Concepcion; y habiendo tenido noticia cierta un cacique principal de estas reduciones, de que de sus rancherías les habian robado algunas piezas para enviarlas de secreto al Perú, vendidas por esclavas, llegó a dar la queja al gobernador, como a dueño de todo; y lo que le respondió, fué decirle, que era un borracho, embustero, ruidoso y alborotador de su tierra; que si queria con aquel achaque ser *auca* y rebelarse contra nosotros, que lo hiciese luego, que seria para él de mucho gusto: y aunque se alzó la tierra dentro de breves dias, este cacique siempre permaneció leal y fiel amigo. Y este fué el remedio que a semejantes maldades puso el que debia atender a la conservacion y aumento de estos desdichados vasallos del Rei N. S., y a las conveniencias y utilidades de este miserable reino; de que se saca evidente consecuencia de que por la cudicia de la esclavitud de esta nacion se dilata la guerra y está en peor estado el reino cada dia. Bien tenia que explayarme en esta razon, y correr veloz la pluma; mas, por haber sido dilatado el capítulo, le acabaré con decir, que con semejantes gobiernos es imposible haya paz firme en Chille, ni que esta guerra tenga fin dichoso ; que le tuviera fácilmente si la justicia y la razon ocupasen el lugar que la cudicia, el interes, la aficion y la pasion tienen usurpado, con dar los oficios y los premios por semejantes respetos: que es forzoso que los ministros que ferian por dineros sus ascensos, y los que por deudos y parientes los han adqui- rido, tengan del superior apoyo descubierto, y sus maldades, sus desa- fueros y ladronicios segura proteccion y amparo manifiesto. A cuya causa es bien que los que gobiernan, esten sin estos embarazos, sino es que sean tan ajustados, que imiten a Jesucristo S. N. en su gobier- no, ajustándose con sus obras a ser dioses de la tierra, como lo enseña con sus acciones el divino Juez de cielos y tierra, no dando los premios ni los honores a quien no los merece por su desvelo y trabajo.

Llegó la madre de los hijos del Zebedeo, o los hijos por medio de la madre, a pedir sillas o los mejores asientos a nuestro Dios y Redemp- tor J. C., juzgando que por deudos y parientes mui cercanos las te- nian mas bien merecidas que otros ; y respóndeles el Supremo Señor: sois unos necios incapaces, que no sabeis lo que pedis : ¿podeis beber el cáliz que yo tengo de beber, y padecer los trabajos que yo? Respon- dieron esforzados y arrogantes : *possumus*, Señor, podemos mui bien beberle y tolerar los trabajos que por delante se nos pusieran. Pues, ¿por estos alentados y animosos brios y deseos, acompañados con las obli- gaciones de cercanos deudos de Cristo, dióles las sillas o asientos preemi- nentes que pedian confiados? no, por cierto; ¿comunicóles las honras y dignidades que apetecian? tampoco, ni de ninguna manera asintió con sus deseos, ni con sus súplicas, porque el superior atento y el príncipe cristiano imitador de Cristo no debe dar el premio, ni el ga- lardon franquearle, a quien dice que podrá llevar la carga trabajando, ni a quien a título de deudo le solicita ambicioso, sino es a aquel que le ha merecido con contínuo desvelo y excesivos trabajos. Notólo así el insigne doctor de la Iglesia San Gerónimo sobre el capítulo 9. ° de Isaías, diciendo, que cuando llevaron a Cristo S. N. al suplicio, cargó la cruz de su pasion, con lo cual mereció el principado, que con la pe- nalidad y el trabajo se adquiere; y al intento el fénix africano, luz de los doctores, profundamente dijo, que porque no se presumiese que el eterno Padre daba la potestad y el mando a su hijo por serlo, per- mitió le adquiriese por méritos y trabajos, viviendo entre los hombres como hombre: son sus palabras sobre las del coronista San Juan en el cap. 5, que dicen, que dió la potestad a Cristo de juzgar, por ser hijo del hombre. Aquí San Agustin: para que se muestre y se en- tienda, que no por el peso y gravedad de la naturaleza se le entregó al hijo la potestad del juzgar, sino es por el conocimiento y distin- cion de los méritos adquiridos en la naturaleza humana. Y los prínci- pes superiores, presidentes y gobernadores de las Indias, que anteponen a los méritos adquiridos con trabajo y desvelo, la sangre, el afecto, la amistad, al criado y familiar, al poderoso y al rico, ¿dirémos que sus gobiernos son guiados por la mano de Dios? no por cierto; mas no faltarán en estos tiempos profetas falsos, que apoyen y palien semejantes gobiernos, que pudiera señalar muchos con el dedo. Sobre el de Cristo S. N. se funda el buen gobierno y el réjimen cristiano, y con él se adquieren con felicidad los fines que se desean, las tranquilidades que se buscan, la paz, la quietud y el descanso, que en tan dilatados tiempos no se han podido conseguir en este reino de Chille, porque son preferidos los dineros y otras dependencias dichas, sin hacer memoria ni caudal de los que han derramado su sangre en servicio de su Rei y señor. Estos son los gobiernos de las Indias.

CAPITULO XV.

En que se prosigue la conversacion del cacique Quilalebo, y se trata de la muerte del gobernador don Martin García de Loyola.

La historia en este libro no es el principal fundamento dél, como queda advertido, que solo sirve de significar y dar a entender las ciertas noticias que adquirí en mi prision y cautiverio, de los subcesos pasados y antiguos infortunios, tan verdaderos en aquellos tiempos como continuados en estos, y a nuestra costa bien experimentados; de cuyas advertencias y reparos el blanco de mis discursos se orijina.

Volvimos a cojer entre manos la hebra de nuestra conversacion Quilalebo y yo, porque verdaderamente deseaba en extremo tener muchas noticias de los acaecimientos antiguos, y así, todas las veces que podia abrir la puerta al camarada, no excusaba hacerlo. Rodeáronse de manera las razones, que tocamos ótra vez en las señoras reclusas, que con lo que en la pasada ocasion le dije, parece que quedó bien satisfecho, diciendo que le asentaba y le parecia ajustado mi parecer. Porque verdaderamente la opinion y crédito de aquellas señoras monjas era loable y buena, como se experimentó en una de las que cautivaron en el tiempo que asolaron las ciudades antiguas; y por saber el caso rogué al cacique me le refiriese, con las circunstancias que sabia, que tendria sumo gusto en escucharle; quien con semblante agradable y apacible rostro dijo las siguientes razones:

Habeis de saber, capitan (dijo el viejo), que cuando mataron al gobernador Loyola, se levantó nuestra tierra y se despoblaron las ciudades y fortalezas que entre nosotros habia. Tened por vuestra vida (dije al cacique), que habeis llegado a tocar una materia que deseaba con extremo ser sabidor de ese caso, y me haréis grande favor de contármele ántes que paseis mas adelante. Aunque no podré con todas circunstancias (respondió el viejo) deciros de la suerte que sucedió ese trájico subceso, que me pedis os repita, con todo eso, por mayor os referiré lo que alcancé a saber de algunos que se hallaron en su muerte.

El gobernador Loyola (prosigue Quilalebo), segun la voz comun

y lo que nosotros llegamos a alcanzar, era mui buen *Apo*, que quiere decir gobernador. Y verdaderamente que habia venido a estas
ciudades antiguas a remediar muchos excesos y malos tratamientos,
que por los vecinos y encomenderos padecian los naturales, con
cuya asistencia (aunque por poco tiempo) experimentaron su piadoso celo y jeneroso corazon. Determinó volverse a las fronteras, con harta repugnancia de los pobres, que con su presencia y amparo tenian
algun consuelo, y sus trabajos alivio; estando, pues, para salir de esta
ciudad de la Imperial y subir en su hacanea, oí decir por cosa cierta,
que se le cayó el freno a su caballo: otros dijeron, que un perro o
lebrel que le acompañaba, al poner el pié en el estribo, embistió al
caballo, y con los dientes hizo presa en las cabezadas, y se le quitó
rabioso, cosa que con admiracion la ponderaron todos, y rogaron al
gobernador que suspendiese su viaje por algunos dias miéntras aquel
prodijio con el tiempo manifestaba efectos contrarios a lo que daba a
entender en su partida. Atropelló valeroso el gobernador los pareceres del comun concurso, deseoso de volver a sus fronteras, entónces
molestadas solamente de los Purenes y sus contornos; porque lo restante de la tierra estaba reducida y sujeta a los españoles, si bien algunos de grado, y otros a mas no poder y a fuerza de armas: estos
daban paso a los rebeldes y avisos ordinarios de los disinios que
entre si los españoles maquinaban; que no hai peor enemigo, que
aquel que con capa de amistad, emponzoñado encubre su malicia.
Decis mui bien (dije al cacique), que habemos de temer mas a los amigos falsos, que a los enemigos descubiertos; que los halagüeños mienten
y engañan, manifestando apacibles semblantes, cuando sus corazones
estan dañados y rabiosos. Así lo sintió el profeta Jeremías diciendo:
invoqué y llamé a mis amigos para que viniesen en mi ayuda, y como
falsos traidores me engañaron; y así se debe temer mas (como decis)
al enemigo halagüeño y solapado, que al traidor descubierto y declarado, como lo notó una docta pluma de la compañía de Jesus. Pasad
adelante, amigo Quilalebo, con vuestra historia (dije), que a vuestras
razones me teneis atento. Salió el gobernador (prosiguió el cacique)
con sesenta capitanes (que a los hombres de valor y reformados les
daban este título) y con otros muchos de la ciudad, que a la primera
jornada le acompañaron, y a la segunda los despidió, quedándose con
solo los sesenta, poco mas o ménos, segun lo corriente y la comun opinion. En esta sazon algunos cosarios de los enemigos Purenes solícitos asechaban los caminos, o por algun aviso secreto, buscaban la
ocasion que deseaban: otros quieren decir que salieron solo con disinio de vaquear en las montañas para llevar carne a sus habitadores,
y que inopinadamente reconocieron al gobernador, que el segundo dia
venia a alojarse al valle de Curalaba; y que estos vaqueadores dieron
aviso a Pelantaro, que era el gobernador de aquellas ayllareguas o
parcialidades, con que se determinó con ducientos indios a salir en su
demanda y gozar de la ocasion que el tiempo les ofrecia. Esa es la

mas constante opinion (dije a Quilalebo), entre las variedades que hai en decir, que le fueron siguiendo los enemigos, y que ántes de llegar a visitar las ciudades, ejecutaron su intento con la muerte lastimosa del gobernador y los suyos. Esta es verdad infalible (replicó el buen viejo), porque a mí me consta, le vi en esta ciudad de la Imperial despues de haber corrido y visitado las otras. Eso será lo cierto (dije al cacique), pues vos lo asegurais con evidencia; que los mas escritores de estos tiempos solo por noticias hablan y relaciones de los unos y de los otros, que no todas veces se ajustan al hecho de la verdad. Proseguid, camarada y amigo, con esa lastimosa trajedia. Salió Pelantaru (dijo nuestro viejo) con los ducientos indios referidos, y al romper el dia las tinieblas, llegó sobre los altos del rio y valle de Curalaba, adonde sin prevencion alguna ni militar vijilancia estaban a rienda suelta y a pierna tendida (como dicen) ocupados del sueño y del descanso, bien ajenos de la mala fortuna que se les aguardaba. Fuéronse acercando al sitio, adonde en sus tiendas y toldos estaban a sueño suelto reposando, y como amaneció nublado y la tierra cubierta de una niebla oscura, se pudieron acercar al sitio de manera que de manos a boca encontraron un criado muchacho, que salia a buscar caballos y a recojerlos; el cual les dió razon del descuido y sosiego con que todos estaban reposando, sin que hubiese persona que velase. Con este aviso, acometieron con seguro de no hallar resistencia ni contradiccion alguna, y en breve rato dieron fin a las vidas de aquellos valerosos españoles, que sin darles lugar a levantarse de las camas, al ponerse en pié hallaban sobre sí el golpe fiero de la macana o hierro, que riguroso les pasaba el alma; entre los cuales pereció desdichadamente el gobernador Loyola sin poderse valer de los suyos, ni tampoco sus valerosos compañeros defenderle, por el descuido con que estaban todos. Este fué el desastrado fin y muerte lamentable de este buen gobernador; con que estaréis satisfecho y enterado de lo que tanto deseabais saber, y yo habré cumplido con la obligacion de daros gusto en lo que tan anheloso me pedisteis. Mucho estimo el favor que me habeis hecho (respondí a mi amigo el viejo). Y ántes que prosigamos con nuestra conversacion, déme permiso el piadoso lector para que ponderemos un rato algunas de las pasadas razones, de las cuales saquemos algun fruto y provecho para los que gobiernan y congruas hilaciones al intento.

Conocidamente el gobernador don Martin García Oñez y Loyola fué ajustado y superior atento a todas luces, pues los indios naturales y pobres alababan su gobierno; que es prueba de un buen príncipe ser amado de los humildes y pobres, aunque no lo sea de los poderosos. Y con todo eso, vemos que murió tan lastimosamente como se ha referido, por permision del cielo, que lo dispone así la divina Providencia quizá, o sin esta duda, por no haber castigado severamente los delitos y culpas de sus súbditos, cuando tan perniciosas y notadas eran, llevados de la cudicia, soberbia y vana gloria, como lo tocó don Alonso de Arcila en su Araucana:

Crecian los intereses y malicia
A costa del sudor y daño ajeno,
Y la hambrienta y mísera cudicia
Con libertad paciendo iba sin freno
La lei, derecho, fuero, y la justicia;
Que era lo que Valdivia habia por bueno,
Remiso en graves culpas y piadoso,
Y en los casos livianos riguroso.

Y mas latamente quedan insinuadas sus acciones en los capítulos atrasados; por cuya causa podemos colejir que son los príncipes superiores castigados de la mano del Señor aunque por sí sean justos y buenos, como lo fué el sacerdote Helí por no haber correjido y con aspereza castigado los pecados y delitos escandalosos de sus hijos, cometidos en el templo, como lo notó San Antonio Abad; que aunque los reprehendia con palabras, por no ser igual la pena a sus maldades, dice San Crisóstomo que no admitió Dios por tal aquel castigo. Y así deben los superiores severamente castigar los pecados públicos y escandalosos, para no caer en la indignacion del jeneral y recto Juez, quien los apropia con justo título a quien los deja pasar en blanco; que bien lo advirtió San Pedro Damiano sobre el capítulo 25 de los Números, en que manda Dios a Moises, que prenda todos los príncipes superiores de su pueblo, y por las culpas y pecados dél los ahorque luego, que con eso se mitigará su ira y templará su enojo. ¿Qué cosa es (dice este santo) que el pueblo se desmande y peque licencioso, y sean los superiores castigados; los súbditos delincuentes, y los gobernadores puestos en una horca? (¡Oh cómo fuera en estos remotos reinos de las Indias de grandísima importancia ver ejecutada esta sentencia por nuestro Rei y señor, para que no se los tuviesen tiranizados, no tan solo con permitir maldades y desafueros, sino tambien con ejecutarlas ellos con descoco y desmesura, algunos de sus ministros; que claro está que no han de ser todos, porque ha habido y hai particulares que saben ajustarse a la obligacion de sus oficios.) ¿Uno es el que peca (prosigue este santo), y otro el castigado? y responde con elegancia a su dificultad y duda. ¿Sabeis por qué? nos dice; porque la culpa y el delito de los súbditos es ignominia y oprobio de los superiores, y la precipitacion y pérdida del rebaño se atribuye a la flojedad y neglijencia de los pastores: y esta es condicion y propiedad de los que gobiernan, que no tan solamente han de estar sujetos y obligados a llevar la pena que por sus defectos y culpas tienen merecida, sino tambien a padecer y tolerar por propias las de sus inferiores y súbditos. Y pues es obligacion precisa de los príncipes que gobiernan, poner eficaz remedio a los excesos y delitos públicos, no es mucho, si no lo hacen, que experimenten la justicia de Dios y su castigo, cuando en la tierra no se halla ni se conoce; y así podrémos decir que le tuvo nuestro gobernador don Martin García de Loyola en lo temporal y transitorio, segun la misericordia divina y su justicia piadosa, por haber sido en opinion comun de ajustada conciencia y caritativo celo.

CAPITULO XVI.

En que prosigue el cacique su principiada narracion, y se moralizan algunas razones
antecedentes.

Sin prevencion militar dijo el cacique que estaban a rienda suelta
durmiendo nuestros soldados, y siendo esto así, no es de maravillarse que se hallasen indefensos y asaltados de repente: justo castigo y bien merecido al príncipe superior que a todas velas se entrega
al sueño y al reposo, estando en militares ejercicios ocupado. Advirtié-
ronlo prudentes los antiguos, y un moderno doctor dijo, que no le
era conveniente al príncipe que gobierna, dormir toda la noche sin
cuidado; por lo cual advirtió Polibio en el libro 3.°, que el gran capitan Anníbal velaba las noches enteras, de adonde tomó ocasion Silio
cantar el siguiente verso:

Noctemque vigil ducebat in armis.

Y Maron celebra al troyano de vijilante y cuidadoso en la campaña:

Per noctem plurima volvens.

Enseña el gran capitan
A los soldados constantes
Ser sin dormir vijilantes,
Que así seguros estan;
Y el troyano con afan
Se muestra estar desvelado,
Dando vueltas al cuidado
En las noches de tormenta,
Que así el jeneral alienta
Al mas mínimo soldado.

El estar cuidadosos y en contínua vela, a los que rijen y gobiernan
toca derechamente, si a la obligacion de sus oficios quieren ajustarse.
Enseñólo así aquel gran maestro y profeta Elías a su amado discípulo
Eliseo; pídele encarecidamente dos spíritus a Elías como el suyo,
habiendo de quedar en su lugar gobernando el pueblo israelítico; que
para imitar a un gran prelado y suplir la falta de un gobernador
atento, justo y santo, no es suficiente el spíritu sencillo, y así le pide
dos a su maestro: a quien responde el profeta las siguientes palabras:
si me vieres cuando sea apartado de tu presencia, se te concederá lo
que pides. Como si dijiese: a mí me subcedes en el majisterio y en el
oficio que administro, y el necesario spíritu tendrás conforme a lo
que deseas, si al partirme de tí estuvieres cuidadoso y vijilante. Es
pensamiento de San Crisóstomo en la exposicion de los Hechos Após-
tólicos: no se da la gracia (dice), ni el favor se comunica, sino es al
que se desvela; por lo cual advirtió San Clemente Alejandrino, que el
sueño no habia de ser para total descanso del cuerpo, sino tan sola-

mente para aflojar la rienda del trabajo'; y el sabio rei nos dice, que no amemos al sueño, porque con él no se halla lo que se desea; y como cantó el otro poeta, en la cama regalada y blanda no se puede hallar la ciencia y sabiduría :

Nec yacet in moli veneranda scientia lecto.

Entre velos corridos,
En cama blanda y lechos deliciosos
Se duermen los sentidos
Y los discursos se hallan perezosos,
Sin que la ciencia tenga
Quien su lugar, ni asiento le prevenga.

Y principalmente a los que profesan el ejercicio de las armas, vedó San Crisóstomo semejantes lechos y muñidas camas; sobre el lugar del profeta Amós, que dice: ¡ai de vosotros los que dormis en lechos bruñidos y adornados! dijo este santo despues: el soldado vijilante duerme en el suelo, no en regalada ni muñida cama, porque obliga el descanso a sujetarse al sueño, y con él olvidarse de sí mesmos. Así les sucedió al referido gobernador Loyola y a sus valerosos soldados, que dormidos pagaron con las vidas su descuido y poca prevencion, para ejemplo de los que militan y gobiernan.

Despues de haberle escuchado a mi amigo y camarada la trájica relacion y muerte del jeneral Loyola, y agradecídole la lisonja y el favor que con su narracion me habia hecho, le rogué que no pasase en blanco la principal materia con que dió principio a nuestra plática en razon de la monja captiva; y el buen viejo prosiguió con las siguientes razones.

Con el suceso de la muerte de Loyola (dijo Quilalebo) pasó la flecha de los de Puren a todas nuestras parcialidades, que las mas de ellas hubieron menester poco para alborotarse, y con el aviso del lastimoso caso para los españoles, como para nosotros bien afortunado, en breve tiempo se unieron las voluntades de los vejados vasallos, que rabiosos facilmente ejecutaron su ira y el enojo que contra sus señores y encomenderos encerrado y oculto obtenian en sus pechos; con que unas ciudades fueron asoladas luego, y otras estuvieron algunos dias sitiadas y aflijidas, hasta que al cabo la necesidad y el hambre trajo algunas a nuestras manos. Entre estas fué una la ciudad de Osorno, adonde estaban las monjas que os he dicho. Pasados algunos dias, hallaron ocasion los nuestros de embestir al fuerte adonde se habian recojido los sitiados, por haber apresado las centinelas debajo de cuya vijilancia se juzgaban seguros, a cuya causa habian salido del fuerte las mujeres y criados a buscar que comer porque perecian: y lo que solicitaban era unas yerbas del campo y algunas cosas inmundas, como eran caballos muertos y aun perros y gatos, que comieron mucho de esto. Embistieron al fuerte, como he dicho, matando y cautivando a los que hallaron fuera, y fueran dueños de todo lo demas que habia dentro, si la cudicia del pillaje no los hubiera cegado; que ocupados en él y en la presa de las

45

mujeres, que tenian por suyas, dejaron de acudir a lo principal, que era acabar de rendir el fuerte y sujetar los pocos españoles que quedaban dentro; que habiendo visto a los nuestros embarazados con la presa que tenian, se determinaron valerosos, y embistiendo concertados, desbarataron a los nuestros y restauraron lo perdido, quitando las mujeres y monjas que ya tenian por suyas nuestros soldados, entre las cuales fué una de las monjas que os he dicho, que estas y otras tres o cuatro quedaron presas, porque los dueños se adelantaron y se vinieron con ellas. A esta monja la trajo a su casa un indio principal y valeroso soldado, hijo de un cacique viejo, y estimado de todos por su consejo, sagacidad y astucia; y habiéndola elejido por su mujer y esposa, llevado de su pasion y apetito, me contó várias veces que quiso llegar a la ejecucion de su deseo, y queriendo cojerla de los brazos se hallaba como impedido y maniatado solo con mirarle la señora, cubiertos de lágrimas los ojos, sin hablarle palabra, con un saco de jerga sobre su cuerpo, y en lugar de camisa me significó que traia puesto a raiz de sus carnes un jubon de cerdas de caballo: todo esto dijo que le obligó a tenerla tanto respeto, mezclado con un temor orijinado del alma, que no le daba lugar a forzarla, aunque se inclinaba a ello, porque es de ánimos jenerosos lastimarse de los aflijidos. Decis mui bien, Quilalebo amigo, que solo en un pecho pusilánime y cobarde no tiene lugar la misericordia, como lo notó el ilustrísimo Villarroel. Suspendió con esto (prosiguió el cacique) el furor de su precipitado apetito, juzgando que por corteses y amorosas razones le seria mas fácil reducir a su gusto y voluntad a la que no podia ni aun mirar a la cara con violencia. Redújose a lo dicho, y aguardó a que la monja se sosegase y enjugase las lágrimas que le aflijian, por ver si la hallaba de diferente semblante que al principio. Llegó cuando pensaba estar mas consolada y fuera del susto y pavor que le causó el asalto, y con palabras amorosas, blandas y corteses la dijo las siguientes con ternura: bien sabeis, señora mia, que sois mi esclava, y como tal debeis estar sujeta y subordinada a mis mandatos; estos se encaminarán tan solamente a que os ajusteis a hacer mi gusto, admitiéndome de grado por vuestro esposo, y con buena voluntad, para que yo os lo agradezca y estime mas, pues sabeis que con violencia y a pesar de vuestro gusto pudiera yo obligaros a lo que humilde y manso os estoi rogando. A que le respondió con severo rostro y relijiosa autoridad, que siendo esposa del Rei de cielos y tierra, cómo podia admitir en su pecho a otro ninguno, para que ni aun con el pensamiento manchase su corazon ni el alma; que primero perderia mil vidas, si las tuviese, que faltar a la obligacion de verdadera esposa de J. C. S. N., a quien estaba consagrada con voto inviolable; y que así no se cansase, ni se persuadiese de que habia de hallar en ella la menor flaqueza del mundo; y que cuando él quisiese tener con ella tal atrevimiento, queriendo poner en ejecucion sus torpes deseos, que tenia por mui cierto que habia de quedar mui rigurosamente castigado, y aun muerto de la mano de Dios. Estas fueron razones que le obligaron a no proseguir ni pasar adelante con su pretension ni intento, porque dijo le causó temor y espanto su severo rostro y su penitente traje; ántes fué tanto el respeto y reverencia con que despues la miraba, que la puso en casa aparte, con criadas que la sirviesen y regalasen; y viendo que la buena señora todos los dias con lágrimas contínuas suspiraba por su quietud y clausura, no mostrando consuelo ni alegría, por verse violentada y fuera de su centro, aunque mas procuraba el amo regalarla, solicitó entregarla a los españoles; para cuyo efecto aguardó a que el ejército entrase a sus tierras o cerca de ellas, y sin temor ni recelo se entró con su captiva por medio del cuartel y sus tiendas, hasta llegar a la del gobernador, adonde fué llevado y él la presentó al dicho para que la llevase a su convento: cuya accion fué tan agradecida de los españoles, como estimada y premiada con muchos dones y presentes que le hicieron.

Esto fué lo que me refirió el cacique, y lo que llegué a averiguar y saber con evidencia, despues que estuve libre entre los nuestros, de algunos naturales antiguos y prácticos españoles. Añade mas en este caso el padre Diego Alvarez de Paz, en uno de sus tomos, diciendo, que este tal indio se quedó entre nosotros pidiendo bauptismo encarecidamente, y que se fué siguiendo a esta relijiosa y le sirvió de esclavo toda su vida, con notable ejemplo y edificacion de todos.

CAPITULO XVII.

En que se pondera la accion heroica deste valeroso soldado, su cordura y mansedumbre, y se vitupera la soberbia y altivez en los ministros que gobiernan.

¿Quién no se maravilla y pone suspension a sus sentidos con haber escuchado a este cacique semejante caso?

Que un bárbaro jentil, sin verdadera luz del Hacedor Supremo, se aventaje en acciones a los que tenemos fee y conocimiento de su poder y grandeza, cosa es para ponderarla, y mas en un soldado desalmado: que pocas veces se halla la castidad honesta en su profesion rasgada. Asi lo dijo el ilustrísimo Villarroel. Maravilla será grande hallar la castidad en quien milita, pero en quien es compasivo y de natural pacífico y manso, no es dificultoso que esté acompañado de la honestidad, del recato y compostura, como lo notó Hermes diciendo: apártate de la cólera y de la pasion irascible, y viste tu corazon de pacífica quietud, y sin duda te hallará Dios con disposicion casta y vergonzosa. El apóstol Santiago en sus católicas cartas nos dejó bien clara esta doctrina, y da fin a su capítulo diciendo, que los efectos de la justicia y el fruto que se saca de ella, en paz se siembra y en quietud se coje.

Y habiendo llegado a tocar este punto, no puedo pasar en blanco el abuso de este reino en los que profesan el militar ejercicio, que se tienen por buenos ministros y superiores de cuenta los que son soberbios, juradores, airados, libres y desmedidos en el lenguaje, como si consistiese la buena administracion de las armas y la ejecucion total de la justicia en semejantes modos de gobernarse; siendo así, que son unos ignorantes y faltos de entendimiento los que tal presumen, porque el superior pacífico, el ministro manso y apacible, y el juez piadoso con entereza es mas temido, mas respectado y. mas obedecido, porque sabe castigar severo cuando es menester y es necesario.

¿Quién mas manso que Moises, de quien dijo San Gerónimo estas palabras : entre los nacidos de aquel tiempo, el capitan jeneral y gobernador del ejército de Israel, aquel gran ministro y caudillo de Dios Moises se tuvo por el mas apacible y manso de todos los nacidos? ¿Dejó de castigar por eso las culpas y delitos de su pueblo? no por cierto. Dígalo el capítulo 32 del Exodo, en que mandó pasar a cuchillo 23 mil hombres por el pecado de la idolatría, por mitigar y templar la ira del Señor. Esto saben hacer los superiores pacíficos y gobernadores mansos, cuando es necesario el rigor y la aspereza.

Notó un agudo injenio y docta pluma, que las tablas en que trajo Moises del monte la lei escrita, las hizo pedazos, y las segundas las guardó y conservó ilesas y bien tratadas; y da la razon de esta diferencia mui al intento de lo que habemos dicho. Las primeras (dice) fueron recibidas con truenos, rayos y relámpagos, como se vé y se reconoce en el cap. 19 del Exodo ; peró las segundas se comunicaron y dieron a Moises con toda paz y quietud, estando el cielo limpio y claro, el sol sereno, y agradable el dia, para darnos a entender que no consiste, para que la lei se guarde y el mandato se ejecute, en que con rigor se ordene y con ira y enojo se promulgue el bando ; a cuya causa dice nuestro gran intérprete las razones que se siguen : adonde hai ménos de severidad y temor, y se aventaja la mansedumbre y el agrado, aquí se halla mas pronta la observancia y la obediencia.

Luego, no consiste el ser obedecido el príncipe o superior que gobierna, en que sea soberbio, iracundo, libre y descortes en el lenguaje, como presumen algunos superiores de este reino, pues a los que han sido piadosos, apacibles y mansos, doliéndose de sus pobres soldados y compañeros, solicitando sus conveniencias, en lo posible los han tripulado [sic] y aborrecido, y quitado los oficios por defensores y patrocinadores de sus soldados y súbditos ; que si los gobernadores se ajustasen a ser dioses de la tierra, cómo debian imitar al supremo y jeneral Señor de lo criado, que enseñó a los reyes del mundo y superiores del orbe, a conservar en los oficios y dignidades a los mansos, pacíficos y piadosos, como lo advirtió San Gerónimo diciendo, que gobernó cuarenta años Moises porque supo reprimir la soberbia y altivez de la potestad y mando con blandura, humildad y mansedumbre. Esto baste por ahora para que se entienda y se conozca que en Chille o en las Indias corren al reves todas las cosas, sin acertar a encaminarlas al verdadero camino de la razon y justicia; y se confirmará la propuesta con unas palabras del glorioso padre San Agustin.

Reparó este santo doctor que al nacer J. C. S. N., sol resplandeciente de justicia, crecia y se dilataba mas el dia, porque se entienda que cuando nace el eterno dia, el temporal crece y se nos aumenta; hermosea el sol divino con su nacimiento nuestra humilde y miserable tierra, el material se acerca jeneroso a comunicar sus rayos mas lucientes; sale resplandeciente la verdadera luz al mundo, entónces se minoran y menguan las tinieblas, porque naciendo el eterno dia, el temporal debió aumentar sus luces, y las tinieblas sentir sus menoscabos. Esto es cierto y se verifica en la Europa y en Castilla; y en ¡la América Austral de nuestro reino mui al reves y al contrario se experimenta el caso; con que podemos decir que en este chileno hemisferio corren todas las cosas al trocado, como lo he propuesto, y las razones de los santos doctores tal vez se hallan ambiguas y dudosas.

CAPITULO XVIII.

En que se prosigue la materia y se sacan algunos morales convenientes, y se da a entender de cuanta importancia es el recato y compostura en las mujeres.

Vamos ahora al principal blanco del capítulo y a las acciones ponderables de nuestro bárbaro, y hallarémos que reparar atentos, y aun en que las nuestras tengan regla y norma. Por misericordioso, apacible y manso, vemos que reprimió el furor ardiente de su liviano apetito, respetó cortesano a una mujer honesta, penitenta en el traje y en el rostro. Este jentil a los cristianos puso en grande afrenta, enseñó con su ejemplo al mas desenfrenado a usar de misericordia con el rendido y pobre, a ser piadoso, manso y jeneroso, de adonde se orijina saber no sujetarse a sus pasiones, el ser recatado, casto y abstinente. Y los fieles cristianos de aquel tiempo ¿qué doctrina y qué enseñanza dieron a estos bárbaros infieles? ya lo habemos reconocido y experimentado en los pasados y referidos sucesos. Luego, no son de tan malos naturales como algunos los hacen a estos indios, pues habiendo tenido tan perversos ejemplares, reconocen lo bueno, reverencian lo honesto, y se apiadan de los aflijidos los mas de ellos, como se ha experimentado y visto en este y otros atrasados sucesos.

Tambien hai que advertir y reparar, para doctrina y enseñanza de las mujeres, que el recato y compostura en ellas, no dan lugar, aun al mas desalmado y atrevido, a perder el respeto a la honestidad y al traje penitente o moderado, como le sucedió a este cacique mozo y soldado desgarrado, que por haber reconocido en esta verdadera relijiosa severa compostura y penitente traje, abstuvo y reprimió su apetito deshonesto. De aquí pueden sacar algun provecho las que profesan virtud, compostura y relijion, y ver lo que importa el recato en las acciones y palabras y en la natural vergüenza, que es conveniente las acompañe, porque en faltando el velo vergonzoso en la mas cuerda, se hallará rodeada de cuantos males y daños pueden imajinarse. Díjolo San Gregorio Nacianceno con elegancia en el siguiente verso:

Protinus, extinto, subeunt mala cuncta, pudore

Extinguido el recato
Y rasgados los velos vergonzosos,
Los vicios de barato
Se entrometen con pasos licenciosos,
Desterrando del puesto
La virtud, la vergüenza y lo compuesto.

El recato y la vergüenza es freno que reprime muchos males, y si Adan nuestro primer padre ántes de pecar la hubiera conocido, sin duda que excusado hubiera nuestro daño; pero fué tarde y despues del yerro su conocimiento, como lo advirtió San Ambrosio: que despues del daño hecho y experimentado el peligro, es mui propio venir en conocimiento del remedio. ¡Qué de médicos hai para el pasado achaque, y qué pocos que sepan aplicar la medicina ántes que sobrevenga el mal y la dolencia! Lo mas seguro es prevenirle con tiempo, lo mas acertado es atajarle ántes que el delito torpe se cometa, y teniendo presente el recelo y la vergüenza se excusa el solicitarla sin sazon ni coyuntura. La relijiosa que busca la ocasion del locutorio y deja sin acuerdo el amable retiro de la celda, no conoce el peligro que trae consigo la liviana conversacion, y se halla sin conocimiento de los útiles y conveniencias con que la quietud y sosiego de su celda la está brindando. Poco tienen de espíritu las que se dejan llevar de la melosa parla y locuaz apetito, porque las palabras son mui peligrosas y ocasionan a entrarse mui adentro. Por eso fué sin duda el precepto apretado del apóstol San Pablo, que las mujeres no hablasen palabra en las iglesias, sino fuese con Dios y consigo mesmas. Mas adelante parece que aprieta mas el precepto, diciendo que totalmente callen las mujeres en la iglesia, porque solo se les concede estar sujetas; y esto se entiende con las que son casadas, que aun con Dios puede presumirse les veda la palabra, porque no parezca desmesura en ellas; y así dice mas este doctor santo, que si alguna dificultad o duda en la iglesia se le ofreciere, aguarde a preguntarlo a su marido en casa, porque es torpe cosa hablar en las iglesias las mujeres. Sobre otro lugar del doctor de las jentes al mesmo intento, enseñando a las mujeres que no sean curiosas en escudriñar misterios ni cosas altas, dijo San Paulino las siguientes razones: mas segura está la mujer en las cosas de la fee por el temor, que por la discrecion de su lenguaje. Pues, si tan apretados preceptos y documentos dan los santos a las mujeres, para que excusen las conversaciones vanas y solo con sus maridos y esposos se las permiten, mui gran daño sin duda debe de orijinarse de solo conversar con las mujeres; gran delito es en ellas conocidamente el desplegar sus lábios aun en las iglesias, adonde con atencion y viva fee se debe atender y escuchar los divinos misterios, mas que parlarlos, que es lo mas seguro, como sintió San Agustin; y en otra parte dijo, que eran mas felices los que los escuchaban, que los que los predicaban.

Por esa causa sin duda debió de enseñar Pitágoras a callar tanto tiempo a sus discípulos, porque fuesen maestros consumados, como lo sintió San Ambrosio.

¡Oh qué buena escuela para las señoras relijiosas, que con facilidad pueden cursar y aprender en ella, solo con amar la soledad y quietud de sus rincones y celdas, adonde no tendrán ocasion de hablar sino es con su verdadero esposo J. C., conformándose con la licion de San Pablo !

Era costumbre antigua de los Persas y lei inviolable entre ellos, que las mujeres no fuesen vistas de otros que de sus maridos, y era crímen en ellos mui extraño y grave, como lo cuenta Josepho Hebreo. Pues si el ser estas mujeres vistas de otros que de sus maridos, era ofensa mortal que les hacian, de la cual se mostraban lastimados, ¿por qué las que son verdaderas esposas de J. C. S. N. han de comunicar con hombres, ni aun ser vistas? Y cuando lo hayan de ser forzosamente, será bien que se ajusten a la profesion de su estado relijioso en las palabras, en el traje y compostura, para que no se atrevan los mas livianos ojos a mirarlas, ántes sí los obliguen a abstenerse y a reprimir sus pensamientos torpes, como le sucedió al referido bárbaro con la sierva de Dios y verdadera relijiosa; que por haberle visto en traje penitente, con un áspero cilicio sobre sus carnes, un sayal mui tosco por vestido, sus palabras pocas, graves y sentidas, sus ojos bajos y en fuentes convertidos, se abstubo y reprimió de su lascivo gusto y apetito ardiente, y la tuvo tal respeto y cortes veneracion, que la hizo servir en casa aparte y todo lo demas que queda manifiesto: que a esto obliga la severidad compuesta de una mujer recatada y vergonzosa, que sin este velo de honestidad no puede haber cosa perfecta, como lo dijo Ciceron reprobando la seta de los cínicos; por lo cual aconsejó San Pablo el recato, modestia y compostura, porque son peores que el demonio los que no la tienen, principalmente en la presencia de Dios. Así lo dijo el padre Mendoza.

Dos cosas al intento de nuestro libro podrémos llevarnos por delante: la primera, que muchos de esta jentílica nacion no tienen tan perversos naturales como algunos presumen y exajeran sus acciones, pues se ha reconocido que el comun de los que son de sangre ilustre y claro nacimiento, se muestran piadosos, corteses, apacibles y agradables, y con extremo agradecidos al bien que les hacen, y al agasajo que reciben, y por lo consiguiente, reconocen lo que es santo, justo y bueno, como queda manifiesto en este y otros subcesos.

La segunda, que no por haberles faltado natural discurso y comprehensivo entendimiento a nuestros bárbaros infieles, dejaron de penetrar y comprehender los divinos misterios y la lei que profesamos; ántes sí juzgo que por tenerle tan vivo, perspicaz y agudo han menospreciado nuestros ritos, por haber atendido cuidadosamente a lo que desatentos nuestros antepasados obraron, y no a lo que les dijeron: aprendieron mas bien lo que veian hacer, que lo que con apremio y mal ejemplo querian enseñarles, porque es mas propio del natural humano facilitársele lo visto, que imprimírsele en el alma lo predicado; por lo cual dice Lucano de Caton, que con el ejemplo movia a sus soldados a que con valor y sufrimiento, padeciesen los trabajos y penalidades en que le veian ser el primero.

> Ipse, manu sua pila gerens, præcedit anheli
> Militis ora pedes : monstrat tolerare labores, non jubet [*sic*].

> El capitan prudente,
> Siendo el primero en el mayor trabajo,
> Enseñó dilijente
> Al mas alto soldado y al mas bajo ;
> Con que obrando advertido
> Mandó y sin mandar fué obedecido.

El mesmo (dice) llevando en la mano el pilar o muelle para sustentar el peso de la carga, se adelantaba en las orillas del mar al mas alentado soldado, con lo cual mostraba valeroso y enseñaba discreto a llevar el trabajo mas molesto a sus soldados.

Mui al reves obraron nuestros primeros conquistadores, a cuya causa, a pocos lances y mui breves dias, postraron por el suelo sus vanas presunciones y altivos pensamientos, que a costa del sudor y trabajo de estos pobres infieles quisieron colocarse en las estrellas. Este maligno stilo con que principiaron, se ha ido continuando con extremo, pues tan a rienda suelta vemos por las calles descocadamente pasearse el vicio en medio de la traicion, de la mentira, del apetito sensual y descarado ladronicio; teniendo desterrada la justicia, la razon y la paz tranquila, a cuya causa no la puede haber en Chile, ni tener fin dichoso esta sangrienta guerra, que es el principal objeto a que se encaminan estos verdaderos discursos.

CAPITULO XIX.

En que se refieren algunas memorables costumbres de estos naturales, de las cuales se sacan algunos morales convenientes.

Estando entretenido el cacique Quilalebo y yo en los pasados y referidos subcesos a las espaldas del rancho, llegó un mensajero del *utanmapo* deste cacique viejo, que es parcialidad; que, como tengo en otra parte significado, hai tres que llaman sus caminos, que el uno es arrimado a la costa, otro confinante a la cordillera, y el otro el jiron de en medio de estas dos parcialidades: llegó, como he dicho, el mensajero con flecha de convocacion, que es como carta de justicia citatoria, que un cacique fronterizo hacia junta y ejército para nuestras fronteras, y aunque para los indios de adentro y de la Imperial no era obligatorio el llamamiento, con todo esto estaban obligados los caciques guerreros a dar parte a sus distritos de las juntas y convocaciones que se hacian para la guerra, porque habia muchos que naturalmente eran inclinados a ella y de su voluntad y bella gracia acudian con gusto a semejantes concursos. En el rancho de este cacique mi camarada asistia un bizarro moceton, dispuesto y de buena traza, que debia de continuar salir a estas facciones militares, que por esta causa sin duda se encaminó a este rancho el mensajero, a quien hospedaron aquella noche, por ser tarde, con grande agasajo, dándole de cenar y de beber y cama en que dormir; y al amanecer pasó con su flecha a otras parcialidades, dejando hechos nudos en un hilo grueso de lana del término señalado de ocho dias, que en el último habian de estar juntos en las tierras de Ecol, por ser parte comediada para los unos y los otros aplazados.

Vamos ahora al reparo que hice en aquella ocasion, y a lo que con atencion curiosa advertí en aquel soldado camarada compañero del viejo Quilalebo. Luego que fué aplazado este valeroso soldado, ordenó a su mujer le hiciese la cama aparte y no quiso dormir mas con ella; y juzgando yo que aquella noche lo hacia por dormir con el mensajero, como lo hizo, no fué tan grande el cuidado que puse en la division de la cama y divorcio que con la mujer hizo, como el que tuve en las demas noches, que continuó separarse de ella, durmiendo sin su compañía las que se siguieron hasta el tiempo de la partida, que para el que estaba dispuesto al cabo de los ocho dias no quiso faltar del término y plazo señalado.

Despues de haberse partido el buen soldado a cumplir con la obligacion de puntual guerrero, estando conversando con mi viejo a solas, solicité cuidadoso la causa de mi reparo, preguntando el fundamento que nuestro camarada habia tenido para haberse enfadado con su mujer, pues habia dividido cama aquellos dias ántes del viaje; que verdaderamente aquella accion habia sido para mí mui nueva y de algun cuidado. A que me respondió el prudente anciano, que era costumbre antigua entre los suyos, siempre que salian a jornada los soldados, no dormir con las mujeres, principalmente los que eran capitanes y caudillos en sus regües, a cuyo cargo iban los que de ellas salian para las facciones de guerra. Mas confuso y suspenso me habeis dejado (dije al cacique) si no me dais a entender el fundamento que tuvieron los antiguos vuestros pasados para entablar por buena esa costumbre. Yo os lo diré, capitan, respondió el viejo y prosiguió con las siguientes razones.

Habeis de saber, Pichi Alvaro amigo, que en los tiempos pasados (mas que en los presentes) se usaban en todas nuestras parcialidades unos *huecubuyes*, que llamaban *renis*, como entre vosotros los sacerdotes; estos andaban vestidos de unas mantas largas, con los cabellos largos, y los que no los tenian, los traian postizos de cochayuyo o de otros jéneros para diferenciarse de los demas indios naturales; estos acostumbraban estar separados del concurso de las jentes, y por tiempos no ser comunicados, y en diversas montañas divididos, adonde tenian unas cuevas lóbregas en que consultaban al pillan (que es el demonio), a quien conocen por Dios los hechiceros y endemoniados machis (que son médicos). Estos, como os he dicho, por tiempos señalados estaban sin comunicar mujeres ni cohabitar con ellas : sacaron de esta costumbre y alcanzaron con la experiencia, que se hallaba con mas vigor y fuerzas el que se abstenia de llegar ni tratar con ellas, y de aquí se orijinó, habiendo de salir a la guerra el que es soldado, esta costumbre y lei entre nosotros, por consejo y parecer de estos nuestros sacerdotes ; y como el sustento que llevaban a estas facciones militares, es solo una taleguilla de harina tostada, por no embarazarse con mas carruajes ni cargas (como los españoles hacen), a pocos dias quedaran totalmente sin vigor ni fuerzas si las llevaran gastadas, porque no hai cosa que mas las minore y menoscabe, que la cohabitacion de las mujeres. Y esta es la causa por que mi camarada, luego que fué avisado de la entrada que se hacia a tierra de los españoles, apartó cama y se excusó de dormir con la mujer ; con que os habré dado gusto y satisfecho a vuestra duda.

Suspendamos por ahora la conversacion trabada del cacique, y para nuestros discursos y blanco a que se encaminan, saquemos algun fruto de este rito. Que unos infieles bárbaros, sin discursivo natural, alcancen y conozcan que el vicio torpe, lascivo y deshonesto de la concupiscencia lujuriosa los afemina, los debilita y los deja sin valor ni fuerzas, y que sepan sujetar sus pasiones y lividinosos apetitos, ¿no es para maravillarnos, y aun para avergonzar nuestras costumbres y acciones? pues no pueden marchar nuestros ejércitos cristianos sin este tropiezo de mujeres en las entradas y campeadas que se hacen. Que entren con sus maridos las criadas para el servicio de sus amos y tambien de ellos, parece que puede permitirse ; pero ha habido ocasion que los ministros superiores han agorado las jornadas que han emprendido, por llevar en su compañía, en hábito de hombres, sus amigas, y hubo ocasion que los indios bárbaros amigos nuestros vituperaron semejante accion y pronosticaron ántes el adverso suceso, diciendo que el superior habia hecho un *perimol* mui grande, que quiere decir un portentoso agüero en nuestro daño : y así fué, pues perecieron en aquella ocasion mas de cien capitanes y soldados de los mas lucidos y valerosos del ejército, sin muchos indios amigos.

Estos son los fundamentos principales de este libro y en lo que estriba la dilacion de esta prolija guerra, pues es cosa averiguada y cierta que los mas infortunios y adversos acaecimientos que he experimentado en este reino, y los pasados, de que con cuidado he solicitado hacerme capaz de ellos, han sido siempre encaminados por la mano de Dios para nuestro castigo ; porque los vicios y pecados han cegado y ciegan nuestros entendimientos, afeminan nuestras acciones, nos quitan las fuerzas, acobardan el valor y aniquilan nuestros brios. ¿Quién mas valeroso y fuerte que Samson, de quien dice el texto sagrado, que despedazaba leones como si fuesen corderos? quién mas temido de los filisteos miéntras se abstuvo de los vicios de la gula y deshonestidad, como lo notó San Basilio? Cuando Samson (dice este santo) era abstinente y castigaba su cuerpo con ayunos y vijilias, de mil en mil postraba por el suelo y dejaba sin vidas a sus enemigos, las puertas de la ciudad mas fuertes y robustas con facilidad las derribaba y hacia pedazos, y despedazaba leones sin que pudiesen contrastar valerosos con sus fuerzas; mas, despues que se entregó al torpe vicio de la deshonestidad, de la gula y embriaguez, perdió las fuerzas totalmente, y despojado de sus vitales luces, fué risa y ludibrio de sus enemigos. Así prosiguió este citado santo.

Tambien industrian al soldado estos jentiles, y le enseñan prudentes a que en el comer sea moderado, sobrio y abstinente, pues aunque el viaje sea de quince o veinte dias, no llevan mas sustento ni matalotaje, que la taleguilla de harina tostada; y la razon que dan para este ayuno y moderado sustento (demas de aliviarse de embarazos) es decir que el demasiado comer los hace flojos, perezosos y dados al sueño; y miéntras continúan la guerra, solo con un puño de harina echada en agua se sustentan, siendo así que cuando estan en sus casas sin el ejercicio de las armas, son tan grandes comedores en hallando la ocasion, que de una asentada despachan un carnero, sin dejar los menudos para otro dia. Pues, si estos bárbaros infieles solo con el natural discurso y sin la verdadera luz que profesamos, alcanzaron el útil y provecho que consigo trae el abstenerse de los voraces vicios de la carne y gula, si bien por diferente camino (aunque honesto), ¿por qué los que gozamos de la fee santa y conocimiento claro de lo eterno, le tenemos frustrado, y aun dormido, en lo que importa tanto, como es tener presentes los efectos que causan estos vicios? pues solo con el ayuno y abstinencias podemos desterrarlos de nosotros, tomando ejemplo de estos naturales, que para desechar de sí los de la flojedad, los del sueño y del descuido, comen poco, y para adquirir mayores fuerzas y mas vigor y aliento, se abstienen del vicio de la carnal concupiscencia.

CAPITULO XX.

En que se alaba la templanza y el ayuno y se vitupera la gula, y se refieren algunos trabajos de los soldados de Chille.

Con la templanza en el comer y con el ayuno se atropellan los mas feroces enemigos del alma; díjolo San Leon en las siguientes palabras, bien pensadas: como por la continencia todos los mas vicios se destruyen y aniquilan, ¿quién no entiende ni alcanza lo mucho que por el ayuno se nos comunica, quitando de nosotros la insaciable sed de la avaricia, la ambicion de la soberbia y la concupiscencia de la lujuria, por medio de lo macizo y sólido de esta excelente virtud? Y San Juan Crisóstomo, ensalzando el ayuno y vituperando la gula y concupiscencia, dijo estas palabras: que los que moderadamente comen, tienen los cuerpos robustos, el sentido eficaz, con que llenan sus obligaciones acudiendo con puntualidad a lo que les toca; pero los que son dados a la gula y al vicio torpe de la deshonestidad, los tienen flacos, macilentos, blandos como cera, con desmayos y aflicciones, y de enfermedades cercados. ¡Oh cómo los que militan deben amar esta virtud, pues es cierto que por los que la aman y la continúan está Dios de su parte en la batalla! Así lo sintió Tertuliano, anteponiendo el ayuno y abstinencia al holocausto y sacrificio: cuando el profeta Samuel sacrificaba y a Dios N. S. ofrecia holocaustos, de ninguno se hallaba mas pagado, que de la abstinencia del pueblo y del ayuno. El cielo batalla por los que ayunan (dice mas adelante), derriba por el suelo y postra a los enemigos, hiere y mata a los mas robustos y fuertes, y a los mas bien armados deja sin defensa: estas son las armas de los que se abstienen y por Dios ayunan. Buen ejemplar nos dejó un jentil monarca y rei bárbaro para que amemos el ayuno y le tengamos por muralla y defensa en nuestros trabajos, tribulaciones y peligros.

Cuenta el sagrado texto, que habiendo el profeta Daniel llevado el afecto y voluntad con su agrado y aspecto al rei Dario, le constituyó por príncipe y superior sobre todos sus sátrapas y ministros; y estos, envidiosos y agraviados de ver que en todo a ellos se aventajaba, le armaron un tropiezo con cautela, haciendo que promulgase el rei un edicto en contra del culto y reverencia del Dios a quien adoraba, con que fácilmente pudo ser comprehendido en el precepto y bando promulgado. Denunciaron del profeta, con instancias grandes, para que la sentencia fuese en él ejecutada: el rei solicitaba con las mismas instancias excusar al profeta del suplicio, porque con buenos ojos miraba sus acciones, y viendo que era imposible contrastar con la comun opinion y gusto de todos los dañados, fundados en el edicto y precepto quebrantado, mandó se ejecutase la sentencia; y porque con la réjia potestad y mando no fué poderoso de librar ni sacar a salvo a su mayor amigo, se valió del ayuno y abstinencia; pues, luego que fué enviado a la cueva de leones el profeta, se fué a su casa el rei y sin cenar ni permitir que le pusiesen por delante que comer alguna cosa, se recojió a su retrete, suspenso, aflijido y triste. Pues ¿qué pudo ser la causa de esta abstinente demostracion y severo ayuno? sin duda no fué otra cosa, que solicitar por este medio la libertad y el buen suceso del profeta: así lo sintió San Gerónimo, arguyendo y avergonzando con el hecho a los que tenemos fee y verdadero conocimiento. Si ignorando lo que era Dios este bárbaro rei, hace semejante extremo y se priva de comer, juzgando ser el ayuno para librar de la muerte al que estima y quiere mejor medio, ¿cuánto mas bien nosotros conocer debemos cuán importante y necesario es el ayuno y abstinencia para tener a Dios de nuestra parte y borrar del alma nuestras feas culpas?

Cuando el profeta Jonás amenazó a los Ninivitas, ¿qué fué lo que hicieron? predicaron el ayuno, que es el arma mas fuerte para mitigar la ira de Dios. El profeta Joel amonestó a los de Judá que santificasen el ayuno; sobre lo cual dijo San Gerónimo: para que se muestre y sepa que el ayuno santificado, con buenas obras, aprovecha a la salud de los pecadores; y así lo sintió Teodoreto. Buen ejemplo tienen los soldados en estos bárbaros infieles y en las utilidades que se siguen de la abstinencia y ayuno; pero diránme los de Chille (valiéndose del antiguo adajio): harto ayuna quien mal come y peor viste; y ya que habemos llegado a tocar esta tecla, no es bien que levantemos la mano hasta ver la consonancia que hace, y el sonido que deja en los oidos; que puesto que las digresiones y reparos son el principal fundamento de este libro, no las extrañará el letor discreto.

Quien mal come y peor viste, dice el soldado de Chille que harto ayuna, y no dice mal, pues es cosa averiguada y cierta que entre todos los ejércitos que S. M. sustenta (segun estoi informado de muchos que han continuado los de la Europa y estos), no llega ninguno a experimentar tantos trabajos, tantas desdichas y miserias, como las que son ordinarias en los soldados de este reino. Signifiquemos algo de lo mucho que padecen y toleran los mas con paciencia y sufrimiento.

Desde el punto que sientan plaza para Chille, dan principio a parecer soldados de avería, porque los oficiales que los levan y conducen, mas atienden a ser piratas de su dinero, que tutores ministros de sus conveniencias, como debian serlo; con que cuando saltan en tierra algunas tropas (que no todas vienen por igual desnudas, porque adonde hai oficiales desatentos, otros son de conciencia, bien mirados y celosos de la obligacion que tienen), salen de tal suerte de las embarcaciones, que parecen mas indios que soldados, sin camisas ni espadas, quejándose de los oficiales mayores y menores, porque unos a título de las banderas, otros de las despensas, otros de las coimas, no les dejan jugo, ni aun sangre dentro de las venas. Desta suerte los entran en un tercio, a la entrada de un hibierno riguroso, adonde con los frios, hielos y aguas contínuas perecen muchos; y los que quedan vivos, ¡cuántas desdichas padecen! cuántos trabajos y miserias toleran! unas veces marchando a pié desnudo cuatro y cinco leguas, y en algunas ocasiones, como testigo de vista, sustentándose con sogas de cuero de vaca y algunas adargas viejas de lo propio tostadas en el fuego, y con esto un contínuo trabajo en amurallar todos los dias los alojamientos y cuarteles con fuertes estacadas de madera, abriendo la tierra y cavándola muchos con sus espadas, otros con machetes y cañas bravas ahuzadas, que llaman acá coleos; los soldados de a caballo, cortando estacas para lo referido y conduciéndolas al cuartel en sus caballos, demas de esto segando yerba con sus manos para el sustento de ellos, trayendo la leña a cuestas los unos y los otros para los fogones de sus guardias y para el servicio de sus ranchos: y estas son ordinarias faenas de todos los dias, miéntras dura una campeada, despues de haber marchado (como tengo dicho) tres y cuatro leguas a pié. Esto es sin el contínuo trabajo de las guardias, postas y rondas, inexcusables para la guarnicion de la muralla, seguridad y defensa del ejército.

Suelen dilatarse en estas jornadas veinte y treinta dias en estos tiempos que estan arrinconadas nuestras armas, que cuando las fronteras se hallaban bien fortalecidas y pobladas, se dilataban en estas entradas mas de dos meses; y son las salidas amenudo y breves, con que a costa de los caballos, que se pierden y se cansan, se consiguen estos viajes; y cuando vuelven a los alojamientos juzgando hallar en ellos algun sosiego, quietud y descanso, salen luego a hacer resguardio a los potreros, porque el enemigo no se los lleve, adonde asisten con las mesmas incomodidades que en campaña, durmiendo vestidos, continuando estacadas en sus alojamientos, centinelas a lo largo, y postas de a caballo y potrerizos fuera; y despues de esto, ya aporreados de un sarjento o teniente, maltratados de un cabo de escuadra, y vituperados de un capitan bisoño y desatento, que como en otra parte tengo dado una puntada, que hai algunos superiores que tienen por ministros y capitanes de cuenta, a los que se precian de libertados, descorteses y desmedidos en el lenguaje, llamando a sus soldados de indios vestidos, de ladrones y borrachos: que aunque haya algo de esto en algunos (que no pueden ser todos iguales los de un ejército), no es lo que enmienda al soldado ni le corrije, el que le vituperen con lo que puede ser que tenga, que muchas veces el que se recataba con vergüenza, con el menosprecio y poca estimacion de sus oficiales perdian el respeto algunos al honesto recato con que de ántes encubrian o procuraban minorar sus faltas; y por verse baldonados y escarnecidos de ellos, se aniquilan y anonadan de tal suerte, que no hacen presuncion ni caso de honra el dejar en empeños conocidos a sus mal mirados ministros y capitanes, pues han perecido algunos a manos de los enemigos sin la asistencia de sus maltratados soldados: que es cierto que primero perecieran a sus lados, que mostrarse cobardes y temerosos en semejántes ocasiones, si fuesen bien queridos y con amor respetados por corteses y agradables. Y para ejemplo de los que profesan el militar ejercicio, referiré lo que le sucedió al maestro de campo jeneral Alvaro Nuñez de Pineda, que en su vida dijo una mala palabra al mas mínimo soldado, en cuarenta años que militó en esta guerra de Chille, ni en su boca se halló jamás un juramento, ni otras imperfecciones que en la milicia se suelen tener por gala; pacífico y agradable con los pobres, siendo para ellos su casa una despensa y botica, bien al contrario de lo que se acostumbra entre algunos ministros superiores del ejército (no todos, que claro está que no han de ser iguales los que gobiernan), que el que no trata de pulpero para desnudar al soldado y tener con que conservarse en el oficio, no le tienen por hombre al uso, en el cual no pudo entrar el maestro jeneral referido, porque en aquellos tiempos le solicitaban para el gobierno de las armas, y hoi procuran otros entrarse en él por sus dineros, o por otros respetos, con que el reino paga de contado estos excesos; y para prueba de lo dicho y apoyo del proceder de este jeneral valiente, acabarémos este capítulo con una certificacion honrosa que le dejó un severo ministro del Rei N. S., enviado por su real consejo a visitar todo el reino, así lo militar como lo político; y habiendo hecho las pesquisas necesarias, públicas y secretas, de los oficios de la milicia, en que quedaron algunos privados de oficio real por muchos años, salió calificado y limpio de todo lo que pudieran calumniar hoi a los mas superiores, como constará de la certificacion siguiente:

CERTIFICACION.

El Doctor Juan de Canseco Quiñones, del consejo del Rei N. S., su alcalde del crímen de la real audiencia de la ciudad de los Reyes, juez visitador de la real hacienda de S. M., y ministro de ella y de guerra en este reino y provincias de Chille, etc.

Certifico, que en la visita que en ejecucion y cumplimiento de mi comision he hecho en este reino, no resulta cargo alguno contra Alvaro Nuñez de Pineda, maestro de campo jeneral del ejército de este reino, de tratos ni contratos, ni granjerías, ni otros ningunos, ni de haber tratado mal de palabras ni de obra a capitan ni soldado de este ejército, en todo el tiempo que ha militado y tenido los puestos y cargos preeminentes que en este ejército ha ocupado: ántes me consta que ha repartido su hacienda con los necesitados, y que siempre ha servido a S. M. con gran prudencia y valor, y es uno de los hombres de mayor opinion que ha militado en este reino. Y para que conste, de su pedimento dí la presente, firmada de Francisco de Vergara Azcárate, escribano de mi comision, que es fecha en la ciudad de la Concepcion de Chille, en veinte y nueve de noviembre de mil seiscientos y diez y nueve años.—*El licenciado Canseco.*

Por mandado del señor alcalde.—*Francisco de Vergara Azcárate,* escribano de S. M.

Por este papel y certificacion honrosa se manifiesta clara y evidentemente lo propuesto y referido de este valeroso jeneral, que por piadoso, caritativo, magnánimo, cortes y pacífico adquirió el crédito y opinion que consta por este escrito, de un juez tan justificado y recto, que dejó a muchos que ocuparon oficios preeminentes en esta guerra, privados de oficio real por largos años, y a otros por toda la vida, y a ninguno con semejante certificacion.

CAPITULO XXI.

En que se refiere el subceso citado en el pasado capítulo para ejemplo de soldados y capitanes, y prosigue la materia del ayuno del soldado y de algunas quejas justas que tienen.

Apunté en el capítulo pasado referir, o prometí hacerlo, el suceso que le sucedió al maestro de campo jeneral Alvaro Nuñez de Pineda, y le pondré aquí en breves razones para norma y ejemplo de soldados, capitanes y oficiales.

Siendo capitan de caballos en tiempos bien trabajosos, pues de ordinario tenian con el enemigo encuentros y batallas campales; estando metido en una de estas con la espada en la mano batallando, reconoció entre sus soldados a uno que al embestir los demas siguiendo a su capitan, éste se quedaba atras sin llegar a medir su lanza con la del enemigo; que entre las excelencias que cuentan los antiguos de este valeroso capitan, es una el que estando peleando y entreverado con el enemigo, estaba tan entero y tan señor de sus sentidos y de sus acciones, como si estuviese en un jovial entretenimiento, y en ocasiones llamaba a cada soldado por su nombre, para que acudiese a donde le mandaba. Pues habiendo en esta ocasion alcanzado una victoria considerable, estando herido y los mas de sus soldados, volvió el rostro a todos ellos con grande agrado y alegría y les dijo, que no se prometia ménos que semejantes subcesos, teniendo a su lado tan valerosos soldados, y que habia gloriádose con extremo de haber visto y experimentado su valor, su puntualidad en acudir cada uno a lo que le tocaba y era de su obligacion, y al señor fulano (repitió, nombrando por su nombre al que se habia mostrado algo tímido), que entre los demas compañeros, sus brios y esforzados alientos me llevaron los ojos. En otra ocasion (que a cada paso se ofrecian) certificó este jeneral, que se habia aventajado a los demas con tanto esfuerzo y valor, que fué instrumento y causa su resolucion y atrevimiento a darle en aquel dia una gran victoria; que a esto obliga un capitan prudente al soldado mas mínimo y desdichado, alentado con corteses razones y agradables. ¡Cuán al reves de lo que sucede al que no sabe estimarlos! Varios subcesos prudentes como valerosos pudiera referir de este valeroso capitan; que cuando he visto en historias y en estampas por insignes hombres a muchos que en su vida pusieron los piés en las fronteras, y a otros que tasadamente entraron cuando salieron de ellas, bien pudiera explayarme con razon y justicia (sin parecer apasionado) en significar hazañas, victorias y prolijiosos subcesos del maestro de campo jeneral Alvaro Nuñez de Pineda, mi padre, quien mereció eternizar su nombre entre estos bárbaros infieles, que hasta hoi le respetan con asombro, por experiencias los antiguos, y por tradiciones los noveles. Y no fué de las menores dichas que tuve, el ser conocido por hijo suyo, que aunque algunas parcialidades con extremo solicitaron quitarme la vida, no se atrevia ninguna a que en sus tierras o distrito me privasen de ella, porque pasó palabra entre ellos que adondequiera que yo muriese por hijo de Alvaro, habia de asolar y abrasar aquella jurisdiccion, y volver sus polvos en cenizas.

Prosigamos ahora con la materia principiada del ayuno de los pobres soldados (comiendo mal y vistiendo peor), sin las demas desdichas y penalidades que habemos referido, con desprecios, injurias y abatimientos. Si estos los tolerasen y sufriesen con paciencia, y en descuentos de sus pecados los llevasen, ¿no fueran bienaventurados, como dice San Pedro? no fueran santos y justos si ofreciesen a Dios todos sus trabajos, ayunos y desnudeces? claro está, y fueran dignos de que el auxilio divino no les faltase y les sirviese de muralla y fuerte escudo para contra sus enemigos, como lo asegura Tertuliano. Pues, si con solo aplicar la voluntad a lo forzoso de la necesidad, la puede hacer virtud, y del veneno ponzoñoso sacar saludable antídoto; luego, con mas facilidad podrá el que milita en Chille tener mérito glorioso por abstinente y por desnudo, que el mas desvelado anacoreta en su retiro. Y ¿qué será la causa de que impacientes lleven los mas sus trabajos, y que desesperados emprendan algunas acciones indignas de quien son, con conocido riesgo de sus vidas? Yo lo diré, segun lo que he oido platicar a muchos pobres lastimados.

Demas de las desdichas y miserias referidas, sienten con extremo los que tienen méritos personales y sirven con reputacion, ver premiados y preferidos a los que tasadamente han puesto los piés en tierra, sin haber aun reconocido los cuarteles, a unos por dependencias favorables, por criados de vireyes, por parientes y allegados de los que gobiernan, y a los mas por sus dineros, que es el corriente stilo que en estos tiemtos se platica. Y lo peor de esto es, que apénas vuelven al Pirú con cuatro dias de Chille, ocupados siempre en los oficios que hai que adquirir, y al instante les dan los mejores oficios que hai que pretender; y si por dicha sale algun benemérito con treinta y cuarenta años de servicios personales, a que un virei los honre, y premie sus trabajos en conformidad de las cédulas reales despachadas por nuestro Rei y señor con justificado celo, ha habido alguno que les haya pagado y remunerado sus servicios con decir, que son papeles de Chille, y que lo peor que tenian era haber servido tanto tiempo al Rei N. S. Este es el premio y galardon que al cabo de muchos años tienen los beneméritos de Chille, porque ha habido pocos vireyes que hayan atendido a ellos; a cuya causa se han reducido algunos soldados antiguos, envejecidos en el servicio de S. M., a ser tratantes, pulperos y mercaderes y buscar cuatro maravedises, aunque sean mal ganados, para merecer con ellos lo que con su personal trabajo no pudieron adquirir, como les ha sucedido a muchos que se han arrimado a este ejercicio, o a ser criados de los que gobiernan, porque por aquí tienen el premio mas asegurado, como lo dicen y hacen algunos superiores ministros, dando a entender que el asistirlos y servirlos a ellos es calidad de mayor mérito que servir a S. M. en sus reales ejércitos, oponiéndose al trabajo, gastando sus haciendas algunos y arresgando las vidas en su real servicio. Con que no me maravilla que los mas repugnen el continuarlo, y se hallen los ejércitos de S. M. sin la muchedumbre de soldados valerosos que solian asistirles; por lo cual nuestra monarquía se va hallando menoscabada cada dia mas y rodeada de guerras y trabajos, porque la universal cabeza es forzoso participe de los daños y dolencias de los miembros, esto es, de los ministros y súbditos que ha-

47

cen semejantes excesos como los referidos, sin tener correccion ni castigo alguno. Como en otra parte está tocada esta materia, aunque habia bien en que dilatarnos, paso con la que tenemos entre manos, del ayuno y desnudez del soldado.

No es de los menores tormentos y afanes que padecen, el verse desnudos y limitadas las raciones que les tocan para sus sustentos, siendo así que S. M. les tiene señalado sueldo ordinario al que ménos de cien patacones para arriba; y estos se enteraban en tiempos antiguos habiendo mas plazas y soldados que los que asisten hoi y son efectivos, y sobraban en la municion dineros para poder dar entre año a los mas necesitados alguna ayuda de costa, y no se traia mas caudal, que los ducientos y doce mil ducados que hoi son efectivos. Pues ¿qué será la causa que anidiendo [sic] a este situado mui cerca de una de tres partes con las creces que a la ropa echan, y habiendo ménos soldados, no se les dé jamas el sueldo entero, ántes tan limitado, que cuanto mas se alargan es a sesenta o setenta patacones, y a cuarenta y treinta en ocasiones? Que si se hubiese de dar la ropa al precio que la traen de Lima, sin las creces referidas, no le dieran a un soldado arriba de treinta pesos, y estos de tan mala data que por fuerza ha de recibir el pobre lo que no ha menester, porque si pide ruan, le dan arpilleras de Melinje, y arpilleras de jerga si pide paño, que en ocasiones he visto a muchos con calzones de jerga, y no de los mas mal librados, y por mucho favor un corte tundido, que llaman, de cinco varas y media y de a seis, que sale de la municion a seis pesos y medio la vara; y montan cerca de cuarenta patacones, y los venden los pobres a diez y ocho y a veinte cuando mas, porque algunos de estos cortes son de peor calidad que el ordinario paño, que por darles mas precio cortan algunos pedazos de cinco y media o de seis varas y los entreveran con los otros. Dicen (lo que no lo he visto) que los que van por los situados, los reciben así por los intereses que se les siguen, o por otras dependencias, que han querido decir que corren por mayor esfera; que las acciones suelen ser indicio cierto para que el vulgo publique lo que dan que pensar estos efectos.

CAPITULO XXII.

En que se trata de algunas compras que se hacen para el real ejército perjudiciales, del menoscabo del situado, y de las creces y aumentos que acá tiene, y de como se aprovechan de la ocasion para sus intereses los mas ministros.

En cuanto a los bastimentos para el real ejército, digo volviendo a esta materia, que hoi se han encarecido mas por la total ruina de las fronteras, y se compran a precio mas excesivo que de ántes, y así es forzoso que la saca de este situado y su menoscabo sea mayor, por lo que cuesta traerlo de Lima y de Santiago, que sus conduciones causan mayores gastos y menoscabos a este situado. Y no pasemos en blanco la maldad y el deservicio del Rei N. S. que han entablado los que gobiernan o han gobernado en estos tiempos trabajosos, pues, despues de haber mejorado las fronteras, ofrecian los pobres vecinos de la Concepcion y de ellas el trigo a S. M. para el ejército a dos patacones cuando mas, y no lo querian admitir estando a la mano, por llevar de la ciudad de Santiago el que ellos habian sembrado y cojido con el sudor ajeno de pobres indios, quitados de unas y otras partes; y si este fuese al precio que se hallaba en las fronteras, se pudiera tolerar esta maldad y traicion al Rei N. S.: pues, lo dejaban de comprar a los dos patacones en la mesma frontera y lo llevaban por cuenta de S. M. a seis patacones puesto en ella, y de la propia suerte las vacas que se conducian, pues me consta que las compraban para el ejército a diez y ocho y a veinte reales cuando mas, y se las daban al pobre soldado a cuatro pesos. Y los pobres vecinos de la ciudad de Santiago tal vez se quedaban sin su paga, porque habia muchos que no querian entrar en el número de algunos desdichados pobres que por cobrar algo, se sujetaban a recebir cuatro trapos que les daban en la tienda del que gobernaba, pagando las vacas a seis reales y cobrando los vales que les habian dado para pagarlos, al situado; con que no les venia a salir la vaca a trueque de ropa por cuatro reales, y se la daban al Rei por cuatro pesos. Estos son los ladronicios por mayor de los que han gobernado en estos tiempos, y son tenidos por buenos ministros, porque han robado con que solapar sus defectos.

Vamos prosiguiendo con nuestro situado, que tenemos entre manos; está bien advertida y reparada la dificultad del gasto excesivo que a este situado se le ha aumentado con la total ruina de sus fronteras; pero vamos por mayor ajustando cuentas con sus despendios.

Yo quiero dar por gastados cada un año, lo que es imposible que sea, los docientos y doce mil ducados en los bastimentos, fletes de navios, municiones y otros menesteres para el real ejército, que no puede ser tal gasto; sesenta o setenta mil pesos que se echan de creces cada año a este situado, ¿qué se hacen? Los caballos que se compran con este caudal a tres patacones cuando mas, y a veinte reales, y se dan al soldado por cinco pesos cuando ménos, y estos se los vuelven a quitar del sueldo que les está señalado aquel año, ¿adónde entran estos aumentos? La vaca que la compran a veinte reales cuando mas cara, y nos la han dado a seis pesos en ocasiones, a cuenta del sueldo que nos señalan, ¿qué se hacen estas creces? Los sueldos que han devengado los difuntos que han muerto y mueren cada dia en la guerra y en los hospitales, ¿en qué se consumen? Pues estos años del alzamiento ha habido ocasion de mas de ciento y setenta, otras de cuarenta, de veinte y de treinta, mui de ordinario de cuatro, de cinco y de seis; con que en ménos de tres años ha muerto el enemigo o degollado mas de quinientos hombres. Pues, todos estos sueldos bien pudieran aumentar algo este caudal de situado, y no sabemos qué se hace. Los arcabuces que los compra el Rei muchas veces a los soldados y a otros particulares en seis y ocho pesos, y se los vuelve a dar al soldado, a cuenta de su socorro, en veinte y cuatro pesos : ¿no pudieran estos aumentos dar grande cuerpo a este situado y suplir el gasto de ducientos y doce mil ducados que tengo dados por gastados en bastimentos y otros menesteres del ejército? claro está. Y estando en estas cuentas entretenido, solicitando ajustarlas, llegó a mí un curial, soldado antiguo y de obligaciones, que ha ocupado los puestos preeminentes de esta milicia, y me advirtió y dijo, que me olvidaba de lo mas esencial y del ladronicio mas patente y claro que se le hacia al pobre soldado, y es que de la gruesa de este situado sale el caudal para los zapatos que se le dan entre año, las vacas, el harina y los bastimentos, y todo lo demas que es necesario de municiones, pólvora, balas y cuerda; y para todo esto se dan por gastados los ducientos y doce mil ducados. Pues ¿cómo despues vuelven a quitar al soldado del sueldo que le señalan, los zapatos que recibe este año, y los bastimentos de carne y harina, que lo propio pudieran hacer con las municiones, pues todo se compra con la gruesa de este situado? Yo no lo entiendo y me reduzgo a que puede ser santo y justo, cuando hai ministros del Rei N. S. de toda confianza y crédito que sabrán dar salida a estas dudas y dificultades que por de fuera se nos ofrecen. Lo que sabré decir es, como experimentado, que a ninguno del ejército le dan su sueldo entero, como me ha sucedido a mí en tiempo que ocupé el oficio de maestro de campo jeneral ; que teniendo cada año al pié de mil y setecientos pesos de sueldo, no me señalaron mas de mil y ducientos, y de estos me quitaron mas de cuatrocientos de las raciones de carne y harina. Esto es lo que no acabo de entender : si ya me quitaron del sueldo que me toca, al pié de quinientos pesos, y de la gruesa de este situado se saca el caudal que es necesario para los bastimentos, por cuya causa se minoran nuestros sueldos, ¿por qué lo volvemos a pagar otra vez, quitando del sueldo señalado las raciones? Luego, tres veces se pagan estos bastimentos : la primera de la gruesa del situado, que damos por gastados mas de docientos mil pesos ; la segunda con lo que nos escalfan del sueldo señalado, que si tengo mil y setecientos pesos, me dan mil y docientos, y de estos me vuelven a sacar (que es la tercera) lo que he gastado de carne, harina y zapatos ; y así con los demas. Luego, tres veces se pagan estos bastimentos, y pienso que cuatro, porque con las creces que echan, si me habian de dar la ropa al costo que la traen, se minoran mas de otros ducientos patacones ; y de tan mala data, que hubo año que no pude alcanzar una vara de bayeta, cordellate ni paño, que es lo mas esencial y menesteroso en una casa. Pues, si este socorro tiene un maestro de campo jeneral efectivo, ¿qué podrán decir los pobres soldados? que les dan lo que no han menester. Y se disculpan los ministros reales con decir, que aquellos jéneros traen, y que no tienen otros ; pues ¡válgame Dios! digo yo, para qué reciben jéneros podridos, desechos de tiendas, y otros que no aprovechan al soldado pobre, y permiten que los que traen los situados, vendan públicamente los ruanes, bayetas, paños, bombasíes (que estos son los jéneros mas esenciales para que los pobres se puedan vestir y aprovechar), que pareciera mui bien a estos tales embargarles lo que escojen para sí, y en su lugar volverles los desechos y trastes de tiendas (que en otra parte juzgo que tengo significado por el respecto que lo hacen los unos y los otros.) Y no hallo por este camino que sea bastante disculpa el decir: no hai otros jéneros; estos traen, estos reciban; que pues S. M. (Dios le guarde) hace que se entere esta cantidad de ducientos y doce mil ducados en dineros de sus reales cajas, ¿por qué con ellos no se comprarán los jéneros que se sabe que son mas esenciales y convenientes para el soldado, como los escoje para sí el que trae el situado, a quien fuera justo y mui puesto en razon quitárselos, o trocárselos por la podricion y desechos que traen por sus intereses y conveniencias? Esto es lo que hace mas penosa la vida del soldado, que se vé con obligaciones de mujer y hijos sin tener con que cubrirles las carnes ni con que comprarles cuatro granos de trigo para su sustento, porque la racion que les dan es tan limitada que apénas alcanza el mes para uno solo, y del socorro tasadamente pueden mal vestirse; cuando vemos a los plumarios, menores y mayores oficiales, con una y otra gala cada dia, comiendo y bebiendo a dos carrillos, sustentando casas y mujeres sin ser casados muchos, jugando de ordinario los ciento y ducientos pesos a costa del sudor y trabajo de estos pobres soldados: y en tiempos necesitados y trabajosos, que no se hallaba un pan que comer en todo el pueblo, estos tales oficiales, tenedores de bastimentos y fatores tenian en sus casas el trigo y la harina mui de sobra, pues nos vendian el pan a precios excesivos, sin tener cosechas, chacras ni estancias. Finalmente, los mas ministros, entre los que hai ajustados (que claro está que no todos han de seguir este mal stilo de gobierno), no tratan de otra cosa que de sus conveniencias, sus intereses y particulares provechos, a costa de los pobres soldados y de la real hacienda, y con capa de ejecutores y celosos de ella, oprimen, molestan y vejan a los desdichados vecinos y moradores de la ciudad, principalmente en las ejecuciones y cobranzas de alcabalas, derechos reales y otras deudas, orijinadas por la omision y malicia de los proveedores y ministros; que en el siguiente capítulo manifestaré algunas acciones suyas, en que se declare lo propuesto, y llevarémos la materia principiada adelante, que por haber sido algo dilatado el capítulo, le dejarémos en este estado.

CAPITULO XXIII.

En que se manifiestan algunas acciones de ministros desatentos y proveedores.

Habemos entrado en este laberinto y cáos de confusion de las reparticiones del situado y de las raciones que se dan a los soldados de Chille, y es forzoso dilatar su descripcion mas de lo que quisiéramos, por ver si podemos salir al fin de estas confusas nieblas, que miéntras mas pretendo ponerlas a la clara luz de los mas cuerdos y bien intencionados, pienso que se han de hallar mas confusos y con ménos conocimiento de lo que son.

Los proveedores del ejército, que habian de ser puntuales ministros en las sacas del trigo que los vecinos vendian a S. M., se dilataban ocho y diez años, por anteponer el que ellos vendian, y para haber de desocupar algunas trojes de que necesitaban sus dueños, era menester cohecharlos, dándoles un tanto para que lo hiciesen con toda brevedad. Y aconteció muchas veces habérseles perdido a muchos pobres cantidad de estos jéneros, por haberse obligado a ponerlos de esta banda del rio de Itata; y habiéndolos conducido, en ranchos de paja algunos, y otros en prestadas trojes y ajenas estancias, por no haber querido los proveedores sacarlos teniéndolos de manifiesto diez y doce años, haberse quemado y perdido con infortunios de fuego, alzamientos jenerales de los indios, terremotos, inundacion del mar y total despoblacion de las estancias, con pérdida comun de las haciendas; que en buena razon debia el proveedor pagar los bastimentos que por su omision se perdieron: obligaron a los que los habian vendido, a que los pagasen, y aun querian algunos ministros que diesen el trigo en ser siendo imposible, o que lo pagasen a como entónces corria, a seis patacones, habiéndolo pagado al vecino a dos, y aun a ménos, y entónces los ministros y jueces oficiales mas puntuales, mas ejecutivos, y mas inhumanos. No hablo por relaciones ni por informes, ni tampoco por quejas lastimosas que he oido a muchos pobres comprehendidos en este comun daño de omisiones, sino es por experiencia de lo que por mí ha pasado, por fiador de uno de estos vendedores, que referiré entre otras inhumanidades que he visto y han llegado a mi noticia. Un vecino de la ciudad de Chillan vendió a S. M., para el sustento de su real ejército, ochenta fanegas de trigo, con obligacion de ponerlas de esta banda del rio de Itata; que con toda puntualidad las pasó a un rancho de paja que le prestó uno de los vecinos, que sus haciendas y heredades las tenia pasado luego el rio; y aunque solicitó por escrito y de palabra que el proveedor le sacase del cuidado con que estaba, por tenerle en un rancho de paja y en casa ajena, de ninguna suerte pudo conseguir su pretension. Pasáronse algunos años, y llegó el azote del cielo, con que fuimos todos castigados, si bien no conforme nuestras culpas y delitos merecian; quedando sin servicio, sin hacienda ni heredades, por haberse despoblado las estancias, los fuertes y presidios, la ciudad de Chillan y los tercios que nos servian de muralla y defensa; y en medio de estas congojas, aflicciones y trabajos, los rectos jueces y puntuales ministros sacaron de sus archivos las antiguas resultas, que en diez y doce años que por su gusto y omision no se cobraron, teniéndolas de manifiesto, solicitando cada dia su conducion y saca, aguardaron a vernos desdichados y aflijidos y con dobladas penas para que se acrecentasen nuestros males y trabajos con embargos, apremios y ejecuciones.

Bien ajeno del caso, fuí al almacen real a socorrerme y a recibir lo poco que me habian señalado de mi sueldo, y hallé que me le tenian detenido y embargado, por haber sido fiador del que vendió la dicha cantidad de trigo; que como habian pasádose tantos años, y no era deuda propia, no habia puesto en su entero ningun cuidado, y tambien porque el deudor era abonado y estaba yo enterado de que habia muchos dias que habia pasado el trigo a la otra banda. Este tal vecino murió, y despoblada la ciudad de Chillan entónces y sus distritos por el enemigo, se retiró con los demas la mujer viuda, cargada de obligaciones, de hijos y hijas doncellas, con cuatro ovejas que pudo llevar a los distritos de Maule, jurisdiccion de Santiago, adonde con su trabajo y solicitud aumentó su ganadillo, con que sustentaba su familia (aunque mal y con pobreza). Alegué de mi derecho proponiendo tener la principal deudora cuatro vacas y ovejas mas que yo, de que poder satisfacer la deuda, y que yo no me hallaba con mas caudal que el de mi desdichado socorro, y ese minorado, sin tener otra cosa de que poderme valer para el sustento de mis hijos; y que seria razon que ante todas cosas se hiciesen las dilijencias con las partes principales, que molestarme a mí y dejarme sin tener con que poder servir a S. M., ni con que vestir a mis hijos; demas de que mi sueldo no debia cosa alguna a la fianza. Todo esto se atropelló, y no pude sacar mi sueldo hasta que llegó la parte principal y quedó a satisfacer en ganados la cantidad que debia; y con todo eso me obligaron a hacer escritura de fianza, haciéndome deudor de lo que no debia, y que despues cobrase de los herederos.

Pasáronse en estas demandas y escritos que presenté, y acuerdos que se hicieron, muchos dias, y al cabo de ellos fuí a que me socorriesen con algunas cosas que habia menester, y hallé despoblada la municion de los jéneros mas nobles y de los que mas necesitaba, como eran bayetas, paños, cordellates, damasquillos y bombasíes, que son los mas esenciales para una casa pobre.

Pues, ¿en qué me socorrí, preguntarán algunos, pues faltaban esos jéneros? Yo lo diré para prueba de lo que se hace en estas reparticiones: lo mas que pude sacar a fuerza de importunos ruegos, fueron cincuenta varas de ruan de lo que habia quedado de desecho, dos cortes de tundidos de a cinco varas y media, tan levantados de punto en el precio, siendo algunos de peor calidad que el mui ordinario paño, que embarazaron gran parte del sueldo que me estaba señalado; esto fué lo mas bien parado, porque lo demas fueron retazos de paño, de bayeta, de cordellate y tafetan, que el mayor no llegaba a dos varas, porque me dijeron no habia otra cosa. En resolucion, este fué el sueldo y socorro de un maestro de campo jeneral al cabo de haber gobernado estas fronteras y ejército de S. M. en los tiempos mas trabajosos y mas necesitados que ha tenido Chille, con la guerra mas sangrienta que se ha visto en él; de adonde se puede sacar qué socorro tendrian los pobres soldados, y el poco lugar que tienen los méritos de los que nos aventajamos en el real servicio.

Pues llegue a esta municion un mercader pulpero o palaciego, a cobrar deudas y trampas por abonos que han hecho estos tales ministros, ¡qué a priesa que salen las piezas de bayeta, las de ruan, las de paño y todo lo mas que piden! Pues, ¡válgame Dios! señores ministros reales, este caudal y hacienda, ¿no la envía S. M. para los que le estamos sirviendo? Es verdad: pues ¿cómo con ellos tan escasos, tan severos, tan rectos y tan inhumanos, dejándolos descontentos, mal pagados y con retazos y desechos socorridos, y a los otros tratantes, pulperos y mercaderes, que venden al soldado la botija de miel a diez patacones y se la vuelven a comprar a cuatro, y otras cosas a este tono, tan bien enterados, tan bien satisfechos y contentos, franqueándoles la municion y todo lo que hai en ella. Yo no lo entiendo, aunque el rumbo está bien descubierto, pero mal cojidas las aguas que aniegan el bajel y le zozobran.

CAPITULO XXIV.

En que se prosiguen las penalidades del soldado y las inhumanidades que usan los ministros alcabaleros y recetores con los pobres y las pobres que no tienen tratos ni contratos, y se moralizan algunas razones.

Prosigamos con las penalidades y desdichas del soldado de Chille. No es de los menores tormentos que padece, el verse desnudo y limitadas las raciones de carne, harina o trigo, en que tambien entran bien las manos los ministros mayores y menores; que puede ser que yo me engañe, pero dificulto una cosa que puede hacer cierta mi malicia. Si por los acuerdos que se hacen, se aparta de este situado la cantidad necesaria para comprar los bastimentos, y estos son conforme las plazas, y aun siempre se echa de mas que de ménos, y lo que está acostumbrado es que cada mes se dé la racion del trigo o harina, y la de carne cada semana, ¿por qué se ha entablado en estos tiempos que a cada semana se le añidan dos dias y cuando ménos uno, con que si se da la racion de carne en sábado, la que viene en domingo o lúnes, y así las demas que se siguen? Y esto es cuando anda mui puntual el gobierno de las reparticiones. Pues ahora la duda: si estas raciones estan ajustadas por semanas de sábado a sábado, como se acostumbraba de ordinario, y conforme este tanteo y las plazas se compran las vacas, y se da el consumo por semanas a los fatores y demas ministros; estos dias que añiden, ¿no se quitan al año? que cuando no sea mas que un dia, hacen otras seis semanas. Estas raciones, ¿qué se hacen? Dirán algunos: pues ¿cómo han de comer a dos carrillos los ministros, y han de vender pan a los necesitados, y tener sus casas proveidas y necesitadas las ajenas, sino es de èsa manera? porque tambien el trigo o harina que le toca al soldado de a caballo ocho almudes, le dan cinco o seis, y al infante, tocándole seis, le dan cuatro, y se compra por junto para la racion entera. Esto que se quita ¿dónde va a parar? Las raciones de los que estan ausentes, que de ordinario faltan de los cuarteles veinte y treinta hombres, y de invierno con licencias mas de ciento (y no me alargo), y se dilatan cuando ménos cinco y seis meses; sus raciones ¿quién las come? Porque todos se quejan en volviendo, o los mas, que no se las dan ni quieren. De esta suerte está el soldado toda la vida muerto de hambre; con que dice bien, que harto ayuna quien mal come, y por otra parte desnudo, sin esperanzas de que los tiempos se mejoren, porque van de mal en peor, porque por adonde unos caminan, van otros con mas fuerza y mas anhelo.

La rectitud y celo de los ministros, la puntualidad que muestran en las cobranzas de rezagos y alcabalas, propuse manifestar tambien en el capítulo antecedente, y ponderando algunos excesos digo así:

¿No es cosa recia y inhumanidad conocida, que una pobre mujer viuda, desamparada y sola esté en una quebrada lóbrega y triste con una docena de hijuelos desnudos y sin camisas, sin tener tratos ni contratos, ni ventas ni compras, y a esta desdichada la vayan a buscar a su rincon para sacarle cuatro ovejas o cabras que para su sustento y el de su familia está personalmente criando, y en la campaña, expuesta a los rigores del tiempo, pastoreándolas, por decir que la ciudad, o el cabildo por ella, se compuso con el Rei, y que rata por cantidad le toca cada año a esta pobre mujer el pagar tantos pesos de alcabala de lo que no vende ni compra, sino es de lo que su sudor y trabajo le daba para comer? Y ha acontecido llegar los cobradores, receptores y ministros de estos derechos con tanta riguridad a estas pobres chozas, que las han dejado limpias de cuatro trapos que tenian para cubrir sus carnes, no contentándose con llevarles las cabras y ovejas, con que ella y sus hijos se sustentaban bien escasamente.

Que el que tiene caudal suficiente para tratar y contratar, comprar y vender, pague lo que le toca de derechos reales, es mui puesto en razon; pero si en estas composiciones, porque el rico no pague tanto en la prorata, cargan la mano a estas pobres desdichadas, y les quitan lo poco que tienen para su sustento, porque el soberbio rico no menoscabe su hacienda, no hallo que sea razon, cristiandad ni lei. Pues esto ha sido corriente y mui ordinario en este reino, y estos recetores y ministros se han tenido y se tienen por legales, ajustados y celosos de la hacienda real, como si el intento de nuestro Rei y señor no fuese encaminado mas a la conservacion y aumento de sus leales vasallos y dilatacion de sus reinos, que a lo que tiran semejantes ministros; que si el pobre debe cuatro, han de cobrarle seis los recetores alcabaleros, porque dicen que su trabajo personal se les debe satisfacer y pagar, como si S. M. no les señalase un tanto para su salario y sueldo. Y con este pretexto, dejan una pobre quebrada desierta, y a sus habitadores clamando al cielo y pidiendo justicia; con que en cada dia se halla en peor estado este miserable reino, porque no atienden los ministros al bien comun, al aumento ni conservacion de los reinos y provincias del Rei N. S. A este propósito se me vino a la memoria lo que notó San Agustin de aquellos dos legales y honrados minis-

tros que recibian los donativos de el pueblo de Israel, Beseleel y
Ooliab, que los dedicó Dios N. S. para la obra y fábrica del tabernáculo de el arca y del propiciatorio, en quienes puso la sabiduría necesaria para lo que tenian a su cargo. Así lo dice el texto; sobre cuyo
lugar dijo San Agustin estas palabras: es de notar (dice) que estos
obreros y cobradores de los donativos eran santos en sus costumbres,
como quien dice: cosa es para admirarse que unos receptores de alcabalas y cobradores de donativos sean justificados. Y ¿en qué se fundó
este egrejio doctor para dar título de santos a estos buenos varones?
¿Sabeis en qué, nos responde este glorioso santo? eran celosos del bien
comun y atendian a la conservacion y aumento de la república; no
tiraban a destruirla ni a menoscabarla, pudiendo con los oficios que
tenian, paliar sus conveniencias y utilidades y recebir todo lo que el
pueblo de su bella gracia ofrecia para quedarse con lo mas que sobrase,
porque iba ofreciendo mucho mas de lo que era necesario para lo que
habia que hacer; por lo cual llegaron al gobernador Moises y le dijieron: mucho mas de lo que es menester para la fábrica ofrece el pueblo,
y ha cumplido jenerosamente con la obligacion que tiene: mandadle
que no ofrezca mas, ni pase adelante el donativo: Así que] de esa
calidad son estos ministros cobradores (dice San Agustin), que anteponen a sus intereses y comodidades las del pueblo y las de los pobres,
no pueden ser sino es divinos, y sin duda que son santos confirmados.
Oigamos las palabras formales del santo: estos ministros cobradores
eran santos, porque pudiendo recibir mucho y aumentar su caudal
con divino pretexto y capa de santidad, su modestia y compostura lo
evitó, y su relijiosa vida les puso terror y espanto; que el que es ajustado ministro, se aflije y tiembla aun ántes de ejecutar en lo justo y
debido derecho al pobre humilde y necesitado. Pero el que es de mal
natural y de inclinacion cruel y depravada, cobrará del mas mínimo y
aflijido deudor mas de lo que debia, como subcedió en el entero de las
ochenta fanegas de trigo; que por no haberle querido sacar en diez o
doce años, por conveniencias de los ministros proveedores y cobradores, o por su neglijencia, hubo ministro tan celoso de la hacienda
real, que queria y puso en plática que las ochenta fanegas de trigo
que pagaron al vecino a dos patacones, se las volviesen en ser (siendo
imposible), o las pagasen a seis patacones, como en estos tiempos de
necesidad corria: que aunque su proposicion no tuvo efecto por
haber otros jueces y ministros ajustados a la razon, piadosos y de nobles pechos, por lo ménos manifestó su intencion criminosa con capa
del servicio de S. M., que aunque conocidamente lo fuese, deben medir
y regular con las necesidades los tiempos y las ocasiones para que los
vasallos del Rei N. S. no sean vejados, oprimidos y molestados; que
con semejantes obras desamparan sus patrias los hijos de ellas, los vecinos dejan sus casas, los moradores y oficiales sus mujeres y hijos,
como se ha experimentado en esta desdichada ciudad de la Concepcion,
pues cuando en las compañías del número se pasaba muestra, de mas

de trecientos no se hallaban hoi en ellas cuarenta asistentes. Y esto se ha orijinado de los rectos jueces y ministros, que hai algunos que tienen por gala y flor el hacerse aborrecibles y odiados de todo el jénero humano, por querer parecer fieles y puntuales ministros, juzgando por este camino conseguir el lugar y asiento de la privanza de los príncipes y superiores que gobiernan; que, como dijo Horacio, no es lo mas el saberla adquirir.

> Principibus placuisse viris, non ultima laus est.

> No es la última alabanza
> Que se le puede aplicar
> El que supo granjear
> Del príncipe la privanza,
> Si con vana confianza
> No la supo conservar.

El saber ser amado, bien querido de todos y estimado es lo summo del saber y lo primero del buscar; y con qué poca dilijencia pueden los que son privados, conseguirlo y alcanzarlo, que con solo un buen agrado y un cortesano lenguaje lo consiguen; que si no pueden obrar, satisfacen con buenas razones, que con ménos adquirió gran nombre un privado de un emperador jentil, de quien dijo Virjilio lo siguiente:

> Omnia cum posses tanto cum carus amico,
> Te sentiit nemo posse nocere tamen.

> Siendo él todopoderoso
> Y en la privanza subido,
> Fué de todos bien querido
> Por cortes y jeneroso.
> Ninguno se halló quejoso
> De su noble proceder,
> Porque supo complacer
> Al pobre y necesitado
> Con mansedumbre y agrado,
> Que es lo sumo del saber.

Que siendo tan dueño de las acciones del príncipe (dice) y por sí tan poderoso, no usó de la potestad y mando para hacer mal a ninguno. ¡Qué al reves de lo que algunos ministros privados usan, poniendo todo su cuidado y desvelo en ser spíritus de contradicion para lo que es encaminado al bien comun! y se deleitan y complacen con el daño ajeno, porque jamas supieron encaminar sus acciones a hacer bien a ninguno, ni aun con las palabras, siendo un jénero que cuesta poco y se estima mucho en ocasiones. Y porque no dejemos de la mano los infortunios y calamidades del soldado de Chille, proseguirémos con ellas en el capítulo siguiente.

CAPITULO XXV.

En que se prosigue el trabajo del soldado y sus miserias, de que se sacan algunos morales, y se prueba que en algunas cosas no tienen cumplimiento las órdenes de su majestad.

Las miserias, penalidades y trabajos que habemos referido, con inhumanas acciones de ministros y superiores desatentos, tienen por su pan cotidiano los soldados de Chille, que pudieran decir con David, que en lugar de pan tenian por sustento la ceniza, y por su bebida la afliccion y pena; pues en muchas ocasiones les han dado de racion ceniza y tierra mezcladas con afrechos: que en otra parte juzgo que he significado de la calidad que son las harinas que se han traido en ocasiones del Pirú, que me han certificado algunos, que recojian los salvados de las casas para revolver con las que enviaban a este reino. Y todo se recibe sin repugnancia de ministros que se precian de puntuales y rectos, que en esto pareciera mui bien lo fuesen, y no en obligar a los pobres soldados, reciban semejantes jéneros a costa de su dinero, de su trabajo y sudor: que ha acontecido en ocasiones haberla echado a los perros y no poder arrostrarla. Bien ponderadas todas estas desdichas, penalidades y trabajos que por mayor he referido, ¿habrá quien pueda decir, que haya ejército alguno de S. M. mas oprimido, mas trabajado, ni mas mal socorrido que el de Chille, y con esto mas humilde, mas leal, ni mas sufrido? no por cierto, que las relaciones que tenemos de los de la Europa, es que en faltando la paga o el sueldo en un ejército, tiene licencia el soldado de ausentarse dél sin riesgo de la vida, ni aun de la reputacion; y en este reino estamos experimentando, que aunque un pobre desdichado haya servido treinta y mas años con mui limitado sueldo, si pide una licencia al cabo de su vejez, se la niegan. Pues ¡válgame Dios! señores ministros mayores y menores, ¿no ha servido mas de treinta años efectivos este miserable soldado, y se halla con mas de sesenta de edad, sin haberle enterado sus sueldos, de que le es deudor S. M. de mui gran parte de ellos, se contenta con que le dejen ir en paz a buscar su muerte con quietud y descanso? Es verdad todo eso que no se puede negar, me responderán algunos desapasionados. Pues ¿cómo le niegan una cosa tan justa, tan puesta en razon y cristiandad, cuando estamos experimentando y viendo cada dia borrar las plazas y dar licencias a infinitos que tasadamente han llegado a poner los piés en tierra, y a muchos sin haber reconocido ni aun los humbrales de un tercio, despues de haberlos honrado con los oficios preeminentes de la milicia, se vuelven con mucho gusto a que en Lima les premien sus grandes servicios, como lo hacen los vireyes?

Dirán algunos que esos caballeros tuvieron valedores y trajieron la recomendacion consigo, y otros entraron con suficiente caudal para solicitar sus medras, que es el mejor abogado de estos tiempos, cuan-

do los méritos y servicios estan abatidos y postrados; porque la cudicia
está apoderada de algunos príncipes que gobiernan, a cuya causa deben ser tristemente llorados estos lastimosos siglos, como lo sintió el
ilustrísimo Villarroel, que esto basta para que la justicia perezca, los
méritos no tengan lugar, y las dignidades y mercedes se vendan por
igual a los que las merecen, y a los que no. ¡Qué bien lo dijo nuestro
citado intérprete mas abajo! Oh! cuán lamentables y dignos de llorar
deben ser estos siglos (dijo), en los cuales me han de vender lo que de
derecho es mio, y por mis méritos adquirido. Muchos se consuelan y
se glorían con ser dignos del premio y merecedores dél, como lo sintió
el lusitano :

> Melhor he merecellas sem as ter
> Que posuillas sem as merecer.

Es mejor merecer las dignidades sin tenerlas, que sin méritos poseerlas;
cuya sentencia es del gran Platon, que lo dijo con estas palabras: a
cualquiera le está mejor preciarse de haber servido bien y con ventajas, que de haber sido bien remunerado. ¡Cuántos pudieran en este
reino de Chille gloriarse de haber merecido el premio y el nombre de
buenos servidores de S. M. sin galardon ninguno! Pero veo que con
eso viven y mueren pobres y desdichados, que por estar distantes y
apartados de la presencia de su natural señor y monarca, se quedan a
escuras y en tinieblas; porque los rayos de su justificada luz no alcanzan a quitar las manchas y nublados obscuros con que estos remotos
reinos estan cubiertos y empañados y en un contínuo cáos de confusion;
que aunque el otro poeta sintió lo que se debe y es justo sentir, de
que los reyes y monarcas tienen tan largas las manos, que alcanzan a
palpar con ellas los rincones mas retirados de toda su monarquía, hablando en nombre de la otra desamparada y aflijida mujer por el ausencia de su marido, dijo así :

> Sic meus hinc vir adest, ut me custodiat absens.
>   An necis longas regibus esse manus?

> De tal suerte está presente
> En su ausencia mi marido,
> Que nunca me ha parecido
> Estar en mi amparo ausente.
> Pues ¿no sabes que el prudente
> Monarca justificado
> Alcanza a lo mas distado
> De toda su monarquía,
> A ser del mérito dia
> Y obscura noche al pecado?

Porque las manos de los reyes son tan largas, que para castigar delitos y premiar merecimientos, estan en todas partes cuidadosas. Y da
la razon, y de la suerte que asisten y lo llenan todo, un autor grave y

docto. Dícese tener el rei muchas manos y largas (dice este autor), porque adondequiera tiene sus ministros, que con las suyas, obra todo lo que le parece, usando de ellas como propias. Con todo eso, me parece que a estos dilatados reinos pocas veces alcanzan, aunque son tan largos, sus reales brazos, por falta de legales ministros y confidentes súbditos, que no guardan ni cumplen sus órdenes como debian ser guardadas. Pruebo lo dicho con ciertas y evidentes acciones.

¡Cuántas cédulas reales hai en este reino en que S. M. con aprieto ordena y manda a sus presidentes y gobernadores, que los beneméritos, los conquistadores, sus descendientes, y los que personalmente estan continuando su real servicio, sean preferidos y antepuestos en las encomiendas, honrados en los oficios, y en las conveniencias y provechos sean los primeros! Esto no se cumple ni ejecuta en estos siglos, que en otros puede ser hubiese habido algun rebozo en vender públicamente los oficios y las encomiendas, y algun cuidado se hubiese puesto en remunerar con ellas a muchos pobres beneméritos, como sé que lo han hecho algunos gobernadores que se han preciado de ser legales y puntuales ejecutores de la justicia, que es dar a cada uno lo que conforme sus méritos es suyo, en conformidad de las órdenes y cédulas de S. M. Estas en ocasiones se atropellan y las mas veces no tienen cumplido efecto, porque descaradamente se quita el premio al que personalmente está sirviendo al Rei N. S., y al que ha llevado adelante los merecimientos de sus antepasados; y se lo dan al que solo ha sabido ser pulpero, mercader y asistente en sus haciendas, en sus chacras y heredades, con que granjean el premio y el galardon que el desdichado soldado benemérito tiene adquirido con su desvelo y trabajo.

No me atreviera a decir con lisura y a cara descubierta, como dicen, estas manifiestas verdades, si no fuesen las obras tan patentes, y sin máscara alguna estas ventas públicas no se platicasen; que por haber pasado algunos lances y experimentado en mi daño ciertos tratos y cambios, referiré los que he tocado con las manos, con algunas circunstancias, pues son el principal blanco a que se encaminan estos discursos.

En otras ocasiones he significado la continuacion con que he asistido en estas fronteras de guerra, ocupado en el servicio del Rei N. S. mas de treinta y cuatro años, y no quiero valerme de los aventajados servicios y méritos de mis padres y abuelos, que por conquistadores y antiguos, pudieran tener algun lugar sus herederos, como le han tenido y tienen muchos que sin personales servicios y con sobrados caudales, han gozado de estas preeminencias, como hoi las gozan, llevándose los oficios mas provechosos que se hallan en todo el Perú: válgome solo del celo y amor con que he deseado aventajarme en el servicio de S. M., oponiéndome a los peligros de la vida en que me he visto, y a los trabajos notorios que he tolerado y sufrido desde mis tiernos años, y gastado la hacienda que heredé de mis padres, como consta y parece por los honrosos papeles que me acompañan. Estos juzgando fuesen suficientes para ser preferido y antepuesto a otros no de tantos años de servicios, y estando actualmente ocupado en el puesto de maestro de campo jeneral, pobre y destituido de todo remedio por haberse perdido todas mis haciendas y heredades con la total ruina de las fronteras, me opuse a una vacatura de indios; que teniendo por sin duda muchos que no me podian faltar habiendo de observarse lo dispuesto y ordenado con justificado acuerdo por cédulas reales, diversas veces repetidas, me ofrecian cuatro mil pesos, que darian por via de pension para el remedio de una pobre hija que en un convento de monjas tenia puesta, a expensas ajenas sustentándola. Y habiendo representado por memorial mis méritos y pobreza, y de palabra muchas veces mis grandes necesidades, mis trabajos y miserias, acompañadas con los gastos del oficio de maestro de campo que estaba ejerciendo, que al mas inhumano príncipe movieran a compasion y lástima mis plagas, y el tenerlas presentes y a sus ojos, no pude conseguir lo que de fuero y de derecho me pertenecia; porque sin duda alguna fué en mi daño y en mi contra lo que me pareció seria en abono de mi pretension y súplica, representando la conveniencia que me hacian con los cuatro mil pesos, para el remedio y estado relijioso de mi hija, huérfana y pobre, pues fué público y notorio que la encomienda se dió al que exhibió los cuatro mil patacones, teniendo cien mil sobrados, que por esto fué preferido sin tantos méritos: que esto puedo decirlo sin rebozo alguno, porque los desapasionados y ajustados a la razon y a la verdad, y aun los que no lo son, no podrán negar lo que es tan patente y claro, que si hubiesen de pesarse los méritos y servicios como debia en presencia de dioses de la tierra, no excusara jamas poner los mios en balanza.

CAPITULO XXVI.

En que se prosigue el descoco con que se venden los oficios y el poco lugar que tienen los méritos; de cuán buenos principios muestran los que entran a gobernar el reino; de como se truecan al instante sus acciones, y del castigo que merecen los que no guardan y cumplen las cédulas de S. M.

Por haber sido esta venta a los principios de gobierno, no fué tan sin rebozo como otras que despues se ejecutaron, que bastó en esta quitar el premio al benemérito por pobre, y dársele al poderoso y rico sin serlo tanto. Y ántes que refiramos otras simonías y tratos semejantes, significaré de la suerte que entran en estos gobiernos algunos gobernadores, principalmente los que son de prestado y vienen por interinarios. Estos son como los que dice el Evanjelio, que traen las vestiduras, esto es, los exteriores de pieles de ovejas, y en lo interior del alma son voraces lobos y fieras desatadas; entran publicando la salud al dolorido, y son la mesma enfermedad para acabarlo. ¡Con qué buenos principios paladean el gusto! qué justificados se nos muestran! qué quitados de cudicias y ambiciones! y qué celosos se ostentan del servicio de Dios N. S. y aumento de nuestra monarquía! Y son falsos hipócritas, como lo dice el ilustrísimo Villarroel, de los que con capa de justicia y celo de la real hacienda quieren parecer ministros confidentes y legales. Estos son propiamente hipócritas finjidores (dice mas adelante), porque con pretexto de conservar y aumentar los reales derechos, buscan sus utilidades y aumentos propios.

Mui fácilmente se dejan llevar nuestros naturales de aparentes acciones y finjidas virtudes, por cuya causa no deben ser tan culpados de livianos, de fáciles y de varios en sus escritos, como han calumniado a los de Chille, por haber, conforme los principios a lo justo y honesto encaminados, aplaudido los gobiernos por entónces, y despues vituperado sus acciones, siendo distintas y contrarias a las que mostraron al principio. Y esta es doctrina que enseñó el divino Maestro y universal Señor de lo criado.

Mandó Dios a Samuel, que unjiese por rei de Israel a Saul, y alábale y engrandécele sobre todos los del pueblo, diciendo que era el mejor y mas ajustado de todos; y andando dias, se trocó Saul de bueno en malo, de tal suerte que le pesó a Dios de haberle constituido por rei: con que en sus principios fué alabado del Rei de cielos y tierra, porque fueron bien encaminados sus pasos, y despues despreciado y abatido, cuando a los divinos preceptos falta, o inadvertido desprecia. Y sobre este lugar dice mui a mi propósito el glorioso doctor San Gerónimo estas palabras:

No tenemos que maravillarnos (dice), que cualquier justificado y santo varon pueda engañarse en amar, elejir o engrandecer al que parece bueno, cuando a Dios N. S. le pesó haber elejido por rei a Saul. Luego, no son dignos de tanta admiracion, ni de vituperar con exceso los humanos discursos, cuando se gobiernan por las exteriores acciones, que en ocasiones son buenas y en otras malas; pues el mesmo Dios y supremo Hacedor, teniendo presentes todas las cosas, y las por venir patentes y previstas, alaba a Saul cuando sus obras son buenas y justificadas, y despues lo desprecia cuando desatento no le obedece: con que quedan disculpados los que unas veces alaban a un gobernador, y otras lo vituperan. Sobre este pesar de Dios, y el que insinúa Moises que tuvo de haber hecho al hombre, dice San Ambrosio estas siguientes palabras para significar de la suerte que se ha de entender esta pesadumbre o arrepentimiento en el que no le hubo, ni le pudo tener. Dios N. S. (dice) no hace los discursos que los hombres hacemos, ni su entender es igual a los nuestros, ni como mudable ni vario se aira ni se enoja; dícese así para que se manifieste o declare lo acerbo, lo agrio y feo de nuestros pecados, que merecieron tener sobre sí el enojo y castigo de nuestro Dios y Señor. Y San Juan Crisóstomo al mesmo intento dice: que habla Dios con nosotros conforme nuestra costumbre para que le entendamos, no porque en Dios haya arrepentimiento ni pesar alguno; y un autor grave de la compañía de Jesus explicó todo lo dicho con elegancia.

Prosigamos con las ventas públicas y tratos sin rebozo, que habemos prometido declararlos para prueba de lo propuesto. Vacaron otras encomiendas despues considerables, que por la una me enviaron a ofrecer tres mil pesos, porque corrió voz de que estaba dispuesta para mí la primera que vacase; y. es así verdad, que cuando sin justicia me dejaron sin la pasada, me prometieron con empeños de palabra no faltarme en otras ocasiones: mas no todos han sido los gobernadores como un don Francisco Lazo de la Vega, o un don Martin de Moxica, que lo que burlando prometian, o la palabra que echaban por la boca, era un escriptura inviolable, y en quienes los méritos y servicios tenian su primer lugar; que aunque habia propuesto no particularizar en este libro a ninguno, por no padecer la calumnia que Marcial apropió a otro, que nunca supo decir bien de nadie, como lo muestra el siguiente verso:

Ego esse miserum credo, cui placet nemo.

Tengo por bien desdichado
Al que jamas dijo bien,
Ni en su concepto hubo quien
Pudiese ser alabado.

A cuya causa, en ofreciéndose ocasion, no excusaré dar a cada uno lo que merece, no siendo tampoco comun en alabar a todos, porque no me diga el mesmo autor lo que a Calístrato dijo:

Ne laudet dignos, laudat Calistratus omnes:
Cui malus est nemo, quis bonus esse potest?

Por no alabar al mas bueno
Calístrato alaba al malo
Igualmente con el bueno,
Y si en él ninguno es malo,
¿Quién ha de poder ser bueno?

Propuse (como voi diciendo) en esta ocasion a un relijioso que asistia al gobierno de ordinario, que recordase y advirtiese de nuevo al superior presidente mi sobrada justicia, mi pobreza y summa necesidad, y el estar como estaba actualmente ocupado en el servicio de S. M. y por su mayor ministro: causas todas urjentes para que cualquiera gobernador cristiano y verdadero ministro del Rei N. S. atendiese mas a la obligacion de su oficio, que a sus propias conveniencias y intereses. Lo que resultó de esta mi súplica y ruego, fué el decirme el confidente relijioso, habiendo visto el escrito de oposicion que presentaba, que por aquella vez le suspendiese, porque el gobernador tenia hecho empeño con quien forzosamente habia de llevar la encomienda; que cuando andan de por medio los dineros, fácilmente se cumplen las palabras y son ejecutados los empeños. Hice lo que me mandaron por entónces, por ver si la promesa que me hacian de no faltarme en otras

49

ocasiones, tenia mejor lugar que el que habian tenido las pasadas ofertas. Dentro de pocos meses y breves dias se vino la ocasion que deseaba, juzgando que entre tantas la justicia y el mérito llegaria a tener su conocido asiento; pero el avaro corazon no se vé jamas satisfecho de las riquezas que anheloso busca, como lo dijo el Eclesiastes. Y qué poco fruto tienen de su trabajo los miserables avarientos, porque sembraron en el viento, y por la mayor parte vienen a ser esclavos de sus haciendas; que así lo dió a entender el Rei Profeta diciendo, que eran varones de las riquezas: sobre lo cual dijo San Ambrosio, que advirtió bien el profeta, pues llamó a estos avarientos varones de riquezas, no las riquezas de ellos, para darles a entender que no son poseedores de sus haciendas, sino ellos los poseidos y esclavos de sus riquezas, principalmente los que con el sudor ajeno se alzan a mayores. De estos son los que dijo el profeta Habacuc: ¡ai de vosotros los que congregais la avaricia mala en vuestras cajas! que hai avaricia mala y no tanto. El desnudar al pobre y quitar al benemérito lo que de derecho le toca, esta tengo yo par avaricia mala y perversa, como lo explicó el gran doctor Gaspar Sanchez. ¿Qué mayor ladronicio puede haber, ni qué mayor logro, que aplicar para sí los que gobiernan y para sus criados, el premio dedicado para el que con su trabajo y personal servicio lo tiene granjeado?

Llegó la ocasion, como tengo dicho, de otra vacatura cuantiosa. Juzgando que alguna vez tuviese la justicia su turno cierto, y el superior empacho de faltar tantas veces a una obligacion forzosa y a sus repetidas palabras y promesas, volví a presentar mi escrito, que fué lo propio que no presentarle, porque dieron la encomienda a quien dió tres mil patacones, y yo me quedé solo con las promesas. Mas, no me maravillo, porque la palabra en la boca de un avariento no tiene firmeza ni estabilidad alguna; que bien lo notó San Ambrosio sobre el Génesis, que dice, que entre los cuatro rios que abundantes cercaban el paraiso, el uno se llamaba Phison, que producia oro preciosísimo. Ahora es de notar la etimolojía del nombre, que, segun San Ambrosio, es lo propio decir Phison que *oris commutatio*, variedad en los labios y mudanza en las palabras; y no sin gran misterio lo dijo el santo, para darnos a entender que adonde nace el oro fácilmente se truecan los intentos y se desvanecen las palabras. Oigamos las del santo, que son mui ajustadas al intento. En aquel lugar (dice) que con sus corrientes baña el rio Phison, la boca se trueca y se muda de tal suerte, que no hai fee ni palabra que se cumpla, porque adonde el oro asiste, en los labios la mentira y el engaño. Y prosigue mas adelante diciendo, que la avaricia quebranta las leyes de la fidelidad, y en sus labios no se halla la verdadera sencillez, porque los dones y riquezas truecan los ánimos y mudan los entendimientos, para que uno digan con la boca y otro sientan con el corazon; con que no tendrán lugar en el reino de Cristo Señor nuestro: así lo dijo San Pablo. De esta calidad son en estos tiempos los mas superiores de estos reinos, que no tienen mas fee ni mas palabra que lo que a su provecho se encamina. Todo lo referido ha pasado por mis manos, que no hai que decir que son relaciones de otros; con que queda probado que en Chille algunos ministros desatentos y cudiciosos no obedecen las órdenes ni ejecutan los mandatos del Rei N. S., pues tan descaradamente se oponen a sus reales cédulas, que para el descargo de su real conciencia tan justificadamente tiene diversas veces despachadas : delito grande y que excede los límites de la mas atroz desmesura, en irreverencia y menosprecio de la autoridad suprema. Pruébolo con autoridad sagrada.

Cuando Semey blasfemó a David, unjido rei de Israel, y le ofendió con injuriosas palabras, como lo refiere el texto, fué perdonado fácilmente con haberse mostrado arrepentido; quebranta despues el precepto y mandato del rei Salomon, y dícele : porque has quebrantado mi precepto y has menospreciado mi mandato, el castigo que merece tu delito, será bien ejecutado en tu cabeza'; y mandó el rei que al instante le privasen de la vida. Entra aquí la dificultad de San Cirilo diciendo, que por qué razon y causa fué perdonado el primer delito, siendo sin jénero de duda mas grave, pues en sí encerraba el odio, la injuria, la contumelia, el rebelion y el escándalo, y el segundo solo la inobediencia comprehendia y fué tan severamente castigado; y absuelve la dificultad con decir, que porque despreció el mandato y quebrantó el precepto del rei, fué esta sangrienta ejecucion. Qué ajustada venia la sentencia del rei en algunos ministros superiores de estos reinos, para escarmiento de otros, que solo entran cudiciosos y avarientos investigando los pasos de sus antecesores, para caminar por ellos mas a rienda suelta; porque no se ha visto en ninguna residencia de estos perversos ministros, poner remedio en los excesos, ni castigar tan descubiertas inobediencias, atropellando descaradamente las cédulas y órdenes de S. M. Y como se quedan sin castigo semejantes maldades y no se trata de la enmienda, no pudiendo nuestro Dios y Señor sufrir tantas insolencias, tantas injusticias y tan grandes excesos, nos le envía del cielo riguroso; como se ha visto estos años atrasados, que hasta hoi se estan experimentando sus efectos sin ningunas esperanzas de remedio, porque la potestad y el mando se compra para usar dél temerariamente, no de otra suerte que lo que el cuchillo y la espada obra en manos de un furioso loco y desatento. Esto clamó un senador romano con lastimosas voces, y pudiéramos hoi llorarlo en nuestros lastimosos siglos; de que se orijina la perpetuidad de esta sangrienta guerra, en daño y perjuicio grande del Rei N. S. y de su real corona, porque no hai ningun ministro consejero que le advierta ni desengañe, ni que ponga remedio aun en lo que le toca : con que siempre van de mal en peor los gobiernos, y el reino se halla en miserable estado. Sobre lo cual pondré una dificultad en el capítulo siguiente, por ver si puedo hallarle alguna salida.

CAPITULO XXVII.

De la dificultad y reparo que se hace sobre el sustentar S. M. una real audiencia en este reino de Chille, y para qué efectos; y que es el gasto superfluo, pues sola una voluntad gobierna sin contradicion alguna.

En un reino corto y limitado distrito como Chille, está el Rei N. S., está gastando mui cerca de treinta mil pesos en una real audiencia, que sustenta para la ejecucion de la justicia y para que se guarden, cumplan y ejecuten sus reales cédulas y mandatos; y con todo, se atropellan muchas, y las principales se tripulan y ponen a un lado por el gusto de un gobernador y presidente, sin que persona alguna se le oponga ni jamas contradiga sus intentos. Pues, si sola una voluntad es la que rije, y un solo superior el que gobierna, sin que pueda ser contradicho ni encaminado a lo justo, ¿para qué son mas jueces, mas oidores ni mas ministros, que solo sirven de hacer gasto superfluo y consumir el patrimonio real en lo que no es necesario? Parece que oigo decir a alguno, y no mal fundado, que las acciones del príncipe y sus resoluciones no pueden ser contradichas, ni con violencia perturbadas; a que responderé con San Crisóstomo, que me traen a la memoria sus palabras algunos lugares sagrados que parece manifiestan lo contrario. Los ejipcios (dice este santo), cuando se vieron castigados con la muerte y estrago de sus primojénitos, dieron a los hebreos mano para que saliesen de la sujecion en que los tenian: y esto fué, obligado el rei a no poder hacer otra cosa, que si quisiesen los hebreos haber sido superiores a él, lo hubieran sido a los principios fácilmente. Luego, el no haber sido ántes obligado el rei y vencido, no fué porque no pudiesen, sino es porque no quisieron; y el gran doctor Francisco de Mendoza dice, que padeció el pueblo hebreo su castigo, por haber consentido y disimulado los pecados de los superiores y príncipes, habiendo podido resistirlos si tuviesen gusto; y pasa mas adelante absolviendo nuestra duda de si pueden ser compelidos, o no, los superiores que no se ajustan a las leyes de razon y de justicia; que aunque lo comun del pueblo suele decir que no tiene potestad para oponerse a los pecados y maldades de los príncipes y señores absolutos, alguna vez se verifica no haber tenido voluntad de hacerlo: para cuya prueba trae la autoridad citada de San Crisóstomo, con lo referido de los ejipcios y con la contradicion que hizo el pueblo israelita al rei Saul, por la sentencia que quiso ejecutar en su hijo Jonatás. El rei Achis obedeció a sus sátrapas bien contra su voluntad, habiéndoles visto resueltos a que David no los acompañase ni fuese en aquella ocasion a la batalla, por parecerles sospechosa su amistad y compañía. Y al rei Dario con mayor apremio le obligó el comun de su rabioso pueblo a entregar para el suplicio a su privado y querido Daniel; el rei Faraon fué castigado con grandes plagas y aflicciones por el rapto de la mujer de Abraham, y participó de la pena toda su casa; sobre lo cual dijo Filòn judio, que de toda la pena y castigo que padeció Faraon, participó toda su casa real por no haber habido quien a tamaña maldad se le opusiese: que aun los domésticos y familiares de casa son severamente castigados, porque permitieron a su rei y señor semejante pecado y desafuero. Luego, por lo referido bien puede el príncipe superior ser contradicho de sus vasallos y obligado a no poner en ejecucion sus intentos y disinios, cuando no son rectamente encaminados a la razon, a la justicia y a las establecidas leyes, contra cuyo poder toda la majestad de los príncipes y reyes soberanos no tiene fuerza, dominio ni mando; porque la lei es la verdadera reina, que ha de predominar a todas las acciones de los mayores monarcas, reyes y príncipes cristianos que quisieren oponerse a ella: y esto nos lo enseña la mesma difinicion de la lei.

Pues al reparo ahora y a mi dificultad: si los señores absolutos, príncipes, reyes y monarcas pueden ser obligados a no ejecutar sus acciones, aunque con diferente stilo del que se acostumbraba en la lei antigua, porque gozamos de la lei de gracia; ¿por qué no podrá una real audiencia con la autoridad que tiene, y la potestad que abraza, por lo ménos hacer que se guarden y cumplan las cédulas reales, y que no se vaya en contra de lo que S. M. tiene dispuesto y ordenado? Y si para esto aun no sirve ni es de ningun efecto, podrémos decir de ella lo que el gran doctor Francisco de Mendoza dijo de los del pueblo hebreo, que aunque pudieron no quisieron; a causa, dirémos acá, de haber habido algunos consejeros oidores que han tenido algunas dependencias de deudos, hermanos, hijos y cuñados en la guerra, que han sido antepuestos y colocados en los oficios preeminentes de ella y en las encomiendas que ha habido que dar considerables: con que se han hallado embarazados y mudos, y aun sordos para no oir las quejas justas de los mas dignos beneméritos.

Pues si esto es así, luego ántes sirve esta real audiencia de embarazo al gobierno, mas que de utilidad y provecho a este desdichado reino, y de superfluo gasto al Rei N. S., como todas las mas que sustenta en algunos lugares cortos; que fuera mejor y mas conveniente a la real corona y al aumento de sus Estados, aplicar mucha parte de la hacienda que tantos ministros consejeros superfluamente gastan, para los capitanes antiguos, maestros de campo envejecidos en el servicio de S. M., impedidos y estropeados con los trabajos, miserias y penalidades que han padecido en estas contínuas guerras de Chille y en otras, que habrá muchos arrinconados, sin que haya razon ni justicia que encamine a los que gobiernan, a premiar sus méritos ni a atender a sus desdichas, ni a la pobreza con que viven al cabo de treinta y de cuarenta años de personales servicios; pudiendo con facilidad remediar mucha parte de las aflicciones y necesidades que padecen, con las encomiendas que vacan, con los oficios que se venden, que muchos capitanes pobres pudieran estar acomodados en los correjimientos que se proveen y se dan a los que mas ofrecen por ellos: pues ha habido ocasion que estando hecha la merced de uno de estos oficios del distrito de Santiago a uno de los beneméritos, hijo de la patria, y mandado despachar sus recaudos y títulos, porque lo que habia dado por via de albricias no fué equivalente a lo que despues llegó a ofrecer otro pretendiente, le suspendieron el despacho y le hicieron para el que sacó de la puja al primer ponedor y arrendatario; por cuya causa se van huyendo del reino muchos pobres capitanes, y algunos sin licencias, porque no se las quieren dar, ni tampoco premiar sus méritos ni remediar sus necesidades. Y lo digo de mí, que al cabo de mis años y de mas de treinta y cuatro de servicios personales, me obligó la necesidad a salir de mi patria, pidiendo limosna por ajenos distritos para sustentar a mis hijos y buscarles remedio, pudiendo un gobernador evitarlo con una encomienda de las que han vacado, que han sido las de consideracion mas de cuatro, sin otras moderadas que ha habido, que todas las han dado a quienes mas bien las han pagado, conforme queda atras manifiesto y claro. Estos excesos y maldades no se remedian ni castigan: qué paz, sosiego, ni quietud puede tener este desdichado reino, pues sus fronteras se van despoblando de soldados antiguos y valerosos, de vecinos moradores que eran asistentes; y mui consolados los que gobiernan, porque se han reducido cuatro indios rebeldes, conservando los condones, dádivas y extraordinarios agasajos, que avezados con el deleite de recibir sin tributar, ni otra pension alguna, cuando quieran reducirlos a policía cristiana y a la obediencia y sujecion que deben tener al Rei N. S. como humildes vasallos suyos, ha de ser tan dificultoso como imposible, así por lo referido, como por haber quedado las armas de S. M. en poder de soldados bisoños los mas, habiendo faltado de este real ejército mas de quinientos soldados de los mas escojidos de cuatro años a esta parte, muertos por el enemigo y cautivos, despachados con licencias algunos, y otros sin ellas: que cuando un gobernador está a los últimos fines de su gobierno, franquea las licencias a los que con mas comodidad y esfuerzo pueden continuar el real servicio, y a los que ménos asistencia han tenido en estas fronteras, que los unos por dependencia de favor y otros o los mas por intereses (como en otras partes queda significado), gozan de estas conveniencias y favores. Y puede tanto el interes en los que entran a gobernar cudiciosos, que le anteponen a su propia reputacion, dando por buenos gobernadores a los que subceden, dejándoles el reino en peor estado del que le hallaron, y les permiten hacer falsos informes en su abono y en conocido perjuicio de su honra y opinion, o por mejor decir, en daño manifiesto de estas desdichadas fronteras y de sus miserables habitadores, sobre quienes carga todo el peso de los trabajos y penalidades que han padecido y estan hoi mas vivamente experimentando, con pérdidas considerables de soldados, capitanes valerosos, compañías enteras derrotadas del enemigo, cautivos y muertos, sin otros infortunios que a cada paso subceden; sin que se lo impidan al enemigo jamas. Y por nuestros pecados y maldades podemos recelarnos con prudencia y temer avisados la justicia de Dios, que con amor de padre, con amenazas y castigos leves, ha solicitado y solicita nuestra enmienda; y como falta esta en el efecto, y se aumentan con exceso nuestras culpas, sin remediarlas por ningun camino, no será mucho que perezca Chille y con él los que le habitamos.

CAPITULO XXVIII.

De como se da a entender que las relaciones falsas que se hacen de este reino, no dan lugar a fomentarle los que pueden, y de la obligacion que tienen los superiores que gobiernan.

Estas son las mejoras y aumentos que escritores falsos pudieran decir tiene el reino y sus fronteras, y no dar ocasion con relaciones falsas a que presuman ios que pueden darles la mano y socorrer con fervor sus necesidades, que ya no es necesario asistir cuidadosos al reparo del lastimado Chille; que verdaderamente puede causar hoi su peligroso estado mayores desvelos y cuidados a sus habitadores, y aun a toda nuestra monarquía grandes daños su pérdida total y su ruina, en que tendrán los reinos del Perú mui grande parte, y conocidos riesgos sus envios, de que pende la conservacion y aumentos de nuestra real corona, como lo siente el comun y los mas versados de estas costas. Y con ser esto infalible, cierto y verdadero, lo que vemos y experimentamos y sabemos por ciertas relaciones, es que no se hace caudal ni estimacion de lo que es este reino, hasta que su último fin y lastimoso acabamiento manifiesten las conveniencias que con él se tienen, que se han de llorar tarde sus menoscabos. Y no me puedo persuadir de ninguna suerte a que los informes verdaderos de las ruinas y menoscabos de estas fronteras lleguen como ellas son a la presencia de nuestro Rei y señor, y conforme las padecemos y toleramos sus leales vasallos, sin esperanzas de remedio, que es lo mas sensible y lo que causa mayor desconsuelo. Porque tengo por sin duda, que como tan justificado monarca, alicionado con el ejemplo y dotrina del supremo Rei y Señor nuestro, cuya relijion cristiana está debajo de su proteccion y amparo, habia de llevarle el alma y arrastrarle los sentidos la ovejuela perdida de su rebaño Chille, y hasta hallarla (esto es, hasta recuperar lo perdido) no habia de tener gusto ni contento; porque es obligacion precisa del que es buen pastor, poner la vida y el alma por la menor oveja de su rebaño, como lo dice el mesmo Pastor divino, y no tiene consuelo ni alegría miéntras no reduce al gremio lo perdido: y entónces son los regocijos y el aplauso entre los amigos. El título y renombre de pastor viene mui ajustado a la réjia potestad, como lo advirtió Homero, cuyo oficio es traer sobre sus cuestas las ovejas perdidas (esto es, sus vasallos humildes y mas necesitados). Enseñólo así J. C. S. N. por el profeta Isaías, cap. 9, diciendo que su principado lo puso sobre sus hombros, no debajo de los piés por no molestarle ni servirle de peso; ántes sí le trajo a cuestas para aliviarle la carga y hacérsela tolerable. Por lo cual aconsejaba Claudiano a Honorio que trajiese sobre sus hombros a sus ciudadanos, que mirase y atendiese a la conveniencia y comodidad de todos ántes que a la suya, que no le moviesen sus particulares intereses, sino los daños públicos y trabajos comunes; son sus palabras las siguientes:

Tu civem patremque geras; tu consule cunctis
Non tibi; nec tua te moveant sed publica damna.

Tu obligácion es traer
A cuestas al ciudadano
Y dar con tiempo la mano
Al mas próximo a caer;
Tambien debes atender,
Antes que a tus conveniencias,
A las públicas dolencias,
Cuyo remedio has de ser.

Y Jenofonte, insinuando y dando a entender el verdadero oficio de los reyes, lo manifiesta así: el rei se elije (dice), no para que regaladamente cuide de su persona, sino es para que por él vivan bien y ajustadamente los que le elijieron, y obren mejor; y a nuestro intento el cordoves famoso nos enseña y advierte, que los reyes y monarcas, príncipes y gobernadores han de ser mas para las repúblicas, que las repúblicas para ellos, habiendo dicho ántes que la servidumbre de los ciudadanos no es dada a los reyes, sino es el ser amparo, defensa y tutela de ellos. Y este debe ser su verdadero oficio y ocupacion forzosa, para adquirir el nombre de dioses de la tierra, o de verdaderos ánjeles, ocupándose como ministros del supremo Señor en los ejercicios para que son enviados y puestos en dignidades altas; que de otra suerte no merecerán tales renombres. Dánnoslo a entender así las divinas letras, segun mi pensar.

Llegaron a la presencia del patriarca Abraham tres ánjeles, a quienes hospedó con regalo y cariñoso agasajo, y los llama en esta ocasion la escritura sagrada hombres, *aparuerunt tres viri;* y estos mismos, caminando a la ejecucion de sus oficios, que fué a castigar a Sodoma y a librar a Loth del peligro, los nombra ánjeles, *venerunt duo angeli,* etc. Pues, ¿en qué estuvo la diferencia de ser hombres acá y ánjeles allá? El reparo es del gran intérprete Lira, aunque a otro propósito responde, pero mi pensamiento es que los primeros se ocuparon en banquetes, en festejos y en regalos: diferentes ejercicios de los que eran pertenecientes a sus oficios, y así son llamados hombres en esta ocasion; y siendo los mesmos los que van a ejecutar la justicia, dando a los malos el castigo que merecen, y a librar a los buenos del trabajo, castigando y premiando a cada uno conforme sus merecimientos, entónces los llama ánjeles.

Atiendan aquí los ministros superiores, que los pone Dios nuestro Señor en la tierra para que rectamente ejerciten sus oficios, y no para que castiguen a los que les parece estan culpados, que hai algunos que por hacer mal y daño con capa de la justicia, a diestro y a siniestro quitan vidas, honras y haciendas, y por no hacer bien a los que lo merecen por sus servicios, por su trabajo y desvelo, reparten los premios y los oficios a sus criados, a sus allegados y deudos. Estos no serán ánjeles ni ministros de Dios ni de S. R. M., porque estan ocupados en diferentes acciones de las que pertenecen a sus oficios, comiendo y bebiendo deleitosamente, sin atender a las incomodidades, trabajos y desdichas que padecen los pobres soldados beneméritos, que no tienen un pan que comer, ni a quien poder volver los ojos. Y a estos que se desvían y apartan del verdadero camino de gobernar, atendiendo solo a su quietud y descanso y a sus conveniencias propias, los maldice y amenaza Dios por el profeta Exequiel: ¡ai de vosotros, pastores de Israel (dice), los que solo atendeis a vuestro regalo, y a manteneros y sustentaros! ¿no sabeis que los rebaños o piaras de ganados han de ser apacentados y celados de sus pastores? y vosotros tan solamente cuidais de sacar la leche para comerla, la lana para aprovecharos de ella, y lo mas pingüe y gustoso para vuestro sustento lo degollais? y mi rebaño no está mantenido ni apacentado? Veisme aquí (dice Dios) sobre los pastores, a quienes tomaré estrecha cuenta de mi rebaño, y le buscaré cuidadoso, y haré que no prosigan con su pastoral ejercicio (esto es, les quitaré el mando y el dominio), para que no se ocupen en regalarse con él y apacentarse a sí mesmos con la leche qué sacan, con la lana que visten, y la carne que comen; que hai muchos pastores que solo cuidan de apacentar el ganado que les es de mas provecho y utilidad (esto es, fomentando los príncipes superiores a los ricos y poderosos, de quienes pueden tener sus mayores logros y intereses, y dejan olvidados a los pobres humildes, sin que jamas lleguen a ser defendidos ni amparados de sus pastores, de la mesma suerte que los corderillos, que por no tener de ellos ningun provecho, los desamparan y exponen a los riesgos del tiempo y a los peligros de inhumanas fieras). Por esto notó un moderno docto, que Cristo N. S. encargó a su vicario y sucesor San Pedro con repetidas voces, por San Juan, el cuidado y la guardia de los corderos ántes que el de las ovejas, porque solo una vez se las encarga, dando a entender que el buen pastor ha de atender mas a la guardia y custodia de los corderos, de quienes no tiene ni goza de fruto alguno, que a la de las ovejas, que con ventajas dan lo que habemos dicho; que en estas son representados los ricos y poderosos que tienen que dar y que ofrecer, y en los otros los pobres humildes y necesitados, que es antiguo achaque en los humanos aplicar el poder a los que pueden, y las dádivas y dones a los mas sobrados, como los oficios en las Indias, que siempre estan en ellos los que tienen caudal y estan sobrados, y el pobre siempre será pobre aunque tenga muchos méritos, porque no hai quien se acuerde del que lo es y está necesitado y de todo bien destituido. ¡Qué escojido decir de un poeta sobre lo dicho!

Semper eris pauper, si pauper es, Emiliane :
Non dantur opes nunc, nisi divitibus.

'   Si eres pobre y desdichado,
        Amigo Emiliano, es cierto
        Que lo has de ser sin acierto
        En tu miserable estado ;
        Que solo al que está sobrado
        De ricos bienes y dones,
        Se los dan tan a montones
        Como está experimentado.

Este es el trabajo y achaque lastimoso de nuestro desdichado siglo, que no se dan ya los premios honrosos ni de algunas conveniencias a los que los merecen, si son pobres, sino es a los que tienen de sobra lo que a los otros les falta; mas este estilo de gobierno se verifica en algunos ministros superiores, que olvidados de la obligacion que tienen, y en la que S. M. les ha puesto para el descargo de su real conciencia, se sujetan y postran los sentidos al desenfrenado apetito de la avara cudicia, que en estos lamentables siglos se ha señoreado de tal suerte, que en los mas levantados tribunales tiene puesta su silla y asiento en que preside, y son mui señalados los que a su poder y mando no le hincan la rodilla y le erijen altares; con que estan los consejos, algunos, mui a riesgo de hallarse en sus acuerdos algun Judas, por no alargarme a decir puede haber muchos. Y que se presuma entre tantos asistirle alguno, no tiene el mas atento que maravillarse, pues entre doce escojidos del Rei de cielos y tierra J. C. S. N. no faltó uno, y otros que se llevasen de sus propias conveniencias, y alguno que pareciese lisonjero. Y porque la prueba de lo dicho es algo dilatada, con algun moral conveniente la darémos en el siguiente capítulo con algunos lugares sagrados al intento.

CAPITULO XXIX.

En que se da la prueba ofrecida, y se saca que puede haber entre tantos consejeros algun Júdas, algunos ambiciosos y lisonjeros, y que es de grande utilidad la asistencia del superior y de la universal cabeza para que ande ajustado todo.

De las acciones y ritos de estos bárbaros y soldados valerosos se han orijinado inexcusables los capítulos antecedentes, y hasta dar fin a la materia que nos pusieron en las manos, será forzoso suspender un rato nuestra historia, que es la que nos va abriendo camino para no errar el blanco a que lleva puesta la mira el principal asunto de este libro.

Pruebo con el texto sagrado lo que tengo propuesto y prometido. Judas ya es claro y manifiesto que por treinta dineros vendió a su Señor y a su Maestro, que ofreciéndoselos los fariseos, parece que desde entónces buscó ocasion a su propósito para ejecutar la venta : ya tenemos entre los escojidos del colejio de Cristo y de su consejo (digámoslo así), un Judas que lo vendió por treinta dineros. ¿Qué harán algunos a quienes ofrecen o pueden ofrecer treinta mill ducados? podrémos persuadirnos a que corra grande riesgo el crédito y opinion de un monarca, rei o gran señor a quien asisten tan copiosos consejos? No sé yo que pueda haber alguno que se atreva a imitar a Judas, pero vamos discurriendo en la materia. Los ministros superiores de sus reales consejos, ¿no estan obligados a desengañar a su rei y señor? no es el principal blanco a que deben encaminar las acciones, la sencilla verdad, sin rebozo ni interpretacion alguna? Es así, me dirán todos, y ¿quién puede poner duda en que los labios y lengua de los mas justificados y leales consejeros, de esta obligacion forzosa se desvíen? Mas, si hai alguno o algunos que pretenden perturbar al pastor y divertirle para que no cuide como debe del rebaño mas humilde, de la ovejuela que se le pierde (esto es, de un reino y sus provincias), y con informes falsos y siniestros quieren'paliar los verdaderos y encubrirlos, para que S. R. M. no ponga el hombro a lo que es conveniente y necesario para el aumento y conservacion de sus reinos y de sus vasallos humildes y leales; ántes sí solicitan premios honorosos a los ministros mayores y menores desleales, que fueron causadores y principales fundamentos para sus menoscabos y pérdidas: ¿no serán éstos imitadores de Judas, que por el dinero que les ofrecen y otras dependencias que los cercan, venden a su rei y a su señor? Que venderle es engañarle, mentirle y solaparle las verdades, dando premios honorosos, o solicitándolos con efecto, para los que le han perdido sus provincias y sus vasallos, por haber sido ministros desatentos y superiores tiranos, habiendo de ser reputados y tenidos por voraces lobos, y castigados con rigor severo. Paréceme que no hai jénero de duda que imitarán a Judas los que se apropiaren este stilo de gobierno.

Ambiciosos tambien hallarémos en este colejio apostólico y escojido consejo de J. C., como lo muestra el glorioso coronista San Matheo. Llegó la madre de los hijos del Zebedeo con ellos a la presencia del celestial Rei y Señor, adorando y pidiendo (dice el texto). Achaque antiguo debe de ser sin duda el ser pedigüeñas las mujeres, pues a las primeras razones pidió ésta a N. S. un imposible, y aunque pidió la madre, fué conocida la intencion de los hijos, pues la respuesta fué a ellos rectamente encaminada: *nescitis quid petatis*. Manifiesta fué la ambicion de los hermanos Diego y Juan, a cuya causa se airaron contra ellos los demas discípulos, como lo dice San Márcos; y con la respuesta del divino Maestro queda declarada la intencion que mostraron, de tener el primer lugar entre los demas discípulos, pues les dice: no ha de ser así como vosotros lo pensais, que el que quisiere ser el mayor y tener el primer lugar, ha de ser el menor siervo y ministro de los demas. Paréceme que estan conocidos en este divino colejio dos ambiciosos de sillas y un Júdas traidor; ahora resta probar, inquirir y sacar en limpio, si entre estos escojidos de J.-C. se halló alguno que pareciese lisonjero.

Estando Jesus nuestro Salvador con sus discípulos, manifestándoles los misterios de su bendita pasion, las injurias y menosprecios que habia de padecer, los trabajos y tormentos que habia de sufrir y tolerar, tomó la mano San Pedro (a quien poco ántes habia preferido y honrado con hacerle piedra fundamental de su Iglesia) y empezó a contradecir a Cristo y decirle: Señor, no digas eso, porque no puede ser ni acontecerte así, *non erit tibi hoc*, como si dijiese: es imposible que a tu grandeza, a tu poder y a tu divinidad sagrada puedan atreverse humanas desmesuras ni tiranos atrevimientos. Parece que quiso el glorioso apóstol San Pedro en esta ocasion gozar del oficio de privado, tomándose mas mano de la que deben tener los que son; que hai muchos que al paso que los honra y engrandece su rei y su señor, se alzan a mayores con la potestad suprema, con el gobierno y el mando: habia poco tiempo que su divino Señor y Maestro lo habia engrandecido y beatificado, y héchole su segunda persona, diciéndole: bien aventurado eres Pedro, santo y justo, pues alcanzaste los divinos secretos por revelacion de mi Padre, que está en los cielos, por cuya causa has de ser portero de ellos para que con las llaves que te entregare, tengas potestad de abrirlos y cerrarlos cuando te pareciere; que lo que tú hicieres en la tierra será en el cielo bien ejecutado. Consideróse Pedro con ventajas favorecido y puesto en el segundo lugar del Rei de cielos y tierra, y a pocos lances quiso rejirle y gobernarle, y aun atrevido reprehenderle, que eso nos da a entender el texto con la palabra *increpare*. Esto se ha ofrecido al paso, para que los reyes, príncipes y señores esten advertidos y cuidadosos, que un San Pedro, escojido de J. C. por su privado y segunda persona, aun parece que por tal quiso con el primer lugar y con el gobierno levantarse; y así no habrá que maravillarnos que alguno de la tierra levantado, como humano pretenda ser dueño de lo que no le toca. Vamos ahora al principal intento de este lugar y de las palabras que arriba dijo San Pedro: *non erit tibi hoc*, no te ha de acontecer lo que dices, Señor soberano, porque lo tengo por imposible y cosa indigna de tu grandeza; cuyas razones parece fueron encaminadas a lisonjear a su divino Maestro, representándole su divinidad y poder: sobre lo cual fué severamente reprehendido, diciéndole J. C.: *vade post me Satana*, vete de mi presencia, Satanas, que tus palabras han sido para mí de grande escándalo. De cuya respuesta se puede colejir que el delito de San Pedro fué de adulacion y de lisonja, por ser en J. C. S. N. este vicio comun aborrecible y abominable con extremo, como lo mostró con los príncipes de los fariseos, que alabándole y engrandeciéndole con título de Maestro y verdadero Doctor, los llamó de hipócritas y de embusteros, conocida la intencion que traian; que aunque la de San Pedro no seria tal, quiso castigar rigurosamente lo exterior de la lisonja con tan severa razon y rigurosa respuesta, con que quiso alicionar y advertir a los monarcas, príncipes y señores de la tierra, a que esten con todo cuidado y desvelo en sus tribunales y consejos asistentes, y personalmente si pueden hacerlo. Porque si en su colejio apostólico y escojido consejo de doce solamente, hubo un Judas que vendió, dos ambiciosos que pretendieron sillas y los mejores lugares, y un lisonjero que pretendió perturbar sus disinios, adonde se hallan tantos tribunales, tantas audiencias y consejos, sin la asistencia de su Rei y señor como universal cabeza que les vaya a la mano en sus acciones, ¿qué se podrá presumir que puede haber, sino son muchos imitadores de Judas, varios ambiciosos de sillas, y algunos lisonjeros contemplativos, a quienes con aspereza y rigor deben apartarlos de su real presencia, diciéndoles lo que Cristo a Pedro: vete, Satanás, de aquí, que me has escandalizado grandemente?

De mucha importancia será sin duda la asistencia personal de los reyes, príncipes y señores absolutos en sus audiencias, tribunales y reales consejos (aunque fuera de mayor conveniencia a nuestra real corona que no hubiesen tantos), para que la justicia y la razon tuviese el primer lugar en sus acuerdos, y tambien para que los que con ventajas han servido y trabajado en el real servicio, fuesen aventajados en los premios, y bien examinados asímismo los informes siniestros que con dineros hacen los que han sido ménos dignos. Y esto acontece de ordinario en los consejos y audiencias adonde falta la luz del sol universal de nuestra monarquía, cuyos lucientes rayos destierran las nieblas mas obscuras que nos cercan, y esclarecen los rincones mas ocultos, dando calor y abrigo a los necesitados y mas pobres; y al contrario, acarrea grandes daños y menoscabos a las repúblicas y reinos tan remotos como Chille, la falta de la real presencia de nuestro Rei y señor natural, porque aunque sean mui justificados sus consejos, sus audiencias y tribunales, no deja de causar en los ministros altiveces con los humildes, omisiones tal vez en la justicia, y dilaciones en ella, con ocio y con descuido en sus oficios, por faltar a estos miembros la principal cabeza que los rija, como se verificó en los del colejio apostólico y escojido de Cristo N. S.

El coronista San Márcos nos refiere, que cuando este divino Señor se apareció a sus discípulos a los tres dias resucitado, los halló comiendo y bebiendo con todo regalo, quietud y sosiego: y esto dice Theophilato, Eutimio y otros, que sucedió el mesmo dia que resucitó nuestro amado Redemptor. Y entra aquí la ponderacion de San Pedro Crisólogo con su acostumbrado y agudo decir: maravillosa cosa es ver (dice este santo), la tierra temblando, turbado el infierno, rotos los peñascos, abiertos los sepulcros, fujitivo el sol, el dia sepultado, y todo el mundo hecho un cáos de confusion y tinieblas, haciendo todas las criaturas tan tristes demostraciones y lamentables exequias, esten en esta ocasion los discípulos de Cristo comiendo y bebiendo juntos deleitosa y regaladamente. Mirad cómo los halla: descuidados, ociosos y entretenidos en festejos y regalados banquetes. ¿Qué pensais que es la causa (dice este santo) de semejante descuido y conocido olvido en los apóstoles santos? la ausencia de tres dias de su querido Maestro, el haberles faltado tan poco tiempo su príncipe y su cabeza.

Pues a nuestro intento ahora: si el ausencia de tan pocos dias, en discípulos y ministros de Cristo causó en sus corazones semejantes efectos, ¿qué podrémos presumir ni qué nos podrémos prometer de ministros y consejeros que no son discípulos de este Señor de cielos y tierra, faltándoles la cabeza? A que responderé, que lo que se ha reconocido y experimentado en estos remotos reinos por falta de nuestra universal cabeza, es que sus ciudades, repúblicas y provincias estan convertidas en ponzoñosas serpientes y feroces dragones, por las cabezas diversas con que se hallan, pues cuantos ministros consejeros las asisten, otras tantas cabezas las rijen y gobiernan, con sobra de letrados, receptores, porteros, alguaciles y abogados, que todos son cabezas que con hambrientas bocas chupan la sangre de los pobres vasallos de S. M., sin que puedan vivir en paz, quietud, ni sosiego, que miéntras mas jueces, mas letrados, mas ministros se aumentan en una república o reino, tantos mas pleitos y litijios se buscan, se recrecen y solicitan, por no tener mas chacras ni heredades, que las diferencias de los litigantes, ni cosechas mas seguras que los traslados a las partes. Con que se eternizan los pleitos y se hallan obscuros y intrincados los mas claros, porque no se ocupan en otro estudio los mas abogados que en buscar unas leyes contra otras, o las interpretaciones de autores varios, para obscurecer la verdad con apariencias y dilaciones, que llaman los letrados: que ha llegado a tal desdicha nuestro siglo, que se ha puesto en estampa el modo y el estilo de dilatar los pleitos, y se tiene por mejor letrado aquel que con razones y sofísticas palabras atropella y deshace la verdad mas clara. Con que algunos litigantes, viendo el pleito mal parado (como dicen) y que es mas lo que les cuesta, y el gasto que con abogados, procuradores y escribanos tienen, que el valor y provecho que puede importarles su litijio, se han reducido muchos a buen convenio y a pagar sin controversias el que debe, arrimándose al parecer y consejo que dió Marcial a Sexto, amigo suyo:

> Et judex petit, petit et patronus:
> Solvas censeo, Sexte, creditori.

> Tengo por mas acertado,
> Sexto, que pagues primero
> Al que debes, tu dinero,
> Antes que darlo al letrado,
> Que éste pide adelantado,
> Y el escribano y el juez
> Piden ántes y despues
> Con voz melosa y suave;
> Y ántes que el pleito se acabe
> Te dejarán pez con pez.

Tengo por mejor (le dice) que al acreedor pagues lo que le debes, ántes que con jueces, procuradores, abogados y escribanos gastes lo que no tienes. De esto sirven algunas audiencias, consejos y tribunales por mayor en las repúblicas pobres y limitados distritos, sin cabeza superior que los asista; con que es hoi mayor el número de ministros de justicia que a un tribunal de estos acompaña, que los habitadores que las asisten. A cuya causa es sin duda que en mui breve tiempo y a pocos lances no se han de componer los reinos y provincias de otras personas que letrados, jueces y escribanos, procuradores, notarios, receptores y demas ministros menores y mayores, criados y criadas de dichos tribunales, que tambien son fiscales y chupones de los pobres, que con astucia y maña les hacen dar de sí lo que no pueden; y en resolucion han de venir a ser la total ruina de nuestra real corona, por causa de que los mas nobles y principales caballeros se arriman al camino de las letras, teniendo por sin duda asegurada la renta, y aun despues de muertos (como la tienen los oidores), y el premio de su trabajo conocido, bien al contrario del que aguardan los que se aplican a continuar las armas y servir a S. M. en los reales ejércitos de estas continuadas guerras de Chille, que es de lo que puedo hablar con experiencia.

CAPITULO XXX.

En que se trata del poco premio que tienen los que sirven a S. M. en estos remotos reinos, y cuán aventajados se hallan los que se aplican al ejercicio de las letras; y de cuán perjudicial es la muchedumbre de letrados y jueces, que adonde hai ménos está la justicia mas en su lugar. Pruébase con algunos lugares sagrados, y de algunos letrados doctos y bien intencionados.

Vamos ahora discurriendo por lo dicho y sepamos si hai algunos de los que han derramado su sangre y con todo crédito y opinion servido a S. R. M. treinta y cuarenta años efectivos, que hayan tenido o tengan sus herederos algun premio o galardon en estos ejércitos de Chille. Díganlo las rentas, los honores que gozan, los hábitos que poseen los soldados de Chille, pues en estos ejércitos no se ha conocido alguno que autorice las armas de S. M. ¿Hase visto algun ministro consejero que haya representado al Rei N. S. los méritos y servicios de los que han sido efectivos en estos trabajos y desdichas de Chille? Que por demasiado pobres, no tienen ni han tenido con que representarlos, ni con que parecer en la presencia de su Rei y señor, que como tan justificado monarca se doliera y lastimara de los que le sirven con todo amor y desvelo. Lo que sabemos es que los que ménos han asistido personalmente en estas fronteras, han hecho relaciones e informes de ellos con toda ventaja los ministros consejeros de este reino, sabiendo verdaderamente que son falsos, como me lo confesó cierto consejero; que porque han tenido dinero con que hacerlos y acompañarlos, se pasa por todo, y estos son los que se llevan el premio del trabajo de los pobres, que por tales estan siempre arrinconados y abatidos, sin que algun consejero ni ministro superior se acuerde ni aun de mirarlos a la cara, porque viven con los ricos y respetan a los poderosos, olvidando a los soldados valerosos que no tienen mas caudal que las armas y caballos con que sirven al Rei N. S., y despreciando a los que no han sabido adquirir (o robar, por mejor decir) cuatro pesos o millares, desnudando al pobre soldado y encargando la conciencia, para ser aplaudidos y estimados.

Estas son las causas principales por adonde (como voi diciendo) no puede tener este reino paz ni sosiego ; guerra sí perpétua e inacabable, porque las letras supeditan a las armas y las aniquilan y abaten. ¿Qué letrado hai que mire a un soldado con buenos ojos, aunque sea a un jeneral de un ejército? porque son tan soberbios y tan hinchados, que les parece que ellos son los dioses de la tierra y que no tienen igual en ella.

Verifícase lo dicho con lo que le subcedió a J. C. S. N. con un letrado lejisperito que llegó con mala intencion a tentarle ; que aun al mesmo Dios quieren oponerse, juzgando aventajarse a la divina sabiduría con altivez y soberbia : preguntó este cauteloso sabio, qué dilijencia seria bien hacer, para conseguir la vida eterna y el celestial descanso ; a que le respondió J. C.: ¿qué es lo que está escrito en la lei? y cómo lo entiendes? Respondióle el letrado : amarás a tu Dios con toda tu alma, con todo tu corazon y con todas tus fuerzas, y a tu prójimo como a tí mesmo. Mui bien has respondido, y tu respuesta me ha agradado mucho, le respondió el Salvador. Volvió el letrado a decirle, que quién era su prójimo, pareciéndole justificar mas sus acciones y manifestar su sabiduría, su capacidad y entendimiento, queriendo dar a entender que no habia quien pudiese igualarle, ni ser su prójimo mereciese. Repararon aquí los santos doctores, principalmente el anjélico doctor Santo Thomas, en el decir del letrado, que quién era su prójimo ; sobre lo cual dijo : así como el letrado se vió aplaudido de nuestro Redemptor, y alabada su respuesta, entró en él tan gran desvanecimiento y soberbia, que juzgó no podia tener igual ni prójimo a quien compararse ; que como ruin engrandecido y alabado, se levanta, se hincha y ensoberbece. Esto se entiende en lo jeneral y en lo comun, que en la excepcion de la regla se hallan muchos caballeros togados corteses, agradables y sin jénero de altiveces ; que el que es de ilustre sangre y de conocida prosapia, la garnacha no le altiviza, ni las letras no le entumecen. ¿Hai algun consejero de estos reinos (volviendo a nuestro intento) que se acuerde de pedir sillas o asientos honorosos para los pobres soldados que han derramado su sangre en servicio de su Rei, como lo hacen y solicitan para sí, para sus deudos y parientes? Pues siendo así que tiene un oidor de los mas pobres y ajustados de Chille, mas caudal en alhajas y trastes de casa, que todos los capitanes juntos y jenerales del ejército ; que me han certificado que cuando promueven a alguno para otra plaza, de lo que no puede llevar sin embargo, vendido y feriado a otros jéneros, saca mas de diez mil patacones : y vemos con todo esto que las pensiones que se echan, y otras conveniencias que se solicitan, todas son para las audiencias, para los tribunales y consejos, sin haber quien pida ni solicite hacienda o lugar para el soldado pobre y desdichado, ni se acuerde del fomento de las armas, porque gobiernan las letras en estos remotos reinos (que es de adonde voi hablando). Ellas son las preferidas, las que tienen el **premio asegurado y el galardon adquirido; gozan de la quietud y del** descanso, sin riesgos conocidos de la vida, juzgando a lo largo y de léjos las acciones de los que la oponen al peligro, y aun temerariamente censurándolas. De esta suerte se menoscaban los reinos, se pierden las ciudades, se enflaquecen las fronteras, se empobrecen y aniquilan los leales vasallos de S. M.; porque ya son consejeros todos, o lo quieren ser, todos letrados, todos oidores, todos escribanos, procuradores, receptores, alguaciles y ministros de estos tribunales, que la muchedumbre de ellos y la abundancia de jueces y abogados es la polilla y carcoma de nuestra monarquía cristiana; porque todos estos se sustentan con el sudor y sangre de los pobres vasallos de el Rei N. S. Y fuera de mucha importancia reformar y quitar gran parte de ellos, porque la justicia ménos se consigue y alcanza en tribunales copiosos de jueces, que en los que asisten pocos, y limitados juzgan: díjolo experimentado Bobadilla, con estas palabras: ¿adónde jamas (dice) se han conocido ni visto tantos tribunales, y ménos justicia? adónde tantos senadores, jueces, consejeros y oidores, y ménos cuidado de la república? y otras razones mas sentidas y fervorosas que se podrán ver en el lugar citado. A intento el obispo Simancas pronunció estas razones: por la muchedumbre y innovacion de ministros y jueces se destruyen y postran por el suelo las ciudades y repúblicas. Bien se ha experimentado esta verdad en Chille, pues lo han padecido sus fronteras, por haber habido gobernador que en cuatro años de su gobierno por sus particulares intereses proveyó el oficio de maestro de campo jeneral seis veces, cuando en otros tiempos un maestro de campo bastaba para cuatro gobernadores, porque no cuidaban mas que del servicio de S. M., bien y aumento del reino, sin atender a las propias conveniencias, que son las que perturban las públicas atenciones; que como dijo Pedro Gregorio, gran letrado, por la mayor parte de los que gobiernan, son cudiciosos y avaros, habiendo reprobado ántes la muchedumbre de jueces, majistrados y oidores. Con que irémos acortando este capítulo por no parecer apasionado, que campo se me habia ofrecido en que explayar el discurso y no quedar corto en lo que tantos sabios doctores se han dilatado, aunque en vano, pues vemos que siempre va a mas este contajioso achaque.

Solo para confirmacion de lo dicho y crédito de mi pensar, referiré lo que un historiador de las Indias nos asegura, que nuestros Católicos Reyes y señores al principio de esta conquista tuvieron previstos estos miserables tiempos, pues ordenaron, no una, sino es repetidas veces, que no pasasen a estas partes letrados ni abogados de pleitos, porque se orijinarian muchos con uno que pasase: así lo dijo el ilustrísimo Villarroel, y trae las palabras del autor, que dicen, que sin estos letrados y abogados antiguamente las ciudades fueron felices, y las por venir lo fueran si la muchedumbre de estos no estuviese apoderada de nuestra real monarquía y armada de punta en blanco contra los que se ocupan en servir al Rei N. S. en sus ejércitos, pues hacen burla y chanza de ellos; con que a pocos años se ha de ver nuestra real corona indefensa, solo con audiencias, letrados, abogados y ministros de estos tribunales, consumiéndola y acabándola con muchedumbre de leyes. Que bastaba para conocer y abrirnos los ojos lo que nos dice Dios por su profeta Osseas: *scribam ei multiplices leges:* amenazando a Ephraim, dice que su gobierno será de muchas leyes; pues ¿cómo han de ser muchas, sino son mas que dos las universales, divina lei y humana? la divina fundada en cristiandad católica, y la humana en razon y justicia, y en lo natural; y dice por Osseas que castigará a Ephraim con muchas leyes. No he visto interpretacion ninguna de este lugar; mas tengo por sin duda, que por las muchas leyes se entienden los muchos letrados, porque cada uno tiene su lei, glosándola o interpretándola como se le antoja, o contradiciendo la verdadera lei con la mente de su pensar y discurrir. Y estas son las muchas leyes que da Dios N. S. a los reinos y repúblicas, para el castigo y menoscabo de ellas. Quiera su divina Majestad que con tiempo se reconozcan y mediten estas verdades que como leal vasallo del Rei N. S. tengo insinuadas, para que no se acaben de aniquilar y consumir nuestras provincias.

CAPITULO XXXI.

En que se prueba lo dicho de los letrados con un párrafo del Libro de los Sueños del Doctor don Antonio Maldonado, catedrático que fué en la real universidad de la ciudad de los Reyes, que es al pié de la letra como se sigue.

En el libro undécimo, párrafo segundo, dice el citado doctor las siguientes palabras, de la suerte que estan formales en el citado Libro de sus sueños.

§ 2.°

Tambien son armas y milicia la jurisprudencia en órden a la justicia y verdad, pero estas se pierden en la espesura de las leyes, y solo se hallaron en aquella edad de oro, cuando la mesma vergüenza gobernaba los pueblos sin lei alguna escrita, porque apellida la verdad un abogado mas para.... que para hallarla: y apellidándola, trata interiormente de escurecerla, como el tirano, que apellidando la libertad de la patria, el intento es tiranizarla. Por esto la verdad desterrada de los jurisprudentes, recibió Franconio, rei de Dana, en el amparo de sus armas, mandando que todo pleito y diferencia se determinase por armas. Aprobó esta monomaquia Federico emperador: guardáronla los Longobardos hasta su rei Rotaro, y vuestros gloriosos projenitores cometieron la verdad dudosa al rigor de ellas; de adonde nació el combate de Diego Ordoñez con los tres hijos de Arias Gonzalo por la muerte del rei don Sancho y traicion de Vellido Dolfos, y el de Pedro Bermudes con los condes de Carrion por el aleve de doña Elvira y doña Sol.

España, reino dado a la verdad y honra, y por eso a las armas, en muchos años y siglos no admitió las leyes ni jurisprudencia, gobernándose por la mano real y no por la lei escrita. Ya las admitió: veamos con qué fruto. Ha crecido en pleitos; mucha parte está ocupada en ellos; ha perdido su valor, hase afeminado, y la verdad y la justicia que poseia con las armas, ha perdido con sus leyes; porque, ¿qué causa hai tan clara contra quien no se halle una lei que la escurezca? y cuando falte lei, no faltará una interpretacion de los jurisprudentes. ¿Qué causa tan injusta que no se le dé color de justa con el tinte de alguna lei? Por lo cual..... emperador llamó a las leyes peste de la república; Cambises, rei de los Persas, hizo burla de ellas; Curupalares, emperador de Bisancio, mandó que se juzgase sin observacion de derecho, atendida la verdad. Vespasiano, despues de las guerras civiles, mandó que sus jueces juzgasen fuera de órden; Cárlos IX intentó lo mesmo en Francia; Galeazo, duque mediolanense, aborreció a los abogados.

¿Pues qué si las leyes son muchas? a la multitud llamó penuria Justiniano, y dos mil libros de jurisprudencia redujo a cincuenta, que llamó Pandectas, y de aquellos cuerpos de jigantes quedaron por sus menores reliquias catorce mil ducientas y sesenta y ocho leyes. Mas ¿para qué son tantas? por ventura por ser muchas socorren a todos los negocios? No, porque hai mas negocios que vocablos, y los vocablos son mas que las leyes, y así es forzoso que se deje al juicio del juez que induzga por símiles, argumentos, costumbres y stilos; y adonde hai mas cópia de ellas, hai mas confusion y el hilo de la razon queda mas entrincado.

Crecen las fuerzas de la agudeza y calumnia, y ofusca la verdad, y la cosa se enreda con la multitud de hilos diferentes, o contrarias leyes. Por lo cual Theodocio intentó reformar las de su imperio, y desearon lo mesmo Carlo Magno, Federico, y el rei don Alonso el Sábio, y hermano. Pero qué reformar.........? Basta el derecho natural que sin estudio alguno la naturaleza enseñó a todas las jentes: despues de esto, el príncipe es viva lei, y está divinamente escrito que hai divinidad en los labios del rei, y que no errará cuando juzgare. Y puede haber en cada lugar un buen varon que juzgue, que un buen varon es la boca de la justicia. Pero posible es que este la quebrante, vencido de amor, odio, interes, o miedo: lo mesmo corre hoi con los profesores de las leyes, que a cada paso las quebrantan, pero con mayor malicia, porque saben lo que deben hacer, y hacen lo que no deben, o porque hacen lo que no saben, debiendo saber lo que profesan.

¿Qué diré de la multitud de sus profesores y su ciencia? muchos cursantes en las universidades, muchos graduados, muchos pasantes, muchos abogados, muchos jueces: grande es la multitud de tantos muchos. ¿Cuántos habrán leido enteramente el derecho? Pocos. ¿Cuántos le han entendido? Iba a decir ninguno: dígame alguno, si ya ha leido textos y glosas, ¿cómo le ha ido con la obscuridad del texto solo? cómo con la confusion, variedad, yerros, irresolucion y infinidad de las glosas? no caminara mejor y mas llano (aunque todo es barrancoso) por el texto solo? no son manifiestas sus antinomias? Hanse apeado por Acursio todas estas dificultades, o estan conformes todos los autores? No, y en esto conforman todos con Aristóteles, que no se tiene la verdad en lo que de muchas maneras se entiende.

Mas, quiero conceder que alguno las ha entendido: ¿tiénelas todas de memoria? Esto es mas anjélico que humano, y la memoria es infiel depositaria, que no vuelve el depósito enteramente; cáense de ella las cosas como del árbol las hojas secas con el tiempo, y por eso se llama frájil, porque quiebra como banco. Pero doi que la incansable letura socorra, y el verdadero entendimiento de lo estudiado y la feliz memoria de lo entendido favorezca.

Llego al punto de juzgar. Este jurisprudente juzga que este punto es blanco, porque la lei lo tiene por blanco, o porque su juicio le da ese color; otro, con otros fundamentos de derecho, afirma que es negro: uno de los dos yerra, porque la verdad es una, y entre estos dos opuestos que se embisten, la luz del farol del entendimiento del juez se aniega como nave entre olas contrarias, y el lienzo de la razon y su castillo encumbrado (que es el entendimiento), combatido y desmantelado con tantos tiros de la disputacion, se congoja y aflije y no atina a la verdad, porque mal producirá consejo sano si estan los órganos combatidos y enfermos; y en fin rompe la nube con la fuerza de los contrarios, y el rayo desatinado de la determinacion sale violento, y casualmente topa aquí o allí, destroza y mata; y éste, vencido, se queja de agravio, y aquel, vencedor, y......, aun no queda seguro, porque aun le restan segundas y terceras tempestades de apelacion y suplicacion, que desharán lo hecho y renovarán lo determinado, atento lo nuevamente alegado y probado, aunque no haya mas de nuevo que el parecer.

Este es el párrafo, al pié de la letra sacado del Libro de los Sueños del doctor don Antonio Maldonado de Silva, catedrático que fué en la real universidad de la ciudad de los Reyes, de experiencias grandes, y de cristiano celo y ajustado proceder, segun el comun sentir, que aun entre sueños no pudo dejar de decir lo que tan praticado vió despierto.

Y aunque he dado a entender en el antecedente capítulo algunos dictámenes, con apretadas razones, de autores graves y historiadores de las Indias sobre esta materia; por lo que importa a nuestra real corona el conocimiento de estas claras verdades, repetiré (de mas de lo dicho) lo que en las manos me han puesto varios escritores, y lo mas que insinuó el arzobispo Villarroel, de buena memoria, acerca de los abogados. *Quam prompte* (dice) *apud advocatos rationes venantur, textus congeruntur, ut veritas offuscetur, etc.* juntan y amontonan textos y leyes para que la verdad se ofusque, y la justicia se enrede. Y sobre esto dijo Tito Livio: *sed nondum hæc quæ nunc tenet sæculum, negligentia Deum venerat, etc.*: no tan solo amontonan cantidad de textos y leyes para escurecer la verdad, que es el corriente stilo de estos desdichados siglos, sino es tambien que a Dios no conocen como debieran, pues tibiamente y poco mas o ménos le veneran. Estas mal encaminadas acciones ¿de qué se orijinan y provienen? Diré, segun mi pensar, lo que alcanzo: porque los jueces y abogados no son a la voluntad de Dios ceñidos los mas dellos, porque la justicia las mas veces se pone en poder de la juventud lozana, y no en la madurez de los seniles años; que, como dijo el arzobispo Villarroel, de buena memoria, el nombre de senado se orijinó de *senes: nonne* (dijo) *senatus a senibus? cur in senatu juvenes?* Diólo así a entender Cristo S. N. por el profeta Isaias, diciendo: *Dominus ad judicandum veniet cum senioribus populi sui:* vendrá el Señor a juzgar con los ancianos de su pueblo; en cuyo lugar nuestro citado arzobispo dijo: *vide quam sint prudenter præficiendi senes,* pues dice Isaías que han de venir a ser jueces. A estos como consiliarios y asesores los ama Dios, y los engrandece. San Ambrosio, despues de muchas razones en alabanza de los ancianos, acaba con las siguientes: *Ergo urbs tota solidatur adque augetur cætu seniorum sapientum.*

Aparece Cristo nuestro bien al apóstol y evanjelista San Juan, quien certifica, que le vió con la cabeza y cabello albo como lana blanca, siendo así que nos le pinta Salomon en los Cantares con la guedeja negra: *comæ ejus sicut elatæ palmarum, nigræ quasi cornus;* a cuya disparidad responde definiendo el doctor Sylveira, poniendo la dificultad: *si nigri* (dice) *quomodo candidi? Nigri* (responde) *ad ostendendum juvenile robur, candidi vero ad denotandum judicis habitum, ornamentumque probatæ sapientiæ.* En este lugar dijo Blacio Vegas sect. 9: verdaderamente que aquí parece Cristo S. N. cano porque representa la autoridad de juez, en lo cual es necesario el conocimiento que por las canas se ostenta; son sus palabras: *merito hic canus apparet qui judicem refert.*

El Profeta Daniel hablando de Cristo S. N. dice: *vestimentum ejus candidum quasi nix, et capilli capitis ejus quasi lana munda;* en cuyo lugar San Gerónimo dijo: *senex describitur, ut maturitas comprobetur sententiæ.*

Otros muchos lugares sagrados y santos doctores aseguran y acreditan esta verdad, demas de que la experiencia nos lo muestra cada dia, pues es cierto que cuando han gobernado estos remotos reinos y provincias de las Indias las canas y maduros años, se ha reconocido en los superiores, vireyes, presidentes y gobernadores celo ardiente del servicio de Dios (que es la puerta principal por adonde deben entrar los que gobiernan), desvelos anhelosos en el aumento y conservacion de nuestra cristiana monarquía, caridad ardiente para con los pobres soldados beneméritos, socorriéndolos con ayudas de costa a la suya, con dineros proprios, y acomodándolos en los oficios que han sido a su cargo, lastimándose de sus trabajos, honrándolos con palabras y obras, como verdaderos ministros del Rei nuestro señor. A la contra de otros mozos afectados y sin canas, que les parece han de ser perpétuos en esta vida, segun viven y segun obran, pues no atienden a otra cosa que a sus medras y aumentos, en perjuicio del comun de las repúblicas, aborreciendo y despreciando a los ancianos envejecidos en el servicio de su Real Majestad, haciendo chanza y menosprecio de sus méritos y de sus trabajos, y de las cédulas reales con órdenes del Rei N. S.; pues solo cuidan de dar los oficios a sus criados contra los mandatos reales, dejando a los mas dignos sin parte, y otras cosas mas descaminadas. Estas son las causas principales de que estas remotas provincias se vayan consumiendo y acabando, y la guerra de Chile, de que vamos hablando, sea perpétua, prolija y inacabable, que éste es el fundamento de mis verdaderos discursos, y el blanco a que se encaminan.

CAPITULO XXXII.

En que se manifiesta de cuánta importancia es la sciencia y las letras cuando se usa bien de ellas, y al contrario perjudiciales, y se traen algunos ejemplares.

No ha sido mi intencion de ninguna manera reprobar las letras, ni quererlas quitar el lugar que dignamente tienen adquirido, que solo el que ignora las conveniencias y utilidades que acarrean y traen consigo, podrá despreciar lo que no conoce, y apropiarse el nombre de ignorante, como dice el sabio; mas ¿quién podrá dudar de cuánta importancia sea la ciencia y sabiduría, principalmente en los que gobiernan y estan puestos en altas dignidades, para que sus reinos, provincias y ciudades esten bien rejidas, prudentemente gobernadas, y bastantemente defendidas? Mejores son las letras y la ciencia que las fuerzas (dice la sabiduría), y mejor que el fuerte, el varon prudente; pues si en cualquier sujeto son esmaltes sus efectos, con mas ventajas deben resplandecer y adelantarse en los monarcas, reyes y príncipes que gobiernan, con quienes abiertamente habla el mesmo capítulo: a vosotros los que teneis el mando y el gobierno, se encaminan estas razones, que aprendais la ciencia y la sabiduría, y la tengais por blanco de vuestras acciones, que de esa suerte serán vuestras repúblicas felices y dichosas; como lo sintió Valerio Máximo diciendo, que solo podian tener títulos de felices y bien afortunadas las ciudades y repúblicas que eran rejidas y gobernadas de sabios y filósofos, o por lo ménos de los que solicitaban con desvelo el imitarlos. Y el ilustrísimo Villarroel se lastima y duele de aquellos que estan colocados en altas dignidades y desnudos de esta vestidura y gala. Las letras, finalmente, dice este gran arzobispo que son la muralla y la defensa de los reinos y repúblicas, sobre lo que el sagrado texto dijo de la ciudad *Cariathsepher*, que interpretado el nombre, es lo propio que decir ciudad de letras, en cuyo lugar insinuó estas palabras: *Cariathsepher* es como inexpugnable muralla, por ser ciudad de letras, que adonde los estudios con desvelos se aventajan, y las ciencias florecen y dan fruto, allí la ciudad, de sabios asistida, está bien amurallada y defendida. Y Casio, escribiendo a Ciceron y alabándole, dice, que se aventaja con felicidad al esfuerzo de las armas su togado vestido, acompañado con las letras, con virtud y sabiduría. Y en la lei *Advocati Codice de Advocato*, en alabanza de ellas, se expresan estas palabras: de tal suerte miran y atienden próvidamente al humano jénero las letras, como si con fuertes armas batallando, defendiesen la patria y la amparasen.

Sin duda alguna que han estado mal defendidas y mal amuralladas nuestras lastimosas fronteras, por haberles faltado el baluarte incontrastable de las letras, con sagaz y prudente sabiduría, pues tan postradas y abatidas se han hallado, y de sus enemigos ignominiosamente supeditadas.

Dirán algunos de los que solo atienden a lo aparente y a lo ostentativo, que cuándo se ha visto el orbe mas ilustrado de letras y nuestra monarquía mas acompañada de sabios y doctos, los reinos, provincias y repúblicas mas abundantes de audiencias y tribunales, que los que el dia de hoi florecen con ventajas y sabios nos asisten ; a que responderé lo que he experimentado, y ser verdad lo referido, pero que en esa muchedumbre de consejos, audiencias y tribunales está la perdicion y total ruina de nuestros reinos, porque si hai algunos que se ajusten a usar de la sabiduría como se debe, aplicándola a la razon y justicia rectamente, otros, o los mas, la abusan, dejándose llevar de nuestra humana malicia (como lo sintió Pedro Blesence, gran letrado), oponiéndose a la clara y verdadera luz de su doctrina. Son sus palabras las siguientes: aquellas antiguas leyes de los príncipes soberanos (dice este letrado), en las cuales yo miserable y infeliz me ocupé algun tiempo, conozco que el uso de ellas fuera de grande utilidad y provecho a la vida comun de los hombres, si la malicia humana no las encaminase mal y las perturbase : y como son mas los que se aplican a este mal modo de usar de ellas, se llevan tras sí como con violencia a los bien encaminados. Demos a lo dicho prueba con lo que cada dia estamos experimentando.

A un tribunal de justicia o real audiencia allegan dos litigantes, que forzosamente ha de tener el uno mejor derecho que el otro, y el que lo tiene, aunque esté poseyendo lo que es suyo y tal vez amparado con provisiones reales (como me ha sucedido a mí en ocasiones, que no hablo por fantásticas relaciones), veo que se dan en contra otros mandamientos, y le quitan al dueño lo que es suyo, por haberle faltado el principal instrumento para poder proseguir en su defensa; porque el procurador que mas solícito se muestra, sin este blanco del dinero, a que sus desvelos se encaminan, no acierta a echar adelante el paso ; el abogado enmudece, y el juez le mira como a pobre, y el escribano dilata sus escritos, que esto basta para que perezca su justicia y el poderoso le supedite. Cuántas insolencias y maldades, cuántas muertes atroces y aun sacrilejios se han disimulado a poderosos, y se disimula y consiente a vista de copiosos tribunales (que por no señalar con el dedo las personas, dejo de referir algunos lastimosos y memorables casos) que para estos hagan leyes en su abono los letrados ; a quienes lastimosamente amenaza el profeta Isaías. ¡Desdichados los letrados y jueces que quitan la justicia al pobre que la tiene, y se la dan por sus dineros al injusto poderoso! Y hablando de semejantes jueces, Philon judio dijo estas palabras : absurdo grande y delito no menor en el que ha de dar ejemplo con su vida y costumbres, y con dar el lugar que le toca a la justicia, se arrime a la maldad, y a la culpa patrocine.

Y Casiodoro dice, que no es conveniente al juez ni a su oficio envile-
cerle con obras torpes y feas, y manifiestas cudicias, porque debe tener
el rostro descubierto y limpio para quitar las manchas y pecados de los
otros.

Y el ilustrísimo Villarroel amonesta a los jueces, que adviertan y no-
ten la severidad y rectitud de Gedeon sobre el castigo que ejecutó en los
varones de Soccoth : tengan doctrina y enseñanza (dice), y aprendan los
jueces a no sujetarse ni rendirse a súplicas ni a razones, ni ablandarse a
ruegos de mujeres, ni por ningun precio dar la justicia al que no la tiene. El sabio reiedificó sus palacios y tribunales con maderas de inco-
rruptibles cedros, como lo refiere el texto ; y da la razon mui al intento el
gran maestro Francisco de Mendoza y dice, que para que se conociese
y se manifestase, que de la manera que el cedro no se corrompe ni daña
con ningun vicio del tiempo, de la propia suerte el ánimo del juez no
debe corromperse ni apolillarse con la carcoma de los dones y intereses,
que es lo que hace prevaricar al mas atento y perturbar las leyes de la
justicia y del derecho, haciendo que sobre ellas predomine la voluntad,
y el apetito las gobierne y rija : con que se experimentan las ruinas y
menoscabos de los reinos y repúblicas, como lo sintió Platon. El fin y
muerte (dice) y total destruicion de las repúblicas y de las ciudades
está en que la lei se sujete y subordine a la voluntad y gusto del juez
y del letrado, con que sin ella no hai justicia y sobra la maldad y el ladronicio, como lo dijo Ciceron en el capítulo 8 Rector. Y Platon halló
la perdicion de la república en que la lei esté sujeta al letrado, y
, no el letrado a la lei : esta sin duda debe de ser la causa de que
desvaríe nuestro lastimoso siglo y ande todo de arriba abajo, porque estan sin sentido nuestras leyes, pues los mesmos jurisperitos
confiesan, que la lei no tiene mas entendimiento que el que ellos
quieren darle ; con que juzgarémos que en poder de los que mas
presumen de sabios y letrados, son necias las leyes, zonzas y sin
fundamento, porque no hai lei civil ni criminal que no tenga tantos
entendimientos como letrados, como glosadores, comentadores y jueces.
Y esto fué lo que dijo Platon, que hallaba la total ruina y aun la muerte en una república en la cual los letrados eran el entendimiento de las
leyes, y ellas quedaban mentecaptas, sin abrir camino recto a los letrados : la salud de la ciudad y el aumento de ella está en la conservacion
y guarda de la lei. Luego, por lo dicho podrémos colejir, que las letras
y la sabiduría mal usada no sirven ni han servido a este reino de
Chille de muralla ni defensa, ántes sí de sus feroces enemigos y adversarios rigurosos, porque la lei, la razon y la justicia la tienen desquicia-
da de su asiento, porque por la mayor parte los mas doctos, los mas
sabios y estudiosos se aplican a usar mal de lo que saben. Sintiólo así el
natural poeta, cuando dijo escribiendo al César estas razones:

Deme mihi studium, vitæ quoque crimina demes.

Si quieres no calumniar
Las culpas que estan en mí,
El estudio que adquirí
Puedes primero borrar,
Que así podrás remediar
El disgusto que te dí.

El demasiado saber suele dañar de ordinario, y esto sobresale mas en los jueces y señores grandes, que con sus autoridades fácilmente son dueños de la justicia para darla a quien se les antoja, y son peores que los no tan sabidos, como lo notó Jeremías, cuyas razones se dirán en el capítulo siguiente para prueba de lo dicho.

CAPITULO XXXIII.

En que se manifiesta y prueba ser peores los grandes que los chicos, los maestros que los discípulos, los señores que los criados, y que la soberbia atropella todas las virtudes.

Mandó Dios al profeta Jeremías, que rodease la ciudad de Jerusalém y buscase alguno que encaminase sus pasos por la senda verdadera de la justicia, que así le tendria propicio y favorable; y despues de haber corrido y escudriñado todos los barrios y rincones de oficiales y de la jente humilde y comun plebe, y no habiendo podido descubrir ni hallar lo que buscaba, los disculpó diciendo: puede ser que estos pobres ignorantes solo sean los que estan ajenos del conocimiento de su verdadero Dios; vamos discurriendo por los tribunales y consejos (dice el profeta), adonde estan los letrados, los magnates y maestros, que sabrán mas bien acudir a la obligacion que tienen de reconocer y estimar los beneficios recebidos de mano del Señor. Corrrólo todo sin dejar calle ni casa, así eclesiástica como secular, y no pudiendo hallar un solo justo, prorumpió su pesar y dolor con estas palabras: ¡ai! (dijo lastimado el profeta) que ha llegado la desdicha de mi pueblo a tal estado, que son peores los grandes que los chicos, los doctores que los ignorantes, los maestros que los discípulos. En cuyo lugar dijo San Gerónimo: a los que juzgaba por maestros (dice hablando por Jeremías), los he hallado peores y mas ignorantes que los discípulos; y cuanto mayor es la autoridad y grandeza, a ese peso es la maldad y la insolencia de los pastores y superiores, porque son soberbios y presumidos con lo poco que saben; que aunque el doctor de las jentes dijo, que era conveniente y justo que el prelado y el obispo fuese sabio, prudente y docto, en otra parte enseña que esta sabiduría ha de estar acompañada con humildad de discípulo; que así explicó este lugar San Agustin, diciendo, que en el obispo se ha de amar y hacer estimacion no tan solo de que sepa doctamente enseñar como maestro, sino tambien que con

humildad quiera como discípulo ser enseñado. ¿Hai algun doctor o licenciado que presuma ser discípulo? no por cierto, y esta debe de ser la
causa sin duda de que nuestros reinos y provincias caminen tan a
rienda suelta a su precipicio y al último fin que aguardan, por ser (como dice el profeta) peores los prelados, príncipes y superiores, que los
súbditos; los sábios y letrados, mas ignorantes que los legos; pues experimentamos los castigos y plagas insinuadas en el mesmo capítulo de
Jeremías. Y lo mas sensible es el carecer del favor y proteccion de
nuestro Dios y Señor, que nos dice, que cómo ha de poder propiciar
nuestras acciones, si por nuestras insolentes obras no merecemos su favor y ayuda.

Bien claro se manifiesta y se conoce que Dios N. S. no es propicio
a nuestras fronteras, cuando las ruinas y adversas suertes se alcanzan
las unas a las otras, con muertes y estragos de cuantioso número de
capitanes y soldados del ejército, por nuestros delitos y pecados y porque las letras y sabiduría mal usada sirven tambien de ponzoña y de
mortal veneno a este desdichado reino y a sus repúblicas; porque por la
mayor parte se orijinan y nacen de ellas hinchazones con soberbia y altiveces con presumpcion vana, pareciéndoles a algunos que su ciencia
y sabiduría no la alcanzan otros. Y de estos son de los que se duele y
lastima el profeta Isaías diciendo: ¡ai de los que presumen que todo se
lo saben y para consigo mesmo son prudentes! que solo lo sabrán ser
los que se sujetaren al consejo del doctor de las jentes, que dice, que
ninguno se engañe con vana presumpcion de sabio en este siglo, que
para ver de serlo alguno se ha de considerar necio y ignorante. ¿Habrá
quién de los letrados de este mundo quiera parecerlo y arrimarse al
consejo del doctor de la jentes? claro está que sí, que entre tantos científicos varones habrá muchos que sepan usar de las letras y del estudio
que han adquirido, con la justificacion que se debe, con humildad y
rendimiento al que todo lo comunica, para que en ellos sea virtud esclarecida, lo que en otros es vicio ponzoñoso, con presumpciones vanas
y altivas hinchazones, que son las que acompañan a los mas sabios y
doctos. Podré conseguir con certidumbre asegurar esta verdad constante.

A este reino de Chille han venido diversos jueces visitadores, y con
opinion, algunos de la casta vestidura y gala virjinal estar cubiertos, y
entre estos ha habido quienes se hayan pagado tanto de sus opiniones
y letras, que hán atropellado leyes conocidas y con altiva soberbia
barajado con menosprecio a capitanes del ejército, sin atender a méritos
ni personales servicios, por parecerles que se oponian a sus acciones,
o porque como a dioses no les hincaban las rodillas.

Pues ¿de qué le sirve a este letrado o letrados el ser doctos, sabios
y estudiosos, y adornados de otras virtudes, si les falta la humildad, y
les tiene la soberbia y altivez sujetas las potencias y sentidos? Con que
importan mui poco sus virtudes, por ser tan poderoso contrario y enemigo, que los vence y sujeta fácilmente, como lo sintió San Bernardo,

y los hace imitadores del soberbio Faraon, de quien dijo el texto sagrado que no obedecia a Dios ; en cuyo lugar Cayetano advirtió diciendo, que despreció el mandato divino porque fiaba en su propia ciencia y sabiduría. Así son los letrados presumidos, aun peores que Faraon, porque ignoraba éste la grandeza y la potencia de Dios, y los otros decian tenerla mui presente ; con que podrémos decir de ellos lo que Ruperto dijo a los del pueblo del Señor, que les estuviera mas a cuento no conocerle, que conocido despreciarle, ensoberbecidos con cuatro letras mal estudiadas. Con estos habla claramente el profeta Abdías, diciéndoles, que aunque levanten el vuelo como el águila, y pongan su asiento y solio en las estrellas, de allí los sacará Dios y los arrancará con violencia, por altivos y soberbios. Y así no tienen que presumir éstos que por vírjenes y castos tienen merecido el premio y galardon glorioso ; que en el sentir de San Bernardo, sin la virjinidad se puede adquirir la gloria eterna, y sin la humildad, que es contra la soberbia, nó, de ninguna manera ; y pasa mas adelante ponderando lo precioso de la humildad, que pondré sus palabras expresas, para dar fin a este capítulo.

Sin la humildad, me atrevo a decir (dice este doctor santo) que la virjinidad de María Santísima no fuera agradable a Dios. ¿Sobre quién dice, tendrá su asiento y su descanso el Spíritu divino, sino es sobre el humilde y quieto? sobre el humilde dijo, y no sobre el vírjen ; luego, pues, si María no hubiese sido humilde, el Spíritu Santo no hubiera tenido su descanso y divino solio en ella, y por lo consiguiente no hubiera concebido al Verbo Eterno, porque sin él, ¿cómo pudiera concebir dél? Finalmente, se reducen estas palabras a decir que la Vírjen Santísima, si no hubiese sido humilde, no hubiera concebido al Verbo Eterno por obra del Spíritu Santo. Con que a nuestro intento podrémos decir, que al que es soberbio, altivo y presumido con cuatro letras que ha mal estudiado, y con la dignidad o el oficio que ha adquirido está con vanidad entronizado, no con propicios ojos le mira el Spíritu divino ; a cuya causa serán sus letras, su ciencia y sabiduría, de nuestros reinos y provincias enemigos feroces y ponzoñosas fieras (como lo han sido), ántes que muralla, abrigo ni defensa : con que la paz que se busca y se solicita, es imposible se consiga, y la guerra se perpetúa, a cuyo blanco los pasos de este libro se van encaminando.

CAPITULO XXXIV.

En que se prosigue la historia y se da a entender la estimacion y aprecio que hacen estos bárbaros de los que son valerosos soldados, y del modo de predicar que tienen ; y de como fuera de mucha importancia que S. M. (Dios le guarde) no hiciese ministro a ninguno sin haber servido ántes en sus reales ejércitos diez años efectivos.

Quedamos con nuestra historia en casa del cacique Quilalebo, y de la accion que hizo el soldado que apercibieron para la guerra, se han ido orijinando los capítulos que se han seguido, y el moral inexcusable que al intento se ha sacado, por ser el principal asunto de este libro.

Al cabo de algunos dias, volvió de la jornada el indio camarada y compañero de mi amigo Quilalebo, maltratado del viaje y mal herido de una pierna, que entre otros derrotados y muertos se escapó él a nado por gran dicha, arrojándose al rio de Biobio, en cuyas orillas tuvo nuestro ejército una considerable suerte; de la cual se orijinó la brevedad de mi rescate, por haber cautivado en esta ocasion tres caciques principales, y entre ellos uno comarcano y vecino de Maulican mi amo, que enamorado de una hija de este Taygüelgüeno (que así se llamaba el vecino), entre las pagas que por mí le dieron, entró en primer lugar esta prenda deseada, que era el primer objeto de su gusto, con que se facilitaron nuestros trueques y cambios, como despues en su lugar significarémos.

Volvió de la guerra, como he dicho, este soldado, jóven arrogante, y sus mujeres, parientes y parientas tenian para su recebimiento muchas cántaras y botijas de chicha, y con esta prevencion, se ajuntaron otro dia despues de su llegada todos los deudos y parientes, así suyos como los de su mujer y otros amigos comarcanos, que los unos y los otros harian número de mas de ciento, y otras tantas y mas mujeres sin la chusma de muchachos y chinas. Comieron y bebieron con grande regocijo y consolaron al amigo guerrero, que ya se hallaba con mejoría de su lastimada y herida pierna; y para mayor fausto del festejo, ántes de resonar los tamboriles y dar principio al baile acostumbrado, le dieron con trompetas y clarines al sermon y parlamento que acostumbran en ocasiones tales: dieron la mano a un retórico, en su lenguaje discreto, de buena proporcion, y jentil hombre, compositor de tonos y romances, por cuya causa era aplaudido del mayor concurso; éste parló mas de media hora con bizarra enerjía y buen desgarro, aunque con palabras tan obscuras y encrespadas, que fueron mui pocas las que pude dar a la memoria; que tambien entre bárbaros hai predicadores cultos, que se precian de no ser entendidos ni entenderse. Y no debe ser tan culpable en ellos este stilo, como en los que profesan nuestra fee cathólica y deben ser verdaderos imitadores del apóstol y universal predicador de las jentes, quien dijo haber sido enviado a la predicacion del evanjelio, no para que manifestase ni hiciese obstentacion de la elocuencia y sabiduria en sus palabras, que son las que perturban el camino verdadero de la cruz de Cristo. En cuyo lugar dijo San Ambrosio: no necesita de pompa la predicacion cristiana, ni de crespo lenguaje ni culto adorno, que por eso fueron escojidos pescadores, hombres ignorantes, para predicar el evanjelio; que aun la urbanidad y la discrecion en los predicadores sabios es en los ojos de Dios tambien culpable, como lo notó San Gregorio.

Envió Dios al profeta Samuel a unjir por rei a uno de los hijos de Isaí, al que su divina Providencia señalase. Fué el profeta y mandólos parecer en su presencia, y llevóle los ojos el mayor de estatura y levantado sobre todos, que las mas veces lo aparente engaña, y en jigantiles cuerpos y robustas fuerzas son raras las acciones valerosas. Dijo Dios al profeta que no era aquel el escojido, que no mirase ni atendiese a lo hermoso del rostro ni a la disposicion alta del cuerpo. Púsole despues Isaí al profeta por delante, al otro llamado Abinadab. Y dícele Samuel: tampoco es este el que elije Dios para su unjido. Pues ¿por qué desprecia a Abinadab el Rei de cielos y tierra? A que responde nuestro magno doctor y citado intérprete: Abinadab (dice) es lo propio, interpretado el nombre, que decir urbano, discreto y cortes varon, y el serlo le perjudica, y la urbanidad y discrecion le daña; que por eso de verdad en la consulta divina fué expelido y desechado Abinadab, porque la Iglesia santa nuestra madre no elije ni escoje para el gobierno y réjimen de las almas a los que son dilijentes, ni curiales en seculares negocios, sino a los que estan vestidos y adornados de spirituales afectos, y en divinas conversaciones ejercitados.

Despues de haber dado fin a su oracion el galante y presumido predicador, se levantó un anciano, a poder de años y experiencias docto, y en breves razones, claras y de peso mucho mas que el otro, habló teniendo a todos atentos, y pendientes los sentidos de sus labios, por haberles predicado al alma y a lo que su natural inclinacion les lleva; que entre los consejos que dió a sus oyentes, fué el que referiré, por ser a nuestro intento el mas ceñido y ajustado.

El asumpto principal del viejo fué alabar y engrandecer a los soldados que por defender sus tierras y sus patrias, no excusaban poner las vidas en peligro, como lo acostumbraba el bien venido varon y caudillo de aquella parcialidad, a quien todos debian dar muchos parabienes, como se los daba él, y otros tantos agradecimientos en nombre de su amada patria, pues como verdadero hijo de ella, solicitaba su defensa, la quietud y el descanso de sus habitadores; quienes debian imitar las acciones de tan gran soldado: y otras razones que en alabanza del gallardo jóven dijo el venerable viejo.

En otra ocasion juzgo que he notado con razones ponderativas la estimacion y aprecio que estos bárbaros hacen, de los que son soldados valerosos y profesan el militar ejercicio, y presumo ser esta la causa principal de haber sustentado tan dilatados años esta prolija guerra y inacabable, oponiéndose con esfuerzo y valentia a nuestra nacion española con armas desiguales e inferiores a las nuestras. Porque tambien sus consejos no son de Estado, ni de hacienda; solo el de guerra es el que se platica, adonde se consultan y prefieren los que son mas a propósito y estan mas ejercitados en las armas; a estos dan la mano, a estos respetan y a estos obedecen, porque no hai letrados que soliciten para sí y para sus deudos las medras, los oficios y las dignidades: que fuera de mucha importancia a nuestra real corona no franqueárselas tan a manos llenas. Y aunque haya de ser mi parecer mal recibido de los que todo lo quisieran rejir y gobernar, no dejaré de manifestarle, pues mi pretension y intento no es otro, que ver las armas aplaudidas para que los ejércitos de S. M. tengan valor y fuerzas para defender y propagar su monarquía.

Todos los que se aplican a las letras desde sus tiernos años, pueden con facilidad en ellas ser consumados y excelentes letrados, como se han reconocido muchos catedráticos de veintidos y veinticuatro años; con que ocupados despues en servir a S. M. en guerras vivas diez años efectivos, llegaban a tener maduro acuerdo, y en lo uno y en lo otro conocidas experiencias, para poder ocupar los oficios y dignidades que sin estos méritos personales adquieren todos, o los mas que se ocupan en el ejercicio literal y continuacion de las escuelas; y si para haber de adquirir y obtener algunas dignidades y mercedes, así los letrados como otros cualesquiera pretendientes, fuese con calidad de que habian de haberse ocupado ante todas cosas los diez años efectivos en ejercicios militares, no hai duda ninguna de que las armas y ejércitos de S. R. M. estuvieran de ordinario mas copiosos y acompañados de personas ilustres, y los tribunales y audiencias bien adornados y con mayor esfuerzo defendidos; porque, hermanadas las letras con las armas, fueran inexpugnables sus murallas, habiendo de ser forzosamente preferidos los soldados, defendidos y patrocinados de los reales consejos, por haber sido ántes los asistentes en ellos ejercitados bien en el uso y manejo de las armas, en cuyas experiencias, con justo título pudieran ser alabados y engrandecidos, y de quienes se dijicra con razon bastante lo que de Rómulo Ovidio celebró en sus versos:

Scilicet arma magis quam sidera, Romule, noras :
Curaque finitimos vincere maior erat.

Aunque en la esférica ciencia
Estás Rómulo cursado,
En las armas has mostrado
Estar con mas experiencia ;
Pues echaste con violencia
Los enemigos cercanos,
Venciéndolos por tus manos,
Que es tu mayor excelencia.

Ojalá de nuestros letrados y doctos de estos tiempos se pudiese decir de ellos otro tanto, para que nuestros ejércitos y nuestras armas estuviesen en mejor altura, y mas bien defendidos nuestros reinos.

CAPITULO XXXV.

En que se prosigue la plática o sermon del anciano, de que se sacan algunos morales. Y estando en esta ocupacion, llegó un aviso del cacique Tureupillan, en que me envió a llamar y avisar de mi rescate.

Vamos adelante con el parlamento o sermon de nuestro anciano bárbaro, y con las razones que a nuestro intento son mas ajustadas. Estando en medio de su razonamiento, dijo con grande esfuerzo y enerjía lo que se sigue:

Bien os acordaréis por experiencias los que sois ancianos, y por tradiciones los noveles, que cuando los primeros españoles pisaron nuestras tierras, con mui poca resistencia nos sujetamos a ellos; y verdaderamente que con amor y buena voluntad los servíamos, porque su traje y natural adorno nos llevaba la vista, y aun a imitarlos concitaba nuestros deseos (y es así verdad, que con afecto grande se inclinan a la vestidura y traje de los españoles, pues los que pueden usarle, no lo excusan), y por no haber tambien a los principios manifestado el veneno ponzoñoso de la infernal cudicia que en sus pechos traian encubierta, como despues lo hicieron, dándonos bien en que entender, con trabajos intolerables y pensiones insufribles, que eran mas para consumirnos y acabarnos miserablemente, que para conservarnos en paz, quietud ni descanso. Y lo mas incomportable y penoso a nuestras vidas, era el no poder gozar libremente de nuestros hijos y mujeres, porque de ellos y de ellas se servian con la mesma opresion que pudieran hacerlo de esclavos conocidos y feriados. Estos patentes y ordinarios trabajos y tratos fué los que experimentamos estando debajo de la sujecion de los españoles; estas son las medras que tuvimos, estas las conveniencias que gozamos, y estas las prerogativas y honores que adquirimos. Despues que cojimos las armas en las manos y nos opusimos al rigor insano de estas fieras, ¿qué fué el galardon y premio que alcanzamos? qué la victoria honrosa que tuvimos? Yo os lo diré en breves razones (dijo el viejo): destruimos y abrasamos las ciudades de Valdivia, la de Osorno, Villarica, Engol y las demas que nos oprimian, y desembarazamos de enemigos tiranos nuestras tierras; la pesada carga que nos aflijia y atormentaba, echamos de nosotros; y de un cautiverio penoso nos libramos; con cuya resolucion mas que atrevida gozamos libres hoi de nuestras mujeres, y asistentes tenemos nuestros hijos, y en nuestras casas vivimos consolados. Este es el trueque y cambio que hicieron nuestras manos, esta la diferencia que tenemos, y pues son nuestras conveniencias conocidas despues que manijamos nuestras armas, ninguno se sujete a servidumbre, y aunque no quede mas que un indio solamente, muera en su tierra con la lanza y la flecha en las manos.

Este fué el sermon, esta la plática y razonamiento exhortativo del anciano prudente, a quien todos al último brindaron y dieron honrosos parabienes, rindiéndole las gracias como a padre y amparo de la patria; que el fervor y la enerjía y solidez en las palabras, son las que llevan y arrastran los sentidos y granjean honores con aplausos. Y como dice San Agustin: ¿qué importa que se tenga una llave de oro guarnecida, si con ella no se abren las puertas que se desean? pues una de palo y de materia mas humilde será de mayor importancia y utilidad si las puertas mas cerradas con facilidad las abre. Esto es como si dijiese: ¿qué importa que el predicador encrespe y pula su lenguaje, si con él no abre las puertas del corazon obstinado y empedernido, para que éntre en él la divina palabra y obre saludables efectos en el alma?

Con esto principiaron los tamboriles con otros instrumentos de alegría a dar bastantes muestras de contento, pues ocuparon y saltaron toda la noche en comer y beber, cantar y bailar, con grande regocijo.

Otro dia por la mañana llegó un mensajero de casa de Tureupillan, a quien, como atras queda referido, me dejó encomendado Maulican mi amo, y a quien habian llegado cartas del gobierno para mí y mensaje o embajada del cacique preso Taigüelgüeno con un cuñado suyo llamado Molbunante, indio de buena razon y retórico en su lenguaje, y con resolucion arrogante, pues luego que llegó a su noticia la prision de su cuñado, se resolvió a entrar en nuestras tierras debajo de la real palabra, a verle y a consolarle, y a tratar con el gobernador de su rescate. Y como se deseaba el mio con efecto, se efectuaron fácilmente los conciertos y quedaron los tratos asentados; en cuya razon me escrebia el gobernador, que lo comunicase con los caciques de mi devocion y parientes de los presos y amigos de mi amo, para que con toda brevedad me trajiesen al fuerte del Nacimiento, adonde estarian los caciques que se habian de trocar por mí, y todo lo que yo pidiese de caudal y fuese necesario, en que no le pondrian límite ni tasa. Grande fué el regocijo y alegría que recebí con la carta del gobernador y con la embajada de Maulican mi dueño, que ántes de venir a verme Molbunante, que fué el mensajero que la trajo, pasó por adonde estaba, y dejando asentada mi salida y trueque con él, y satisfechas las pagas que a su usanza dieron por mí, me envió a decir que ya se habia llegado el tiempo de cumplir su palabra, que me la dió siempre de buscar ocasion de rescatarme y de enviarme a ojos de mi padre, a gozar de mi libertad y de los bienes y hacienda que en mi tierra y amada patria me esperaban, y que así respondiese al gobernador en conformidad de lo que Molbunante dispusiese, que era el dueño ya de mis acciones, y por quien corrian los tratos de mi libertad. Esta carta y mensaje me despachó con un pariente de mi amo (que vino en su compañía) a lo del cacique Quilalebo, mi amigo y camarada, adonde habia quedado por algunos dias a divertir el tiempo a su peticion y ruego, y el dicho Molbunante, embajador principal y de estos tratos solicitador, se quedó a esperarme en casa de Tureupillan, mi primer amigo y huésped en aquella parcialidad. Con este aviso y mensajero de mi amo, se regocijaron todos mis amigos, principalmente Quilalebo, que con grande amor y muestras de placer regaló al mensajero y festejó su llegada con muchos cántaros de chicha y un grande almuerzo, y despues nos hizo levantar a todos para que con él fuésemos al baile, como lo hicimos, dando algunas vueltas entre las mujeres y muchachas, que cantaban en voz alta un romance y tono que a mi llegada hicieron cuando fuimos convidados a aquella gran borrachera que en otra parte tengo bien manifestada, y delineado tambien su aparato obstentoso, y adonde para ser de todos bien mirado, me subieron a lo mas alto de sus andamios que para bailar tenian dispuestos.

Dentro de un breve rato, deseoso ya de ver a Molgunante, como a instrumento de todo mi bien y descanso, dije al mensajero, que tratase de que nos fuésemos, pues habia venido en mi demanda; con cuyas razones se determinó a decir a Quilalebo, que con su licencia queria volverse y llevarme a casa de Tureupillan, adonde me aguardaba Molbunante para que respondiese al gobernador con toda brevedad, porque quedó de estar con la respuesta dentro de diez dias, y que se habian pasado ya los cuatro. A que respondió Quilalebo, que le parecia mui bien que abreviásemos con nuestro viaje, que él tambien nos habia de acompañar por el amor que me tenia, y por la obligacion en que estaba, de entregarme al cacique Tureupillan, con cuyo permiso y buena voluntad habia asistido en su casa y acompañádole algunos dias. Hizo al punto que trujiesen cabalgaduras para él, para un hijo suyo y para mí, y habiéndolas traido el criado con toda presteza, montamos en ellas y cojimos el camino en la mano. Dejo por abreviar la despedida de todo aquel concurso, que suspendiendo el canto y los tambores, llegaban a abrazarme y a despedirse algunos de mí tan tiernamente, que a veces perturbaban el gozo que tenia con las esperanzas que llevaba, de ir con brevedad a ojos de mi amado padre. Principalmente, cuando llegó la española mujer de Quilalebo y su hija a echarme los brazos, que como la una para suegra y la otra para esposa en profecía estaban dedicadas, mostraron sentimientos mui del alma, con promesas de ir a verme a casa de Tureupillan ántes que me despachasen a los mios.

CAPITULO XXXVI.

De como llegamos a casa de Tureupillan, adonde hallamos al mensajero Molbunante, y aquella noche hubo grande banquete, y dispusimos responder al gobernador y señalar el tiempo en que me habian de llevar; de como son estos bárbaros mas caritativos con sus deudos y parientes que nosotros, y de algunos morales al intento.

Poco ántes de ponerse el sol llegamos a la casa del cacique Tureupillan, habiendo caminado cerca de tres leguas, que habia de distancia de la una parte a la otra; fuimos mui bien recibidos y festejados aquella noche con espléndido banquete y mucha chicha de diferentes jéneros, que como rico y poderoso este cacique mi huésped, siempre estaba su casa proveida de lo necesario para semejantes ocasiones. Hízome el mensajero Molbunante grandes agasajos y trató de que la respuesta y su despacho quedase aquella noche hecho; consultóse entre todos lo que al gobernador habia yo de responder, y el tiempo en que Taigüelgüeno, que era el principal para mi rescate (cuñado del Molbunante), y Licanante, sobrino de Paylamacho, y otro habian de estar en el fuerte del Nacimiento, para que luego que el mensajero volviese con respuesta, me llevasen con toda puntualidad y cuidado; escrebí aquella noche agradeciendo al gobernador su desvelo y solicitud en haber procurado con esfuerzo y conato mi libertad y rescate, y que esperaba en su divina Majestad, mediante sus buenas dilijencias, que en volviendo el mensajero y trayendo razon de que los prisioneros quedaban en el Nacimiento, iria sin duda a ojos de su señoría a gozar mas de cerca de sus honras y favores, y agradecer humilde sus acciones, echándome a sus piés, como lo esperaba.

53

Por la mañana, al salir el sol, tenia Molbunante sus caballos ensillados, que eran el suyo, el de su compañero pariente de mi amo y el de su
criado o confidente que le servia; a estas horas tenian ya las mujeres
de Tureupillan, en tres fogones, dispuesto el almuerzo, que considerán-
do la priesa de Molbunante, nos dieron de almorzar a aquellas horas,
con los bríndis acostumbrados y abundantes; mas como el mensajero
se hallaba con priesa y con grandes deseos de poner en libertad a su
cuñado con la mayor brevedad que pudiese, se apresuró con el desa-
yuno: que aun en esto nos industrian y enseñan estos bárbaros a tener
de nuestros cautivos compasion y lástima, y a solicitar cuidadosos sus
rescates, y apresurar con efecto su remedio. No sin grande fundamento pronuncio estas palabras, pues sacarémos de ellas a nuestro intento
algunas consecuencias convenientes; y porque no parezca dilatarse el
mensajero, démosle por despachado y con bien despedido de nosotros,
y llevarémos adelante lo propuesto.

Mui ciegos y ofuscados nos ha tenido Dios nuestros discursos, y ven-
dados los ojos aun del alma, por nuestras culpas y pecados, pues entre
tantas miserias y desdichas como las que habemos pasado en este
jeneral alzamiento y total ruina de nuestras fronteras, no habemos
podido desembarazar nuestros afectos de aquello que nos daña y perjudica, como es la cudicia insaciable que ha reinado y sujetado a los
mas que quedaron con su caudal en pié y sin pérdida alguna de sus
heredades y haciendas; en quienes parece faltó la caridad cristiana,
pues desalmadamente nos desnudaron y aun la sangre nos bebieron a
los que totalmente quedamos sin tener de que valernos, ni de que
pudiésemos echar mano; vendiéndonos los bastimentos de pan, carne y
vino a mas que a excesivos precios. Que si los diesen y ganasen solamente la mitad mas de lo que valer solian, parece que se pudiera tolerar
el logro; pero el vino, que valia cuando mas a dos patacones y a doce
reales alguno, venderlo a ocho patacones, ¿no es inhumanidad? el trigo
y harina, que se vendia a veces a diez y doce reales, y a dos pesos lo
corriente, vendérnoslo a ocho y a diez patacones, y a los principios del
alzamiento haber habido ocasion en que se vendió el trigo hecho mote
cocido en platillos, a mas de veinte y cuatro patacones la fanega, como
en otra ocasion lo tengo significado, ¿ésta es caridad o tiranía? el carnero, cuando valia a tres y a cuatro reales, darlo por doce los que no
tuvieron pérdida ni menoscabo alguno de sus haciendas, ¿qué dirémos
de esto?

Vamos a los cautivos, que es la materia que para estas ponderacio-
nes nos abrió la puerta. ¿Qué dilijencias apretadas, ni qué solicitud
forzosa habemos visto en los que pueden, para que salgan de trabajos
y de la esclavitud en que se hallan tantos cristianos y miserables
soldados? Lo que sé decir es que cuando se trata algun rescate y piden
alguna pieza esclava en cambio de nuestros cristianos, si les costó cien
patacones en conchabo, no la darán ménos que en trescientos pesos
en reales a la parte que pretende la libertad de su deudo y pariente

mas cercano; y si algun desdichado cautivo aventura su vida por librarse, como lo han hecho algunos huyéndose de sus amos, ¿qué agasajo ni acojida buena hallan entre nosotros? Yo diré lo que he visto y experimentado: en ocasiones se han venido huyendo a todo riesgo expuestos muchos que del camino por ásperas montañas, a pié descalzo y sin tener que comer otra cosa que raices del campo, llegaron medio vivos, o por mejor decir, mui casi muertos a la presencia del gobernador y nobles ciudadanos; y a estos los ví pasearse, mas de dos meses, por entre ricos vecinos moradores y bien hacendados mercaderes de la suerte que salieron del cautiverio, y con el traje de indio que sacaron, que era una frezadilla vieja y sobre sus carnes unos calzones de manta, abiertos y aventanados ya a poder del tiempo, descalzos de pié y pierna, sin camisa y sin sombrero, sin haber persona alguna que se lastimase de verlos de esta suerte, ni quien les diese un capotillo viejo, ni unos calzones; cuando en otros tiempos la caridad cristiana los vestia y al instante los mudaba del vil traje que traian. Y lo mas que llegaban a sentir algunos grandemente, era el obligarles con apremio a que volviesen a asentar las plazas de soldados, desterrando y prendiendo a los que hacian alguna repugnancia; con que, sabido este rigor entre los cautivos, hai mui pocos que quieran salir de la servidumbre de estos bárbaros, aventurando patentemente sus vidas, porque a todos los que alcanzan fujitivos, sin remision alguna se las quitan. Este es el afecto caritativo que se acostumbraba en el tiempo de mayores trabajos y necesidades que ha padecido Chile; que parece que los que no perdieron sus haciendas ni caudales, se hallaban con mayor cudicia anhelando a tener inhumanos logros con los pobres. ¿No es suficiente causa entre las otras, para que podamos colejir prudentes, que es el fundamento de dilatadas guerras, y de la continuacion de tan adversos subcesos como en nuestro daño se van experimentando cada dia? No me parece habrá quien tal ignore, faltando la caridad en nuestros corazones, que es la que los une a nuestro Dios y Señor, como lo dijo San Agustin: la caridad es virtud que nos hace unos con Dios, con la cual le amamos. Luego, adonde esta virtud no resplandece, no habrá conformidad con Dios ninguna, aunque parezca asistirle otras virtudes, por ser ésta la especial y mayor entre las demas, por las razones del doctor anjélico, que podrá ver el curioso mas despacio adonde acaba con estas: por eso la caridad es mas excelente que la fee y la esperanza, y por lo consiguiente, que todas las demas virtudes. Y para ejemplo y norma de superiores cristianos y legales ministros, y aun para todos los que tenemos verdadera luz del Supremo Hacedor, le tendrémos en el caritativo afecto que manifestó aquel gran capitan y escojido jeneral de Dios Gedeon.

Aparécele un ánjel sobre una encina, olmo, o terebinto, segun la variedad de intérpretes, que no hace a nuestro intento, y dícele: esforzado mancebo entre todos los varones, Dios está contigo; y ¿qué responde al ánjel el valeroso jóven? Si Dios está con nosotros, ¿por qué nos sucede mal? parece que respondió como desabrido, y que ni aun los favores de Diós admitir queria, no habiendo de ser para sus compañeros y súbditos juntamente; como quien dice: si Dios está conmigo, y me hace este favor, le ha de hacer tambien a mis prójimos y hermanos ; que felicidades propias, no las conocia ni las deseaba. Qué bien me saca de este empeño San Cesario, diciendo: aunque el ánjel tan solamente dijo a Gedeon que Dios estaba con él, recibió la salutacion por todos, como parte principal que lo era de su pueblo ; que hasta entónces no tenia experimentada ninguna secreta felicidad suya, ni la deseaba. Estas son las palabras del santo a nuestro intento ; vamos adelante con la respuesta de Gedeon, que dice, que si Dios está con ellos ¿cómo estan experimentando infortunios y trabajos? y en este lugar dijo Cayetano : admirábase Gedeon de que dos cosas contrarias se hallasen en un mesmo sujeto, que era el estar Dios N. S. con ellos, y padecer tantas calamidades y desdichas ; y aunque habia mucho que ponderar en estas razones sobre la caridad grande que mostró Gedeon, notaré solamente la humildad que le acompañó en su ardiente celo de caridad, prosigue Cayetano: porque entendió Gedeon que las palabras del ánjel no tan solo se encaminaban a él, sino tambien a su pueblo, dijo : si Dios está con nosotros; el favor de Dios y el que a él solamente comunica, lo atribuye a su pueblo y le hace participante dél. ¡Qué pocos hai o ningunos que presuman, que a otros se deben los favores, los agasajos y mercedes ! y qué raros son los que a otros gustan que se comuniquen ! porque son algunos tan soberbios y presumidos, que sin ningunos merecimientos ni personales servicios, quieren ser solos los preferidos y llevarse el premio y galardon de los que estan trabajando y sirviendo al Rei N. S. con contínuos trabajos. Y lo mas perjudicial y mas sensible es, que los gobernadores y superiores que pueden, se los comunican a manos llenas a algunos por ricos y poderosos, y a otros por dependencias forzosas o por bien apadrinados de los que injustamente con estos príncipes y señores absolutos privan, porque corren por sus manos sus tratos y granjerías, y como las tienen tambien en sus proveimientos y elecciones, fácilmente los desbarrancan y despeñan (castigo justo de aquel que se sujeta y avasalla a la voluntad de un privado maligno y cudicioso). Pruébolo con un lugar sagrado.

Dejóse llevar Cristo bien nuestro al desierto, dice el coronista santo ; que aunque en la primer instancia fué llevado del Spíritu Santo para que fuese tentado, en las segundas conocidamente se dejó ir con el parecer y gusto del consejero, pues lo llevó de una parte a otra ; así lo sintió San Pedro, diciendo, que Cristo S. N. permitió al demonio que le buscaba, el tentarle, para que vencido de su divino saber, quedase rendido y sujeto a los cristianos. Y ¿qué le sucede a Cristo por haberse dejado llevar dél? lo que dice el texto, que luego que le pareció tenerle a su voluntad dispuesto, le dijo que se despeñase: déjate caer, le dice el consejero ; que a esto se pone y se sujeta el que se deja llevar a rienda suelta de sus privados y consejeros, que con vana ambicion y soberbia lo quieren gobernar todo y hacerse dueños totalmente de las acciones de los príncipes que gobiernan, y como no saben ser dioses en la tierra, como lo deben ser, no imitan a Cristo S. N., y les falta la lengua y el espíritu para decir con arrogancia al consejero (que claramente los despeña) lo que J. C. al demonio : véte de mi presencia, Satanas maldito, que no he de hacer lo que gustas, ni lo que pretendes.

Luego, bien han menester ser dioses en la tierra los que son superiores y gobiernan, ajustando a la razon y a la justicia lo que obraren ; con que desecharán de sí semejantes lances, y privados cudiciosos, altivos y soberbios, y sabrán elejir con acuerdo a los prudentes, sabios, humildes, pacíficos y celosos del bien comun mas que de sus conveniencias y propias medras ; como en lo uno y en lo otro nos industria y enseña el valeroso capitan, nombrado y elejido del supremo Rei universal, Gedeon, de quien dijo en el lugar pasado el ilustrísimo Villarroel : ¡oh rara humildad la que mostró este valiente caudillo, que aun la honra y favor que a él solo se le hizo, no quiso apropiarla a sí! Porque el ciudadano que a sus conveniencias propias y a sus particulares no atiende, es forzoso que le lleve el bien comun y los aumentos de su patria, porque la mira como a propia, la ampara y defiende como a madre. Y de esta calidad debieran ser los que gobiernan, para que no fuesen de mal en peor nuestras repúblicas, que gobernadas de sus enemigos, que son advenas y forasteros, se aniquilan, se abaten y se destruyen, como lo probarémos en el capítulo siguiente.

CAPITULO XXXVII.

En que se prueba que los forasteros y advenedizos son enemigos de la patria, y que pudiera ser que mudando el stilo en las elecciones tuviese Chille alguna mejora de su dolencia antigua; trátase tambien de la mala querencia que tienen los castellanos a los criollos, naturales hijos de la tierra, y algunos de éstos a los castellanos, y son los que tratan desto los mas ignorantes y zafios, como se prueba.

Entre las causas principales que habemos insinuado, para que nuestra patria Chille tantos menoscabos reconozca y a ménos vayan siempre sus aumentos, es una de ellas sin duda el que a gobernarle vengan forasteros, que son los que procuran y solicitan sus mayores utilidades desnudando a otros para vestirse a sí y a sus paniaguados, como nos lo enseña el Eclesiástico. Admite forasteros en tu casa (dice), y en un instante la volverán lo de abajo arriba, y te quitarán por fuerza lo que es tuyo. Esto bastaba para prueba de que son los que menoscaban y consumen a Chille, y lo van acabando a toda priesa, y a los habitadores despojándolos de sus bienes ; porque son enemigos conocidos de la patria los advenedizos y extranjeros, que este lugar y nombre les dan los antiguos sabios. Nuestros mayores y expertos ciudadanos (dice Ciceron) a los peregrinos y forasteros los llamaban capitales enemigos ; y Pedro Gregorio dice, que de ninguna suerte se avienen bien los forasteros con los ciudadanos naturales : y verdaderamente que los mas que han venido a gobernar este remoto reino, parece que lo han sido, pues le tienen en tan miserable estado como en el que hoi se halla. Y como en otra parte tengo dudado, no deben de llegar a la presencia del Rei N. S. ni a sus oidos, las relaciones verdaderas de las ruinas y pérdidas de nuestras fronteras, que fuera mui posible que informado del perverso stilo de gobierno que algunos sus ministros han tenido, como universal monarca y amparo de sus reinos se doliese y lastimase de ellos, y como sabio y prudente médico aplicase remedio a sus dolencias, trocando medicinas; que tal vez al natural mas firme suele vencer el arte con industria, como lo enseñó experimentado un médico:

Quam melius medici, qui quo nihil ante priora
Profecisse vident, adhibent contraria, leges
Decepti medices artemque valere jubentes.

El médico prudente
Trueca las medicinas,
Si el arte no aprovecha
Cuando con él se aplican.

Y considerando que en tantos siglos como há que gobiernan a Chille forasteros (que es lo propio que enemigos, como queda probado) no ha tenido provecho ni utilidad alguna de este reino, ántes sí cada dia recrecerse los gastos de su real patrimonio y dilatarse mas la guerra; pudiera ser, como he dicho, que mudase rumbo, y trocando medicinas, fuese saludable ante todo para su patria algun natural experimentado hijo de ella, que no sin misterio grande mandó Dios que no se pudiese nombrar rei o superior, sino fuese de entre los propios hermanos y compañeros.

Cuando amenazó Dios a los de su pueblo, entre los castigos y plagas que les insinuó, fué decirles que se verian rejidos, que se verian gobernados de advenas y forasteros, y mas adelante dice, que pondrá sobre ellos una jente venida de léjos y de los últimos fines de la tierra, para que los sujete y supedite. En cuyo lugar dijo el ilustrísimo Villarroel, que era miserable y desdichada la tierra a quien pertenecian y le tocaban semejantes amenazas.

Grandes deben ser sin duda nuestras culpas, y nuestros delitos sin medida, pues se experimentan en nosotros los castigos de Dios N. S. dedicados para los transgresores de su divina lei; y verdaderamente que lo somos porque no sabemos conocer ni confesar nuestras culpas, como uno de los Macabeos, que decia: nosotros padecemos justamente por nosotros mesmos, que pecamos contra nuestro Dios y Señor y cuando llegamos a conocer nuestros delitos y confesarlos, de culpados y reos nos hacemos justos, como lo dijo San Ambrosio sobre el ps. 118, núm. 67. Y por este defecto, que lo es grande, somos castigados rigurosamente; porque ¿qué mayor castigo que estar subordinados y sujetos los propios hijos de la tierra, a los advenas y forasteros, pues le aplica el jeneral Juez a los que son mas grandes pecadores? De lo cual podemos colejir dos cosas: lo primero, que son mui de marca mayor nuestros delitos, pues somos tan severamente castigados; lo segundo, que nuestro gran monarca y natural señor es instrumento próximo para esta ejecucion, dándonos superiores extraños, forasteros jueces y enemigos, porque no puede haber cosa mas dura ni mas penosa, que tener los jueces enemigos y estar obligados a servirlos. ¡Qué bien lo dijo el ilustrísimo Villarroel sobre el lugar del Deuteronomio, *et inimici nostri sunt judices!* Gran trabajo y desdicha es servir a los superiores que no se conocen y son extraños, y al contrario dar obsequios y rendimientos a los que con amistad se criaron juntos. Claro está que el Rei N. S. lo hará juzgando que con ellos nos envía el bien y el remedio a sus reinos y provincias, y bastante premio a sus conquistadores y asistentes en esta dilatada guerra, sepulcro natural de sus penosas vidas, y no tenemos que poner duda, de que son divinos secretos y juicios inescrutables del Señor de todo lo criado.

Bien creo que juzgarán algunos que el haber tocado esta materia de forasteros enemigos y extraños gobernadores habrá sido por el amor y natural afecto que me acompaña, así para mi particular propio como para el de los hijos de la patria; y iban, o irán mui fuera de la intencion que mueve mi discurso, pues solo se encamina al bien comun de la patria y a sus mayores aumentos; que me parece los tuviera, si S. M. (Dios le guarde) se sirviese de aplicar por algun tiempo otras medicinas a este doliente y lastimado Chille, nombrando persona benemérita de las que han asistido y asisten en este reino, para que por su cuenta corra algunos años el gobierno dél y de sus armas: que yo por hijos de la patria tengo, y por tales los reputo, a los que estan perpetuados ya con mujeres, hijos, casas y haciendas, y con suficientes experiencias de veinte y treinta años de servicios personales en esta guerra; que aunque yo pudiera seguir la comun opinion que corre entre castellanos y criollos naturales hijos de la patria, emulándose los unos a los otros, así en el estado eclesiástico como en el secular concurso, no me ha parecido jamas ser accion bien encaminada, porque no he podido acabar de discurrir ni entender el fundamento que los unos ni los otros puedan tener para semejante oposicion, si bien bastaba para patrocinar la intencion de los de la patria, el haber visto y experimentado ser mas comun y ordinaria esta mala querencia en los mas ancianos españoles que en los hijos naturales de la tierra; cuyas opiniones han sido de los que gobiernan bien seguidas y observadas, pues desde que tengo uso de razon, que há mas de cuarenta años, y he asistido en esta guerra, no se ha visto ocupado en los oficios mayores de sarjento mayor y maestro de campo jeneral ningun hijo de la patria, que son los oficios mas preeminentes de la milicia. Que aunque ha habido algunos entrantes y salientes, no reputo yo por tales a los que por sus dineros y favores entran por un dia y salen por otro; que ántes juzgo que es afrenta: y éstos han sido de los que no han tenido plaza del Rei, ni asistencia alguna en las fronteras, que claro está que ninguno de los contínuos y asistentes habia de recibirlos de esa suerte. Esto es lo que ha corrido y platicádose, hasta que la necesidad obligó a echar mano de los hijos de la patria honrosamente, en este alzamiento jeneral y pérdida comun de las fronteras, y fué con tanto honor de sus personas, que obligaron a alguno a admitir el oficio de maestro de campo jeneral por fuerza, poniéndole por delante las conveniencias del servicio de S. M. y utilidades del reino. Y cuando llegaban a reconocerlas, y en algo descubrirse sus mejoras, al instante le mudaban, poniendo otros de su devocion, y en habiendo otros desastres y pérdidas de capitanes y soldados, volvian a obligarle a entrar en el oficio. Esto bien patente ha sido al reino, y el autor podrá mostrar fácilmente instrumentos de esta verdad, y habiendo gobernadores que han deseado tal vez sus desaciertos, por tener ocasion de ejecutar sin émulo sus dañadas intenciones; pues se ha visto prender y vejar a un maestro de campo sin ocasion alguna, por decir que pudo hacer mas de lo que hizo en una ocasion, sin haber perdido cosa alguna, ántes haber restaurado mas de treinta cautivos y cautivas, y mas de cuatrocientas cabalgaduras, cautivado y muerto de los enemigos mas de ocho: en que se echó de ver claramente la mala querencia que muestran a los hijos de la tierra, pues a otros ministros y maestros de campo que conocidamente, por sus descuidos y disposiciones malas, han perdido en ocasiones mucha suma de soldados y la reputacion de las armas del Rei N. S., no les han hablado palabra, ni semejantes pérdidas les han adicionado, diciendo eran subcesos de la guerra. Que a no ser tan conocidas y declaradas las intenciones para en favor de éstos y en contra de los otros, no moviera la pluma a escribir estas manifiestas verdades, y tambien por no participar de la maldicion que apropia el natural poeta a los calumniadores de continjentes casos y no imajinados, que les deseaba no los consiguiesen a su paladar y gusto:

Careat succesibus opto (dijo)
Quisquis ab eventu facta notanda putat.

A los emuladores
De casos continjentes y impensados,
En sus dichas mayores
Que tengan los sucesos malogrados
Con razon les deseo,
Porque adquieran el logro de su empleo.

Pues habiendo reconocido en algunos que gobiernan estas descubiertas y patentes acciones, y a todas luces apoyadas y aplaudidas de algunos castellanos españoles, bien pudiera llevarme la correspondencia a no mirar las suyas con el afecto y desengaño que las miro y las venero; porque he llegado a considerar atento, que por la mayor parte, los que se adelantan en la opinion y mala querencia que en los unos y en los otros se ha reconocido, son los mas torpes, los mas ignorantes, y no de aventajadas obligaciones, que a tenerlas con algun discurso y moderada capacidad, no se pusieran a decir mal de sí mesmos, vituperando y escarneciendo los hijos a sus padres, ni los padres a sus hijos. Díganme los mas apasionados el oríjen que tenemos los naturales de las Indias: ¿no es de los de España y de Castilla, cuya leche mamamos, cuya doctrina adquirimos, y cuya enseñanza gozamos, y de cuyos méritos nos valemos por primeros conquistadores y pobladores de esta América? Pues si esto es así, ¿qué razon habrá, ni lei, que contradiga a lo que es natural, y que se oponga al mandato y precepto de Dios N. S., que nos dice que honremos al padre y a la madre? En cuyo lugar notó San Buenaventura *in speculo virginis,* y San Epifanio en la oracion de *laudibus virginis;* a cuyas razones allegó las suyas San Methodio : hablando del divino decreto, dijo, que Dios N. S., para que su decreto y órden se observase y que en esta parte se aventajase a otros, toda la gracia y honor que pudo, comunicó a su madre. Y es obligacion de los padres aconsejar a los hijos cumplan con este precepto, como lo enseñó Tobias a su hijo; con que es forzosa obligacion honrar y estimar a los padres, ahora sean de prosapia humilde, o de conocida calidad, que, en la opinion de San Gerónimo, no hai nobleza mas esclarecida que la que está adornada de virtudes; que sin ellas no hai quien pueda blasonar de caballero, ni ostentarse noble. Los antiguos tenian juntos y pareados misteriosamente los dos templos de la virtud y el de la honra, y explica y da a entender el rei don Alonso el Sabio esta union y vecindad a nuestro intento, diciendo, que para que se entienda que sin pasar por el templo de la virtud, no se podia llegar al de la honra, y que por esta causa estaban así dispuestos.

A este propósito notó Ruperto que tratando la escriptura sagrada de la jeneracion del patriarca Jacob, solo hace mencion de Joseph, y no toma en la boca a ninguno de los demas; pues ¿no tuvo doce hijos? pregunta Ruperto, y responde ser así, absolviendo la duda. Es verdad, dice, que tuvo Jacob doce hijos; pero en Joseph solamente se conservó su posteridad, y fué reputado por lejítimo y verdadero hijo por cuanto en él permaneció constante la estimable hermosura de sus virtudes; y los demas, por haber dejenerado de las que heredaron de su padre, no los cuenta por hijos, ni hace caso ni mencion de ellos : con que queda manifiesto que la virtud es el principal fundamento de la nobleza y caballería, y que el que fuere virtuoso, será hidalgo y caballero, y como tal sabrá honrar a su padre, aunque sea no de esclarecida sangre ni de levantada dependencia. Que por eso dijo San Ambrosio, sobre el capítulo tercero de San Lucas, que quiso Cristo S. N. que en su descendencia hubiese malos y pecadores, para que el beneficio de nuestra redempcion se principiase de sus mayores, y para que ninguno juzgase o entendiese que la mancha o mácula del oríjen pudiese ser a la virtud de estorbo; de adonde se colije (prosigue el santo) que no tiene el insolente presumido que blasonar nobleza ni hidalguía, ni tampoco con los delitos y manchas de su padre avergonzarse. Pueda el mas humilde ni [sic] despreciar la injuria de su bajo oríjen, ni la iglesia santa tenga hastio de ser de pecadores asistida, cuando nuestro Dios y Señor tuvo su oríjen y nacimiento de pecadores y malos; todas palabras hasta aquí de San Ambrosio. Esto baste para la obligacion que a los hijos en comun debe acompañar forzosamente: vamos ahora a las que deben tener los padres. Dejando aparte la doctrina y enseñanza, que es el primer paso que en amor de los hijos ha de dar el mas atento, ¿hai alguno que ignore que el afecto amoroso de los padres para los hijos es mayor que el de los hijos para con sus padres? no, por cierto, que bien claro nos lo manifiesta el texto sagrado.

Conjuróse Absalon contra su padre, y públicamente le quitó la honra, y formó ejército copioso para privarle de la vida; y con todo esto dicen las sagradas letras, que lloró amargamente su desastrado fin y muerte con tanto extremo, que echó por la boca estas amorosas palabras: ¡Absalon hijo mio, hijo mio Absalon, quién pudiera trocar mi vida por tu muerte! En cuyo lugar ponderó San Gregorio Nacianceno los extremos del santo rei David por la muerte de un hijo traidor, de un tirano cruel y de un desenfrenado patricida: mirad (dijo) la eficacia y poder de la naturaleza, atended y considerad de la suerte que prevalece el amor paternal contra las ofensas, contra las injurias y maldades de un hijo inobediente, desmesurado y atrevido; todo lo atropella, todo lo vence un entrañable amor de padre.

El santo y pacientísimo Job, dice el sagrado texto que cuando llegaron aquellos nuncios unos en pos de otros a darle las penosas nuevas de los estragos y pérdidas de sus haciendas y heredades, habiendo escuchado con toda mansedumbre y entero ánimo sus grandes y ponderosas ruinas por tres embajadores repetidos, cuando al último llegó el aviso de la pérdida y muerte de sus hijos, entónces se levantó rasgando sus vestiduras en señal del grande sentimiento que le aflijió el alma, y no pudo disimularlo, como lo notó San Basilio. Ningunas pérdidas (dice este santo), ningunos desastres de los acontecidos y escuchados al principio, los halló por dignos ni merecedores de sus lágrimas; mas, despues que le llegó el aviso de que se cayeron las casas sobre sus hijos e hijas y quedaron muertos, parece que le faltó a Job su mitísima [sic] paciencia, y no pudo la naturaleza disimular un tamaño dolor: entónces rasga las vestiduras en señal del amor paterno que les tenia, que verdaderamente son los hijos el alma y la vida de los padres.

Pues, si los mas santos y justos no pueden evadirse del natural afecto y entrañable amor, y en brutos animales se vé resplandecer esta verdad con ventajas; luego, bien podrémos decir que a los que les falta este entrañable y paternal amor, aborreciendo a sus hijos y descendientes, y por lo consiguiente los hijos a sus padres, no tienen capacidad ni discursiva razon, y se podrá decir de ellos que son peores que los mas torpes e inmundos animales, y mas sevios y crueles que las fieras mas inhumanas; que a éstas les comunicó la naturaleza la piedad, si les negó la razon. Díjolo San Crisóstomo sobre la crueldad y tiranía de Absalon contra su padre; y porque las palabras antecedentes a éstas no vienen fuera de propósito, acabaré este capítulo con ellas. ¿Adónde hallarán ya los padres consuelo, ni defensa los projenitores (dice este santo), si los hijos son ya patricidas y traidores? Y si los domésticos de casa nos obsedian y son en nuestra contra, ¿cuándo podrémos esperar de los extraños bien alguno, ni qué seguridad podrémos tener de ellos? Y adonde reinan las pasiones, rencillas y enemistades, ¿qué paz se puede aguardar, ni qué sosiego? Cuya materia llevarémos adelante en el capítulo siguiente.

CAPITULO XXXVIII.

En que se trata de la discordia, cuán perjudicial es en los reinos y repúblicas, y entre los superiores que gobiernan, con sus ministros, principalmente en la guerra; de como deben los príncipes superiores honrarlos y darles la mano para que la justicia tenga su asiento; y que habiendo conformidad se consiguen buenos y acertados sucesos.

No es de los menores tropiezos y embarazos que se le oponen a la paz y quietud de este reino, las discordias y malas querencias que se experimentan en unos para contra los otros, principalmente entre los superiores y ministros; que adonde no hai conformidad ni hermanable union, no pueden conservarse en paz los reinos, ni tener aumentos sus repúblicas, como por San Lucas lo predijo Dios, diciendo: todo reino en sí mesmo dividido, esto es, en bandos y parcialidades repartido, será desolado y postrado por el suelo.

El profeta Oseas dijo de los reyes de Samaria, que sus corazones y dictámenes no estaban unidos ni conformes, y que perecerian sin duda en sus discordias, y como la espuma mas encimada, seria su encumbramiento desvanecido y deshecho. Aquí Ruperto dijo: de la manera que en una olla que está con fervor hirviendo, las superiores aguas brotan con ímpetu y violencia, y forman campanetas entre las espumosas olas que levantan, y las mesmas saltitando se encuentran las unas con las otras y se hieren, y otras sumerjiéndose revientan con estrépito y ruido mas que usado, y saltando por diferentes partes otras, se consumen y acaban brevemente: así a los de Samaria les acontece, y a las diez tribus que en esto le acompañan, que en el ardor y fuego de la discordia hirviendo, otros reyes sobre otros elijieron, y hasta las demas tribus maltrataron. Semejantes desastres se orijinan de no estar unidas las voluntades, ni los ministros que gobiernan en los ánimos conformes; porque en la hermandad desunida, ¿qué no se hallará de malo? como al contrario en la concordia y union, que es muralla fuerte y baluarte inexpunable para los presidios y repúblicas. Así lo notó el ilustrísimo Villarroel sobre la conformidad hermanable de Judas con su hermano Simeon, que se aunó con él para vencer y sujetar al cananeo; que verdaderamente la concordia de los hermanos sujeta a los enemigos y los postra por el suelo, porque la comunidad, adonde florece la union, y la paz resplandece, es insuperable' e invencible.

¿Cómo puede haber paz en Chille, cómo se pueden esperar mejoras, cómo no ha de ser la guerra inacabable, y por muchos siglos prolija y dilatada, si se le llegan y ajuntan a sus infortunios grandes, las discordias, controversias y malas querencias entre los gobernadores y ministros jenerales del ejército? Que es imposible que acierten si el superior los mira apasionado; porque aunque tenga aciertos conocidos el ministro mas atento, y gobierne con aventajado y cristiano celo, han de ser tenidos por culpables yerros; como se ha visto y experimentado en un ministro de campo jeneral, que gobernando estas fronteras en los tiempos mas trabajosos y de conocidos riesgos que se han reconocido en Chille, porque para su defensa y amparo trajo en su compañía un santo crucifijo, poniendo sus acciones en quien con justo título es nombrado Señor universal de los ejércitos, le emularon algunos soberbios presumidos, a quienes ha castigado su hinchazon altiva en sus gobiernos, con pérdidas mui grandes de soldados y de la reputacion de nuestras armas, bien al contrario de lo que al otro, por haberles parecido que sin esta clara luz y cierta guia podian encaminarse al fin de sus deseos y vanas intenciones; que los desapasionados y discretos mui fácilmente vendrán en conocimiento de esta verdad, trayendo a la memoria los sucesos pasados que en los tiempos del uno y de los otros han acontecido.

Pues, si, como habemos dicho, los gobernadores que son independientes de otros, muestran tener poca conformidad o ninguna con sus ministros jenerales del ejército, ¿cómo se pueden conseguir buenos efectos, habiendo de ser forzosamente mal mirados de sus inferiores, no bien obedecidos sus mandatos, y mui mal acatadas sus personas? Porque conforme la estimacion que el superior hace del ministro, esa se reconoce en el que es súbdito. ¡Qué buen ejemplo nos da el universal Señor y divino Maestro, principalmente a los príncipes y señores que gobiernan, para que sus ministros sean bien mirados y obedecidos y respetados!

Cuenta el sagrado texto, que cuando el gran capitan Josué llegó con su ejército a las orillas del rio Jordan, le honró el Rei de cielos y tierra con las siguientes palabras: para que sepan todos lo que te estimo, y tu pueblo reconozca que de la manera que con mi presencia asistí a mi gran caudillo Moises, de la propia suerte estoi contigo, empezaré hoi a engrandecerte y a honrarte en presencia de todo el pueblo.

El mesmo capítulo mas adelante me ha traido a la memoria unas palabras que, segun mi entender, son mui al intento de lo que vamos diciendo. Cuando los sacerdotes (dice) que traen sobre sus hombros el arca del testamento de aquel universal Señor, pusieren los piés en las orillas del rio Jordan, las aguas inferiores, como van pasando, correrán apresuradas, dejando enjuto y seco el lugar que ocupaban, y las superiores ondas detendrán su curso, y temerosas reprimirán su orgullo, y quedarán paradas y suspensas.

Admírase aquí San Pedro Crisólogo, y pregunta la causa o fundamento que tuvo el Jordan para hacer tan rendida reverencia a la vista del arca, y no haber hecho ninguna en la presencia de la Santísima Trinidad, que en el bautismo de Cristo S. N. se hallaron las tres divinas personas, como lo refiere San Matheo: Cristo Jhs., que se bautizaba, el Spíritu Santo, en forma y figura de paloma, y el Padre Eterno, que a voces publica ser su amado Hijo.

La respuesta que da San Pedro Crisólogo, juzgo que en otra parte de este libro queda referida; en que nos da a entender, que los que bien sirven o han servido a su rei y a su señor, pueden pasar por delante, sin recelo ni embarazo alguno, como lo hicieron las aguas del Jordan, por haber servido a Cristo nuestro bien en su bauptismo; con que podrán pasar y parecer los vasallos de S. M. que le han servido y derramado su sangre en su presencia con esperanzas grandes de ser remunerados, y sus súplicas y pretensiones bien despachadas, porque de no concederles lo que necesitados piden, es ponerles en el rostro los colores y hacerles que suden sangre.

Diólo así a entender J. C. nuestro Redemptor en sus pesadas agonías, cuando en sus repetidas oraciones pidió a su Eterno Padre pasase aquel amargo cáliz esperado, o le excusase dél, y no habiéndole concedido la peticion sudó sangre, como lo refiere el glorioso coronista San Lúcas; así les sucederá a algunos pobres beneméritos que no alcanzan lo que piden. Vamos ahora al intento, y a lo que yo en este lugar he discurrido. El Rei universal de lo criado, maestro que enseña y nos industria ser nuestro camino y nuestra guia, se preció siempre, y le obstentó piadoso [sic], y como la mejor doctrina y licion mas cierta es el de el ejemplo, nos le quiso dar en esta ocasion, en especial a los reyes, príncipes y señores que gobiernan; dándoles a entender, que es mas conveniente y necesario, para que la justicia, la lei y la razon tengan su lugar y conocido asiento, que hagan que los ministros que los asisten sean mas temidos, mas respetados y mas obedecidos que sus propias personas; y así permitió Cristo nuestro bien que el Jordan respetase humilde y se encojiese temeroso en la presencia del arca y de sus ministros que la llevaban, ántes que a su propia persona ni a la Santísima Trinidad hiciese otro tanto. Grande ejemplo y doctrina para los superiores que gobiernan con absoluta mano y potestad, que no saben comunicar sus autoridades a los ministros que crian.

San Basilio de Seleucia, sobre el lugar del tercero libro de los Reyes, en que el profeta Elías negó a la tierra sus rocíos, hablando en su nombre dijo estas palabras: a este maligno pueblo me has enviado por maestro (le dice a Dios), y de esta multitud impía doctor me has constituido: es forzoso que me dés tambien dominio y mando para reprehenderlos y castigarlos. Aquí dijo nuestro arzobispo Villarroel, que era necesario y conveniente que el que hacia o criaba un ministro, le ampliase el mando y no le ligase las manos, ni impidiese sus acciones.

Pero esto se ha de entender con los ministros celosos de la honra y gloria de Dios, de la del Rei N. S., y de la justicia. Los lacedemonios no permitian que un juez de mala nota y de mal vivir pronunciase sentencia alguna, aunque fuese justificada, porque con su injusta y torpe boca, y lengua mal acostumbrada con descompuestas razones, no la manchase y corrompiese; jueces y ministros semejantes deben ser repelidos y severamente castigados, pues por la sentencia mal dada de Miphiboseth fué dividido el reino de David, como lo advirtieron los Hebreos, y lo trae el maestro Francisco de Mendoza.

Así lo debieran hacer los príncipes y superiores cristianos, expeliendo y castigando a los inícuos jueces, y a los justificados prefiriendo y honrando, como lo hizo el divino Maestro con su capitan jeneral y su ministro escojido Josué; y como propuse al principio, volviendo a nuestro discurso, deben evitar discordias, malas querencias y oposiciones odiosas entre padres y hijos, que no son de los menores inconvenientes que puede haber para la paz y quietud que deseamos; que teniendo conformidad y hermanable union los unos con los otros, los hijos de la patria con sus projenitores, y estos con sus hijos, pudieran los unos y los otros bien experimentados gobernar su patria, que me parece que lastimados y aflijidos de ver postradas sus conveniencias, sus hijos y mujeres en ocasiones cautivos y presos del enemigo, sus deudos y parientes desastradamente muertos, y sus hermanos y compañeros despedazados a sus ojos, y otras contínuas calamidades que nos cercan, habian de procurar con todas veras poner el hombro a tan posada carga; que los que vienen por tiempos limitados, de diferentes tierras forasteros, no se duelen ni lastiman del daño que padecen los extraños, que por tales tienen y reputan a los naturales, siendo conocidos enemigos de ellos, que solamente atienden a desnudar al pobre y a enflaquecer al rico, por llevar su caudal bien reforzado, porque con él fácilmente se atropellan y desvanecen las faltas públicas y los excesos cometidos contra las leyes de razon y de justicia: las ventas de los oficios sin ningun rebozo, las atrocidades que cometen, se solapan todas con el dinero; y las comunes pérdidas de un reino no se escuchan, no se alcanzan ni remedian, pues cuando juzgamos que tendrian algun castigo conveniente los causadores de tan considerable daño, habemos reconocido que son amparados, defendidos y premiados, porque las dádivas y dones escurecen y empañan de la justicia las resplandecientes luces, y de los jueces los mas lucidos y esclarecidos ojos.

Cuando el pueblo israelítico pidió dioses al sacerdote Aaron, mandó que le trajesen las joyas de oro y las arracadas que sus mujeres tenian, y parece que luego que las recibió, siendo tan discreto y elocuente orador, no supo hablar palabra en contra de la temeridad del pueblo; y notó un autor grave, que acaso debió de ser el oro que recibió, el que le perturbó la lengua y quitó de la boca las palabras. En cuyo lugar dijo estas siguientes San Pedro Damiano: no hai quien pueda moverse en contra del dador magnánimo; las palabras se modifican, lo sublime de la locucion se humilla, la lengua se sujeta a la vergüenza, el entendimiento se perturba, divierte el valor de su judicial censura, y reprímese de la elocuencia osada la libertad mas atrevida; y así, no hai que maravillarnos que los malos jueces y ministros desleales, con el dinero que roban, hagan piernas y se salgan con cuanto imajinan y con cuanto hacen. Y ahora he venido en conocimiento de una razon, que algun ministro jeneral del ejército, en ocasion de una gran pérdida que tuvo, habiendo querido desamparar lo restante del campo y volver las espaldas sin ser sentido, a los que se lo impidieron con razones de súplica y de ruego, respondió sin empacho ni vergüenza, que el Rei N. S. no premiaba a los muertos sino a vivos, dando a entender que era mejor volver huyendo las espaldas con deshonra, que perder la vida con reputacion sobrada. Singular ha sido el ministro, entre tantos que ha tenido y tiene jenerales valerosos este real ejército de Chille; que por ser conocido, y pública esta razon, la he manifestado para dar a entender que con los dineros que robó, pudo solapar y escurecer semejantes acciones; a quien yo respondiera lastimado: ¡ah traidor sin lei ni reputacion alguna! que si S. M. (Dios le guarde) tuviera ministros confidentes, que estas verdades las hiciesen patentes, y no se las ocultasen, hallándose apartado y distante de nuestro hemisferio, claro está que los que en su servicio perecieron y se ocuparon, galardonados fueran con ventajas, y los que son malignos, perversos y desleales, el castigo tuvieran a sus obras mui conforme, que parecieran escojidamente en el lugar que mandó Dios N. S. poner a los príncipes y superiores del pueblo de Israel, por los pecados y delitos de sus inferiores; que aquí por sus maldades y insolencias propias, parecieran mui bien en unas horcas o patíbulos para ejemplos y escarmientos de otros.

Bien habia en que meter la mano, y en que pudiese correr veloz la pluma, si no me llamase ya el fin de este Discurso, por haber sido algo dilatado; que los discretos lectores, que son amigos de las verdades, no lo extrañarán, aunque en nuestro desdichado siglo, pocos o ningunos son los que con buen semblante las escuchan; que me parece que oigo decir a los contemplativos lisonjeros, que quién me mete a mí en querer reformar el mundo y poner nuevos modos de gobierno, siendo imposible mudarse lo corriente y estilado: que será lo mejor y mas acertado encaminarse por un real camino ancho y espacioso, que buscar sendas ni escabrosas veredas que no se continúan. A que responderé dando mi disculpa con manifestar el celo ardiente que a mis obligaciones acompaña, del leal vasallo del Rei N. S., y de hijo fervoroso de esta desdichada patria, que han movido mi pluma a poner en escrito estas claras verdades y manifiestas, por ver si por algun camino pueden llegar a los oidos de nuestro gran monarca y señor natural, y a su real presencia; que aunque nos quieran persuadir algunos a que todo el mundo es uno, y que lo mesmo que por estos remotos reinos experimentamos, acontece en todos los demas de nuestra monarquía, no podré jamas dar crédito a que los excesos y exorbitantes acciones que contra la lei, contra la razon y justicia se cometen en Chille por algunos superiores jueces y ministros, se hayan visto ni ejecutado en los demas gobiernos tan a cara descubierta y sin rebozo, en especial en los que asisten tan justificados consejos y tribunales ilustrados y esclarecidos con la real presencia de un tan justo monarca y señor católico que los asiste, sol universal que los alumbra, recto y jeneral juez que los encamina.

DISCURSO V.

Este discurso contiene y trata, despues de haber vuelto a casa de mi huésped el cacique Tureupillan, del despacho de Molbunante, mensajero y solicitador de mi rescate por conseguir con brevedad el de Taigüelgüeno su cuñado. De como llegaron despues unos embajadores de Lemullanca, cacique y toque principal de Repocura, enemigo declarado de mi amo Maulican, y confederado con los caciques de la cordillera, con fraude y mensaje supuesto del dueño de mi persona Maulican, que venian por mí con pretexto de que los caciques de aquella parcialidad querian hablar conmigo y despedirse, y tratar algunas cosas que convenian a la quietud y sosiego de sus tierras; de la repugnancia que hice proponiendo las causas que me movian a no seguir a aquellos mensajeros, que habiendo ajustado las razones a mis caciques amigos y compañeros, despacharon a los mensajeros desabridos. De como este cacique Lemullanca fraudulento habia convidado a los de la cordillera para el parlamento que tenia dispuesto, y juzgando que sus mensajeros me llevarian para el plazo que señaló a los de la cordillera, se halló burlado, y los caciques serranos, corridos de haber caminado mas de doce leguas, se indignaron grandemente contra Lemullanca, que les habia asegurado el tenerme en aquel parlamento para quitarme la vida, a cuya causa se habian movido de sus casas mas de trescientos indios, y hallando ser falsa la promesa, y haber sido su trabajo en vano, anduvieron a lanzadas y flechazos unos con otros. De los tropiezos y peligrosos lances que se ofrecen a cada paso en las ciudades y concursos populares, y de cuán segura y quieta vida es la que se pasa en las soledades y desiertos. De como las lisonjas de los aduladores destruyen los reinos y prevarican a los superiores; el lugar que deben darles los príncipes y señores que gobiernan; de como deben huir de recebir dádivas y dones cuantiosos, porque perturban el ánimo del mas ajustado ministro. De la conversacion que tuve con el buen viejo mi huésped Tureupillan, despues de haberse despachado y vuelto a su casa mi amigo Quilalebo. De lo que me dijo de las mujeres, sobre cuyas razones se moraliza con ejemplos antiguos y lugares sagrados. De cuán dañoso es que algunos se entren en oficios que no les toca, que aun en los sentidos se ven castigados estos excesos. De como despues llegó el mensajero Mollbunante al plazo señalado, con cartas del gobierno, para llevarme a tierra de cristianos. Del gusto que tuvieron todos con su llegada. Del festejo que hicieron mis amigos, principalmente Quilalebo mi amigo, a quien luego que llegó el mensajero le enviamos a llamar con toda prisa. De la despedida de casa de mi huésped, del sentimiento grande que mostraron los chicos y los grandes con mi partida. De las dilijencias que hice para llevar en mi compañia a un soldado a quien habia prometido ayudarle, y lo que fué menester para conseguirlo. De como por el recelo que tuvieron de los caciques de la cordillera, cominamos de noche con toda prevencion de armas, y en tres noches nos pusimos a mui largo paso en el fuerte de Nacimiento. Del recebimiento que me hicieron los cabos de los fuertes y el gobernador, con grandes aplausos, hasta llegar a la presencia de mi amado padre; con que se dá fin a mi cautiverio feliz por los agasajos que hallé entre estos naturales bárbaros, y a las guerras dilatadas de Chille por las causas referidas de los malos gobiernos que ha tenido, por haber faltado la justicia y la ejecucion de las cédulas y mandatos del Rei N. S., que guarde Dios muchos años para amparo de sus reinos.

CAPITULO I.

En que se trata (despues de la despedida del mensajero) de la suerte que los caciques de la cordillera, aunados con el cacique Lemullanca, quisieron quitarme la vida en un parlamento y llevarme a él con fraude, luego que tuvieron noticias ciertas de que se trataba mi rescate.

Despues que el mensajero Mollbunante se despidió de nosotros, y salió con la respuesta para el gobernador de casa del cacique Tureupillan, adonde quedamos mi amigo y suegro Quilalebo y yo con otros vecinos caciques, deudos y parientes de mi huésped, mi camarada y descubierto tutor en aquellos distritos de la Imperial; estando en grande regocijo, celebrando con gusto mis amigos los tratos principiados de mi rescate, llegaron aquella noche dos embajadores de Lemullanca, el confederado con los de la cordillera contra Maulican mi amo por solicitar por todos caminos quitarme la vida; y en esta ocasion quiso el traidor con capa de amistad y de buen celo ver si podia lograr lo que deseaba. Despues de haber recebido a estos mensajeros con muchos cántaros de chicha, ántes de cenar les preguntaron que para dónde caminaban, y qué ocasion les habia traido por aquellos distritos; a cuyas razones el principal de ellos les dijo las siguientes: si me dais licencia y teneis gusto de escucharme un rato, daré mi embajada y sabréis a lo que he venido; a que respondió el cacique Tureupillan, como dueño del rancho y principal señor de aquella regüe, que bien podia decir su pensamiento y referir su mensaje, con seguro de que seria escuchado y atendido con todo gusto y amor. Levantóse el mensajero, y conforme acostumbran, captó a todos los circunstantes la benevolencia, y dió principio a su oracion con

55

los ordinarios preámbulos y términos retóricos que para tales ocasiones tienen estudiados; y a lo último de su discurso vino a decir, que el cacique Lemullanca y el cacique Namoncura, toques principales de Repocura, con otros caciques de la misma parcialidad, habian hecho junta de guerra en casa de Maulican mi amo y Llancareu su padre, toque principal asímesmo de sus distritos, de adonde habia salido el acuerdo y comun consentimiento de que enviasen por mí, para comunicar conmigo algunas cosas que al bien y quietud de su patria y tierra conviniesen; que puesto que estaba ya asentado mi rescate en trueque de Taigualgüeno y de otros a quienes deseaban ver libres con extremo, querian que me acercase a la frontera y asistiese en casa de mi amo miéntras que el mensajero Molbunante volvia con la resolucion que se esperaba; y para mas asegurar su engaño, les dijo, que aunque estaban los caciques de la cordillera de contrario parecer, y repugnaban mi salida, que importaban poco sus dilijencias cuando las de los demas se encaminaban a la libertad de Taigüelgüeno, y a la de los demas caciques presos sus compañeros, y a la mia.

Con esto Tureupillan, Quilalebo y los demas amigos se regocijaron de nuevo y me dieron nuevos parabienes; y sacaron mas cántaras de chicha, y nos brindamos los unos a los otros con sobrada alegría, y inmediatamente nos fueron dando que cenar varios guisados de ave y regalos diferentes a su usanza; acabamos de cenar, y para mayor aumento del regocijo y gusto que nos acompañaba, se armó luego el baile con tamboriles, flautas y otros instrumentos alegres, que sin estas circunstancias no son cumplidos los gustos; pasaron lo mas de la noche en estos sus mas deleitables ejercicios, y al cuarto del alba, nos recojimos todos a los lechos, porque los embajadores, juzgando tener ya bien dispuesta su engañosa traza, solicitaron de abreviar la fiesta por madrugar otro dia y llevarme al suplicio para el señalado plazo.

Aquel resto que quedaba de la noche, estuve a solas vacilando sobre mi viaje, que con el regocijo que a los principios tuvimos todos, no hice el reparo que despues me ofreció la quietud y el sosiego de la noche; que por no duplicar mi pensamiento, habiendo de ser forzoso significarle a mis camaradas y amigos, diré lo que con ellos me pasó por la mañana.

Apénas el sol daba indicios de comunicar sus rayos, cuando los embajadores estuvieron en pié, con conocidos anhelos de cargar con mi persona, y yo con el mismo cuidado de no seguir sus pasos; y al punto que los ví tan solícitos y dilijentes, ensillando sus caballos, disponiendo sus gurupas, y atropellando razones, no queriendo aguardar a que les diesen de almorzar, me puse en pié y me fuí a donde estaba mi amigo y cuempo Quilalebo; que asentado en su cama estaba, disponiendo el levantarse, a quien dije en secreto que teníamos que hablar un negocio de importancia, y que llamase afuera a nuestro huésped y camarada Tureupillan, que yo salia ácia el estero a esperarlos. Caminad pues, capitan, me dijo Quilalebo, que yo voi por el viejo, y como que vamos a bañarnos, allá nos encontrarémos. Con esto me fuí adelante, y dentro de breve rato llegaron los dos viejos a donde los aguardaba, y con un semblante risueño y amoroso me preguntaron, que qué era lo que les queria decir, que allí estaban dispuestos a mi gusto y a mi órden. Agradecíles el favor y la merced que me hacian con razones sumisas y corteses; luego les propuse mi reparo, diciéndoles lo siguiente.

Cuanto a lo primero, les pregunté si estaban resueltos a enviarme con aquellos embajadores y mensajeros de Lemullanca, y me respondieron que sí, porque deseaban con extremo el que yo tuviese gusto, y se abreviasen los tratos de mi rescate, y pues aquellos caciques con acuerdo de Maulican y Llancareu enviaban por mí, que les parecia bien lo que tenian dispuesto y concertado; a que les salí al encuentro con decirles, que advirtiesen una cosa, que era lo que les diria.

Entre los enemigos y en la guerra es mui asentada costumbre usar de fraudes y engañosas trazas para la consecucion de lo que desean los unos contra los otros, y no es vituperada accion, ántes sí permitida, aun entre nosotros los cristianos, que tenemos verdadera luz y conocimiento de Dios N. S., como lo aprueba el Abulense diciendo, que los enemigos contra sus enemigos pueden lícitamente solicitar por todos caminos el privarse de la vida los unos a los otros; que entre ellos no hai cosa que parezca ilícita y mal usada: y a este propósito cantó Virjilio los siguientes versos:

Mutemus clypeos, Danaumque insignia nobis
Aptemus: dolus an virtus, quis in hoste requirat?

Los escudos troquemos,
Y las armas y insignias del contrario
Con astucia mudemos,
Para que el enemigo se halle vario;
Que en él, ¿quién hai que entienda
Hallar virtud o engaño que no ofenda?

Y presupuesta esta verdad, les dije: amigos y camaradas, bien sabeis que ese cacique Lemullanca es la voz y el eco de los otros serranos guerreadores, y no habia de haberse trocado, ni ser de contrario parecer: esto lo uno, y lo otro que me pone en mayor cuidado para no dar crédito a sus finjidas razones, es el haber tenido mensaje particular de mi amo, con un pariente suyo que yo conozco, que vino en compañía del embajador Mollbunante, por quien se han principiado nuestros tratos; quien me significó y dijo, que Maulican decia, que yo corria ya por cuenta de Mollbunante por haber ajustado con él sus pagas, de que estaba satisfecho, en cuya conformidad no debia hacer cosa sin su órden y sin su acuerdo; y esto bien os consta a vosotros, caciques y camaradas, a quienes juntamente vino encaminado este mensaje. Pues venir ahora estos embajadores sin tener noticias de este trato y concierto que ha tenido Maulican mi amo con Mollbunante, quien es hoi lejítimo dueño de mis acciones, me da mucho que pensar; y aunque el compañero que trae, dice que viene de parte de Maulican, téngolo por falso, pues tampoco toma en la boca a Molbunante ni el trato que con él se hizo; con que juzgo que su embajada es falsa y sin fundamento, así por lo que os he referido, como por no conocerlo ni haberlo visto jamas en casa de Maulican, de quien dice que es deudo o pariente. Todas estas contradicciones hallo en las razones de estos mensajeros; de mas de que mi corazon es mui leal y hace grande repugnancia a este viaje, que os ruego con todo esfuerzo lo eviteis y contradigais, si pretendeis darme gusto como mis amigos que sois y mi amparo.

Despues de haber oido con atencion mi propuesta, se estuvieron mirando el uno al otro, y dijeron reducidos : Mupicha, que quiere decir tiene mucha razon el capitan y nos ha advertido mui bien, cuando nosotros no habíamos hecho tal reparo; con que dirémos a los mensajeros que repugnais el ir con ellos por las causas que nos habeis propuesto, y que por habernos parecido ajustadas a la razon y a lo que es conveniente, habemos determinado que no vais con ellos, hasta que Mollbunante, vuestro embajador y nuevo dueño de vuestra persona, disponga lo que le pareciere. Conformáronse los dos viejos en despachar a los mensajeros con esta última resolucion, de que les rendí las gracias con semblante alegre y obsequiosas razones.

Caminamos luego para el rancho, adonde estaban los embajadores aguardando con los caballos ensillados, deseando ya abreviar con su viaje, y llevarme por delante; mas los buenos viejos con grande sosiego y reposo, luego que llegaron a su presencia, les dijeron, que almorzasen un bocado y una cántara de chicha, porque no se fuesen en ayunas; y aunque repugnaron el envite, llevados màs del respeto y cortesía que se tienen, se asentaron con los viejos, y sacaron para todos de almorzar y de beber, y despues de habernos brindado los unos a los otros, tomó Tureupillan la mano, a quien de Maulican y Molbunante mis dueños habia quedado encomendado, y dijo a los dolosos mensajeros lo siguiente :

Con vuestra venida y embajada tuvimos al principio sumo gusto y estuvimos resueltos de que el capitan pichi Alvaro (que quiere decir Alvaro pequeño) fuese en vuestra compañía, en conformidad de lo que nos habiais propuesto, por parecernos le hacíamos algun servicio y buena conveniencia; y consultado con él nuestro dictámen, se ha resuelto a no seguiros por causas que le mueven para ello, que habiéndonoslas dicho y comunicado, nos ha parecido su repugnancia justa y conveniente. Pues ¿qué razones halla el capitan (dijo el mensajero) para no ir a casa de su amo, cuando por su parte viene mi compañero? El dirá (respondió Tureupillan) las causas que le mueven para ello, y las que nos ha significado, que son justas, y podrá mas bien que pudiéramos nosotros. Yo me holgaré de escucharlas (respondió el mensajero) para llevar en el alma sus palabras; y esto fué mostrándose sentido grandemente, y aun como enfadado dijo las razones, con que parece que me hallé confuso y algo receloso, mirando a mis amigos y camaradas, los cuales me dijeron, que bien podia sin ningun empacho decir lo que sentia; y habiendo reconocido en mí alguna cortedad y encojimiento, mi cuempo Quilalebo, que así me llamaba, me dió grande ánimo y esfuerzo con decir: bien podeis, capitan, hablar lo que quisiereis, y manifestar todo vuestro corazon como dueño y señor de todas vuestras acciones, sin que se os ponga cosa por delante; que cuando no haya mas causa para excusaros de este viaje, que ser en contra de vuestro gusto, eso solo basta para que un punto no salgamos dél, y estos *ilmenes* se vuelvan de la propia suerte que vinieron. Tambien fueron estas razones con algun sacudimiento, a que respondió el mensajero, que no seria razon ni buena cortesía enviarlos disgustados y sin el cumplimiento del principal fin de su embajada. Y si el capitan no quiere ir con vosotros, ¿quién le ha de hacer fuerza, ni obligarle a lo que no tiene gusto? repitió Quilalebo. Claro está, dijo Tureupillan nuestro huésped, que si no tiene gusto, no lo habeis de llevar por fuerza, ni violentarle; escuchad sus razones, que ellas os podrán satisfacer y servir de respuesta a la embajada que nos habeis traido. Diga pues el capitan (dijo el mensajero) lo que le parece, y las causas que le mueven para no acercarse a la frontera, adonde se está tratando con todas veras su rescate y la libertad que tanto desea. Yo diré lo que siento con licencia vuestra, ilmenes (que quiere decir caciques, hablando con todos); el fundamento que ha tenido la repugnancia que mi corazon ha hecho a la determinacion que habeis traido de llevarme; que fué forzoso volver a repetir por mayor lo pasado, y aquí recopilarlo en breve. Lo primero, ya sabeis (les dije, hablando conforme a su costumbre) que entre vosotros teneis por cosa cierta y asentada los vuelcos que os da el corazon en ocasiones dudosas, y los latidos de piernas y de brazos, que si estos son en los izquierdos lados, son contrarios a lo que deseamos; esto me ha sucedido repetidas veces desde que aquí llegásteis (dije a los mensajeros) con pretension ansiosa de llevarme. Lo segundo en que he reparado y advertido es, el haber sido siempre contrario de mi amo el cacique Lemullanca, y haber solicitado mi muerte desde el punto que puse los piés en su distrito y jurisdiccion, y ahora, a la efectuacion de nuestros tratos y rescates, ¿haberse confederado con él y desavenídose con los caciques de la cordillera, con quienes ha tenido trabada amistad y estrecha? téngolo por mui imposible, y mas cuando habeis dicho, que los de la cordillera son de contrario parecer y ponen a mi salida impedimentos y tropiezos por todos caminos. Lo tercero y último que tengo que deciros para el fundamento de mi repugnancia es, el haber tenido mensaje de mi amo, y estos caciques por lo consiguiente, en que dice, que mis acciones corren ya por cuenta de Mollbunante, por estar él a su satisfaccion pagado, y que no haga otra cosa mas de lo que él dispusiere; y esto no saben estos mensajeros, ni Lemullanca tiene tales noticias; con que hoi no puedo obedecer a otro que a Mollbunante, ni vosotros, amigos y camaradas, entregarme a otro. Esto es lo que tengo que decir, y lo que hallo por justificado, y estas son las causas que me han movido a repugnar este viaje: mirad ahora vosotros, caciques y compañeros, lo que os parece determinar, que yo estoi dispuesto a obedeceros con todo rendimiento. Ya habeis escuchado al capitan, dijo mi amigo Quilalebo, y me parece que no teneis qué replicar, cuando sus razones nos han convencido a todos. A mí nó (replicó el mensajero), porque todo lo que ha dicho ese español, es imajinado y de su cabeza concebido, que aunque dice que Lemullanca es capital enemigo de su amo y amigo mui del alma de los caciques de la cordillera, es así verdad que ha corrido con ellos con astucia y maña, haciéndose contrario de Maulican en lo aparente y público por parecer patrocinador de los que fervorosos solicitan las públicas conveniencias y utilidades de la patria; y quiero que, como celador de ella, en hecho de verdad hubiese sido así, ¿por qué juzga el capitan que no haya podido Lemullanca haberse trocado y mudado de parecer? siendo así que los caciques que se tratan de rescatar por él, son de su mesma parcialidad, y con algun parentesco de por medio, que tambien son causas públicas y convenientes a su distrito; con que sus razones quedan desvanecidas y bastantemente atropelladas. Yo quiero que sea así como lo pintais, volvió a decirle Quilalebo (como quien hacia mis causas con afecto y entrañable amor); ¿no bastará para que el capitan no vaya, que no tenga gusto ni voluntad de ir en vuestro compañía? Demas de que nos consta que Molbunante es el dueño de este capitan, y sin su beneplácito no podrá Tureupillan, que es el que lo tiene a su cargo, entregarlo a otro. Dice mui bien Quilalebo, respondió el buen viejo nuestro huésped, que yo no lo podré entregar a otro, que a Molbunante, y así no teneis que cansaros, amigos, en hablar mas palabra en la materia. Pues si vosotros os cerrais en eso, ¿quién podrá contrastar con tantos? yo me iré con lo que me habeis respondido, que con haber dado mi embajada habré cumplido con la obligacion de mi oficio, y significaré la repugnancia que habeis hecho en enviar a este capitan a la presencia de su amo y a la junta de guerra. Idos mui en hora buena, respondió Tureupillan, Quilalebo y los demas, que ya habeis escuchado al capitan, cuyas razones podréis llevar por respuesta, que esa es la que os damos. Levantáronse los mensajeros y dijeron: aquí no tenemos que aguardar, y despidiéndose aceleradamente, se salieron por la puerta, manifestando el sentimiento que llevaban, subieron al instante a caballo, y marcharon apresurados a su tierra.

Quedamos adentro los caciques y yo, celebrando el enojo y enfado de los mensajeros. Aquella tarde se despidió de nosotros mi íntimo amigo y camarada Quilalebo, y rogó a Tureupillan le avisase al punto que llegase el mensajero Mollbunante con la resolucion de mi viaje, porque él estaria dispuesto a venir luego con matalotaje para ir en mi compañía hasta el fuerte de Nacimiento, como me lo habia prometido; y Tureupillan nuestro huésped prometió de hacerlo con toda puntualidad y cuidado.

CAPITULO II.

En que se trata de la felicidad que tuve entre estos infieles bárbaros, de como supi- mos luego el fraude con que venian los mensajeros, de la utilidad y conveniencia que trae consigo la quietud, el sosiego y la soledad, y al contrario, los peligros y daños que trae la asistencia de las ciudades y populares concursos.

Grande fué la felicidad y buena suerte que entre estos bárbaros infieles tuve afortunado, así por el amor con que me trataban los prin- cipales caciques, como por la dicha que me acompañó para contra las traiciones de los que anhelosos solicitaban el último y desastrado fin de mis dias; como se ha reconocido en algunas ocasiones que habemos referido, y en la presente de estos últimos mensajeros, que conocidamen- te venian con intencion dañada y falsas embajadas; cuya certidumbre dentro de mui pocos dias la tuvimos manifiesta y patente, pues juz- gando Lemullanca que los mensajeros infaliblemente me llevaban para el tiempo que aplazado tenia, habia enviado a convidar a los caciques y soldados de la cordillera, significándoles que para el dia que llegasen, sin falta ninguna, tendrian en el sitio y lugar del parlamento al capitan hijo de Alvaro; y habiendo llegado mas de trecientos indios con los caciques referidos al efecto, no hallando lo que buscaban, y la pro- mesa de Lemullanca frustrada y vana, se enfadaron con él de mane- ra que anduvieron a lanzadas y flechazos los unos con los otros; que fué necesario que los mas principales y ancianos entrasen de por medio a apaciguar el incendio que se habia levantado. Y aunque los princi- pales caciques de la cordillera hicieron grande sentimiento y duelo presumptuosos del engaño, habiéndole mostrado con volver las espal- das a su parlamento y al gasto que para el efecto el Lemullanca tenia hecho, pues no quisieron asistirle; los mas del comun concurso, llevados del agasajo de sus amigos, deudos y parientes, y otros de su natural inclinacion a estos festejos, porque son todos con abun- dancia de licores y bebidas diferentes, se quedaron a dar fin a los cántaros de chicha prevenidos para aquella junta. Esto supimos al ter- cero dia; con que mis camaradas y amigos me dieron muchas gracias de la advertencia que ellos no tuvieron, y del reparo que hice a la embajada falsa del traidor cacique, pues fué el total remedio de mi vida, que sin duda alguna me hubieran privado de ella, si como es- tuvieron mis amigos y camaradas resueltos a entregarme, lo ponen en ejecucion; y verdaderamente que a los principios me hallé yo con la mesma resolucion y vestido del mesmo parecer de los caciques, si la quietud y sosiego de la cama y la abstraccion del bullicio no me hubiesen alumbrado y despertado los sentidos, para meditar atento lo que me fué de tanta utilidad y conveniencia para el resguardo de mi vida; que la solitaria habitacion siempre está acompañada de saludables efectos, como lo notó San Ambrosio sobre el lugar de Jeremías que dice, que el varon que espera en Dios, se asentará solo y callará ; cuyas palabras explicó así nuestro citado santo : asentaráse solo y callará, para que todo él pueda ocuparse en atender a los preceptos de los mas ancianos, a los oráculos y ocultos secretos de los profetas y a la dignidad majistral de los apóstoles, que no hai escuela mas docta que el retiro y la soledad, ni mas aprobada ciencia que el callar a tiempo. Así lo sintió San Pedro Damiano cuando dijo, que la vida celestial y solitaria es la enseñanza y universal escuela adonde las divinas artes se ejercitan.

¿Quién no busca esta escuela? quién fervoroso no la apetece? quién con todas sus fuerzas no la solicita, anhelando un rincon de la mas humilde celda, a falta del mas áspero desierto y del bosque mas oculto y mas inhabitable? San Bernardo, bien experimentado, escribiendo a Hennieo pronunció estas palabras : bien puedes a un experto en la materia dar crédito bastante ; asegúrote de verdad (dice) que hallarás algo mas en las selvas que en los libros. Por ventura ¿no te persuades que del peder-nal mas duro te puede manar la miel que apetecieres, y el aceite y licor mas deleitable? Por ventura ¿los montes no stilan de sus ramas la dulzura? y los cerros y collados despiden leche y miel con abun-dancia? y los valles estan de trigos y bastimentos mui copiosos? estas son las palabras de San Bernardo, que aun al mas apartado del verdadero conocimiento pueden aficionar a que gustoso asista a los desiertos, y a que anheloso busque soledades.

Bien experimentado el natural poeta, aunque ciego de la verdadera lumbre, aconsejaba cuerdo a un amigo suyo a que de léjos y a lo largo mirase los concursos populares, y de sus grandezas huyese lo posible :

> Usibus edocto si quidquam credis amico,
>   Vive tibi, et longe nomina magna fuge.

>   A un buen experto amigo
> Si dar crédito quieres, como cuerdo,
>   Vive en tí sin testigo,
> Te aconseja celoso y con acuerdo,
>   Y que mires de léjos
> Los mas altos renombres por bosquejos.

Y mas adelante, pesaroso de no haber sido aconsejado ántes que consejero, cantó pesaroso y arrepentido el dístico siguiente :

> Hæc ego si monitor, monitus prius ipse fuissem,
>   In qua debebam forsitam urbe forem.

>   Si como experimentado
> Hoi sirvo de consejero,
>   Hubiera sido primero
> De otros bien aconsejado,
>   No hubiera yo continuado
> Los concursos populares,
>   Porque en sus propios azares
> Tropieza el mas avisado.

Si como soi ahora consejero le hubiera tenido ántes, mui acaso habitara en las ciudades (dice Ovidio); y si en la boca de un jentil hallamos estas verdades y estos maduros consejos, ¿por qué los que tenemos viva fee de lo mas alto, no tendrémos las del santo doctor bien fijas y esculpidas en el alma? pues conocidamente son tan ciertas como útiles y provechosas, como al contrario se conocen los daños y peligrosos lances que los populares concursos traen consigo, como adelante significarémos algunos. Si bien considerásemos y cuerdos atendiésemos al confuso tropel de las ciudades, y a los contínuos daños y peligros que sus habitadores experimentan en medio de los falsos gustos y placeres que engañosos ofrece el apetito humano, pocos o ningunos continuaran sus faustos, ni a sus vanas apariencias postraran sus sentidos, porque puestas a la luz del mas claro y desengañado discurso, fácilmente encontrarian sus manifiestos peligros y darian de ojos en sus rebozados tropiezos. Vamos discurriendo y manifestando los que son mas contínuos y ordinarios, aun en los caballeros que parece que tienen mas descanso, y la naturaleza obró en ellos sus maravillas y acompañó la fortuna con bienes y caudal sobrado. ¿No es este el que está mas combatido y sujeto al émulo y a la lengua de un maldiciente, a la pasion de un envidioso, a la ira de un colérico, y al rencor de un apasionado? es así verdad. Pues ¿qué mayor daño, ni mayor peligro puede tener el hombre, ni mayor peste ni enfermedad, que el mesmo hombre? Sintiólo así San Crisósthomo : entre todos los males (dice) es el hombre malísimo mal : cada bestia tiene un mal, y ese es propio de ella, mas el hombre es todos los males juntos. Aun el demonio no se atreve a llegar a hacer mal a un justo, pero el hombre malo y perverso llega a despreciarlo sin recelo. Pues, si en la mesma naturaleza tiene el mayor peligro y el mas conocido daño el hombre, aunque ajustado parezca a la razon y justicia y a un honesto proceder, ¿qué mas se puede decir ni ponderar para no apetecer tales concursos, ni desearlos? Caminemos adelante con nuestro discurso, para ir descubriendo los demas enemigos ordinarios que en las ciudades, plazas y palacios acompañan al mas noble, rico y poderoso. ¿No es el mayor enemigo que le asiste, el de la hinchazon y soberbia, con presumida arrogancia y altivez desvanecida, que es el que al mas cuerdo precipita y postra por el suelo? A cuántos ha derribado este monstruo fiero, y quién hai que se libre de su astucia y maña? y mas cuando en el paraiso de sus mayores gustos, se halla él mas boyante; pues estando nuestro primer padre Adan en él, al parecer mas seguro, le echó dél con infamia y destruyó nuestra naturaleza humana, y fué el primer pecado y enemigo mortal que al primer hombre acometió atrevido, y lo puso a sus piés avasallado, como lo resuelve el doctor anjélico diciendo, que es manifiesta cosa que el primer pecado del primer hombre fué la soberbia ; despues de haber explicado en qué consistió la que tuvo Adan, que el docto tendrá bien entendidos y el curioso podrá investigar los motivos que concurren a la formacion del pecado.

56

Luego se le allega a la felicidad que le parece que goza el poderoso, el apetecer la dignidad y el mando, que en estos tiempos solo con dineros se consigue en nuestros remotos reinos, y el que los tiene, fácilmente se pone de piés sobre el gobierno, adonde descarada la soberbia se pasea, porque de ordinario la cumbre de los honores suele ser el solio de los vicios, de adonde fácilmente se despeñan.

Constituyó Samuel a dos hijos que tenia, en el gobierno de su pueblo, y siendo así que eran agradables ántes, corteses y bien queridos, con la superioridad y el mando se trocaron despues en soberbios, en altivos, cudiciosos y desmedidos.

¡Qué buen toque se me ofrecia en este lugar acerca de algunos príncipes superiores que he conocido y experimentado cuidadoso, que entran con anjélicas opiniones y descubren despues acciones bien opuestas, y conforme a ellas tienen los subcesos, a costa de este desdichado reino y de sus miserables habitadores! que semejantes efectos causan los oficios y dignidades en quien no los merece con personales servicios. Notó en este lugar San Gregorio de los hijos de Samuel, que siendo súbditos y sujetos, estuvieron en pié, como si dijese, conservaron la virtud y parecieron hijos del santo profeta; mas, cuando se consideraron en la cumbre y en lo summo del gobierno, cayeron en tierra y dieron con la opinion por esos suelos, porque fueron de los que dice el profeta rei, que son príncipes y superiores de sus apetitos y voluntades, que arriman a ellos la potestad y el dominio que tienen. No querais confiar en los príncipes, dice David, y el hebreo traslada voluntarios; y en otra parte, hablando de estos príncipes con Dios, dice, derribaste a estos cuando quisieron levantarse. Y aquí San Gregorio explicó estas palabras y dijo: la mesma elevacion, o ensalzamiento, viene a ser su total perdicion y cierta ruina, porque de la manera que confian en la gloria falsa y engañosa de esta vida, la verdadera y eterna les postra y les abate por el mesmo stilo. Pues ¿qué dirémos de los demas vicios que a un soberbio presumptuoso se le agregan? La ambicion en el que manda, ya se reconoce; la cudicia en los mas que los sujeta, y la arrogancia con grande vanagloria, enemigo descubierto que les quita las haciendas y las honras. Díganme los que son mas entendidos y se precian de cuerdos y atentados, si un particular amigo, deudo o pariente mas cercano, le quitase o robase cuatro o cinco mill ducados, ¿no le tuviera y reputara por su mayor enemigo y adversario? claro está que lo juzgara por tal, y por cobrar su dinero le quitara su reputacion ante la justicia. Pues, ¿cómo a un enemigo tan declarado, como es la vanagloria, que estafa sin rebozo y roba sin medida, tántos halagos, tántas cortesías y agasajos, aunque patentemente quita a muchos las reputaciones y las honras, porque tal vez o las mas se empeñan sin medida y sin acuerdo, por dar gusto y placer a este capital y fiero enemigo, que obliga al que no tiene, a gastar mas de lo que puede, y a no ser puntual a la satisfaccion de sus empeños? Con que se deslustran muchas principales opiniones, y granjean al-

gunas malas voluntades, por cumplir con este enemigo de la vanagloria, tan soberbio como atrevido y descarado, de quien dijo el ilustrísimo Villarroel: ¡oh cuantos daños y males cudiciosos y avarientos
introdujo en el mundo el apetito o antojo de adquirir nombre y
conseguir eterna fama! y por la mayor parte o mui de ordinario
redunda en nuestra infamia, lo que por obtenerla obramos anhelosos. Buen ejemplo tenemos en aquellos que pretendieron ensalzar su
nombre con el soberbio edificio que intentaron : hagamos para nosotros (dijeron) una ciudad y una torre, cuyo extremo y levantada cumbre llegue a competir con esos cielos, con que engrandezcamos y
sublimemos nuestros nombres. Y ¿qué les sucedió a estos presumidos
vanagloriosos? lo que dice San Gregorio : que los que quisieron levantar torres y edificios altos contra Dios N. S., fueron castigados con
perder la comun lengua que tenian, de tal suerte que los unos ni los
otros se entendian, y fueron de aquel lugar desterrados y expelidos,
y echados a diversas rejiones ; en cuyo lugar dijo San Crisósthomo,
que habia muchos tambien el dia de hoi imitadores de estos vanos
locos, que quieren por sus acciones y desvanecidas obras ser celebrados de todos, aplaudidos y ensalzados, edificando casas suntuosas, es-
pléndidos palacios, y portales espaciosos de ostentacion y de recreo ;
y si solicitais el fundamento de este anhelo, deste trabajo y afan desvanecido, no escucharéis otra cosa que estas palabras, para que sean
levantados y inmortales sus nombres ; mas esto (prosigue el santo) no
es disponer ni prepararse así tanto el honor y la alabanza, como soli-
citarse la infamia y el vituperio. Todas son razones de este glorioso
doctor, como las podrá ver el curioso en el lugar citado, adonde acaba
y da fin a este período con las siguientes: a estas cosas se le allegan
(dice) el decir cada uno lo que le parece contra el crédito y contra la
opinion de estos altivos vanagloriosos, diciendo : esta casa, este palacio
sumptuoso, y estos altos edificios son de este avaro presumido, de este
ladron voraz y de este robador de ajenos bienes y expoliador de viudas pobres y de desamparados huérfanos ; como pudiéramos decir estas
palabras de algunos ministros del Rei N. S. que a costa del sudor y
trabajo del pobre soldado edifican casas, visten sedas, rompen delicados
lienzos y comen a dos carrillos, sin tener de sueldos ni salarios, mas
que tan solamente quinientos o seiscientos pesos cuando mas. En otra
parte está este punto mas latamente ponderado ; estos son de los que
dice el santo, que hai muchos imitadores de aquellos vanagloriosos y
soberbios babeles, que por adonde juzgan dilatar sus famas y engrandecer sus nombres, por ese mesmo camino hallan su mayor infamia, su
mayor deshonra, y aun las mas veces el castigo que merecen, enviado
por la mano de Dios N. S., como le tuvieron aquellos presumidos, altivos y arrogantes, que quisieron que sus torres y edificios llegasen a
competir con las estrellas, por ensalzar sus famas y levantar sus nombres, llevados de la soberbia y vanagloria que les acompañaba.

CAPITULO III.

Que cuando la vanagloria es encaminada a buen fin y al aumento de la patria, no es
perjudicial ni dañosa, y mas cuando es solicitada de un gobernador celoso del bien
comun, como lo fué el presidente don Martin de Mojica, de cuya solicitud fué tambien la veneracion del culto divino.

Que en ocasiones muestre el jeneroso su magnánimo pecho, y os-
tente liberalidades de su natural piadoso en obras importantes al comun de un reino lastimado, al bien universal de pobres aflijidos y a la
conservacion y aumento de sus amadas patrias, gastando alguna hacienda de la que sobra a muchos, estas son vanaglorias con provecho,
con estimacion y aplauso bien debido; como la que tuvieron los ciudadanos de la ciudad de la Concepcion en tiempo que la de Santiago se
halló aflijida, triste y atribulada, y sus edificios asolados por un terremoto cruel, que aun a los sagrados templos no perdonó su violencia.
Entónces la pobre ciudad de la Concepcion socorrió a la otra confusa y
lastimada, con mas de diez mil pesos, ofreciendo para este envio cada
uno lo que su corto caudal pudo permitirle, y la asistencia y gastos
ordinarios de la guerra concederle, que la voluntad y amor con que lo
hicieron, pudo ser el mayor caudal que les donaron, por medio y solicitud de un gobernador cristiano, de un príncipe a todas luces piadoso, y nada interesado, como lo fué el señor don Martin de Mojica;
que con este respeto y veneracion se debe hacer memorias de tales superiores y magnánimos príncipes. Bien juzgarán algunos que la noble
ciudad de Santiago no quedaria corta en la correspondencia que debia
a la de la Concepcion en sus trabajos y aprietos, pues han sido y son
mayores que los que padeció la de Santiago; que esta no tuvo mas
castigo de la mano de Dios, que una contajiosa peste y un violento
terremoto, que a pocos meses y dias no hubo memorias de los daños y
estragos que causó en ella: pero la de Concepcion tuvo sobre sí, lo
primero y mas sensible, la rebelion de sus naturales y criados yanaconas, que con el enemigo se aunaron y tuvieron cercados a todos los
de su distrito en la plaza de armas; a esto se agregó la peste que consumió gran suma de sus habitadores, y tras de estas calamidades y
aflicciones llegó a echar el sello a sus pesares un temblor jamas visto
ni experimentado, que derribando los mayores edificios por el suelo,
fueron sepulturas de muchos cuerpos vivos, y para acabar de igualar
a los que quedaban, salió el mar de sus términos y límites y allanó
los tropiezos que de los paredones derribados habian quedado por la
parte inferior, por adonde con mas fuerza sus olas embravecidas
combatieron. Con todas estas calamidades y infortunios, no siendo el
menor enemigo el hambre cruel que les solicitaba por su camino la
muerte, de quien dijo Vejecio, que era mayor adversario en los ejércitos que la batalla ni el hierro; no sé que haya habido persona alguna
que hubiese tenido memoria del bien pasado, para acordarse de enviar

una tan sola fanega de trigo o harina al comun de tantos pobres y de tantos miserables desvalidos, ni aun para los soldados del ejército que estan en estas fronteras perdiendo a cada paso las vidas, por defender y resguardar a los que con sosiego y sobrada comodidad estan gozando de sus haciendas y casas. Bien creo yo que no ha sido por falta de jenerosos caballeros y magnánimos ciudadanos, que me consta que hai muchos en aquella ciudad noble de Santiago que han servido a S. M. personalmente y con la hacienda que han podido; y algunos se han ausentado con levas de soldados a su costa para el real ejército. Y si en esta ocasion no han correspondido a la obligacion en que les puso esta pequeña ciudad de la Concepcion con lo que pudo, no me persuadiré jamas a que haya sido falta de voluntad, ni cortedad de ánimo, porque quienes saben gastar en unos regocijos y festejos los cuatro y cinco mill patacones, los que ménos, mas bien los emplearian en obras piadosas y de mayor reputacion y crédito. Inadvertencia sí habrá sido de los que gobiernan, que a estos asistió un don Martin de Mojica, como queda advertido, y a estos otros les faltó aquel fervoroso celo, aquel caritativo ardor que acompañaba a sus esclarecidas prendas y virtudes, que pudiéramos decir dél que fué justo y santo.

Bien creo que me dirán algunos que me adelanto mucho en las alabanzas de este caballero, porque para ser justo y santo alguno ha de estar mui libre de afectos humanos y aun ajeno de las mas leves imperfecciones, y dirán tambien, que fueron conocidas y aun públicas algunas frajilidades humanas que le acompañaron; a que responderé con el Abulense, y diré lo mismo que dijo del santo profeta rei, habiéndole canonizado el Spíritu Santo con estas palabras, hablando de Abias, nieto suyo: el corazon de Abias no era tan perfecto para con su Dios y Señor, como el de David, su padre; sobre cuyo lugar reparó el Tostado en las palabras que canonizaron a David, diciendo, que su corazon y alma fué perfecta y pura ante los ojos de Dios; y sabemos que pecó escandalosamente y con publicidad, que el sagrado texto manifiesta el adulterio de Bethsabé, el homicidio de Urias, la vanagloria de munerar el pueblo, y otras imperfecciones que son patentes en las sagradas letras; a que responde el Abulense: ¿sabeis en qué estuvo (dice) la santidad y perfeccion de David? en el cuidado y solicitud que puso siempre en que nuestro Dios y Señor fuese bien servido, y en el celo ardiente que tuvo de la veneracion de su culto, y con esto enterró sus defectos, y los hizo borrar de la memoria. Así podremos decir de este caballero don Martin de Mojica, cuando sabemos cuán celoso era del culto divino, la sumision y reverencia con que miraba las cosas sagradas, la pesadumbre que le causaban los desaliños y poca limpieza de las capillas y parroquias de los pueblos de los indios; pues pasando por algunas de ellas, estando los ornamentos maltratados, rotos y deslucidos, mandó dar a todas las capillas de las doctrinas nuevos ornamentos, y algunos a su costa, porque el sacrificio de la misa se celebrase con la debida decencia, y los demas sacramentos se administrasen de la mesma suerte. Pues ¿qué príncipe o gobernador de los que habemos visto en Chille, ha tenido el respeto y reverencia que este presidente tuvo a los sacerdotes, principalmente a los obispos, aguardando en las iglesias y concursos mayores y principales, a que saliesen de ellas, cuando salian vestidos de pontifical, para irlos acompañando hasta sus palacios, aunque con extremo lo repugnaban? Cuántas veces podré decir que le ví, al encontrarse con ellos, mui cerca del suelo sus rodillas, y cojerles por fuerza las manos consagradas para besárselas, sin permitir jamas ir a su lado derecho, por muchos aprietos y repugnancias que hiciesen los obispos ; que aunque de derecho no se les debiese, como algunos lo presumen, por el mesmo caso resplandecia mas esta accion, este respeto y esta sumision al que representa y obtiene en sí la pontificia potestad, y parecia escojidamente a todos los que son cristianos y tienen verdadero conocimiento de nuestro Dios y Señor. ¿Quién hiciera lo que este príncipe gobernador y señor absoluto en la potestad y mando de este reino? Que habiéndose encontrado el obispo con el cabildo de la ciudad de la Concepcion, trató mal en un escrito a los del ayuntamiento, de manera que lo llegó a sentir el gobernador por causa dél ; aunque no con demostraciones públicas, significó su sentimiento en algunas ocasiones ; de esto y de otros escritos que presentó el cabildo en su defensa, se orijinó mandar el obispo, con descomunion, que el dia de San Miguel Arcánjel, veinte y nueve de septiembre, acudiesen a la catedral todos los del pueblo a la publicacion de unos edictos y a la celebracion de la fiesta, por ser patron del obispado. Acudió el gobernador con todo el cabildo y los capitanes que de ordinario le asistian, y lo mas ilustre del lugar. Antes de salir de su palacio me dijo, como a su maestro de campo y correjidor que en aquella ocasion lo era, por haber mui pocos dias que me habia ocupado de aquel oficio y honrado con el título de su teniente de capitan jeneral, que le pesaba mucho que el obispo estuviese disgustado con él, que segun lo que le habian significado algunas personas, se mostraba apasionado y desabrido; a que le respondí, que las veces que le habia comunicado, le habia hallado mui atento y cuerdo en sus razones, mostrando en ellas la correspondencia que debia a las acciones de su señoría. Y aunque me constaba lo contrario, por este medio procuré no apasionar al gobernador, ni irritarle como otros lo hacian, pues estuvo mui cerca de desmedirse y de atropellar la prudencia, la sagacidad y cordura con que sus afectos eran regulados de ordinario; que los mas justos y santos no estan ajenos ni libres, miéntras viven, de malas pasiones, como lo sintió San Gerónimo ; y verdaderamente que se hubiera levantado un torbellino y un fuego inagotable entre los dos príncipes, si como hubo solicitadores del incendio, no hubiese habido otros que mitigasen la llama. Y con todo eso tuvieron lugar algunas malas intenciones, que por modo de amistad llevaban a los unos y traian a los otros, y aun mucho mas de lo que cada uno con algun enojo en sus casas despedian sus lábios. ¡Oh cómo son perjudiciales en una república semejantes revoltosos lisonjeros, que

por una parte se muestran amigos de unos y de otros, y por otra los
enzalzan y los venden! qué bien lo dijo Filon Alejandrino con estas
palabras : ¿no habeis visto por ventura a estos aduladores que así de noche como de dia, estan regalando los oidos y endulzando a sus reyes
y señores las orejas, y no tan solamente aplauden sus particulares
dichos, sino tambien con repetidas y prolijas alabanzas los adornan,
y en lo interior del alma y tácitamente los murmuran y maldicen, al
paso que publican sus grandezas? De esta calidad eran algunos que mostraban ser íntimos amigos del un príncipe y del otro, y obraban como
mortales enemigos ; y aunque se conozcan y experimenten por tales,
no sé qué se tienen las vanas adulaciones, que aunque a una en lo
exterior y descubierto, el mas cuerdo y avisado sienta mal de aquellos
que le lisonjean y adulan, en lo interior del alma se consuela y regocija. Sintiólo así San Gerónimo en estas palabras : naturalmente nos
lleva (dice) el apetito y arrastra la voluntad lo malo; de buena gana
fomentamos y aplaudimos a nuestros aduladores, y aunque a estos tales
correspondamos, y la vergüenza se nos esparza por el rostro, con todo
eso sus alabanzas interiormente alegran el spíritu y regocijan el alma.
Estas son las palabras de este santo doctor, de las cuales podemos sacar,
que hai mui pocos que no se dejen llevar de lisonjeros y de sus razones
halagüeñas, con que se hallarán mui raros que sigan la opinion de aquel
filósofo que aborrecia tanto las lisonjas y mentiras, que decia, que primero se dejaria morir que mentir ni adular. De otro cantó un trájico
poeta los siguientes versos :

        Prius vel sydera
Terram subibunt, terra vel scandet polum,
Quam molis a me extorqueatur vox tibi.

        Antes saldrán de su asiento
        Esos polos celestiales,
        Y sus cursos naturales
        Quedarán sin movimiento ;
        Antes la tierra en el viento
        Tendrá fijo su lugar,
        Que yo te pueda adular
        Ni decir lo que no siento.

Esto cantaba y decia con maduro acuerdo el filósofo, y el santo rei
David nos enseña de la suerte que se han de tratar, y en el lugar que
se han de poner los embusteros aduladores.
    Llegó el Amalecita del ejército derrotado de Saul, el rostro macilen-
to, rasgadas las vestiduras, y cubierta de ceniza la cabeza, costumbre
de los antiguos jentiles, como lo advierte Virjilio:

        Corripiens manibus cinerem nigramque favilam,
        Inspersit capiti et faciem fœdavit honestam.

        Cojiendo la ceniza
        Y el polvo delicado con las manos,
        La cabeza matiza,

Y con extraños modos y inhumanos,
El rostro mas honesto
Lo deja deslustrado y descompuesto.

De esta suerte llegó el nuncio confiado, juzgando tener mejor lugar del que le dieron, y dijo lo que no habia hecho, y mintió por lisonjear al rei y por adularle, pareciéndole que seria de grande gusto y consuelo a David la nueva lastimosa y muerte desastrada de su adversario Saul. Le dijo, que habiéndole encontrado agonizando, revolcado en su sangre y en los últimos fines de sus dias, a su peticion y ruego le acabó de dar la muerte; siendo así que el texto sagrado nos dice en el capítulo antecedente, que el mesmo rei se acabó de privar de la vida con la espada o puñal de su paje de armas, quien anduvo tan fiel y leal, que no quiso ejecutar el órden que le dió su dueño, de que le acabase de despenar y dar fin a sus últimos alientos; por cuya causa le arrebató de las manos el puñal agudo que tenia, y se entró por él, o con grande ímpetu y violencia se arrojó sobre él, y quedó muerto; y el criado, habiendo visto a su señor y amo sin la vida, se privó de ella de la mesma suerte.

CAPITULO IV.

En que se prosigue la materia de los falsos criados, de los aduladores, y de como pervierten a los superiores acompañando intereses, y se da fin al suceso principiado y a la accion cristiana que hizo el dicho gobernador don Martin de Mojica.

Qué pocos criados o ningunos se hallarán como el referido en el capítulo pasado, que repugnó, aun viendo a su rei y a su señor agonizando, acabarle los dias de su vida persuadido y rogado de su dueño; ántes él quiso quedar a su lado muerto juntamente, cuando le vió privado de sus vitales alientos. Qué buen ejemplo para los criados, que se deben preciar de ser fieles y leales; pero ¿adónde se hallarán domésticos semejantes? Quienes procuren y soliciten enterrar a sus señores, sí, y aun que lo hayan puesto en ejecucion algunos, no falta quien lo diga, cuando no se haya imajinado, que será lo mas cierto.

Vamos adelante con el despacho que tuvo el Amalecita. Luego que oyó el rei David la atrevida razon del fujitivo nuncio, envuelta en la adulacion y lisonja de traerle la diadema de la cabeza del rei y la manilla de su brazo, al punto le hizo quitar la vida diciéndole: ¿cómo no tuviste respeto a tu natural señor? Cómo no te acobardó el temor y el recelo, para poner las manos atrevidas en tu rei y en tu monarca? Este fué el pago y galardon que tuvo este adulador insolente; en cuyo lugar dijo Lira: justo juicio y permision de Dios fué, que por adonde esperaba hallar la gracia y el favor del rei, halló su desdichada muerte.

Este es el premio que debian tener los aduladores de Chille, pues son los que no ménos cooperan en sus mayores daños y desdichas, y los que perturban la paz y dilatan mas las guerras; porque si en alguna parte del mundo tienen lugar y asiento los desterrados y facinerosos, es en este reino, porque saben ser lisonjeros, revoltosos y usurpadores de haciendas ajenas, con las cuales saben y han sabido adquirir los oficios preeminentes de la milicia, perturbando los spíritus y entendimientos de los que cudiciosamente gobiernan ; pues aun los mas ajustados príncipes tal vez se sujetan a las adulaciones, dádivas y dones que reciben ; con que atropellan la justicia, y las leyes de razon las menosprecian.

¿Quién mas justo que David? quién mas celador de la justicia, ni mas patrocinador de las leyes? Pues vamos al capítulo 16 del libro 2 de los Reyes, y hallarémos probado nuestro intento. Caminaba el profeta rei por las faldas de un escabroso monte con su ejército, fatigado, triste y aun lloroso, huyendo del que contra él habia conspirado, Absalon su hijo traidor, patricida y mal atento, en cuya ocasion le salió al encuentro Siba, criado de Miphiboseth, con dos jumentos cargados de pan, vino, pasas, higos y otros bastimentos, para que sus soldados se refocilasen, y los que mas debilitados se hallasen, tomasen algun aliento. Preguntóle el rei por su señor, que por fin y muerte de Saul servia a Miphiboseth su nieto, y respondió que habia quedado en Jerusalem, diciendo que la familia y concurso del pueblo de Israel le habia de restituir el reino de su padre. Oh! infiel y falso criado, ¿cómo vendes a tu señor? Cómo le levantas testimonio falso (de estos hallarémos un sin número en nuestros siglos, que aun no solamente venderán a sus señores por complacer a los que gobiernan y lisonjean, sino es tambien a sus padres)? Llegó el criado presentando dones, y adulando con palabras engañosas y finjidas, a la presencia del rei, y alcanzó lo que quiso fácilmente, pues le donaron todas las haciendas de Miphiboseth; sobre lo cual dijo Lira: siendo David santo y justo, en una cosa tamaña fué fácilmente engañado por los dones de este adulador insolente y por sus finjidas palabras, que sin examinarlas, ni escuchar a las partes, le donó la hacienda de su dueño ; en que pecó gravemente, como lo sienten Lira, el maestro de las historias San Gerónimo, Hugo Cardeñal, Rabano, Dionisio, el Abulense, Cayetano y otros, segun el doctor y padre Francisco de Mendoza. Y lo peor y mas perjudicial de esta sentencia fué, que habiendo parecido Miphiboseth en la presencia del rei, y averiguado la maldad y traicion del criado, y la inocencia del amo, aun permaneció en la sentencia dada (caso digno de admiracion). Partid (dice) las posesiones entre vos y Siba; aquí parece que el rei se contradijo y faltó a la verdad por complacer y dar gusto al embustero adulador, porque si al principio dijo que donaba a Siba los bienes todos y las posesiones de Miphiboseth, ¿cómo dice ahora que partan los dos las heredades y haciendas? Aquí se hallan en los discursos algunas variedades, y yo me arrimo y sigo la opinion del gran doctor Francisco de Mendoza, que dice, que las dádivas y dones perturbaron el entendimiento al rei y le prevaricaron; tanto como esto puede la adulacion y los recebidos dones, aun en un justificado rei como David, y así no tenemos que maravillarnos de que este reino de Chille camine tan desenfrenadamente a su fin último, cuando [se quitan los premios a los que los tienen merecidos trabajando, y se comunican a los que los solicitan contribuyendo y adulando, que no es la menor causa de su total ruina y de la dilacion prolija de esta guerra. Muchos ejemplares pudiera traer para ponderar esta materia, que por haber sido algo dilatada, solo diré una ponderacion de Oleastro sobre el amor que tuvo Isaac a Esau, mas que a Jacob, siendo éste justo, y el otro malo. De admirar es con extremo (dice Oleastro) que entre padres y hijos enjendren amor los dones, y las dádivas lo aumenten, y las adulaciones lo conserven.

Vamos ahora adelante con la accion de nuestro gran gobernador. Salimos para la iglesia catedral, y entrando por la puerta, hallamos al obispo con sus prebendados en el coro, y despues del evanjelio subió al púlpito un sacerdote que servia de notario, y dió principio a recitar el edito, encaminado solo a maltratar al cabildo, que no faltó mas que decir de los que lo asistian, sino que eran herejes idólatras ; con que se determinó el gobernador a levantarse de su asiento, y habiéndole visto en pié los del cabildo, cojimos la delantera, y los demas caballeros a nuestra imitacion iban saliendo por la puerta con nosotros. Luego que el obispo vió nuestra determinacion, y que a mas andar íbamos saliendo todos de la iglesia, se levantó dando voces desde el coro bien altas y desmedidas, maldiciendo al pueblo y descomulgando a todos los que salian de la iglesia, y estando ya mui cerca del umbral nuestro presidente, y lo mas del cabildo fuera de sus límites, revolvió con mas que grande humildad y nos mandó volver a nuestros asientos, y con notable edificacion del comun concurso que le seguia, dijo estas palabras siguientes solamente : esta accion con obediencia humilde vaya por Dios N. S., y en descuento de mis culpas y pecados ; y con grande reverencia y sumision, se volvió a sentar en su lugar y a escuchar lo restante del edito. ¿No es bien digno de memoria este ejemplar subceso, y de grande alabanza esta subordinacion y respeto al prelado de la iglesia? Quién lo duda, y quién ignora que en un príncipe cristiano es mui propio este rendimiento a la santa iglesia nuestra madre? así nos lo enseña el capítulo 27 de los Números.

Mandó Dios nombrar a Josué por príncipe y gobernador del pueblo hebreo, a quien de justicia y derecho se le debia el primer lugar en la veneracion y respeto; y con todo eso ordena el Rei de cielos y tierra que esté en la presencia del sacerdote Eleazaro en pié: y da la razon a nuestro intento Oleastro, y dice, que para que aprendan los reyes, príncipes y señores que gobiernan, a reconocer por superiores a los sacerdotes que representan la persona de Cristo S. N. Bien estudiada y entendida tenia esta doctrina nuestro gran gobernador don Martin de Mojica, por cuya causa en su tiempo florecieron y se poblaron las fronteras del enemigo, las repúblicas se aumentaron, la justicia y la razon tuvieron su lugar y conocido asiento, los poderosos y malos se atemorizaron, resollaron los pobres y humildes, y tuvieron padre y amparo los necesitados:

finalmente, era un príncipe cristiano a todas luces, que es de lo que necesitaba este remoto reino, y por nuestros pecados duró poco, porque no le mereció Chille. Con su fin y muerte dió principio a descaecer el ejército, comenzaron a trocarse las repúblicas, a atemorizarse la justicia, a acobardarse la razon, a libertarse los malos, a ensoberbecerse los poderosos, y a estar los pobres humildes, oprimidos y vejados; con que dentro de pocos años se acabó de rematar el reino, y verse en tan miserable estado como en el que hoi le contemplamos.

Mucho me he dilatado en este capítulo, y en las alabanzas de este memorable héroe, aunque sin temor de ser sindicado en la cátedra de mormuracion, por lo que dijo Arriano histórico de los escritos de Aristóbolo, que escribió de los hechos de Alejandro despues de muerto, porque en alabarlos no hai lisonja; que verdaderamente ha sido siempre a mi natural opuesta, de tal suerte que pudiera decir lo que San Pablo a los Thesalonicenses, que jamas en la adulacion tuvieron entrada sus palabras. En cuyo lugar dijo San Gerónimo, que adonde no hai dineros ni se apetecen, no se hallará la mentira, ni la adulacion tendrá lugar; y es verdad que adonde no hai interes, el falso adulador no usará de su oficio perjudicial y dañoso.

Todas estas materias y discursos varios se han venido rodeados y han sido forzosos para significar los peligros, los tropiezos y daños que a cada paso se encuentran en las ciudades y populares concursos, teniendo por enemigos descubiertos (como habemos dicho) a la soberbia altiva, a la ambicion hinchada, al sensual apetito descarado, a la cudicia avara y insaciable, y a la envidia, interior carcoma del spíritu, y sobre todos estos enemigos, a la mesma naturaleza del hombre, en quien se cifran todos estos adversarios, acompañados con la adulacion y mentira, con la infidelidad y traicion manifiesta.

CAPITULO V.

En que se trata de lo que me sucedió con mi huésped Tureupillan despues de haberse vuelto a su casa mi amigo Quilalebo.

Habiéndose vuelto mi caro amigo Quilalebo a su casa, y quedádome con mi antiguo huésped Tureupillan, aquella misma tarde nos fuimos paseando hasta el monte, habiéndose echado al hombro la hacha de trozar madera, y díchome con amor y respeto: capitan, vamos a traer una poca de leña, porque todos los mancebos y criados de casa estan de la pasada noche maltratados y se han entregado al sueño y al descanso.

Encaminamos a la montaña los pasos, por cuya ceja y falda se paseaba un abundante y apacible estero, que sus amenas orillas solicitaron al gusto de asistirlas y gozar de sus frescas alfombras algun rato: asentámonos en ellas a divertir la vista en aquellos tapetes matizados de diversas flores; y estando en buena conversacion entretenidos, haciendo memorias de nuestro mensajero Mollbunante, que por el plazo que nos señaló, no podia dilatarse, y de otras cosas que se fueron rodeando, me pareció conveniente, para mi mayor crédito y opinion (que mediante el favor divino, le adquirí de ajustado y en mis acciones medido), decirle al buen viejo lo que pocos dias ántes habia descubierto y averiguado en una junta de cavas, que es cuando se congregan los que son vecinos comarcanos para con toda brevedad concluir con sus chacras y sementeras; y por no dilatarme en las circunstancias del subceso, referiré solamente lo mas esencial y lo que al intento es mas ajustado.

Estaba en casa de este cacique una muchacha de mui buen parecer, casada con un hijo suyo que andaba con la salud a pleito, de tal suerte que a mas andar se iba secando y consumiendo: esta chinuela, habiendo reconocido en mí, cuando a solas me hablaba, que no la respondia y de su presencia al instanse me apartaba por el recelo con que vivia por no ser visto ni aun imajinado en semejantes actos, dió en publicar entre las demas mujeres de que me habia hallado a solas con una hija del mesmo cacique, suegro suyo y huésped mio, que por haberse disgustado la moza con el marido, se habia vuelto a casa de su padre y estaba como divorciada, puesto que el marido no queria volver por ella, ni ella tenia gusto de estar en su compañía. A ésta, es verdad que comunicaba con la compostura que mi profesion y estado requeria, por haberla mandado su padre luego que llegué a su casa, que me sirviese y cuidase de darme de almorzar a las horas que yo quisiera, y de hacerme la cama y tenerla limpia tambien, y de lo demas que yo la mandase; mas, nunca fué la comunicacion tan estrecha y amorosa como significó la indiezuela a las demas sus compañeras, que picada o corrida de mi descortesía o desden, quiso deslustrar el crédito y buen nombre que en aquellos naturales habia adquirido. Estando pues, como he significado, en buena conversacion con el cacique mi huésped, le dí mi queja y manifesté el sentimiento con que me hallaba de que aquella muchacha nuera suya, sin fundamento alguno, hubiese divulgado en todo nuestro distrito lo que he referido, y que ya en todos los ranchos entre las mujeres hablaban descocadamente de esta materia, que por pública y bien parlada, tenia por sin duda que habia de llegar a su noticia, sino es que la tuviese ya por lo corriente; a cuya causa me habia parecido suplicarle con todo rendimiento y amor, que se sirviese de enviarme a casa de mi amigo Quilalebo, miéntras venia nuestro mensajero Mollbunante, porque sentiria en extremo llegar a entender que por mi causa tenia disgusto ni pesar alguno, ni que otras personas entendiesen tampoco que a mí me faltaba el conocimiento del respeto y reverencia que a su casa debia, y al amor y voluntad con que me habia tratado en ella.

Acabadas estas razones, me respondió el buen viejo mui sentido las siguientes: mui mal pagais, capitan, mi conocida afeccion, y no correspondeis a vuestras obligaciones, ni al respeto y cortesía con que os he procurado servir y regalar despues que asistis en esta pobre choza. Cierto de verdad que cuando le oí estas palabras tan sentidas y graves, que me hallé bien pesaroso de haberle referido lo pasado, juzgando que el disgusto que mostraba, era por haber sabido el chisme, y tenido por verdadero lo que la voz comun de las mujeres publicaba; y fué mui al reves de lo que interiormente concibió mi discurso, pues prosiguió diciendo de la suerte: ¿por mas amigo teneis a Quilalebo que a mí, capitan, que quereis dejar mi compañía por la suya, sin mas causa que la que me habeis referido? a que respondí sumiso, cortes, agradable y placentero: pues ¿eso habeis de juzgar de mí, Tureupillan, sabiendo que tengo esculpidas en el alma vuestras acciones, vuestros respetos, vuestros agasajos y favores? Yo tengo mas padre que a vos, mas amparo que el de vuestra sombra, ni mas consuelo que el de vuestra presencia y casa? El haberos pedido retirarme a casa de Quilalebo y ausentarme de la vuestra, ha sido por no daros pesadumbre, que claro está que la tendréis sabiendo que a vuestra hija por mi causa la mormuran y la hacen entreojos; y yo en vuestra presencia cómo podré parecer, sino avergonzado y corrido, considerándoos airado siempre que volveréis para mí la vista; y si por alguna causa, o algun desabrimiento, os oyese algunas desabridas razones, estaria juzgando siempre ser yo el principal instrumento de vuestro enfado y enojo. Estas son las causas y los fundamentos que he tenido para haberos suplicado, me apartaseis algun tiempo de estas mormuraciones y dichos fabulosos; que a no estar seguro de que en vuestra casa he vivido con la compostura y recato que habréis experimentado en mí, y con el respecto que se debe a quien vos sois, nunca tuviera osadía ni atrevimiento para deciros con descoco los pecados y delitos que me acumulan. Esto supuesto, disponed ahora lo que os pareciere, pues no tengo más dueño ni mas señor que vos, debajo de cuya disposicion y mando estoi con toda sumision rendido.

Bien parece, capitan (me respondió el anciano), que sois niño todavía y no teneis conocimiento de lo que son las mujeres, pues no sabeis que de su naturaleza son habladoras, embusteras, ambiciosas, entremetidas y envidiosas; que como han visto que mi hija os regala y os sirve, como yo se lo tengo ordenado, habrán querido presumir de vos lo que yo no he imajinado; y cuando lo que dicen fuese así, tuviera mui buen gusto mi hija, y a mí no me pesara de su empleo, pues os la tengo donada para que os sirva y hagais de ella lo que os pareciere; y en esta conformidad no teneis que hacer caudal de lo que hablan las mujeres, que son tales como he dicho, y tan entremetidas en todo, que aun desde sus fogones nos quieren gobernar a todos: y ¡desdichados aquellos que se sujetan a sus gustos y apetitos y se gobiernan por ellas! que yo las conozco ya muchos años que con ellas lidio; porque cuando mozo llegué a tener veinte mujeres, y todas de diferentes condiciones, las unas celosas con extremo, otras mal acondicionadas, otras insufribles entre mansas y apacibles, algunas aviesas y no bien inclinadas, y sobre todo otras necias y impertinentes; mirad si estaré bien experimentado y capaz de lo que son, y de sus astucias y malicias, que no podrán sujetarme sus halagos, ni prevaricarme sus razones. Y así, capitan amigo, nunca hagais tanto aprecio de lo que hablan las mujeres, porque jamas les ha de faltar qué decir, aunque sea de sí mesmas. Oidas las razones de mi amigo y viejo huésped, hallándome indigno de tantos favores, dije lo que la peregrina viuda a Booz con rendido agradecimiento: ¿de adónde me ha venido a mí forastera y pobre tanto bien? en cuyo lugar dijo el ilustrísimo Villarroel, que usó de esta modestia Ruth porque por peregrina y pobre juzgó no ser merecedora de tantos favores; así me juzgaba yo ausente de la patria y ajeno de mis bienes, cautivo y miserable, que entónces son mas de agradecer los beneficios, y mas dignos de esculpir en la memoria los favores; y así a mi defensor y dueño respondí lo que a Caro el natural poeta:

Sum quoque, Care, tuis defensus viribus absens:
Scis Carum veri nominis esse loco.

Ausente y desterrado,
Con vuestro esfuerzo estoi bien amparado;
Y así, Caro, has sabido
Ser de todos amado y bien querido,
En el lugar primero
Del nombre de amistad mas verdadero.

Mucho me habeis consolado (proseguí con mis razones), Tureupillan amigo, con vuestras palabras tan corteses como amorosas, tan discretas como prudentes, y tan ciertas como verdaderas; solo una cosa os quiero preguntar, que no sé qué jénero de mujeres son las impertinentes que dijisteis habia entre las que gobernábais. Yo os lo diré, capitan (me respondió el anciano): esas impertinentes son unas mujeres que solo sirven de mayor enfado, de mayor tormento y pesadumbre a los hombres cuerdos y apacibles, porque sin razon ni fundamento las veréis siempre con ceño y pidiendo celos de lo que no ven, ni han visto, armando caramillos con las de casa, disensiones y pleitos con las de afuera; si sus maridos son alegres y joviales, y a lo burlesco parlan con algunas, es para levantar treinta quimeras; si salen fuera de ordinario, que por qué salieron, y adónde encaminaron sus pisadas; si en casa son continuos y asistentes, que por qué son caseros y poltrones: finalmente no hai accion que no la emulen, ni paso bueno o malo que no midan. De esta calidad son las que llamo impertinentes: mirad si con justo título tienen este nombre merecido.

¿Es posible, Tureupillan (respondí admirado) que haya tales mujeres, y quién con prudencia quiera y pueda sufrir sus locuras? Ahí vereis, capitan (me dijo mi amigo), lo que padecen y sufren los que quieren tener muchas mujeres, que es forzoso que tengan várias condiciones, y con todas es bien acomodarnos, porque las malas nos sirven, las buenas nos consuelan, y las unas y las otras nos visten, nos sustentan y regalan; pero, verdaderamente, despues que tuve mas maduro el juicio, y fuí reconociendo que la muchedumbre de mujeres en una casa era una confusion contínua y un desasosiego grande el que causaban, porque entre tantas no faltaban noveleras, livianas y antojadizas, y era imposible guardarlas y contentarlas, me reduje con el tiempo a no sustentar ni tener mas de cuatro o cinco, y en mi vejez solo una muchacha que me abrigue, como lo habeis visto ; que las otras tres ancianas que me asisten, son las madres de mis hijas, que solo sirven hoi de gobernar la casa, de sustentarme, de vestirme y regalarme, y tal vez con dormir con ellas las agradezco su trabajo, y de esta suerte vivo con descanso, porque son ya mayores, y de buena condicion y convenibles, y son las celadoras de la moza, y la guardan mas bien que yo pudiera, porque como es muchacha, y yo viejo, no puedo satisfacer sus apetitos, y es mucho que con eso sea honrada, quieta y de buen natural. Sí, por cierto (dije al viejo), que parece mujer de muchos años segun su proceder y compostura, y la sujecion con que asiste a vuestro gusto, y las humildad y respeto con que sirve a las ancianas. Es hija de buen padre y de buena madre (me respondió mi amigo y camarada), que desde sus tiernos años fué enseñada a estar recojida y ocupada, sin saber lo que fuese estar ociosa ; que de estarlo las mujeres, se orijinan varios pensamientos, y salirse las hijas de casa de sus padres con el primero que encuentran o las habla.

Esto os he dicho de paso, capitan, porque si acaso os casáreis, no escojais mujer que con demasía exceda vuestros años, ni querais sustentar muchas mujeres, porque gastan la vida, apresuran las canas, debilitan los miembros, quitan las fuerzas y perturban los sentidos. Y con esto se fué levantando el viejo diciéndome : vamos, pichi Alvaro, por la leña que habemos menester para que nos hagan de cenar, porque la tarde refresca, el sol se va trasponiendo y la noche nos va llamando. Hicimos nuestros haces de leña con toda brevedad, porque mui abundante nos la ofrecia el monte, y con ella nos fuimos retirando poco a poco a nuestro rancho.

CAPITULO VI.

En que se ponderan las razones del anciano, con algun moral a nuestro intento.

Vamos con atencion discurriendo un rato por algunas razones del prudente anciano, para sacar algo que importe y haga al intento de este libro, mi principal intento.

¿No sabeis (dijo el viejo) que las mujeres de su naturaleza son habladoras, embusteras y envidiosas? Probemos estas razones para el crédito de el que las dijo, que aunque bárbaro podia ser remedo de aquellos sabios antiguos y filósofos los mas discretos.

Atemorizados los discípulos de J. C. S. N. en su prendimiento, le dejaron solo, y San Pedro a lo largo fué siguiendo sus pisadas hasta el patio o portal del palacio de Caiphas, por ver el fin que habia de tener su Maestro ; y estando asentado afuera, se allegó a él una mozuela y le dijo : tú tambien eras de los de Jesus Galileo. Y habiendo negado

Pedro, saliéndose por la puerta encontró con otra, que diciéndole lo propio, volvió a negar con juramento que no conocia tal hombre. Pues ¿cómo conocieron estas a San Pedro, y los demas fariseos no? aquí podrémos decir lo que nuestro viejo, porque son las mujeres entremetidas, curiosas y amigas de hablar, y aun de decir lo que no ven: díjolo escójidamente en este lugar el Gramático. Curioso animal es la mujer (dice este autor), entremetida y amiga de novedades; habian oido estas mozuelas a los criados y siervos del pontífice, que Pedro se habia hallado en el prendimiento de su Maestro; y aun estos, aunque le conocieron, excusaron el decirlo, y estas otras no supieron callarlo. Sobre estas palabras dijo nuestro gran arzobispo Villarroel las que se siguen: ¡Oh porfiada instancia de mujer! oh sexo frájil y atrevido! lo que los ministros todos del pontífice no se atrevieron a descubrir ni hablar palabra, tú no tuviste empacho ni vergüenza de decirlo y publicarlo a voces! Con que queda probado que son habladoras las mujeres, entremetidas y audaces.

Veamos ahora si son ambiciosas con su jénero de cudicia. La mujer primera, en el primer lance que se ofreció, hizo patente esta verdad; llegó el demonio al Paraiso y persuadió a nuestra primera madre que comiese de la fruta vedada, porque infaliblemente quedaria endiosada y parecidísima a Dios: comió al instante de la fruta, llevada de la ambicion de ser diosa. Sintiólo así San Ambrosio: solo con la ambicion (dice este santo) del prometido honor, pudo ser engañada una mujer. Y pasa mas adelante su deseo, segun Barsephas, obispo de Siria, que dice que no permitió ni quiso que su marido comiese primero de ella, por llevar la antigüedad y la presidencia en el ser diosa y supeditar al varon por esta parte. Eva pretendió ser diosa (dice nuestro autor citado) primero que fuese dios su marido, para que como en lo humano y en lo natural era su cabeza, ella lo fuese dél en lo divino y le tuviese a su mandar sujeto, por no tener envidia al dominio y potestad que sobre ella tenia; que es propiedad de la mujer mas cuerda envidiar el poder y el mando, con ambicion de ser mas que señora. El sexo femenino (dijo Cornelio Tácito) de su naturaleza es ambicioso, y del poder y potestad avaro.

Llevemos adelante las palabras del viejo, que son las que nos dan materia para lo que vamos probando.

No hagais caso ni tanto aprecio (dijo) de lo que las mujeres parlan, porque desde sus fogones nos quieren gobernar a todos. ¡Oh qué buen consejo para los que son amigos de escucharlas y de rejirse y gobernarse por ellas! Y desdichados (añadió) aquellos que se sujetan a sus gustos y apetitos, para no salir de lo que ordenan y imperiosamente mandan. No hai mas que decir en esta materia: ¿cuántos grandes varones se han visto postrados por el suelo, y aun privados de las vidas, por atender y escuchar palabras de mujeres, y rejirse por su parecer y gusto? dígalo Salomon con toda su sabiduría, a lo que le obligaron sus halagos; a Sanson valeroso y fuerte, ¿en qué estado lo pusieron? David santo y justo, ¿a qué extremo llegó su desordenado apetito? el rei Acab, ¿qué insolencias no ejecutó por estar tan sujeto a la mujer, que dice el texto sagrado, que fué vendido a ella, pues no parecia rei, sino es siervo y criado mui humilde? Y es así verdad, que los que se sujetan al pecado, a la cudicia y al interes avaro, son siervos y criados de sus errores : así lo dijo en este lugar San Ambrosio, sobre la cudicia insaciable de Acab, que no pudiendo conseguir lo que deseaba, se postró en su lecho desganado y sin gusto; y haciendo Jezabel burla y chanza dél, le dice: gran rei eres, y de grande autoridad por cierto, y rijes escojidamente el reino de Israel; por haberlo visto aflijido, triste y desconsolado por la repugnancia de Naboth, a quien hizo la mujer quitar la vida a pedradas por quedarse con su hacienda y heredad; que estos efectos causan las malas mujeres, y en estos errores caen los que se rijen y gobiernan por ellas; por lo cual dijo Oleastro, que esten alerta los maridos, y aprendan los varones a no dejarse ir con el gusto y parecer de las mujeres (como nos lo dijo nuestro viejo), ántes hagan que esten sujetas y subordinadas a las órdenes y preceptos de los maridos, porque de ordinario son perjudiciales y dañosos sus consejos, como lo dijo Tácito.

Bien se ha experimentado esta verdad en nuestro miserable reino de Chille, pues por no haber faltado Jezabeles, estan sus heredades por el suelo, y muchos Nabothes apedreados y sin vidas; que no puede tener mayor desdicha un reino, que trocarse las suertes en el mando y caminar al reves todas las cosas.

CAPITULO VII.

En que se prosigue la materia de los daños que se orijinan de andar las cosas trocadas y al reves, que los privados y deudos suelen ser la causa de semejantes desaciertos.

Entre los disparates y maldades que cuenta Salomon que vió en el mundo, insinúa por notables, el haber visto a los ignorantes en el lugar de los maestros, a los señores a pié como criados, y ellos a caballo como señores. Esta es la total ruina de nuestro reino Chille, porque no sé que en otra parte del mundo sea mas corriente este stilo de gobierno que en él, adonde se han visto a cada paso diversos ignorantes preferidos, y en los oficios mayores del ejército, en repúblicas y correjimientos hombres (o por mejor decir bestias) ajienos [sic] de la primera letra; y no dejaré de referir, por ser a propósito, y sazonado caso, lo que le sucedió a un pretendiente presumido con un gobernador severo y grave. Este tal pretendió un correjimiento, oficio de administrar justicia, no sabiendo leer ni formar letra, cuyas noticias tenia el superior mui manifiestas; despidióle algunas veces con decirle que en habiendo ocasion se acordaria dél y de sus méritos, palabras jenerales que acostumbran los que gobiernan. Continuó en su pretension con repetidas súplicas, de tal suerte que era ya molesto a los privados, porque no sabia negociar al uso, o no podia entrar por la vereda, por ser pobre, aunque mas le alumbrasen para encaminarse por ella. Al cabo de algunos dias, cansado de la asistencia de palacio y de lidiar con pajes y criados, quiso su suerte que encontrase sin pensar con el gobernador, que salia enfadado de su casa para la plaza, a quien volvió a decir que se acordase de él en lo que várias veces le tenia suplicado; a lo que le respondió desabridamente, que cómo queria que le entregase oficio de administrar justicia, si no sabia leer ni escribir, que esos oficios de correjidores eran para personas capaces y entendidas; a cuyas razones respondió el pretendiente, quitándose el sombrero: pues iré, señor, al correjidor de tal ciudad (que la nombró) a que me enseñe; que el mesmo gobernador le habia hecho merced del oficio, y no sabia tampoco leer ni escribir. Pues ¿quién le ha dicho que no sabe? le replicaron; a que volvió con lindo desgarro a decir: tan buen letrado es como yo, prometo a US.; y puede ser que el gobernador ignorase del otro tal defecto, que verdaderamente hacen mucho los acólitos y los privados que asisten mas de cerca, y los deudos y parientes cuando son interesados, que estos alaban a los unos y desacreditan a los otros conforme sus afectos y conveniencias; que por ellas quitan el premio al que lo merece, haciendo a sus señores que hagan lo que no quisieran, mintiéndoles claramente y engañándolos.

De estos son de los que dijo el profeta Osseas, que en sus malicias y maldades alegraron al rei, y en sus mentiras y engaños al príncipe superior. De esta calidad son los privados de estos tiempos en nuestros remotos reinos, y los deudos y parientes, que con mas libertad y atrevimiento despeñan a los que gobiernan, y les persuaden a que sin temor ni respeto a Dios ejecuten maldades y insolencias, y destruyan sus gobiernos, como en Chille lo ha mostrado la experiencia, a costa de su total ruina. No debemos (dijo San Bernardo) tener mala querencia a nuestros deudos y parientes, ni aborrecimiento alguno: a los impedimentos y embarazos que nos ponen para apartarnos del verdadero camino de la justicia, sí; esto es lo que se debe aborrecer, y de lo que se deben apartar los príncipes, jueces y superiores. Veamos ahora en lo que paró nuestro pretendiente capitan, qué respuesta tuvo, y qué despacho. El gobernador era un caballero de grandes prendas, soldado magnánimo, agradable y mui bien querido de todos, a quien cuadró tanto el dicho, el desgarro y resolucion del capitan, que luego le mandó despachar los recaudos del oficio que pretendia. Que en tales ocasiones un gobernador haga alguna merced, y desdiga tal vez la persona la capacidad y el talento del oficio que administra, pase mui en hora buena, que no por un tropiezo se dejó de pasar mas adelante; pero cuando se atraviesan muchos y a cada paso se encuentran, es forzoso a pocos lances dar de ojos. Esta debe ser tambien la causa de que nuestro Chille ande cayendo y levantando y esté tan a pique de no alzar mas la cabeza, porque son ordinarios y contínuos los que se le oponen, gobernando las armas los que no son soldados ni jamas lo han sido, por sus dineros o por otras dependencias, y los expertos ancianos abatidos y arrinconados, y aun expelidos de sus patrias; mercaderes y pulperos capitanes, y los soldados a la contra, aunque a estos no los culpo, porque han visto que al cabo de veinte y de treinta años de servicios, no hai quien les dé del pié, ni se acuerde de mirarles, y en adquiriendo algun caudal de cualquiera suerte que sea, son solicitados, así se arriman a tratantes[sic]. A los caballeros corteses, nada entremetidos, nada lisonjeros ni aduladores, que habian de ser los padres de las repúblicas y el amparo de ellas, los tienen como a extraños, y de sus debidos asientos excluidos, y asentados en ellos a los tiranos forasteros no conocidos; los que ayer fueron criados, ya son señores absolutos, los señores lejítimos hechos siervos y criados; los que eran oficiales de la aguja, y los vimos asentados en banquetas, ocupan ya las jinetas y las sillas de cabildos; los que estaban detras de mostradores y cargando petacas por las calles, hoi son los que gobiernan tribunales, y como dijo Lira, los hombres defectuosos hoi son ensalzados y subidos, y los nobles, virtuosos y dignos son deshonrados y expelidos: finalmente, no vió tanto el sabio en aquellos tiempos, como en los presentes le admiraran. Porque no puede haber mayor perdicion en los gobiernos, principalmente en los de guerra, que entrarse algunos en jurisdicciones ajenas, y los oficiales en diferentes oficios que no han aprendido. Cada uno viva en la esfera que le toca, y goce de la fortuna o suerte que le cupo: así lo sintió Ovidio:

Crede mihi: bene qui latuit, bene vixit, et intra
Fortunam debet quisque manere suam.

Qué sosegado vivió
El que se supo esconder,
Sin quererse entremeter
En lo que no le importó.
De su esfera no salió
Conservando bien el juicio,
Por no violentar el quicio
De la puerta que cerró.

El que supo ocultarse y esconderse, esto es, el que se tuvo en el lugar que le cupo, dice Ovidio que vivió bien; porque cada uno no debe salir de los límites de su esfera. Y [aun los sentidos que nos acompañan, si se entran en oficio ajeno tienen de contado su merecido castigo; así le sucedió a nuestra primera madre; vió la mujer (dice el texto) que era bueno el árbol, o fruta vedada, para comer de ella; en cuyo lugar dijo Oleastro: aun no habia cojido el gusto de la fruta, y solo con la vista juzgó de su sabor, y aprobó su dulzura y su bondad, no sabiendo que tal vez engaña la vista, y lo que es ágrio y desabrido, le parece sabroso y deleitable; quiso meterse el sentido de la vista en lo que le tocaba al gusto; salió de su lugar y de su esfera, y pagó de contado su delito Eva, y encartados en él quedamos todos. Si cada uno tratase de lo que es su profesion, y no quisiese ser capitan ni alférez el arador grosero, gobernador y presidente el marinero zafio, y el humilde pastor piloto de una nave, no se vieran trocados los efectos de la guerra, ni los gobiernos políticos ajados, ni tan apretada nuestra monarquía.

Navita de ventis, de tauris narret arator,
Enumeret miles vulnera, pastor oves.

Los marineros traten y el piloto
De lo que está a su cargo, y de los vientos;
El labrador rejistre si está roto
El arado, y los bueyes sin alientos;
El soldado descubra el pecho roto
Y cuente sus heridas y portentos;
El pastor apaciente su ganado;
Que así estará todo concertado.

Acuda cada uno a lo que le toca, sin entremeterse los unos ni los otros en lo que no entienden, ni las mujeres gobiernen desde sus fogones (como dijo el viejo) a los maridos, de que se han orijinado las pasadas razones; solicite esta el gobierno de la casa solamente, no se entremeta en negocios de la plaza, ni en las disposiciones de la guerra, que esa es pertenencia de varones; que así lo dijo Virjilio a la prelada o guardiana del templo del dios Jano:

Cura tibi divum effigies ac templa tueri;
Bella viri pacemque gerant.

De los santos ten cuidado
Y de los templos tambien,
Que ese oficio te está dado;
Y deja la guerra a quien
Le toca como soldado.

CAPITULO VIII.

En que se prosiguen y se ponderan las razones del anciano, y se saca cuán perjudicial sea sujetarse a los halagos de las mujeres mal encaminadas, y se alaban las buenas.

Varios discursos y abundantes de autoridades sacras pudiera hacer sobre la materia, y encaminados a las ponderativas razones de nuestro prudente anciano, discreto y sabio; solo repetiré las dos últimas que dijo, que verdaderamente son para volver sobre ellas y con atencion contemplarlas.

Alabándole yo la mujer moza que tenia, de compuesta, humilde y trabajadora, dijo el viejo: es hija de buen padre y de buena madre, que desde niña la enseñaron a estar recojida y no ociosa. ¡Qué buena doctrina para las madres que se precian de que sus hijas traten solamente de damas, de pulidas, decidoras y ventaneras, sin saber lo que es la rueca, la aguja, ni la almohadilla! ¿Qué fué lo que dijo nuestro venerable viejo que redundaba de estar las hijas ociosas? El salirse de casa de sus padres con los primeros que encontraban, y el enjendrar pensamientos varios solicitando ponerlos en ejecucion: y si un bárbaro jentil de esta verdad infalible llega a tener conocimiento, ¿por qué los que tenemos reputacion cristiana y obligaciones diferentes, no advertirémos cuidadosos los daños que causa la libertad y el ocio? de quien dijo San Bernardo, que era una pestilencial bomba adonde se congregan y se juntan cuantos pensamientos inútiles y malos pueden imajinarse; que de la suerte que en una nave se agregan y recojen todas las aguas inmundas y asquerosas de ella, de la propia suerte, adonde reina este mal vicio de la ociosidad, en él se hallarán aunados y recojidos los vicios torpes, inmundos y feos.

La última razon y consejo que me dió mi camarada, fué decirme : si tratareis de casaros y tener mujer que haya de ser a vuestro gusto, no la elijais niña si fuereis viejo, ni vieja si mozo : que eso quiso decir en buen romance, porque de la desigualdad no se puede hacer buen mixto.

Encargóme tambien que no sustentase muchas mujeres, que gastaban la naturaleza, apresuraban las canas, debilitaban los miembros, quitaban las fuerzas y perturbaban los sentidos.

Todo esto lo tienen bien advertido y ponderado los santos padres y doctores de la iglesia; que por no dilatarme en lo que es tan corriente, no referiré mas de lo que San Efren y San Inocencio papa nos insinúan; hablando el uno de la mujer que sujetó a Saņson, dijo : esta mujer abatió, consumió y venció, o llevó cautivo, aquel nazareno invicto. Y San Inocencio papa trae a la memoria algunos lugares sagrados, y acaba su período con las siguientes palabras : verdaderamente (dice) que es cierto y verdadero lo que se escribe y se lee, de que muchos incautos miserablemente han perecido y muerto por halagos engañosos de licenciosas mujeres, que solamente se encaminan estas a sus particulares intereses y temporales gustos; como parece que nos lo quiso dar a entender la mujer de Putíphar, que pareciendo de las mas finas enamoradas, vinieron a parar sus amartelos en dejar sin capa a Joseph, y en una cárcel postrado. Mas vivamente se reconoció esta verdad en Dalila, que luego que vió a Sanson raido y pelado, lo apartó de sí, y despreciándole se arrimó a los que le ofrecieron el dinero, como lo acostumbran las que tratan de ser mundanas.

De maravillar es por cierto, que habiendo reconocido Sanson la malicia cautelosa y engañosa intencion de sus mujeres repetidas veces, le obligaron sus halagos y sus porfiadas lágrimas a manifestarles sus secretos; en que se verifican las razones de nuestro anciano discreto, que dijo, que perturbaban los sentidos y cegaban los entendimientos; por lo cual aconsejaba Ovidio, que no se sujetasen a mentidas lágrimas de mujeres, porque industriaban a los ojos y los enseñaban a derramar lágrimas en todos tiempos :

Neve puellarum lachrymis moveare caveto,
Ut flerent oculos erudiere suos.'

No adelantes el discurso
A dar crédito bastante
A la mujer inconstante
Que con lágrimas al uso,
Hacerte chanza dispuso,
Con astucias industriando
A sus ojos, que llorando
Al suplicio te encaminen:
Mira que así no te inclinen,
Que padecerás penando.

Luego, perjudicial y dañoso es sujetarse al mentido halago y cauteloso semblante de las mujeres, y mas cuando son muchas (como experimentado nuestro viejo nos propuso), porque serán los tropiezos mayores, y los daños mas contínuos y ordinarios que los que puede causar una mujer sola. Sintiólo así San Atanasio, preguntando, que por qué causa, en la lei nueva que gozamos, no se le permite a un hòmbre mas que sola una mujer, habiéndose permitido en la lei antigua dos, y tres y mas mujeres. Y responde a su duda diciendo, que en eso se conoce y se echa de ver ser lei de gracia la que hoi tenemos y gozamos, no permitiendo mas que una sola mujer, como lo dispuso Dios y lo ordenó al principio del mundo. Sobre lo cual dice San Atanasio: no dijo nuestro Criador y Señor universal que estuviesen tres, o cuatro o mas mujeres unidas, ni enlazadas, ni sujetas al nudo obligatorio del'matrimonio; al primer hombre una sola le dió, y esa sola fué bastante y causa principal de destruirle y postrarle por los suelos, y a todo el universo con él. Mirad (prosigue el santo), si una sola hizo tamaño destrozo y tan universal daño, ¿qué habia de ser de nuestro primero padre, y en qué habia de parar el mundo, si le hubiesen dado dos mujeres?

Finalmente, podrémos decir con nuestro viejo (remedo de aquellos antiguos sabios) lo que Demócrito respondió, habiendo sido preguntado que por qué causa, siendo él tan corpulento y en todo grande, escojió para mujer la mas pequeña y delicada, y dijo que de lo malo se habia de escojer lo menor y mas poco.

Al mesmo intento Pitágoras, a los que le preguntaron que por qué razon y causa habia entregado y dado por mujer una hija que tenia, a su mayor enemigo, respondió, que porque no podia haberle hecho mayor daño, ni dádole cosa peor. Con que habemos probado las razones de nuestro natural y prudente anciano, y confirmado que entre estos bárbaros infieles, hai muchos de escojidos naturales, adornados de capacidad, de entendimiento y buena razon. De ninguna manera ha sido mi intencion, ni lo será jamas, el vituperar lo bueno y digno de alabanza, aunque en lo jeneral haya significado lo corriente en las que son aviesas, ni tampoco cuidadoso he pretendido lastimar al sexo femenino. Porque, como dijo San Ambrosio, no es culpable la naturaleza, ni tan sujeta al mal está como la hacen; que la virtud es la que fortalece, hace cautos y prudentes. Y para prueba de mi intento, que no ha sido encaminado a deslustrar el comun de la naturaleza femínea, diré lo que Oríjines en su alabanza dijo: ¿qué hai mas que decir (son sus palabras) si leemos que Débora, mujer profética y consorte de Lapidoh, gobernaba el pueblo de Israel? y pasa mas adelante diciendo, que adonde habia tantos y tan ilustres varones y doctos jueces, no se dijo de ninguno que tuviese el don de profecía, como le tuvo Débora; que esto puede servir de gran consuelo a las mujeres, y que entiendan que la diversidad del sexo no hace profetas, sino es la puridad del entendimiento y la limpieza del alma.

Y para mayor loa y alabanza de este sexo baste decir, que fué formado de mejor materia que el hombre, porque Adan, nuestro primer padre, del cieno de la tierra tuvo su principio, y Eva, nuestra madre, de la costilla del varon; no digamos en ocasion que vamos alabando a las mujeres, que fué darle un hueso a Adan para que royese con harta pesadumbre de todo el jénero humano; mas dice San Dionisio Cartuciense que fué por honrar el sexo femenino, y porque el Omnipotente Criador tuvo previsto el encarnar y humanarse en él, y así le hizo de mejor materia. Y daré fin a este capítulo con lo que dijo Theodoreto, en el lugar antecedente, de la profetisa Débora. Yo juzgo (dice este doctor) que a esta mujer se le fué concedido el don de la profecía para afrenta y defensa de los varones que asistian en Israel, porque ninguno de ellos se halló digno ni merecedor de la gracia del Spíritu Santo, y esta sola entre tantos la supo merecer y adquirir. Con que habemos puesto fin a nuestro intento y dado a entender a las mujeres, que no son las buenas, ni las de escojidos naturales, las pesadas, las onerosas, ni las que dan ocasion a hablar mal de sus acciones; ni tampoco podrémos dejar de decir, que las que son aviesas y [de] mal encaminadas costumbres, no pueden dejar de ser molestas, perjudiciales y dañosas, sin que en ellas pueda tener lugar el don de la profecía por gracia del Spíritu Santo.

CAPITULO IX.

De como volvió el mensajero Mollbunante de la tierra de españoles, y fué a casa de Tureupillan por mí para llevarme a los nuestros, y de la oracion que hice a Dios N. S. en accion de gracias.

Al cabo de algunos dias, que no se pasaron muchos del término señalado por nuestro embajador Mollbunante, llegó a nuestra habitacion acompañado de diez o doce amigos comarcanos, deudos y parientes suyos y de los caciques presos por quienes me habia yo de rescatar: y esto fué al amanecer, a los veinte y cuatro de noviembre, víspera de Santa Cathalina, vírjen y mártir, y dia de San Chrisónogo mártir, cuyos dias son hasta hoi para mí de gran consuelo y de mi devocion, en memoria del gusto y regocijo que fué Dios servido de darme en aquellos dias; pues recebí carta del gobernador mui regalada y en que me decia, que con el portador me aguardaba con toda brevedad, y que hiciese con puntualidad lo que me ordenase, que en eso consistia el ver logrados sus intentos y el dichoso fin de mi libertad. Y es el caso que los caciques y toquis principales de la parcialidad de la cordillera, como siempre solicitaron con todas veras el quitarme la vida, y haberme a las manos para ejecutarlo a su gusto, tenian determinado salir al camino y a fuerza de armas arrebatarme, luego que llegaron a entender que trataban de libertarme en trueque de los caciques presos que entre nosotros estaban; y esta fué la causa de que me encargase el gobernador que no saliese un punto de lo que Mollbunante dispusiese, que tambien por este recelo caminó de noche, porque aunque sabian los contrarios que iban mensajeros y venian, no quisieron que llegasen a entender ni saber el dia ni cuándo me hubiesen de llevar de casa de Tureupillan, adonde sabian claramente que estaba retirado, por órden de mis amos, para asegurarme mas de sus traiciones y cautelosas industrias.

Con la llegada de nuestro nuncio se regocijaron todos los de la casa de mi huésped y camarada Tureupillan, quien con todo cuidado y dilijencia despachó al instante a dar aviso a mi buen amigo y suegro en los deseos, Quilalebo, y a los demas caciques sus vecinos, para que con todo aplauso y gusto celebrasen el que yo tenia, y se regocijasen en mi despedida; y aunque el mensajero quiso apresurar nuestro viaje y volver a salir aquella noche siguiente, no lo permitió el cacique, obligando a Mollbunante con súplicas y ruegos a que aguardase a los comarcanos caciques, principalmente a Quilalebo, que estaba dispuesto a ir en mi compañía hasta ponerme entre los nuestros, como lo tenia prometido. Mucho me huelgo, dijo Mollbunante, que se determine el viejo a ser nuestro compañero, que con su autoridad y con sus canas obligará a otros deudos y amigos a que le sigan, y serán nuestras fuerzas mas copiosas, que por lo que puede suceder no es malo que vamos muchos.

Con esto dieron principio a sacar cántaros de chicha y brindarse los unos a los otros, como yo lo hacia con grande festejo y alegría, y en el entretanto que se disponian las ollas y se hacia hora de comer, pedí licencia al camarada para ir al estero (adonde por las mañanas acostumbrábamos el baño), llevado del deseo de dar infinitas gracias a nuestro Dios y Señor por tantos beneficios y mercedes como cada dia recibia de sus benditas manos, mas que del ordinario beneficio, ni de otros particulares intereses, que este es el mayor y el que debemos solicitar los que tenemos, o debemos tener, verdadera luz y conocimiento de sus grandezas. Dejé a los compañeros entretenidos, y en jovial divertimiento bien ocupados, y yo me encaminé al bosque, adonde por las mañanas me mostraba agradecido al Criador de cielos y tierra, porque me daba salud y vida para experimentar contínuos sus regalos y colmados beneficios.

Dí principio a mi oracion, las rodillas hincadas en tierra, y los ojos en el cielo fijos, con aquellas palabras que, asentados a las orillas de los caudalosos rios de Babilonia, con suspiros y lágrimas decian los ausentes de su patria por el profeta rei: Señor de cielos y tierra, si no me acordáse de tí para alabarte y engrandecerte con la boca y con la lengua, permite que al paladar se apegue, y enmudezca en castigo de su culpa si tambien no antepusiere a mis gustos y alegrías la santa Jerusalem de vuestros celestiales alcázares; y esto fué despidiendo por los ojos de regocijo dos fuentes, que, como dijo San Agustin en este lugar, allí está el summo consuelo y alegría, adonde mas gozamos de Dios N. S. Así me aconteció a mí, prorumpiendo en lágrimas el consuelo y gozo que tuve en alabar al Señor y darle gracias, y en haber recibido cartas del gobernador con ciertas esperanzas de ir a gozar del mayor tesoro que se puede buscar ni apetecer, como lo es la libertad amada.

Nunca el demasiado gozo deja de traer su contrapeso, y así debemos en los mayores gustos tener en la memoria los pesares venideros, como lo aconsejaba el jentil versista al inconstante amigo que presumia no tener lugar en él la fortuna adversa ni el pesar:

Tu quoque fac timeas, et quæ tibi læta videntur
Dum loqueris, fieri tristitia posse puta.

Recélate con temor
Y mira que tu contento,
Puede ser que en un momento
Se trueque en pena y dolor.

Pues es forzoso que tras el uno se siga el otro, y en tiempo de aflicciones es bien tolerar la tristeza con la esperanza de ver en breve mejorada la fortuna; así lo amonestó San Gregorio Nacianceno. Y San Juan Crisóstomo dice, que Dios nuestro Señor, con las cosas alegres y gustosas, mezcló las tristes y amargas, porque no permite que los suyos tengan contínuos placeres ni sucesivos pesares; y a este propósito diré lo que el glorioso padre y doctor San Agustin notó y refiere de dos diosas que los romanos adoraban y tenian en mayor veneracion que a los demas dioses, que eran Volupia y Angerona; que Volupia se deriva de *voluptate*, que es el deleite, y Angerona de *luctu*, que es el llanto y la tristeza; sobre lo cual dice Pierio, que los templos de estas diosas estaban fabricados con tal arte, que en medio del de Volupia estaba fundado el de Angerona, para darnos a entender que en medio de los mayores gustos y placeres, se han de hallar mayores angustias y tristezas.

Causóme, pues, algun pesar, en medio del mayor consuelo que tuve, el haber dicho nuestro mensajero, que los de la parcialidad de la cordillera estaban resueltos a salirnos al camino, y a fuerza de armas perturbar la intencion de mis parciales, amigos y defensores, arrebatándome de en medio de ellos para ejecutar a su salvo sus dañadas intenciones y disinios contumaces; con cuyos cuidados y recelos se mezclaron mis

alegrías y mis gustos, y con mas fervorosos afectos proseguí con mi oracion diciendo con David: Señor y Dios de mi alma, mis clamores y suspiros se han encaminado a tu presencia, pues tú eres mi esperanza, mi
regalo y mi porcion. Y acabé diciendo : líbrame, Señor, de los que me
persiguen y atribulan, porque en mi daño han sacado el rostro y confor-
tádose ; bien conozco tu grandeza, y en tu summa bondad y misericordia tengo librados mis aciertos y asegurados mis pasos, porque no hai
enemigo que se oponga a los que se valen de tu proteccion y amparo,
por medio de la oracion santa y fervorosa, que esta hiere con mas fuerza y son sus tiros mas ciertos y alcanza mas a lo largo, que puede la
saeta mas veloz y aguda. Notólo así San Ambrosio cuando, por la oracion, el profeta Eliseo, estando cercado de los sirios, tuvo ejércitos de
ánjeles en su defensa ; en cuyo lugar dijo el santo doctor citado las palabras antecedentes.

Continuaron mis ojos sus corrientes, y mis lábios de nuevo pronunciaron la oracion del rei profeta diciendo: oye, Señor, piadoso mis
suspiros y ruegos, porque soi pobre, humilde, cautivo y necesitado ;
obra, Señor, un portento en mi provecho, y en mi bien manifiesta tu
grandeza, para que mis enemigos y perseguidores reconozcan tu infinito
poder y se confundan, se perturben y avergüencen, porque estuviste
de mi parte, me ayudaste y fuiste mi consuelo ; merezca yo, Señor y
Dios mio, decir lo que David experimentado y reconocido a tus favores
pronunció y dijo agradecido y obligado : en mis trabajos y tribulaciones
invoqué y clamé a mi Dios y Señor, y fué servido de escucharme y
atender a mis voces desde sus altos alcázares y palacios santos ; ciertas
esperanzas me acompañan, y felices subcesos me prometo en el despacho y decreto de mis peticiones, lo primero, porque sois Padre de piedad y de suma misericordia, de cuyo atributo os preciais tanto, que
parece que andais a porfía con el hombre, vos en perdonarle y él en
ofenderos, mas vence vuestra bondad y grandeza a su maldad y malicia :
así lo dijo el gran maestro Francisco de Mendoza, y el glorioso apóstol
de las jentes, escribiendo a Tito, le dice : la humanidad, la bondad y
mansedumbre de J. C. Dios y Salvador nuestro, se apareció entre nosotros, no para castigarnos conforme nuestras malas obras, sino es para
salvarnos segun su grande misericordia.

Llegó el vicario de Cristo, Pedro, a preguntarle que si perdonaria
siete veces al pecador que otras tantas pecase, pareciéndole que era
grande piedad perdonar al ofensor siete veces ; y respondió nuestro
amado Redemptor: no digo yo siete veces, sino es setenta y siete veces
que te ofendan, otras tantas debes perdonar a los que miserablemente
caen en la culpa; en cuyo lugar dijo San Crisósthomo : grande cosa le
pareció a San Pedro que habia dicho o propuesto para ser alabado de
piadoso, y prosigue con las siguientes palabras. Mas Dios N. S., como mas humano, mas cortes y mas tratable, con misericordia inmensa
dice que setenta y siete veces al pecador se perdone; porque (repite
nuestro santo hablando con San Pedro) cuanta diferencia se halla de

una gota de agua comparada a la grandeza del inmenso piélago del mar, tanta es la que hai, y mucho mas, de tu misericordia a la piedad, clemencia y bondad de Dios. Luego, bien digo que su misericordia, cuanto a lo primero, es la que me anima y pone esfuerzo a esperar ver logrados mis deseos.

Lo segundo, gran Señor (proseguí mi oracion), porque soi pobre, atribulado y esclavo, en tierras extrañas, sujeto a voluntades ajenas, entre jente miserable y bárbara, sin mas vestiduras y abrigos que una camiseta o manta sobre mis carnes, descalzo de pié y pierna, y aunque bien querido y estimado de mi amo y de los amigos que me tienen a su cargo, otras parcialidades caribes y rigurosas solicitan mi muerte por varios modos y caminos; con que tengo por sin duda que estas penalidades y trabajos son ciertos indicios (Dios de mi vida) de que estais presente en medio de estas mis congojas, porque os preciais de asistir a los atribulados y socorrer al que se halla en necesidades que con clamores y suspiros os invoca y llama. Así lo dijisteis por David, asegurando vuestra asistencia divina a los que necesitan de ella, y os la piden con humildes ruegos. En este lugar dijo Ruperto : ¿cuándo no está este gran Señor con los que agonizan y padecen miserias y desdichas?

Y estando vos, Señor, conmigo (volví con mi oracion a decir), [de] estos trabajos y tribulaciones diré con el profeta rei: no tengo que temer ningunos infortunios ni peligrosos daños estando vos conmigo, aunque me halle entre los riesgos conocidos de la muerte. Y con el santo Job proseguiré diciendo : ponedme vos, Señor, a vuestro lado, y opónganse tropiezos y enemigos feroces cuantos se hallaren ; que con esto todas mis desdichas, todas mis aflicciones y trabajos son consuelos, son alegrías y prosperidades ; y este humilde traje en que me veo, y estas viles mantas que me cubren, son vestiduras de gala que me adornan. Así lo dijo San Cipriano hablando de Joseph : estas prisiones y estas ligaduras vienen a ser adorno del que las padece ; y en medio de estos gustosos conflictos, repetiré unos versos que en la afliccion que tuve me acompañaron, y desahogaron el pecho de congojas :

ROMANCE.

Dejadme, imajinaciones,
Dejadme llorar un rato :
Veré si llorando puedo
Dar a mi pena descanso.

Dejad que mis claras luces
Despidan de sí cuidados
Que tal vez al pecho aflijen
Si quiere disimularlos.

Y pues estais, ojos mios,
Tan llenos de pena y llanto,
Desaguad por esas fuentes
El mar que os tiene anegados.

Dejad que se precipiten
Esos arroyos colmados,
Para que con su avenida
Salgan pensamientos varios.

Con valeroso denuedo
Arrojadlos al naufrajio,
Que tal vez al atrevido
Le favorecen los hados.

Al prudente sufrimiento
Se sujetan los contrarios:
Sufrid, que todo lo vence
El tiempo con darles vado.

Y pues Jeremías fuisteis
En lo aflijido y llorado,
Sed Job en tener paciencia,
Que en ella hallaréis el lauro.

Mas no me admiro lloreis
Pues con eso hallais descanso,
Que es propio del aflijido
Mitigar su mal llorando.

Y volviendo a mi oracion, acabaré con lo tercero que alienta mi esperanza, y lo mas eficaz para mis súplicas, que es tener por sin duda el auxilio y proteccion de la que se precia ser amparo y madre piadosa de pecadores, la Vírjen santísima del Pópulo, Señora nuestra, cuya imájen desde mis tiernos años fué de mi devocion el principal asunto, con un particular modo de respeto, de temor y reverencia, que pudo compelerme como a niño y encaminar mis afectos a esculpir en mi alma su bien delineado dibujo en su retrato, y dar al verdadero la adoracion debida, como lo he continuado desde aquel tiempo; que por no ser la causa ordinaria, ni el fundamento que me movió a esta santa devocion, referiré en breve mi suceso en el siguiente capítulo.

CAPITULO X.

En que se manifiesta de la suerte que en mis tiernos años adquirí la devocion de esta gran Señora del Pópulo, y en que se prosigue y acaba la principiada oracion en el atrasado capítulo.

Estando gobernando los estados de Arauco de maestro de campo jeneral mi padre (que Dios tenga en su gloria), me hizo llevar a ellos luego que quedé sin madre, como queda a los principios manifiesto, y fuí de tan pocos años, que apénas tendria siete. Entróme en el convento o casa de residencia que allí tenian los padres de la compañía de Jesus (dejo otras circunstancias que pasaron, y voi al punto de lo que he propuesto), y al cabo de algunos dias que empecé a perder el miedo a los benditos padres que allí estaban (que así los puedo llamar, porque fueron conocidos por siervos de Dios, que eran los venerables padres Rodrigo Vasquez y Agustin de Villaza), entraba y salia sin temor alguno a sus celdas y a los demas rincones de la casa, aunque a la iglesia con algun recelo, porque estaba en ella una imájen de la Vírjen Santísima del Pópulo, en un lienzo pintada con tal perfeccion y arte, que luego que se entraba por la puerta, ponia los ojos fijos y miraba a todos de hito en hito. Un dia sobre tarde, con otros compañeros niños que allí asistian, concertamos entrar a la iglesia a ver a la Señora, que miraba a cada uno con notable admiracion nuestra. Hicímoslo así y con temor mas que reverencia nos hincamos de rodillas enfrente del altar adonde estaba, y aunque divididos los unos de los otros nos pusimos, a un tiempo a todos nos miraba cuidadosa y atenta, y con admiraciones decíamos los unos a los otros: a mí me está mirando con sus serenos ojos, fijos en los mios; y de esta suerte anduvimos mudando lugares, y siempre sus hermosas luces tras nosotros. Yo, pues, con mas curiosidad que mis compañeros, me fuí a los rincones de la iglesia, de adonde me asomaba poco a poco, y al punto que llegaba a descubrir su sereno rostro hermoso y grave, sobre mí puestos hallaba sus lucientes ojos. Volví a hacer otra prueba de muchacho, que me pareció imposible que en el lugar que me puse pudiese mirarme, y fué entrarme debajo de un escaño que para asentarse en él estaba en la capilla mayor con otros bancos ; saqué por un lado la cabeza, y apénas pude mirarla cuando con mas ahinco y mas cuidado parece que con la vista queria sacarme del oculto lugar en que me habia escondido ; retiréme al instante para adentro, y por un resquicio o abertura del escaño, segunda vez puse los ojos que tasadamente con uno podia descubrirla, y de la misma suerte que si frente a frente estuviese en su presencia, hallaba sus divinos luceros en mí fijos.

De aquí se orijinó la devocion fervorosa que a esta Santísima Señora del Pópulo tengo desde tan tiernos años como he significado ; debajo de cuya proteccion y amparo he vivido seguro, atropellando infinitos trabajos y peligros de la vida en esta guerra. Quiera su divina clemencia librarme de los eternos, y darme su gracia para que acierte a encaminar mis pasos a lo que fuere de su mayor honra y gloria.

Proseguí con mi oracion, diciendo que lo tercero que alentaba mi esperanza y a mis súplicas y ruegos prometia buen despacho, era la intercesion de María Santísima ; de quien dijo San Anselmo, que mas presto y con mas velocidad conseguíamos el favor y ayuda, trayendo a la memoria el nombre inefable de esta gran Señora, que invocando el de J. C. S. N., y da la razon y dice : porque a J. C., nuestro Dios y Señor, como a recto Juez, le toca y pertenece el castigar nuestras culpas y pecados, y a la Vírjen Santísima el patrocinarnos, defendernos y ampararnos.

Y el glorioso doctor San Bernardo insinuó estas siguientes palabras: nuestra peregrinacion lastimosa, triste y lamentable, envió una abogada al cielo por delante que, como Madre de Jesus, recto y supremo Juez, y que lo es tambien de suma misericordia, es sin duda que con eficacia grande tratará los negocios de nuestra salud y vida eterna. ¿Quién se vale de este sagrado divino, que no experimente luego sus auxilios? Quién llega con necesidad, que de lo necesario no salga proveido? quién enfermo, sin salud? quién atribulado y triste, sin consuelo? y quién imposibilitado de remedio, que no le halle? Porque es la llave maestra que abre las puertas de los tesoros del cielo sin saber cerrarlas, como Elias ; de quien dijo San Crisóstomo, que abria por medio de la oracion las puertas celestiales y las cerraba tambien, y ántes las cerraba que las abria ; pero vos, Reina de los ánjeles, no sabeis cerrarlas, sino es tenerlas de par en par abiertas, como en este lugar lo dijo el doctor y gran maestro Francisco de Mendoza hablando con la Vírjen Santísima: llave eres del cielo, celestial Señora (dice), con mejor y mayor derecho que el profeta Elías, no para que le cierres ni le ocultes, mas ántes para que le abras y manifiestes ; no para que en la tierra esparzas iras, ántes sí para que derrames piedades y misericordias, que estas nos prometemos con efecto, porque está vuestro favor de nuestra parte ; que vuestro amado hijo se avergonzará, sin duda, si os niega lo que pedis. Así lo dijo San Ambrosio en el lugar siguiente :

Llegó la madre de los hijos del Zebedeo a pedir sillas para sus hijos por repetidas instancias y súplicas de ellos, presumiendo que a la madre

fuese la peticion al instante concedida; y da la razon por qué el Abulense, diciendo, que mas fácilmente concederia a la madre que a los hijos lo
que deseaban, porque alguna vez ayudaria a la Vírjen Santísima a dar
sus pechos y alimentar a Cristo Señor nuestro; y es así, que no le negó
la voluntad, sino es el poder; sobre lo cual nuestro santo citado pronunció estas palabras. El Señor de cielos y tierra se avergonzaba (diga-
moslo así, dice San Ambrosio, usando de sus razones), se confundia y
perturbaba, habiendo de negar el consorcio y compañía de su asiento a
la ama que tal vez le daria sus pechos. Aquí entra nuestro argumento, y
digo, que cuando a la madre ajena no se atrevia Cristo a negar totalmente lo que le pedia, ¿cómo a su propia madre podrá excusar el conceder lo que le pide y ruega?

La misericordia de María Señora nuestra fué mui grande para con
los pobres, humildes y miserables pecadores, cuando asistia en este mundo con nosotros; mas, despues que triunfante reina en los celestes coros,
es mucho mayor su piedad, su clemencia y misericordia para con ellos.
Díjolo con elegancia San Buenaventura así, que mayores misericordias
usa hoi con los miserables! reinando en el cielo, que las que en este
mundo nos comunicaba, porque tiene mas presentes y descubiertas sus
miserias. Luego, los que padecemos desdichas y trabajos, seguros podemos estar de que las mirará con atencion para remediarlas y para socorrer nuestras necesidades. ¡Oh Madre de misericordia! ¡oh clementí-
sima reina! ¡oh Señora piadosísima! mirad con tiernos ojos mis tribulaciones, atended a mis súplicas y ruegos, y no despreciéis mis llantos y
suspiros; ponedlos en la presencia de vuestro precioso hijo para que
pueda decir con David: *Miserere mei, Deus*, tened misericordia de mí,
Dios y Señor mio; y repitiendo lo demas del salmo, cuando llegué a
decir: *tibi soli pecavi*, pequé, Señor, contra tí, la tercera repeticion fué
con tantos suspiros, sollozos y lágrimas, que no pude pasar adelante con
él en mui buen rato, y lo propio me sucedió en los mas versos, repitiendo muchas veces mis culpas en presencia del Señor de lo criado;
que, como dijo San Ambrosio en este lugar, que repitiendo muchas veces nuestras culpas grandes misericordias se adquieren. Acabé mi oracion con los siguientes medidos renglones, que a los principios de mi
cautiverio a la memoria ocurrieron, con los cuales todos los dias solia
dar principio a mis devociones; y aquí pondrémos fin con ellos a mis súplicas y lastimosos ruegos.

ROMANCE Y ORACION.

Gracias os doi infinitas,
Señor del impirio cielo,
Pues permitis que un mal hombre
Humilde amanezca a veros.

En este pequeño bosque,
Las rodillas por el suelo,
Los ojos puestos en alto,
Vuestra grandeza contemplo.

Consolado y aflijido
Ante vos, Señor, parezco,
Aflijido con mis culpas,
Consolado porque os temo.

Diversos son mis discursos,
Varios son mis pensamientos,
Y luchando unos con otros
Es la victoria por tiempos.

La naturaleza flaca
Está siempre con recelos
De los peligros que el alma
Tiene entre tantos tropiezos.

El spíritu se goza
En medio de mis tormentos,
Porque es docta disciplina
Que encamina a los aviesos.

Dichosos son los que alcanzan
Tener aquestos recuerdos,
Guiados por vuestra mano
Para que no andemos ciegos.

Trabajos y adversidades
Entre inconstancias del tiempo
Padezco con mucho gusto
En este feliz destierro.

En mí las tribulaciones
Han sido un tirante freno
Que ha encaminado mis pasos
Y refrenado mis yerros.

Todos son, Señor, favores
Y de vuestro amor efectos,
Que atribulais al que os huye,
Porque en vos busque el remedio.

Oh! Rei de cielos y tierra,
Oh! piadoso Padre eterno,
Oh! Señor de lo criado,
Oh! Dios de Sabaoth inmenso.

Vos, Señor, sois mi refujio,
Vos sois todo mi consuelo,
Vos de mi gusto la cárcel,
Vos mi feliz cauptiverio.

Lo que os suplico rendido
Y lo que postrado os ruego,
Es que encamineis mis pasos
A lo que es servicio vuestro.

Que si conviene que muera
En esta prision que tengo,
La vida que me acompaña,
Con mucho gusto la ofrezco.

En vuestras manos, Señor,
Pongo todos mis aciertos,
Que nunca tan bien logrados
Como cuando estais con ellos.

Merezca yo por quien sois
Lo que por mí no merezco,
Y por la sangre preciosa
De vuestro hijo verdadero,

Y por los méritos grandes
De María, cuyos pechos
Fueron de Jesus bendito
En su humanidad sustento.

Y vos, purísima Reina,
Escojida de ab eterno
Para hija de Dios Padre
Y para Madre del Verbo,

Del Santo Spíritu esposa,
De las tres personas templo,
Corona de lo criado,
Señora del emisferio,

Patrocinad al que os llama,
Socorred con vuestros ruegos
Al que os invoca aflijido,
Y al que está cauptivo y preso.

Acabada mi oracion, oí hablar a los dos muchachos mis camaradas, que estaban aguardando, al amor de los rayos del sol, a que yo los llamase, para ir a rezar tambien al bosque, adonde teníamos una cruz mui bien hecha entre unas ramas de arrayan, adonde por las mañanas, despues de haber yo rezado mis devociones, acostumbraba el enseñarles las oraciones con mucho gusto, a que ellos iban a buscarme; díles una voz, y al punto estuvieron conmigo, y me dieron razon de como habian llegado los vecinos caciques con muchos cántaros y tinajones de chicha y algunas aves para mi viaje, los cuales preguntaban por mí cuidadosos. Pues recemos presto (les dije), que esta me parece que será la postrera vez que os acompañe, porque ya se ha llegado el tiempo de que nos apartemos; lo que os ruego es que no os olvideis de las oraciones que os he enseñado, y que os acordeis de Dios; que podrá ser que haya ocasion que esto venga a ser de cristianos, y vosotros tendréis eso andado. Enterneciéronse los muchachos conmigo, significándome el pesar y el sentimiento que tenian por haber de quedar sin mi compañía, y aun me dijeron, que si su padre les diese licencia y permiso, se vinieran de mui buena gana conmigo. Yo les agradecí la voluntad que me mostraban, y les correspondí con otras amorosas razones, con que nos hincamos de rodillas y rezamos las tres oraciones que sabian, y luego.nos encaminamos al rancho, adonde me estaban aguardando los caciques mis vecinos y comarcanos con el repuesto que me habian traido para el festejo de mi despedida y de la llegada de Mollbunante, nuestro mensajero, que mas latamente referirémos en el siguiente capítulo.

CAPITULO XI.

En que se refiere la llegada de mi gran amigo Quilalebo con toda su casa, dispuesto con matalotaje para acompañarme; y el festejo de aquella noche.

Con mis compañeros los muchachos llegué al rancho, y al punto que entré por la puerta, me llamaron los caciques Tureupillan y Mollbunante, que estaban asentados los dos juntos, y me pusieron en medio de ellos ; saludáronme los recien venidos y me presentaron unas gallinas para mi viaje, unos bollos de maiz que llaman tamales por acá, que a falta de pan suple la que hace, y son de mucho gusto y de sustento, y dos tinajuelas de chicha de frutilla seca o pasa, que es lo mejor que se platica, y de mayor regalo. Presenté una de ellas al solicitador de mi rescate, y de mi consuelo dilijente nuncio, y de los tamales repartí entre todos, y con grande regocijo los unos a los otros nos brindamos. Ya en este tiempo estaban sazonados los guisados, con que pidió de comer nuestro camarada huésped ; que de la suerte que comen, juzgo que en otra parte lo tengo referido, si bien se diferencian mucho los fronterizos de aquellos que han sido criados con españoles y se hallan con mas sosiego retirados en las ciudades antiguas, o en sus contornos, como son la Imperial, Valdivia, Villarica, Osorno, ya despobladas de españoles: estos se regalan y comen por diferente stilo que los otros, aunque ni los imperiales ni los fronterizos, sustentan adorno de mesa, sino es algunos caciques aespañolados, que hai muchos mestizos entre ellos que se precian de tener plata labrada, manteles y servilletas, y esto para una ocasion ostentativa, y no para de ordinario ; que del modo que comen, es asentados en unas esteras o tapetes a la redonda del fuego, y cuando no le hai, o se hallan fuera del rancho, a la resolana se ponen en corro, y si son muchos se acomodan tras de la primera hilera otros no de tan alta esfera, y así se van siguiendo. Despues que yo llegué a casa de Tureupillan, hice una mesita a modo de banco para comer en ella los dos, y esta nos traian siempre con una camiseta blanca encima que servia de manteles, porque nunca me pude acomodar a comer a gusto en el suelo bajo, y de esta suerte comíamos el viejo y yo, que estaba tan hallado ya mi camarada huésped, que no podia de otra suerte acomodarse a comer. Trajeron la mesa a los tres, Tureupillan, Mollbunante, el mensajero, y a mí, y tras de ella las viandas para almorzar de varios jéneros de guisados, y por postre sazonadas manzanas, que en aquel tiempo eran estimables, porque en los árboles estaban otras ofreciendo su jugo deleitable. Despues de haber comido, como a las tres de la tarde llegó mi amigo fiel, y en su opinion mi suegro, el buen viejo Quilalebo con la mujer española que tenia, su hija la mestiza, que con todo afecto y amor me la habia ofrecido y aun entregado en su casa, y un mesticito, grande amigo mio, hermano de la moza; en su compañia vinieron otros diez o doce mocetones para que juntamente con él nos acompañasen. Con su llegada nos alborotamos todos y salimos a recibir a nuestro viejo, quedándose dentro solaménte Mollbunante, sus compañeros y el viejo Tureupillan, como dueño y aposentador de los mensajeros. Salí de los primeros a encontrarme con mi amigo caro y patrocinador afecto, que luego que me vió me echó los brazos con grande amor y regocijo, y su mujer de la propia suerte, diciendo a la hija que llegase tambien a abrazarme; que como corta y muchacha se contentó con darme los *marimaris* saludándome benévola, y su hermano hizo lo propio.

Entramos al rancho y se levantaron Tureupillan, Mollbunante y los demas a recebir a los recien venidos y a abrazarlos, y las mujeres dueñas de la casa llevaron a la señora a alojarla en un aposento de los mas capaces que tenian, adonde entraron todos sus trastes y el repuesto que me traian. Luego que se hubieron saludado los caciques, asentaron a Quilalebo al lado del mensajero, que estaba a mi mano derecha, siguiendo el órden que teníamos de ántes; sacáronle luego una cántara de chicha, y yo le brindé con la otra compañera de la que presenté a Mollbunante, del regalo que me hicieron mis vecinos caciques; probóla mi amigo y me dijo, que la que me traia del mesmo jénero, se aventajaba en lo dulce y picante, y será para que tú solo bebas de ella. ¿Pues tanta te parece que tengo de beber (respondí al buen viejo)? y me dijo: brindarás a las *ilchas* que han venido a verte, mui risueño (porque era chancero y decidor, y de jovial y alegre natural), que me quiso decir que a las mozas o damas habia de brindar. Miéntras que estuvimos en esta conversacion, y brindándose los unos a los otros, asaron un ave y algunos pedazos de longanizas que habia traido Quilalebo para nuestro viaje, y se lo pusieron delante; de que volvimos a comer todos los circunstantes, habiéndome enviado la señora algunos rosquetes de huevos y tamales de maiz; y aunque yo me hallaba desganado y satisfecho por haber comido poco ántes, con todo eso los acompañé de cumplimiento; los demas comian con tan buenas ganas como si en muchos dias no se hubiesen desayunado, que es nacion que como haya qué, se estarán comiendo noches y dias, y cuando es necesario, se pasan quince y veinte con solo un puño de harina tostada y agua. Envióme tambien la señora un cántaro pequeño de la chicha de frutilla que me alabó mi camarada, y al mesticito que la trajo, mi amigo y compañero, le asenté tras mis espaldas y brindé con un jarro de ella y con el plato que tenia delante, que no podia acabarle ni aun hacerle mella. En este tiempo se fué la noche acercando y los fogones aumentándose de ollas y asadores, de sartenes para freir pastelillos, empanadillas y buñuelos en mucha miel de abeja bien revueltos, que nos los iban enviando acabados de salir del fuego.

Alegres estaban ya mis camaradas y compañeros con los bríndises contínuos y abundantes de varios licores, que demas de los que el huésped tenia dispuestos, los comarcanos vecinos ayudaron con sus botijas a nuestro viejo Tureupillan luego que tuvieron aviso de que le habian llegado forasteros huéspedes, y para el regalo de la mesa y la disposicion de los guisados, trajo a su mujer mi amigo y camarada Quilalebo, que era extremada cocinera y me habia traido abundantes regalos de mariscos y pescado fresco, de que cenamos aquella noche espléndidamente y con grande regocijo. Despues de nuestra cena sacaron el tamboril, y estando sentados en el fuego los caciques, dieron principio al canto los mas mozos, y respondian los viejos; las mujeres, que estaban en diferente corro y en division aparte, como mas fáciles en desvanecérseles las cabezas, tenian adentro grande algazara y alborozo, cantando unas y riyéndose otras con gran júbilo y alegría. Levantóse con esto Quilalebo, que era viejo de buen humor y de buen gusto, y cojió el tamboril en las manos y dijo a los compañeros : ea! levántense todos los amigos y camaradas, que nos habemos de holgar esta noche a la venida del mensajero Mollbunante, y al buen viaje de nuestro capitan pichi Alvaro ; salgan afuera las mozas y *malguenes*, y quédense las viejas allá dentro ; y esto dijo con tan buena gracia y donaire, que causó grande risa en los circunstantes. Estaban algunas viejas o indias mayores, mujeres de aquellos caciques comarcanos y vecinos, afuera del aposento, en otro fogon (que como el rancho era capaz, habia cuatro sitios), y respondieron allegándose a donde estaba Quilalebo, tocando el tamboril y cantando con otros : por eso serémos nosotras las primeras; ya se habian levantado de sus asientos algunas, que no eran tan pocos los que se hallaron allí aquella noche, que pasaban de mas de cincuenta indios, y otras tantas mujeres mayores, sin la chusma de chinillas y muchachos. Salieron del aposento la señora, su hija y otras diez o doce muchachonas, de las manos asidas, cantando y bailando al son del tamboril y de las flautas; abriéronles portillo, o hiciéronles lugar para que entrasen en medio del corro de los caciques, con que se armó el festejo y un gran baile. A todo esto estaba yo asentado con mi viejo huésped, que era mui cuerdo y sagaz y prudente, y de gran reposo, juntamente con el mensajero Mollbunante, platicando, bebiendo y comiendo de unos choros y erizos con extremado pescado fresco, y en lugar de pan unas rosquillas fritas y buñuelos en miel de abejas ahogados, que nos habia enviado la española mujer de mi amigo Quilalebo; y a los demas, aunque parados y bailando, iban repartiendo de lo propio, y miéntras unos comian cantaban otros, y así iban pasando las batejelas y platos de estos jéneros, que fueron mui contínuos y abundantes en el discurso de la noche, que se les pasó en comer y beber, cantar y bailar.

CAPITULO XII.

En que se prosigue el baile, y de como me ví en grande peligro de faltar a la obligacion de cristiano; que arrimándome a la oracion mental, pude librarme de la ocasion apretada en que me ví.

Habiendo, pues, llegado al baile las mozas o las damas, me llamó Quilalebo repetidas veces, y Tureupillan mi huésped y Mollbunante me aconsejaban que fuese adonde me llamaba nuestro amigo; a que les respondí, que fuésemos juntos. No les pareció mal mi respuesta, con que dijeron a Quilalebo, que por qué no venian a brindarnos las ilchas, que así llaman a las mozas sueltas y sin dependencias, para que fuésemos a acompañarlas, que de esa suerte iríamos todos a festejarlas; ya en este tiempo venian algunas con sus jarros de chicha encaminadas para nosotros, y las detuvo Quilalebo diciéndolas, que aguardasen a su mujer y a su hija, que iban a brindar al capitan pichi Alvaro, y otras tres mozas sueltas, y llegaron a brindarnos a mí la señora con su hija, y las demas a mis compañeros, con que nos obligaron a levantar de nuestros asientos, despues de haber bebido y hecho la razon, y nos fuimos con ellas de las manos de la suerte que ellos lo acostumbran. Dejo otras circunstancias que pasaron, que por no dilatarme en lo que no es tan del caso, diré solamente que fué necesario valerme del favor y ayuda de Dios nuestro Señor, haciéndole lugar en mi pecho y corazon, porque el maligno spíritu no se apoderase dél, orando con el alma interiormente; que, segun San Crisóstomo, es la deprecacion mas poderosa cuando de lo íntimo della se llevan las voces al cielo; de esto me valí con esperanzas ciertas de alcanzar del Todopoderoso Señor lo que deseaba.

Valíme tambien de la templanza, pues aunque bebia y comia, era con la abstinencia y moderacion que requeria el peligroso tiempo en que me hallaba; porque el demasiado comer y beber perturba los spíritus y enjendra lascivos pensamientos, a cuyà causa aconsejó San Gregorio Nacianceno a la vírjen Olimpiada, efectuadas sus bodas, que no se diese al vino, ni su casa fuese continuada con convites ni pasatiempos, ausente su marido ni presente, para que así pudiese refrenar el vientre los movimientos y rabiosos ímpetus de la carne:

> Ne præsente viro, vel eodem absente, Lyæo,
> Des operam, inque tuis agites convivia tectis:
> Forte queat venter rabidos compescere motus
> Dum modico gaudet victu.

> Ausente o presente Elicio,
> Tu consorte verdadero,
> No des lugar al parlero
> Que en tu casa note el vicio
> Que trae consigo el bullicio
> De los festejos livianos;
> Refrena excesos mundanos
> Con sobriedad y templanza,
> Que de esa suerte se alcanza
> Victoria de impulsos vanos.

La templanza refrena las pasiones del alma y hace al que se vale de ella, templado, abstinente, parco, sobrio, modesto, callado y vergonzoso: así lo advirtió San Próspero.

Gran misericordia es de Dios, tener de su mano a un hombre en medio de tantos tropiezos y ocasiones peligrosas, como los que se me ofrecieron; que mediante el favor divino, puedo decir que salí triunfante y victorioso de los interiores enemigos, porque, como dijo San Gregorio, no es tan de estimar ni tan digno de loa, que uno sea bueno y ajustado entre buenos, como que lo sea entre los malos. Esta alabanza no se debe a mi fortaleza ni constancia de ánimo, sino es a la grandeza y bondad de Dios y a su suma misericordia, como en aquellos trances y ocasiones lo consideraba atento, diciendo con David: no se deben (Señor de cielos y tierra) las glorias a nosotros de todas las victorias y triunfos que alcanzamos; no se nos deben por cierto, Señor, sino es solo a tí las alabanzas y loores, y a tu santo nombre los aplausos. No quiero justificar tanto mis acciones, ni librar de pecado mis pensamientos, que con ellos confieso que caí miserablemente y dí de ojos como hombre flaco; mas al punto procuraba levantarme, pidiendo a Dios perdon con todo afecto; con que podré decir que no caia, pues al instante con la contricion me levantaba.

Dice San Gerónimo, que no está muerto el que a resucitar pronto se halla; de la mesma suerte el justo que, despues de haber caido, se levanta por la penitencia, no dejará de serlo, ni perderá este nombre de justo, como lo significa este santo con las siguientes palabras: siete veces cae el justo, y si cae ¿cómo es justo? y si justo ¿cómo cae? mas no pierde el nombre de justo el que por la penitencia se levanta luego.

Allegamos con las damas o festejadas mozas al concurso del baile de la suerte que queda referido, y nos quedamos en la última hilera del círculo que hacian los danzantes, que es antigua costumbre cojer la retaguardia los caciques y los indios mas graves, y tambien algunos solterosos mocetones que llevan de las manos a las ilchas, por tener ocasion de hablarlas cuando tratan de casarse, que en estos convites suelen hacerlo las que estan sin dependencia. La española y su hija me cojieron de las manos y llevaron en medio hasta el sitio adonde al son de sus alegres instrumentos bailaban y cantaban, y a su imitacion, los que llegamos repetimos un romance que a mi despedida habia compuesto (segun supe) mi amigo y camarada Quilalebo, en nombre de su hija; que estando de la mano con ella, me dijo haber sido la compostura de la letra suya, porque mi ausencia le era de grande pesar y sentimiento; y para que se reconozca que sus joviales voces, algunos de sus romances, constan de medidas sílabas, pondré adelante la letra que cantaban, con division de sílabas, con sus sinalefas, que es como se sigue:

—Ab, cu, du, am, in, e, ma
—Amo, tua, lu, gui, tu, Pi, chial, va, ro, e, mi,
—Cha, li tu, a, ei, mi, a,
—Gui, ma, ia, guan, mai, ta, pe, gue, no, el, mi.

Esto cantaban con sus repeticiones y pausas, al son de sus instrumentos; que porque se reconozca son versos medidos, a imitacion y semejanza de nuestros líricas endechas, estan divididas las sílabas en los antecedentes versos, que vuelvo a ponerlos en el lenguaje corriente para que los lenguaraces criollos que la entienden, mas bien comprendan y penetren el sentido de el romance.

> Abcuduam in, ema
> Amotualu gatu, pichi Alvaro emi
> Chali tuaei mi a
> Güi maya guan mai ta pegue, no el mi.

Y para los ayunos del lenguaje me pareció explicarlos en castellano idioma, y a su imitacion en medida lira, que es como se sigue:

> Mui lastimado tengo
> Y triste el corazon porque me dejas;
> A despedirme vengo
> Alvaro, de tu vista, pues te alejas,
> Y a decirte cantando
> Que he de estar en no viéndote llorando.

Este es en suma el literal sentido de este chileno mote, que unos con semblantes tristes, por acercarse mi ausencia, y otros con los licores suaves placenteros, cantaban y bailaban con desmedidas voces, mudando a ratos tonadas diferentes y romances varios; y en medio de su ruido y algazara sacaban las mujeres asadores de carne, de gallinas, longanizas y abundancia de mariscos y pescado fresco, entreverando pastelillos fritos, empanadillas, rosquillas y buñuelos; y estos refrescos fueron ordinarios en el discurso de la noche, con que la pasaron en contínua boda, comiendo, bebiendo y cantando, que esta debe ser la causa de no privarse del juicio con la facilidad y presteza que los fronterizos *Aucaes*, que estos comen poco y beben mucho, con que a pocos lances desvarian y tienen entre sí mill disensiones y pesados ruidos; lo que no ví jamas entre los caciques ni indios imperiales, sino es holgarse con mucha paz, conformidad y concordia. Y pasarémos a otro capítulo llevando adelante nuestro entretenimiento, aunque para mí molesto y pesado.

CAPITULO XIII.

De como mi amigo Quilalebo solicitó con grandes veras el que durmiese yo en su aposento con su hija, y de como me eximí de tan peligroso empeño, valiéndome de la oracion.

En medio de estos entretenimientos, pasada la media noche, pedí licencia a los caciques, principalmente a Quilalebo mi suegro, que habia dejado el tamboril a otro compañero cuando mudaron romance. Habiendo venido en mi demanda, me dijo: vamos primero a mi aposento, y verás lo que te ha traido mi mujer y mi hija para el camino, y cenarás de

algunos regalos que está haciendo para mí; fuimos adentro contra todo
mi gusto, adonde hizo manifestacion de lo que habia traido para nuestro viaje, de gallinas, capones, rosquetes de huevos, tamales, empanadas, longanizas, talegas de harina tostada de diferentes jéneros, y dos
zurrones de frutilla pasa, y un mui buen caballo de camino para que
fuese en él mas descansado. Y verdaderamente por el mesmo camino que
solicitaba yo el apartarme de su lado, parece que con mas ahinco me
buscaba; hízome asentar a su lado para que le ayudase a comer de una
tortilla de huevos que le trajo su mujer con miel de abejas por cima; díjome el buen viejo, que para mí habian mandado hacer de cenar y aquel
regalo, que se acordaba que los españoles antiguos comian de aquella
suerte las tortillas de huevos. Es verdad (le dije) que algunos tienen
gusto de comerlas así, pero a mí no me saben bien con ese compuesto. A
mí sí (respondió el buen viejo), y me habeis de ayudar, aunque no tengais gana. Con mui buena voluntad lo haré por cierto (dije a mi amigo)
por daros gusto y acompañaros; ayúdele a tomar un bocado, y tras dél,
vino la moza su hija a brindarme con un buen jarro de chicha de frutilla (que era con extremo buena). Habiendo ella bebido un trago ántes
de entregarme la vasija, y estando con nosotros la muchacha, le dijo el
viejo su padre que me hiciese la cama en el rincon del aposento, y que
ella me fuese a acompañar por la despedida; y como estaba mas que alegre el suegro, y era de jovial condicion y entretenido, le dijo otras razones mas que humanas. Al instante que oí sus liviandades, y que con
todas veras deseaba que comunicase a lo estrecho a su hija, me valí de
mi ordinario patrocinio, que es el mas cierto y eficaz remedio para librarse de semejantes lances, poner el spíritu y el alma en Dios N. S., y
los demas sentidos en sus manos. Eché a chanza sus palabras y con mucha risa y muestras de contento le dije, que estimaba en mucho la honra
y el favor tan grande que me hacia, pero que primero habíamos de volver al baile un rato y alegrarnos con los demas amigos, que ya se me
habia pasado el sueño y queria volver a cantar el romance que su hija
a mi despedida habia compuesto, de que estaba a su amor y buena voluntad agradecido. Vamos, pues, capitan (me respondió el viejo), que
tras nosotros irán nuestras mujeres, que ahora estan enviando de cenar y de comer a todos los danzantes; y es verdad que no se pasaba
media hora sin que fuesen enviando diferentes manjares que comiesen,
que en abundancia habia.

Salimos del aposento, y en nuestra compañía mi amigo el mestizo
hermano de la moza, y al allegar al baile, dije a Quilalebo, que me apretaba una necesidad forzosa, que luego volveria a acompañarle; a que me
respondió que fuese en mui buena hora con su hijo Millayeco (que así se
llamaba el mesticito). Salimos del rancho y dejamos a nuestro viejo en
medio del tropel y del jovial bullicio, y estando ya fuera dije a mi compañero, que me aguardase a las espaldas dél, adonde con toda brevedad me tendria en su compañía; apartéme ácia unos arbolillos que
tras la casa estaban esparcidos, y poniendo por el suelo las rodillas, le-

vanté los spíritus al cielo, y despues de haber orado y pedido a nuestro Dios favor y ayuda para librarme de aquel empeño y trance en que me hallaba, acabé con las palabras del rei profeta: apártense, Señor, de sus malos pensamientos o caigan de sus perversas intenciones los que me persiguen y atribulan, y segun sus muchas impiedades júzgalos, Señor, apártalos y échalos de mí con fuerza, porque a tí te han irritado y dado enojos; y los que esperamos en tu grandeza, tengamos colmado gusto por medio de la Reina de los ánjeles, María Señora nuestra, a quien pongo por intercesora, como a madre de piedad y de suma misericordia; de quien dijo Ricardo Victoriano, sobre el lugar de los cantares, estas siguientes palabras, hablando con la Vírjen Santísima: de tal manera estan llenos de piedad tus sagrados pechos, que luego que tocas con las manos, o llegan a tu presencia nuestras desdichas, trabajos y miserias, vierten sobre nosotros leche suavísima de tu misericordia; y no puedes (Señora) llegar a saber o tener noticia de nuestras tribulaciones, cuando al punto no estés con nosotros para socorrerlas. Mas ¿de qué tenemos que maravillarnos (prosigue Ricardo) si abundas en piedad y misericordia? Cristo Señor nuestro mamó tus carnales pechos para que por tí corriesen sus spirituales gracias y dones para nosotros. ¡Oh Reina de cielos y tierra (dice el doctor Mendoza)! oh Vírjen sacratísima, Madre del eterno Dios omnipotente! que adonde hallas y encuentras nuestras miserias y desdichas, allí derramas a manos llenas tus misericordias.

Acabé mi oracion con las palabras de Hugo Victorino, diciendo: ¡Oh toda hermosa, oh toda pura, limpia y sin ninguna mácula por de dentro y por de fuera, cándida, blanca y resplandeciente, y por entrambas partes bien compuesta, rubicunda y encendida por la caridad inmensa que te asiste, cándida y resplandeciente por la castidad y pureza, compuesta por la humildad tan grande que tuviste, pues ella fué bastante a sublimarte y engrandecerte, que mereciste ser madre del eterno Verbo! todo cuanto hai en tí, divina Señora, es hermoso, sin que haya en tí cosa maculada; en todo eres agraciada, agradable y agradecida, y en nada ingrata; en todo agradas, consuelas y das gusto, y en nada desplaces. Todas son razones de Hugo sobre el lugar de los cantares: *Tota pulchra es, amica mea*, c. 4, n. 7, de cuyas palabras me valí, y dí fin a mis deprecaciones con el epigrama siguiente:

Sunt pulchræ sylvæ, sunt pulchra et litora, pulchrum
Est pratum, in viridi gramina pulchra solo,
Sunt pulchræ gemmæ, sunt astra et sidera pulchra,
Sunt pulchri flores, est quoque pulchra dies;
Pulchrior es sylvis, Pia Virgo, litore, prato,
Gramine, gemma, astris, sidere, flore, die.

Son las selvas hermosas,
Hermosos son los prados y riberas,
Y las flores vistosas
Hermosísimas son, en primaveras;

En lo verde, las gramas son primeras
Si no son olorosas,
Y las piedras preciosas
Hermosas tambien son, y en sus esferas
Los astros son hermosos, y eslo el dia ;
Mas vos, Vírjen María,
Sois mas bella que el sol y las estrellas,
Pues solo vuestras huellas
Exceden la hermosura de los prados,
Atropellan las flores
Perdiendo sus colores,
Y los astros parecen desmayados,
Porque vos, Vírjen pura,
El *non plus ultra* sois de la hermosura.

Con estas palabras puse fin a mis súplicas y ruegos, habiendo pedido a Dios se sirviese de librarme aquella noche del peligro y riesgo en que me hallaba; y por haberse pasado algun tiempo mas del que juzgó mi compañero que pasase, pues en el discurso de mi ejercicio se apresuró a llamarme por dos veces, salí de mi retiro con algun consuelo por la esperanza que me ofrecieron mis clamores y lágrimas, y encontré con mi amigo, asentado a las espaldas del rancho medio dormido, que me preguntó la causa de mi dilacion y tardanza; a que le satisfice con decir, que de haber comido y bebido con demasía me hallaba embarazado y con algunas prolijas retenciones que me impedia la ordinaria via. Con esto nos fuimos para dentro en demanda de nuestro viejo Quilalebo, y le encontramos asentado al amor del fuego con Tureupillan mi huésped y con el mensajero Mollbunante y otros sus compañeros que, fatigados de la contínua ajitacion del baile, se habian retirado a comer y beber con mas sosiego, y a dormitar asentados los que ya no podian sustentar las cabezas y el sueño los tenia derribados. Cerca de nuestro amigo nos asentamos el mesticito y yo, y nos recibieron con un buen vaso de chicha, algo fuerte para mí, con la cual brindé a mi camarada y amigo Quilalebo, que estaba ya algo dormido; y yo rogaba a nuestro Dios y Señor de que se acabase de privar de los sentidos por eximirme de su compañía, y parece que oyó nuestro Señor mis súplicas y ruegos, porque despues del bríndis que le hice, quedó con la cabeza tan pesada, que estando en buena plática entre los demas caciques, se quedó dormido cabizbajo: y juzgo fué permision del cielo, porque jamas lo ví en los mas convites que con él me hallé, tan cargado, ni tan ajeno de su juicio. Habiéndole visto Tureupillan de aquella suerte, mandó que le trajiesen una frezada y un cojinete para echarle sobre él, hasta que lo llevasen a su cama, y yo quedé con sumo gusto, por recojerme a un rincon de su casa a hacer lo propio. Esto fué ya al cuarto del alba, mui cerca del dia, con que hallé ocasion de decir a mi huésped Tureupillan, que me hallaba desvanecido, y la cabeza pesada; a cuya causa me mandó hacer la cama algo distante del fogon adonde asistian comiendo y bebiendo, y los demas en la rueda cantando y bailando con gran ruido de flautas y tamboriles. Convidé al mesticito con la cama, y respondióme que por qué no iba a dormir a su aposento, pues allí me habian dispuesto en que dormir, y que su hermana me aguardaba. Ya me veis, le dije, cuál estoi (amigo), que no puedo ni aun abrir los ojos de tanto que he bebido, y no quiero que de esta suerte me vea ; significándole estar fuera de mí y sin sentidos, que en ocasiones es justo y conveniente finjirse dementado y parecer privado de juicio. Ningun cauteloso y recatado es tan malo (dijo Ennodio) como el que con pretexto de bueno quiere parecerlo ; mas seguro es el ejercicio malo que con capa de honestidad está cubierto. En esta ocasion me valí de este consejo, dando a entender a mi compañero que las bebidas várias y contínuas me habian perturbado los sentidos de tal suerte, que ni atras ni adelante podia dar un paso ; con que le rogué que me llevase a la cama, el cual me asió de un brazo y me puso en pié, y arrimado a sus hombros, me acerqué al lecho que Tureupillan mi huésped me habia hecho disponer, adonde me dejé caer como desgobernado y sin fuerzas ; y habiéndole dicho que se acostase conmigo, respondió que mas queria irse al baile : con que me dejó solo y de la suerte que yo deseaba. Dí infinitas gracias a mi Dios y Señor por las mercedes que me habia hecho en librarme aquella noche de semejante peligro como en el que Quilalebo me habia puesto ; mas, todo lo puede el favor divino por medio de la oracion de un pobre necesitado y aflijido : así lo sintió San Gregorio Niceno en las siguientes palabras, representando los efectos y portentos que causó en diversas ocasiones.

La oracion fué causa (dice) de que Jonás tuviese casa y aposento en el vientre de la ballena : la oracion volvió al rei Ezechías de los humbrales de la muerte a esta vida : la oracion trocó las voraces llamas en un viento galerno y apacible para aquellos mancebos que dentro de ellas estaban ; la oracion fué gloria y triunfo de los israelitas para los enemigos de Amalec ; y la oracion postró por el suelo y dejó sin vidas ciento y ochenta y cinco mil asirios con invisibles armas. Todos estos son efectos de la oracion, que por medio de ella se consiguen las victorias y se vencen los enemigos así visibles como invisibles ; cuyas glorias, gracias y bendiciones debemos dar a Dios nuestro Señor como a dueño absoluto de todo lo criado : así lo dijo el sumo sacerdote Melchisedeth, saliendo al encuentro al patriarca Abraham, habiendo vuelto victorioso : bendito es Abraham por el Dios excelso y levantado, que crió el cielo y la tierra, y bendito Dios excelso, que con su ayuda y favor tienes en tus manos sujetos a tus enemigos ; en cuyo lugar San Crisósthomo estas palabras dijo : atended y mirad, os ruego, como no tan solamente alaba al justo, sino que tambien reconoce de Dios la fortaleza y el auxilio ; porque de ninguna manera sin su divina gracia, pudiera sujetar ni vencer a los que con tantas fuerzas y tan aventajadas estaban defendidos.

Con esta consideracion estuve siempre dando infinitas gracias a nuestro Criador, como se las dí dobladas aquella noche y con sumo gusto por verme solo y libre de las fuertes y contínuas tentaciones del demonio, cuyos lazos y tropiezos la oracion hizo pedazos, y atropelló con fuerza sus astucias; y teniéndola entre mis lábios, dando fin a algunas mis devociones, quedaron con el sueño sosegados y suspensos los sentidos.

CAPITULO XIV.

En que se trata de lo que el dia siguente se dispuso, y de la oracion con que principié
el dia, y el moral que se saca.

Despues de haber el sol esparcido sus lucientes rayos, recordé cuidadoso por ver el estado en que se hallaban mis compañeros y amigos, y los que entretenidos en el baile habian quedado; levanté la cabeza y hallé cerca de mí a los dos muchachos mis camaradas, hijos de mi huésped Tureupillan, tan postrados y vencidos del sueño, como fatigados y rendidos del contínuo ejercicio de la noche; a su imitacion estaban los caciques sosegados, que con la luz de la aurora habian cesado los joviales instrumentos, que solo algunas viejas con las mujeres del dueño de casa estaban asistentes en el fuego, disponiendo las ollas y asadores para el regalo de los forasteros. Luego que ví sosegada la casa y sin ruido, me levanté del pobre lecho en que yacia, y al acostumbrado bosque adonde por las mañanas daba su mantenimiento al alma, encaminé mis pasos, y con toda devocion y afecto, hincadas las rodillas en la tierra, ante una cruz que entre las ramas verdes tenia puesta, recé mis devociones, dando principio con un salmo del profeta rei, que dice así: Señor de cielos y tierra, ¿quién ha de poder asistir en tu sagrado templo, o quién en tu monte santo podrá tener alivio ni descanso? a que responde el mesmo rei; el que entrare limpio y sin alguna mancha, y el que ajustado obrare en la justicia; el que promete al prójimo jurando, y no le engaña; el que su dinero no lo puso a logro, ni el que por el pobre recibió dádivas, dones, ni cohechos: el que esto cumpliere y esta lei guardare, no se moverá jamas. Haciendo memorias de estas palabras del santo profeta, se me vino a la consideracion que la poca stabilidad y permanencia que hoi se halla en algunos que gobiernan y tienen a su cargo la administracion de la justicia, es porque dan a logro sus dineros, tratando y contratando descaradamente, vendiendo al poderoso la justicia del pobre, y recibiendo dones y dádivas a cuenta del inocente; pues ¿cómo los tales podrán estar en la presencia de Dios, ni en su monte santo hallar buena acojida, ni descanso? Pues ya se tiene por lei establecida obrar a la contra de sus divinas leyes y andar ciegos y errados los que deben rejir y encaminar a otros; y así dijo mui bien Ovidio, vaticinando estos tiempos, los siguientes versos:

Terra feret stellas: cœlum findetur aratro:
   Unda dabit flammas; et dabit ignis aquas:
Omnia naturæ præpostera legibus ibunt;
   Parsque suum mundi nulla tenebit iter.
Omnia jam fient, fieri quæ posse negabam;
   Et nihil est de quo non sit habenda fides.

Producirá la tierra astros lucientes;
Cultivará los cielos el arado;
Los rios caudalosos y las fuentes
Brotarán fuego; y este a lo trocado.
Lo natural, el mundo y sus vivientes
Irán sin lei y por camino errado;
Con que ya no habrá cosa en lo imposible
Que no parezca fácil y factible.

El cielo le verémos en la tierra ser con el hierro roto y cultivado, y la tierra se subirá a los cielos y producirá brillantes estrellas y luceros; y todo lo que imposible pareciere, será camino llano y sin tropiezos.

Esta debe ser la causa sin duda de que nuestra monarquía no tenga la quietud y el descanso que promete David a los que estan en la presencia del templo y monte santo, y que nuestro reino Chille experimente tan contínuos los adversos sucesos de la guerra, para que a mui breves lances, le veamos postrado y abatido, y en el último fin de sus miserias y desdichas; porque los que gobiernan extraviados, sin la luz ni la antorcha de Cristo, Juez supremo, darán miserablemente de ojos, y en lugar de ser padres de este reino, solicitando sus medras y conveniencias mayores, vendrán a ser su conocida muerte, tirándole dardos fuertes, y al corazon agudas lanzas de insaciable cudicia.

En otros tiempos, me acuerdo, cuando en mas prosperidad se hallaban las fronteras, que los superiores y ministros se recataban algo, midiendo sus acciones con cordura; que si solicitaban sus conveniencias propias, era con toda sagacidad y compostura, no olvidando a los hijos de la patria y beneméritos soldados, premiándolos en la guerra, y en la paz aumentando lo adquirido; y hoi que necesitaba mas de estos fomentos, y de tener quien con cristiano celo le mirase, y con piedad y amor le mantuviese, no hai quien de lo que le importa haga memorias, ni se duela de verle agonizando. Oh perversa cudicia! oh monstruo fiero! que al que está mas repleto y abundante, mas insaciable le pones y mas hambriento le haces; que bien nos lo dijo San Ambrosio sobre el cap. 13 del Génesis.

Habiendo llegado el patriarca Abraham de Ejipto a la rejion austral, y en su compañía Lot, su hermano, con abundancia ámbos a dos de bienes y ganados, los pastores del uno y los del otro trabaron controversias y pesadas disensiones sobre el pastar los ganados (claro esto seria), y por tener el lugar mas conveniente y de mejores pastos para sus ganados; que aunque los hermanos quieran conformarse, el abundancia de bienes y intereses tal vez perturban los ánimos mas justos, porque a los ricos ni aun la tierra puede sustentarlos, ni aun sufrirlos, como lo dice el mesmo capítulo; en cuyo lugar nuestro santo citado dijo estas palabras: vicio secular y tacha comun es de los ricos no poder la tierra sustentarlos, porque no hai cosa que sacie la cudicia de los poderosos, ni los satisfaga. Cuanto mas rico y abundante de bienes se halla alguno, tanto mas anheloso de poseer lo ajeno le verémos; desea extenderse por la tierra y cudicia los campos mas amenos, con daño de sus comarcanos y vecinos, que despojarlos y excluirlos de ellos solicita. La tierra está repleta (dijo Isaías) y llena de oro y plata, y abundante de tesoros grandes, y no tienen límite ni fin alguno; cuyas palabras explicó el glorioso padre San Gerónimo de esta suerte : no penseis, dijo, que los tesoros de esta vida no tienen limitacion ni paradero, que no fué el intento del profeta ese, sino es porque los ánimos de los que los poseen, no se llenan jamas ni se satisfacen de ellos ; y esto lo estamos hoi experimentando en algunos que gobiernan, que no se ven repletos ni hartos (digámoslo así) de la sangre de los pobres de este lastimado reino, por haberle faltado el tesoro que tenia, y los vasallos humildes del Rei, nuestro señor, que le aumentaban.

No tratan de otra cosa en estos siglos, ni los que gobiernan tienen otro blanco, que atender al aumento de sus bienes y intereses con conocido daño y perjuicio del comun de un reino atribulado, y de los que son y han sido en el servicio de S. M. contínuos ; pues vemos que sin empacho ni rebozo, aplican para sí las encomiendas, los oficios, correjimientos, y las demas conveniencias y provechos, dándolos públicamente a quienes por su dinero los solicitan, con que se quedan en la calle desnudos los pobres beneméritos, y sus hijos sin tener un pan que comer; con que unos huyendo y otros desterrados, salen a buscar remedio a tierras extrañas, dejando mas de fuerza que de grado el amor de la patria y el deseo entrañable de asistirla en sus mayores trabajos y defenderla en sus conflictos y penalidades. ¿Cómo puede de esta suerte conseguirse en Chille la paz que se desea? cómo no ha de ser la guerra inacabable? que este es el principal fundamento de esta historia, de adonde vamos sacando estas ajustadas consecuencias.

¿Habrá alguno que contradiga estas verdades? Algunos lisonjeros o insolentes aduladores podrán escurecerlas ni ocultarlas, cuando son tan manifiestas y patentes? No, de ninguna manera ; porque si los mesmos gobernadores a voces publican y dan a entender que S. M. (Dios le guarde) les da estos gobiernos por premio de sus servicios, para que se aprovechen y soliciten sus medras, y que para solo su plato y mesa les tiene dedicados los correjimientos de sus partidos, y estos los venden conforme las ocasiones : ¿cómo podrán negar ser esto así? y no es lo mas perjudicial el que lo hagan, sino es que públicamente dicen y han dicho algunos, que no vienen a estos gobiernos de las Indias a solicitar conveniencias públicas, sino es al aumento de las suyas ; pues, ¿qué tenemos que inquirir mas causas para verificar que son y han sido la total ruina de este reino los superiores que han seguido y siguen este mal stilo de gobierno, variando sus pensamientos y trocándose con los tiempos, como en las elecciones de estos oficios y de los demas de la milicia; que en habiendo quien los pague, fácilmente tripulan al que es digno, y al que lo tiene trabajado y merecido. De estos no podemos decir lo que el rei profeta, que no se moverán jamas, porque juran de premiar al benemérito y le engañan, son públicos usureros, no tan solamente con lo que es suyo, sino es tambien con lo ajeno, recibiendo dádivas y dones por la justicia y a cuenta del inocente; todo al reves y a la contra de lo que dice el santo rei que es necesario para parecer en la presencia de Dios y en su santo templo, y para tener estabilidad en sus acciones, y encaminarlas a lo que es servicio de Dios y del Rei, nuestro señor; que si a esto atendieran cuidadosos, mui diferentes fueran los efectos, y no experimentáramos tantas mudanzas y variedades del tiempo.

CAPITULO XV.

En que se prosigue mi oracion, y de las razones que se han ofrecido, se sacan algunos morales convenientes.

Proseguí con mi oracion pidiendo a nuestro Señor se sirviese de darnos buen viaje y llevarnos con bien a tierra de cristianos, y a los ojos de mi amado padre, o que su divina Majestad dispusiese lo que mas importase y conviniese a su mayor honra y gloria, que por todo le daria infinitas gracias, aunque pareciesen contrarias a mi gusto sus divinas disposiciones; que así de los malos como de los buenos y felices acontecimientos, estamos obligados a reconocer a Dios por autor de ellos y glorificar su santo nombre como verdaderos cristianos, que aun los que no tienen conocida fee y ciertas premisas de su grandeza, decian lo que el éthnico poeta, que se ofrecian víctimas y dones a Neptuno, y a Júpiter sacrificios, aunque el uno no atendia ni escuchaba sus razones, y el otro no le daba feliz viaje, allanando del mar los crespos montes.

Jupiter oranti surdas si præbeat aures,
  Victima pro templo cur cadat icta Jovis?
Si pacem nullam pontus mihi præstet eunti,
  Irrita Neptuno cur ego dona feram?

Si excusa Júpiter dar
Prestos oidos al orante,
Por qué ha de ofrecer constante
Sacrificios en su altar?
Y si Neptuno en el mar
No le pone en salvamento,
Por qué sin merecimiento
Víctimas ha de gozar?

Y con mas buen acuerdo dijo en otra parte a nuestro propósito, que los dones y dádivas que recibíamos y anhelosos buscábamos, no tenian mas de bueno que venir guiados por la mano de nuestro Dios y Señor, y en su sentir, del Autor de lo criado:

Sic acceptissima semper
Munera sunt Auctor quæ preciossa facit.

Siempre los dones colmados
Son agradables y aceptos,
Y el Autor de los efectos
Los hace mas apreciados
Con liberales afectos.

Los dones que recebimos de nuestro Criador, siempre son preciosos y estimables, y los recebirémos mui colmados si en la presencia de Dios parecemos como manda, que no vamos ante su acatamiento a parecer vacios, que tambien desea recebir dádivas y dones de nosotros, porque si no le damos lo que pide, no tendrémos que quejarnos de que no nos conceda nuestras peticiones : así lo dijo San Pedro Crisólogo. El indevoto adorador bastantemente va vacío con su indevocion, y cuando no reciba no tiene de que quejarse. Bien resignado y dispuesto me hallaba a la voluntad del Señor, y con todo afecto le ofrecia mis trabajos, y ponia en su divina presencia el dolor y pesar que me acompañaba de haberle disgustado y ofendido ; que estas son las dádivas que busca, y estos son los dones que apetece, para darnos a manos llenas mas de lo que podemos apetecer y solicitar, porque damos lo que podemos, y lo que en nosotros puede desear : así lo dijo San Crisóstomo en este lugar, que los sacrificios y ofrendas que le hacemos, no quiere que ninguno ofrezca, ni dé mas de lo que puede, como en los donativos forzosos para las fábricas del tabernáculo y otras pertenecientes a él, que no obligaba a dar ni a contribuir mas de lo que cada uno tuviese gusto, como lo notó Oleastro sobre el lugar del Exodo adonde mandó Dios por Moises lo referido ; en cuyo lugar dijo nuestro autor citado lo siguiente : no quiso Dios obligarles por fuerza, ni obligados ponerles límite ni tasa, porque no juzgasen que hacia oficio de cobrador tirano, ántes que de Rei y Padre piadoso. ¡Oh qué ejemplo para los príncipes y señores que gobiernan en estos remotos reinos, para que aprendan a no vejar ni oprimir a los pobres vasallos de S. M., ni a cargarles la mano en las pensiones que suelen ofrecerse y en las proratas que se acostumbran! Y ya que he llegado a tocar este punto, significaré y daré a entender a mis lectores las quejas y clamores que a muchos desdichados desvalidos he escuchado en estos distritos de la ciudad de Santiago.

Para el sustento de los soldados del ejército está obligada esta ciudad a dar cierto número de vacas, pagándolas S. M. del real situado, la cual cantidad proratan entre todos los vecinos y moradores de su distrito y jurisdiccion con tal desigualdad y desconcierto, que viene a ser injusticia manifiesta y agravio desmedido, porque a los poderosos y que tienen cantidad de vacas, no les sacan mas de las que ellos gustan dar con todas conveniencias, así en las sacas como en la satisfaccion de ellas, y a los pobres que han comprado cuatro reses para crianza y aumento de sus limitadas haciendas a mas precio en ocasiones de lo que les ofrecen por ellas, les cargan la mano y les sacan por fuerza las que sin atender a su cortedad y pobreza les han proratado ; y acontece sacar al que tiene solo quinientas cabezas, mas que al poderoso que se halla con tres o cuatro mil. Y a la paga cómo les va, lo que yo he visto podré asegurar por cierto, que los vales que les dejan los sacadores de este jénero, los vuelve a comprar el gobernador a seis y a ocho reales en ropa cara de su tienda ; y esto es a bien librar, habiendo sacado del situado la cantidad que montan dos o tres mil vacas a veinte reales y en ocasiones a tres pesos, y al soldado se la asientan a seis, y de todo esto se aprovechan los superiores. Esto es lo que yo sé y he experimentado con un vale de un amigo, que me le dió para suplir algunas necesidades, y no me lo quisieron admitir dando las vacas a peso, demas de lo que me han significado algunas personas de estos distritos de Santiago con hartas lástimas y quejas, y entre ellas una mujer viuda y pobre, que habiendo ido a cobrar lo que le debian a las cajas reales, les dejó en la puerta lo que le dieron por paga y satisfaccion de la prorata, porque no necesitaba de pimienta, añil, listones y otros semejantes trastes en que le satisfacian su deuda. Y los poderosos son los que se llevan el dinero y lo mas acendrado de la ropa, con que estas pobres viudas y desdichados chacareros son los que se quedan sin paga, o viene a ser de la suerte referida, habiéndoles hecho injusticia en las referidas pinsiones y proratas, que para ellos viene a ser pension pesada, y para los ricos granjería y trato conveniente, así porque en las proratas no son damnificados como porque las pagas y satisfaccion les viene a ser de granjería; con que los humildes y desvalidos claman al cielo porque en la tierra no hai quien lo remedie, y así no tenemos que aguardar buenos aciertos, ni de la mano de Dios sus bendiciones, porque hai muchos que suspiran y le lloran, y estan pidiendo justicia, y aunque la estamos experimentando con tantas plagas y desdichas, y que debemos reconocer que nos las envia el Juez supremo de cielos y tierra para que abramos los ojos del alma y temamos su furor y rigurosa ira, con todo eso estamos ciegos y desalumbrados, pues aguardamos a que nos subceda lo que a Faraon, que estando rebelde en el conocimiento de las maravillosas óbras del Señor, que las ejecutaba con piedad y blandura, para que reconocido al pueblo hebreo diese libertad y paso franco, fué necesario y obligó a Dios a que dijiese: levantaré la mano rigorosa y castigaré a Ejipto; como quien dice: no han aprovechado mis suaves y blandos medios, pues yo levantaré la mano de mi poder divino y con él consumiré y abrasaré a Ejipto. Quiera su Divina Majestad, que no veamos su mano airada sobre nosotros, y sobre nuestras almas y nuestras vidas, pues no habemos querido tener escarmiento, habiéndola visto y experimentado en nuestras casas, haciendas y heredades; para que como dijo Oleastro en este lugar, conozcamos a Dios N. S. airado, cuando no le habemos querido reconocer piadoso. Con que juzgo que, segun caminan los gobiernos, ninguna esperanza podemos prometernos de que tengan mejora nuestros reinos y fronteras; y la guerra será perpétua y asistente entre nosotros, hasta que acabe y consuma lo restante.

Acabé mi oracion, habiéndome dilatado en ella mas de lo que solia, por haber reconocido que mis compañeros y camaradas habian quedado rendidos y cansados de la pasada noche, y estaban sosegados y dormidos; cuando salí del bosque era mas tarde de lo que presumia, pues hallé a mis amigos los dos hijos de mi huésped y al mesticito bañándose en el estero con mucho gusto, adonde me refresque con ellos y juntos nos volvimos al rancho.

CAPITULO XVI.

En que se trata de mi despedida lastimosa, de los parlamentos que se hicieron, y de como salimos a prima noche para la casa de Mollbunante.

Ya estaban los caciques Tureupillan, Quilalebo mi amigo y Mollbunante nuestro mensajero, con otros tres o cuatro, asentados al fuego, despues de haberse bañado en el estero; otros a las espaldas de la casa se abrigaban debajo de unos árboles frondosos, reparados del frescor del aire que corria, y amparados del sol que los abrigaba; llegué a donde estaban platicando y disponiendo la marcha de nuestro viaje; asentáronme en medio de Quilalebo y Mollbunante, y sacáronme de almorzar de unas longanizas y un capon mui bien asado, y en otro asador un cuarto de carnero, que stilando por todos lados su jugo mantecoso, convidaba su vista al gusto mas postrado. Comimos entre los circunstantes el regalo, y los huéspedes se fueron aumentando de los que afuera estaban retirados; con que Tureupillan, el dueño y caporal del rancho, mandó que para todos sacasen de comer de lo que hubiese, y los rezagos de chicha que habian quedado; sacaron hasta diez o doce cántaras o tinajones de mas de arroba cada uno, y fueron repartiendo a los principales caciques, anteponiendo al mensajero Mollbunante, y a mí me envió la señora con su hija una vasija mediana de regalada bebida de frutilla; con que fuimos los unos y los otros brindándonos a menudo, en medio de los regalos que para comer iban sacando de lo ordinario de guisados de aves, perdices, corderos y terneras gordas; con diferentes saines de pepitorias, entreveraron pasteles, empanadas, tamales, rosquillas fritas, hojuelas, buñuelos, tortillas de huevos y mucha abundancia de pescado fresco y mariscos diferentes. Acabaron de comer a mas de las cuatro de la tarde, habiendo entre las diez y las once dado principio; con que dijo nuestro mensajero, que ya era tiempo de ir previniendo el viaje, porque en poniéndose el sol era forzoso el marchar sin duda. Salimos al reparo de los árboles que a las espaldas del rancho estaban frescos y apacibles, adonde nos asentamos, y sacaron otros ocho o diez cántaros de chicha para ir bebiendo a pausas y poco a poco, que la obstentacion de estos convites y festejos consiste en estar siempre con los vasos proveidos en las manos, bebiendo a tragos y brindándose los unos a los otros con diferentes licores y bebidas; despues que todos estuvieron afuera del rancho, así varones como mujeres, en tapetes o esteras asentados, trajieron un ramo de canelo y se le entregaron a Mollbunante, para que con él en las manos predicase o diese principio al parlamento y fin alegre y ostentoso a nuestro convite.

Levantóse entre los demas principales que le asistian, con el ramo de canelo en la mano, y poniéndose en medio del círculo o rueda que los demas hacian asentados, y las mujeres formaban otra a las espaldas de ellos, razonó con elegancia, que como era fronterizo y de buen arte, estaban de sus lábios péndientes todos. Entre los discursos que hizo, las razones que pude encomendar a la memoria, fueron las que yo repetiré.

A los fines de su parlamento, significó el estar mui agradecido a mi amo Maulican, no tan solamente por la liberalidad con que me habia entregado para el rescate de su cuñado Taygüelgüeno y de otros caciques que estaban presos, sino tambien porque con todo esfuerzo me habia defendido de la furiosa intencion y rabiosa ira de los caciques y soldados de la parcialidad y distrito de la cordillera; y que no ménos lo estaba de Tureupillan, de Quilalebo y de los demas caciques imperiales adonde con todo amor y regalo me habian tenido seguro, quieto y defendido; por cuya causa se hallaban sus deudos y parientes, sus amigos y comarcanos tan agradecidos, como obligados a servirlos; que así prometia lo harian siempre que quisiesen experimentar sus voluntades: y otras razones corteses que al intento pronunció, que fueron de todos bien escuchadas y aplaudidas, con los vítores que acostumbran a su moda y usanza. Entregó el ramo de canelo a mi huésped Tureupillan, quien se levantó de su asiento a recebirle, y con él en la mano, se puso en el sitio y lugar que habia razonado Mollbunante, habiéndose quedado en su lugar asentado.

Dió principio el venerable viejo a su razonamiento con retórico stilo, sólido, macizo y grave, que con sus varoniles voces y maduros años tenian los oyentes suspensos los sentidos y potencias, y fijos los ojos en sus palabras y blancas canas, que bien parecen en semejantes actos. ¡Qué bien que reciben sus consejos y sus ancianos aspectos! qué bien que nos industrian! y cómo se respetan sus razones! y así deben ser siempre las canas y la madura edad antepuestas a la juventud lozana, y como dijo el versista, que ésta no ha de tener atrevimiento ni boca para hablar, sin coloreársele el rostro en la presencia de los mas ancianos, a quienes pertenece, o en los tiempos dorados y felices solia pertenecer y tocar, la censura y correccion de las juveniles acciones:

Verba quis auderet coram sene digna rubore
Dicere? censuram longa senecta dabat.

¿Quién con osado pensar
En presencia del anciano
Pareció descortesano
Ni supo atrevido hablar?
Porque solo el censurar
Las acciones juveniles
Toca a los años seniles
Cursados en industriar.

Y poco ántes dijo el mesmo autor estas medidas letras:

Jura dabat populo senior: finitaque certis
Legibus est ætas, unde petatur honos.

62

que en aquellos tiempos antiguos y dorados los mas ancianos viejos daban la norma de gobernarse los pueblos y ajustaban las leyes a la razon.

En estos nuestros siglos lastimosos quieren ser ya los mancebos y mozos presumidos maestros consumados, y los que con vanas presunciones quieren enseñar, y aun les parece pueden reprender a los ancianos. Oh cómo debian los tales vanagloriosos cursar en la escuela y aula del divino Maestro J.-C. Dios y hombre, de quien dijo el glorioso coronista San Lúcas, que siendo de doce años le hallaron en el templo en medio de los doctores, no enseñando (pudiéndolo hacer) ni dando preceptos, sino es oyendo y preguntando, sin menester ni necesitar óir ni preguntar para tenerlo decorado y previsto todo; en cuyo lugar dijo Oríjines, que porque era pequeño y niño en la edad lo hallaron en medio oyendo a los mayores y preguntando; y esto, dice nuestro autor lo hizo Cristo Señor nuestro por acomodarse a la obra y ejercicio de sus tiernos años, para enseñarnos a los presumidos vanagloriosos lo que nos conviene y nos importa, y a los mancebos y mozos lo que es a sus edades mas propio y ajustado, y para que ántes oigan y aprehendan de los maestros ancianos, que enseñar pretendan a otros ni industriales, ni tampoco con vana obstentacion se ensoberbezcan ni se alaben. Pareció nuestro anciano en el teatro, como pudiera entre nosotros un concionador maduro, sabio y discreto, aconsejando y en algo reprehendiendo a los fronterizos que sustentaban la guerra y la seguian; cojió entre manos algunas razones de nuestro mensajero Mollbunante, sobre las cuales discantó de esta suerte al fin de su discurso. Despues de haber hecho la salva a los circunstantes caciques y hablado a cada uno dos o cuatro palabras, llamando por sus nombres, y ellos respondiendo como lo acostumbran, con el *veicha* que dicen (que juzgo que en otra parte de este libro he significado de la suerte que hacen sus parlamentos), se volvió a la parte adonde estaba Mollbunante y los demas sus parciales y compañeros, y dijo con enerjía lo siguiente:

Con mucha razon dijistes, Mollbunante, que estábais agradecido, juntamente vuestros deudos, parientes y comarcanos, a Maulican (soldado valeroso) por haber defendido y guardado a este nuestro amigo capitan, hijo de Alvaro, y a nosotros tambien os mostrábais obsequioso por haberle tenido con toda seguridad y regalo en nuestro distrito: ahora quiero yo preguntaros y deciros sobre vuestras propias razones, las siguientes. Si no se hubiera ofrecido la ocasion presente, de que vuestro cuñado Taigüelgüeno, se hallase preso, lastimado, aflijido y con patente riesgo de la vida, ¿acordárais os de este capitan, ni solicitárais su rescate con las veras y esfuerzo que lo haceis? no por cierto, respondió el mesmo orador; porque los fronterizos sois inclinados a matar españoles, sin atender ni mirar que los accidentes y subcesos de la guerra son varios y continjentes. Y si Maulican no hubiera defendido a su captivo pichi Alvaro, y pasádolo de esta banda del rio de la Imperial entre nosotros, no hallárais hoi con quien poder trocar a vuestro cuñado, y fuera mui posible haberle quitado la vida como a otros, si no hubiese ofrecido la de este capitan por ella. Es verdad, dijo Mollbunante, que estando para matarlo unos soldados crueles, le preguntaron por el hijo de Alvaro, y respondió que estaba vivo y con salud, retirado y defendido en estos vuestros distritos, y que tenia por sin duda, avisando a sus hermanos y parientes, que por su rescate y en trueque dél le llevarian. Veis aquí lo que importa (volvió a decir el cuerdo y maduro anciano) conservar la vida a los cautivos y no quitarla tan sin. acuerdo a ninguno a sangre fria, que no es de corazones jenerosos; y os certifico de verdad, que cuando nosotros tomamos las armas en las manos contra los españoles tiranos que perseguidos y vejados nos tenian, solo en las batallas que tuvimos, puedo decir no me compadecí de ellos; pero despues que cautivos los miraba, grande dolor y pena me causaban y lastimada el alma me tenian, que verdaderamente no odiábamos ni aborrecíamos sus personas, que naturalmente nos llevaban el corazon y la vista sus trajes y vestiduras; a sus acciones y malos tratos, sí; a sus cudicias, a sus cruel-dades, a sus soberbias, y a sus inhumanidades, no podíamos sufrirlas y arrostrarlas. ¿No es esto verdad, Quilalebo? dijo a mi amigo; quien res-pondió el *veillicha* diciendo: es así, que como vos sabeis y es notorio en nuestro distrito, fué tanto el horror y aborrecimiento que me quedó de ellos, que aunque habia visto tantos cautivos, en tantos años nunca me inclinaba a comunicarlos, hasta que la asistencia de este capitan entre nosotros, y su comunicacion, su agrado, su compostura y tiernos años me han obligado a tenerle tal amor, que si en mi mano estuviese el im-pedirle el paso, y no fuese tan contra su gusto el asistirnos (porque cla-ro está que le ha de tirar el amor de su padre y el de la patria), tened por sin duda que hiciera mucho de mi parte por tener conmigo su asis-tencia.

Volvió el orador discreto a proseguir su parla, y por abreviar dejo mu-chas razones que a Mollbunante dijo, encaminadas a que no fuesen los fronterizos tan crueles ni tan inclinados (pasada la refriega) a derramar sangre de españoles; que la fortuna era vária, y se trocaban los tiempos por instantes; que hoi nos hallábamos alegres y contentos, y mañana do-loridos y tristes, hoi libres y dueños de nuestras acciones, y mañana cautivos, presos y sujetos a voluntades ajenas. Y dijo escojidamente este jentil, porque no hai cosa que la fortuna no trastorne, trocando las prós-peras dichas y felicidades en adversas suertes y infortunios varios: así lo notó San Pedro Damiano. Prosiguió nuestro viejo su discurso, volvién-dose a hablar conmigo y a despedirse en nombre de toda su parcialidad, adonde habia sido mi comunicacion y asistencia mas contínua; y entre las cosas que me dijo mi huésped y camarada Tureupillan, fueron las siguientes: y vos, capitan, amigo y compañero, que os ausentais de no-sotros y nos dejais lastimados, tristes y sin consuelo, no os olvideis de nosotros, significando a los españoles vuestros hermanos y compañeros, que no somos tan malos ni de inclinaciones tan perversas como nos ha-cen; que aunque es verdad que el comun de los soldados es compuesto de mocetones solteros y de jente desgarrada, ociosa y atrevida como los que entre los españoles se acostumbra, estos son los que no tienen lei, razon ni piedad, que los hombres nobles, caciques y toques principales, todos los mas son apacibles, corteses, piadosos y allegados a la razon y justicia, como habréis experimentado en estos que os han asistido, pues no podréis decir que haya habido alguno que perdiéndoos el respeto, os haya dicho una mala palabra, ni aun mirado con malos ojos. ¿Esto no es así, capitan? dijo el viejo; y yo le respondí como los demas el *veillecha*, diciéndole: es verdad todo lo que referis, y yo estoi y estaré toda mi vida con el reconocimiento debido a vuestros favores, y al amor y voluntad que he reconocido y experimentado en todos los caciques principales, vuestros comarcanos y amigos, principalmente en mi cuempo y amigo verdadero Quilalebo, cuyos agasajos con demostraciones interiores y del alma me tienen rendido y estarán en mi memoria eternamente esculpidos. Claro está, capitan (volvió a decir el viejo), que conforme vuestra sangre y obligaciones habeis de obrar, acordándoos del tratamiento que os habemos hecho, del amor que os habemos tenido, del respeto con que os habemos tratado, y de el regalo con que os habemos servido conforme a la cortedad de nuestra miserable tierra, aunque no igual a lo que merecen vuestras prendas. Lo que os ruego de mi parte, es que cuando esteis entre los vuestros, os compadezcais de los cautivos, soliciteis sus rescates, no permitais que los vejen, ni que a sangre fria los ahorquen ni entrieguen a los indios amigos, como suelen hacerlo, para quitarles la vida atrozmente; haced con ellos, finalmente, lo que con vos habemos hecho, y cuando no con tantas finezas, por lo ménos que reconozcan los pobres que habeis estado cautivo y atribulado en ocasiones, y con riesgos conocidos de la vida. Imitad a vuestro padre Alvaro, que aunque es tan gran soldado guerrero, y que ha muerto muchos de los nuestros peleando en las batallas, y cobrado tan grande opinion, la que le esmalta su valor y su jeneroso pecho, es el que jamas a sangre fria ha quitado la vida a ningun cautivo, ántes se hallan muchos que por su piedad y buen corazon estan en sus tierras libres, gozando de su quietud y descanso. Y con esto, capitan, no tengo que deciros mas de que tengais mui buen viaje, y os lleve Dios con bien a vuestra tierra y a los ojos de vuestro amado padre. Con que dió fin a su razonamiento, y todos dieron voces de alegría, y soplaron con la boca y el aliento el aire, y estremecieron la tierra con pisadas, que es lo que acostumbran al último de sus parlamentos.

CAPITULO XVII.

En que se trata de la despedida de los amigos y compañeros.

Ya en este tiempo habia traspuesto el sol sus lucientes rayos, y prevenidos tenian los caballos; con que Mollbunante trató de apresurar nuestro viaje, porque ántes que amaneciese habíamos de llegar a emboscarnos en su casa, o estar ocultos todo el dia para volver a caminar de ñoche. Mi camarada Quilalebo dispuso todo lo que habíamos de llevar para nuestro regalo, y me ensilló el caballo de camino que para mi viaje habia traido; y como no acostumbran mas carga que las gurupas, en breve espacio se dispuso todo. Llegué a despedirme de las mujeres de mi huésped, y de la española y de su hija, que miéntras ensillaban los caballos, se habian entrado al rancho, y la española mujer de Quilalebo a sacar nuestro matalotaje, y encontrando con ellas en medio de la casa, las dije, que se quedasen con Dios, que ya se habia llegado el plazo de mi partida, y que mirasen lo que me mandaban y lo que se les ofrecia de su gusto. Con estas razones, que pronuncié con alguna ternura, respondieron las viejas lastimadas con lágrimas en los ojos, y ayes y suspiros en los labios, diciendo: ai! ai! que se nos va nuestro capitan y compañero; a cuya imitacion las demas muchachas, principalmente la mestiza con los muchachos mis amigos, levantaron de punto los sollozos y voces lastimadas, de manera que me obligaron a llorar con ellas, y a decirles, que si no tuviera padre, a quien amaba tiernamente, y entre los mios no fuese tan solicitado (como lo habian visto) con tan repetidos mensajes, que tuviesen por cierto que no dejara su amada compañia, porque me habian obligado con extremo sus agasajos, sus cortesías, sus amores y regalos, a corresponderlas con voluntad y afecto. Con esto fuí abrazando a las mujeres de mi huésped Turcupillan, y a la señora y a su hija, que como las veia llorar sin medida, y a los muchachos que las imitaban, no acertaba ya a hablarlas palabra. Y volviendo el rostro para salirme afuera, me sucedió lo propio que al poeta profano en su despedida y ausencia.

> Ter limen tetigi (dijo); ter sum revocatus; et ipse
> Indulgens animo pes mihi tardus erat.

> Tres veces toqué el umbral
> Con los piés torpes y tardos,
> Y otras tantas mis cuidados
> Me volvieron del portal.

Animé como pude el corazon lastimado, y volví para dentro a despedirme de nuevo, como si no lo hubiera hecho, y de la suerte que mas adelante dice nuestro versista, volví a hablar lo que no importaba:

> Sæpe vale dicto, rursus sum multa locutus,
> Et quasi discedens oscula summa dedi.

> Despedido y saludado
> Con várias repeticiones,
> Me volvieron mis pasiones
> A principiar lo acabado:
> Hablé tan desconcertado
> Muchas cosas sin saber,
> Que no me supe entender
> Porque me hallaba turbado.

Volví a decirlas que me mandasen y que mirasen lo que gustaban que les enviase; y solo una de las viejas me pidió una bacinilla de las ordinarias de azofar, y las demas me dijieron, que lo que yo quisiese enviarlas, receberian, por tener con que hacer memorias de mí, y de la asistencia que entre ellas tuve. En esto me dieron priesa los compañeros porque la noche abrochaba ya su obscuro manto. Salí de la casa o rancho con harto dolor y sentimiento, que a no contrapesarle el gusto de ir a gozar de mi libertad y del consuelo de asistir a mi padre, demas del principal de estar entre católicos cristianos, fuera mucho mayor y mas penoso; pues cuando me puse a caballo, se asieron de mí los dos muchachos mis compañeros y el mesticito (hermano de la moza que habia de ser mi mujer), diciendo a voces y llorando, que se querian venir conmigo; con cuyas acciones volvió a formarse adentro mayor llanto, y aun en todos los circunstantes, que pude decir lo que Ovidio cuando salió para su destierro :

Quocumque adspiceres, luctus gemitusque sonabant:
  Formaque non taciti funeris intus erat.
Femina, virque, meo pueri quoque funere merent;
  Inque domo lacrymas angulus omnis habet.

A cualquier parte que el rostro
Revolvieres con cuidado,
No se oirán mas que suspiros,
Lágrimas tristes y llantos;
Al modo de las exequias
De un difunto malogrado,
Se escuchan fúnebres voces
En los rincones del rancho.

De la misma suerte, con mi ausencia o con el funeral de mi partida, se entristecieron y lloraron los muchachos, los varones y mujeres, con que aun en los rincones mas ocultos de la casa no habia mas que lágrimas, confusas y lastimosas voces. No digo otras acciones que pasaron, ni refiero otras circunstancias, porque no parezca encarecimiento ni exajerado decir a los oyentes; solo diré que cuando a echar los brazos llegué a mi huésped Tureupillan, no pude hablarle palabra porque al buen viejo le regaron las lágrimas el rostro.

Despedidos salimos de nuestros comarcanos y amigos imperiales, cuando el sol dió sus veces a la luna, con cuyos resplandores caminamos a buen paso Mollbunante, con sus diez compañeros, y Quilalebo, con otros tantos mocetones, un hijo de mi camarada Tureupillan, de mui buen arte, con otros de su ayllo y en su edad iguales, que los unos y los otros seríamos, si no treinta, mui cerca de este número; marchamos toda la noche a mas que ordinario paso y allegamos a casa de Mollbunante (que conjunta estaba con la de su cuñado Taygüelgüeno) a los últimos fines de la noche; cuyas mujeres, hijas y parientes, con grande agrado y regocijo me hospedaron, por haber de ser yo el trueque y rescate de su marido, y causa principal de volver a gozarle libre y en su patria.

Diéronnos de almorzar regaladamente a todos, y Quilalebo por su parte sacó de las longanizas, empanadas y tamales que para nuestro viaje traia dispuestas y prevenidas, y asentados a la redonda de mui buenos fogones, cómimos y bebimos mas de diez o doce cántaras de chicha de todos jéneros, y al descubrir el sol sus claras luces, dimos al descanso los fatigados cuerpos.

CAPITULO XVIII.

De lo que aquel dia se dispuso, habiendo llegado a casa de Mollbunante, y de las dilijencias que hice para traer en mi compañía a un soldado mancebo, y lo que fué menester para que surtiese efecto mi deseo.

Mas de las dos de la tarde me pareció que serian, cuando me recordaron mis compañeros y dieron aviso de haber llegado Maulican mi amo con otros seis o siete caciques de su parcialidad, amigos y deudos suyos, vecinos y paniaguados, que los unos y los otros eran tambien deudos, amigos y aficionados de Taygüelgüeno, Licanante y Huechuvilo, que eran los caciques que se hallaban presos, por quienes se habia de efectuar mi rescate y el de Diego Zenteno de Chaves, que en la mesma ocasion fué cautivo, siendo soldado de mi compañía y de mi propia edad y aspecto.

Recordé de mi sueño, deseoso de ver al que fué siempre dueño de mi persona y vida, y tambien por juzgar que con ellos habia llegado mi soldado compañero y amigo que tanto deseaba llevar en mi compañía, que segun me habia informado el mensajero Mollbunante, que dejó dispuesto que para el dia que habíamos de llegar, estuviese juntamente con nosotros en su casa; y con estas esperanzas salí fuera del rancho con Quilalebo mi amigo y con otros sus aliados, que a darme parte habian entrado de como los caciques juntamente con mi amo me aguardaban para disponer aquella noche nuestra marcha. Allegamos al sitio adonde asentados estaban a orillas de un estero deleitable, con mas de veinte tinajones de chicha, brindándose los unos a los otros. Luego que Maulican vió que me iba acercando, se levantó a gran priesa a abrazarme, y yo sobre sus hombros extendí los brazos con grande regocijo y alegría, y los demas caciques a su imitacion me saludaron, y en medio de mi amo, de Quilalebo y Mollbunante me asentaron, y despues de haberme puesto por delante un cántaro de chicha (como acostumbran hacer en los recibimientos de los principales caciques), me trajeron un plato de buen porte de frutilla fresca y cultivada, que sin exajeracion habia algunas que de dos bocados no les podíamos dar fin; porque de la suerte que entre nosotros se benefician las viñas, de la propia y aun con mas cuidado labran ellos sus frutillares, porque hacen pasa mucha cantidad de ella para sus bebidas. Tras de este regalo, que fué para mí de gusto, nos enviaron de comer, aunque no con la abundancia y sazon que en la Imperial teníamos, mas fué con grande agasajo, respeto y amorosas demostraciones. Estando en este ejercicio entretenidos, trató Mollbunante, nuestro nuncio, de que aquella noche prosiguiésemos nuestro viaje, y como no ví que parecia el soldado Diego Zenteno, que juntamente habia de ir conmigo a rescatarse, dije cuidadoso, que adónde estaba el español que en cambio y rescate de Licanante, sobrino del cacique Pailamacho, habíamos de llevar; a que respondió mi amo, que las dilijencias se habian hecho, y aunque su dueño quedó a los principios de entregarle por sus pagas, despues cuando enviaron a traerle, no le hallaron en su casa, por haber salido para la costa a negocios que se le ofrecieron : y que esta era la causa de no poder llevarle con nosotros. Estas razones fueron para mí de gran disgusto, porque deseaba con extremo llevar a este soldado, que lo era de mi compañía, por haberle prometido hacer de mi parte lo posible por librarle de trabajos y peligros, cuando Dios fuese servido de que mi rescate se tratase: y esto fué en algunas ocasiones que nos vimos a los principios de nuestro cautiverio; y así me resolví a decirles, que yo no podia irme sin el soldado Diego Zenteno, por haber escrito al gobernador que le habia de llevar en mi compañía, por lo que ellos me dijieron que le escribiese, y que no seria razon que faltasen a lo que con él habian quedado y conmigo, para haber hecho el empeño en que me hallaba. Con esta mi resolucion entraron en consulta y determinaron enviar o despachar aquella noche por él, y traerlo sin dar parte a ninguno de los que con él asistian, que supuesto que el amo habia de ser pagado en volviendo, y satisfecho a su gusto, segun a los principios habia quedado dispuesto, que lo hallaban por acertado y conveniente para la ejecucion y cumplimiento de lo que estaba acordado y de lo que yo tanto deseaba. Agradecíles grandemente la resolucion y arresto que hacian diciendo, que seria mui estimada y satisfecha la accion, así de los españoles como de los caciques presos, lastimados y aflijidos, y de los interesados deudos y parientes de Licanante, por quien estaba dispuesto y tratado su rescate. Con esto despacharon al instante por mi soldado, y aquella noche le acecharon a que saliese por agua al estero, como lo acostumbraba, y encontrándose con él, le significaron lo que le importaba callar la boca, y no hacer ruido y seguir a los que habian ido en su demanda; el mancebo obedeció gustoso, y sin pensar halló lo que deseaba; subiéronle a las ancas de un caballo, y a toda priesa cojieron el camino, y al recebir las aves con sus sonorosas voces y gorjeos a la aurora, llegaron los mensajeros a nuestra presencia con el deseado cautivo; fué recebido con aplauso comun y alegres demostraciones, por la que con su vista manifestó mi afecto; llegué a echarle los brazos al amigo soldado y compañero en los trabajos, y sin poder hablarme una palabra, prorumpió en lágrimas tiernas sus razones, y en confusos suspiros sus consuelos, y ambos a dos quedamos de una suerte abrazados un buen rato, con lágrimas en el rostro de alegría, producidas del amor y de cristiano afecto que en nuestros corazones asistia.

Grande gozo y consuelo recebimos de habernos visto al cabo de muchos dias y próximos ya a tenerle colmado entre nosotros; con que se borraron de la memoria los pesares y tristezas que me causaron las dificultades y los imposibles que me habian puesto los caciques, para que mi compañero, que lo fué en los trabajos, lo fuese tambien en mi feliz suerte. ¿Quién dijiera que el amor produce efectos tan contrarios, como son pesares y disgustos, placeres y contentos por una mesma causa? Difiniólo mui bien el anjélico doctor diciendo: que el gozo y alegría del amor nace, o por la presencia del amado, o porque asiste y se conserva en el bien que se le desea; y al contrario se sigue de este amor y benevolencia el pesar y la tristeza, o por el ausiencia del amado, o porque cuando le deseamos todas sus conveniencias y aumentos, es privado de ellas, o por algun modo o camino es vejado, es abatido o con alguna violencia apretado. Trocóse mi pesar en alegría con la presencia del amigo deseado, y con tiernas palabras nos saludamos repetidas veces, dando infinitas gracias al Señor de cielos y tierra por tantos beneficios y mercedes como tan a manos llenas nos comunicaba; que esto es el primer blanco y la mira principal de nuestra grata obligacion, ocurrir a Dios orando, así en los trabajos y tribulaciones como en los placeres y contentos. Amonéstalo el ilustrísimo arzobispo Villarroel sobre el capítulo undécimo de los Jueces, alabando de Jephté las acciones, porque todas las palabras, todos los disinios y determinaciones suyas eran en la presencia de Dios. Notad (dice en este lugar nuestro gran arzobispo) cuán admirable cosa es ver al príncipe en medio de sus mayores gustos y alegrías llegarse a Dios por medio de las santas oraciones. ¡Oh qué buen príncipe! oh qué gobernador cristiano y superior prudente! que a Dios se allega cuando mas triunfante, mas glorioso y mas aplaudido se halla; y mas adelante dice nuestro intérprete: si estás triste ora, y si estás alegre tambien, porque siempre te has de valer de la oracion; mira no te quedes burlado, que el que no tiene por escudo a Dios, y afirma sus acciones con su amparo, no es mucho que se quede escarnecido y en la calle cuando ménos piense.

Esta sin duda debe ser la causa y el oríjen tambien de nuestras plagas, y de los adversos subcesos de la guerra, y de su dilacion prolija, porque los superiores que gobiernan y ministros que los asisten, pocos o ningunos atribuyen a Dios nuestro Señor sus aciertos y felicidades, juzgando siempre que son de sus disposiciones dichosos partos. Helo notado cuidadoso en estos tiempos, y advertido que cuando se hallan mas gozosos regocijándose con joviales entretenimientos, luminarias, repiques de campanas, estruendos de cajas y trompetas, y aplausos a los gobernadores y a sus ministros porque pisaron las tierras del enemigo y porque trujieron una cabeza de un indio, que presumieron ser el que sustentaba la guerra, y que con eso no habia quien contra nosotros se opusiese ni cojiese las armas en las manos; y dentro de mui pocos dias, que no se pasaron ocho, les degollaron mas de ducientos soldados, los mas escojidos del ejército, que cuando juzgaron que se acabó la guerra por la muerte de un cosario, al instante se hallaron otros y vinieron a nuestras fronteras, degollaron nuestra caballería, derrotaron otras compañías con sus capitanes de a caballo, y a un sarjento mayor del reino con otros cincuenta soldados, y otros infortunios que por menor no digo.

Esto es lo que resulta de ser algunos gobernadores presumidos, vanagloriosos, con presuncion de sabios y discretos, que todo lo entienden, todo lo penetran y todo lo alcanzan, sin recompensar a Dios ni agradecerle los beneficios y favores que nos hace.

Bien patentes y manifiestos han sido estos castigos del cielo, y a letra vista trocados los placeres y los gustos en pesares y en lastimosos suspiros, porque en vez de glorificar y ensalzar al dueño y Señor de todo lo criado, y darle infinitas gracias por los beneficios recibidos y por algunos buenos aciertos que piadoso nos habia comunicado, se los dan los aduladores lisonjeros a los superiores que gobiernan y a sus ministros, y ellos, hinchados y ensoberbecidos, los admiten y se hacen dueños de lo que no es suyo, ni les pertenece por ningun camino, olvidándose del Señor universal que lo dispone todo, y por quien los buenos aciertos y felices acaecimientos vienen guiados, para que reconocidos le alabemos y le demos infinitas gracias; y los contrarios y adversos subcesos los permite para que temamos su justicia y reconozcamos su grandeza; con que ni lo uno nos obliga ni lo otro nos refrena; y ¡desdichado el reino que padece estos achaques! y ¿en qué puede parar y qué fin puede tener, si algunos de los que le han gobernado, se han querido levantar a mayores y usurpar a Dios nuestro Señor su potestad y grandeza, no contentándose con hacerse reyes y señores absolutos, y aun con mas ventajas, pues emprenden y ejecutan algunas acciones que S. M. (Dios le guarde), no imajinara, por ser justo monarca y rei católico? que a tener estas atenciones y este conocimiento en estos remotos reinos, los que gobiernan no se entraran tan desenfrenadamente en eclesiásticas jurisdicciones, prendiendo y desterrando sacerdotes relijiosos, porque por acá son tan altivos y soberbios, que aun al mesmo Dios Supremo quieren oponerse, sin atender a que es el Rei de Reyes, Señor de los Señores, y de nuestras vidas absoluto dueño; que a tener esta atencion y vivo conocimiento, ningun príncipe, ningun gobernador, ni ministro superior fuera soberbio, hinchado ni atrevido.

Habiendo notado aquellas palabras del capítulo 10 de los Jueces el ilustrísimo Villarroel, de que estaban asentados treinta príncipes y señores grandes de sus ciudades en otros tantos pequeños borriquillos, dijo: que siendo príncipes y señores no andaban en carros arqueados, no en caballos adornados de vistosos jaeces, no en literas ni en andas eran llevados a cuestas, ni en lechos adornados con oro, ni entretejidos con plata ni preciosas piedras, para que tengan doctrina y enseñanza los hinchados y soberbios de estos siglos, y no se hagan tan majestuosos, tan endiosados, que quieran ser adorados con las rodillas por el suelo, alabados y engrandecidos de lisonjeros aduladores; consideren y atiendan que son hombres y gobiernan a hombres, como lo enseñó Eustobio; lo segundo, que conforme a las leyes deben rejirse y gobernarse; lo

tercero, que no les ha de durar el mando, ni han de gobernar para siempre, porque, como dijo Pedro Gregorio, el príncipe o gobernador hace un
papel de comedia y una figura como de representante, que se viste de
rei y a la noche deja la vestidura real y se queda como los demas. Y
esto acontece mas propiamente en estos remotos reinos de las Indias,
por estar dilatados y mas a lo largo de la presencia del Rei nuestro
señor, adonde le usurpan la potestad que tiene, y en su asistencia y a
su vista son unas figuras de comedia.

Notólo así mi corto pensar sobre el capítulo de San Matheo que
empieza: libro de la jeneracion de J. C. hijo de David etc.; y pregunto
que por qué causa en este principio del capítulo nombra a David a secas, sin el título y renombre de rei, y mas abajo le llama dos veces rei
diciendo: enjendró a David rei, y David rei a Salomon. Y segun lo
que he pensado respondo: que en el principio está inmediato a Cristo
Señor nuestro, y como es Rei supremo y Señor de todo lo criado, no
puede ninguno en su presencia tener título de rei; use mui en hora
buena de su potestad a lo largo, porque en estando a vistas del que lo
puede y gobierna todo, no hai quien pueda parecer algo, ni con dominio levantado señorearse. Así les subcede a los que vienen a gobernar estos reinos de las Indias, que como están distantes de la real
presencia, quieren ser mas que reyes absolutos los que con el mando
se hinchan y ensoberbecen. Y en quedando sin el oficio y sin la superioridad, quedan hechos figuras; y los que de ántes con lisonjas y
adulaciones los engrandecian y alababan sus acciones, son los primeros
que los abominan y vituperan; por cuya causa los honores, las gracias y
las glorias solo al supremo Rei y celestial Monarca son justamente debidas, como nos lo enseña el mismo Dios hombre en la respuesta que dió al
que le llegó a preguntar: qué es lo que debia hacer para alcanzar la
eterna vida, llamándole con título de Maestro bueno; a cuyas razones
le responde: qué me preguntas de lo bueno? que solo Dios es uno y
bueno; en cuyo lugar dijo Cayetano: respondió Cristo Señor nuestro estas razones para con su ejemplo doctrinarnos y enseñarnos, que
las alabanzas y las glorias que a los hombres humanos nos comunica-
ren y sin atencion nos dieren, las volvamos a Dios y a su divina Providencia, como a causa principal y oríjen de todas nuestras acciones y
dichas. Con esta consideracion mi compañero y yo alabamos y engran-
decimos a nuestro Criador en medio de los gustos y placeres que teníamos, de la propia suerte que en nuestros trabajos y tribulaciones
lo acostumbrábamos con ordinarias deprecaciones y ruegos; que para
alcanzar lo que deseamos, nos manda que seamos contínuos y asistentes en pedirle, como lo muestra el texto sagrado por San Matheo, sobre
cuyas palabras, las siguientes pronunció San Pedro Crisólogo, respondiendo a la dificultad que puso en poder llamar a las puertas del cielo
y pulsar sus divinos secretos, diciendo: que de qué suerte o de qué modo podemos dar golpes en sus celestiales puertas. ¿Sabeis cómo? dice
este santo: continuando los ruegos y una y muchas veces suplicando,

y llevando con sufrimiento y paciencia las dilaciones del que ha de dar lo que pedimos; porque el que llamare a sus puertas una vez solamente y no fuere oido ni escuchado, y se indignare, o se cansare por esto, no es suplicante éste, sino es majestuoso ejecutor de lo que pide, y cobrador imperioso de lo que no le toca.

Humildes y contínuos a las puertas del cielo nos hallábamos con rendimientos postrados y con nuestras repetidas oraciones, porque de la condicion de Dios y de su natural sabemos que no puede negar lo que pedimos, si en sus umbrales somos asistentes, pues nos manda que lo seamos, si queremos alcanzar sus bendiciones.

Entramos en el rancho todos juntos a los primeros rayos de la aurora, adonde las mujeres de Mollbunante tenian bien dispuestos los fogones, y a los recien venidos con la presa del soldado que deseábamos, brindamos con dos cántaras de chicha, y dieron de almorzar aquellas horas, con que despues volvimos a dar al pasado sueño rienda suelta.

Recordamos los unos y los otros mui cerca de medio dia, y como nuestro nuncio Mollbunante estaba cuidadoso de no faltar del plazo señalado, dispuso que comiésemos temprano por dar lugar al parlamento que habian de hacer a mi despedida los caciques; y por no dilatarme en repetidas cerimonias, darémos por despedidos los amigos, y predicados sus sermones y pláticas, encaminadas a lo que los de la Imperial se enderezaron, poniéndome por delante el agradecimiento que debia tener a sus agasajos, que principalmente Maulican mi amo me los representó con justa causa, por haber contrastado con valor y esfuerzo con toda la parcialidad y distrito de la cordillera, y con otros comarcanos suyos, que con todo ahinco por diversos caminos solicitaron mi muerte. Esto fué en suma el fundamento de sus parlamentos. Con cuyos fines dimos principio a nuestro viaje, despedidos de nuestros amigos y comarcanos.

CAPITULO XIX.

De como salimos aquella noche con prevencion militar armados todos por lo que pudiera ofrecerse en el camino.

Salimos para tierra de cristianos a los veinte y siete dias de noviembre año de 1629, al ponerse el sol; agregáronse al número que salimos de la Imperial, mas de cincuenta lanzas, con que fueron en mi compañía mas de ochenta indios, todos bien armados y resueltos a defenderme de los enemigos serranos; y aunque a mí me armaron con coselete y lanza, y a mi compañero de la propia suerte, para que nos defendiésemos y peleásemos contra nuestros adversarios, lo que teníamos dispuesto el soldado Diego Zenteno y yo era, que cuando llegase la ocasion de revolverse los unos con los otros (que rogábamos a Dios nuestro Señor que no llegase), procurásemos evadirnos de en medio del tropel de sus contiendas, y abrigarnos del bosque mas cercano, en el entretanto que ellos contendian. Marchamos toda la noche con los resplandores de la luna, a mui buen paso, con grande vijilancia y órden militar, echando por delante corredores lijeros, y por los costados y retaguardia de la mesma suerte, que fuesen explorando las montañas y los pasos mas ásperos y estrechos; y al descubrir el sol sus resplandores, que fué a los veinte y ocho del citado mes y año, nos hallamos mui cerca de Curaupe, un estero que llaman de los Sauces, adonde como a las ocho o nueve del dia allegamos con bien a refrescarnos y a dar algun alivio a los caballos, y aunque ya fuera estábamos de los caminos y pasos que nos causaban cuidados y recelos, con todo eso, nos ocultamos algo separados del camino, y sobre el árbol mas crecido y encumbrado pusieron su atalaya o centinela, para que a lo largo divisase los campos y avenidas y debajo de su cuidado y vijilancia estuviésemos asegurados. Ataron a sogas largas nuestras bestias a las orillas del estero, adonde nos pusimos algo separados del concurso y nos sitiamos Quilalebo, mi amigo y camarada, Mollbunante, el mensajero, y Diego Zenteno. Hice descargar el matalotaje que traia, de mui buenas empanadas y bollos de maiz, algunos pedazos de tocino, longanizas y carne de ternera y de carnero hecha fiambre, y algunos rosquetes de huevo, harina tostada de diferentes jéneros, y un zurron de frutilla seca, que hice guardar para comerla entre los nuestros, de la suerte que se aliñan las pasas ahogadas en buen vino, que así son de grande regalo y gusto; comimos entre todos los que se hallaron, que como aquella siguiente noche habíamos de amanecer en el fuerte y presidio del Nacimiento, adonde los caciques presos aguardaban su remedio y libertad con nuestra llegada, le dije a Quilalebo, convidásemos a todos nuestros aliados y *digüeñes*, que así llaman a los compañeros. Hízolo así mi amigo, y todos participaron de lo que comíamos, cual del pedazo de la empanada, cual de la longaniza, de la carne, de los bollos y rosquetes, y tras de esto, para refrescarnos, dimos tras las bolsas y talegas de harina tostada, que en unos vasos de madera de toros o de bueyes (que llaman guámparas) hicimos la bebida acostumbrada entre ellos, y aun entre nosotros los soldados mui bien recebida, porque los que tienen comodidad de mezclarla con azúcar, chocolate molido y canela, se hace una bebida sazonada, fresca, gustosa y de mucho sustento, principalmente para estos indios naturales, que para una jornada de quince o veinte dias no llevan mas sustento, que el bolsillo de harina a la gurupa, que desleida en sus guámparas con agua les sirve de vianda y de bebida. Despues de esto, mudaron al que estaba atalayando, y le dieron de comer como a los demas, con que quedamos debajo de la sombra a reposar la comida y a dar al fatigado cuerpo el alivio y descanso que la pasada noche nos debia, y los demas hicieron otro tanto adonde mas comodidad hallaron. A las seis de la tarde poco mas o ménos tuvieron los caballos ensillados, y estando ya todo dispuesto y prevenido, me despertó mi amigo Quilalebo, mi compañero Diego Zenteno y

Mollbunante, los cuales me ayudaron a subir a caballo, y ellos con los demas hicieron lo propio, y proseguimos nuestra derrota poco ántes de ponerse el sol. Caminamos al trote largo y a ratos a galope por las faldas de Guadaba, que son unas lomas rasas y en partes escabrosas, y salimos por la quebrada que llaman del Ají, y como la luna nos era favorable por·estar mui cerca de su lleno, alargamos el paso a media rienda, y al amanecer nos hallamos esguazando el estero de Vergara, por arriba del fuerte, a distancia de una legua algo mas o ménos, y al descubrir el sol sus hebras de oro, a los veinte y nueve dias de noviembre, dia del ínclito mártir San Saturnino, y víspera del señor y glorioso apóstol San Andres, llegamos a los muros del fuerte del Nacimiento, con bandera de paz de un lienzo blanco que en una caña brava habíamos puesto, para que yo en las manos la llevase; y habiendo dejado las armas que traian como distancia de una cuadra, nos acercamos todos a la contra muralla que tenia el fuerte de maderos tupidos y bien fijos en la tierra: y adentro estaba la muralla de otros mas gruesos y fuertes postes y maderos, y por de dentro sus festones y parapetos, sus cubos y baluartes en las esquinas, con sus piezas de artillería que barrian los lienzos de la fortaleza.

Hablaron los caciques por entre los maderos y preguntaron si estaban los prisioneros caciques dentro del fuerte, por quien yo me habia de rescatar, y respondieron que sí, que solo se aguardaba el barco para que llegase Licanante, sobrino de Pailamacho, por quien se habia de rescatar Diego Zenteno. Pues hagamos luego el trueque, dijo Mollbunante, cuñado (como queda dicho) de Taigüalgüeno, que allí se demostró ya sin prisiones, que despues, si llegare Licanante, se efectuará el trueque de Diego Zenteno. Sea mui en hora buena (dijo el capitan y cabo de la jente de guerra que asistia en el fuerte); vengan a la puerta con nuestro capitan bien deseado, y entrando por las puertas de estos muros saldrán los caciques prisioneros. En el ínterin que se apearon los que se habian de allegar conmigo, que fueron Mollbunante, Quilalebo, Millalipe, hijo de mi huésped Tureupillan, y otros seis o siete principales, salió a la contra muralla el capitan y cabo bien armado, y todos sus soldados de la propia suerte, que serian hasta setenta u ochenta, con sus picas, mosquetes y arcabuces, y se pusieron en ala al son de la caja y otros instrumentos bélicos. No dejaron de recelarse mis amigos y compañeros, diciéndome, que para qué salia el capitan con las armas en las manos cuando ellos estaban sin ellas. Respondíles que aquello se usaba entre nosotros, y que bien sabian ellos que no podíamos hacer traicion alguna con los que entraban debajo de la real palabra; y vos, Mollbunante, bien sabeis que esto es así, pues habeis entrado y salido entre los nuestros todas las veces que os ha parecido, sin que hayais experimentado ningun doble trato. Es verdad, respondió Mollbunante, y así nos podemos allegar a las puertas con todo seguro. Vamos pues, dijo Quilalebo, que fuera yo con el capitan a cualquiera parte que quisiese llevarme, con toda confianza, sin recelarme ni temer peligro alguno. Mucho me huelgo, amigo Quilalebo, que esteis tan satisfecho y asegurado de lo que os estimo, quiero y amo; pues es cierto que primero permitiera que a mí me quitasen la vida, que veros por mi causa atribulado y aflijido, con trabajos ni peligros manifiestos, y no tan solamente por vos hiciera estas demostraciones amorosas (que os tengo y he tenido en lugar de padre), sino es tambien por el mas mínimo de vuestros compañeros, que con sobrado amor han venido en mi compañía explorando los caminos y asegurando mis recelos: y este conocimiento estará perpétuamente en mi memoria, solicitando desempeños a la obligacion de mi agradecimiento por no padecer caiumnias, que justamente adquieren los ingratos para con el comun de los mas cuerdos, y lo principal, para con Dios N. S., que los aparta de su gracia el especial pecado que cometen, que conocidamente lo es el no recompensar el beneficio, como lo resuelve el doctor anjélico; y San Crisóstomo dijo del ingrato que en lugar de reconocer el bien y el beneficio injuriaba al benefactor y le ofendia, que era peor que un siervo y mas sujeto a servidumbre que un esclavo, aquel que ofendia al señor que le puso en libertad. Y pues hoi la tengo por vosotros, claro está que no ha de faltar en mí la correspondencia que a vuestras acciones, a vuestras obras y agasajos debo justamente.

Con esto nos arrimamos a las puertas de la contra muralla, y con grande regocijo las abrieron, y el capitan y cabo de la fortaleza advirtió a Mollbunante, que apartasen sus caballos de los muros, porque habian de disparar la artillería y hacer la salva a mi recibimiento; desviáronlos luego los que estaban a caballo, llevando de diestro y por delante los de los caciques que en mi compañía estaban, y al entrar yo por las puertas y salir los caciques prisioneros, despues de habernos abrazado con notable regocijo de los unos y de los otros, dieron una mui buena carga de mosquetería y arcabucería, y al fin de ella hicieron la salva con las piezas de artillería, que en los cubos estaban para la guarnicion de todo el fuerte.

Salieron los caciques rescatados, y yo me quedé adentro entre los mios, despues de haber con súplicas y ruegos recabado con todos mis amigos que aguardasen el barco que para el rescate de mi compañero Diego Zenteno traia a Licanante y algunos jéneros de ropa que repartirles, que con gusto se dilataron aquel dia.

Quedéme con los nuestros como he dicho, y no sé cómo significar el gusto y placer que manifestaron en lo comun aquellos pobres soldados, abrazándome los unos y los otros, cual por los brazos y cual por las piernas, unos por delante y otros por las espaldas, dándome infinitos parabienes, y yo, con lágrimas en mis ojos de alegría, no les acertaba a hablar palabra, y muchos me miraban con ternura por verme lastimado y en diferente traje del que solia tener en mis prosperidades; pues me veian descalzo de pié y pierna, con unas mantas largas por vestido sobre las carnes no acostumbradas a aquel traje. Entramos adentro de la fortaleza, dejando con llaves las puertas de la contramuralla, y encontrando con el cura y vicario de aquella plaza, que a la puerta salia a recebirme, nos fuimos todos juntos a la iglesia, adonde con rendidos corazones alabamos a nuestro Dios y Señor, y le dimos infinitas gracias, cantando las letanías a la Vírjen Santísima y otras devotas oraciones, y yo postrado en aquel sagrado suelo repetí algunos versos del santo profeta rei, agradecido a tamaños beneficios, diciendo: ¿con qué podré recompensar tantos favores, tantas mercedes, y tan grandes misericordias como las que ha usado liberal conmigo el Señor de cielos y tierra? No puedo hallar retribucion mas ajustada que la que insinuó en este lugar el glorioso doctor San Gerónimo : esta sola es digna recompensa (dijo), derramar nuestra sangre por la sangre de Cristo, y por nuestro Redemptor morir de buena gana.

Dispuesto me hallo, Señor (dije con todo afecto), a daros mi vida y verter mi sangre por la vuestra; porque me libraste de patentes peligros, porque rompiste los lazos y cadenas de mi cárcel, te ofrezco sacrificios de alabanza. Allí besé la tierra, abracé los postes de la iglesia, y en los umbrales o gradas del altar, puse los lábios y la cabeza en tierra várias veces, considerando ser mas conveniente y lícito hacer en el templo del verdadero Dios estas rendidas acciones, que a los ídolos falsos a quienes adoraban los antiguos con semejantes demostraciones y ritos : así lo notó Virjilio de las troyanas mujeres con estas medidas letras :

Tectis ingentibus errant
Amplexeque tenent postes atque oscula figunt.

Y no tan solamente abrazaban los postes y los besaban, sino tambien se herian y lastimaban las cabezas en ellos; así lo dijo Tíbulo:

Non ego si merui dubitem procumbere templis,
Et dare sacratis oscula liminibus;
Non ego telurem dubitem perrepere suplex,
Et miserum sancto tundere poste caput.

Los postes abrazaban
De sus templos los bárbaros contritos,
Y sus labios besaban
Los umbrales juzgándolos benditos,
Y en sus quicios sagrados
Las cabezas se herian humillados.

Despues de haber dado gracias a Dios N. S., me dijo el capitan y cabo de aquel fuerte, que fuésemos a su casa a mudar de traje y vestiduras, y a almorzar un bocado en el entretanto que llegaba el medio dia; a que le respondí, que con su licencia no habia de salir del templo sin oir misa, que es lo que mas deseaba por haber muchos dias que carecia de tan gran consuelo. Pues digámosla luego, dijo el vicario, y que seria por mi intencion cantada. Agradecíle la oferta, y le rogué que fuese de la Vírjen Santísima la misa y con conmemoracion al santo de aquel dia (que fué de San Saturnino), y a la vijilia, que era forzosa, del glorioso apóstol San Andres, y el sacrificio por las ánimas del purgatorio, a quienes me habia encomendado mui de veras; pusieron luego por obra el cantar la misa con toda solemnidad, y yo la oí de rodillas con toda la devocion que pude y con gran consuelo del alma.

Llevóme el capitan a su casa, habiendo aguardado a que se desnudase el sacerdote, que juntamente fué con nosotros y los demas reformados y soldados del presidio; entróme a su aposento nuestro cabo, adonde troqué las vestiduras viles que llevaba, y salí mudado en quien solia con un vestido nuevo bien obrado, un coleto de ante guarnecido, espada y daga en la cinta, y lo demas que era necesario para adorno y lucimiento de un cautivo libertado. Y echarémos el sello a este capítulo con un soneto que en accion de gracias hice luego a la sacratísima Vírjen del Rosario, que por milagrosa la tenian y reverenciaban en aquel fuerte, y quien defendió la jente que tenia dentro habiéndolo quemado todo el enemigo.

SONETO

EN ACCION DE GRACIAS A LA VIRJEN SANTISIMA, HALLANDOME YA RESCATADO ENTRE CRISTIANOS.

¿Quién hai, Señora, que valerse quiera
De vuestro santo nombre, que no alcance
Con lágrimas orando al primer lance
Lo que imposible al tiempo pareciera?

¿Quién hai que en vuestras manos se pusiera,
Vírjen sagrada, en peligroso trance,
Que en el mayor trabajo no descanse,
Y su esperanza fin diehoso adquiera?

Bien manifiesto está en mi larga suerte,
Pues que entre tantos bárbaros contrastes
Quisisteis libertarme de la muerte.

Gracias os doi ya fuera de debates,
Estimando el favor, y si se advierte,
Jamas imajinado entre rescates.

LAUS DEO.

CAPITULO XX.

En que se prosigue la historia, y el fin que tuvo el rescate de mi compañero Diego Zenteno, y lo demas que sucedió miéntras llegó el barco.

Habiendo salido del aposento del cabo bien vestido y adornado, hallé la mesa puesta y al capitan brindándome con el almuerzo, a quien agradecí el cuidado y el favor que me hacia, y el regocijo que mostraba

64

con mi feliz rescate y mas que dichosa suerte, y supliqué con amoroso ruego que suspendiese el regalo que me hacia, hasta que llegase el mediodía, porque de derecho y de justicia me tocaba y pertenecia ayunar la vijilia del señor y glorioso santo apóstol San Andres, cuya devocion y la del gran mártir San Saturnino seria perpétua en mi alma, y como mas bien pudiese celebrados sus dias, en memoria del placer que en el dia del uno y vísperas del otro habia tenido. Sea mui en hora buena, dijo el capitan, haciéndome dueño de su casa, y que como tal mandase en ella y dispusiese todo lo que fuere de mi gusto; porque le corrian muchas obligaciones de servirme por hijo del maestro de campo jeneral Alvaro Nuñez de Pineda, cuyo soldado habia sido, en cuya escuela doctrinado, y debajo de sus militares órdenes servido; que este conocimiento seria en él mui ordinario, porque se preciaba de agradecido y de ser hechura suya por haberle puesto en el estado que se hallaba.

¡Qué pocos hai el dia de hoi que tengan estas atenciones! qué pocos de Castilla la Vieja, como lo era este venerable anciano, hombre sano y de buenas costumbres, sin rebozo ni malicia alguna!

Todo va de mal en peor: no hai quien reconozca el bien que se le comunica; ninguno corresponde a lo que debe; todos los mas se engrien y entumecen con el oficio que les dan, y con el mando que adquieren, y con las dádivas y dones que reciben.

El beneficio es veneno ponzoñoso en estos tiempos para el que le hace. Y en este punto y instante me ocurrió la causa al entendimiento, justa al parecer de los que con atencion la consideraren; que es sin duda, porque no hai hoi quien comunique el bien, ni haga el beneficio que no sea fundado en su particular interes, y como venden o ferian sus acciones, no son agradecidos ni recompensados sus favores. En los antiguos siglos los gobernadores, sus maestros de campo y los demas ministros mayores fomentaban las causas de los pobres soldados que servian a S. M. con amor y desvelo y satisfaccion sobrada; y cuando ménos lo entendian ni pensaban, tenian el premio y galardon de sus trabajos, por medio de los superiores ministros que sin intereses gobernaban; con que eran las mercedes y los beneficios mas estimados y mas agradecidos, porque sin pensar ni imajinarlo se les venian a las manos. Y así dijo mui bien Ausonio, que en la presteza del dar estaba el agradecer:

Gratia quæ tarda est ingrata est, gratia namque
Cum fieri properat, grata magis.

Los beneficios y dones
Que con presteza se dan,
Al que los recibe harán
Que sea grato en sus acc'ones,
Porque el dar sin dilaciones
Es la accion que se agradece,
Mas bien que lo que se ofrece
Con esperadas razones.

Hoi vemos que son raros los que alcanzan premio de los que tienen méritos sobrados, ni que haya quien los busque si son pobres, y si algunos sus propias medras solicitan, y piden con justicia el galardon que es debido a sus méritos y servicios para alivio y remedio en sus necesidades y trabajos, en la demanda y pretension se mueren, porque no hai quien les oiga ni les mire, por no haber caudal que los apadrine o acompañe.

Otros pretensores hai a lo seguro, que con sus dineros tiran al blanco que les parece: y aun estos tienen tambien sus demoras y dilaciones en sus despachos, porque aguardan a que otros opositores los saquen de la puja, como suele acontecer en los tribunales, que públicamente se venden los oficios; de manera que a los unos por pobres, y a los otros por ricos y opulentos, se les retardan las mercedes y favores; con que viene a ser la causa esta de que no haya agradecidos, porque el beneficio que se tarda, ingratos hace a los que le esperan, como prosiguió Ausonio:

Si bene quid facias cito, nam cito factum
Gratum erit: ingratum gratia tarda facit.

Si quieres ser alabado
Y así mesmo agradecido,
No hagas el bien prometido,
Porque en siendo dilatado
Hace ingrato al mas sufrido.

Bien grato correspondiente se mostraba el capitan y cabo de aquel fuerte a los beneficios recebidos de mi padre, pues me honró con extremo, regaló con lo que tuvo, y festejó mi llegada conforme la cortedad del sitio y lugar en que se hallaba.

Salimos afuera a dar vuelta a las murallas, que por ver al amigo y compañero lo deseaba, para consolarle, y por volver a rogar a mis amigos que tuviesen a bien el dilatarse un dia por llevar por delante al sobrino del cacique Paylamacho, que lo agradeceria con extremo.

Acompañáronme los mas del fuerte y dimos vuelta por fuera de los muros, quedando entre ellos y la contramuralla, a la que nos arrimamos a conversar con los indios, que por la parte de afuera estaban alojados con el pobre y aflijido soldado Diego Zenteno, quien me significó que los caciques decian, que no podian aguardar mas que aquel dia, porque a la noche se habian de ir sin falta alguna. Saludélos y a los demas amigos, y convidé a comer a Quilalebo, Mollbunante, a Millalipi, hijo de mi huésped Tureupillan, a los dos caciques que por mí se habian rescatado, y a otros seis o siete de los mas principales, y ántes de entrar adentro, rogué al capitan y dueño que llevasen para los demas un quintal de cecina con una fanega de pan, que luego al punto hizo enviar para que entre todos comiesen, y una botija de vino con que se brindasen.

Entraron los que he dicho dentro de nuestra estacada, a quienes hice poner la mesa y darles de comer mui a su gusto de cuatro o cinco potajes de carne y de aves, y sus limetas de vino para que bebiesen con moderacion y medida; y habiendo dado fin a la comida, con asistencia del vicario, del capitan y la mia, y otros muchos soldados con el capitan Marcos Chavari, conocido mucho entre ellos, les entregamos otra botija de vino para que con los compañeros la fuesen a beber afuera de la estacada, miéntras nosotros nos íbamos a comer. Salieron de la muralla mui gozosos, y cerraron las puertas; con que nos asentamos a comer en el alojamiento del cabo, el cura, el capitan Marcos Chavari (que habia sido despachado con los caciques presos a efectuar con brevedad mi rescate, que era persona mui conocida entre los indios por haber estado entre ellos muchos años cautivo), el capitan, y yo, y otros dos o tres camaradas suyos: regalóme con lo que tuvo, que en aquel fuerte lo era el no faltar el pan y carne, por estar distante de las fronteras y haberle de entrar los bastimentos por el rio arriba de Biobio con los barcos; y porque el dia fué vijilia del señor San Andres, aunque el capitan se aflijia grandemente por no tener pescado fresco ni otros jéneros de regalo, no faltó la misericordia de Dios, pues desde que nos asentamos a la mesa fueron tantas las ollas que ocurrieron con diferentes guisados, que sobró que comer para los pobres soldados que nos estaban sirviendo con su asistencia, porque las mujeres casadas del presidio y sus maridos, cuál envió la sopa tostada con muchos huevos fritos por encima, cuál el guisado de pescado seco, y otros el marisco de choros secos, machas, ostiones y otros jéneros; unas enviaban las papas fritas y guisadas, otras los porotos y garbanzos, y el capitan y cabo que tenia dispuestos otros cinco o seis potajes, y por postre unos buñuelos bien sazonados con mucho azúcar y canela, que de todo fuimos enviando a nuestro aflijido soldado, que afuera entre los demas caciques estaba aguardando su rescate. Acabamos de comer, y los soldados tenian dispuestos unos saraos, entremeses y danzas, y porque gozasen de ellos nuestros amigos huéspedes salimos afuera de los muros, y entre ellos y la contra estacada nos pusimos debajo de unas sombras que al propósito tenian dispuestas.

Volví a convidar a Quilalebo y a los demas caciques principales que entraron a comer dentro del fuerte; asentámoslos en medio de nosotros, adonde con comodidad y todo gusto pasaron la tarde entretenidos, y yo la tuve cierto mui alegre de haber visto a los caciques y a los demas sus compañeros, que asomados por entre las estacas, unos risueños, otros mesurados, y algunos las bocas abiertas, suspensos y elevados parecian de ver la variedad en las figuras, unas ridículas, otras bien compuestas, y algunas formidables, entre diversos bailes y entremeses.

Acabada la fiesta sobre tarde, hicimos que cenasen los caciques y a los demas enviamos pan y carne de una vez y vino a cada uno, y ántes que nuestros huéspedes y amigos saliesen por las puertas, les rogamos que aguadasen al barco hasta las ocho o nueve del siguiente dia, que si para ese tiempo no hubiese venido, no les molestarian mas mis súplicas. Tomó la mano mi amigo Quilalebo diciendo a Mollbunante y a los demas caciques, que todo cuanto yo pidiese y les mandase era forzoso hacerlo y ejecutarlo, porque a darme gusto estaban obligados; cuyas razones agradecimos todos con corteses palabras y abrazos amorosos, y despedidos, salieron a dormir entre los suyos.

Entramos adentro de nuestra fortaleza despues de puesto el sol, y a rezar el rosario nos fuimos juntos a la iglesia; y despues de haberle acabado, llamé al vicario y con la mayor devocion que pude, confesé mis culpas y pecados, porque es la mayor lisonja y gloria mas agradable que podemos dar a Dios, y recompensa a sus favores mas ajustada: así lo dió a entender el sacerdote Esdras a los de Judá. Confesad vuestras culpas y daréis gloria al Señor (dijo); las alabanzas que. dieron a Dios los tres mancebos que dentro de las llamas del horno de Babilonia se paseaban ilesos, eran las confesiones de sus culpas y delitos. En este lugar dijo San Crisóstomo: esta era la gloria que daban al Señor, confesar sus culpas y pecados, para que aunque sean millares y sin número, se juzgue fueron bastantemente castigados (dice este santo). Y San Gerónimo, sobre las palabras del profeta Osseas en el cap. 14 núm. 3 *Reddemus vitulos*, etc., dijo así: la pura confesion es para con Dios un sacrificio agradable, y los sacrificios de nuestros labios que dice el profeta, son las confesiones puras que de nuestros delitos hacemos, con que aplacamos a Dios y le glorificamos.

Notó las palabras del buen ladron estando al lado de J. C. crucificado el glorioso padre y gran doctor San Agustin, cuando dijo: nosotros justamente padecemos y recebimos el castigo digno a nuestras culpas; aquí la lumbrera de la iglesia dice: alabó a Dios en su propia acusacion, y en ella tuvo su mayor honra y gloria; poco importa alabar a Dios con la boca, si con el corazon faltamos de hacerlo. Por esta causa solicité cuidadoso limpiar el alma con la confesion de mis culpas, para que fuese el Señor glorificado y aceptas mis súplicas y oraciones en su tribunal santísimo.

Salimos de la iglesia el cura y yo, despues de haber confesádose otros penitentes y rezado nuestras devociones, y hallamos al capitan, que nos aguardaba con la mesa puesta; con que nos asentamos a hacer colacion, y despues de otras circunstancias que dejo por no dilatarme, me llevó a la cama que me tenia dispuesta, mui limpia y aseada, por no haber llegado la mia ni la ropa que se aguardaba en el deseado barco; acostéme en ella dando infinitas gracias a mi Dios y Señor, porque me hallaba entre sábanas limpias y colchones, que verdaderamente los extrañé por algunos dias; y si va a decir con puridad lo que siento, aquella primera noche, aunque venia del camino fatigado, no pude dar al sueño rienda suelta, porque lo mas de ella se me pasó en dar vueltas a menudo sin poder hallar sosiego en parte alguna, porque a los pellejos y mala frezadilla estaba ya acostumbrado el cuerpo.

Amaneció otro dia, que fué el del señor San Andres, entre nublado el cielo y entre claro; y al dar los buenos dias a su capitan el sarjento de la guardia, y de lo que en ella habia de nuevo, le oí decir que corria

norte picante y claro, que era lo que habíamos menester para que el
barco subiese rio arriba; consoléme infinito y dí los buenos dias al capitan desde la cama, quien me correspondió desde la suya diciendo, que
por juzgarme reposando todavía, no me los habia enviado a dar con el
sarjento, que luego fué a darme parte del tiempo que corria, porque le
deseábamos con extremo. Signifiqué al sarjento y a nuestro huésped el
desasosiego grande que aquella noche tuve, por haber extrañado la regalada cama, a cuya causa me estaba ya vistiendo al salir el sol; causóles
les mucha risa mi desvelo, y el haber desconocido los colchones, y echado ménos el humilde lecho que en mi cautiverio me servia : levantéme con bien y con algun gusto de ver que soplaba el norte apresurado, porque sin duda le esperaba el barco ; salí a la plaza de armas de
mañana y encaminé mis pasos a la iglesia para dar gracias a mi Dios
y pedirle encarecidamente, por medio del glorioso santo y apóstol San
Andres (cuyo dia celebrábamos), la venida del barco y el dilatarse los
caciques para el rescate de mi compañero, porque a gran priesa estaban ensillando sus caballos. En este tiempo se levantaron de las camas el cabo y capitan del fuerte, el cura y vicario, el capitan Marcos
Chavari, el alférez de la compañía y otros reformados de ella, que los
unos y los otros fueron en mi demanda, y despues de haber hecho al
altar el debido acatamiento, y orado en mi compañía un rato, me dieron aviso de como los indios trataban ya de hacer su viaje y llevarse
consigo al pobre Diego Zenteno.

   Salimos afuera y por entre las estacas de la contramuralla hablamos a los caciques y les dimos a entender que Dios N. S. habia enviado
el viento norte que corria, estando el cielo limpio, claro y apacible,
para que con brevedad llegase el barco que tanto todos deseábamos;
que por nuestra amistad se sirviesen aguardar hasta mediodia; que supuesto que no se habian de ir sin almorzar, que lo propio era dilatarse una o dos horas mas hasta comer a medio dia, y que en el entretanto íbamos a la iglesia a oir misa, y encomendar a Dios su buen despacho y el consuelo al camarada y aflijido soldado, que sus lágrimas y
suspiros nos causaban dolor y grande sentimiento : quedaron de aguardar, aunque forzados, concediéndome el plazo que les pedí.

CAPITULO XXI.

En que se trata de la celebracion del dia del señor San Andres, de la llegada del barco, y del buen despacho de los caciques y rescate de Diego Zenteno.

   Con la palabra que nos dieron los caciques de aguardar hasta medio dia, nos fuimos a la iglesia a dar consuelo al spíritu, y a celebrar el
dia del señor San Andres apóstol; volví a reconciliarme y encargué a
nuestro cura que la misa fuese por mi intencion, cantada con las letanías de la Vírjen, que las cantaban aquellos pobres soldados escojidamente; recibí al Señor de lo criado con grande regocijo de mi alma,

en compañía de los capitanes Juan de Quesada, cabo de dicho fuerte, y Marcos Chavari, y muchos reformados y soldados, que fueron los mas del fuerte y las mujeres dél, que con el ejemplo de su mayor y de su cabeza imitaban sus pasos los mas de ellos ; que, como dijo Lucano, la vida del que gobierna y rije, es mas poderosa a sujetar los humanos sentidos, que los preceptos y mandatos rigurosos :

Non sic inflectere sensus
Humanos edicta valent, quam vita regentis.

No obliga el apremio tanto
Al súbdito desmedido,
Como el ver que está rejido
De un superior cuerdo y santo.

El ejemplo de los que gobiernan y rijen es el que arrastra los mas indómitos naturales, y miéntras mas grande el señor y de mayor autoridad y grandeza, es con mas fervor imitado y seguidas sus acciones : así lo manifestó Ovidio :

Ipse deus nudus, nudos jubet ire ministros,
Nec satis ad cursus commoda vestis erat.

Mandan desnudos los dioses
Que sus ministros desnudos
Sigan sus mandatos mudos
Con ejemplares, sin voces,
Que son apremios veloces
Que aprestan la ejecucion
Sin ninguna dilacion,
Porque el mas recto mandar
Del príncipe es el obrar
Antes él, en la ocasion.

De grande importancia es que los superiores ministros y gobernadores sean ajustados a la razon, de buenas costumbres, y temerosos de Dios, para que los inferiores súbditos imiten sus acciones y sigan sus pisadas. Oh! cómo se ajustan éstos al buen ejemplo de los que gobiernan, cómo se encaminan los errados, cómo se enfrenan los mas atrevidos, cómo se reprimen los desmesurados, y cómo los unos y los otros se sujetan a encaminarse por la senda que el mayor camina! y cómo deben los príncipes y señores grandes, aunque sea con repugnancia de sus apetitos y deleites, solicitar con veras ser un ajustado prototipon de los que están debajo de su mando! Bien lo manifestó el profeta rei en ocasion que de la sed se halló bien apretado. Oh! si hubiese alguno (dijo) que me diese a beber de la agua de la cisterna o aljibe que está inmediato a la puerta de Bethelem! apénas oyeron a su rei estas palabras, cuando tres determinados soldados de su ejército se arrojaron con ímpetu al de los Filisteos, y trajeron el agua que sediento apetecia David. Aquí podemos notar de paso y considerar cuán conveniente sea que los reyes, prín-

cipes y superiores estén bien queridos y con amor respetados, principalmente los que gobiernan soldados, para conseguir buenos efectos en
la guerra; pues habemos visto en estas fronteras de Chille desamparar
a sus capitanes en ocasiones de encuentro con el enemigo, y ayudar a
atropellarlos, por malquistos, mal hablados y de arrebatadas condiciones.

Despues de haberle traido al rei el agua que deseaba, no quiso ni aun
gustarla; dejemos várias interpretaciones de los doctores sobre no haber
querido el rei beber el agua, y vamos a lo que hace mi intento.

Angelomo dice que lo hizo David por dar ejemplo a sus soldados y
enseñarles a saber tolerar la sed y a ser sufridos; de adonde tomó ocasion
de decir San Ambrosio las siguientes palabras: ejercitó a sus súbditos y
soldados en el oficio de la virtud, para que tambien los mílites voluntarios estuviesen por el ejemplo mas subordinados y sujetos al imperio,
y para que no se desmandasen si a su rei viesen beber el agua, porque
todos pudiera ser quisieran ir a beberla, y fuera mui posible el desli-
zarse los unos y los otros y quedar desamparado su ejército. Así lo sintió el gran maestro y doctor Francisco de Mendoza.

Con el ejemplo del capitan anciano todos los demas del fuerte confesaron y comulgaron aquel dia, y considerando que las oraciones de
los que estan en gracia de Dios, y son continuadas en el templo, son
bien recebidas, y las súplicas y ruegos en comun concurso clamoreados
son apremios forzosos que ejecutan su misericordia, como dijo San Crisóstomo, que tenia reverencia el Señor universal a sus humildes siervos
que aunados y a una voz imploraban su ausilio, y se avergonzaba de
negar lo que a voces compunjidos y lastimados le pedian,

¿Puede haber exajeracion mas grande que lo que este santo nos dice?
no por cierto; pues con este conocimiento pedí con todas veras a los
circunstantes devotos, que me ayudasen a suplicar a Dios se sirviese
de no permitir que aquel desdichado y aflijido cristiano Diego Zenteno volviese a la continuacion de sus trabajos, estando a vista ya de su
remedio; y al sacerdote rogamos que encaminase nuestros ruegos a la
presencia de Dios con los suyos, porque serian mas aceptos y admitidos
que los nuestros; que los que quieren ser bien oidos y escuchados del
divino y supremo Juez, ponen sus oraciones en manos de sus allegados
sacerdotes, como lo hicieron los cautivos de Babilonia y los israelitas,
rogando al profeta Samuel no cesase de rogar por ellos a nuestro Dios
y Señor, porque tenian por cierto que era amigo suyo; en cuyo lugar
dijo el Carthusiano: de nuestros propios méritos no presumimos ni en
nuestras fuerzas tenemos ninguna confianza, mas de que sabemos con
evidencia que sois amigo de Dios.

Hicimos una plegaria al son de las campanas, y el sacerdote en el altar la hizo en voces altas, y despues siguieron los cantores con las letanías de la Vírjen Santísima en canto de órgano repetidas, a que ayudamos todos con devocion cristiana y todo afecto. Pusimos fin a nuestras
deprecaciones y salimos de la iglesia a las diez del dia, y volvimos afuera
a ver el estado en que se hallaban los detenidos caciques, y cuando juz-

gamos que por habernos dilatado en nuestros devotos ejercicios, estarian a caballo, o a pique por lo ménos de poner los piés en los estribos, los hallamos sosegados en diferentes fogones almorzando, y los caciques durmiendo a la sombra de unos árboles frutales que afuera de los muros estaban replantados: y dimos gracias a Dios N. S. de haber visto a los indios mas despacio y con mas sosiego de lo que entendíamos, y el norte claro que firme continuaba. Hablamos con el soldado Diego Zenteno por entre las estacas de los muros, y dimos algun alivio a la afliccion y pena que tenia, con decirle las dilijencias que habíamos hecho con el Señor, que todo lo puede, para que los caciques no se apresurasen, y con toda brevedad llegase el barco. Estando en estas razones, nos divisaron los caciques, y al punto se allegaron a donde estábamos consolando a nuestro compañero lastimado y aflijido, que con sus lágrimas y suspiros nos causaba mayor dolor y lástima; arrimáronse a la estacada mis amigos, que fueron Quilalebo, Mollbunante y los caciques libertados Taigüelgüeno y Huechubilo y otros tres o cuatro, los cuales me representaron la fineza que por mi causa habian hecho, en haber aguardado todo un dia y mas en el que estaban hasta aquellas horas, y que ya no podian dilatar mas tiempo su viaje. Está mui bien lo que decis, respondí a Mollbunante, que fué el que me propuso estas razones, y le signifiqué con agradecimiento cuan agradecido me hallaba a sus acciones, y cuan deseoso de corresponder a ellas con algunos donés y regalos, para cuyo efecto les habia rogado que aguardasen al barco, que lo juzgaba mui cerca, porque le habia sido el viento favorable; pero que ya no tenia que pedirles ni suplicarles mas que una cosa, y era que miéntras entraban a comer un bocado en nuestra compañía, y a los demas enviásemos sus porciones, que enviasen a caballo dos o tres amigos mocetones a la punta del cerro que enfrente de nosotros poco mas de media legua se mostraba, de la cual divisarian el rio abajo mas de tres leguas, y si puestos en la cumbre no le descubriesen, al punto que ellos llegasen, pondrian en ejecucion sus intentos y darian principio a su viaje. Mui bien lo ha dispuesto el capitan, dijo mi amigo Quilalebo, que cuando de aquí no salgamos hasta la tarde, importa poco, pues de noche y con la luna ha de ser nuestra marcha mas segura. En esto convinieron todos y llamaron al instante tres mancebos de los mas dilijentes, y habiendo llegado a nuestra presencia, les rogamos que hiciesen con cuidado la dilijencia que entre los caciques habíamos comunicado. Dimos de almorzar y de beber a los espiadores, y de adonde estábamos les enseñalamos el cerro, de cuya eminencia habian de divisar el rio. Salieron los exploradores y entraron los caciques a ser nuestros convidados, y a los de afuera enviamos otro quintal de cecina, una fanega de pan y una botija de vino, y al atribulado cautivo enviamos de comer desde la mesa, aunque con el susto que le acompañaba, no podia pasar bocado.

Asentamos a los caciques a la mesa, y los acompañamos entreverados los unos con los otros, entre el cura, el capitan y cabo, Márcos Chavari y yo; diéronnos de comer regaladamente, porque habia algunas mujeres en el presidio extremadas cocineras, y de frutas de sarten otras curiosas; brindamos a los caciques varias veces por ver si podíamos divertir algo sus apresurados intentos; comimos de diversos manjares con sosiego, con gusto, y con reposo mas que de usado por ir haciendo tiempo a que llegasen nuestros mensajeros, porque su dilacion no les fuese molesta ni penosa. En medio del placer y gusto que mostrábamos, nos tenian cuidadosos los espiadores y la posta que estaba en la garita con órden de darnos parte de las acciones que hiciesen nuestros nuncios cuando se divisasen en la cumbre del señalado cerro. Acabamos de comer y dimos gracias a Nuestro Señor por tantos beneficios como a manos llenas nos comunicaba, y habiendo encomendado a los circunstantes un paternoster y un Ave María por las ánimas del purgatorio, y el vicario ayudádonos con un responso, para que por·intercesion de ellas fuese Dios servido de que con toda brevedad llegase el barco, que ansiosos deseábamos en comun, nos levantamos de la mesa diciendo a los caciques que habíamos encomendado a Dios su despacho y buen avio, que le tendrian a su gusto si aguardasen nuestra embarcacion y se dilatasen solo hasta la noche. Respondió Quilalebo (que era el que mas me deseaba dar gusto): pues tened por sin duda, capitan, que hasta esa hora le aguardarémos; y Mollbunante me aseguró lo propio, diciendo que con mi licencia al ponerse el sol habia de hacer su viaje. Sea mui en hora buena, respondí agradecido con extremo. Pues, apénas salimos x la plaza de armas y al fresco nos pusimos asentados, cuando el soldado de la garita dió voces a los de abajo, y dijo como nuestros exploradores estaban dando vueltas de escaramuza sobre el cerro. Buena señal, dijo Mollbunante, que sin duda han descubierto el barco. Quiéralo Dios así, dijimos todos; y con grande regocijo salimos a divisarlos por entre las estacas de la contra muralla, que por la parte de afuera estaba con los demas amigos el soldado Diego Zenteno algo consolado, por haber dicho todos que venia nuestra embarcacion, porque la seña que hicieron fué la que habia de ser en descubriéndole. Cuando llegamos a descubrir nuestras centinelas, venian ya bajando a mui buen paso la ladera, y ántes que llegasen a darnos parte de lo que habian visto, volvió a decir el que estaba de posta en la garita, que asomaba el barco por la punta del cerro, y a poco espacio le divisamos todos, y como el viento le era favorable, dentro de una hora dió fondo en el estero de Vergara, abajo de una loma o eminencia en que fundada estaba nuestra fortaleza; que puesta encima nuestra mosquetería de mampuesto se aseguraba la condicion dél, como lo dispuso el cabo en el entre tanto que se desembarcó todo lo que traia, y se subió arriba a los almacenes, y el barco quedó en el rio con su arraez y marineros, que con sus anclas dado fondo en medio del rio, quedaba del enemigo asegurado. Porque por aquella parte es tan hondable y peligroso, que desde que entran hasta que salen nadan los caballos, y con gran riesgo de ahogarse, como ha acontecido a muchos, a causa de que dicen viene mui remanso, y debajo con cantidad de raices correosas y largas, en que acontece enredarse los caballos.

Con la llegada de nuestro deseado barco llegó tambien Licanante, sobrino del cacique Pailamacho, por quien se trocó Diego Zenteno con grando regocijo y alegría, y un capitan amigo y confidente de mi padre con otros de casa, que me trajieron la cama, vestidos y ropa blanca, y mas de ochocientos pesos de ropa y jéneros que yo habia enviado a pedir para mis amigos y enviar a los camaradas y a las mujeres que me agasajaron en sus tierras. Trajieron tambien treinta botijas de vino para brindar a mis compañeros, a quienes convidé que entrasen a merendar un bocado y a brindarse los unos a los otros con toda alegría, y les entregué cuatro botijas de vino, despues de haber merendado mui a su gusto, todos ochenta indios dentro de las murallas, a quienes repartí de la hacienda que me habian traido conforme las calidades de cada uno y segun la amistad que les debia. A Quilalebo, como mas amigo, le dí un vestido entero de paño azul (que es color que apetecen mucho), calzon, capotillo y capa con sus vueltas de tafetan carmesí, sombrero, medias y zapatos, que aunque no los acostumbran, los guardan para sus borracheras y festejos, que es cuando se visten en traje de españoles; llevó tambien para su mujer y para su hija, que con todo afecto me la tenia dada, 20 varas de listones de diferentes colores, media docena de peines, muchas chaquiras, punzones y topos de plata, y algunas agujas, y todo lo mas que me pidió y tuvo gusto de llevar. A Mollbunante, que fué el mensajero que iba y venia con las cartas de nuestros tratos, y fué el principal motor de mi rescate, le dí un vestido, chaquiras, peines, agujas, listones, y otras cosas que apeteció. A los demas fuí repartiendo a unos el sombrero, a otros el capotillo; cuál llevaba los listones, cuál las chaquiras y peines, capas y sombreros otros; finalmente, no hubo ninguno que no llevase alguna cosa de los jéneros que he referido. Y a lo último llamé al hijo de mi huésped Tureupillan, el que me tuvo en su casa de la otra banda de la Imperial por órden de mi amo, y le dí para su padre un vestido entero, a él una capa, un sombrero, muchas chaquiras, listones, peines y agujas para su mujer y hermanas, y para su madre una bacenilla de azofar que me pidió, y a su hermana, que fué la que me servia, envié aparte en una bolsa o taleguilla unos topos o punzones de plata, cuatro varas de bayeta, listones, chaquiras, peines y agujas, y otras menudencias, y al viejo su padre una botijuela de aceite de Castilla que me pidió, la cual encargué al viejo Quilalebo, para que partiese con él de ella.

Entre los que venian de la Imperial con Quilalebo, estaba uno que aunque habia participado de los jéneros menudos, deseaba mucho llevar una capa, y llegóse a mí en secreto y me dijo, que le diese una capa por un tejillo de oro que traia marcado, y que se acordaria de mí toda su vida; a quien respondí no habia quedado ninguna, que paño le daria o entre los soldados buscaria para él una capa. Llamé al sarjento, que estaba presente, a quien encargué la dilijencia porque aquel indio fuese consolado; al punto me trajo una capa azul por el paño y entreguésela al indio, y volvíle su tejo de oro diciéndole, que en mi tierra y entre los mios no necesitaba de cosa alguna, que entre los soldados podia conchabarle por lo que quisiese. Agradeciólo con extremo, y con él conchabó otras cosas entre los del fuerte.

Con esto los despedimos ya que el sol iba encubriendo sus rayos, y abrazándolos a todos, salieron de la muralla, enfrenaron sus caballos y con grande regocijo, dando muchos *marimaris*, que son besamanos, se fueron en paz y con mucho gusto, y el soldado Diego Zenteno entre nosotros con summo consuelo y alegría de todos. Y despues de haber cenado espléndidamente, y regocijado aquella noche con otros entretenimientos nuestra llegada, fuimos a dar alivio y descanso a nuestros cuerpos.

CAPITULO XXII.

En que se trata de nuestro viaje para el tercio, adonde estaba el gobernador con sus capitanes aguardando el efecto de mi rescate.

Otro dia por la mañana, que fué primero de diciembre, madrugamos a oir misa, que rogué a nuestro cura que fuese por mi intencion; y por ser pobre, le dejé cuarenta pesos de ropa buena de Castilla a su satisfaccion y gusto, dos tejillos de oro que habia traido, que eran del porte de un real de a ocho cada uno, algo mas grueso; con que le encargué un novenario de misas cantadas a la Virjen Santísima, que la tenian allí de la Concepcion mui devota y milagrosa, a quien envié de la ciudad de la Concepcion un manto de damasco de color, bien guarnecido, y una corona de plata. El cura era, como he dicho, pobre y agradable, amigo de complacer y de dar gusto; causas todas que obligaron a servirle y ayudarle con alguna limosna; que, como dijo San Pablo, son las principales que se deben hacer. Miéntras Dios nos da tiempo (dice), obremos y hagamos bien a todos, en particular a los clérigos y sacerdotes; como lo explicó en este lugar San Cesario Arelatense. ¿Quiénes pensais (dijo) son los domésticos de la fee, sino es los clérigos, los monjes solitarios y cualesquier siervos de Dios que han huido y apartádose de los embarazos de este mundo? Y en el mesmo lugar pronunció ántes este santo doctor unas palabras, que repetiré algunas para júbilo y consuelo de los que son inclinados a hacer bien a los pobres y no cerrarles las puertas. Yo juzgo (dijo) y tengo por sin duda que Dios N. S. puso en este mundo a los mendigos y pobres para experimentar con ellos la fee caritativa de los ricos. Y despues de otras razones al intento, prosiguió con las que se siguen, que por ser tan para el alma no quise entre renglones omitirlas.

Cosa intolerable será (dice) y dolor insufrible que cualquier cristiano no encuentre con su muerte adonde pudo comprar los gozos de la eterna vida. Y acabó con decir: no quieras despreciar al necesitado, que aunque es pobre para sí, puede hacerte rico a tí, esto es, vistiendo al desnudo y socorriendo al menesteroso. Estas son las limosnas que son a Dios aceptas, no las que se hacen a los ricos y poderosos, como las que en estos tiempos se acostumbra. ¡Desdichado el reino y desdichadas las repúblicas adonde a los que tienen sobrado caudal solamente se comunican los dones, los oficios y los provechos! al trocado de lo que en las repúblicas cristianas acontece, como lo notó Pedro Blesense en el portentoso milagro que el profeta Eliseo obró en casa de la triste y aflijida mujer, que miéntras tuvo vasos vacíos en su casa para henchirlos de aceite, corria con abundancia, y al punto que se llenaron, suspendió sus corrientes el manantial sagrado. Así lo dice el texto, en cuyo lugar dijo, a nuestro intento, el citado doctor estas palabras: Eliseo proveia los vasos vacios y los llenaba de aceite, y en faltando la vasija suspendia la accion, pero en las curias y consejos se repudian y desprecian los que están vacios, y se rellenan los llenos, que es como echar leña en los montes, y agua en el salado piélago; como si nos dijese, que el profeta Eliseo es viva representacion de una república bien ordenada y de un gobernador cristiano, que lo que ha menester lo comunica al necesitado pobre, y al poderoso, rico y abundante esconde sus favores; al contrario (dice este autor) que se acostumbra en los tribunales, curias y consejos de nuestros siglos, que de ordinario echan agua al mar, y leña a las montañas.

Esta tambien sin duda es la causa de que este reino de Chille y aun todos los de las Indias, a mas andar vayan caminando a bosque, pues lo mas de nuestras antiguas poblaciones no son hoi otra cosa que espesos montes y desiertas selvas. Díganlo los edificios de la ciudad de Chillan, los de Arauco, San Felipe, San Cristóbal, San Rosendo, y otras mas de cuatrocientas estancias populosas, que sus sumptuosas casas y edificios con las de las ciudades competian. Todo esto ¿no es hoi una montaña y un tupido y cerrado bosque inhabitable, porque le han echado leña sin haberla menester? Y la ciudad de la Concepcion, que sirve hoi de frontera, ¿en qué estado dirémos que se halla? qué conveniencias tienen sus vecinos? díganlo los clamores de los pobres que de sus distritos se han ausentado huyendo, porque el mar rebosó con el agua que le echaban estando lleno y sin haberla menester, y con desmedidos pasos se paseó por en medio de las casas y con facilidad igualó con el suelo sus mayores edificios. Estos efectos causan los excesos de los superiores que con insaciable cudicia nos gobiernan, que solo comunican los dones, los oficios, las honras y provechos a los que están sobrados y rellenos, como se experimenta en el reino del Perú, que los mas que están de ordinario en los correjimientos de algunas conveniencias, son los que están honrados con hábitos y con cien mil ducados sobrados; y los pobres, hartos de servir a S. M. los treinta y cuarenta años, están sin un pan que comer. Estos superiores ¿no son la causa y principal fundamento para que los vasos llenos se derramen y rebosen, y con sus avenidas se les aniegue el alma, y cuando ménos piensen que-

den sumerjidos y sepultados en sus propios intereses? claro está. Y lo
peor es que estamos experimentando y tocando estas verdades con las
manos, y nos parecen falsas ilusiones, pues a semejantes acciones no
ponemos rienda, ni nos lastiman los trabajos y tribulaciones que habemos padecido, ni los que cada dia experimentamos, guiados por la divina Providencia para que estemos alerta, abramos los oidos, despabile-
mos los ojos y aclaremos los sentidos; y somos peores y mas contumaces que aquellos pecadores relajados de Jerusalem, que el profeta Jeremías lastimado acusaba y ponia ante el tribunal santo de Dios. Están
tan endurecidos los pecadores (dice el profeta), que los has herido y
lastimado, y no lo sienten; haslos atribulado, y no quieren entenderte
ni admitir tus correcciones; finalmente, están tan empedernidos que
no quieren volver atras de sus intentos malos; en cuyo lugar dijo
Theodoreto las siguientes palabras: con todo esto, ni lo uno ni lo otro
les fué de algun provecho, porque hierro frio eran sus corazones.

Así deben estar los nuestros, pues no se han ablandado con los golpes
que ha dado Dios en ellos. ¿Hai alguno que reconozca que son castigos
del cielo los que nuestras fronteras padecen y tan rigurosamente han
padecido justamente? no por cierto. ¿Hai alguno que vuelva atras de sus
propósitos malos y perversos? tampoco. ¿Hai algun profeta entre nosotros
que dé voces? hai algun predicador que en los púlpitos reprehenda vicios
y excesos como los que están insinuados? hai alguno que clame en ellos?
Lo que sabré decir es, que he oido a muchos adular y mentir a los
poderosos, y a los que rijen y gobiernan alabarlos y engrandecer sus
acciones; y así podré decir con el profeta: admirado estoi y asombrado de ver en la tierra semejante maravilla, que los profetas profeticen mentiras, y los sacerdotes las aplaudan, y los de mi pueblo las amen
y con todo afecto las abracen. ¿Qué castigo fué el que les prometió Dios,
por el mesmo profeta, a los obstinados pecadores? Dígalo el número
diez y siete de este mesmo capítulo; despues de haber dicho que traeria
sobre ellos enemigos feroces de lejas tierras, que no los conociesen ni
sus lenguas se entendiesen, dijo el profeta: este enemigo gozará de
vuestras mieses y comerá vuestro pan; devorará, tragará y consumirá
vuestros hijos e hijas; comerá vuestros ganados, vendimiará vuestras
viñas y cojerá vuestros frutos; vuestras ciudades armadas, en cuyas
fortalezas teneis puesta vuestra confianza, las quebrantará, gastará y
consumirá.

¿Todos estos castigos y plagas no habemos padecido y experimentado? y actualmente no estamos mirando que el enemigo nuestro está gozando de nuestras haciendas, de nuestras casas, viñas y ganados? no se
los lleva cada dia sin resistencia alguna? no ha entrado diversas veces
hasta los distritos de Santiago, y llevádose en ocasiones mas de tres-
cientas almas cristianas, y muerto otras muchas, y esto en las orillas del
rio de Maule, cuarenta leguas mas adentro de nuestras fronteras? Cuántos han llorado sus hijos y sus hijas, las mujeres a sus maridos y ellos a
sus mujeres? ¿Estas son fantasías, ilusiones quiméricas, o verdades

manifiestas? Si lo son, ¿cómo no las tenemos presentes? cómo no las meditamos para mudar de stilo en los gobiernos y no echar agua al inmenso mar para que rebose y aniegue los edificios, ni leña a la montaña para que se abrase y consuma; esto es, quitando a los pobres el aceite de los vasos vacios por dárselo a los que están rebosando? ¡Cuántos pobres y viudas desamparadas están clamando al cielo por estos excesos! que me consta a mí, que en las ocasiones que se ofrecen de apercibir para la guerra alguna jente de los partidos, quitan a la pobre viuda un hijo que le está sirviendo y sustentando a sus miserables hermanas, dejándole la casa sin abrigo, sin amparo ni remedio; y dejan a otros mozos malhechores sin apercibirlos, ni hablarles palabra, porque están amparados y defendidos de algunos vecinos y personas poderosas; quitan el indio a la pobre que no tiene otra cosa que la sirva, por darlo al que se halla con sobrado servicio en su casa, o al paniaguado, deudo, o pariente del juez o del ministro que lo ordena. ¿Hai alguno que tenga celo de justicia? Hai quién ampare al desvalido que la tiene, si le falta dinero para pagar letrados, contribuir a los procuradores, alguaciles y escribanos? Hai juez que atienda que al pobre le acompaña la justicia para sacar el rostro en su favor y ayuda, aunque haya servido al rei N. S. con ventajas muchos años? Bien pudiera yo, como lastimado, manifestar en esta sazon muchas verdades, pero excuso el parecer apasionado. Vamos a nuestro intento discurriendo en la materia: ¿no son causas suficientes estas para que Chille no tenga permanencia, y que aguarde el total castigo de la divina mano, y para que nos diga el profeta que clamó a su pueblo: jente torpe y necia, que no teneis alma en esos cuerpos, que teniendo ojos no veis, y teniendo oidos no ois, ni atendeis a lo que os importa? ¿Qué mayor prueba para que esta guerra de Chille se dilate (que es el blanco principal a que se encaminan mis discursos) que nos tenga Dios ciegos, sordos y mudos, pues no vemos el daño del vecino para tener en él algun escarmiento, ni oigámos los clamores de los pobres para socorrerlos y ayudarlos? Son bastantes estos presajios para que yo pueda decir que es inacabable esta sangrienta y prolija guerra, y que este reino miserable se ha de ver hecho bosque tenebroso, porque echan leña en él los superiores, jueces y ministros; y ha de igualar el mar sus soberbias y vanas hinchazones, porque echan agua en él para que abunde y rebose, y a todos nos consuma y nos sepulte? Porque no hai quien imite al santo profeta Eliseo, que echaba el aceite en los vacios vasos, y no a los que rebosaban, como lo dijo Pedro Blesense, ya citado, que en las curias y consejos es mui al trocado este gobierno.

Volvamos a nuestra historia, que estas digresiones son el fundamental asumpto de ella. Dejéle a nuestro cura, como dije, por ser pobre y agradable, mas de lo que se acostumbraba por las misas, por darle alguna cosa de limosna; y él me pidió encarecidamente una manta que sobre otras camisetas traje puesta, que verdaderamente parecia de terciopelo carmesí mui fino; que aunque la tenia dispuesta para

hacer memoria de mis pasados trabajos (con los calzones de campana
que traje puestos, y otra camiseta pequeña que tuve muchos años en
mis cujas, hacia recordacion de ellos y alababa a mi Dios y Señor), se
la dí de mui buena gana, porque fué de su agrado y de su estimacion.

Oimos misa cantada de nuestra Señora, que fué con la que se principió mi novenario; y habiéndose confesado mi compañero Diego Zenteno, recibió al Señor con devocion cristiana y fee católica. Salimos de la
iglesia consolados de haber dado gracias al Señor y gozado de tan alto
sacrificio como es el de la misa. Llevónos el capitan a su casa a todos
los que habíamos de hacer viaje, y nos dió mui a gusto de almorzar, y
aquellas pobres mujeres casadas que asistian en el fuerte, me regalaron
con mas de lo que sus fuerzas podian permitirles, por cuyo agradecimiento
fuí a visitarlas y a despedirme de ellas con agrado y cortesía, habiéndoles dejado algunas cosas de las que me sobraron en la reparticion de
los indios mis compañeros. Al capitan y cabo no tuve con que agradecerle y recompensar sus favores, sus regalos y buenos respectos, mas
de con dejarle hasta veinte arrobas de vino que sobraron de las que me
habian traido, cuatro o cinco quintales de cecina y otros pocos de dulces.
Salimos del fuerte los que habíamos de embarcarnos, que fueron el
capitan Pedro de Ayala, camarada y amigo de mi padre, el capitan
Marcos Chavari, el sarjento Juan Anjel, con un confidente de mi casa,
a cuyo cargo vino la ropa, mi cama y los vestidos, mi camarada Diego
Zenteno y yo, los indios marineros y el arraez del barco. Despedíme
de todos los soldados, que habian salido a la contra muralla a ponerse
de mampuesto con sus armas en las manos, abracélos a todos y al capitan tiernamente, que me dijo no podia bajar abajo por no poder desamparar su fuerte, ni salir de sus muros; que a mi padre le diese un
abrazo en su nombre, y le significase cuan en la memoria tenia las
honras y favores que de su mano habia recibido. Con esto nos fuimos
a embarcar en compañía de algunos reformados que envió el cabo con
sus armas, quedando la mosquetería de mampuesto y los demas soldados hasta que nos embarcásemos y volviesen los reformados a su fuerte;
entramos en el barco los que habíamos de hacer nuestro viaje, y al
salir del puerto o surjidero, nos dieron el buen viaje los de arriba, y los
de abajo imitando sus voces respondian, y a la tercera vez con los sombreros en las manos los unos y los otros; y el barco a punto de navegar,
nos hicieron la salva los de arriba con una buena descarga de mosquetería y arcabucería, y con los sombreros hicimos las cortesías debidas
al capitan y cabo, que desde el alto de su fuerte estaba con el sombrero correspondiendo a nuestras acciones; con que el rio abajo dimos
principio a nuestra navegacion.

CAPITULO XXIII.

De como desembarcamos a vista del fuerte de San Rosendo, adonde estaban dos compañías de a caballo aguardándome y otra de indios amigos de San Cristóbal, adonde fuimos a hacer noche.

Las diez del dia poco mas o ménos serian cuando salimos del puerto y fuimos surcando el agua con toda comodidad y gusto, sin habérsenos puesto impedimento alguno por delante, que aunque no faltaron tropiezos, que suelen ser ordinarios cuando el rio viene bajo de verano, por unos bancos de arena movediza que tiene, con facilidad se atropellaron, pasando por cima de ellos, a causa de que era el barco chato y sin quilla, y en nuestro favor el ir la corriente abajo, con la cual se dejaba ir el barco fácilmente.

A las tres o cuatro de la tarde dimos fondo en la playa del fuerte de San Rosendo, adonde hallamos dos compañías de a caballo que el gobernador habia despachado para escoltarme, por hacerme aquella honra, o porque los capitanes lo pidieron, por ser amigos mios y de mi padre, que el uno era el capitan Pedro Fernandez de Córdova, gran soldado y de los capitanes de opinion que tenia el ejército, que despues de la pasada derrota y infeliz suerte nuestra, lo pasaron del estado de Arauco a aquel tercio de San-Felipe de Austria; el otro el capitan Alonso Cid, soldado antiguo y de sobradas experiencias y de valor conocido. Saltamos en tierra, y al poner los piés en ella, nos hicieron la salva los soldados, habiendo ántes dádonos el buen viaje; los capitanes con algunos reformados estaban en la playa a pié aguardando a que nos desembarcásemos, con caballos ensillados para que en ellos montásemos, como lo hicimos, porque al sitio adonde el fuerte estaba fabricado habria mas de dos cuadras de un arenal prolijo y enfadoso. Llegamos a los muros del pequeño fuerte, que solo servia de tener bastimentos para subirlos arriba al Nacimiento, y en él no habia mas de quince o veinte hombres con un cabo; y aunque para pasar de largo sin apearnos estuvimos resueltos, no quiso permitirlo con súplicas que nos hizo, hasta que merendásemos un bocado, que su mujer tenia dispuesto; que por darles gusto y ver a la señora su esposa y no dejarla corrida, entramos adentro, adonde con algunos guisados de aves y capones fuimos regalados, y lo mas sazonado en la fuerza del estio fué una ensalada de lechugas y pepinos, con muchos trozos de pescado frito, y por postre unas porcelanas de leche fria y azucarada, con que salimos frescos y gustosos.

Agradecimos al cabo sus agasajos y volvimos a dar rienda a los caballos, y por disposicion de los capitanes fuimos aquella noche al fuerte y reduccion de San Cristóbal, porque la compañía de los indios amigos, que dentro de sus muros asistian, la habian dejado los capitanes de a caballo en los altos de San Rosendo de mampuesto o de centinela; y porque volviesen a sus ranchos y a sus casas, determinaron que nos fuésemos a su fuerte, que habia dos leguas del uno al otro. Cojimos el camino de la vega a orillas del rio de la Laja, y luego que los amigos nos descubrieron se dejaron caer por una loma abajo, que daba gusto el verlos descender de arriba; mas de ciento y cincuenta indios bien armados y en caballos lijeros salieron al encuentro a nuestra caballería, y ántes de llegar, como obra de dos cuadras, dieron principio a unas vueltas de escaramuza en señal de alegría y contento, haciendo que unos con otros peleaban, y cuando nos fuimos acercando a ellos, hicieron dar una carga de arcabucería nuestros capitanes, y salieron tambien algunos de los nuestros a escaramucear con ellos. Hicimos alto un breve espacio y corta distancia de adonde estaban, y llegó el capitan Diego Monje, que lo era de los amigos, con los principales caciques de su reduccion, a darme la bien venida y a significar el gusto que habian tenido con mi feliz suerte y rescate venturoso; a cuyas palabras y alegres demostraciones me mostré pagado y bastantemente agradecido; y esto fué abrazándolos a todos y dándoles muchos *marimaris* y besamanos. Con esto proseguimos nuestra marcha, y al ponerse el sol llegamos al fuerte de San Cristóbal, adonde fuí recibido con summo consuelo de todos los soldados y del cabo, y despues de haber hecho la salva con la mosquetería y arcabucería, dispararon la pieza de artillería con que tocaban arma cuando se sabia que el enemigo entraba a nuestras fronteras. Y esto fué por órden que tenia el cabo del gobernador, para saber con certidumbre el cuándo y a qué hora llegaba yo a aquel fuerte, porque se oia con toda claridad en el tercio de San Felipe dos leguas dél. Todas estas honras y favores bien considero que no se me debian, y que el permitírmelas el gobernador era por la estimacion y aprecio que hacia de los grandes méritos y servicios de mi padre, y por lo que todo el reino le debia, así soldados españoles como indios amigos; porque yo entónces era muchacho, sin mas conocimiento de las cosas que el que me habian dado los trabajos y penalidades del cautiverio; porque, como dijó San Agustin, hablando del rei David sobre el salmo 50, útil es y provechosa la tribulacion y el trabajo; útiles son tambien las herramientas del médico y sus instrumentos, de la suerte que lo son las tentaciones del maligno spíritu. Despues de vencidos los enemigos, quedó asegurado el rei; entónces faltaron los temores, y aflojaron la rienda los aprietos, y crecieron las hinchazones y soberbias; habiendo dicho otras palabras escojidas al intento, que podrá investigar el curioso en el lugar citado. Las tribulaciones enfrenan los vicios, abren los ojos del alma, enseñan el camino verdadero, y encaminan a la eterna gloria; así lo dió a entender el divino esposo a la esposa cuando la dice: yo soi la flor del campo y el lirio de los valles; habiéndole ella convidado con sus floridos y regalados lechos. En este lugar dijo San Bernardino así: ella apetece siempre la quietud y el sosiego, y él la insta y provoca al trabajo y al afan contínuo, dándola a entender que por las tribulaciones y desasosiegos conviene entrar en el reino de los cielos; y mas adelante ella le muestra el lecho regalado, y él la convida al campo, al ejercicio y al trabajo la encamina y la provoca.

De manera que los trabajos, las penalidades y los afanes apresuraron en mí el natural discurso, abriéndome los ojos del entendimiento, y a la contemplacion de la grandeza de Dios encaminaron el alma.

Entramos en el fuerte a aquellas horas, y afuera de la muralla se alojaron las compañías de a caballo, habiendo ántes echado a lo largo centinelas y postas en los vados de la Laja, por asegurar de los enemigos la campaña, y por ser obligacion de los indios amigos de aquel fuerte tener aquellos pasos guarnecidos.

El capitan Luis de Toledo Mejía era cabo y gobernador de aquella fortaleza, en cuya guarnicion asistia una compañía de infantería con ochenta hombres pagados, y mas de ducientos indios reducidos, que estaban tambien debajo de muralla con su capitan, y dos o tres tenientes y cabos de escuadras, soldados del presidio, y todos estaban debajo del órden del que gobernaba aquellas armas; que siempre o las mas veces lo encomendaban a personas ancianas de méritos y experiencias aventajadas, como lo era el que habemos dicho, hijo natural de la patria, bien querido de todos por su apacibilidad, su agrado y buena cortesía, y lo principal, mui ajustado al servicio de Dios y al del Rei N. S., nada interesado, mui socorrido, y amigo de hacer bien a pobres. ¡Qué pocos se hallan hoi de estas calidades y virtudes! y si hai algunos que le imiten, poco lugar tienen con los superiores que gobiernan, que solo atienden a sus intereses y comodidades, que los que son tratantes solamente y saben desnudar al soldado pobre para tener que ofrecer a los que mandan y gobiernan por mayor, estos tienen lugar y se llevan los oficios, los honores y provechos.

¿Quién ignora que esta sea tambien la causa de que nuestro Chille padezca calamidades, desdichas y trabajos, experimentando castigos rigurosos de la mano de Dios por los pecados y culpas de los que gobiernan sin atencion cristiana?

Pecó David en numerar al pueblo, ensoberbecido de tener debajo de su mando y dominio tan copioso número de súbditos y soldados, que segun el texto sagrado era incomprehensible, y fué castigado el pueblo con severidad notable, pues murieron setenta mill varones, por el pecado del rei, de la peste contajiosa que les envió el Supremo Juez; en cuyo lugar dice el gran padre y doctor Francisco de Mendoza estas palabras: por la hinchazon y soberbia que tuvo David en mandar numerar su pueblo y gloriarse de su muchedumbre, se airó Dios N. S. contra su reino, enviándole una peste contajiosa; atribulóse el rei, compunjióse y humillóse a Dios, y lastimado de ver padecer a los suyos por su culpa y por su delito, clamó de esta suerte en su presencia:

Yo soi (Señor) el que cometí la maldad y el pecado; yo soi el culpado, el perverso y el inícuo; estos, que son súbditos y ovejas de mi rebaño, ¿qué delito cometieron? qué pecados o maldades en estos pobres se hallaron? Ruégote con todo afecto y humildad rendida que tu rigor y tu enojo se vuelva contra mí, y tu mano justamente airada caiga sobre la casa de mis padres.

¡Oh qué buen rei, qué buen príncipe y qué buen gobernador, que los daños del reino le desvelan y le lastiman, las plagas de sus pueblos le atribulan y dan cuidado, y pide a Dios ser ántes él castigado, que ver padecer a los suyos por su culpa! Templó Dios su justicia, porque el rei confesó su pecado, que para con su divino acatamiento es la mejor súplica y el mas eficaz remedio para alcanzar perdon de su bendita mano. Notólo el ilustrísimo Villarroel sobre las palabras de David cuando dijo: *quoniam iniquitatem meam ego conosco*, que en aquella palabra *quoniam* esperaba por ella recibir de nuestro Dios y Señor todo lo que pidiese y humillado le rogase, por haber reconocido su culpa.

¿Hai algun superior independiente o ministro mayor en Chille que reconozca su culpa ni confiese su pecado para que Dios mitigue sus rigores? Hai quién se lastime ni se duela de las contínuas plagas de sus pueblos? Hai quién diga con David : yo soi, Señor, el malo, el perverso y desatento pecador ; yo soi el soberbio, el hinchado y el altivo ; yo soi el desmesurado y el que quitó a los pobres lo que es suyo ; estos ¿qué culpa tienen? Volved contra mí (Señor) vuestros rigores; no lo padezca el vulgo ni el comun de todo un reino? hai quién repita estas razones ? ¡Oh cómo se hallan pocos o ningunos en estos tiempos que sigan las pisadas de este santo rei profeta! pues vemos firmes los castigos de Dios sobre nosotros, y sobre nuestras fronteras repetidos los golpes con peores plagas y castigos que los que padeció el pueblo o reino de David ; que como dijo este santo rei al profeta Gad, que queria ser castigado ántes de las manos del Señor (que sus misericordias eran grandes), que caer en las de los hombres. Conocidamente tuvo por mayor castigo y por mas riguroso tormento el caer en manos de los hombres, que en las de Dios ; que aunque el ilustrísimo Villarroel hace un reparo diciendo, que tambien son castigos de Dios los que ejecuta por mano de los hombres, absuelve la dificultad con las siguientes palabras : verdaderamente tambien son castigos de Dios los que ejecuta por ministerio de los hombres, pero estos las mas veces se toman mas mano de la que les dan, y suelen hacer mas de lo que les manda Dios ; y así tuvo por mejor David ser castigado inmediatamente por su mano, que por la de los hombres.

Luego, bien advertido queda de que es mas riguroso castigo y plaga mas sensible la que padece nuestro reino, que la que experimentó en su pueblo el rei profeta, pues nos tienen supeditados unos indios bárbaros, sin cabeza, sin razon, ni lei, y con armas inferiores a las nuestras, que es circunstancia particular del tormento y pena que padecemos para mayor oprobio nuestro y afrenta de nuestras armas. Recibiónos el capitan y cabo de aquella fortaleza con grande regocijo y mayores agasajos, y despues de habernos regalado y dado de cenar con espléndido aparato, a dar descanso a nuestros fatigados cuerpos nos recojimos todos.

CAPITULO XXIV.

En que se prosigue mi viaje hasta llegar al tercio de San-Felipe, adonde me esperaba el gobernador; de los agasajos y cortesías que me hizo, y del placer y alegría
que manifestó todo el ejército.

Salimos otro dia por la mañana, despues de haber oido misa y almorzado regaladamente, porque el capitan era mui cumplido y presuntuoso,
a que se allegaba el ser de una patria y tener su casa y vecindad en la
ciudad de Chillan, adonde mi padre y yo teníamos la nuestra: a cuya
causa nos hizo grandes regalos, regocijos y festejos. Subimos a caballo,
y en nuestra compañía salieron los indios amigos, que llegaron hasta
cerca del cuartel, y media legua ántes de llegar a él vimos venir para
nosotros una tropa de caballería, que acercándose mas reconocimos al
capellan mayor del gobernador, que era un fraile grave y presentado
del órden de Nuestra Señora de las Mercedes, y otro relijioso, tio mio,
predicador y presentado de la relijion sagrada de nuestro padre San
Agustin, que asistió con el gobernador desde que principiaron los tratos de mi rescate hasta que se efectuaron, el vicario y cura del tercio
de San-Felipe y otros muchos capitanes vivos y reformados, amigos de
mi padre y camaradas mios, que a recibirme salieron y a hacerme aquella honra. Llegamos a abrazarnos con ternura, que suele acompañar al
mayor gozo y al interior consuelo y alegría del alma.

El capellan mayor de parte del presidente me dió un recaudo cortes
y amoroso, con que despues de haber saludado a todos y abrazádolos,
proseguimos nuestro viaje con grande regocijo, corriendo los unos y
escaramuceando los otros, dando voces y gritos de contento, y haciendo
otras alegres manifestaciones; llegamos al cuartel, adonde al entrar por
las puertas de la muralla, encontramos por fuera de ellas muchos pobres soldados, que con las bocas, con los ojos y sombreros me daban
mill parabienes, y las mujeres desde las murallas imitaban sus acciones,
manifestando con ellas el placer y júbilo que con mi llegada tenian.
Entramos adentro, y al emparejar la compañía de a caballo, que iba de
vanguardia, dió una carga de mosquetería la de infantería, que estaba
de guardia en el cuartel y puesta en ala en la plaza de armas, a que
respondieron las compañías de escolta que venian conmigo; con esto
llegamos a la casa del gobernador, que a su puerta salió a recibirme,
acompañado del sarjento mayor del reino, cabo y gobernador del tercio
y sus fronteras, algunos capitanes vivos y reformados que le asistian.
Luego que llegué a su presencia, me eché a sus piés con todo rendimiento, haciendo de agradecido otras mas demostraciones, y el gobernador
me levantó con todo respeto, amor y cortesía, significando el consuelo,
regocijo y gusto que habia recibido con verme ya fuera de trabajos y
peligros, y de que se hubiese efectuado mi rescate en su tiempo, ántes
que llegase el sucesor que por horas esperaba. Y era así, porque no se
pasaron veinte dias, pocos mas, sin que diese fondo en el puerto de la
Concepcion el gobernador don Francisco Lazo de la Vega, que a los

veinte y cinco de diciembre saltó en tierra. Ahora venga mui en hora
buena, volvió a decir el buen caballero, que era el cordoves famoso y
señor de la villa del Carpio, don Luis Fernandez de Córdova y Arce,
persona de grandes prendas, agradable, cortés, mui jovial y placentero
con sus súbditos, siguiendo el parecer y cónsejo del Eclesiástico, que
dice a los que gobiernan, que no quieran ser ensalzados ni con majestuosa pompa engrandecidos, ántes sí que entre los suyos sean como
uno de ellos; porque el que es nombrado por superior, lo ha de ser
por la dignidad, padre por la caridad, y hermano por la igualdad; que
ésta dijo un autor grave que era mui necesaria y conveniente a los príncipes y señores.

Entróme dentro de su sala, despues de haber yo saludado y abrazado
al sarjento mayor del reino, a los capitanes y amigos, y asentados en
unas sillas de campaña el capellan mayor frai Francisco Ponce de Leon,
que así se nombraba, mi tio frai Juan Jofré de Loaïsa, el cura y vicario del tercio don Luis Jofré de Loaisa, deudo mio, y el sarjento mayor Juan Fernandez Rebolledo, me volvió a abrazar el gobernador con
grandes demostraciones de alegría, y repitió con encarecimiento no
haber tenido dia de mayor consuelo y gusto despues de nuestra pasada
derrota, con que ya deseaba llegase el subcesor, pues habia conseguido lo que con tanto ahinco habia solicitado, que era ver en su tiempo
efectuado lo que a todos los mas pareció imposible.

Mandó traer de comer, porque la mesa estaba puesta, y aunque los
gobernadores de ordinario son regalados, parece que aquel dia cón cuidado se aventajaron los potajes por hacerme aquel regalo y favor; hizo
llamar tambien a mi compañero Diego Zenteno, que despues de haber
abrazado al gobernador, luego que llegamos a su presencia, se quedó
afuera con sus amigos cuando entramos los referidos con él adentro. Y
como el tercio estaba falto de jente, despues de haber comido, le rogó
con amor y cortesía que volviese a continuar el real servicio, y que le
honraría en la primera ocasion, porque verdaderamente le queria bien
y deseaba sus aumentos; y como los ruegos del príncipe son mandatos
que ejecutan y obligan mas que los imperiosos, cuando los súbditos son
de obligaciones y dóciles naturales, como lo sintió San Pablo cuando
amonestando a Philemon, dice: por la caridad ántes te ruego que te
mando, porque eres bueno; en cuyo lugar dijo San Ambrosio: digno
era el maestro, afianzado de la apostólica autoridad de mandar al discípulo, pero porque Philemon era varon bueno y de buen natural, por el
afecto le obliga, ántes que con el mando, a que le escuche y obedezca;
así lo hizo el camarada, quedándose en la compañía que le pareció mas
a su gusto.

Despues de haber comido con todo regalo y ostentacion de príncipe,
pedí licencia al gobernador para ir a dar vuelta y rodear el cuartel, y
visitar a los compañeros soldados, camaradas y amigos, y a reconocer
el rancho y alojamiento de mi deudo el vicario don Luis Jofré, adonde
mi tio tenia su cama y la mia acomodada.

Salimos de su casa con apercibimiento de que volviese a la tarde, porque teníamos que comunicar algunas cosas de importancia de la tierra del enemigo y de sus disinios; con cuyo permiso nos despedimos y nos encaminamos a casa de mi deudo; y al salir por las puertas del palacio fueron tantos los que nos iban acompañando, capitanes vivos, reformados, soldados pobres y amigos, unos abrazándome por delante, otros por los lados, y todos con gran regocijo saludándome, que apénas me dejaban dar paso adelante: llegamos a casa del vicario, adonde fueron muchas mujeres pobres casadas y amigos confidentes a visitarme, y todos los capitanes del ejército. Finalmente no quedó chico ni grande que no manifestase su alegría y sumo contento. Dábanme priesa por otra parte los camaradas y amigos de mi padre que fueron al Nacimiento por mí, para que saliésemos aquella tarde a dormir a la campaña, por la comodidad de las bestias y porque madrugásemos otro dia, por el deseo que tendria mi padre de verme ya en su presencia. Y como el que a mí me acompañaba no era menor, fácilmente me conformé con el parecer de mis camaradas, y dispuse luego volver temprano a cumplir el órden del gobernador, que para despues me habia aplazado. Y por abreviar mi viaje fuí a las cuatro de la tarde, y a despedirme, pidiéndole licencia para pasar adelante, por calmar el gusto que mi padre tendria con mi vista; y habiéndole dicho estas razones, me respondió, que le parecia mui bien, y asentándose en una silla, y yo en otra, nos quedamos solos en su sala, comunicando algunas cosas de las que el enemigo platicaba, y de los disinios que tenia. Tuvo particular gusto de la poca conformidad que dije tenian unas parcialidades con otras, a cuya causa las juntas y llamamientos que hacian, eran mui limitados y de poco número, y que del rio de la Imperial para adelante no habia quien se moviese a tomar las armas ni seguir el torrente de los fronterizos, sino eran algunos mui contados, mocetones solteros, y otros pobres aficionados al pillaje de la guerra; que los caciques que tenian comodidad y descanso en sus casas, no querian ni habia quien los moviese de su quietud y regalo; porque decian aquellos toques y magnates antiguos, discretos, cuerdos y entendidos, que solo los pobres, o los faltos del entendimiento, continuaban los ejercicios militares y buscaban los peligros que acarrean; que solo por la patria y por gozar de libertad en ella, se podian tomar las armas y arresgar gustosamente las vidas, y tambien en las ocasiones que no se pueden huir ni rehusar, por no padecer calumnias de cobardes ni de tímidos; pero que buscarlos sin ocasion alguna, era ofrecer a la muerte las acciones y dar bastantes muestras de locura. Ni dijo mas aquel orador insigne y constante defensor de su patria, que son formalmente las palabras que habemos referido, dichas y pronunciadas por aquellos antiguos caciques y nuevos imitadores de Ciceron, que prosiguió, al intento de nuestros incultos sabios, diciendo, que hai muchos que no tan solo perderán el caudal y sus haciendas, sino tambien las vidas por la patria.

Acabamos nuestra conversacion el gobernador y yo poco ántes de

ponerse el sol, y como los camaradas me aguardaban en conformidad de
lo que habíamos dispuesto, de salir a dormir a la campaña, pedí licencia
para proseguir mi viaje, significando los deseos que tenia de llegar a gozar
de la vista de mi amado padre, y que así suplicaba a su Señoría me diese
su permiso y echase la bendicion; a que me respondió, que para qué
queria salir tan tarde, que tenia por mas acertado el aguardar a cojer la
madrugada. Estando en estas razones, entró el capellan mayor mi tio
frai Juan, el capitan Pedro de Ayala, camarada y amigo de mi padre,
quien cuidaba de nuestro viaje, y luego que los ví, dije al gobernador,
que yo no era dueño de suspenderle, porque solo estaba a la disposicion
de su paternidad el padre presentado mi tio, y a la de los camaradas.
Respondió mi tio que ya le parecia tarde, que dormirian las cabalgaduras
dentro del cuartel, para que al esclarecer la aurora caminásemos con
la fresca, ántes que el sol con sus ardientes rayos nos molestase. Paréceme mui bien, dijo el gobernador; con que se podrán venir a cenar en
avisando. Si V. S. es servido (respondió mi tio) y nos da licencia, acu-
dirémos a un convite que los amigos han dispuesto a mi sobrino, a cuya
causa habemos dilatado nuestro viaje hasta por la mañana. Está mui
bien dispuesto (dijo el gobernador), y me alegro infinito que a la feliz
suerte y llegada de nuestro cautivo hagan todos muchas demostraciones
de alegría, y yo de mi parte lo agradezco; y holgara hallarme al presente con que manifestar el grande regocijo que me acompaña y gozo
inexplicable que me asiste; solo con estas militares insignias lo podré
hacer; habiendo hecho sacar una banda rica con sus puntas y encajes
de oro fino, una espada ancha turquesca, mui guarnecida, con su tahalí
bordado sobre terciopelo liso de color azul escuro, y unas mangas bor-
dadas en lo propio, con sus guantes y medias hermanadas; y para el
viaje mandó que me llevasen dos cajitas de conserva escojida, la una de
orejones ricos conservados de las provincias del Cuzco, que son los mejores dulces que se platican, un cajoncillo de bizcochuelos cubiertos, y
otro de chocolate de regalo bien aderezado. Estimé con extremo la fineza y agasajo de nuestro presidente, echándome a sus piés agradecido;
con esto mi tio el presentado, habiendo de su parte estimado los favores
y honras que el gobernador a manos llenas me habia comunicado, le
pidió licencia para salir del cuartel a tocar las cajas al alborada (que es
cuando se rompe el nombre), y que así se sirviese Su Señoría de echarnos su bendicion, por no aguardar a que por la mañana recordase.

A que respondió el gobernador, que tuviésemos mui buen viaje, y
que a mi padre le diésemos un recaudo mui largo, y la carta que nos
daba, significando el placer y contento que le habia causado mi feliz
subceso; y echando los brazos a todos con notable amor y afabilidad,
nos despedimos del buen caballero y salimos de su palacio al ponerse
el sol.

Fuimos a casa de nuestro deudo el vicario, adonde hallamos la mesa
puesta; y el capitan Pedro Fernandez de Córdova, mi amigo y camarada, era el solicitador de nuestro banquete, y otros muchos pobres que

ayudaron; y por no dilatarme en circunstancias que pasaron, que no hacen al intento principal de nuestro libro, digo solamente por mayor que fué el convite mui espléndido y sazonado; con que despues de haber cenado entre los amigos, capitanes y soldados, y haber recreado la vista con un sarao de extraordinarios bailes y otros jubilosos entretenimientos, nos fuimos a gozar de la quietud y sosiego de la cama.

CAPITULO XXV.

Despues de haber salido del tercio, se trata de haber llegado a ojos de mi amado padre; del regocijo que recibió y todos los de la patria, con algunos morales convenientes.

Antes de tocar las cajas una hora, se levantó mi tio a decir misa, y en el entretanto que la oimos dispusieron las camas y las cargaron, y ensillaron los caballos; con que poco despues de haber rompido el nombre, cuando juzgamos salir sin ser sentidos, estaban a la puerta de la plaza de armas dos compañías de a caballo, y algunos capitanes reformados, amigos y camaradas, y el capitan Pedro Fernandez de Córdova con algunos reformados de su compañía, porque no le tocaba la escolta. Aquellas horas salimos, despues de habernos dado nuestro vicario y deudo una jícara de chocolate y unos bizcochos a cada uno, y al salir por las puertas del cuartel la compañía de infantería que estaba de guardia, con la mosquetería nos hizo la salva, y respondieron las dos compañías de caballos que iban en mi compañía, y los unos y los otros con grande regocijo y alborozo me dieron el buen viaje; y habiendo caminado poco mas de una legua escoltándome, se volvieron a su cuartel, quedando solamente diez o doce soldados, que mandó el gobernador fuesen en mi compañía hasta ponerme en mi casa, y entre ellos el cautivo mi compañero Diego Zenteno. Cojimos la derrota para Gomero, que así se llamaba una heredad y estancia de mi padre, adonde demas de los indios que asistian en ella para la labranza y beneficio de la hacienda, habia otros cuarenta efectivos en las minas de Quilacoya; y por llevar algunos pesos de oro de camino, para los gastos que se me podian ofrecer, y limosnas para unas misas que debia a las ánimas del purgatorio, me fuí a estar dos dias en aquella hacienda, porque sabia que mi padre no poseia dineros, ni aun conocia cuales eran reales de a dos ni de a cuatro, porque su hacienda corrió siempre por mano de un hermano confidente que tenia, y porque jamas tuvo codicia a los bienes y riquezas de esta vida, aunque los tenia sobrados para hacer bien con ellos, como lo acostumbraba, no para amarlos ni desearlos, por no caer en la culpa y delito de los cudiciosos avarientos; que, como dijo San Agustin, que no era avaro el que era rico, sino es aquel que lo deseaba. Podrémos decir por esto, que nunca fué avaro el maestro de campo jeneral Alvaro Nuñez de Pineda mi padre, pues ni aun manejar sus haciendas quiso jamas, haciendo desprecio y poca estimacion de las riquezas y haberes de este mundo, por asegurar asiento y lugar en las divinas moradas, como lo asegura el profeta Isaias; en cuyo lugar dijo San Bernardo, que cualquiera que por el amor de Dios excusaba recebir dones de vanidad y superfluidad, que veria a su Criador en su grandeza y con todos los santos se alegraría para siempre; como lo espero de la divina misericordia, que habrá conseguido el premio conforme a sus obras y a su ajustado vivir.

Envié a avisar a los cuadrilleros, que eran los capataces y capitanes de los demas, para que otro dia viniesen todos con algunos cornadillos de oro a verme; hiciéronlo así con mucho gusto, porque deseaban con extremo verme rescatado y libre de los peligros en que la fortuna me habia puesto, y demas del camarico (que llaman ellos), de algunas cosas de regalo de lo que crian en sus casas, como son aves, huevos, animalejos de cerda, truchas, pejereyes, mariscos y lo que cada uno puede, me entregaron ochenta pesos de buen oro los cuadrilleros, proratados a dos pesos entre todos, y el mayordomo me dió en albricias de haberme visto otros doce pesos de oro, y los indios que asistian en la estancia, me dieron otros pocos por su parte, que vine a llevar mas de cien pesos, que hacen mas de ducientos en plata.

Mandé al mayordomo que diese a los mineros veinte arrobas de vino para que se holgasen; con que se despidieron de mí y se volvieron a sus alojamientos gustosos de haberme visto y alegres con el licor que llevaban, por ser el mayor ídolo que estos naturales tienen.

Otro dia, que se contaron cinco de diciembre, proseguimos nuestro viaje para la ciudad de San Bartolomé de Chillan, adonde tenia mi padre su asistencia y vecindad, y en tres dias nos pusimos en mi casa, a los siete del mes, víspera de la Concepcion de la Vírjen María, Señora nuestra, poco ántes de medio dia; y sin llegar a la presencia de mi padre, le envié a pedir licencia para ante todas cosas ir a oir misa a la iglesia de nuestra Señora de las Mercedes, que estaba media cuadra de mi casa en la mesma calle, adonde fuimos a dar gracias de nuestro buen viaje y a oir con afecto misa, que la dijo el padre presentado frai Juan Jofré, mi tio, por mi intencion; y todos los del lugar que salieron a recebirme con asistencia del correjidor, me acompañaron en la iglesia, que hasta ponerme en la presencia de mi padre no me quisieron perder de vista ni dejarme el lado. En el entretanto que oimos la misa, mandó el correjidor que la compañía de infantería tuviese las armas de fuego dispuestas para cuando los soldados de a caballo diesen una carga al entrar por las puertas de mi casa, respondiesen con otra los mosqueteros y con una pieza sellasen sus estruendos. Aguardamos al padre presentado mi tio, que despues de haberse desnudado de las vestiduras sagradas, salió adonde estábamos, y por estar breve espacio del convento nuestra habitacion, determinamos no subir a caballo, y porque tambien se habian allegado algunos mas relijiosos y ciudadanos de respeto y de canas; con que nos fuimos a pié poco a poco paseando el correjidor con los alcaldes y otros del cabildo, el cura y vicario de la ciudad y el comendador de aquel convento, y algunos relijiosos de mi padre San Francisco, y otros del órden de predicadores, que miéntras dijeron la misa, habian llegado a dar los parabienes a mi padre. Los mozos y soldados de a caballo festejaron con carreras mi llegada, y al son de las trompetas y cajas de guerra, al entrar por las puertas de mi casa, dieron la carga los soldados de a caballo y respondió la infantería en la plaza de armas, conforme el correjidor y cabo de aquella frontera lo tenia dispuesto.

Entré con el referido acompañamiento a la presencia de mi amado padre, que en su aposento estaba en la cama a mas no poder echado, por su penoso achaque de tullimiento, y al punto que puse los piés sobre el estrado que arrimado a la cuja le tenian puesto, en él me puse de rodillas y con lágrimas de sumo gozo le regué las manos, estándoselas besando varias veces; y habiendo un rato estado de esta suerte sin podernos hablar en un breve espacio de tiempo, mi rostro sobre una mano suya, y la otra sobre mi cabeza, me mandó levantar tan tiernamente, que movió a los circunstantes a ternura.

Dieron muchos parabienes a mi padre porque ya habia logrado sus deseos, y a mí por hallarme libre de trabajos y de los peligros de la vida en que me habia hallado; con cuyas razones se despidieron los relijiosos y los mas del lugar, que todos manifestaron con extremo el gozo y alegría que les acompañaba. Salimos a la sala, adonde ya la mesa estaba puesta, y en el ínterin que mi padre se vestia y se levantaba de la cama, habiendo convidado al correjidor, que era amigo y mui de su casa, y a otros del lugar, a los prelados de los relijiosos y al cura y vicario, estuvimos asentados en buena conversacion, preguntando algunas cosas de la tierra adentro los unos y los otros; hasta que salió a la cuadra, afirmado en dos muletas, en cuya ocasion me volví a echar a sus piés y a abrazárselos tiernamente, acudiendo a la obligacion de humilde hijo, a que procuré siempre corresponder cuidadoso, aprovechándome de la licion del Eclesiástico, que entre lo mucho que en el capítulo tercero nos amonesta, dice estas palabras: hijo, toma a tu cargo la vejez pesada de tu padre, y en su penosa vida no le molestes, ni le dés pesares. Grande veneracion es la que se debe a los padres, gran respecto y servil obsequio, porque de faltar los hijos de este conocimiento y de esta obligacion precisa, se exponen a grandes daños y peligros, aunque los padres por todos caminos no sean tales. Aunque tengais padres (dice San Crisóstomo) a vuestro parecer prolijos, malos y rigurosos, no tengo por seguro el maldecirlos, ni fuera de peligro el censurarlos. Y porque es doctrina en estos tiempos de importancia y que deben los hijos estudiarla, y admitirla los jóvenes mancebos para que el lugar que les toca den a los ancianos y mayores en edad, diré lo que el mesmo Eclesiástico nos enseña. No tan solamente (dice) a los ancianos padres se debe este respecto, sino tambien a los que con canas venerables afianzan sus acciones; en cuyo lugar San Cipriano dijo al obispo Rogaciano, habiéndole perdido el respecto y menospreciádole un cierto diácono inferior suyo, y con el ejemplo del profeta Samuel le consuela así: habiendo sido despreciado Samuel del judaico pueblo, como tú ahora, a causa de ser viejo, levantó la voz el Señor y dijo: no te han despreciado a tí, sino es a mí. Pues, si los que desprecian a los mayores en edad y ancianos, desprecian a Dios y le provocan a enojos, ¿qué dirémos de los que a sus padres no veneran y no les sirven, siendo ya impedidos con la vejez prolija y con achaques, ántes los injurian, habiendo de servirles de arrimo, de báculo y consuelo?

¡Oh! cómo nos industrian y alicionan con su piedad y clemencia las aves para con sus ancianos padres e impedidos! De la cigüeña dijo San Ambrosio, que estando el padre de esta ave sin fuerzas ni alas con que poder volar a causa de muchos y prolijos años, la rodeaban sus hijos, la abrigaban y calentaban, y dice mas, que la sustentaban. Mui estragada está nuestra naturaleza humana, pues hai muchos que desconocen a sus padres si fueron humildes, y algunos los desprecian cuando la fortuna los levantó y puso en alguna altura; que en tales ocasiones deben resplandecer y aventajarse los favores y desvelos en servir a los padres. Enseñólo aquel hijo amado de su padre, Joseph. Vió como entre sueños que le adoraban el sol, la luna y las estrellas; en cuyo lugar dijo San Ambrosio: alcanzando Joseph por sus sueños que se habia de ver en altura tanta, que le adorasen los astros, entónces con cuidadosa humildad ponia toda su grandeza, todo su fausto y toda su pompa a los piés de su querido padre.

Con estas consideraciones procuraba yo a estas forzosas obligaciones ajustarme lo posible, por parecer buen hijo, y ajustado a los ojos de nuestro Dios y Señor, y por gozar de los favores y bendiciones de su bendita mano, como nos lo dice el citado capítulo del Eclesiástico: que el que honra a su padre, le sirve y le venera, gozará de sus hijos con descanso y alegría, y el dia de sus súplicas y oraciones será escuchado y atendido, y los dias de su vida serán dilatados.

Bien creo y tengo por sin duda, que los favores que Dios, nuestro Señor, me ha comunicado, librándome de tantos peligros y trabajos como los que me han cercado, y dándome próspera salud y vida, con feliz propagacion y logro de ella (que aunque los presentes tiempos han sido y son para mí mui contrarios y adversos, si bien tolerables y gustosos por la conformidad que tengo con la voluntad de Dios), conozco que han sido por el entrañable amor que tuve a mi padre, y el respeto y veneracion a sus mandatos, y por el aprecio que siempre hice con estimacion de sus canas y de ser hijo suyo mui humilde y obediente.

Salió mi padre, como queda dicho, afirmado en sus muletas, y despues de la accion referida, acompañada con otras que el amor y regocijo me pudo permitir, nos asentamos a la mesa con los convidados, y con sobrado gusto dimos fin al banquete bien dispuesto, espléndido y sazonado. No refiero particulares circunstancias de festejos, regocijos y otros entretenimientos con que los de la patria celebraron mi llegada; déjolo al buen discurso de cada uno y a la consideracion del mas atento, anteponiendo la estimacion y el respeto que en aquella ciudad tenian a mi padre, y el ser yo hijo de ella, con amigos, compañeros y compatriotas.

CAPITULO XXVI.

En que se da fin a la historia con la accion que mi padre y yo hicimos confesando y comulgando en accion de gracias, dia de la Sacratísima Concepcion de la Vírjen Señora nuestra.

Para dar fin glorioso a nuestra historia, diré que otro dia por la mañana, que lo fué de la Concepcion de la Vírjen Señora nuestra, fuimos a confesar y comulgar a la iglesia de nuestro seráfico y padre San Francisco mi padre y yo, porque era gran devoto de esta gran Señora, y de aquel santo convento patron y bienhechor con todo afecto; por cuyo patrocinio y amparo fué Dios servido de librarle con bien (aunque tullido) de los infortunios y peligros que trae consigo el militar estruendo en esta sangrienta guerra, inacabable por las razones insinuadas en este libro. Fué temido con extremo de los enemigos, reduciendo en muchas ocasiones a los rebelados, y a fuerza de armas poniendo en paz provincias diversas alborotadas; que solo de sus memorables hechos se pudieran hacer copiosas relaciones, que solo repetiré unos versos (entre otros muchos que le hicieron) de un gran injenio y talento conocido, ilustrado con letras divinas y humanas, que habiéndose resuelto a ir a la ciudad adonde asistia, maravillado de su grande opinion, viéndole impedido en una cama, y que estando de aquella suerte, aun de su nombre temblaban los enemigos, hizo el siguiente romance:

ROMANCE

Al maestro de campo jeneral Alvaro Nuñez de Pineda, a su grande opinion, y a lo que obró en servicio de S. M. en esta guerra de Chille.

Tanto por tus claros hechos,
  Valeroso Alvaro Nuñez,
  Cuanto por su noble sangre
  Son los Pinedas ilustres
De cuantos venera el tiempo
  Capitanes andaluces,
  Tus mas comunes hazañas
  No son ejemplos comunes.
A tu dichosa experiencia
  Chille su paz atribuye,
  Pues no hai juntas con tu nombre
  Que Su Majestad no turbe.
Aun cuando mas impedido,
  Tanto a tu nobleza acude,
  Que en fee de que vives, mueren
  Los mas temidos gandules.
Tan aventajadas suertes
  Solo en tu valor concurren,

Que como a la suya el fuego,
  A la quinta esfera suben.
Tú solo ufano pudiste
  Hollar la dificil cumbre
  De los trabajos chilenos,
  Que a los mas hombres consume;
Tú solo ser rayo ardiente
  En sangrientos avestruces,
  Que sustentados con yerro
  Innumerables incluyen.
Tus peregrinas proezas
  No es menester que pregunten,
  Que son tales que no hai
  Envidioso que las dude.
Para contadas es breve
  El mas crecido volúmen,
  Pues no hai voz que las publique
  Ni olvido que las oculte.

El premio de tus servicios
　Al Supremo Rei incumbe,
　Que quien defiende su lei
　Es bien que a su lado triunfe.
Inmortal quede Sevilla
　Pues tanto valor produce,

Que en el reino mas remoto
　Sus maravillas esculpe.
En cantar tu invicto brazo
　Heróicos cisnes se ocupen,
　Que no es calva la ocasion
　Aunque cortés la descubres.

Qué diferentes estaban en aquellos antiguos tiempos las fronteras de guerra, en que los superiores gobernadores, maestros de campo y demas ministros eran desinteresados sin jénero de cudicia, como consta que lo fué el maestro de campo jeneral Alvaro Nuñez de Pineda, por la certificacion honrosa que le dejó un visitador y juez recto, que en un capítulo de los atrasados la tengo manifiesta; pues con su hacienda socorria a muchos pobres necesitados, cuidando siempre del aumento de lo que por su cuenta corria, y ajustando la conciencia y el alma a lo que es servicio de Dios, nuestro Señor, que es el principal blanco a que se dében encaminar los que gobiernan, porque, como dijo Horacio, no hai muralla ni mas fuerte baluarte que la buena conciencia y alma limpia:

Hic murus aheneus esto:
Nil conscire sibi, nulla palescere culpa.

La conciencia es fuerte muro
De aquel que la tiene sana,
Con imitacion cristiana
Y espíritu limpio y puro;
Este vivirá seguro
De que le salgan colores
De vergonzosos errores
Que de las culpas provienen,
Y aquellos que no las tienen
Se aseguran de terrores.

Y a este intento no dejaré de poner unas elegantes palabras de Hugo Victorino, traidas de San Bernando algunas. La conciencia buena (dice) es título de la relijion, es templo de Salomon, campo amurallado, o baluarte de bendiciones, huerto de gustosos deleites; es reclinatorio y descanso de oro fino, consuelo de los ánjeles, arca del testamento, tesoro del Rei, palacio de Dios, morada del Spíritu Santo; es libro sellado y cerrado, que el dia del juicio ha de manifestar y abrir.

No deben de estar sin duda las conciencias de estos tiempos tan puras, limpias y ajustadas, que podamos decir de ellas lo que Horacio, pues vemos que no sirven de fortalezas ni murallas a los que rijen y gobiernan nuestras armas, cuando nuestros enemigos no hallan resistencia alguna en sus disinios, ejecutándolos a su salvo en nuestras haciendas, casas y vidas; con que cuando mas libres y seguros nos juzgamos, y con mejor viso nuestras fronteras, entónces en mayores riesgos y peligros las hallamos, porque nuestras conciencias están manchadas y perturbadas con la infernal cudicia que las tiene sujetas y avasalladas, pues sin ningun rebozo ni recato obran en esta guerra cada dia insolentes maldades y desafueros con estos pobres bárbaros jentiles, contra Dios, contra razon y justicia, haciéndolos esclavos sin poderlo ser, maloqueándolos y robándoles sus casas, sus mujeres y sus hijos, debajo de tratos de paces y de amistad, despues de estar reducidos y sujetos a nuestras voluntades y a nuestros gustos, y asegurados con la palabra real. Y a mí me consta que en algunas ocasiones se han entrado y reducido debajo de nuestras armas, juzgando estar seguros de otros enemigos de entre los suyos, que tal vez suelen hacerse guerra los unos a los otros; y en lugar de defenderlos y ampararlos, somos peores que sus propios contrarios, subcediéndoles lo que a las palomas mansas, que huyendo del milano nombraron por su rei y su patron al azor, el cual les fué mas riguroso enemigo que el que de ántes tenian. Tráelo de las fábulas el gran doctor y maestro Francisco de Mendoza, con los siguentes versos:

> Accipitrem milvi pulsurum bella columbæ
> Accipiunt regem, qui magis hoste nocet.

> Elijieron al azor
> Las palomas por su rei,
> Sin saber que no hai mas lei
> Que el gusto del superior.
> Nómbranle por defensor
> Contra el enemigo alano,
> Y él viene a ser mas tirano
> Y su adversario mayor.

Y aunque ha habido algunos evanjélicos predicadores que hayan solicitado el remedio a tan grandes males, y reprehendido tan perjudiciales excesos, tienen por mayor el que se los representen y repitan, volviéndose contra los que las verdades les predican; que aunque sea en comun la reprehension o la advertencia, la recibe cada uno de los que gobiernan por sí, porque se hallan en ella comprendidos, imitando al jurisperito que refiere el evanjelista San Lúcas, que reprehendiendo Cristo, Señor nuestro, en comun a los fariseos, se halló sentido y agraviado de sus razones uno de los mas presumidos letrados, quizá porque les tocaron en las cátedras que pretenden muchos para sus mayores ruinas, diciendo el Supremo Maestro: ¡ai de vosotros los que amais y deseais las primeras cátedras en las universidades! a que respondió el letrado: maestro, mui grande agravio nos haceis en decirnos eso; en cuyo lugar dijo Beda: oh! qué dañada conciencia la que oyendo la palabra de Dios, juzga que es encaminada a su descrédito y agravio! como este licenciado jurisperito lo sintió, y tomó la mano por todos; a quien vuelve a decir Cristo, Señor nuestro, segunda vez: ¡ai de vosotros los letrados! Así podian los fieles ministros de este Señor volver a decir a los que llevan mal las amonestaciones y advertencias que les importan, en lo que parece fué disonante a sus oidos. Pero a esto se allega, que hai otros profetas falsos, que lo que los verdaderos edifican, destruyen y aniquilan estos otros, que dan a entender hai otros caminos por adonde pueden encaminar sus pasos extraviados los superiores y ministros. ¡ Y qué de buena gana reciben las palabras que les paladean el gusto! y con qué facilidad siguen a los que los encaminan por la senda o vereda que su apetito los inclina! Con que los unos y los otros van mal encaminados y sujetos a dar de ojos, como se ha experimentado y reconocido en Chille con tantas calamidades y variedades de los tiempos.

Pues ¿de qué se maravillan algunos de que estos naturales rebeldes, lo estén cada dia mas y mas, y endurecidos sus corazones, lastimados, vejados y ofendidos, experimentando estas inhumanas traiciones mui de ordinario? Cómo ha de haber paz firme en Chille, como no ha de ser perpétua esta sangrienta guerra, inacabable por las causas y fundamentos que tengo insinuados en mis antecedentes discursos, que es el principal blanco y asumpto a que se han encaminado?

Con que habemos puesto fin a ellos con la fervorosa accion de haber procurado ajustar y limpiar el alma y conciencia en el dia santísimo de la pura y limpia Concepcion de María, Señora nuestra, Reina de los ánjeles, de los cielos y de la tierra, con cuya proteccion y amparo espero tendrán feliz acierto y lugar seguro en el tribunal justificado de nuestro Rei y natural Señor don Cárlos II, nuevo sol que nos alumbra, recto juez que nos encamina, y padre piadoso que nos alimenta.

PROTESTACION Y RESIGNACION A NUESTRA SANTA FEE CATOLICA.

Porque en el discurso de éstos escritos he tocado algunas materias que no son de mi profesion ni estado, digo que si en alguna cosa han disonado o disonaren, parecido o parecieren no estar ajustados ni ceñidos a lo que nos encamina y enseña nuestra santa fee católica, y a lo que cree y tiene nuestra madre la Iglesia santa de Roma, desde luego me retraigo y corrijo, subordinándome con toda humildad y reverencia a la censura y correccion de los sabios doctores y prelados de ella. Porque mi intencion no ha sido llevada de otra cosa que de la razon, de la justicia y del celo fervoroso de manifestar y dar a entender a su Real Majestad, con claras y patentes verdades, las causas y fundamentos que hai para que su reino de Chille se le pierda y consuma brevemente, y le estén gastando su patrimonio real sin fruto ni provecho alguno, como mas largamente queda manifiesto en los atrasados renglones, y de como la guerra y conquista de este reino es perpétua e inacabable. Y sellarémos esta obra con unas medidas letras que ántes de salir de casa para la fiesta de la Vírjen Santísima, ocurrieron al entendimiento con facilidad y gusto, en accion de gracias a los grandes beneficios y misericordias recebidas por su bendita mano y de la jenerosa de nuestro Dios y Señor, a quien se deben las gracias por todo.

FINIS.

SONETO

A la Vírjen Santísima Señora nuestra, en dia de su pura y limpia Concepcion, para sello y fin de este libro, que sea para mayor honra y gloria suya.

Sin fin el que es y fué sin haber sido
Al principio crió el voluble cielo;
Negó hasta el cuarto dia dar al sue!o
Tan próvido planeta, el sol lucido.
Inmóvil por entónces fué tenido,
Mi despues, jeneroso en su desvelo,
I la tierra cambiándole el consuelo,
Mostró su campo verde entre florido.
A semejanza el cielo de María
Mayores glorias cifra para el hombre
Al recebir el sol que en sí no cabe.
Reconocidos, pues, aqueste dia
Invoquemos, Señora, vuestro nombre :
Ave María, todos digan, Ave.

PARA UN RATO.

Mas tened, que voi perdido
Porque ya todos me arguyen
Que he faltado a mis empeños
Si a salir de ellos me puse.

Que si el blanco de mi intento
Son las glorias que me incumbe
Cantar de una Madre Vírjen
Reina del sol que nos cubre,

El asumpto que he tomado
(Aunque mui poco discurre
En tal ocasion mi injenio)
Es que en semejanzas funde;

Proporcionando con ellas
Las grandezas, las virtudes
De un cielo en quien su Criador
Sus maravillas esculpe.

Digo, pues, que nuestra Diosa
Es de estas sierras cacúmen,
Cuyas nevadas cabezas
En cristales se prorrumpen.

La escarcha de aquestos montes
Con propiedad se atribuye
A la Vírjen de las Nieves
Que en su lugar contrapuse.

Porque se esparcen sus aguas
Por diversos arcaduces
Para que todos se laven
Y nuestras culpas se munden.

Los rayos del sol divino
Con soberana vislumbre
Hieren sus cándidos pechos
Para que sus aguas duren.

A las aves que gorjean
En aquestas scelcitudes
Los cielos les dan canciones
Para que su canto emulen.

Aquesta es la semejanza
Que en mi introducion propuse
....
...............................(1) alude.

Aquesta es la nieve pura
Que divinas hebras bruñen,
Aqueste el trepado (2)......:
Que mi concepto introduce.

Aquesta es la firme escala
De Jacob, no hai quien (3)......
Pues hace que por sus tramos
Los serafines se crucen

(1) Está ilejible en el manuscrito.—(2) Id.—(3) Id.

Aquesta es la clara fuente
Que de la mas alta cumbre
Baja a lavar nuestras culpas
Para que en blanco se juzguen.

Aquesta es la que en vision,
Mujer vestida de luces
Vió el amado coronista
Sin interrupcion de nube.

El sol, luna y las estrellas
Su sagrado vientre cubren,
Y por alta providencia
A aquestos desiertos huye.

Deja burlado al dragon
Que juntamente concurre
A devorarle su parto
Entre los dientes que cruje.

Aqueste es el monte santo
Sobre cuyas nieves luce
Trono del manso cordero
Y el nombre que en él se esculpe.

Solo las vírjenes cantan
En cítaras y en aduses (sic)
A vista de aqueste monte
Sacrosancto a todas luces.

Aqueste es el summo altar
Adonde en primeras cruces
Se dió en holocausto el hijo
Al padre de eternas lumbres.

Aquesta es la primer mesa
Donde el maná se conduce,
Para que crezca la vida
Y la muerte se sepulte.

Todas aquestas proezas
Finalmente se concluyen
Con decir que por humilde
A ser la mas grande sube.

Y porque claro se vea
Que la humildad sobrepuje
A todas las perfecciones,
Narraré, porque me escuchen.

Ordena Dios se desprecie
Al altivo que presume,
Y a la vista del humilde
Le dice al profeta: surje.

Pregunta el magno doctor,
Con su acostumbrado númen,

Que por qué manda se eleve
Cuando al mas mínimo unje.

¿Tan grande era el pequeñuelo,
Que es menester que se mude
De su asiento y se levante
Para esta antigua costumbre?

Sí, responde el santo, y dice
Con razones que concluyen:
Magna excelsitudo humilium
Es el texto que prorrumpe!

Porque la humildad es tanta
Y de tal marca su cumbre,
Que no hay profeta que llegue
Por mucho que se apresure.

Que a Cristo conforte un ánjel
Cuando en sus angustias sude,
Está bien, pues que la muerte
Aguarda que le ejecute.

Pero, que para ser reina
La Vírjen santa se excuse,
Y esforzada de los cielos
El mesmo arcánjel le ayude!

Aquesta es la maravilla,
Este el portento que arguye
A la humildad mas brillante
Quilates de mayor lustre.

Hasta aquí pudo elevarse
Mi pluma sin que se turbe,
Dando a mis labios aliento
Porque la voz articule.

¿Qué tengo mas que deciros
De este monte que produce
Nieves que al suelo reparten
Aguas de gracia y saludes?

Vos, señora, sois la escarcha,
Las perlas que se sacuden
Para que se rompan hierros
De depravadas costumbres.

Vos sois, Señora, la escala
De Jacob, por donde suben
Nuestras ofrendas al cielo
Por aquesos arcaduces.

Vos, Señora, sois la fuente
Que baja de aquesas cumbres
Para que el alma se lave
Y entre renglones se juzgue.

Vos sois la vision hermosa
Cubierta de várias luces,
Vestida del sol y estrellas,
Sin apariencias de nube;

Vos el altar soberano
Donde al Padre de las lumbres
Ofreció el Hijo holocausto
De sus esperadas cruces;

Vos sois aquel monte santo
Sobre cuyas altitudes
Pone su trono el cordero
Y sus grandezas esculpe;

Vos sois, Señora, la mesa
Donde el maná se produce;
Sois por quien muere el dragon
Y sus fieros dientes cruje;

Sois el pequeñuelo humilde
Que el mayor profeta os unje,
Porque los demas no pueden
Alcanzar aunque madruguen;

Sois la que para reinar
Es menester que os ayude
El que a Cristo dió consuelo
Cuando sin él se presume;

Sois, al fin, el complemento
De las mayores virtudes,
Pues la humildad será el blanco
Donde todas se dibujen.

Y pues os nombrais piadosa
Y en vos este nombre luce,
Tuteladnos como madre
Cuando reina os constituyen.

Mirad con serenos ojos
A vuestro auditorio ilustre
Que fervoroso os celebra
Si con devocion acude.

Vuestros humildes cofrades
Que a esclavos se os restituyen,
Ricos afectos ofrecen
Aunque pobres los mormuren.

Debajo de vuestra sombra
Recojedlos, porque huyen

Del fuego que los abraza
Por las centellas que escupe.

Refrescad con vuestras nieves
La nieve que los consume,
Con ardores del olvido
De lo que importa que cuiden.

Canten vuestras alabanzas
En acordados laudes
Los serafines mas altos;
Los ánjeles os saluden;

Los patriarcas os alaben,
Los profetas os anuncien,
Los apóstoles os sirvan,
Los mártires os encumbren.

Los confesores declaren,
Las vírjenes no se excusen,
Y el mismo Dios con ventajas
Himnos y laudes pronuncie;

Porque el narrar vuestra gloria
A mi cortedad no incumbe,
Pues para cifrar grandezas
Es corto el mayor volúmen.

Amparadnos cual patrona
Y haced que se desocupen
De enemigos las fronteras
Que a vuestro cargo relucen.

Tocad al arma, Señora,
No deis lugar que se burlen
De las cristianas banderas
Estos temidos gandules.

Haced que las cajas suenen
Y los clarines retumben,
Los soldados que disparen
Los mosquetes y arcabuces.

Rompan con vos la batalla,
Y la victoria asegure
Vuestro poder soberano
Porque el bárbaro no triunfe.

Y a mí perdonad, Señora,
La insuficiencia que tuve
En querer con torpes labios
Deciros lo que no supe.

LAUS DEO.

Con esta oracion laudatoria a la Vírjen Santísima Señora nuestra, habemos puesto......verdaderos discursos....sean para su mayor honra y gloria, porque el celo y fervor con que se han escrito a eso solo se han encaminado, y al servicio del Rei nuestro señor y al aumento de su real corona, y conservacion de esta desdichada patria. Si no estuviesen ajustados al retórico stilo que requieren, los discretos lectores suplirán las faltas y defectos, recibiendo la intencion y celo de quien los hizo cuando mas embarazado se hallaba en el oficio de maestro de campo jeneral, en guerra....y en diferentes cuidados divertido, de los que han menester y......los literales ejercicios; a cuya causa podré decir a mis discursos, que siguen los pasos del despachado libro por su dueño, llevando por delante las siguientes razones:

Missus in hanc venio timide liber exsulis urbem;
Da placidam fesso, lector amice, manum.

Enviado de mi dueño,
Que está en remotos reinos desterrado,
Me pongo en este empeño,
Llegando temeroso a este juzgado
De várias intenciones
Que juzgan bien y mal en ocasiones.
El lector cortesano,
Como amigo de aquel que se desvela,
Me podrá dar la mano
Y admitir mis borrones en su escuela,
Porque los hombres sabios
No saben con la lengua hacer agravios.

AD MAJOREM DEI GLORIAM, AÑO DE 1673.

INDEX

DE ALGUNAS COSAS PARTICULARES QUE CONTIENE ESTE ATRASADO LIBRO DE GUERRAS DILATADAS DEL REINO DE CHILLE.

La letra **D** dice Discurso. La **C** Capítulo.

A.

Amistad, quererla tener estrecha con los reyes es ponerse de piés sobre la fortuna.—D. 3. C. 33.

Amigos que no atienden mas que al interes, cuáles son.—D. 4. C. 12.

Amor, el nimio y ordinario suele dar enfado.—D. 4. C. 4.

Amor, dél se orijinan pesares y gustos. —D. 5 C. 18

Amor torpe y la embriaguez quitan las fuerzas.—D. 4. C. 19

Angerona y Volupia, templos de la alegría y del pesar, los tenian pareados los antiguos.—D. 5. C. 9.

Hambre, con:ume mas al ejército que la batalla ordinaria.—D. 5. C. 3.

Ambicion, engañó a nuestra primera madre.—D. 5. C. 6.

Animales feroces, se sujetan mas bien al halago que el hombre.—D. 3. C. 22.

Audiencia de Chille, de qué provecho sea su asistencia en él.—D. 4. C. 27.

Harinas que daban de racion a los soldados de Chille, de qué calidad eran.—D. 4. C. 25.

Avaricia mala, cuál sea la peor.—D. 4. C. 26.

Avariento, no tiene palabra ni fee en lo que promete.—D. 4. C. 26.

Apostasía, lo que es.—D. 4. C. 10.

B.

Baptizar puede cualquiera, aunque sea infiel o hereje.—D. 3. C. 7.

Bárbaros, son fuertes contra nosotros por nuestros pecados.—D. 4. C. 12.

.........alguno alguna cosa, es incitarle el apetito.—D. 1. C. 1.

Beneficio recebido, pocos lo reconocen.—D. 1. C. 7.

Beneméritos, por la mayor parte son pobres.—D. 2. C. 8.

Beneficio agradecido, abre la puerta para que le hagan otros.—D. 3. C. 28.

Beneficio, el que no le agradece, no tan solamente sino tambien impío.—D. 3. C. 33.

Beneficios de Dios, solo se recompensan con dar la sangre por él.—D. 5. C. 19.

Beneficio o merced que se dilata, no se agradece.—D. 5. C. 20.

Bueno y justo, serlo entre malos y perversos es mas de alabar.—D. 5. C. 12.

Bulla de Alejandro VI sobre la conquista de las Indias.—D. 4. C. 8.

Bueno con lo malo, no pueden estar en un lugar.—D. 3. C. 10.

C.

Castigo, el de las palabras ásperas y desabridas es mas sensible.—D. 1. C. 1.

Cautiverio con trabajos, abre los ojos para el arrepentimiento.—D. 2. C. 3.

Cartas sacadas del orijinal al intento del libro.—D. 1. C. 8.

Certificacion dada por un recto juez a un jeneral que sirvió a S. M. sin interes ni cudicia.—D. 4. C. 20.

Caballo que echa fuego por las narices y patea el suelo.—D. 1. C. 7.

Cabezas de las repúblicas, dellas proviene el mal o el bien.—D. 3. C. 5.

Camino mas breve es el del ejemplo que el de palabras.—D. 3. C. 7.

Castellanos antiguos españoles acimentados con hijos y mujeres, se reputan por hijos de la patria.—D. 4. C. 37.

Calumniador de casos continjentes, se los desea malos el poeta.—D. 4. C. 37.

Cauto o recato, no es tan malo aunque lo sea.—D. 5. C. 13.

Canas, adornan y autorizan los púlpitos.—D. 5. C. 16.

Cacique indio principal, antiguo amigo agraviado.—D. 4. C. 14.

Castigo que se debe dar a los que van por el situado para los soldados.—D. 4. C. 22.

Cabezas superiores de los reinos y repúblicas, los daños que acarrea su ausencia y falta.—D. 4. C. 29.

Cédula real sobre la conquista de las Indias.—D. 4. C. 8.

Castigo, el que se tiene por mayor es quitar a uno las mujeres y verlas en poder ajeno.—D. 2. C. 12.

Clérigo que trata de mercader, no lo es porque no se ajusta al estado que tiene.—D. 4. C. 4.

Dios tiene mui presente la piedad en medio de sus rigores.—D. 2. C. 2.

Dios de la suerte que lo difine San Gregorio.—D. 2. C. 3.

Dios saca a Adam del Paraiso por su misericordia para que pueda hacer penitencia.—D. 2. C. 5.

Dios, su ausencia y su falta causa sueño, y aun olvido.—D. 2. C. 29.

Dios, los que verdaderamente le aman se hacen dioses, y los que nó demonios.—D. 3. C. 7.

Dios, si no le oimos, cómo ha de oirnos?.—D. 3. C. 8.

Dios manda al paralítico se recoja a su casa para que a solas medite el beneficio y le agradezca.—D. 3. C. 28.

Dios es tardo en destruir y veloz en edificar, dilata el castigo y apresura el favor.—D. 4. C. 2.

Dios es blasfemado de aquellos que son industriados y enseñados con malas obras y mal ejemplo.—D. 4. C. 7.

Dios toma cuenta a los pastores, príncipes, superiores y prelados y castiga a los malos.—D. 4. C. 28.

Dios no elije para predicadores ni para el réjimen de las almas a los que son curiales, sino es a los que están vestidos de spirituales afectos.—D. 4. C. 34.

Dios porfia con el hombre en perdonarle, y él en ofenderle, y vence Dios.—D. 5. C. 9.

Dios mandaba que en su presencia no pareciese ninguno vacio.—D. 5. C. 15.

Dios quiere parecer mas padre piadoso, que riguroso cobrador.—D. 5. C. 15.

Dios nos castiga para que le reconozcamos airado, cuando no lo habemos sabido conocer piadoso.—D. 5. C. 15.

Dios es mejor que nos castigue por su mano inmediatamente, que por la de los hombres, como lo pidió David.—D. 5. C. 23.

Dinero, el que lo pone a logro no puede estar en la presencia de Dios, como lo dice David.—D. 5. C. 1.

Dinero, el despreciarle en ocasiones es logro.—D. 2. C. 2.

Dormir en la milicia a rienda suelta es peligroso y mal notado.- D. 4. C. 16.

Débora, entre tantos varones que habia en el pueblo de Israel, fué profetisa para afrenta de los varones.—D. 5. C. 8.

Duda que se pone en las raciones mal dadas a los soldados de Chille.—D. 4. C. 24.

E.

Eliseo profeta enseña que al superior tirano, perverso y malo, no se le debe respeto.—D. 2. C. 8.

Envidia, atormenta al que la tiene, y por eso es alabada.—D. 1. C. 10.

Envidioso, es peor que el demonio y mas contumaz en sujetarse a la razon.—D. 1. C. 16.

Envidia, su difinicion por Santo Tomas y San Bernardo.—D. 2. C. 2.

Herrar en el rostro a los indios cautivos y a las indias obstinó mas sus corazones.—D. 4. C. 11.

El mayor mal del hombre es el mesmo hombre.—D. 5. C. 2.

Emboscado estuvo el autor por órden de su amo, y le importó la vida.—D. 2. C. 16.

Encarnacion, trátase de su divino misterio.—D. 2. C. 21.

Entierros de los indios, de la suerte que son.—D. 2. C. 30.

Encomiendas, siendo perpétuas, los indios fueran mas bien tratados, y mas seguras y aumentadas las provincias.—D. 3. C. 11.

Enemigos, son los peores los que por fuerza hacemos de nuestros domésticos.—D. 3. C. 23.

Escritores verdaderos, deben ser alabados, y al contrario los fabulosos y lisonjeros.—D. 1. C. 1.

Experimentado, su consejo es de mas importancia que el del mas entendido y sabio.—D. 1. C. 4.

Escándalo, no le dá tan grande el humilde pobre como el grande sujeto.—D. 4. C. 3.

Ejemplo del superior, obrando enseña mejor a sus inferiores.—D. 1. C. 8.

Gracias se deben dar a Dios así por lo bueno como por lo malo.—D. 5. C. 15.

Gracia, si puede alguno prepararse a ella por sí solo.— D. 2. C. 23.

Guerra, qué causas han de preceder para que sea justa.—D. 3. C. 23.

Gracias se deben dar a Dios porque en las tribulaciones nos asista.—D. 2. C. 16.

Gobernador, debe asistir personalmente a las pagas y socorros que se dan a sus soldados.—D. 3. C. 16.

Guerra injusta, cómo se contrae.—D. 3. C. 23.

Guedejas, vituperadas principalmente en los soldados.—D. 3. C. 34.

H.

Herejes, quiénes lo son, y de como estos indios de Chile nunca lo han sido ni lo son. —D. 4. C. 9.

Hijos, son la honra del matrimonio y la dignidad dél.--D. 1. C. 8.

Hijos, por la mayor parte son patricidas.—D. 1. C. 16.

Hijos de la patria, se dolieran mas de ella si la gobernaran.—D. 4. C. 37.

Hijos que saben honrar y servir a sus padres, tienen consigo la bendicion de Dios. —D. 1. C. 25.

Honras y festejos que hicieron al autor en los fuertes y presidios, ya rescatado.—D. 5. C. 24.

Honores y oficios, son el principio y el oríjen de los vicios.—D. 5. C. 2.

Hombre, en qué se asemeja a Dios y por qué Dios no se dice que es semejante a él.— D. 2. C. 6.

Hija del amo del autor, lo que le pasó con ella estando en el monte emboscado.—D. 2. C. 17.

Humanos bienes, pasan luego y se marchitan en flor.—D. 2. C. 5.

Hueies llaman a los indios hechiceros médicos y nefandos; su traje y costumbres se manifiestan.—D. 2. C. 19.

I.

Ignorancia, la tenemos de lo que nos importa saber en nuestras casas cuando son patentes actos.—D. 3. C. 12.

Invierno riguroso que pinta Ovidio y Virjilio a nuestro intento.—D. 1. C. 9.

Inhumanidad nunca vista en mujeres.—D. 3. C. 11.

Inhumanidades de los pasados.—D. 3. C. 10.

Intereses de los que van por los situados del ejército.—D. 4. C. 21.

J.

Jordan, rio cortesano porque reprimió sus aguas en la presencia del arca y los sacerdotes, y en la de la Santísima Trinidad no hizo otro tanto.—D. 4. C. 38.

Jumento bruto, reprehende al avariento.—D. 3. C. 20.

Jueces, son llamados dioses por el Supremo Dios los ajustados y justos, y al contrario los otros, demonios.--D. 2. C. 2.

Judios, juzgaban que eran libres por hijos de Abraham, sin atender al fin del capítulo del profeta Jeremías.--D. 4. C. 2.

Justicia, ménos se halla adonde hai sobra de jueces y mas tribunales.—D. 4. C. 30.

Jueces, deben estar limpios de culpa para limpiar y enmendar a otros.—D. 4. C. 32.

Jueces, aprendan de Jedeon a no sujetarse a ruegos ni a vender la justicia.—D. 4. C. 32.

Justicia, lo que es y cómo la difinen.—D. 1. C. 3.

Justicia, adonde se hallare y tuviere feliz asiento, se hallará la paz.—D. 1. C. 13.

Jueces, deben examinar bien la verdad y no juzgar por el primer informe.—D. 1. C. 13.

Justo, no halló ninguno el profeta en su pueblo, y fueron peores los grandes que los chicos.—D. 4. C. 33.

Justo, no pierde este título el que se levanta luego aunque caiga.—D. 5. C. 12.

L.

Lágrimas de mujeres, engañosas y perjudiciales.—D. 5. C. 8.

Lientur, indio agradecido, y lo muestra siendo enemigo nuestro.—D. 1. C. 6.

Montes y cerros altós, en ellos acostumbran hacer sus entierros estos indios a imitacion de los reyes antiguos.—D. 2. C. 29.

Mozos que quieren ser maestros de los sabios, son ignorantes: enseñólo así Cristo Señor nuestro.—D. 5. C. 16.

Mollbunante, mensajero, llegó con los despachos y resolucion del viaje del autor.—D. 5. C. 9.

Mollbunante sale con el autor de casa de Tureupillan para tierra de cristianos.—D. 5. C. 17.

Monja cautiva, obligó con su compostura y traje penitente a reprimir el apetito ardiente de un bárbaro jentil.—D. 4. C. 16.

Morir de dia con el sol es particularidad y prenuncio de la salvacion.—D. 2. C. 27.

Mujer impertinente, cuál sea, y la difine el cacique anciano.—D. 5. C. 5.

Mujer estéril tiene dos pérdidas, y se declara por qué.—D. 1. C. 8.

Mujer, la que bebe vino hace un sacrilejio, y por qué.—D. 2. C. 13.

Muerte, a los justos no es penosa como lo es a los malos.—D. 2. C. 25.

Muerte, a ninguno perdona.—D. 2. C. 28.

Mujer ebria es atrevida y libre.—D. 3. C. 2.

Mujeres romanas, les era prohibido beber vino, y lo tenian por lei.—D. 3. C. 2.

Mujeres, aprendan a tener vergüenza y a ser recatadas.—D. 3. C. 22.

Mujer desnuda, incita al mas ajustado.—D. 3. C. 34.

Mujer de buen gusto que se aficionó de un soldado sin melenas y empolvado.—D. 3. C. 34.

Mujer que recibe, está obligada a dar y la pide mas bien.—D. 4. C. 4.

Mujer, no hai ninguna que le pese ser solicitada y aplaudida de hermosa.—D. 4. C. 4.

Mujeres recatadas y compuestas, reprimen la mayor desenvoltura.—D. 4. C. 16.

Muertos y difuntos, el que los alaba no tema calumnia de lisonjero.—D. 5. C. 4.

Mujeres, sus propias calidades y condiciones en comun definidas por un anciano indio.—D. 5. C. 8.

Mujeres, los daños que causan sus halagos, fundados en sus intereses.—D. 5. C. 8.

Mujer, una sola basta para destruir el mundo.—D. 5. C. 8.

Mujeres, son alabadas las buenas y su sexo.—D. 5. C. 8.

Muerte, se halla las mas veces en lo que piensa uno tener vida.—D. 3. C. 19.

N.

Naturaleza de la carne, es mala, y trae consigo la guerra que le aflije.—D. 3. C. 18.

Negar a uno lo que necesitado pide, es sacarle las colores a la cara.—D. 4. C. 38.

Naturaleza, es opuesta a la crueldad o la crueldad contra ella.—D. 3. C. 22.

Nacimiento, es el primer fuerte o castillo de las fronteras, y adonde se rescató el autor.—D. 5. C. 19.

Necio es el que quiere hacer y obrar lo que no sabe y meterse en oficio que no ha aprendido.—D. 3. C. 8.

Nobleza, en la virtud consiste, y la principal se orijinó de ella.—D. 4. C. 37.

O.

Obrar consideradamente, es mas que pensar prudente.—D. 2. C. 18.

Ocasion, no se debe perder porque se halla mal despues que ha pasado.—D. 1. C. 9.

Oficio, cada uno trate del que le toca, y andará todo ajustado.—D. 5. C. 7.

Oficios, si se comunicasen sin interes a los que son dignos, tuviera el Rei nuestro señor ministros mas legales.—D. 3. C. 33.

Oficios vendidos, son de grandes perjuicios a las repúblicas.—D. 3. C. 5.

Ofrecer dineros por los oficios, era antiguo achaque.—D. 1. C. 35.

Oir es mas seguro que hablar.—D. 4. C. 18.

Olofernes, le imitan algunos ministros en la soberbia y en no dar crédito a lo que importa.—D. 1. C. 5.

(1) El resto de este *index* falta en el MS.

INDICE DEL TOMO III.

CAUTIVERIO FELIZ

DE DON FRANCISCO NUÑEZ DE PINEDA Y BASCUÑAN.

DISCURSO PRIMERO.

DISCURSO SEGUNDO.

DISCURSO QUINTO.

FIN DEL ÍNDICE.

6033

CPSIA information can be obtained
at www.ICGtesting.com
Printed in the USA
BVHW010450070222
628266BV00004B/97